추재 조수삼이 노래한 세계

지은이 조수삼(趙秀三, 1762~1849)
자는 지원(芝園), 호는 추재(秋齋) 또는 경원(經畹)이다. 1844년 82세의 늦은 나이로 진사에 이름을 올렸다. 그의 삶은 연행, 유람 그리고 시작(詩作)으로 일관되었다. 벼슬을 '멀리 한' 교유의 폭은 매우 넓었다. 여항시인들과의 교유뿐만 아니라 특히 추사 김정희(1786~1856), 운석 조인영(1782~1850) 등과의 친밀한 관계는 그의 명성을 더욱 끌어 올렸다. 한 마디로 추재의 삶은 더 넓은 세계로의 여행을 꿈꾼 '천재적인' 예술가의 여정이었다. 저서로 『추재집(秋齋集)』 8권을 남겼다. 여기 다룬 「외이죽지사」는 그 '여정'의 갈망이다.

주해 박세욱(朴世旭)
중국 고전문학과 예술, 특히 동서양 문물교류를 중심으로 공부하는 강사다. 현재 경북대학교 퇴계연구소에 소속되어 학술연구교수로 활동하고 있다. 연관 도서로 『실크로드』, 『제번지역주』, 『8세기 말 중국에서 인도로 가는 두 갈래 여정』, 『파리에서 둔황까지』, 『진랍풍토기역주』, 『도이지략역주』, 『영애승람역주』, 『성사승람역주』, 『지봉 이수광이 바라본 세계』, 『유구변증설: 타이완과 오키나와』, 『통보 60년의 여정』(공역) 등이 있다.

추재 조수삼이 노래한 세계

초판 1쇄 2025년 1월 22일

지은이 조수삼(趙秀三)
주해 박세욱
펴낸이 최외출
펴낸곳 영남대학교출판부
주소 경북 경산시 대학로 280
전화 053-810-1802~4
팩스 053-810-4722
홈페이지 book.yu.ac.kr
출판등록 1975년 9월 5일 경산 제16-1호

ISBN 978-89-7581-999-5 93980

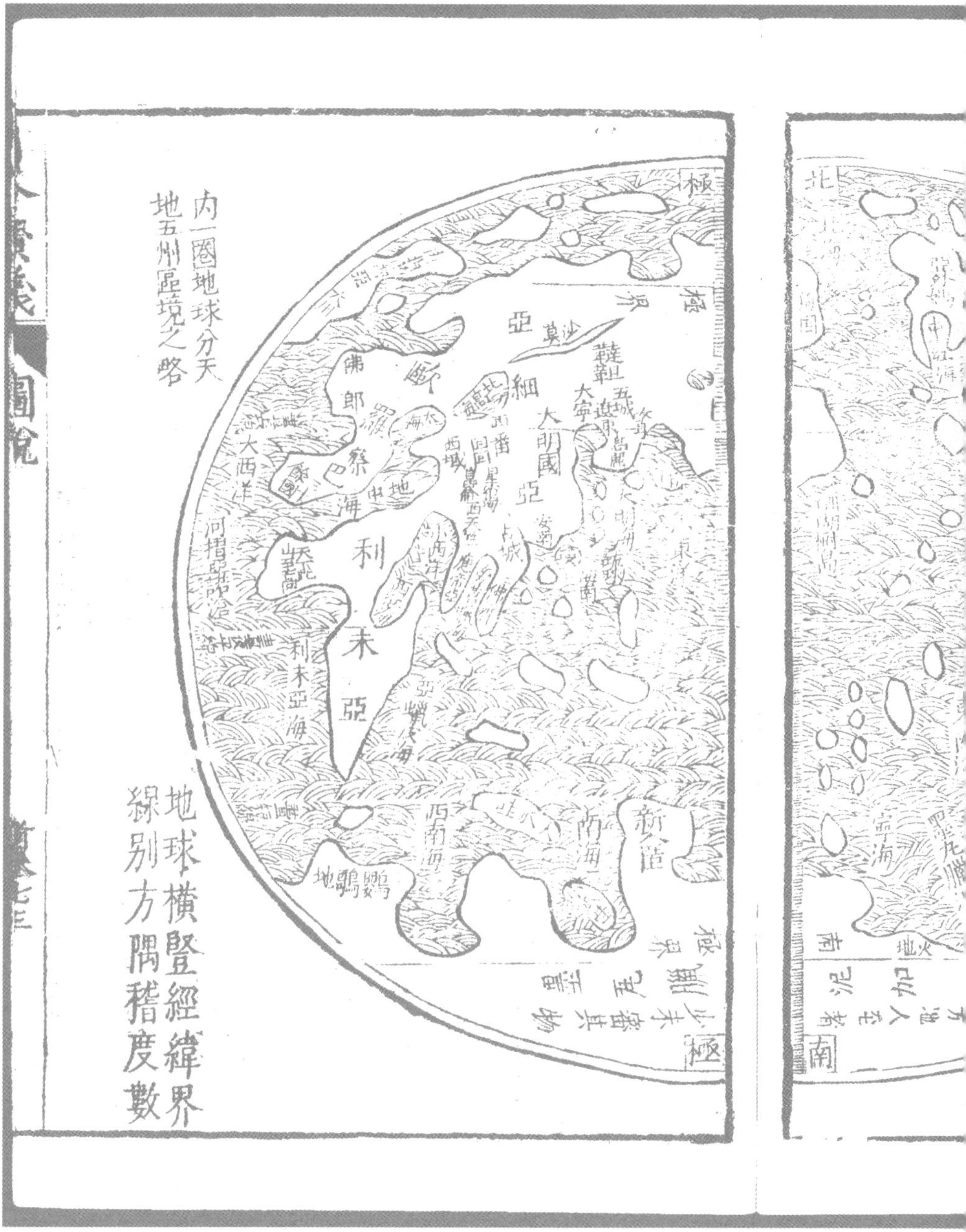

추재 조수삼이 노래한 세계

조수삼 趙秀三 지음

박세욱 주해

영남대학교출판부

※이 논문 또는 저서는 2022년 대한민국 교육부와 한국연구재단의 지원을 받아 수행된 연구임
(NRF-2022S1A5B5A16051980)

추재 조수삼의 세계로 들어가기 전에

이렇게 '영지' 산봉우리를 넘어 '가을 서실'에 이르렀다. 서문이라면 본문과는 다른 내용으로 서문을 시작하여 자연스럽게 본문으로 안내하기를 꿈꿨다. 이번에는 그럴 수 없을 것 같다. 세 자료를 한꺼번에 다루다 보니 깔끔하지 않고 복잡해졌다. 지구의 한 모퉁이에서 시간감과 공간감을 모두 상실한 것 같다. 아무래도 이 결과물을 읽는 독자들에게는 미안하게도 다음과 같은 사전 정보가 필요할 것 같다.

추재(秋齋) 조수삼(趙秀三)의 출신 신분에 관해서는 어떤 자료에서도 확인되지 않는다. 『추재집·전(傳)』에 수록된 「추재선생전」에 따르면, 본관은 한양(漢陽)이고 영조 38년(1762)에 태어나 83세 때인 헌종 10년(1844) 진사(進士)에 합격했고, 88세의 나이로 죽었다고 했으므로 1849년에 죽었다. 2005년 한국문집총간 『추재집』 해제에 따르면, 1844년 급제 이전의 이력은 종사(從事), 참군(參軍)을 지냈다. 추재는 1789, 1800, 1803, 1806, 1818, 1829년 총 여섯 차례 연행한 이력이 있다. 1차 때에는 정사 이성원(李性源)의 '서기(書記)', 4차 때에는 정사 심능건(沈能建)의 보좌관[上介幕賓]으로, 5차 때에는 서장관 조만영(趙萬永)의 '종사'로, 6차 때에는 서장관 조승구(趙秉龜)의 실무관[伴倘] 자격으로 연행했다.[1] 이러한 직책들이 추재를 중인으로 볼 결정적 단서는 되지 않는다.

조수삼의 자서전인 「경원선생자전(經畹先生自傳)」에 따르면, 그는 자유분방한 사람으로, 기억력이 좋은 독서인이었다. 또한 의협심이 가득했고, 교유에는 귀천을 따지지 않았다. 나는 "겉은 부드럽고 속은 강한 자이니, 미치지 않은 것인가 미친 것인가. 몸은 쇠하지만 도는 흥하였으니 능한 것인가 능하지 못한 것인가. 미치지 않아도 사람들이 잘 알아주지 않고, 능해도 사람들이 잘 알아주지 않으니 운명인가, 시운인가. 이는 고인들이 갈아도 갈리지 않고 물들여도 물들지 않음을 흠모하기 때문이다(外柔而內剛者, 不狂而狂耶. 身廢而道興者, 能於不能耶. 不狂而人不能知, 能而人亦不能知, 命耶時耶. 是則慕古人之磨不磷涅不緇者也)"라는 자평을 통해, 전형적인 '예술성'을 지닌 선비의 모습을 유추할 수 있다.

---

1) 김영죽, 「추재 조수삼 문집의 편간 재검토 및 오류의 시정」, 『동방한문학』, 2011, 5쪽을 참고하시오.

『추재집』(한국문집총간본), 내각 중서사인 주문한(朱文翰)의 서문에 보이는 연대는 건륭 을사년, 즉 1785년이다. 『추재집』, 권1에는 「연행유별(燕行留別)」이란 오언시가 실려있는데, 주기 사항에는 '기유년 10월 15일(己酉十月十五日)'로 연행한 시기를 1789년이라고 하였다. 『조선왕조실록』과 『팔순만수성전(八旬萬壽盛典)』(사고전서본, 권62)에 따르면, 동지사 겸 건륭제의 팔순 경축 사절로 정사 이성원(李性源, 1725~1790)과 부사 조종현(趙宗鉉, 1731~1800)이 중국에 간 것을 확인할 수 있다. 1789년은 추재가 28세 때의 일이다. 그러나 주문한이 서문을 쓴 연대는 1785년으로 그의 나이 24세에 해당한다. 주문한은 추재에게 『경원시취』 등 여러 모음집 15권이 있었다[有經畹詩藂諸集十五卷]고 밝혔다. 어떤 계기로 첫 번째 중국행보다 4년 전에 이 중국 문인과 만날 수 있었으며, 어떻게 24세의 나이에 자신의 시와 글을 15권이나 써낼 수 있었을까?

내각 찬문(撰文) 중서사인 강련(江漣)은 『추재집』 서문에서 조선은 옛날부터 문교(文敎)와 독서의 땅이라고 하며 그 대표적 인물로 조수삼을 언급하여 "조지원 군과 같은 수재가 그중 하나이다. 수재는 왕회(王會)에 추밀원사(樞密院使)[2]를 보좌하여 서기(書記)로 경사에 왔을 때는 높은 관과 큰 소매의 옷을 입고 유자의 고아한 풍류가 있었다. 한가한 날이면 도성 시장에 들어가 서사(書史)를 구매하여 조용히 진애의 밖으로 나갔다(如趙君芝園茂才其一也. 茂才以王會佐樞密院使, 作書記來京師. 高冠大袖, 儒雅風流. 暇日入都市購書史, 蕭然出塵壒之外)"라고 했고, 이어서 추재와 교유한 일을 언급하면서 "두 곳의 언어가 통하지 않아 힘들었고, 논지를 잘 알아들을 수 없어(苦於兩地語言不通, 未克暢聆緒論)"라고 하며 필묵으로 소통했다고 한다.[3] 또한 "다음 날 또 『추재집』이니 『경원시총』이니 하는 옛날에 쓴 시 몇 권을 꺼내 나에게 서문을 부탁했다(越日又出舊詩如干卷, 曰秋齋集, 曰經畹詩叢, 乞僕一言弁其首)"라고 하였는데, 마지막 연대 표기에서 강련은 '건륭 경술년 정월[乾隆庚戌春王月]'이라고 했다. 바로 1790년 정월로, 그의 첫

2) 추밀원(樞密院)은 중국에서 오대와 원나라 시기 최고의 군사 기구였고, 명나라 주원장이 폐지한 기구이다. 우리나라에서는 고려 시대 왕명의 출납, 숙위(宿衛) 및 군기(軍機)를 관장하던 부서였다. 당시 동지사 겸 사은사로 갔던 이성원이나 조종현과 아무런 관련이 없는 존재하지 않는 관직명이다.

3) 이 정보는 추재 조수삼이 중인 신분의 '역관'이었다는 설과 배치된다.

번째 연행 시기인 28세였다. 이상 『추재집』에 쓴 중국인들의 두 서문의 연대와 내용은 이해하기 어려운 부분이 많다.

「외이죽지사」의 저본이 된 『방여승략』에 관하여

추재는 「외이죽지사」 서문에서 "을묘년(1795) 맹추에 경원산인(經畹山人) 서문을 쓰다(乙卯孟秋, 經畹山人叙)"라고 밝히고 있다. 이 작품집을 쓰게 된 경위에 대해 "신안(新安) 정백이(程百二) 씨가 지은[撰] 『방여승략』을 얻어보니 낱낱이 온 나라[중국 전역]를 펼쳐놓고 천하를 포괄하여 눈앞에 있는 듯 역력했다. 그 외의 이국 열전(列傳)들은 멀리 있는 곳까지 수록하고 핵심을 언급함에 빠짐이 없었다." 이들 나라를 다 탐방해 보고 싶은 마음에 『방여승략』에 기술된 나라들을 채록하고 노래했다고 밝히고 있다.

정백이(程百二)가 지었다고 알고 있는 『방여승략(方輿勝略)』은 본권 18권으로 구성된 지리서이다. 정백이는 본권에서 1권의 저자로 이름이 올라가 있다. 따라서 『방여승략』은 정백이가 지은 것이 아니라, 제1권만 지었고, 나머지는 다른 사람의 책을 편집해 놓고 있으므로 '정백이 등찬(等撰)'이라고 해야 정확하다.

권수	출신	집(輯)	내용
1	신안(新安)	정백이(程百二)	경사(京師)
2	호림(虎林)	왕유도(汪有道)	남경(南京)
3	고장(古鄣)	호방직(胡邦直)	산서(山西)
4	우이(盱眙)	풍정(馮霆)	산동(山東)
5	신안(新安)	정도(程度)	하남(河南)
6	신안(新安)	왕가류(汪家騮)	섬서(陝西)
7	신안(新安)	호광길(胡光吉)	절강(浙江)
8	고장(古鄣)	오계지(吳繼志)	강서(江西)
9	신안(新安)	정가징(程可徵)	호광(湖廣)
10	신안(新安)	오등양(吳騰驤)	사천(四川)

11	신안(新安)	반일기(潘一驥)	복건(福建)
12	해양(海陽)	대임(戴任)	광동(廣東)
13	신안(新安)	이춘봉(李春逢)	광서(廣西)
14	광릉(廣陵)	반일구(潘一駒)	운남(雲南)
15	신안(新安)	정응빙(程應聘)	귀주(貴州)
16	신안(新安)	정명검(程明劍)	요동(遼東)
17	신안(新安)	하반룡(賀攀龍)	구변(九邊)
18	광릉(廣陵)	안불의(顔不疑)	「하원론(河源論)」
	신안(新安)	정책(程筞)	「해방도설(海防圖說)」
	신안(新安)	왕위도(汪爲度)	「조운(漕運)」

정백이(程百二)의 생몰연대는 알려지지 않았다. 그는 '『정씨총각(程氏叢刻)』'이란 총서명으로 9종의 예술 관련 서적을 1615년 간행했는데, 그 9종 속에는 자신이 지은 『품다요록보(品茶要錄補)』 1권도 수록되어 있다. 황우직(黃虞稷, 1629~1691)의 『천경당서목(千頃堂書目)』에 따르면(사고전서본, 권9, 37a), 그의 이름은 '정백이(程伯二)'로 되어 있다. 어쨌든 우리가 현재 참고할 수 있는 판본인 '사고금훼서총간(四庫禁燬書叢刊)'에는 모두 정백이(程百二)로 쓰고 있으므로 이에 따른다.

여느 지리서와 다름이 없는 이 책은 청나라 '금서(禁書)'가 되어 『속수사고전서(續修四庫全書)』에도 실리지 않았다. 이 지리서가 '사고금훼서총간(四庫禁燬書叢刊)'으로 편집되어 알려진 것은 1999년이 되어서이다. 이 책이 금서가 된 이유는 분명하지 않지만, 위에서 본 것처럼 본집에는 문제가 없었을 것이다. 그렇다면 금서가 된 이유는 바로 「외이」 총 7권에서 찾아야 할 것이다.

현전하는 『방여승략』에 정백이의 서문은 없다. 맨 앞에는 종릉산인(鍾陵山人) 서래봉(徐來鳳)이란 사람이 쓴 이끄는 말[引]이 수록되어 있는데, 정진보(程

進甫)의 형 '유여(幼輿)'가 『방여승략』을 가져와 '인(引)'을 썼다고 한다. 여기서 '진보'가 자(字)인 점으로 볼 때, '유여(幼輿)'는 바로 정백이의 자이다. 첫 번째 서문은 대필산인(大泌山人) 이유정(李維楨, 1547~1626)이 만력(萬曆) 38년(1610) 경술년 윤월에 썼다. "신안 정유여(程幼輿)가 [글을] 모아 『방여승략』으로 만든 것은 아마도 원래 우이(盱眙, 장쑤 쉬이) 풍 관찰의 지시였을 것이다(新安程幼輿匯爲方輿勝略, 蓋本盱眙馮觀察指授)"[4)]라고 하였다. 여기 '풍 관찰'은 풍응경(馮應京, 1555~1606)일 것이다. 그는 호광감찰어사(湖廣監察御史)를 지낸 적이 있다.

두 번째 서문은 서경(西京)의 남사중(南師仲, 1595년 진사)이 썼다. "지금 유여(幼輿)가 위포승 우이공(盱眙公, 풍응경)의 면명(面命)을 받아, 「산해여지전도(山海輿地全圖)」를 근거로 이 책에 이어 늘였다(今幼輿以韋布承盱眙公之面命, 爰本山海輿圖, 衍綴是書)"라고 하였다. 『방여승략』에 늘어 붙인 것은 「외이」로 총 7권으로 구성되어 있다. 이 7권에는 1권이 둘이다. 남사중이 말한 「산해여지전도」를 근거한 것은 「외이」의 첫 번째 1권이다. 이로써 혼동을 피해 '수권(首卷)'이라 부르자. 이 '수권'은 가정(嘉定) 당시승(唐時升), 말릉(秣陵) 초존생(焦尊生), 예장(豫章) 유일찬(劉一爘), 신안 정백이(程百二) 등이 '편집[輯]'한 것이라고 밝히고 있다.

다음으로 만력[37] 기유년(1609) 담원거사(澹園居士) 초횡(焦竑, 1540~1620)이 쓴 제(題)에서도 유여가 그 실마리를 열었다고 한 것을 보아 『방여승략』은 풍응경의 지시에 따라 정백이가 짓고 편집한 책으로 추론할 수 있다. 이는 1603년 「양의현람도(兩儀玄覽圖)」에 실린 풍응경의 마지막 단락에서 "나 응경이 일찍이 직방의 인원이 되었을 적에, 황제께 올린 지도를 보니, 옛날 것보다 배나 자세하였다. 이에 그 내막을 알고 서문을 써 전한다. 정백이에게 사이(四夷)가 봉공한 사실을 지어, 후세의 쓰임에 씨를 뿌리고, 사신들의 성대함을 밝혀서 이를 바탕으로 학자들이 널리 볼 수 있도록 하게 했다(應京嘗備員職方, 見其獻圖於上, 倍徙掌故. 乃悉其蘊, 序而傳之. 以屬程生百二, 纂四夷奉貢, 種落于後用, 昭咸賓

4) 이 서문은 이유정(李維楨)의 문집인 『대필산방집(大泌山房集)』(사고전서존목총서본), 권15, 1a~2a에 수록되어 있다.

之盛, 且以資學者宏覽云)"라는 기술에서 확인할 수 있다. 이상으로 정백이는 신안 출신으로 자(字)가 유여(幼輿)이며, 풍응경(馮應京)의 막료로 일했다. 그의 저술로는 여기 『방여승략』 제1권, 「외이」 수권, 제1권[달단과 올량합전] 그리고 『품다요록보(品茶要錄補)』 1권만 확인된다. 이것이 정백이에 관해 알 수 있는 전부이다.

책의 완성 시기에 관하여, 「양의현람도」는 1603년에 간행되었고, 1609년 초횡의 제문(題文)이 있으므로, 1603~1609년 사이에 완성되었을 것이다. 간행된 시기는 장섭(張燮)의 『동서양고(東西洋考)』는 1617년에 완성되었는데, 장섭(張燮)은 하항(下港, 자바섬) 기술에서 『방여승략』 「외이」 권5에 기술된 원나라 때의 명칭인 조와(爪哇) 기술에 채록된 문장을 상당히 길게 인용하고 있으므로(사고전서본, 권3, 2a), 간행된 시기는 1610~1617년 사이가 될 것이다.

추재는 이 금서를 '18세기 말'에 얻어, 그 중 「외이」를 저본으로, 82개의 '외이'들을 요약하고 시편으로 노래한 자료가 바로 「외이죽지사」이다. 본서인 『방여승략』에서는 아무것도 취하지 않았다. '수권'인 「산해여지전도」의 설명에서, 추재는 아세아(亞細亞, 아시아)에 속한 할랄비아(曷剌比亞, 아라비아)[74], 응다강(應多江, 인디아)[75], 귀국(鬼國)[76], 북실위(北室韋)[77]를 채록했고, 우라파(歐邏巴, 유럽)에서 불랑찰(拂郎察, 프랑치아)[78], 물누차(勿耨茶, 베네치아)[79], 돌랑(突浪, 트란실바니아)[80]을 채록했으며, 아메리카[亞墨利加]에서 야차국(夜叉國)[81]을 채록했다. 나중에 다시 언급하겠지만, 바로 『방여승략』이 금서가 된 이유를 굳이 찾는다면, 다시 말해 '외이(外夷)'라는 단어 때문이 아니라면, 바로 이 '수권' 때문일 것이다. 따라서 『방여승략』은 전체 18권으로 구성된 책이고, 『방여승략외이』는 원래 1권, 즉 '수권'뿐이었으나, 풍응경의 권유에 따라 6권을 완성했다고 이해해야 할 것 같다. 왜냐하면, 외이 '6권'은 「산해여지전도」와는 별다른 연관성을 찾아볼 수 없는 보충 기술이기 때문이다.

이 '6권본'의 『외이』가 바로 추재 「외이죽지사」의 중심 텍스트이다. 각 권 모두 각기 다른 사람들이 짓고 편집했다고 한다.

권수	출신	찬(纂)	집(輯)	내용
1	신안(新安)	정백이(程百二)	오면학(吳勉學)	달단(韃靼)[1]-올량합(兀良哈)[2]
2	예장(豫章)	이몽(李蒙)	이극가(李克家)	조선(朝鮮)-여직(女直)[3]-일본(日本)[4]-유구(琉球)[5]-
3	신안(新安)	손광우(孫光寓)	오계은(吳繼恩)	합밀(哈密)[6]-고창(高昌)[7]-토로번(土魯番)[8]-노진(魯陳)[9]-살마아한(撒馬兒罕)[10]-천축(天竺)[11]-파라문(婆羅門)[12]-역력파력(亦力把力)[13]-불름(佛菻)[14]-소문답랄(蘇門答剌)[15]-우전(于闐)[16]-묵덕나(默德那)[17]-천방(天方)[18]-조법아(祖法兒)[19]-람방(覽邦)[20]-합렬(哈烈)[21]-고리(古里)[22]-유산(溜山)[23]-아단(阿丹)[24]-남무리(南巫里)[25]-백송호아(白松虎兒)[26]-아속(阿速)[27]-걸력마아(乞力麻兒)[28]-흑갈달(黑葛達)[29]-흑루(黑婁)[30]-합실합력(哈失哈力)[31]-가와(呵哇)[32]-마림(麻林)[33]-가이륵(加異勒)[34]-민진성(敏眞誠)[35]-팔답흑상(八答黑商)[36]-화랄찰(火剌札)[37]-소문달나(蘇文達那)-실랄사(失剌思)-납실자한(納失者罕)[38]-쇄리(瑣里)[39]
4	신안(新安)	정본열(鄭本烈)	오등양(吳騰驤)	토번(吐蕃)[40]
5	신안(新安)	호방직(胡邦直)	방세업(方世業)	안남(安南)[41]-점성(占城)[42]-진랍(眞臘)[43]-과와(瓜哇)[44]-삼불제(三佛齊)[45]-섬라(暹羅)[46]-가지(柯枝)[47]-토래사(討來思)[48]-사합로(沙哈魯)[49]-백화(百花)[50]-답아밀(答兒密)[51]-담파(淡巴)[52]-석란산(錫蘭山)[53]-만랄가(滿剌加)[54]-홀로모사(忽魯謨斯)[55]-아로(啞魯)-대구남(大唄喃)-소구남(小唄南)-역사파한(亦思把罕)-감파리(甘把里)-소갈란(小葛蘭)-고리반졸(古里班卒)-여송(呂宋)-합묘리(合猫里)-설리(碟里)-타회(打回)-일라하치(日羅夏治)-빈동룡(賓童龍)[56]-교란산(交欄山)-랄살(剌撒)-팽형(彭亨)-발니(渤泥)[57]-소록(蘇祿)[58]-고마랄(古麻剌)[59]

6	신안 (新安)	오래봉 (吳來鳳)	반일어 (潘一馭)	남중(南中)[緬甸60]-목방(木邦)[61]-노좌(老撾)-파주(播州)[62]-건창(建昌)[63]-귀남제이(貴南諸夷)-라라(羅羅)[64]-힐로(犵狫)[65]-양광({犭+羊}獷)[66]-중가(仲家)-송가채가(宋家蔡家)[67]-용가(龍家)-오계제이(五溪諸夷)[69]-삼강제이(三江諸夷)-여인(黎人)[70]-마인(馬人)-영인(犭令人)-료(獠)[71]-향인(犺人)[72]-동인(獞人)[73]

이 '6권본' 『외이』는 앞의 『방여승락』 18권과 「외이」 '수권'과는 다른 별도의 책으로 이해해야 할 것 같다. 왜냐하면 '수권'과 6권의 차이는 확연하기 때문이다. 사실 『외이』 6권은 온통 나왈경(羅曰褧)의 『함빈록(咸賓錄)』을 채록하고 있다. 이 책은 청나라 금서 목록에 오르지 않았으므로, 이 6권본 '외이'의 내용이 문제가 되어 금서가 되지는 않았을 것이다. 금서가 된 원인은 단순히 '외이(外夷)' 두 글자 때문이었을 것이다. 이는 정효(鄭曉)의 『황명사이고(皇明四夷考)』가 들어있는 『오학편(吾學編)』 전체가 금서가 되었다는 점을 방증으로 삼을 수 있을 것이다.

『함빈록(咸賓錄)』에 관하여

『사고전서총목』, 권78의 해제에 따르면, "『함빈록』, 8권【절강(浙江) 포사공(鮑士恭) 가장본】은 명나라 나왈경(羅曰褧)이 지었다. 나왈경의 자는 상지(尙之)이며, 강서(江西) 사람이다. 이 책은 만력(萬曆, 1572~1620) 연간에 간행되었다. 여러 나라의 사실들을 분류하여 열거하면서 동서남북(東西南北)으로 나누었다. 명나라 시대의 성교(聲教)가 먼 곳까지 미쳤음을 과장하고자 '모든 빈객'이라는 뜻으로 '함빈(咸賓)'이라 했다. 그러나 실제로는 대부분 조공(朝貢)하는 나라들이 아니다. 또 사실을 서술하면서 고금(古今)의 일들이 뒤섞여 있고, 표제어는 인명(人名)과 지명(地名)이 혼재하며, 상당히 체계도 없다(羅曰褧撰. 曰褧字尙之, 江西人. 是編刊於萬曆中. 分列諸國之事, 以東西南北爲分. 欲誇明代聲教之遠, 故曰'咸賓'. 其實多非朝貢之國. 又敍事古今糅雜, 標題人地混淆, 亦頗無體例)"라고 하였다.

현전하는 『함빈록』 판본 중에 유일혼(劉一焜)이 1591년에 쓴 서문이 딸려 있다는 점에서 『함빈록』은 적어도 1591년 이전에 완성되었다고 추론할 수 있다. 그렇다면, 오래봉(吳來鳳)이 지은 『방여승략외이』, 제6권, '파주(播州)'의 기술에는 만력 26년(1598)의 일도 언급하고 있다. 또한 『방여승략외이』 총 6권에 기술된 나라나 민족들은 『함빈록』에 수록되어 있고, 그 순서도 거의 같고, 내용 또한 일치하고 있다. 따라서 『방여승략외이』 6권은 별도의 책으로 이해할 수밖에 없고, 이 6권이 청나라 시대 금서가 된 빌미가 될 수는 없을 것 같다.

권수	『방여승략 외이』(6권)	『함빈록』
1	韃靼[1]-兀良哈[2]	韃靼[1]-兀良哈[2]
2	朝鮮-女直[3]-日本[4]-琉球[5]	朝鮮-女直[3]-日本[4]-琉球[5]
3	哈密[6]-高昌[7]-土魯番[8]-魯陳[9]-撒馬兒罕[10]-天竺[11]-婆羅門[12]-亦力把力[13]-佛菻[14]-蘇門答剌[15]-于闐[16]-默德那[17]-天方[18]-祖法兒[19]-覽邦[20]-哈烈[21]-古里[22]-溜山[23]-阿丹[24]-南巫里[25]-白松虎兒[26]-阿速[27]-乞力麻兒[28]-黑葛達[29]-黑婁[30]-哈失哈力[31]-呵哇[32]-麻林[33]-加異勒[34]-敏眞誠[35]-八答黑商[36]-火剌札[37]-蘇文達那-失剌思)-納失者罕[38]-瑣里[39]	哈密[6]-高昌[7]-土魯番[8]-魯陳[9]-撒馬兒罕[10]-天竺[11]-婆羅門[12]-亦力把力[13]-佛菻[14]-蘇門答剌[15]
4	吐蕃[40]	于闐[16]-默德那[17]-天方[18]-祖法兒[19]-覽邦[20]-哈烈[21]-古里[22]-溜山[23]-阿丹[24]-南巫里[25]-白松虎兒[26]-阿速[27]-乞力麻兒[28]-黑葛達[29]-黑婁[30]-哈失哈力[31]-呵哇[32]-麻林[33]-加異勒[34]-敏眞誠[35]-八答黑商[36]-火剌札[37]-蘇文達那-失剌思)-納失者罕[38]-瑣里[39]-서양쇄리(西洋瑣里)

5	安南[41]-占城[42]-眞臘[43]-瓜哇[44]-三佛齊[45]-暹羅[46]-柯枝[47]-討來思[48]-沙哈魯[49]-百花[50]-答兒密[51]-淡巴[52]-錫蘭山[53]-滿剌加[54]-忽魯謨斯[55]-啞魯-大唄喃-小唄南-亦思把罕-甘把里-小葛蘭-古里班卒-呂宋-合猫里-碟里-打回-日羅夏治-賓童龍[56]-交欄山-剌撒-彭亨-渤泥[57]-蘇祿[58]-古麻剌[59]	吐蕃[40]
6	南中[60]-木邦[61]-老撾-播州[62]-建昌[63]-貴南諸夷-羅羅[64]-犵狫[65]-{犭+羊}獚[66]-仲家-宋家蔡家[67]-龍家-五溪諸夷[69]-三江諸夷-黎人[70]-馬人-狑人-獠[71]-狁人[72]-獞人[73]	安南[41]-占城[42]-眞臘[43]-瓜哇[44]-三佛齊[45]-暹羅[46]-柯枝[47]-討來思[48]-沙哈魯[49]-百花[50]-答兒密[51]-淡巴[52]-錫蘭山[53]-滿剌加[54]-忽魯謨斯[55]-啞魯-大唄喃-小唄南-亦思把罕-甘把里-小葛蘭-古里班卒-呂宋-合猫里-碟里-打回-日羅夏治-賓童龍[56]-交欄山-剌撒-彭亨-渤泥[57]-蘇祿[58]-古麻剌[59]
7		南中[60]-曲靖-鶴慶-金齒-緬甸-八百-老撾-播州[62]-黎州-建昌[63]-松潘-木邦[61]
8		貴南諸夷-羅羅[64]-犵狫[65]-{犭+羊}獚[66]-仲家-宋家蔡家[67]-龍家-五溪諸夷[69]-三江諸夷-黎人[70]-蜑人-馬人-狑人-獠[71]-狁人[72]-獞人[73]

이처럼 추재의 「외이죽지사」는 복제되고, 많은 오류를 담고 있는 자료에서 출발했다. 심지어 나왈경의 『함빈록』이 근거한 자료는 정효(鄭曉, 1499~1566)의 『황명사이고(皇明四夷考)』와 장황(章潢)의 『도서편(圖書編)』(1577년)이었다. 특히 장황의 『도서편』은 일종의 유서(類書)로 많은 오류를 담고 있었다. 이들로부터 나왈경은 중국 정사의 기록을 옮겨 놓았다. 이들 중 그 누구도 외국을 다녀본 사람은 없었다. 모두 문헌을 통한 작업이었다. 나왈경의 잘못은 고스란히 『방여승략외

이』로 이어지며 요약되었고, 이 오염된 자료로부터 추재는 더 축약하여 「외이죽지사」를 짓고 노래했다. 이는 「외이죽지사」를 '문학적' 자료로만 의미를 찾을 수 있게 만들었다. 결국 이 자료는 번역되고 주석될 가치가 없는 텍스트일지도 모른다.

비록 추재가 채록한 것이 오염된 자료에서 비롯되었더라도, 전체를 부정할 수는 없다. 어쨌든 추재는 아무리 19세기 초라고 하더라도, 당시로서는 가장 많은 나라를 조선 사회에 소개하고 있다는 점은 부인할 수 없다. 비록 이러한 작업이 이후 「천하도」와 같은 중국 중심의 엉터리 세계지도를 유행시키는 근본 빌미가 되었을지라도 말이다. 특히 『방여승략외이』에서 채록한 것 외에 소위 '수권'에서 채록한 8개국에 관한 기술은 나머지 모두의 단점과 오류를 상쇄하고도 남음이 있다. 왜냐하면 그 정보는 이미 중국 문헌자료에서 찾아보기 어렵기 때문이다.

『방여승략외이』 '수권'에 관하여

이 자료에 관해서는 별도의 논고를 준비 중이다. 여기서는 '수권'이 어떻게 구성되어 있는지 개괄하는 것으로 그친다. 확실히 『방여승략외이』는 총 7권은 정백이의 주도 아래 채록되었다. 소위 「외이」 '수권' 권두에 딸린 태원(太原) 왕석작(王錫爵, 1534~1611)이 쓴 것으로 추정되는 「방여승략외이인(方輿勝略外夷引)」에 따르면, "정유여(程幼輿)가 판각하여 책으로 만들었으니 이처럼 간단하게 몇 마디의 말을 붙였다(程生幼輿刻之成秩, 故贅數語於簡端若此)"라고 하였다. 하지만 모두 『함빈록』을 복제한 텍스트들이므로, 『방여승략외이』의 가치와 의미는 '수권'에 있다고 할 수 있다. 이 '수권'은 우이(盱眙) 풍응경(馮應京, 1555~1606)이 쓴 「산해여지전도총서(山海輿地全圖摠序)」로 시작한다.

풍응경이 쓴 이 서문은 「양의현람도(兩儀玄覽圖)」(1603년)에 추가되었다. 「양의현람도」에 수록된 서문에서 풍응경은 이 「양의현람도」를 '여지도(輿地圖)'라고 부르며, 다음과 같이 시작했다. "「여지도」의 서문. 서태자(西泰子)의 '여도(輿圖)'는 세 차례 판각되면서, 나라의 땅을 고치고 보탰는데, 이번 판각본이 가장 늦고, 가장 상세하다(輿地圖敍. 西泰子輿圖, 凡三授梓, 遞增國土, 而玆刻最後, 乃最詳)." 풍응경이 확실히 가장 최신, 가장 상세한 각본을 봤다는 말이다. 『방여승략외이』 수권에 채록된 이 서문의 마지막 단락에서 "나 응경이 일찍이 직방의 인원이 되었을 적에, 황제께 올린 지도를 보니, 옛날 것보다 배나 자세하였다. 이에 그 내막을 알고 서문을 써 전한다. 정백이에게 사이(四夷)가 봉공한 사실을 지어, 후세의 쓰임에 씨를 뿌리고, 사신들의 성대함을 밝혀서 이를 바탕으로 학자들이 널리 볼 수 있도록 하게 했다(應京嘗備員職方, 見其獻圖於上, 倍蓰掌故. 乃悉其蘊, 序而傳之. 以屬程生百二, 纂四夷奉貢, 種落于後用, 昭咸賓之盛, 且以資學者宏覽云)"라고 하였다. 이는 정백이가 「외이」 6권을 여러 사람과 함께 채록된 이유일 것이다.

수권에서 두 번째로 채록한 텍스트는 신안(新安) 오중명(吳中明)이 쓴 일종의 서문이다. 분명 정백이가 본 소위 「산해여지전도」에 들어있었을 것이다. 오중명이 쓴 이 글의 가장 이른 형태는 마테오 리치의 세계 전도에 들어있다. 마테오 리치는 남경판 「산해여지전도」 서문에서 "1600년 남경에 도착한 뒤로, 오좌해(吳左海)가 요청하여 나는 새로운 판본을 만들었다"라고 하였다. 오중명과 오좌해는 같은 인물로 보이지만, 근거는 명확하지 않다. 「곤여만국전도」와 풍응경의 『월령광의』(하버드 옌칭 도서관 소장본, 73b)에도 이 글이 실려있는데, 모두 '흡현(歙縣) 오중명(吳中明)'으로 기록하고 있다. '흡현'과 신안(新安)은 후이저우(徽州) 지역이다.

정백이가 세 번째로 채록한 자료는 바로 마테오 리치의 「산해여지전도」를 해설한 텍스트로, 「곤여만국전도」, 『월령광의』, 『곤여도설(坤輿圖說)』에 모두 실려 있다. 정백이가 본 소위 「산해여지전도」를 보고 그대로 채록한 것인지는 확인할 수 없다. 다만 정백이는 마테오 리치의 텍스트를 성실하게 채록하고 있지 않다는 점은 확실하다. 제목 자체는 풍응경(馮應京)의 『월령광의(月令廣義)』(하버드 옌칭 도서관 소장본, 수권, 74b)에서 가져왔다.

네 번째 채록한 텍스트는 이마두(利瑪竇)가 『곤여체의(乾坤體義)』(사고전서본, 권상, 5a~6b)에서 우주의 세계를 '구중천(九重天)'으로 설명한 텍스트로 「곤여만국전도」에 그려진 것과 같다.

다섯 번째 자료는 '「산해여지전도」의 각국 경위 도분 약술(山海輿地全圖各

國經緯度分略)’이란 글로 출처를 밝히지 않았다. 경선과 위선에 따라 어떻게 나라들을 배치했는지 설명하는 글이다. 마지막 단락에서 “지금 여지(輿地)를 서책에 넣으면서【도분과 설명이 어지럽지 않다. 아세아를 머리에 둔 것은 중화가 주인임을 존중했기 때문이다】, 이에 여러 층 위에 나누어 각 대주(大州)에 따라 나라와 섬 그리고 산해(山海) 강하를 배치하고, 그 도분 아래에는 그 토산과 풍속을 썼으니, 「여지도」가 더욱 밝고 환해진 것이다(今將輿地入之書册【度分註明不紊矣, 以亞細亞居首者尊中華爲主也】, 爰分數層上, 因各大州布國島山海江河, 以其度分下層, 筆其土産風俗, 則輿地圖愈明烺焉)”라고 한 문장으로 보아, 정백이가 본 「산해여지전도」를 제작할 때의 설명으로 생각한다.

여섯 번째 채록한 자료는 이마두(利瑪竇)의 『건곤체의(乾坤體義)』(사고전서본, 권중, 20b)에 “서태사의 땅은 둥글다는 세 가지 논증을 붙임(附徐太史地圜三論)”이란 제목으로 수록되어 있다. 여기서 말하는 ‘서태사(徐太史)’는 바로 서광계(徐光啟, 1562~1633)이다. 하늘과 땅이 둥근 점에 대한 의문을 서광계가 ‘정(正)’, ‘희(戲)’, ‘별(別)’ 등 세 가지 논증을 지어 그 의문을 설명한 텍스트이다.

일곱 번째 텍스트는 광릉(廣陵) 출신의 ‘장경원(張京元)’이란 사람이 쓴 일종의 발문(跋文)이다. 분명 정백이가 본 「산해여지전도」에 수록된 글일 것이다.

마지막으로 정백이도 자신이 본 「산해여지전도」의 정확성에 대해 “서태자(西泰子)가 한 말 중에, 방성(方城)을 그리려면 천문에 정통해야 한다는 말이 있다. 천문에 통달하지 않고서 어찌 그 지도가 적도 아래에 있는지 적도의 남인지 북인지, 적도에서 남북으로 몇 리인지, 마카론 네소이[福島]에서 동서로 몇 도인지, 이곳에서 어느 별이 항상 보이고, 어느 별이 항상 보이지 않는지, 각 지역의 여름과 겨울, 낮과 밤의 길고 짧음이 몇 시간인지, 일일이 따지지 않으면 근거한 것이 있더라도 어찌 그릴 수 있겠는가. 그러므로 달걀 같은 이 지도는 그 둘레가 무릇 9만 리이고, 다섯 대륙이 경계를 나누어 그 밖을 둘러, 이것이 구천(九天)을 이루지만, 지분(地分)은 하늘과 상응하며, 동서남북 각국, 각도가 도(度)에 맞지 않음이 없다(西泰子有云 欲圖方城, 須精天文. 弗達天文, 何以知其圖 或在赤道下乎, 或赤道之南之北乎, 離赤道南北幾里, 違福島西東幾度乎, 于此地何星恒見, 何星恒

伏乎, 其各處夏冬晝夜長短幾刻乎, 若非一一鑿, 然有據, 何以圖焉, 故是圖如卵, 斯員凡九萬里, 五州分藩周垣其外, 是爲九天 然地分與天相應, 南北西東各國各島無不中度也)”라고 하였다.

이상의 텍스트들이 소위 「산해여지전도」에 들어있던 설명문들이었을까? 아니면 다른 글도 있었지만, 정백이가 선별하여 채록한 것인가? ‘수권’에 실린 두 구형의 세계지도로는 너무 희미하여 확인할 수 없다. 다만 여러 텍스트를 채록하는 과정에서 꽤 많은 오류가 보인다. 따라서 이상의 자료들이 이 ‘수권’의 가치와 의미를 부여하는 것은 아니다. 이들에 이어 정백이는 자신이 본 「산해여지전도」를 도분(度分)에 따라 다음과 같이 채록했다.

I. 아시아 각국도분[亞細亞各國度分]에는 총 448개의 지명이 경선과 위선에 따라 목록화되어 있다. 정백이의 불성실함으로 빠뜨린 지명, 하나의 지명을 둘로 나누어 기술한 예, 예를 들어 ‘아세아사이마제아(亞細亞沙爾馬齊亞)’를 ‘아세아’와 ‘사이마제아’로 기술했다. 또 마테오 리치가 ‘티베트[西番]’를 설명한 문장의 일부를 ‘지금설(地今設)’과 ‘선위사(宣慰司)’라는 항목으로 분리하여 도수를 표기하고 있다. 이들은 이 자료의 신뢰성을 심각하게 훼손하고 있다.

II. 유럽 각국도분[歐邏巴各國度分]에서는 총 147개의 고유 명칭이 도분에 따라 목록화되어 있다. 여기에서도 I에서와 같은 실수가 반복되었다. 그뿐만 아니라 마테오 리치는 아세아와 유럽을 정확히 구분하는 기준을 설명했음에도, 정백이의 채록은 이를 지키지 않고 무작위로, 아무런 기준도 없이 상하좌우에서 보이는 대로 채록했다는 오류가 있다. 적어도 지역별이라도 채록해야 했건만 그는 최소한의 기준도 지키지 않았다. 그렇지만 이 장의 의미와 가치라면 「곤여만국전도」와 「양의현람도」에서 볼 수 없었던 베네치아[勿耨茶]에 관한 설명이 있다는 점일 것이다.

III. 아프리카 각국도분[利未亞各國度分]에서는 총 177개의 지명을 목록화했다. 여기에서도 이전과 같은 실수를 범하고 있다. 마테오 리치가 나일강 지역에서 나는 산물로 보석과 오목(烏木)을 들었는데, 정백이는 보석의 ‘석(石)’자와 ‘오목

(烏木)'을 합쳐 '석오목(石烏木)'이란 지명을 만들어 냈다. 정백이가 본 「산해여지전도」를 볼 수 없으므로 확언할 수는 없지만, 복제본 「곤여만국전도」와 비교해 보면, 정백이가 채록한 텍스트들은 불성실하기 그지없고, 자세하지도 않다.

IV. 아메리카 각국도분[亞墨利加各國度分]에서는 남북의 아메리카로 나누어 총 107개의 고유 명칭을 목록화했다. 여기에서도 정백이의 무지한 채록은 이어졌다. 예를 들어 마테오 리치는 알래스카 지방을 설명했지만, 정백이는 그 텍스트를 '사아배(沙兒倍)'라는 알래스카의 한 지역 명칭에 잘못 끌어다 붙였다. 또한 남아프리카에서 가장 중요한 이정표였던 '은하(銀河)'를 표기하지 않았고, 유럽 대서양 섬들이 다시 북아메리카의 섬들로 다시 언급된다는 점은 정백이의 불성실함을 다시 한번 확인시켜 준다.

V. 마젤라니카 각국도분[墨瓦蠟泥加各國度分]에서는 위와 같은 오류는 보이지 않지만, 목록화한 순서를 보면 대륙에서 바다로 아무런 구분이 없다는 점을 상기할 필요가 있다. 설명글 또한 「곤여만국전도」와 비교하면, 훨씬 소략하다. 정백이가 본 지도 자체가 그랬는지, 아니면 정백이가 요약하여 채록한 것인지는 확인하기 어렵지만 말이다. 한 가지 분명한 점은 「곤여만국전도」와 비교해 볼 때, 경선과 위선의 도분이 확실히 다르다. 이는 정백이가 본 「산해여지전도」가 별도로 복제되었음을 보여주는 단서가 된다.

마지막으로 일종의 지(識)에는 "신안[天都] 사람 정백이 [字] 유여 씨가 짓고 기록함(天都程百二幼輿氏纂錄)"이라는 서명이 보인다.

이상으로부터 『방여승략외이』 '수권'이 가지는 의미와 가치는 한두 가지 사항에 지나지 않는다. 그러함에도 불구하고 이 자료는 왜 연구되어야 하는가? 바로 추재의 시대 그것이 19세기라고 하더라도, 지봉 이수광 이후로 조선의 자료로는 가장 많은 외국을 소개하고 있다는 점일 것이다. 그들을 정확하게 이해했느냐의 문제는 별개이다. 왜냐하면 사실 마테오 리치도 아시아 지도를 그리면서, 2세기 프톨레마이오스의 지리 용어를 사용하고 있고, '여인국(女人國)'이니 '일목국(一目國)' 등과 같은 『산해경』의 나라를 넣고 있기 때문이다. 조수삼의 「외이죽지사」는 우리에게 조선의 세계 인식과 세계관을 가늠할 수 있도록 안내한다. 그것으로 이 자료의 가치와 의미는 충분하다.

어쨌든 이러한 원자료의 어지러움으로, 잘못된 나머지 정보의 전달을 바로잡기 위해 『함빈록』의 자료도 함께 볼 수 있도록 안배할 수밖에 없었다. 결국 원고가 깔끔하지 못하고 누더기처럼 기운 곳이 많다. 그래야만 더 안전한 조선의 세계 인식을 살펴볼 수 있었다고 판단했기 때문이다. 이러한 점들을 참작하여, 읽어주기를 소원한다.

어느덧 내가 2022년 7월부터 연구재단의 지원을 받아 시작한 조선의 '세계' 인식을 위한 프로젝트는 2년 차로 접어들었다. 나는 총 5년의 연구에서 2년은 조선이 기술한 세계를 자료상에서 고증하려 했고, 나머지 3년은 실제 조선을 중심으로 알려진 산물들을 통해 동서양 교류 정황과 인식을 살펴보려 했다. 지봉 이수광이 『지봉유설』에서 기술한 외국들에 이어, 추재의 「외이죽지사」를 주해했다. 이제 '산물'편으로 넘어가야 하지만, 뭔가 아쉬우면서 자꾸만 뒤를 돌아보게 되었다. 왜 지봉 이수광의 세계 인식은 시간이 지나면서 더 매몰되었고, 그 정보들은 발전하지 않았으며, 「외이죽지사」와 같은 '문학작품'으로 끝나게 되었는가. 이것이 외국에 대한 조선의 정보 전부인가? 나는 조선의 마지막을 멋있게 마무리하고 싶었다.

나는 그 아쉬움을 이미 알고 있었다. 바로 이 프로젝트를 기획할 때부터 주저했던 혜강(惠岡) 최한기(崔漢綺)의 『지구전요(地毬典要)』가 있다는 사실을. 나는 남은 3년 중의 1년을 할애하여 이 자료를 역주 고증하기로 했다. 그러므로 본서가 태생적으로 안고 있는 난잡함은 혜강 선생이 일소시켜 줄 것이다.

2024년 9월

박세욱 씀

차례

일러두기

○ 본서는 조수삼(趙秀三, 1762~1849)의 「외이죽지사(外夷竹枝詞)」에 주석으로 달린 외국 기술을 중심으로 주해한 책이다. 저본은 『추재집(秋齋集)』, 1939년 활자 간행본[한국문집총간 271책]이다.

○ 추재가 근거한 『방여승략(方輿勝略)·외이(外夷)』는 『사고금훼서총간(四庫禁燬書叢刊)』(북경대학 소장본, 1610년 각본)을 따랐다.

○ 『방여승략외이』가 근거한 나왈경(羅曰褧)의 『함빈록(咸賓錄)』은 1591년의 서문이 있는 중국국가도서관 소장본과 『총서집성속편(叢書集成續編)』본을 따랐다.

○ 『방여승략외이』를 번역해 옮기되 원문은 생략했다. 단 6권의 저자들이 『함빈록』을 채록하며 빠뜨린 정보들은 원문과 함께 '[]'에 넣어 기울여 쓰기로 표시했다. 이로써 세 자료 모두를 한꺼번에 볼 수 있도록 의도했다.

○ 참고한 24사는 모두 중화서국 표점 교감본을 사용했다.

○ 이전 나의 작업에서 소개된 나라와 산물들에 관해서는 이전 오류가 발견되지 않는 한 다시 해제하거나 주석하지 않고 이전 작업들을 참조토록 했다.

○ 참고한 도서의 약칭들은 이전 나의 주석서들과 같다.

○ 원주는 '【】'안에 표기했다.

○ 원문을 교정한 글자는 '교정한 글자[원문 글자]'로 표기했다.

점성가들은 한 별의 크기가 땅의 백배 또는 열 배라고 하지만, 지금 우러러 살펴보니 밝은 한 점에 지나지 않을 뿐이다. 사람들이 별에서 내려다보면, 또한 바둑판의 알 하나에 지나지 않을 것이다. 그렇지만 경전(經傳)을 상고하고 그림과 서적을 참고해 보면 복희씨의 만국이나 우공의 구주가 창창하게 사방 만 리 안에 있다. 하물며 불모의 땅에 풀로 만든 옷을 입는 곳이나, 멀고 먼 바다의 밖에, 바닷물과 하늘이 아득히 서로 바라보며 제방과 섬들이 얽혀 있음에랴! 땅에 나라를 세우고 그곳에서 먹고사는 자들도 일일이 헤아릴 수 없다. 그런즉 '바둑판의 알'이라 하더라도, 그 큼을 그럴듯하게 형용할 수는 없을 것이다(星家言星之大, 百十倍地, 而今仰觀, 特晢晢一點已. 使人在星處俯視之, 亦應一棋子彈丸而止耳. 然稽于經傳, 參以圖藉, 則伏羲之萬國, 禹貢之九州, 蒼蒼然皆在方萬里之內. 況乎窮髮卉服之鄉, 遐荒溟渤之外, 水天渺望, 溠嶼錯綜. 國於地, 食其土者, 又不可一一數也. 則所謂棋子彈丸者, 其大固不可以髣髴形容也).

나는 근래 신안(新安) 정백이(程百二) 씨가 지은[撰][1] 『방여승략』을 얻어보니 낱낱이 온 나라를 펼쳐놓고 천하를 포괄하여 눈앞에 있는 듯 역력했다. 그 외의 이국 열전(列傳) 들은 멀리 있는 곳까지 수록하고 핵심을 언급함에 빠짐이 없었다. 이에 기뻐 혼자 말하길, "어떻게 몸에 날개를 달아 그곳으로 날아가 이 책과 같은지를 살필 수 있을까"라고 했다. 그리고 또 스스로 생각하기를 우리나라 안이 [겨우] 몇 리일 텐데 아직 다 둘러보지 못했거늘, 어찌 머나먼 곳에 생각을 붙여 부질없는 짓을 하리오. 차라리 그것들을 글과 노래로 지어 그로써 위로하고 달래는 근거로 삼는 것만 못하다고 생각했다(余近得新安程百二氏所撰方輿勝略, 枚列函夏, 包括寰區, 歷歷如在目前. 就其外異列傳, 冥蒐遠求, 核擧無遺. 則喜自語曰, 安得身具羽翼, 徧翔其地, 審與此書同也否. 旣又自思曰, 吾國中爲幾里, 而未能盡吾觀焉, 豈可寄想廣漠, 徒爲唐喪之歸哉. 毋寧著之篇章, 以作慰遣資).

---

1) 정말 정백이(程百二)가 『방여승략』을 지었는지는 확언할 수 없다. 그가 지은 것은 『방여승략』, 총18권 중에서 제1권 '경사(京師)' 뿐이고, 『방여승략외이』, 권1의 '달단(韃靼)'을 지은 것뿐이다. 이밖에 『방여승략외이』 수권(首卷)을 편집한 네 사람 중 한 사람으로 이름을 올리고 있다. 따라서 정백이가 편집했다거나 간행했다는 말은 성립하지만, 지었다고는 말할 수 없다. 이에 대해서는 앞에서 자세히 검토했다.

그러나 이 책은 200여 년 전에 이루어진 것이라, 당시는 먼 지방 사람들이 모두 중국에 오지 않았을 때이고, 기술에도 어그러지고 잘못된 내용이 상당히 많았다.[2] 두루 설(說)을 채록하되 평소 듣고 기록한 바를 덧붙여 적었다.[3] 장황한 것은 줄이고, 소략한 부분은 상세히 하며, 어긋난 부분은 바로잡아,[4] 모두 '죽지사' 122편을 지으니, 기록한 나라는 무릇 83개국이 되었다. 지역이 근접하거나 풍속이 같으면서 기록은 있지만, 근거가 없는 것들은 또한 모두 빼버렸다.[5] 아! 내 정말 집 뒷산에도 오른 적이 없는데 그보다 먼저 태산(泰山)과 화산(華山)을 논하게 되었다. 그저 소책자로 만들어 그로써 내 평생 원유(遠遊)할 뜻을 적노라(而書成距今二百餘年, 當時遠人未畢至, 爲說頗多舛錯. 遂採其說, 附以素所記聞. 衍者節之, 略者詳之, 違者正之, 合以爲竹枝詞百二十二章, 識國凡八十三. 若其地近而俗同, 有記而無據者, 則又幷闕焉. 噫! 余誠如未登屋後山, 先論泰華也. 聊且藏之巾衍, 以識余平生遠遊志也).

을묘년(1795)[6] 맹추에 경원산인(經畹山人) 서문을 쓰다(乙卯孟秋, 經畹山人叙).

---

2) 사실 추재는 잘못된 내용을 고증하지도 알아차리지도 못했다.

3) 추재가 부기(附記)한 정보는 대부분 상상에 의한 것으로, 실제 근거를 들어 추가한 정보는 손가락에 꼽을 정도이다.

4) 추재가 장황한 내용을 대폭 줄인 것은 맞다. 그러나 『방여승략외이』의 기술 맥락을 따라가지 못하고, 마음대로, 사안의 경중을 가리지 않고 눈가는 대로 채록했다. 소략한 부분은 아무것도 상세히 하지 않았다. 오히려 근거 없는 정보나 상상으로 채웠다. 그 또한 아주 극소수에 해당한다. 어긋난 부분을 바로 잡은 경우는 단 한 건도 없다.

5) 이 진술 또한 허위이다. 아무런 기준이 없었다. 그의 말과는 달리 정작 빼야 할 것은 빼지 않았고, 채록해야 할 것은 채록하지 않았다. 그가 정확히 알고 있었던 외국이 한 곳이라도 있는지 의문이 들 정도이다.

6) '을묘(乙卯)', 즉 1795년이다. 추재는 『방여승략』이 완성된 지 200여 년이 지났다고 하였다. 『방여승략』은 빨라도 1610년 이후에 간행되었다. 계산하면 185년 전이다. '200여 년'과 차이가 크다. 한편 김진옥씨가 2005년 쓴 「추재집 해제」에 따르면('한국고전종합DB'), 1795년은 추재가 34세 되던 해이다. 나는 이 '을묘'가 '기묘(己卯, 1819)'를 잘못 옮긴 것으로 생각한다.

[01] 달단(韃靼)

‘달단(韃靼)’은 『명사』, 권327, 「외국·달단전」(8463쪽)에서 “몽골이며 옛 원나라 후손들이다[即蒙古, 故元後也]”라고 시작한다. ‘중국정사외국전DB’의 주석자들은 ‘타타르(Tatar)’의 음역이라고 설명했다. 이 ‘타타르’는 옥스퍼드 영어 사전에 따르면, 킵차크한국(Golden Horde)을 이은 한국 중 튀르크어를 말하는 주민을 지칭한다고 한다. 킵차크한국은 1242년 건국되었으므로, ‘타타르’라는 명칭은 기껏해야 13세기 중반으로 거슬러 올라갈 수 있을 뿐이다.

그러나 ‘달단’은 정사로는 『구오대사(舊五代史)』에 ‘달단(達靼)’으로 처음 언급되었고, 권137, 「거란전」(1827쪽)에서는 광계(光啓, 885~888) 연간 거란의 핍박을 받은 부족 중 해(奚), 실위(室韋) 등과 함께 언급되었다. 이로부터 ‘달단’이란 명칭은 9세기 후반부터 나타나고 있음을 확인할 수 있다. 이후 1013년 칙명으로 완성된 『책부원구(冊府元龜)』, 권7(150b), 권347(10b, 11a), 권999(33a)에서도 ‘달단(韃靼)’으로 표기되며 나타난다. 따라서 달단이 ‘타타르’의 음역 표기라는 설명은 성립될 수 없고, 오히려 그 반대이다.

1297년 주달관(周達觀)의 『진랍풍토기(眞臘風土記)』에 따르면, 캄보디아의 세 종교를 기술하는 단락에서 팔사유(八思惟)는 달단(韃靼)의 여인들이 쓰는 쿠쿨[罟姑] 같은 것을 머리에 쓴다고 기술하고 있다(『진랍풍토기역주』, 72쪽). 거의 동시대로 보이는 주밀(周密, 1232~1298)의 『계신잡식(癸辛雜識)』(사고전서본, 권상, 47b)에는 말을 보는 방법을 설명하여, “말 중에 건장한 놈은 눈빛에 사람의 전신을 비추고, 중년이 된 놈은 사람의 반신을 비추며, 늙은 놈은 사람의 얼굴만 비출 뿐이다. 이것이 달단(韃靼) 사람들이 말을 보는 방법이다(馬之壯者, 眼光炤人見全身, 中年者, 炤人見半身, 老者炤人僅見面耳. 此韃靼相馬之法)”라고 하였다. 이로부터 13세기, 즉 원나라 시기부터 ‘달단’이란 명칭이 일반화되었음을 알 수 있다.

마르코폴로는 내몽골 초원 지역의 천덕(天德)을 옮긴 것으로 보이는 텐둑(Tenduc) 지방을 기술하며, 프레스터 요한이 타타르인들과 그 주변의 모든 지역과 왕국을 다스릴 때의 도읍지가 있던 곳이라고 했다. 이어서 이곳은 우리나라에서 곡(Gog)과 마곡(Magog)으로 부르는 곳으로, 이곳 사람들은 ‘웅(Ung)’과 ‘몽굴

(Mongul)'이라 부르는데, "이들 지역에는 각기 다른 인종이 산다. '웅'에는 곡 사람들이 살고, '몽굴'에는 타타르인들이 산다. 타타르인들이 떠나기 전에 이 지역에는 두 종족이 있었다. '웅'은 땅의 사람들이었고, '몽굴'은 타타르 사람들이었다. 그러므로 타타르인들은 종종 '몽굴'이라 불린다"라고 기술했다(A.C. Moule & Paul Pelliot, 『Marco Polo』, I, 183쪽). 이로부터 우리는 '타타르'는 바로 '몽골'임을 확인할 수 있다. 그러나 '타타르'의 어원은 여전히 확인되지 않는다.

여기 정백이가 지었다는 『방여승략외이』, 제1권은 나왈경(羅曰褧)의 『함빈록(咸賓錄)』을 거칠게 복제한 텍스트이다. 아래에서도 확인하겠지만, 나왈경은 주로 정효(鄭曉, 1499~1566) 『오학편·황명사이고』와 이를 토대로 기술된 장황(章潢)의 『도서편(圖書編)』(1577년)에 근거했고, 이들 자료로부터 확인되는 정보들을 중국 정사에서 보완했다. 다시 말하자면, 나왈경의 텍스트는 정백이에 의해 한 차례 걸러졌고, 그 자료를 다시 추재가 요약했다. 그러므로 추재가 기술한 정보는 독자들이 따라가기 어려운 매우 '문학적'인 자료로 재탄생했다. 그러나 나왈경과 정백이로 이어지는 기록 과정은 '달단'의 역사를 조감하고, 16~17세기 중국인들이 인식한 '달단'을 살펴보는 데에는 매우 유용한 자료임에는 분명하다.

어쨌든 이 긴 자료의 이해와 분석 없이는 추재의 요약문을 이해할 수 없다. 그러나 지면상 원문을 다 옮기지는 않고, 중요하게 생각되는 부분에만 원문을 함께 넣어 두었다. 또한 나왈경의 원문을 이탤릭체로 추가하여 정백이가 빠뜨린 정보들을 확인할 수 있도록 했다. 추재가 채록한 정보들은 굵은 글씨로 표기했다.

> **달단은 북방 오랑캐[北胡]이다.** *[옛날 삼대(三代)의 훈육(獯粥), 험윤(獫允), 한나라의 흉노(匈奴), 위나라의 연연(蠕蠕), 당나라의 돌궐(突厥), 송나라의 몽골계 인종으로 번갈아 치성했는데, 대체로 모두 하후씨(夏后氏)의 후예이다(昔三代之獯粥·獫允, 漢之匈奴, 魏之蠕蠕, 唐之突厥, 宋之蒙古種類迭熾, 大抵皆夏后氏之苗裔也)].* **옛날 하나라 걸왕이 무도하여 탕왕이 그를 쫓아내 중야(中野)에 살자, 백성들이 달아났다.** *[걸왕이 1,000리를 옮겨가 부제(不齊)에 이르자, 부제의 백성들이 달아났다. 북쪽 노로(魯魯)로 옮겨가자, 백성들이 또 달아났다. 걸왕은 해외에 사람이 있을 것*

이라고 하며(桀南徙千里, 止於不齊, 不齊民犇湯, 北徙魯魯, 士民復犇湯. 桀曰海外有人)], 걸왕은 이내 그의 무리 500인과 북황(北荒)의 사막으로 옮겨갔다. 걸이 죽고, 그의 아들 **훈육(獯粥)**이 걸왕의 아내를 부인으로 삼고 **짐승들을 따라 옮겨 다니다가[隨畜遷徙]** 고유한 풍속을 갖추었는데, 그들을 '흉노'라고 한다. 고공(古公)이 빈(豳)에 있을 때, 훈육이 공격해 오자 빈을 버리고 기산(岐山)으로 갔다. *[무왕이 즉위하여 융이(戎夷)를 경수(涇水)와 낙수(洛水)의 북쪽으로 축출하자, 이때부터 조공을 들여 '황복(荒服)'이라 불렀다. 그 후 얼마인지 알 수 없는 세대를 전하여 순유(淳維)에 이르렀고, 또 얼마인지 알 수 없는 세대를 전하여 험윤(獫狁)에 이르렀다(武王卽位, 逐戎夷涇洛之北, 以時入貢, 名荒服. 其後不知幾傳而至淳維, 又不知幾傳而至獫狁)]*. **주선왕(周宣王) 때 험윤(玁狁)**이 난을 일으켜 선왕이 그들을 정벌했다. *[『시』에 이르기를, "험윤을 정벌하고 태원에 이르셨네"[1]라고 하였고, "많은 수레 출정시켜, 저 북방에 성을 쌓으셨네"[2]라고 하였으니 훌륭하신 선왕이시다. 이로부터 부락이 나날이 번성하여, 흥하기도 망하기도 하였으니 그 기년을 다하기 어려웠으며, 진나라 소왕, 조무, 영왕(靈王) 연소왕이 모두 땅을 개척하여 성을 쌓으며 군현을 설치하고 호인(胡人)들을 멀리했다(詩曰, 薄伐玁狁, 至于大原. 出車彭彭, 城彼朔方, 美宣王也. 自是部落日蕃, 或興或廢, 難以盡紀, 而秦昭王·趙武·靈王·燕昭王俱拓地築城, 置列那縣, 以距胡人)]*.

진시황제는 *[대장]* 몽념(蒙恬)을 보내 성을 쌓아 오랑캐들과 거리를 두었다.[3] 선우 두만(頭曼)은 진을 이기지 못하고 1,000여 리 옮겨갔다. *[수십 년이 지나 몽념이 죽고 중국이 어지러워지자, 진나라가 변경에 옮겨 살게 했던 자들이 모두 되돌아갔다. 이로써 흉노가 여유로워지면서 다시 조금씩 황하를 건너 남쪽으로 와 중국과 옛 요새로 경계하게 되었다고 한다*

---

1) 『시경·소아』, 「유월(六月)」.

2) 『시경·소아』, 「출거(出車)」.

3) 밑줄 친 기술은 『함빈록』에 "진시황제가 대장 몽념을 보내 성을 증축하게 하자, 이로써 흉노들은 조나라의 변경으로 감히 들어오지 못했다(始皇與使大將蒙恬益增築之, 以故匈奴不敢入趙邊)"라고 하였다.

(幾數十年, 蒙恬死, 中國擾亂, 諸秦所徙適邊者, 皆復去, 用是匈奴得寬, 復稍度河南, 與中國界于故塞云)].[4] 두만의 아들 **묵득(冒頓)이 울리는 화살[鳴鏑]로 그 아비를 사살하고 동호(東胡)를 격파하여 옛 땅을 수복했다.** 흉노는 마침내 강성해져 서이(西夷)[5]를 모두 복속시키고 남하하여 중화[華夏]와 적국이 되었다.

옛날 백등산에 포위되어 한고조는 거의 죽을 뻔했다.[6] 자립할 수 없다[孤僨]는 책망에 여태후는 화를 냈지만, 묵득의 치세에 모두 유경(劉敬)의 건의에 따라 화친을 맺은 것에 힘입어 조금 안정되었다. 이 계획은 아마도 득실이 반반이었을 것이다. 묵득이 죽고 아들 계육(稽粥)이 서자, 중항열(中行說)이 흉노에게 투항하여, 중국의 허실을 알려주니, 이에 변경을 약탈했다.

무제(武帝) 때, 마읍(馬邑) 사람 섭일(聶壹) 옹이 거짓으로 마읍성을 판다고 선우를 꼬드겼으나 선우는 그것을 알아채고, 군사를 이끌고 돌아갔다. *[이로부터 흉노가 화친을 끊자, 변경 약탈이 더욱 심해졌다. 무제는 곧바로 변경 전략을 세우고, 힘차게 장군들에게 명하여 적후는 교외까지 늘어섰고, 봉화는 감천궁으로 통했다(自是後, 匈奴絶和親, 寇邊愈甚. 武帝亟興邊略, 赫然命將, 候列郊甸, 火通甘泉)].*[7] 무제는 위청(衛青), 곽거병(霍去病), *[이광(李廣), 한안국(韓安國)]* 등에게 해를 이어 출정하게 하여 하남(河南)을 취하고, 낭거(狼居)[서산(胥山)]를 봉하고, 한해(瀚海)에 이르

---

4) 이 정보는 『전한서』, 권94상, 「흉노전」(3749쪽)에 보인다.

5) 『함빈록』에는 '서북의 여러 오랑캐(西北諸夷)'로 되어 있고, 『전한서』, 권94상, 「흉노전」(3751쪽)에는 '북이(北夷)'로 되어 있다. '서북이(西北夷)'가 맞을 것이다.

6) 나왈경은 이 문장 끝에 "환담(桓譚)의 『신론(新論)』에 따르면, 당시 진평(陳平)이 선우의 알지(閼氏)를 설득하며 한나라에는 아리따운 여인이 있으니 장차 선우에게 올리겠다고 하자, 알지는 느슨해졌다. 알지는 마침내 선우에게 말해 한고조를 돌려보냈다고 한다(桓譚新論云時陳平說單于閼氏言, 漢有麗女, 將進單于, 閼氏踈矣. 閼氏遂語單于歸漢高焉)"라는 주석을 붙였다.

7) 이 정보는 『후한서』, 권89, 「남흉노전」(2966쪽)에 보인다.

니 몽골 사막 이남[幕南]에는 왕정(王庭)이 없어져 위엄이 조금 진작되었다. *[무력이 고갈되고 재부만 쓰는 지경에 이르러, [흉노의 기세는] 좀 꺾였지만, 한나라의 곳간은 비고 병사와 말 그리고 물자의 소모 또한 대략 그에 상당했다(至于窮極武力, 單用天財處, 雖頗折, 而漢之府庫虛耗, 士馬物故亦略相當)]*. 무제가 북벌한 지 20여 년 이래로, 흉노는 대를 이어 선우가 된 자들로 *[군신, 이치사, 오유, 첨사려,*[8] *구려호, 저제후 등으로 무릇 여섯 선우가 바뀌었는데(曰軍臣, 曰伊穉斜, 曰烏維, 曰詹師廬, 曰句黎湖, 曰且鞮侯, 凡更六單于)]*, 모두 [변경을] 자주 약탈하였고, 한나라 또한 깊숙이 들어가 추격하는 일이 끊이지 않았다.

천한(天漢, 기원전 100~기원전 97) 초에 저제후(且鞮侯)가 즉위하자마자 한나라의 습격을 걱정하여 "한나라의 천자는 나의 어른[丈人行]이시다"라고 하며, 곽길(郭吉), 노충국(路充國) 등 한나라 사신들을 모두 돌려보내자, 황제는 그 뜻을 가상하게 여겨, 소무(蘇武)를 사신으로 장승(張勝), 상혜(常惠) 등과 함께 한나라에 구류되었던 흉노 사신들을 돌려보냈다. 마침 구왕(緱王)이 [선우의] 어미 연지(閼氏)를 겁박하여 한나라로 돌아오려는 일이 발각되었고, 그 일은 장승에게 미쳐 죽임을 당했다. 이내 소무를 구류하고 항복을 겁박했으나 불응하자, 결국 큰 움[大窖]에 갇혔다. 추운 날씨에도 눈을 먹으며 해를 넘기며 죽지 않았고, 더운 날씨에 담요와 가죽옷으로 싸서 태양 아래 소무를 드러냈으나 소무의 절개는 더욱 견고했다. 이내 북해(北海)로 옮겨 숫양을 키우게 하며, 숫양이 새끼를 낳으면 돌아갈 수 있다고 했는데, 모두 위율(衛律)의 모략이었다.[9]

저제후(且鞮侯)가 죽고, 아들 호록고(狐鹿姑)가 섰다가 죽고, 그의 아들 호제(壺鞮)가 섰다. *[이때 흉노는 조금씩 힘들어졌기 때문에, 소제 시기 내내 노략질이 드물어졌다(是時匈奴稍罷困, 以故終昭帝之世, 希犯寇*

8) 『사기』, 권110, 「흉노전」(2914쪽)에는 '오사려(烏師廬)'로 되어 있다.

9) 나왈경은 여기에 주를 내어 "뒤에 기러기에게 편지를 맡겨 돌아왔다. 한나라 사람들은 더운 날씨에 담요를 입게 한 일을 잘 모르므로 상세히 그것을 기록했다(後託鴈書事歸, 漢人少知, 天熱衣氈事, 故詳錄之)"라는 정보를 실었다.

焉)]. 선제(宣帝, 기원전 91~기원전 48)가 즉위하여, 장군 전광명(田廣明), *[범명우(范明友), 조충국(趙充國), 상혜(常惠)]* 등을 출병시켜 오손공주(烏孫公主)를 호위하고 흉노를 대파했다. 이에 흉노는 쇠약해져 *[매여 속했던 여러 나라가 모두 와해하였고, 공격이나 도적질을 할 수 없었으며, 점차 화친하려 하여(諸國羈屬者皆瓦解, 攻盜不能理, 滋欲鄉和親)]*, 변경의 일이 줄어들었다. 이로부터 3대를 전하여 호한야(呼韓邪) 선우가 섰다. *[귀부할 의사가 더욱 짙었는데(嚮化彌深)]*, 마침 다섯 선우가 쟁립하여 서로 공격하자, 호한야는 귀순하여 내조했다. 한나라는 특별한 예로 높여, 지위를 제후왕 위에 두고, 신하를 칭하여 알현하도록 하되 그 이름을 직접 부르지 않았다. 한 달 남짓 머무르다가 나라로 돌려보내자, 선우는 *[자청하여]* 광록새(光祿塞) 아래 머물면서, 위급한 상황이 있으면 한나라의 수항성(受降城)을 지킬 수 있기를 원했다. *[얼마 되지 않아]* **질지(郅支) 선우, 호한야 선우 모두 사신을 보내 조공을 바쳤다.** *[한나라는 호한야를 더욱 우대했다(漢待呼韓邪有加)]*.

원제(元帝, 기원전 76~기원전 33)가 즉위하자 질지(郅支)는 한나라가 호한야를 옹호하는 것을 원망하며 편지를 올려 시자(侍子)를 [돌려보내길] 요구하여 한나라는 곡길(谷吉)을 보내 그를 송환하자, 질지는 곡길을 죽여버렸다. 진탕(陳湯)은 출병하여 강거(康居)로 나아가 질지를 참했다. 이에 호한야가 더욱 강성해지고 호한야는 입조하여, 한나라[漢氏]의 사위가 되기를 원했다. 당시 왕소군(王昭君)이라는 궁인이 있었는데 용모가 매우 아름다워, 화공들에게 그의 용모를 망가뜨리게 하여, 결국 그러한 마음이 생기지 않게 하였다. 이에 황제는 선우에게 가고자 하는지를 후궁에게 물으니 소군은 탄식하며 가기를 청하자, 황제는 [그녀를] 만나 보고 후회했다. 이내 그 일을 추궁하여 화공 진창(陳敞), 모연수(毛延壽) 등을 일시에 베어버렸다.[10] 호한야가 돌아가며 편지를 올려 요새를 지키길 원하면서

10) 여기에는 정백이가 채록하지 않은 주석이 달려있다. "비록 오랑캐를 따라 자식을 낳았으나 뜻은 한나라를 잊은 적이 없었다. 오랑캐 땅의 풀은 누런데, 왕소군이 죽자, 무덤의 풀만 푸르며 남쪽으로 향했으니 또한 기이한 일이다(雖從虜生子, 然志亦未嘗忘漢. 虜地草黃, 昭君卒, 塚草獨靑而向南, 亦奇事也)."

요새를 방비하는 이졸(吏卒)들을 해산시켜 천자의 인민들을 쉬게 할 것을 청했다. 낭중(郎中) 후응(侯應)은 변방 일을 잘 알아, [청을 들어주면] 안 된다고 건의했다. 무릇 4대를 전하여 낭지아사(囊知牙斯)가 섰다. *[여러 세대 동안 조공하고, 자식을 보내 입시(入侍)하는 일이 상례가 되었다(累世來朝, 遣子入侍, 以爲常)].*

왕망(王莽) 찬탈하여, 다시 사신을 보내 선우가 바뀌었으므로 인장을 '신흉노선우장(新匈奴單于章)'이라 하였다. 선우는 '새(璽)'자를 없애고 '장(章)'이라 한 것은 신하와 다를 것이 없다고 생각하고, 크게 노하여 거리낌 없이 약탈했다. *[왕망은 위엄을 세우고자 장수를 보내 크게 토벌했으나 역시 귀부하지 않았다(莽欲立威, 乃遣將大討之, 亦不肯內附)].*

광무제(光武帝, 기원전 6~기원후 57)가 부흥하자, 선우 여(輿)는 오만함이 처음과 같았다. 그러나 남흉노 선우 비(比)는 호한야의 손자이자 낭지아사(囊知牙斯)의 아들이었다. 호한야 이후로, 여러 아들이 번갈아 섰는데, 4대를 전하여 포노(蒲奴)에 이르기까지[11] 모두 호한야의 적통이 아니었다. *[지(支)와 업(業)이 서로 계승하여 이었다(支業已相繼嗣立矣)].* 결국 비(比)에 이르지 못하자 비는 크게 분통하여 비밀리에 한나라 사람 곽형(郭衡)을 보내 흉노 지도를 바치며 귀속을 요청했다. *[얼마 되지 않아]* 8부의 대신들이 함께 논의하여 비를 세우고 호한야선우로 삼았는데, 그의 할아버지가 일찍이 한나라를 따라 안정을 얻었으므로 그 호칭을 세습하고자 했다. 이에 오원새(五原塞)를 귀속시키고 영원히 울타리가 되어 *[북방 오랑캐를 막고자(禦北虜)]* 원하여 허락하고, 조서로 비를 운중(雲中)으로 들어가게 하니 흉노에게 남북이 있게 된 것은 비(比)에서 시작되었다. 그러나 북선우는 곧바로 비를 공격하여 물리치고 영토가 1,000리에 이르렀다. *[또한 사신을 보내 화친을 청하자, 황태자는 "남북의 흉노 둘 다 통교할 수는 없다"라고 하며 허락하지 않았다. 남흉노의 비가 재위한 지 9*

11) 선우 계승에 관하여, 나왈경은 [선우] "지(知)가 죽고, 함(咸), 여(輿), 오달제(吳達濟), 포노(蒲奴) 등은"이라고 하며 정확히 계승 순서를 밝혔다.

년 만에 죽고 아우 막(莫)이 서자, 한나라를 중랑장 단빈을 보내 조문하고 제사토록 하며, 새서(璽書), 관복, 증채(繒綵) 등의 물품을 하사했다. 그 후 선우가 죽으면 조문 제사하고 위문 하사하는 것이 이로써 상례가 되었다(亦遣使求和親, 皇太子言, 南北匈奴不可兩通, 故勿許. 南單于比立九年薨, 弟莫立, 漢遣中郎將段彬弔祭拜, 授璽書冠服繒綵等物. 其後單于薨, 弔祭慰賜, 以此爲常)].

등태후(鄧太后, 81~121) 때에는 북로(北虜)가 *[크게 혼란하여]* 투항한 사람들이 달아나 남선우 둔도하(屯屠何)가 새롭게 서, 편지를 올려, 한나라 병력으로 북흉노를 쳐 하나의 나라로 병합하여 한나라에 영원토록 북쪽 걱정이 없게 해 주겠다고 청해왔다. 태후는 경병(耿秉)의 의론을 채택하여 마침내, 경병, 두헌(竇憲), 경기(耿夔)에게 남흉노와 합쳐 공격하게 했다. 북로를 대파하자 북선우는 어딘지 모르는 곳으로 달아났고, 그의 동생 어제건(於除鞬)이 북선우가 되었다. *[포노에서 어제건에 이르기까지 북흉노에는 자주 선우가 바뀌었는데, 그 이름을 다 기록할 수 없다(自蒲奴至於除鞬, 北匈奴更數單于, 其名不可得而紀也)]. [남선우]* 도망가다가 *[선지 6년 만에]* 죽고, 조카 안국(安國)이 섰다. 당시 록리왕(谷蠡王) 사자(師子)가 강성하여 사람들이 모두 그에게 귀부하여 결국 안국을 죽이고 자립하여 *[그를 본받아 처음처럼 순종했다(效順如初)]*. 사자가 죽고 3대를 전해 휴리(休利)에 이르렀다.[12)]

영화(永和) 5년(349), 좌부(左部) 구룡왕(句龍王) 오사(吾斯), 거뉴(車紐) 등이 배반하여 우리의 성읍을 노략질하자, 중랑장 진구(陳龜)는 선우 휴리(休利)가 [그들을] 통제할 수 없다고 생각하고, 핍박하여 문책하자, 휴리는 자살했고, 진구도 면직되어 옥사했다. 마침 두루저(兜樓儲)가 경사에 있었으므로 한나라는 이미 그를 [선우로] 세웠다. 이에 사신을 보내 송환시켰다. 왕정이 선지 5년 만에 죽고, 5대를 전해 어부라(於扶羅)가 섰는

12) 정백이가 말한 '삼전(三傳)'에 관하여 나왈경은 "사자(師子)가 죽고 둔(屯)의 아들 단(檀)이 섰다가 죽고, 아우 발(拔)이 섰다가 죽자, 아우 휴리(休利)가 섰다"라고 하였다.

데, 바로 서진(西晉) 유연(劉淵)의 조부이다. 이때 남흉노가 혼란하여 수복골도후(須卜骨都侯)를 선우로 옹립하자 어부라가 예궐하여 호소했다. 마침 영제(靈帝)가 죽고 천하에 많은 일이 있어 결국 백파적(白波賊)과 군대를 합쳐 군을 약탈했지만 결국 불리하여 귀국했다. 나라 사람들이 받아주지 않자 하동(河東)에 머물렀다. 얼마 안 되어 수복골도후도 죽고 남흉노의 왕정은 결국 허물어져 노왕(老王)이 나랏일을 처리했다. 어부라가 죽고, 아우 호주천(呼廚泉)이 자리에 올라 조공해 오자, 조조(曹操)는 업(鄴)에 억류하고 우현왕 거비(去卑)를 보내 그 나라를 감독하게 했다. *[얼마 뒤에]* 흉노를 5부로 나누어 내지(內地)에 살게 했다.

서진(西晉) 무제(武帝, 236~290) 때 이르러, 좌현왕 유표(劉豹)의 아들 유연(劉淵)이 그곳에서 일어났다. 유연은 어려서부터 총명하여 아들 총(聰), 조카 요(曜)와 함께 경사(經史)를 두루 섭렵했으며 체력이 보통 사람을 능가했다. 유연이 시자(侍子)로 낙양에 있을 때, 왕혼(王渾)과 왕제(王濟)가 그를 천거하여 진나라는 [그를] 흉노 북부 도위(匈奴北部都尉)로 삼았다. 5부의 호걸, 유주(幽州)와 기주(冀州)의 명유(名儒)들이 그에게 귀의했다. 이에 '대선우'를 칭하고 곧 황제를 칭하며 국호를 '한(漢)'이라 하니, 중화를 어지럽힌 '호(胡)'는 유연에게서 시작되었다. 유연이 죽고, 아들 총이 올라 마침내 경사를 정복하여, 회민(懷愍) 태자를 잡아 가두고 푸른 옷에 술을 마시게 하며, 오랑캐 복장으로 앞서 달리게 하는 등 *[구리 낙타가 가시밭에 뒹굴고, 강하가 갑자기 달라 지니(荊棘銅駝, 江河頓異)]* 자고이래 이러한 이적의 잔학함은 없었다. 얼마 되지 않아 유씨가 망하고 대신 흥한 자가 석씨(石氏)로 국호를 '조(趙)'라 했다. 두 세대 만에 후[진]에게 멸망했다. 저거씨(沮渠氏)는 그 조상이 흉노 좌저거(左沮渠)로 국호를 '북량(北涼)'이라 했으나 두 세대 만에 위(魏)나라에 멸망했다. 혁연씨(赫連氏)는 우현왕 거비(去卑)의 후예로, 국호를 '대하(大夏)'라고 했으나, 세 세대 만에 위나라에 멸망했다. 탁발씨(拓拔氏)는 **한나라 투항한 장수 이릉(李陵)의 후손들로** 국호를 '원위(元魏)'라고 하며 가장 오래 존속했다. 이들 모두 흉노의 후예들[遺種]이다. 서진과 동진[二晉] 그리고 후량(後梁), 후당(後唐), 후진(後晉), 후한(後漢), 후주(後周)[五季]의 쇠락한 운과

짓밟힘을 당해 중화 세계는 거의 병탄 되었고, 옛 흉노의 땅은 모두 동호(東胡)의 종족인, 선비(鮮卑)에 속했다. *[선비는 동호 종족이다(鮮卑東胡種也)]*. 「올량합고(兀良哈考)」에 상세하다. 선비가 쇠락하고 연연(蠕蠕)이 강성해졌다.

'연연(蠕蠕)'이라 하는 것은 무지하고 모습이 벌레[蟲] 같기 때문이다. 이에 앞서 목골려(木骨閭)라는 자가 있었는데 탁발 의로(猗盧)의 기병으로, 기한에 늦어, 참수를 당할 때, 사막과 계곡 사이로 숨어 도망하여, *[도망해 온 사람 100여 명을 확보했다(收合逋逃得百餘人)]*. 그의 아들 거록회(車鹿會)가 웅건하여 비로소 부락을 가지게 되었다. 3대를 전해 지속원(地粟袁)의 아들에 이르러 부락은 둘로 나뉘었다. 장자인 필후발(匹候跋)은 옛땅에 살았고, 차자인 온흘제(縕紇提)는 따로 서쪽 변경에 살았다. 원위(元魏)의 공격을 받아 달아났지만, 올흘제의 아들 두륜(杜崙)[13]은 *[흉악하고 교활하며 권모술수가 있었는데(兇狡有權略)]* 가노(家奴)들을 거느리고 필후발을 습격하여 격파했다. 원위의 침탈이 두려워 막북(漠北)으로 도망가 *[고거(高車)를 침략하고, 발야계(拔也稽)를 격파하며(侵高車, 破拔也稽)]*, 여러 부락을 병합했다. 대체로 흉노의 옛 땅을 차지하고 스스로 '가한(可汗)'이라 하고 *[군법을 세웠다. 1,000명을 군(軍)으로 삼고, 군에는 장(將)이 두었다. 100명을 '당(幢)'이라 하고, 당에는 '수(帥)'를 두었다. 먼저 오른 자에게는 노획한 전리품을 하사했고, 물러난 나약한 자들은 돌로 머리를 쳐 죽였다(立軍法. 千人爲軍, 軍有將, 百人爲幢, 幢有帥. 先登者賜以虜獲, 退懦者以石擊首殺之)]*.[14] 오만하게 변방을 약탈하며 원위를 괴롭혔다. 두륜이 죽고, 원위는 대규모 군대를 움직여 주인 대단(大檀)을 습격하자 서쪽 산과 계곡으로 숨어들어 남침하지 못한 것이 무려 열 명의 주인이 있었다. 아나괴(阿那瓌)가 왕위에 오르자 다시 오만해져, 제(齊) 땅 출신 선우담(單于覃)[15]을 참모로 삼아 마침내 [중국식으로] 관호(官號)

13) 『위서』, 권103, 「연연전」에는 '사륜(社崙)'으로 되어 있다.

14) 이 군법에 관한 정보는 『위서』, 권103, 「연연전」(2290쪽)에 보인다.

15) 『북사』, 권98, 「연연전(蠕蠕傳)」(3266쪽)에는 '순어담(淳于覃)'으로 되어 있다.

를 세우니, 중국 천자를 모방한 것이었다. 후에 돌궐(突厥) 추장 토문(土門)에게 무너져 아나괴가 자살함으로써 연연은 결국 멸망하고 돌궐이 그곳에 흥기했다.

'돌궐(突厥)'은 두모(兜牟, 투구)이다. '두모'로 나라 이름으로 삼았으니 분명 병장기에서 나왔을 것이다. 전하는 바에 따르면, **그들 선조의 나라는 서해(西海)에 있었는데, 이웃 나라에 멸망할 때, 남김없이 살육되었지만, 한 아이만 죽이지 않고, 발과 팔을 자르고 습지에 버렸는데, 암컷 이리가 고기를 물어다 길러 끝내 죽지 않았다. 장성하여 그 이리와 교합하자, 이리는 그를 업고 고창(高昌) 서북쪽 동굴에서 살다가** *[방초가 무성한 평지 사방 200여 리를 얻었다(得平壤茂草地, 方二百餘里)].* **뒤에 이리는 아들 열을 낳았고, 각자 하나의 성씨를 이루었다(相傳其先國西海上, 隣國滅之, 殺無噍類, 惟小兒未殺, 乃刖足斷臂棄澤中, 有牝狼銜肉養之, 遂得不死, 及壯與狼交, 狼因負之, 居於高昌西北洞穴中, 後狼生十男, 各自爲一姓).** 아사나(阿史那)가 가장 현명하여 마침내 군장이 되었으므로, *[돌궐의 깃발에는 황금 이리 머리를 세워 표시하며 근본을 잊지 않았다(故突厥旗纛上, 建金狼頭示, 不忘本也)].*[16] 대대로 연연에 예속되었다가, 토문(吐門)에 이르러 비로소 연연을 멸망시키고 그곳에서 '가한'이라 칭했다. 토문이 죽고 아들 사근(俟斤)이 이었고, 사근이 죽고 아우 타발(佗鉢)이 올랐다. 두 사람은 용맹하고 지혜가 많아 위엄으로 여러 나라를 복속시켜 땅을 수십만 리로 넓혔다. *[병사가 수십만이라 중국은 그들을 두려워했다(控弦數十萬, 中國憚之)].* [북]주(周)와 [북]제(齊)가 다투어 혼인을 맺고자 창고를 기울여 그들을 섬기자, *[거절하지 않았다(弗辭也)].* 사발략(沙鉢略)이 오르자, 그의 아내는 우문씨(宇文氏)의 딸로, 종족이 멸절된 것을 슬퍼하며, 속으로는 수나라에 복수하려는 뜻을 품었다. 그것을 알고, 사발략은 수나라 변경을 대대적으로 약탈했다. 수문제는 화가나 하간왕(河間王) 홍(弘), 고경(高熲), 우경칙(虞慶則), 두영(竇榮) 등에 출새(出塞)하여 공격하게 하자, 사발략은 패주했고, 사발략과 서돌궐 사이에는 틈이 생겼다.

---

16) 이 정보는 『북사』, 권99, 「돌궐전」(3288쪽)에 보인다.

'서돌궐(西突厥)'은 사근의 아들 라편(邏便)의 봉지(封地)이다. 돌궐이 서북으로 나뉜 것은 이로부터 시작되었다. *[두 돌궐이 쉼 없이 서로를 공격했고, 각기 사신을 보내 예궐하여 화친을 청하고 지원을 요청했다. 수는 우경칙을 그곳에 파견했다. 애초 사발략은 병을 핑계로 일어나 절하지 않았다. 우경칙은 예가 어긋난다고 나무라자, 다시 표문을 올려 신하를 칭했다. 수나라 황제는 매우 기뻐하며 상과 하사품을 더해 주었다(二突厥相攻擊不休, 各遣使詣闕求和請援. 隋遣虞慶則往焉. 初沙鉢略稱病, 不能起拜, 慶則喩之禮稍屈, 還表稱臣, 隋帝大悅, 賞賚有加)]*. 사발략(沙鉢略)이 죽고, *[아우 처라후(處羅侯)의]* 아들 옹우려(雍虞閭)가 섰으나 돌리(突利) 가한과 염간(染干) 또한 사발략의 아들로, 북방에 살면서 옹우려와 거리를 두고 있다가 수나라와 화해하며, 곧 사신을 보내 혼인을 요청했다. 수나라는 종실의 딸 의안공주(義安公主)[17]를 시집보내, *[북적을 이간하려 했으므로 특별히 그 예를 후하게 했다(欲離間北狄, 故特厚其禮)]*. 염간은 공주를 얻게 되어, *도근(度斤)의 옛 진(鎭)으로 옮겨오자 [상과 하사품을 더욱 후하게 주었다(賞賚優厚)]*. 옹우려가 화를 내며 "내가 '대 가한'인데 오히려 염간보다 못한가?"라고 했다. 이에 *[조공이 끊어지고 자주 변방의 우환을 일으켰고(朝貢遂絶, 數爲邊患)]*, 거병하여 염간을 공격했다. 염간이 수나라로 도망해 오자 [수나라는] 염간을 '의리진두계인가한(意利珍豆啓人可汗)'에 임명하고 삭방(朔方)에 대리성(大利城)을 쌓아 그곳에 살게 했다. *[부락에서 귀부한 자들이 매우 많았다. 이때(部落歸者甚衆. 是時)]*, 옹우려가 죽고 보가(步迦)가 자립하면서 곧 크게 혼란스러워졌다. 서돌궐의 니리가한(泥利可汗)이 철륵(鐵勒)에게 패하자, 해(奚), 습(霫), 5부가 [장성] 안으로 옮겨와, 계인(啓人)은 그 사람들을 차지하면서 세력이 이때부터 강성해졌다. 수양제가 유림(楡林)에 행차할 때, 계인이 알현하자, 황제는 크게 기뻐하며 시를 지어 "호한[야]가 머리를 조아려 이르니, 도지(屠支)들이 연이어 오네. 어찌 그냥 선우대(單于臺)에 오른 것이

---

17) 『수서』, 권84, 「돌궐전(突厥傳)」(1872쪽), 『북사』, 권99, 「돌궐전」(3296쪽)에는 모두 '안의공주(安義公主)'로 되어 있다.

한나라 천자만 하리오"[18]라고 하며 계인을 예우하고 하사품을 후하게 내렸다. 계인이 죽고 그의 아들 시필가한(始畢可汗)이 올라, 수나라가 자기의 참모들을 죽인 것 때문에, 원한을 품고 조공하지 않고, 거병하여 변방을 약탈했다. *[수나라 황제를 안문에서 포위했으나 원군이 이르자 퇴각했다. 이때 수나라가 혼란에 빠지자, 시필은(圍隋帝於雁門 援至, 引去. 是時隋亂, 始畢)]* 마침내 서역을 신속(臣屬)하고 설거(薛擧), 두건덕(竇建德), 왕세충(王世充), 유무(劉武), 이궤(李軌), 고개도(高開道)의 무리가 존호를 참칭했지만, 또한 북면(北面)하여 신하를 칭해, 그 세력이 *[계인 때보다(於啓人時)]* 중하를 능가했다. 시필이 죽고, 그의 아우 처라가한(處羅可汗)이 이었다가 죽었다. 의성공주(義成公主)가 그의 아들을 폐위하고 처라의 아우 토필(吐苾)을 세우니, 바로 힐리(頡利) 가한이고, 또 시필의 아들 십발필(什鉢苾)을 세우니, 바로 돌리(突利) 가한이다. *[힐리는 부형의 밑천을 계승하여, 군대와 기병이 강하고 많아 중하를 넘보려는 뜻이 있었다(頡利承父兄之藉, 兵騎强衆, 有憑凌中夏之志)].*

마침 당나라 고조(高祖, 566~635)가 태원(太原)에 자리하며 바깥을 공략할 겨를이 없어, 외교가 단절되자[19] 힐리(頡利)는 더 대대적으로 변경을 약탈했다. *[곧바로 어교(魚膠, 부레풀)를 바치면서, "속여 말하길 어교가 두 나라의 우호를 공고하게 할 것입니다"라고 하였다. 당시 이대은이 오랑캐들을 공격했으나 패전하여 죽었다(尋乃貢魚膠, 紿云, 膠固二國之好也. 時李大恩擊虜, 敗沒)].* 당나라는 화가나 태자 건성(建成)과 진왕(秦

18) 대업(大業) 3년에 수양제가 지은 시는 『수서』, 권84, 「돌궐전」(1875쪽)에 다음과 같이 기록되어 있다. "계록새(鷄鹿塞)엔 많은 깃발 주둔하고, 용정(龍庭)엔 비취 주련 돌아왔네. 전장(氈帳)은 바람에 날리고, 궁려(穹廬)는 태양을 향해 열렸네. 호한[야]이 머리를 조아리자, 도기(屠耆)들이 뒤를 이어 오네. 머리털을 땋은 사람들 양고기를 들었고, 활깍지 낀 사람들 술잔을 받들었네. 무엇인들 한나라 천자가 쉽게 선우대에 오른 것과 같겠는가(鹿塞鴻旗駐, 龍庭翠輦迴. 氈帳望風擧, 穹廬向日開. 呼韓頓顙至, 屠耆接踵來. 索辮擎羶肉, 韋韝獻酒杯. 何如漢天子, 空上單于臺)"라고 하였다.

19) 정백이가 요약한 이 문장은 『함빈록』에 "매번 후하게 용인하며, 선물을 아끼지 않았다(每優容之, 贈賚不貲)"라고 되어 있다.

王) 세민(世民)을 보내 두 갈래로 공격하자, 힐리는 진왕의 명성을 듣고 철수할 수밖에 없었다. *[얼마 되지 않아]* 힐리와 돌리(突利)는 연합하여 약탈해 오자 진왕이 그들을 막으며, 말을 달려 힐리와 이야기하고 다시 말을 달려 돌리와 이야기하며 마음껏 양측을 반목하도록 이간질하자, 서로를 의심하고 우려하며 사신을 보내 화친을 청해왔다. *[그러나 힐리의 약탈은 여전했다(而頡利鈔掠如故也)]*.

[정관(627~649)초에 돌리가 설연타, 회흘, 발야고 등 여러 부락을 토벌했으나 패주하여 힐리는 화가 나 그를 10일 동안 가두었다. 돌리는 원망하며 마침내 무리를 데리고 도망쳐 왔다. 당나라는 이정(李靖)을 보내 힐리를 격파하고 포로로 생포하여 참수하니 막남(漠南)이 마침내 비게 되었다(貞觀初, 突利討薛延陀·回紇·拔野古諸部, 敗走, 頡利怒囚之十日. 突利怨望, 遂擁衆來奔. 唐遣李靖擊破頡利, 生擒以俘, 斬獲無算, 漠南遂空至乎)].

영순(永淳, 682~683) 연간에 돌궐 골돌록(骨咄祿)이 다시 부흥했다. 골돌록은 힐리의 먼 친족으로, *[앞서 힐리를 따라 당나라에 귀부했다가, 뒤에 종족들을 모아 구성(九姓)의 양마를 약탈하여 마침내 번성해지자(先從頡利歸唐, 後鳩種人剽掠九姓良馬, 遂致蕃庶)]*, 가한으로 자칭했다. 당나라는 장수 최지변(崔智辨), *[순우처평(淳于處平), 포막(蒲莫), 흑치상지(黑齒常之), 찬보벽(爨寶璧)]* 등을 보내 군사를 통솔하여 토벌하게 했으나, 이기지 못했다. *[얼마 뒤에]* 골돌록이 죽고 그의 아우 묵철(默啜)은 더욱 강해 거란(契丹)을 용맹하게 공격하여 격파하고, *[군대가 점차 강성해지자 처음으로(兵衆漸盛, 初)]*, 사신을 보내 입조했다. 무측천(武則天)은 그를 책봉했다. 묵철은 표문을 올려 무후의 아들이 되기를 청하고 화친을 요청했다. *[또 돌궐의 항복한 호구와 선우도호부의 땅을 요청하고, 농기구와 종자를 요구하자(又請突厥降戶, 及單于都護府之地, 索農器種子)]*, 무후는 그에 따랐다. 그러나 무연수(武延秀)에게 묵철의 딸을 비(妃)로 삼게 하자, 묵철은 화를 내며 “[나는] 당나라 천자의 아들이 아니다”라고 하며 변방을 약탈하고 살육함이 몹시 참혹했다.[20] 당나라는 장수 사타충의(沙吒忠義), *[이다조(李多祚), 곽헌가(霍獻可), 길욱(吉頊)]* 등은 관망하며 싸우려 하지 않았다. 단지 적인걸(狄仁傑)만 그들을 추격했으나 미치지 못했다. 묵철은 승리를 업고 중국을 경시하며 *[교만한 마음을 품었다. 대저 군대는 힐리의 시대와 대략 같았고, 종횡 만 리 하여 온갖 번국들이 모두 와서 명을 받들었다(有驕志. 大抵兵與頡利時略等, 縱橫萬里, 萬蕃悉往聽命)]*.

현종(玄宗, 685~762)의 시대에 이르자, 묵철은 연로하고 우매하고 흉악해져 부락들이 원망하며 배반하여 투항해 오는 자들이 매우 많았다. *[얼마 뒤에]* 묵철이 구성(九姓) 발야고(拔野古)를 토벌하자, 야고는 대패했다. 묵철이 돌아올 때, *[길이 갖춰지지 않은(不爲備道)]* 큰 숲에서 발야고의 잔존 병력이 갑자기 묵철을 공격하여 참했다. *[이내 여덟 번(番)과 함께]* 혁령전(郝靈佺)을 사신으로 보내 경사에 그의 수급을 전했다. 그러나 골돌록의 아들 궐특륵(闕特勒)이 묵철의 아들과 여러 아우를 죽이고 *[친하고 믿는 사람들과 더불어(并所親信)]* 좌현왕 묵극련(默棘連)을 세우니, 바로 비가(毗伽) 가한으로, 그들이 일컫는 '소살(小殺)'이다. 또 위관(衛官) 돈욕곡(暾欲谷)을 불러들여 참모로 삼았다. 이때 소살은 어질었고 사람들을 아꼈다. *[사람들은 그를 위해 쓰이려 했다. 궐특륵은 날래고 용맹하며 싸움을 잘하여 향하는 곳마다 앞이 없었다. 돈욕곡은 사려 깊고 지모가 있어 늙어도 더욱 왕성하여, 세 오랑캐가 마음을 모아 움직임에 실책이 없었다. 위명(威名)을 크게 떨쳐 여러 번국이 그를 두려워했다(衆爲之用. 闕特勒驍武善戰, 所向無前. 暾欲谷深沈有謀, 老而益壯, 三虜協心, 動無遺策, 威名大振, 諸番畏焉)]*. 양주(涼州)를 약탈하자, *[관군은 대패했다(官軍大敗)]*. 당나라는 배광정(裴光庭)을 보내 타이르자 이에 *[해마다]* 사신을 보내 조공했다. 토번(吐番)이 서신으로 함께 변경을 약탈하기로 했으나 *[소살이]* 따르지 않고, *[그 편지를 봉하여 올리자, 황제는 그를 가상히*

20) 『함빈록』에서 나왈경은 "이에 군현을 노략질하며, 가옥을 불태우고, 재물과 가축을 약탈하며, 살육함이 매우 참혹했다(於是入寇郡縣, 焚廬舍, 掠財畜, 殺戮大慘)"라고 기술했다.

여겨 조서로 삭방 서쪽 수항성에 교역을 허락하고 해마다 비단 수십만 필을 하사했다(封上其書, 帝嘉之, 詔朔方西受降城許互市, 歲賜帛數十萬). 소살이 죽고 네 세대를 전했는데, *[가한 모두 신하에게 살해되었다(可汗俱爲臣下所殺)]*. 백미가한(白眉可汗)이 계승했다. 이때 회흘(回紇) 가한 골력배라(骨力裴羅)가 백미를 죽이고 그 땅을 병탄했다. 돌궐은 마침내 망하고 회흘이 강성해졌다.

배라(裴羅)가 죽고 그 뒤 갈륵가한(葛勒可汗)이 광평왕(廣平王) 숙(俶), 곽자의(郭子儀) 등을 따라 경서(慶緖)를 멸하고 동경을 수복했다. 모우가한(牟羽可汗)은 약자앙(藥子昻), 복고(僕固), 회은(懷恩) 등을 따라 사조의(史朝義)를 멸하고 하북을 모두 평정하니 모두 회흘의 공이었다. *[그러나 병사들을 풀어 약탈하고, 사당을 불 지르며 멋대로 살인한 죄 또한 상당했다(然放兵, 剽略, 焚祠, 恣殺, 罪亦相當)]*. 당나라는 대대로 공주를 시집보냈으니 그 흉맹함이 이와 같았다.

당나라 말 오대(五代)에 이르러, 회골(回鶻)이 토번(吐番)을 예속시키자 돌궐은 미약해지고, 거란이 그 땅을 차지했다. 거란은 동호의 종족이다. 「올량합지(兀良哈志)」에서 말할 것이다.

송나라에 이르러 철목진(鐵木眞, 테무진)이 그곳에서 흥기했다. 몽골은 북로(北虜) 달단(韃靼)의 소부락이었다. 대대로 몽골의 부장이었는데, 아버지 야속해(也速該, 예수게이)에 이르러 비로소 강성해져, 탑탑아(塔塔兒) 부락을 정벌하여 얻었다. 그 부장 철목진은 바로 원나라 태조로, 태어날 때 손에 붉은 핏덩이를 쥐고 있어, 야속해는 그것을 이상하게 여기고 철목진으로 불렀다. 뜻은 '무공(武功)'이다. 야속해가 죽고 철목진이 섰다. *[위망이 융중하여 여러 부가 모두 항복하자(威望隆重, 諸部皆降)]*, 알난하(斡[斡]難河, 오논강)에서 즉위하여 황제를 칭했다. 철목진은 사려 깊고 큰 지략을 갖추었고 *[용병이 귀신 같아(用兵如神)]*, 서하(西夏)를 평정하고 영토를 크게 넓혔다. *[선거, 형벌, 조세 등이 중화의 풍속이 많았는데(選擧刑賦 綽有華風)]*, 모두 신하인 목화려(木華黎), 야율초재(耶律楚材)의 공이었다. 철목진이 죽고 아들 와활태(窩闊台, 오고타이)가 서니 바로 태종(太宗)이다. 송나라에 사신을 보내 함께 금나라 공격을 논의하면서, 성공한 뒤에는 하남(河南) 땅을 송나라에 돌려주겠다는 조건으로 허락했다. 송나라는 마침내 맹공(孟珙)에게 군대를 이끌고 원나라 군대와 채주(蔡州)에서 만나 함께 금나라를 공격하게 하니, 금나라는 멸망했다. 다만 진주(陳州)와 채주(蔡州)를 나누어 경계로 삼는 것만 용납하고 하남을 돌려주겠다는 논의는 사그라들어 송나라는 크게 화가 났다. 그러나 송나라 신하 조범(趙范), 조규(趙奎)는 나약하고 지략이 얕아 먼저 삼경(三京)을 수복하자고 건의했는데, *[원나라 군대를 만나자마자 싸우기도 전에 먼저 달아났다(及一遇元師, 未戰先逃)]*. 원수가 되어 화가 미친 것은 이때부터였다.

그 후 3대를 전하여 홀필렬(*忽必烈*, 쿠빌라이)[21]이 서서 '원(元)'이라 고쳐 불렀다. 영명함과 웅무함이 정종(定宗), 헌종(憲宗)을 넘어섰다. 이종(理宗)과 도종(度宗)의 시대에는 *[황음무도(荒淫無道)하여]* 권간(權奸) 가사도(賈似道), 호총(怙寵)이 *[나라를 팔고, 몰래 화친을 구걸하며 되레 거짓으로 헌첩(獻捷)하니, 번성(樊城)에서(賣國, 陰已乞和, 而反僞爲獻捷, 自樊城)]* 나라의 번성(樊城)을 팔고 여러 군현을 지키지 못하니, *[기름이 다 탄 듯(如火消膏)]* 나날이 위태로워졌다. 이정지(李庭芝), 육수부(陸秀夫), 장세걸(張世傑), 문천상(文天祥) 등의 무리가 *[충정을 펼쳤으나(攄忠效義)]* 있었으나 보전할 수 없었다.

공제(恭帝, 1271~1329)가 몽진하고 익왕(益王) 시(昰)와 광왕(廣王) 병(昺)이 연이어 즉위하여, 해도에 몸을 맡기니 애산(崖山)의 침몰을 막을 수 없었다. 오랜 세월 이를 듣는 사람들은 눈물을 떨구었다. *[양신(良臣)으로 훌륭한 인재였던 이정지는 분노하여 욕하다가 죽었고, 장세걸은 경앙하며 하늘에 기원하다 죽었으며, 육수부는 황제를 안고 바다로 나가 죽었고, 문천상은 강개한 비가(悲歌)를 부르며 조용히 남향하여 죽었으니,*

21) 나왈경은 홀필렬이 바로 '원나라 세조'라고 주석했다.

이들의 자취는 다르나 마음은 같았다. 일월이라도 그 빛을 다툴 수 있었다. 당당했던 대송나라 일인자 가사도는 패했어도 문천상과 많은 현신이 그를 도왔으나 되돌릴 수 없었던 것은 어찌 천명이 그러함이 아니겠는가(良臣如美才李庭芝之憤罵而死, 張世傑之瓣香祝天而死, 陸秀夫之抱帝赴海而死, 文天祥之悲歌慷慨, 從容南向而死, 迹異心同. 雖與日月爭光可矣, 夫以堂堂大宋一賈似道敗之, 而有餘以文天祥衆賢扶之而不返, 豈非天命然耶)]. 송나라가 망하고 원나라의 위세가 만 리에 떨쳐, 중화와 오랑캐들을 차지하니, 이적(夷狄)의 성함이 고래로 듣지 못한 것이었다.

홀필렬이 죽고 무릇 8대를 전하여 타환첩목아(妥懽帖木兒, 토곤테무르)가 이으니 바로 순제(順帝)이다. 성격에 우유부단함이 있어, 간신 백안(伯顏), 합마(哈麻)가 연이어 권력을 농단했다. 이에 군웅이 봉기했다. *[홍건군이 난을 일으켰을 때, 한림아(韓林兒)는 중원을, 진우량(陳友諒)은 호광을, 방국진(方國珍)은 절동을, 장사성(張士誠)은 절서를, 진우정(陳友定)은 복건을, 하진(何眞)은 광동을, 유익(劉益)은 요양을, 모귀(毛貴)와 전풍(田豊)을 차지하며(紅巾倡亂時, 韓林兒據中原, 陳友諒據湖廣, 方國珍據浙東, 張士誠據浙西, 陳友定據福建, 何眞據廣東, 劉益據遼陽, 毛貴·田豊據山東]*, 해내(海內)를 분할(分轄)하니, 왕을 칭하고 황제를 칭한 지 20년 만에 하늘이 우리 대명나라가 다시 통일되도록 했다.

홍무(洪武) 원년(1368) 이미 산동(山東)과 하남(河南) 등의 군을 수복했다. *[마침내 원나라 도읍을 취하자는 논의가 나오자, 대장 군달(軍達)은 "신은 진군할 날을 고려하고 있습니다"라고 했다(遂議取元都, 大將軍達曰, 臣慮進師之日)]*. 원나라 군주는 북으로 달아났다. *[장차 우환이 될 수 있으니 반드시 군사를 보내 추격해야 했다. 상(上)은 "저들의 천명은 끝나 저절로 점차 다할 것이므로, 끝까지 추격할 필요는 없다. 단 그들이 출새한 뒤로는 단단히 변방을 지키면 된다"라고 하였다. 군달이 명을 받았다(將貽患於後, 必發師追之. 上曰, 彼天命厭絕, 自當漸盡, 不必窮追. 但出塞後, 固守疆圉爾. 達既受命)]*. 6월 여러 장수가 진교(陳橋)에서 출병하여, 7월 *[원나라 도읍에 이르러]* 하서무(河西務)에서 원나라 군대를 패퇴시키고, 또 통주(通州)에서 물리쳤다. 원나라 군주는 두려워 후비(后妃), 태자 등을 모아 북으로 피신할 것을 논의하고, 새벽에 군신을 불러 단명전(端明殿)에서 논의할 때, 문이 열리며 두 마리 여우가 전(殿)에서 나오자, 원나라 군주는 탄식하며 "궁궐이 삼엄한데 이런 짐승들이 어떻게 올 수 있는가. 하늘이 나에게 계시하는 것인가"라고 하고는 마침내 북쪽으로 옮겨가기로 했다. *[8월에 그 성을 공략하자, 원나라 군주 타환첩목아는 그의 후비와 태자를 데리고 달아났다(八月找其城. 元主妥懽帖木兒携其后妃·太子遯去)]*. 이문충(李文忠)이 응창(應昌)을 공격하여 원나라 군주의 손자 매례적팔랄(買禮的八剌)[22]을 잡아보고, 비로소 원나라 군주가 응창에서 죽었음을 알게 되었다. 상(上)은 사신을 보내 치제(致祭)하고, 그의 능력이 변화에 잘 적응하고 분수를 잘 지켜[達變推分] 시호를 '순제(順帝)'라 하고 매례적팔랄을 숭례후(崇禮侯)에 봉했다. 이때 원나라 태자 애유식리답랍(愛猷識里達剌)[23]이 화림(和林, 카라코룸)에서 황제를 칭하며, 왕보보(王保保)가 보좌했다. *[군대가 조금씩 진작되며 자주 변경을 노략질했다(兵稍稍振立, 數寇邊)]*. 왕보보는 원나라 승상 확곽첩목아(擴廓帖木兒)였다. *[원나라가 망하고도 확곽은 군대를 가지고 항복하지 않았다. 상(上)이 강동에 있을 때, 자주 서신을 보내고, 공손하게 선물을 보냈음에도, 대답하지 않았고, 나중에 그를 불렀을 때도 돌아보지도 않아 상이 그의 절개를 훌륭하게 여겼다. 군달이 태원에서 이기자 확곽은 화림으로 달아나 마침내 원나라 군주와 만났다. 한참 뒤에 군달이(元滅, 擴廓擁兵不降. 上在江東時, 屢致書, 幣甚恭, 不答, 後招之亦不顧, 上以是壯其節. 及達克太原, 擴廓走入和林, 故遂與元主會焉. 久之達)]* 세 갈래 길로 출새하여, 확곽을 토벌했으나 이기지 못했다. 또 몇 년 뒤에 확곽이 죽었다. [홍무] 6년(1373)에 원나라 군주가 죽고 둘째 아들 탈고사첩목아(脫古思帖木兒)가 이어 섰다. *[우리나라도 이 때문에, 그의 장자를 돌려보냈다(我亦以是年遣其長子歸矣)]*. 21년(1388) 영창후(永昌侯) 옥(玉)이 대녕(大寧)에서 나와 경주(慶州)에 이르며 오랑캐[虜]를 습격 격파하자, 탈고사는 달

---

22) 『원사』와 『명사』에는 '매적리팔랄(買的里八剌)'로 되어 있다.

23) 『원사』와 『명사』에는 '애유식리답랍(愛猷識理達臘)'으로 되어 있다.

아나고, 그의 아들 지보노(地保奴)를 잡아 돌아올 때 옥(玉)이 원나라 군주 비(妃)와 사통했다는 말이 있었는데, 탈고사가 이를 듣고 황구(惶懼)하여 자진했다. 이 때문에, 지보노가 원망하는 말이 있었는데, 상이 "이러하니 어찌 [장성] 안쪽 땅에 오래 살 수 있겠는가?"라고 했다.[24] 결국 사신을 보내 유구(琉球)[25]로 호송하여 그곳에 살게 했다.

탈고사가 죽고 5대를 전하여 곤질첩목아(坤迭帖木兒)에 이르렀고, *[얼마 되지 않아 시해되었다(未幾而弑)]*. 영락(永樂) 초에 귀력적(鬼力赤)이 서니 원나라 후예가 아니었다. 사람들이 따르지 않고 그를 죽이고, 태사(太師) 아로태(阿魯台)를 맞이하여 황제로 따랐다.[26] 뒤에 본아실리(本雅失里)가 왕이 되어 '가한'을 칭했다. 홍무 연간에 권력이 센 신하 맹가첩[목]아(猛可帖[木]兒)가 와랄(瓦剌, Oirad)을 차지했다가 죽자, 마합목(馬哈木), 태평(太平), 파독패라(把禿孛羅)로 나뉘어 가한과 함께하려 하지 않고, 표문을 올리고 방물을 바치며 책봉을 청하여 마합목을 순녕왕(順寧王)에, 태평을 현의왕(賢義王)에, 파독패라를 안락왕(安樂王)으로 봉했다.

영락 7년(1407)에 급사 곽기(郭冀)를 보내 본야실리를 타일렀으나, 살해당하자, 상은 노하여 기국공(淇國公) 구복(丘福) 등에 토벌하게 했다. 구복은 첩보를 경시하여 전군이 전몰했다.[27] [몸시 노한] 상은 다음 해 몸소 군대를 이끌고 출새했다. 맏손자에게 북경 지키게 하고, 어가가 청수원(淸水源)에 이르렀다. 그곳은 물이 짜고 써 마실 수 없어, 인마가 모두 갈증

24) 『명사기사본말(明史紀事本末)』(『사고전서회요』본, 권13(8a)에 따르면, 옥(玉)이 원나라 군주 비와 사통했다는 말을 듣고 상이 대노하여 "옥(玉)이 이처럼 무례하다. 어찌 대장군이 할 바인가(玉無禮如此, 豈大將軍所爲哉)"라고 했다고 기록하고 있다.

25) 여기 '유구'는 타이완인지 오키나와를 가리키는지 분명하지 않다.

26) 밑줄 친 정보는 『함빈록』에 "아로태가 다스렸다. 어떤 부락에서는 '순제(順帝)'로 맞이했다(阿魯台統, 有部落乃迎順帝)"라고 기술되어 있다.

27) 나왈경은 이에 대해 "함께 싸우던 오랑캐들이 곧바로 거짓으로 패주하자, 구복은 첩자의 말을 가볍게 여기고, 확실히 승기를 탔다고 생각하고 대비하지 못해 전군이 모두 몰살했다(與戰虜輒佯敗去, 福輕信諜者, 銳意乘之不爲備, 全軍皆沒)"라고 하였다.

을 겪었다. 다음날 서북 2리쯤에 진영을 쳤는데, 솟구치는 샘물이 매우 달고 차가워 *[군영이 그에 힘입어 어렵지 않았다. 상은 직접 그 물을 맛보고(軍中賴以不困. 上取親嘗之)]*, '신응천(新應泉)'이라는 이름을 내렸다. 장청새(長淸塞) 땅에 이르니 밤에는 남쪽으로 북두성이 보였다고 한다. 알난하(斡[幹]難河)에 이르니 바로 원태조가 처음 일어난 곳이었다. 본야실리는 *[무리를 거느리고 항전했지만, 상이 선봉을 지휘하며 역으로 공격하여 격파하자, 본야실리는(率衆拒戰, 上麾先鋒逆擊敗之, 本雅失里)]* 군장비와 *[소, 양 등의 가축을]* 버리고 달아났다. *[마침내 군대가 정로진(淸虜鎭)에 이르자 아로태가 다시 와서 항전하여, 상이 정예 기병을 거느리고 오랑캐 진영으로 돌진하여 큰 함성과 함께 떨쳐 공격하자(遂班師至靜虜鎭, 阿魯台復來戰, 上率精騎衝虜陣, 大呼奮擊)]*, 아로태는 *[가족들을 데리고 먼 곳으로(攜其家屬遠避)]* 패주했다. 당시 더위가 심하고 물이 부족하여 군사 중에는 굶주리고 갈증에 죽은 사람도 있어 결국 병사들을 거두어 진영으로 돌아와 현석파(玄石坡)에 머물며, 상은 돌에 "일월은 밝고, 천지는 장수하니, 검은 돌에 명을 새겨 그와 더불어 유구하라(惟日月明 惟天地壽 玄石勒銘 與之悠久)"라고 새겼다. 금호산(擒胡山)에 묵으며 "한해는 칼밑이요, 천산은 칼등이로다. 오랑캐 먼지를 일소하여 영원히 사막을 맑게 하리(瀚海爲鐔, 天山爲鍔, 一掃胡塵, 永淸沙漠)"라고 했다. 청수천(淸水泉)에 머물며 "아! 성대한 왕의 군대여! 추로(醜虜)들을 섬멸했도다. 산은 높고 물은 맑으니, 영원의 우리 무공을 빛내리라(於鑠王師, 用殲醜鹵虜, 山高水淸, 永彰我武)"라고 하였다. 마침 군사들이 굶주리자, 상은 비축해 둔 황제의 식량을 나누어 주게 했다. 상은 군중에서 매일 저녁이 되어도 먹지 않아 먹을 것을 권하자, 상은 "군사들이 먹지 못하고 있는데 어찌 먼저 배부를 수가 있겠는가?"라고 하였다. *[그가 병졸들을 어질게 아낌이 이와 같았다(其仁愛士卒如此)]*.

9년(1411) 아로태가 귀순하여 여직(女直), 토번(吐番)의 여러 부락을 얻고자 청했다. 왕이 좌우에 물으니 대부분 허락해 줄 것을 청했으나, 황회(黃淮)만이 불가하다 하며, "이들은 이리의 야심을 품어 각각을 무리로 여기면 제어하기 쉽지만 하나로 합쳐지면 세가 커져 판도를 어지럽힐 것입니다(此屬狼子野心, 使各爲類則易制, 若併爲一, 則勢大難圖矣)"라고 하자, 상은 좌우를 돌아보며 "황회는 높은 언덕에 서 있는 것처럼 멀리 보지 못함이 없는데, 다른 사람들은 평지에 머물러 보는 것이라곤 눈앞뿐이다"라고 하며 허락하지 않았다. 당시 아로태는 마합목(馬哈木)[28]에게 패하여 궁핍해져 그 처자식과 부락민을 이끌고 남쪽으로 달아나 새(塞) 밖을 보전하며 신하를 칭하며 조공해 오자 화녕왕(和寧王)에 봉했다. 몇 년 뒤에 모인 오랑캐들이 많아지면서 *[교만해져]* 수시로 새하(塞下)를 약탈하자, 상이 다시 군대를 이끌고 출새하여 토벌했다. 살호원(殺胡原)에 이르러 장수들이 급히 추격할 것을 청하자, 상은 "오랑캐들에게는 다른 셈이 있는 것이 아니라 이리들처럼 탐욕스러워 원하는 것을 얻으면 곧 달아나니 추격해도 허사이다. 풀이 푸르러 말이 살찔 때를 기다려 소굴을 공격해도 늦지 않을 것이다"라고 했다. *[아로태는 달아났다]*. 머지않아 아로태가 그 군주 본아실리를 죽이고 자립했다. 그때 마합목이 죽고 아들 탈환(脫歡)이 왕을 이어, 태평(太平)과 패라(孛羅)의 사람들을 차지했다. 결국 [그를 죽이고] 아로태는 *[자립하려 했으나 사람들이 따르지 않을까 우려하여(欲自立, 恐衆不附)]* 원(元)의 서얼 탈탈부화(脫脫不花)를 찾아 세우고 가한이 되어 막북에 살았다. 탈환은 여전히 와랄(瓦剌)에 살았다. 선덕(宣德, 1426~1435)에서 정통(正統, 1436~1449) 초에 이르면서 *[변경 약탈이 끊이지 않았으나 큰 피해는 없었다(寇邊不絕, 然亦未爲大害)]*. 탈환이 죽고 아들 야선(也先)이 더 강성해서 *[대사(大師)를 자칭하며]* 사신을 보내, 말을 헌상했다. 하사품[賞賚]과 금백(金帛)에도 혼인을 청해오자, 통사가 사사로이 허락하여 조정에서는 알지 못했다.[29] 조서로 혼인할 뜻이 없다고 답하자, 야선은 부끄럽고 화가 나 14년(1449) 대거 약탈했다.

---

28) 『명사』에는 '마합마(馬哈麻)'로 되어 있다.

29) 정백이가 『함빈록』의 기술을 거칠게 채록하여 의미 파악이 쉽지 않다. "자주 사신을 보내와 말을 바치자, 하사품과 금백(金帛)을 후하게 주자 점차 교만해지면서, 지키거나 약속한 바에 성실하지 않아, 하사품을 줄였다. 통사들도 그들의 뇌물을 받고 중국의 허실을 알려주었다. 야선이 결혼은 요청하자, 통사들이 사사로이 허락했지만, 조정에서는 모르는 일이었다(數遣使貢馬, 賞賚金帛厚, 久漸驕桀, 不恭所司或約, 減賞物. 通事輩又利其賄, 告以中國虛實. 也先求結婚, 通事私許之, 朝廷不知也)"라고 하였다.

[세력은 더욱 창궐했다(勢甚猖獗)]. 영녕(永寧), 회래(懷來), 용문(龍門)의 장수들이 모두 성을 버리고 달아났다. 태감 왕진(王振)은 상을 안내하여 친정(親征)에 종사했다. 성왕 거(郕王居)에게 어가를 지키게 했으나 선부(宣府)로 이르러 부마도위 정원(井源) 등이 전몰했고, 낭산(狼山)에 이르면서, 성국공 주용(成國公朱勇), 서녕후 송영(西寧侯宋瑛), 무진백 주면(武進伯朱冕)이 요아령(鷂兒嶺)에서 적을 만나 전몰했다. 상이 군대를 이끌고 회래에서 겨우 20리에 있는 토목(土木)에 이르러 보회래(保懷來)로 들어가려 하자, 왕진([王]振)이 돌아보며 사권(私權)으로 행군을 멈추어 결국 토목에 주둔했다. 주변에는 샘물이 없어 군사들의 굶주림과 갈증이 심했다. 다음날 오랑캐가 화의를 청해와 상이 군영을 옮겼다. 마침 폭풍이 연일 불어 먼지가 하늘을 덮어 인마가 서로 보이지 않았다. 오랑캐 기병들이 진영을 침입하여 짓밟고 장도를 휘두르며 공격하니 떨어진 화살이 고슴도치 같았다. 우리 군대는 고함치며 갑옷을 벗고, 칼을 던지고, 헝클어진 머리에 몸을 드러내고 산을 넘고 계곡에 떨어져 길에서 잠을 잤다. *[호분의 시위들이 속수무책으로 버티지 못해(虎賁侍衛, 束手莫支)]*, 대장 장보(張輔), 조내(曹鼐) 등이 모두 죽고 내관 희녕(喜寧)이 오랑캐에 투항하여, 어가가 북으로 갔다. 이때가 기사년(己巳年, 1449) 8월 15일이었다. 22일 오랑캐가 상을 모시고 대동성(大同城)에 이르러 황금과 비단을 요구하며 어가를 돌려보내겠다고 약속했다. 이에 앞서 정양백(定襄伯) 곽등(郭登)은 대동을 지키며 노략질에 맞서 크고 작게 수십 차례 싸웠으나 한 번도 꺾인 적이 없었다. *[상이 군대를 이끌어 올 때, 곽등이 조내에게 자형관(紫荊關)으로 들어오라고 하여, 조내는 그렇게 하겠다고 하고는 뒤에 거용(居庸)으로 들어오다가 오랑캐를 만나 패한 것이었다. 이날(及上班師, 登語鼐當從紫荊關入, 鼐然之, 後竟從居庸, 當虜衝也, 故敗. 是日)]* 곽등은 오랑캐의 속임수를 알고 저항하며 "명을 받아 성을 지키는데 감히 여닫음을 함부로 할 수 없다"라고 했고 교위 원빈(袁斌)은 머리를 문에 떠받았다. 이에 유안(劉安), 손상(孫祥), 곽선(霍瑄)이 나와 오랑캐들을 만났다. 성안의 호군(犒軍) 비용을 찾고, 공·사간의 금은 1만 냥을 담아 주자, 오랑캐는 받고 아무 말이 없었다. 상은 다시 대동에서 출새하여, 백안첩목아(伯顏帖木兒) 군영에 머물렀다. 백안은 신하의 [예를] 지키며 매우 공손

했다. 10월 오랑캐가 대동, 광창(廣昌)을 약탈하고, 자형관(紫荊關)을 부수고 경사를 침범했는데, 희녕(喜寧)이 이끌어 사주한 것이었다.

먼저 대신 우겸(于謙), 왕직(王直), 호영(胡濙) 등을 불러 화친을 의논할 때, 우겸(于謙)은 오랑캐의 속임수를 허용해서는 안 된다고 힘써 말했지만, 왕복(王復), 조영(趙榮) 두 사람이 나가 맞았다. 당시 오랑캐는 *[더욱 사방을 약탈하며]* 삼릉전(三陵殿)의 제기를 불태우고, 선무문(宣武門)으로 달려들어 노구교(蘆溝橋)를 건너 하위 마을들을 나누어 약탈했으나, 서유정(徐有貞)이란 자는 점괘로 속여 남쪽으로 피신을 주창하자, 태감 김영면(金英面)이 꾸짖으며 저지했다. 우겸은 토벌에 뜻을 두고 *["이견을 주장하는 자는 참하겠다"라고 했다. 이에 사람들은 두려워하며 적에게 나아갔다. 이때(曰有主異議者斬. 於是人人惴恐爭, 赴敵矣. 是時)]* 상의 진영이 멀리 있음을 정탐하여 알고, 마침내 대포를 쏘며 오랑캐를 공격해, 가차 없이 추장 철경(鐵頸) 원수(元帥)를 죽였고, 석형(石亨), 왕통(王通), 손당(孫鏜)이 대첩을 거두어 오랑캐의 형세가 약화하여 물러나 *[사신을 보내 화친을 청하자, 우겸은 오랑캐들의 속임수인지 걱정하여 첩자로 오랑캐 상황을 알아보니 사실 그러했다. 마침내 양선, 조영 등을 오랑캐에게 사신으로 보냈다(遣使請和, 謙恐虜詐, 尋諜知虜情, 果實. 遂遣楊善·趙榮等使虜)]*. 이때가 경태(景泰) 원년(1450) 7월이었다. 원빈(袁斌)은 계책을 써 희녕을 죽이자, 야선은 그 안내인을 잃었다.[30] 상은 오랑캐 조정에 있으면서 조금도 항복할 기색을 보이지 않았다. 오랑캐는 여인을 들여보내 모시게 했으나 받아들이지 않자, 오랑캐는 이상하게 여겼다. 마침 큰 눈이 내렸는데, 상이 있는 궁려(穹廬)에는 눈이 쌓이지 않았는데[不凝], 오랑캐는 그것을 더욱 이상하게 여겼다. 당시 원빈(袁斌)은 위사(衛士) 합명(哈銘), 사호리(沙狐狸)와 함께 밤낮으로 떨어지지 않고 매우 힘들게 대비하고 있었다.[31] 오랑캐들이 염탐하여 그 점을 알고, 매우 놀라 탄식하며 "중

30) 이 일에 대해 나왈경은 "마침 야선은 중국이 부지런히 왕의 군대를 집결시켰고, 원빈(袁斌)도 계락을 세워 희녕을 죽여 안내인을 잃었음을 알고는 오랑캐들은 점차 전쟁을 꺼렸다(會也先知中國勤王兵集, 而袁斌又以計殺喜寧, 失其鄉導, 虜稍厭兵)"라고 기록했다.

31) 정백이가 간추린 이 문장은 『함빈록』에 따르면 "당시 원빈과 위사 '함명'이란 자는 항시 떠나

국에도 사람이 있구나!"라고 하며, *[점점 퇴각했다(愈退却矣)]*. 얼마 뒤, 양선(楊善) 등이 오랑캐 군영에 이르러 야선(也先)과 만났다. 야선은 토목(土木)의 일에 남쪽 조정의 장사(將士)들은 왜 싸우지 않았는지를 물었고, 아울러 말값을 낮춘 일과 사신들을 구류한 일, 가마솥을 거래한 일을 물었다. [양]선은 일일이 응대함이 아주 자세했다. *[또 여러 왕조의 두터운 은혜를 잊으면 안 된다. 천도는 생(生)을 좋아하는데 지금 군대를 내어 살육하고 약탈하는 것은 위로 하늘을 노하게 한다고 했다(且言, 累朝厚恩不可忘, 天道好生, 今縱兵殺掠, 上干天怒)]*. 반복한 변론은 모두 핵심을 찔렀다[中肯綮]. 야선은 크게 탄복했다. 이에 순리에 따른 전략은 더 효과적이었다. [야선은] 상황(上皇)을 만나 보고, 다음날 야선은 전별연을 베풀고, 또 다음날은 백안(伯顏)이 전별연을 베풀었는데 모두 예법에 맞았고 공손했다. "우리는 신하입니다. 감히 천자께 예를 어겼습니다"라고 하였다. 다음날 상황은 이북(迤北)으로 떠나자, 야선과 백안은 *[여러 추장을 거느리고] 전송하며 야호령(野狐嶺)에 이르러 통곡하며 이별했다. 이어서 몇몇 추장에게 관문(關門)까지 들어가 전송토록 했다. 어가가 경사에 이르자 [상이 상황을 맞아 서로 절한 다음, 안고 통곡했다(駕至京, 上迎拜, 上皇答拜, 相抱而泣)]*. 마침내 [상황이] 남궁(南宮)에 이르자 군신들이 나와 알현하고 물러났다.

[2년(1451)에 야선은 사람을 보내, 말을 바쳤고, 3년에도 사람을 보내, 말을 바쳤다(二年, 也先遣人貢馬, 三年又遣人貢馬)]. 이때 야선의 사신이 경사에 올 때마다 몇천 명이 출입하며 교만하고 방자하게 *[사람을 죽이고*

지 않고, 낮에는 땔나무를 하고 얼음을 깼으며, 밤에는 등으로 상의 발을 올리고 잤다. 또 '사호리'란 자도 위사로 모시고 있었는데, 하루는 야선이 양 여섯 마리를 주며, 이것을 가져가면 황제의 반찬으로 이바지할 수 있다고 하자, 소호리는 옷을 찢어 두 개의 긴 띠를 만들어 묶어 지고 가, 상 앞에 이르러 부복하여 복명했다. 몇 리 밖에 가서 마른 땔나무를 가져와 부복하여 복명했다. 세 사람은 대비가 아주 힘들었음에도 사양하지 않았다(時袁斌與衛士哈銘者, 臥起不離, 晝斧薪伐冰, 夜則以背承上足而臥. 又有沙狐狸者, 亦衛士在侍, 一日也先與以六羊曰, 你可持此, 以供皇帝御膳也. 沙裂衣爲二長帶, 繫負以行, 至上皇前, 跪伏復命. 往數里外, 取薪藁, 亦跪伏復命. 三人者備極勞苦, 所弗辭也)"라고 하였다.

가축을 약탈하며(殺掠人畜)] 장안문(長安門)까지 말을 타고 들어오려 했다. *[우리 조정은 그들과 우호 관계였으므로 싸우려 하지 않자, 오랑캐들은 더욱 교만해져(我以通好, 故不欲與戰, 虜益驕)]*, 동쪽으로 타안(朶顔)과 결탁하고, 서쪽으로 합밀(哈密, 하미)과 교린하고, 적근몽고(赤斤蒙古)를 위협하며 종종 새하(塞下)를 엿봤다.

4년에 야선은 탈탈부화(脫脫不花)를 공격해 죽이고 자신을 '전성대극한(田盛大克汗)'으로 칭했다. 전성(田盛)은 중국어로 '천성(天聖)'이란 뜻이다. *[이때부터 야선이 새롭게 즉위하여 사람들이 따르지 않을까 걱정하여 우호 관계를 맺으려 했다. 우리 조정은 비로소 더는 깊이 개입하지 않았다(自是也先新立, 恐衆不附, 欲通好. 天朝始不復深入)]*. 야선이 피살되자 여러 자식이 부락을 나누었다. 서북쪽은 이합(離合)이 일정하지 않았고, 와랄(瓦剌)은 대를 이어갔지만, 상고할 수 없다. *[이때 오랑캐의 대추장 10여 명 중에서(當是時虜大酋以十數)]* 다만 소왕자(小王子)가 가장 강성해 가한이 되었다. *[소왕자는 바로 옛 원나라 군주의 후손이었다(小王子者乃故元君裔也)]*. 곧 패래 가왕(孛來瘸王) 아들에게 시해되었고, 오랑캐의 대추(大酋) 모리해(毛里孩), 아라출(阿羅出) 등이 다시 패래를 시해하고 함께 죽은 소왕자 종형(從兄) 탈사(脫思)를 왕으로 세우니, 마침내 소왕자를 군호(君號)로 불렀다고 한다.

성화(成化, 1465~1487) 초에 대추 '만로도(滿魯都)'란 자가 하투(河套)로 들어가 가한을 참칭했는데, 가가사란(乩加思蘭)이 그를 보좌하며 *[태사(太師)로 칭했다]*. 아라출(阿羅出)을 살해하고 *[그 무리를 병합하여]* 모리해(毛里孩) 등과 결탁하여, 유림(楡林), 영하(寧夏), 고원(固原), 선대(宣大) 등의 변경을 노략질하니 *[편한 날이 없었다(迄無寧日)]*. 총독(總督) 왕월(王越)이 하투(河套)를 수색하자는 의론을 내자, 조정이 그를 따라, 마침내 무정후(武靖侯) 조보(趙輔)에게 칙령을 내려 각 로(路)의 군마를 총괄하여 [하]투를 수색하게 했는데, [조]보는 곧 병에 걸려 돌아왔고, 섭성(葉盛)이 변경으로 가서 방략(方略)을 올리며 불가하다고 하여 논의는 결국 사그라들었다. *[얼마 되지 않아 만로도가 쇠약해져 죽은 곳도 몰*

랐으나(*未幾滿魯衰弱, 不知所終*)], 하투는 여전히 오랑캐가 차지하고 있었다.

홍치(弘治, 1488~1505) 초에 허진(許進) 순무대동(巡撫大同)이 소왕자에게 편지를 보내 통공(通貢)의 이점을 말하자, 소왕자는 [떨친 위명(威名)을 듣고, 사신 20여 명을 보내, 말을 바치고] *3년에 3번 조공했는데(聞進威名, 遣使二十千*[餘]*人貢馬, 三年三貢)*], 묘아장(貓兒莊[庄])에서 비지새(比至塞)로 들어오면서 말에서 내려, 활을 벗고 객관으로 들어왔으며, 진공 또한 삼엄하여 군사들이 맞이했다. 이에 선대(宣大)와 하곡(河曲)에 오랑캐의 우환이 없어졌다.

홍치(弘治) 연간에 화사(火篩)가 변경을 약탈했다. *[우리 조정이 곧바로 토벌하자 불리해진 화사는 소멸하고, 변방의 우환이 또 종식되었다(我輒討之, 不利火篩滅, 邊患復息)]*. 이때 죽은 소왕자의 손자인 불급아태길(不及兒台吉)이 즉위하여 *[소왕자를 칭하며]* 지계(地界)를 나누었는데, 서북쪽이 풍요로워 *[전쟁을 꺼리며]* 노략질하지 않고 *[사냥을 즐길 뿐이었다(射獵自娛而已)]*. 그의 삼촌들은 길낭(吉囊)[32]과 엄답(俺答)[33]으로, 길낭은 현 하투(河套)를 나누어 받았는데, 다음으로 풍요로웠고, 엄답은 개원(開原)과 상도(上都)를 배당받았으나 가장 빈약하여, 그 때문에 *[가장 즐겨]* 약탈했다. *[그러나 소왕자는 군장으로 칭했으나 서로 간섭하지 않았다(而小王子雖稱君長, 不相攝)]*.

가정(嘉靖, 1522~1566) 중간에 길낭과 엄답은 해마다 산서로 들어와 대원(大原)을 포위했다. 16일 장수들은 모두 관망하며 싸우지 않았지만, 편사(偏師) 장세충(張世忠), 장선(張宣), 장신(張臣)이 힘써 싸우다가 패하여 죽었다. *[얼마 뒤]* 길낭이 죽자, 여러 아들이 각각 서쪽 변경을 나누어 차지했다. *[엄답은 나날이 강성해져]* 29년(1550) 엄답은 *[다시 대규모로*

---

32) 사고전서본, 『명사』에는 '제농(濟農)'으로 되어 있다.

33) 사고전서본, 『명사』에는 '암달(諳達)'로 되어 있다.

노략질해 왔다. 구란(仇鸞) 대동 총병이 그 무리를 보냈는데 시의(時義)가 오랑캐에게 뇌물을 주어 달리 선부(宣府)[34]*의 계주를 노략질하되 대동의 경계를 침범하지 않도록 했다. 오랑캐들은 마침내 동쪽으로 가며(仇鸞總兵大同遣其黨, 時義賄虜, 令別寇宣府薊州, 無犯大同境, 虜遂東去)]*, 선부에 수비대가 있음을 알고 계진(薊鎭)을 약탈했다. 계진에는 중관(重關)이 없고, 산 밖은 바로 오랑캐 경계[虜境]로, 믿을만한 삼위(三衛)[35]를 번리(藩籬)로 삼았다. *[마침 삼위가 조금씩 반기를 들 뜻이 있었으므로 삼위(三衛)의 남쪽[反陰]을 향해, 마침내 삼위를 넘어(會三衛稍有叛志, 故反陰爲嚮導, 遂越三衛)]*, 경성(京城)을 침범하여 불을 지르고 약탈했다. 덕승문(德勝門), 서직문(西直門)에 이른지, 열흘 만에 관문을 나오니, 경사가 흔들렸다. 그제야 방어할 계획을 논의하며 격문으로 변방의 장수들을 불러 근왕(勤王)하게 했다. 구란(仇鸞)이 먼저 대동병(大同兵)을 이끌고 이르렀다. 도어사 양수겸(楊守謙)이 보정병(保定兵)을 이끌고 이르렀고, 하간(河間), 선부(宣府), 대동(大同), 산서(山西)의 장수들이 각각 병사들을 이끌고 앞뒤로 이르러 근왕했다. 호위대에 들어간 사람들은 무릇 일곱 진(鎭)의 대략 50,000여 명이었다. 문무관 각 13명에게 명하여 도성의 아홉 문과 사방을 지키게 하고, 왕방서(王邦瑞), 장귀(張貴)를 총독(總督)하도록 하고, *[성안에 사는 사람들과 사방에서 무과에 응시하러 들어온 관생(官生)들에게 성가퀴에 올라 늘어서 지키게 했다(令城中居民, 并四方入應武擧官生, 登陴列守]*. 병부상서 정여기(丁汝夔), 병부시랑 양수겸(楊守謙)을 독융(督戎)의 일을 맡아 곧바로 군중으로 나아가게 하고, 구란(仇鸞)을 평로 대장군(平虜大將軍)에 제수하고, 각 도의 근왕(勤王) 군사를 총독(總督)하도록 했다. *[길을 나누어 오랑캐를 방어함에(分道禦虜)]* 구란의 군대에는 기율이 없어 멋대로 겁탈하고 약탈하며, *[잡혔을 때는]* 자기들이 요양군(遼陽軍)이라고 속이기도 했는데, 아마도 군중에서 타안(朶顔)을 '요양군'이라 불렀기 때문이라고 했다. 당시 구란은 왕의 총애와 신

---

34) 선부(宣府)는 현 허베이 쉬안화(宣化) 현으로, 명나라 초 아홉 변진(邊鎭) 중 하나이다. 1409년 총병관(摠兵官)을 설치하며 '선화진(宣化鎭)'으로 불렸다.

35) 바로 타안(朵顔), 복여(福餘), 태녕(泰寧)을 말한다.

임을 받아, *[대동의 병사 중에 살해하고 약탈한 자를 잡아보니 실은 요양군이 아님을 분명히 알았으나, 끝내 그들을 법대로 처리하지 못했다(故擒獲大同兵殺掠者, 明知實非遼陽軍, 然竟不敢置之法也)]*. 소(疏)에 상(上)이 대장군을 맡긴다는 소식을 듣고, 구란이 곳곳을 주물러도 구란은 별달리 제지받지 않았다. *[정여기도 교지(教旨)로 하명하여 대동의 군사들을 체포하지 않도록 했으므로, 대동 군사들은 더욱 거리낌이 없었으니, 백성들의 고통이 오랑캐들보다 심했다. 민간에서는 몰랐으므로, 결국 정여기는 산동 사람으로 요양(遼陽)에서 고향의 옛사람들을 두둔한다고 하며, 사람들은 정여기의 죄로 돌렸다. 당시 양수겸이 성 밖에 진영을 두었는데, 동북쪽 모퉁이도 구란에게 통제되어 병사들을 안무하여 싸울 수 없었다(故遂謂汝夔山東人, 於遼陽爲庇鄉曲故人, 人歸罪汝夔. 時守謙營城外, 東北隅亦爲鸞節制, 按兵不得戰)]*. 상은 구란이 오랑캐를 막으러 멀리 나갔고, 정여기와 양수겸이 겁을 먹고 출전하지 않는다고 오인하여, [마침내 두 사람을 하옥하고] 왕방서를 애희순(艾希淳)으로 바꾸고, 정여기와 양수겸을 효수해 시신을 버리게 하고, 아내들은[36] 영남으로 유배시키고 아들들은 요양(遼陽)에 수자리를 서게 했다. *[듣고 눈물을 떨구지 않은 사람이 없었다(聞者莫不爲之殞涕)]*. 당시 형부시랑 팽암(彭黯), 좌도[어사] 도교(屠喬), 대리[시] [소]경(少卿) 심량재(沈良才)가 정여기 등의 옥사[獄緩]를 논의하여 모두 체포하고, 장을 치고, 자급을 삭탈하자고 했다. 급사[중] 장간(張侃) 등이 전례에 따라, 다시 심의하여[覆讞], *[정여기 등의 하옥을 제지했으나 장단도 관적이 지워졌다(汝夔等以沮撓逮繫, 侃仍削籍)]*. 당시 오랑캐들은 점차 백양구(白羊口)로 퇴각하자, *[수장(守將)은 그들을 방어하느라 나올 수 없었다(守將禦之, 不得出)]*. 구란의 군대가 추격했는데, 오랑캐 기병들이 구란의 진영을 유린하며 들어오자, *[우리 군대는 이들을 막지 못하고 사상자가 1,000여 명이나 되었다. 구란도 거의 오랑캐에게 잡힐 뻔하니, 이때부터 병사들은 더 겁을 먹었다. 구란이 각 도의 군사를 통솔하지 못하자, 구란은 시의(時義)를 보냈는데 곧바로 오랑캐와 통하여[我兵不能禦, 死傷千餘人, 鸞幾爲虜獲. 自是後士卒滋怯矣. 乃*

---

36) 『함빈록』에는 정여기의 아내라고만 하였다.

鸞不督諸路進兵, 仍遣時義, 輒與虜通], 엄답(俺答)의 양자 탈탈(脫脫)과 형제를 맺고, 호시(互市)를 허락했다. *[조정의 신하들은 함구하며 감히 발설하지 못했다. 당시 구란을 거스르는 자들로, 병부상서 왕방서, 총독 상대절, 주사 신수(申燧), 모두 법대로 구란을 꺾을 수 없었다. 위에서 구란을 침해하는 말을 하면, 구란이 배척하여, 왕방서, 신수는 파직되어 돌아갔고, 상대절은 사형을 논하다가 옥에 갇혔다(朝士私銜之, 莫敢發也. 時逆鸞者, 則有兵尚王邦瑞, 總督商大節, 主事申燧, 皆恃法不得爲鸞屈. 上言受侵鸞, 鸞擠之, 邦瑞·申燧以落職歸, 而大節論死, 繫獄中]*. 이에 인심이 흉흉하고 변란이 다시 일어나지 않을까 걱정했다. 주사(主事) 양계성(楊繼盛)이 상소하여 호시(互市)는 불가하다고 힘써 말했으나 *[자주 구란을 기망했다는 죄로(歷數鸞欺罔罪)]* 하옥되고 자급이 깎였다. 이에 결국 선대(宣大)에서 말시장이 열렸다. *[오랑캐는 예전처럼 노략질하여, 결국 다시 교역 시장을 없앴다. 얼마 되지 않아(虜之寇掠如故, 遂復罷貢市. 無何)]*, 구란이 악성 종기가 나서 죽자, *[오랑캐들은 점차 물러갔다(虜稍稍引去)]*.

융경(隆慶) 4년(1570)에 *[엄답의 손자이자, 청태길(靑台吉)의 아들 파한나길(把汗那吉)이 항복했다. 이에 앞서(俺答之孫, 靑台吉之子, 把汗那吉降. 先是)]*, 엄답에게는 외손녀가 있었는데, 아름답고 예뻐, 이미[業已] 오아도사(襖兒都司)의 베필로 정해져 있었는데 엄답이 그녀에게 장가들어 버렸다. 이후 바로 삼낭자(三娘子, 1550~1612)이다.[37] 엄답은 파한나길(把汗那吉)이 아내로 선택한 올신(兀愼)의 딸을 빼앗고 [다른 사람으로] 바꾸자, 파한나길은 심하게 화를 내며 관문을 넘어 투항해 왔다. *[순무 방봉이 당시 소문을 상소하자(巡撫方逢時具疏上聞)]*, 조서로 파한나길을 금의천호(錦衣千戶)에 제수하고, 진안성(鎭安城)에 두었다. 엄답은 선대(宣大)에 병력을 모아 *[파한나길을]* 수색하자, 파한나길은 몹시 다급해졌다. 선부(宣府) 총병 조가(趙岢)가 물리치자, 엄답은 두려워했다. *[이때부터 조금씩 순종을 꾀했다(自是稍稍謀效順矣)]*. 이내 화의를 결정하고, 오

---

37) 이 정보는 『함빈록』에서 찾을 수 없다. 아마도 정백이가 추가한 것으로 보인다.

랑캐에게 투항하여 반역한 여로조(呂老祖), 조전(趙全), 이자형(李自馨), 주원(周元), 유사(劉四) 등을 서로 바꾸고자 했다. [이에] 포숭덕(鮑崇德)을 보냈다. 포숭덕의 어릴 때 자(字)는 관보(官保)로, 옛날 오랑캐 조정에 복역하며, 오랑캐와 친했다. 그가 오랑캐 진영에 이르자, 엄답은 크게 기뻐하며 명대로 *[한참 뒤에]* 여로조 등을 포박하여 보냈다. 경·책(京·磔)에 이르자, 서시(西市)에서 우리는 파한나길을 북송시켰다. *[여로조는 백련교로 사람들을 미혹하여 추포되었다가, 오랑캐 진영으로 달아났는데, 조전 등 1,000여 명이 그를 따랐다. 오랑캐는 그들을 판승(板升)의 땅에 살게 했는데, 조전은 교활하고 꾀가 많아 엄답이 가깝게 신뢰했다. 곧바로 중국의 허실과 공격할 전략을 자문했다. 뒤에 조전의 무리가 만여 명에 달하니, 호랑이 같은 오랑캐들은 모자라고 없는 것을 전수하여 이루었는데, 견고한 성과 완벽한 성벽은 모두 조전 등이 만든 것일 뿐이었다. 엄답은 우리의 은덕과 신뢰에 감읍하여 귀순하며 조공을 간청했다(呂老祖者, 以白蓮教惑人, 因追捕, 逃入虜中, 而趙全等千餘人從之. 虜處之板[扳]升地, 全桀黠多謀, 俺答親信之. 輒詢以中國虛實, 并攻取之策. 後全有衆至萬餘, 故虜如虎傳翼所過無, 堅城完壁, 皆全等爲之也已而. 俺答感我恩信請款塞效順, 且乞封貢)]*. 총독 왕숭고(王崇古), 순무 유응기(劉應箕)가 *[전문으로 그 일을 벌이자, 당시 조정 의론이 술렁이며 결정하지 못했다. 왕숭고 등이 상소문을 올려 힘을 다해 오랑캐 상황에 거짓이 없으므로]*, 봉공(封貢)과 교시(交市)를 주장하여 조정에서 허락했다. 두세 차례 사신을 오고 가자, 포숭덕을 보내왔다. *[왕숭고와 유응기는]* 서신[38]으로 오랑캐를 타이르고 약속을 정했다. 포승덕이 *[이르자]* 엄답은 찬도(鑽刀)의 맹세를 했다. *[찬도의 맹세를 한 것은 오랑캐 측에서 믿고 두려워하게 함이었다. 그 말에(鑽刀誓者, 虜中信, 且憚之. 其詞)]*, "천왕과 부처님이 우리 맹세를 보증해 주시니, 양측이 어기면 칼을 맞으리라(天王佛祖, 証我盟誓, 兩家有違, 遭其鋒利)"라고 했다. 맹세가 끝나자, 엄답은 심복 타아한(打兒漢), 토골적(土骨赤)을 보내 답하고[還報], *[이어서 왕숭고와 유응기의*

38) 이 서신의 내용에 관해 나왈경은 "서신에 '당신들', '우리들'이라 했고, 엄답이 늙었다고 했는데, 관인들의 말이 천박하고 솔직한 것은 오랑캐들이 쉽게 이해하도록 썼기 때문이다(書稱你們我們, 稱俺答爲老, 官人辭淺且直率, 欲虜易曉也)"라고 주석을 붙였다.

서신에 답했다【'대현덕 군문 왕도부 유 이위 노선생 대하'라고 했고, 자신을 '시생 엄답 돈수'라고 했다. 몇 마디 내려가지 않아 말이 비루하여 통하지 않았다】(仍答崇古應箕書【稱大賢德軍門王都府劉二位老先生臺下, 自稱侍生俺答頓首. 不下數語, 辭鄙陋不通】)]. 다시 소장을 갖추어 신하를 칭하며 속국임을 아뢰었다. 이에 조서를 내려 엄답을 순의왕(順義王)으로 봉하고, 그의 아우, 조카, 성노파도(姓老把都), 황태길(黃台吉) 등 65명에게 각기 도독, 지휘(指揮), 천호(千戶), 백호(百戶) 등의 관직을 차등에 따라 제수했다. 개시(開市)는 모두 독무(督撫)의 논의에 따랐다. 이후 오랑캐 추장은 호시에 유리했기 때문에, 20년 이래 황태길, 차력간(扯力艮) 부자가 모두 약속을 지켰다. 변경이 단속되고 조금 안녕을 찾은 것은 삼낭자(三娘子)의 힘이었다.[39]

이곳의 **나무껍질은 3촌이며, 얼음 두께는 6척이다. 고기를 먹고 수락(酥酪)을 마시며 가축을 따라 옮겨 다닌다.** 소집이 있을 때는 나무에 새겨 봉하고[刻木封], 화살을 신표로 삼는다[箭爲信].[40] 장기(長技)로, 산골짜기를 비바람처럼 빠르게 오르내린다. 그들은 **삶을 가벼이 여기고 살생을 즐기며,** 찬탈하고 시해하며 윗사람과 간통하는 것[簒弑蒸淫]은 천성이 그러하기 때문이다(此地木皮三寸, 氷厚六尺. 食肉飮酪, 隨畜遷居. 有徵會, 刻木封, 箭爲信. 挾其長技, 上下山谷, 飄忽如風雨. 其輕生好殺, 簒弑蒸淫, 天性然也).

그들 말로 하늘은 등길리(騰吉里, 텡게르), 땅은 합찰아(蛤札兒, 가자르), 태양을 납람(納藍, 나란), 달을 살랄(撒剌, 사란)이라 한다(其語天爲騰吉里, 地爲蛤札兒, 日爲納藍, 月爲撒剌).

---

39) 이 문장은 정백이가 '삼낭자(三娘子)'를 넣어 조정한 것이다. 『함빈록』에는 "변방이 조금 안정되었다(邊鄙稍寧)"라고만 되어 있다.

40) 『명일통지』(사고전서본, 권90, 33b)에 따르면 달단(韃靼)의 풍속을 기술하며, 같은 문장을 채록했는데, 그 아래 다음과 같은 쌍행의 주석이 보인다. "병마를 징발하고 여러 가축을 징수할 때면, 나무에 새겨 수를 헤아리고, 화살촉과 밀랍 인장을 합쳐 봉하여 신표로 삼는다(其徵發兵馬及科稅雜畜, 輒刻木爲數, 併一金鏃箭蠟印封之以爲信)."

산천에는 음산(陰山)【한나라 무제가 빼앗은 곳으로 흉노들은 이곳을 지나면서 통곡한다】,[41] 준계산(浚稽山)[42]【이릉(李陵)이 오랑캐에게 패한 곳이다】, 연연산(燕然山)【두헌(竇憲)이 명을 새긴 곳이다】, **금미산(金微山)**【변새에서 5,000리 떨어져 있으며 두헌이 흉노를 대파한 곳이다】, 부연한산(不蛃罕山)【원나라 시조가 여기에서 탄생했다】,[43] 살살아산(撒撒兒山)【본조의 주흥(周興)이 호(胡)를 대파한 곳이다】 등이 있다(山川, 則有陰山【漢武奪之. 匈奴過之則哭】·浚稽山【李陵敗虜處】·燕然山【竇憲勒銘處】·金微山【去塞五千里竇憲破匈奴處】·不蛃罕山【元始祖産于此】·撒撒兒山【本朝周興大破胡地】).

산물로 **각단(角端)**, 초서(貂鼠), **은서(銀鼠)**, **황서(黃鼠)**, **백령작(白翎雀)**, **한금화(旱金花)**【황금색이며 손바닥처럼 크다.】, 청낭화(青囊花)【비취색이다】, **화양각(花羊角)**【기름이 묻어도 미끄럽지 않아 칼자루를 만들 수 있다】, **혼(鼲)**【털이 부드러워 털옷을 만들 수 있다】, **놜(豽)**【원숭이 종류】, **동장(東墻)**【봉초(蓬草)와 비슷하며 열매는 10월에 익기 시작한다】, **사계(沙雞)**【벼슬은 노랗고 입은 파랗다】, **혼탈(渾脫)**【작은 소를 잡아, 등에서 하나의 구멍을 내어, 점차 살과 내장을 꺼내, [외피가] 모두 온전해지면, 우유나 술을 담가 먹으면 맛이 좋다】[44]이 난다(産角端·貂鼠·銀鼠·黃

41) 나왈경의 설명은 더 자세하다. “초목이 무성하고, 금수가 많이 난다. 한무제가 그 땅을 빼앗아, 흉노가 지날 때면 통곡한다(草木盛茂, 多産禽獸. 漢武奪其地. 匈奴過之則哭).” 나왈경의 정보는 왜 이곳을 ‘음산’이라 하는지를 설명하고 있다.

42) ‘중국정사외국전DB’ 주석에 따르면, 준계산(浚稽山)은 내몽골 거연해(居延海)에서 북쪽으로 올라가 몽골공화국 남부의 고비 알타이산맥 가운데에 있고 한다.

43) ‘부연한산’에 관하여 나왈경은 “옛날 회백색의 이리가 있었는데 이 산에서 회백색의 사슴을 만나 ‘파탑적한’이란 새끼를 낳았다. 뒤에 몽골부 원나라의 조상이 되었다(昔有蒼白狼, 遇蒼白鹿於此山, 生子名巴塔赤罕, 後爲蒙古部元之祖也)”라고 설명했다.

44) 혼탈(渾脫)에 관한 원주의 문장은 이해하기 어렵다. 섭자기(葉子奇)의 『초목자(草木子)』(사고전서본, 권4, 25b)에 “북쪽 사람들은 작은 소를 잡아, 등에서 구멍 하나를 내어, 점차 안쪽의 뼈와 살을 꺼내고, 외피는 모두 온전하게 두무질하여 유락(乳酪), 술, 젖 등을 담아 쓰는데 그것을 ‘단탈(潬脫)’이라 한다(北人殺小牛, 自脊上開一孔, 逐旋取去內頭骨肉, 外皮皆完揉軟, 用以盛乳酪·酒·湩, 謂之潬脫)”라고 하였다. 여기 ‘단(潬)’자는 ‘혼(渾)’자의 오기일 것이다.

鼠·白翎雀·旱金花【金色大如掌】·靑囊花【翠色】·花羊角【染油不滑可作刀靶】·鼲【毛柔可爲裘】·狖【猴屬】·東墻【似蓬草, 實十月始熟】·沙雞【黃冠靑緌】·渾脫【殺小牛, 自脊上開一孔, 旋取出肉皮臟, 皆完乳幷酒漬, 食之, 味佳】).[45)]

이상 한 권 분량의 타타르, 달단(韃靼)의 역사는 추재의 손에서 다음과 같이 요약되었다.

달단은 북쪽의 호(胡)로, 상나라 훈육(獯鬻), 주나라의 험윤(玁狁), 한나라의 흉노(匈奴)였다. 처음 걸왕(桀王)의 후예로 시작하여 묵특(冒頓) 시대에 성해졌다가 호한야(呼韓邪)와 질지(郅支)의 시대에 쇠락했다. 천산(天山)을 잃으면서 [그들은] 매번 통곡하며 그 경계를 지났다. 그들 선조의 나라는 서쪽 바다에 있었는데, 이웃 나라에 멸망될 때 남김없이 살육되었다. 한 아이만 죽지 않고 발과 팔이 잘려 습지에 버려졌는데 암컷 이리가

---

45) 여기 달단의 산물들은 정백이가 나왈경의 『함빈록』을 채록하면서 설명을 빠뜨리거나, 잘못 채록한 문장이 있다. 나왈경은 "산물로 각단(角端)【모습은 소와 같지만, 뿔 하나가 코에 있다. 활을 만들 수 있다. 사이(四夷)의 말을 알아들을 수 있다】, 초서(貂鼠), 은서(銀鼠)【털색이 은과 같고, 값은 담비보다 수 배 비싸다】, 황서(黃鼠)【사람을 보면 읍을 하듯이 손을 앞으로 모은다. 맛이 아주 좋다. 원나라 시기에 어떤 왕이 그것을 먹었는데 궁궐에 바친 황서를 두고, 그곳을 지켰다】, 백령작(白翎雀)【몹시 추워도 남쪽으로 날아가지 않는다】, 한금화(旱金花)【금색이며 손바닥만 하다】, 청낭화(靑囊花)【색은 비취 같으며 매우 귀엽다】, 화양각(花羊角)【기름에 닿아도 미끄럽지 않아, 칼 손잡이를 만들면 좋다】, 놜(狖)【원숭이 부류이다】, 혼(鼲)【두 동물은 가죽 털이 부드러워 모두 털옷을 만들기에 적합하다】, 동장(東墻)【봉초(蓬草)와 비슷하고, 열매는 검은 기장과 같으며 씨는 10월에야 익는다】, 사계(沙雞)【노란 벼슬에 푸른 주둥이를 가졌고 항상 나무 아래 있다】, 혼탈(渾脫)【작은 소를 잡아 등에 구멍을 내어 살과 내장을 꺼내 가죽을 아주 부드럽게 하여, 우유와 술을 담아 두었다가 먹으면 맛이 좋다】 등이 특이하다(産角端【狀如牛, 一角在鼻上, 可作弓, 能曉四夷語】·貂鼠·銀鼠【毛色如銀, 價數倍於貂】·黃鼠【見人, 則拱前腋如揖. 味極佳. 元時有王食之, 獻置宮, 守其處】·白翎雀【雖極寒, 亦不南飛】·旱金花【金色, 大如掌】·靑囊花【色如翠, 可愛】·花羊角【染油不滑, 作刀靶, 佳】·狖【猴屬】·鼲【二物皮毛柔, 俱宜爲裘】·東墻【似蓬草, 實如穄, 子十月始熟】·沙雞【黃冠靑緌, 常在樹下】·渾脫【殺小牛, 自脊上開一孔, 旋取出肉內皮臟, 皆完以皮肉揉軟, 用乳幷酒漬, 食之, 味佳】爲奇)"라고 하였다.

굴에서 성장하면서 이내 [그 암컷 이리와] 교합하여 아들 열을 낳았다. 진(晉)나라 시기에는 유연(劉淵)과 석륵(石勒)이 되었고, 당나라 시기에는 돌궐 가한이 되었으며, 송나라 시기에는 원나라의 테무친[鐵木眞]이 되었다가, 명나라가 흥기하자, 사막으로 흩어져 돌아갔다. 현재 몽골은 48부(部)가 되었는데, 질지(郅支) 이후 한나라의 항복한 장수 이릉의 후손들이라고 한다(韃靼北胡, 商之獯粥, 周之玁狁, 漢之匈奴是也. 始自桀裔, 盛于冒頓, 衰於呼韓邪·郅支. 自失天山, 每痛哭過界. 其先國西海上, 爲隣國所滅, 無噍類, 惟一兒未殺, 刖足斷臂棄澤中. 有牝狼養之, 長居穴中, 乃與交而生十男. 在晉爲劉淵石勒, 在唐爲突厥可汗, 在宋爲元鐵木眞, 明興散歸沙漠. 今蒙古四十八部, 而郅支以後爲漢降將李陵之孫云爾).

그곳의 나무껍질은 3촌이고 얼음은 두께가 6척이며 그들은 고기를 먹고 낙(酪)을 마시며 가축을 따라 옮겨 다닌다. 생명을 경시하며 살생을 좋아한다. 그들 말로 하늘은 '텡게르[騰吉里]', 땅은 '가자르[蛤札兒]', 태양을 '나란[納藍]', 달을 '사란[撒剌]'이라 한다. 산천으로 음산(陰山), 준계산(浚稽山), 금미산(金微山),[46] 한해(瀚海), 금미하(金微河),[47] 무정하(無定

---

46) 금미산(金微山)은 정백이의 원주에 따르면, "변새에서 5,000리 떨어져 있으며 두헌이 흉노를 격하한 곳(去塞五千里竇憲破匈奴處)"이라고 한다. 『후한서』, 권23, 「두헌(竇憲) 열전」(818쪽)에서 "이듬해, 또 우교위 경기(耿夔)와 사마 임상(任尙), 조박(趙博) 등을 보내 군사를 통솔하여 금미산에서 북로(北虜, 흉노)를 공격하여 대파하고, 많은 무리를 포획했다. 북선우(北單于)는 달아나 그 소재를 알 수 없었다(明年, 復遣右校尉耿夔·司馬任尙·趙博等將兵擊北虜於金微山, 大破之, 克獲甚衆. 北單于逃走, 不知所在)"라고 하였고, 『후한서』, 권19, 「경기(耿夔) 열전」(718쪽)에 따르면, 이러한 공격은 영원(永元) 3년(91)으로 확인된다. 중국 백과사전들은 금미산을 몽골 서쪽 끝에 있는 알타이산맥으로 추정하고 있다.

47) '금미하'란 곳은 정백이의 달단 기술에 보이지 않는다. 추정컨대 감미하(甘微河)를 잘못 옮긴 것으로 보인다. 『후한서』, 권89, 「남흉노열전」(2953쪽)에 [한나라에서는] "경담을 종사관으로 보내 그를 호위하게 했다. 탁야산(涿邪山)에 도착하여 치중(輜重)을 남기고, 부대를 둘로 나누어 각기 경무장한 병사들을 이끌고 그들을 습격했다. 좌부(동부)는 북쪽으로 서해(西海, 거연해)를 지나 하운(河雲) 북쪽에 이르렀고, 우부(서부)는 흉노 강물을 따라서 서쪽으로 천산을 돌아 남쪽으로 감미하(甘微河)를 건너, 마침내 두 부대가 모두 집결하여 밤에 북선우를 포위했다(耿譚遣從事護之. 至涿邪山, 乃留輜重, 分爲二部, 各引輕兵兩道襲之. 左部北過西海至河雲北, 右部從匈奴河水西繞天山, 南度甘微河, 二軍俱會, 夜圍北單于)"라고

河)가 있다. 산물로 각단(角端), 은서(銀鼠), 황서(黃鼠), 백령작(白翎雀), 청낭(青囊), 오화양각(五花羊角), 맥(貉), 혼(貚), 놜(豽), 동장(東墻), 사계(沙雞), 혼탈(渾脫), 한금화(旱金花), 동장실(東墻實)이 있다(其地木皮三寸, 氷厚六尺, 其俗食肉飮酪, 隨畜遷居. 輕生好殺. 其語天爲騰吉里, 地爲蛤札兒, 日爲納藍, 月爲撒剌. 山川則陰山·浚稽山·金微山, 瀚海·金微河·無定河. 物產則角端·銀鼠·黃鼠·白翎雀·青囊·五花羊角·貉貚·豽·東墻·沙雞·渾脫·旱金花·東墻實).

3촌의 나무껍질, 6촌의 얼음 三寸木皮六寸氷,
음산에 곡이 끝나자, 태양이 떠올랐네. 陰山哭罷納藍升.
청낭화 아래 혼탈을 열고, 青囊花下開渾脫,
조상으로 집마다 이릉에 제사하네. 名祖家家祭李陵.

은서 가죽은 황서 가죽보다 가볍고, 銀鼠皮輕黃鼠皮,
오화양각은 기름옷을 물들이네. 五花羊角染油衣.
한금화 떨어지자, 동장은 익고 旱金纔落東墻熟,
연못 가 젓 먹던 아이 이리 어미와 돌아가네. 澤畔哺兒狼母歸.

하였다. 중국의 한 사전은 여기 감미하가 '자브한(Zavkhan)' 강이라고 설명하는데, 북흉노의 본거지인 알타이산맥과 동쪽으로 너무 멀리 떨어져 있으므로, 여기 기술한 내용과 부합하지 않는다. 여기 감미하는 알타이산맥 남단과 치롄산맥 북부 사이에 흐르는 우룬구[烏倫古] 강일 것이다.

[02] 올량합(兀良哈)

정백이가 『방여승략외이』 권1에서 두 번째로 기술한 '올량합' 또한 나왈경(羅曰褧)의 『함빈록(咸賓錄)』을 복제하듯 채록한 정보들이다. 다시 나왈경은 정효(鄭曉, 1499~1566) 『오학편·황명사이고』을 근거로 이전 사서에서 관련 기록을 찾아 '올량합사'를 썼다. 정백이는 나왈경의 텍스트를 거칠게 채록했고, 추재는 정백이의 텍스트를 너무나 믿고 축약했다. 특히 산물이나 산천 설명들이 불성실하게 채록되었다는 점은 추재 텍스트의 오점이다. 우리말 '오랑캐'의 어원이 올량합(兀良哈)인지는 사실 타당하게 논증되지 않는다. 별도의 논의가 필요하다. 추재는 이에 대해 어떤 언급도 하지 않았다.

'올량합[ŋuət-liaŋ-ŋɒp](兀良哈)'은 왕운(王惲, 1227~1304)의 『추간집(秋澗集)』(사고전서본, 권50)에 실린 「오란씨선묘 비명(烏蘭氏先廟碑銘)」(2a)에서 그 조상을 몽골의 '오량해[ʔuo-liaŋ-xɑ̆i](烏梁海)'라는 부락으로 기술했는데, '올량합'의 가장 이른 언급으로 보인다. 1369~1370년의 『원사(元史)』, 권121, 「수부타이 열전」(2975쪽)에 수부타이는 "몽골 올량합 사람이다(蒙古兀良合人)"라고 하였다. 이로써 볼 때 '올량합'은 몽골의 한 부족으로 역사의 무대에 등장했다.

1344년 『요사』, 권36, 「병위지하·속국군」(433쪽) '알랑개[ʔuat-lɑŋ-kɑ̆i](斡朗改)'로 되어 있다. 『요사』 편찬 교감에 따르면, "알랑개와 올랑개[ʔuat-nĭaŋ-kɑ̆i](嗢娘改)는 본서에 여러 차례 보이는데, 어떨 때는 속국으로, 어떨 때는 부족을 지칭했다(斡朗改及嗢娘改本書屢見, 一爲屬國, 一爲部族)"라고 하였고, 이어서 유사배(劉師培)의 『좌암집(左盦集)』, 권5의 「요사부족표서후(遼史部族表書後)」에서 이들 모두가 '오량해(烏梁海)'가 변화된 음이라고 했다는 설을 소개했다.

『몽골비사』는 1227년 칭기즈 칸이 죽은 이후에 기록되었고, 한문본은 14세기 말 『원조비사(元朝秘史)』로 간행되었는데, 이 한문본에는 '올량합(兀良哈)'으로 음차되었다(『사부총간삼편』본, 권1, 8a), 한번은 부족 명칭으로, 한번은 지역으로 언급되었다. 이 명칭은 'Uriankhai', 'Uriyangqai', 'Uriangqai', 'Uriyangqa', 'Uriyangqad' 등등 로마자로 표기되었다.

『몽골비사』, 권1(9), "코릴라르타이-메르겐(Qorilartai-mergen)은 코리 투메드(Qori-Tumed) 땅에서 검은담비, 다람쥐 및 다른 야생 동물 사냥을 서로 금지하면서 그의 사람들과 사이가 틀어졌다. 이 금지 때문에 코릴라르(Qorilar) 부락을 구성했다. 그는 부르칸-칼둔을 야생 동물과 카젤이 많은 좋은 곳으로 여겼다. 신치-바얀은 우리앙하이(Uri[y]angqai) 방향으로 여행하면서, 부르칸-갈둔[Burqan-galdun, 聖山]의 수호신으로서 [샤머니즘적] 신들을 세웠다."[1])

권1(38)에 "가는 길에 보돈차르(Bodonchar)는 너덧 달[dumda ke'elitei] 임신한 여인을 사로잡았다. 그는 그녀에게 누구냐고 물었다. 그녀는 '나는 자르치우트(Jarchi'ut) 부족의 대(大) 우리앙하이(Uriyangqai) 여인이다'라고 대답했다"라고 하였다.[2])

폴란드 문화인류학자로 시베리아 지역을 연구한 차플리카(M.A. Czaplicka, 1884~1921)는 우리앙하이(Uriankhai)에 대해, 『중앙아시아의 튀르크인들(The Turks of central Asia)』(Oxford, 1918, 55~61쪽)에서 상당히 깊은 추적을 했다. 그의 설명은 다음과 같이 요약될 수 있다.

시베리아 타타르 중 대부분은, 북방 우리앙하이(Uriankhai)와 마찬가지로, 자신들을 '투바(Tuba)'라고 부르는데, 단독으로 쓰이든 부족 명칭과 함께 쓰이든 '투바'는 그들 부족 중 하나를 지칭하는 명칭이다(55쪽). 그러나 그들의 분포는 매우 광범위하다. 우리앙하이의 동쪽 이웃인 다르카트(Darkat)와 위구르(Uigur)는 코쏘골(Kossogol) 호수에 살면서, 어떤 부족도 이 명칭을 전칭으로 사용하지 않았지만, '투바'라고 불리는 부족이 들어있었다(56쪽). 체른(Chern) '타타르', 즉 알타이인들에 의해 장악된 지역의 동쪽 지역, 그리고 사얀(Sayan) 산과 탄누 올라(Tannu Ola) 산맥 사이의 예니세이스크(Yeniseisk)에 해당하는 아바칸(Abakan) '타타르'에 의해 정복된 나라의 남쪽은 '우리앙하이'로 불렸고, 그들 중 100,000의 사람이 '우리앙하이', 바로 종종 중국어 형태인 우리앙구트(Uriangut)로 군집했다(58쪽).

---

1) Urgunge Onon, The Secret History of the Mongols, London, 2001, 42쪽.

2) 앞의 책, 48쪽.

우리앙하이 사람들은 종종 소요트(Soyot, 단수형은 'Soyan'으로 부족 명칭인 'Soya'에서 나옴)로 불렸다. 그러나 이 명칭이 그들 전체에 적용되어야 하는지는 확실하지 않다. 북방에서 그들이 자신들을 일컬은 명칭은 투바이다(59쪽). 동 튀르크 학자 카타노프(Katanoff)에 따르면, 우리앙하이 사람들의 언어는 튀르코-타타르(Turko-Tatar)라고 하는데,[3] 물론 지금은 몽골인들과 많이 혼합되어 있다. 카스트렌(Castrén)과 그를 지지하는 사람들은 원래 사모예드-예니세이 종족의 우리앙하이 구성으로 보려는 경향을 상기해야 한다. 그들은 튀르크인들과 혼합되었고 튀르크어를 사용한다(M. A. Castrén, 『Nordische Reisen und Forschungen』, IV, 83~86쪽).

한때 사모예드 그룹이 소요트(Soyot, 우리앙하이)로 이주했을지도 모른다는 점은 의문의 여지가 없다. 왜냐하면 사모예드와 우리앙하이의 많은 부족 명칭이 비슷하기 때문이다. …라들로프(Radloff)는 우리앙하이가 오늘날 야쿠트(Yakut) 족의 조상으로 생각했다. 그러나 우리앙하이는 가장 잘 순록을 기르는 사람들로 알려졌고, 야쿠트는 북쪽으로 이주한 뒤에야 그 기술을 배웠으므로 불가능해 보인다.

우리앙하이의 수는 약 100,000명이다. 최근까지 그들은 하나의 아이막(aimak), 즉 중국의 군을 형성했다. 그들은 아홉의 현지 그룹[khoshun, kopun]으로 나뉘고 그것은 다시 수모(sumo, 종족)로 나뉜다. 수모는 속(sök, 부족)으로 세분된다. 종족 명칭은 대개 튀르크 어원을 가지며 그들 대부분이 다른 우랄알타이 튀르크인들의, 예를 들면, 이르기트(Irgit), 소얀(Soyan), 키르기스(Kirghis), 카이작(Kaizak), 코엘룩(Koeluk), 위구르(Uigur) 등과 같은 명칭으로 나타난다.

초원 지역에 사는 우리앙하이 사람들은 대부분 유목민이다. 그들 중 약간은 사냥과 어로에 종사한다. 이 지역에서만 말, 야크 그리고 순록을 징발 목적으로 사육하는 것을 볼 수 있는데, 이것이 어떻게 보면 우리앙하이 부족의 특징이다. 왜냐

3) E. K. Yakovleff, 『Ethnographical Survey of the Native Population of the Valley of Southern Yenisei』, Minusinsk, 1900, 18쪽.

하면 그들은 몽골의 말을 기르는 유목민, 튀르크 사냥꾼과 유목민 그리고 퉁구스 순록 사육자들의 특징들과 연결되는 것 같기 때문이다(60~61쪽).

『명사』, 권328, 「외국·타안(朶顔), 복여(福餘), 태녕(泰寧)전」(8504쪽)에 "타안, 복여, 태녕은 고황제(1368~1398년 재위)가 설치한 세 위(衛)이다. 그곳은 올량합(兀良哈)으로, 흑룡강 남쪽 어양(漁陽) 요새 북쪽에 있다(朶顔·福餘·泰寧, 高皇帝所置三衛也. 其地爲兀良哈, 在黑龍江南, 漁陽塞北)"라고 하였다. 여기 어양새(漁陽塞)에 관하여, 브레트슈나이더는 후허하오터(呼和浩特) 북쪽 산맥에 있는 한 요새로 추정하고, "올량합이 이렇게 멀리 서쪽으로 확장하지 않았다"라고 의문을 제기했다.[4] 어수(漁水)의 북쪽이란 뜻인 어양(漁陽)은 진나라 때 군으로 편입된 지역으로 현 베이징, 톈진, 허베이를 차지한 지역이다. 브레트슈나이더가 후허하오터로 추정한 이유가 무엇인지 이해할 수가 없다.

올량합에 관한 설은 19세기까지 조선의 문인들 사이에서 상당한 혼란이 있었던 것 같다. 이규경(李圭景)은 『오주연문장전산고(五洲衍文長箋散稿)』(1959년 간행본)에서 「올량합변증설(兀良哈辨證說)」을 쓴 것을 보면, 짐작할 수 있다. 그의 변증설은 아직 역주되지 않았고, 조선인들이 어떻게 올량합을 인식했는지를 잘 보여주므로 전문을 여기에 소개한다.

> 요즘 사람들은 오륜을 모르고 인간의 도리가 없는 자를 지목하여 '올량합(兀良哈)'이라 한다. 그러나 올량합을 속인들은 오낭견(五囊犬)이라 하는데, 아마 '올량'의 음이 '오낭'과 서로 가깝고, '견'과 '합'의 사투리 발음이 서로 비슷하기 때문일 것이다(今人以不知五倫而無人道者, 目之以兀良哈. 而兀良哈, 俗以爲五囊犬, 蓋兀良之音與五囊相近, 犬與哈方音相似也).
>
> 생각건대 올량합은 조선 초부터 많이 귀화하여, 북변의 안쪽 땅에 두루 섞여 살며 부역이 있을 때면 모두 복종했다. [그들은] 두만강에 흩어져 사는 작은 부락이었다. ⓐ우리 태종 10년(1410)에 올적합(兀狄哈)의 김문내(金

4) Emil Bretschneider, 『Mediaeval Researches from Eastern Asiatic Sources』, London, II(1888), 173쪽.

文乃), 갈다합(葛多哈) 등이 경원부(慶源府)를 노략질하여, 병마사 한흥보(韓興寶)가 싸우다 패해 죽었다. '올적합'이란 바로 올량합과 같은 부류이다. 우리 인조 정축년(1637)에 청나라가 우리나라에 귀화한 올량합 사람들을 쇄환해 줄 것을 권고했다. 무인년(1638)과 기묘년(1639)에 연이어 압송하는 부(部)의 자문(咨文)과 독촉이 끊이지 않았다. 갑신년(1644)에 칙서로 유시하기를, 올량합 사람 중에 아직 다 쇄환되지 않은 자들이 있다. 황고(皇考)가 살아있을 때 조선 또한 '왕토(王土)'였으니, 그들의 쇄환을 받을 필요가 있겠는가. 유지(遺旨)가 아직 남아있으니, 지금부터는 일체 송환을 면제한다고 했다. 올량합은 바로 야인여진의 일종이다. ⓑ 『화한삼재도회(和漢三才圖會)』에 왕자 임해(臨海)와 순화(順化) 두 군이 길주(吉州)를 거쳐 올량합으로 달아났는데, 청정(淸正)이 올량합에 이르러 두 왕자, 후비 그리고 대신들을 포로로 잡아 안변(安邊)으로 돌려보내려 했다. 이에 올량합과 막남(漠南)의 사람들이 그들을 추격했고, 또 길주의 대세가 더해졌다고 운운했으니, 왜(倭)는 우리 북궐(北闕)을 '올량합'이라 생각했다(按兀良哈, 自國初多向化, 雜處北邊內地. 凡有事役, 皆服焉. 散處於豆滿, 一小部落也. 我太宗十年, 兀狄哈金文乃·葛多哈等, 寇慶源, 兵馬使韓興寶戰敗死. 曰兀狄哈, 卽兀良哈之同類也. 我仁祖丁丑, 淸諭本國, 刷還向化兀良哈人戶. 戊寅己卯, 連歲押送部咨督不已. 甲申勅諭曰, 兀良哈人, 有未盡刷者. 皇考在時, 以朝鮮亦王土, 何必領其刷還. 遺旨尙在, 自今俱免還送云. 兀良哈乃是野人女眞之一種也. 和漢三才圖會, 王子臨海·順和二君, 經吉州走于兀良哈, 淸正到兀良哈, 俘兩王子后妃及大臣, 將歸于安邊. 於是兀良哈人漢南人追之, 且吉州之大勢相加云云, 則倭以我北關爲兀良哈也).

생각건대, 여진의 올적합(兀狄哈)에는 다섯 성씨가 있는데, 니마거(尼麻車)가 가장 성했으며, 속평강(速平江) 강가에 살았다. 우리 변경에서 5일 여정이다. 소위 '올량합'은 올적합과 다른 종족이다. 오도리(吾都里)는 바로 올량합의 부락으로 소위 '성저야인(城底野人)'이다. 신숙주(申叔舟, 1417~1475)가 군대를 나누어 호(胡)의 땅 300리 들어가 그 소굴을 불사르고 돌아왔다. 이로부터 올량합은 대부분 복종했으나 오직 올적합의 여러 부락과 니마거 등이 간간이 침입하여 약탈하곤 했다. 니탕개(尼蕩介)는 회령(會寧) 성저야인으로 올량합의 한 종족 같다(按女眞兀狄哈有五姓, 而尼麻車最盛, 居速平江邊. 距我境五日程. 所謂兀良哈者, 與兀狄哈異種. 而吾都里, 卽兀良哈之部落, 所謂城底野人也. 申叔舟分軍入胡地三百里, 焚其巢而還. 自是兀良哈槪多懷服, 而惟兀狄哈諸部尼麻車等, 間有侵掠. 尼蕩介是會寧城底野人, 似是兀良哈之一種也).

대저 호(胡)의 종족은 아주 많지만, 우리나라 사람들은 올량합을 '오낭견(五囊犬)'으로 여기며 인륜과 상리가 없는 사람으로 지목하는데, 그들이 행하는 바가 개와 다름이 없기 때문이다. ⓒ남효온(南孝溫)의 『추강냉화(秋江冷話)』에 "동인(東人)들은 올량합의 춤을 흉내 내, 머리를 흔들고 눈을 크게 뜨며, 어깨를 올리고 등을 구부리며, 두 다리와 열 손가락을 동시에 폈다가 오므렸다가 하면서, 활을 당기는 모습을 짓기도 하고, 개가 가는 모습을 취하기도 한다. 공경대부에서 사대부, 서민, 배우, 여자에 이르기까지 추지 않는 사람이 없다. 우찬성 어유소(魚有沼)가 특히 이 춤을 잘 췄는데, 죽은 친구인 자정(子挺, 安應世, 1455~1480)이 그러한 춤을 힘써 배척했다. 나는 꼭 그렇지만은 않다고 생각했는데, 나중에 『한서』에서[5] 개차공(蓋次公, 蓋寬饒)이 원숭이가 목욕하는 듯한 춤[沐猴舞]을 춘 단장경(檀長卿)을 탄핵한 대목을 읽고 난 뒤에야 자정의 논척(論斥)이 옳았음을 알게 되었다"라고 하였는데, 당시의 풍속을 알 수 있다. 호(胡)가 이곳 극동에 이르러, 그들 춤에 개가 다니는 모양을 취했다면 더욱 올량합 무리인 오낭견이었음을 알 수 있다(大抵胡種極多, 而我人以兀良哈爲五囊犬, 而目無倫常人, 則其人之所爲, 與犬無異故也. 南孝溫秋江冷話, 東人效兀良哈舞, 搖頭揚目, 聳肩屈背, 二股十指, 同時屈伸, 或作張弓狀, 或作狗行狀. 自公卿大夫, 以至士庶倡優女子, 無不爲之. 右贊成魚有沼尤善之, 亡友子挺極言非之, 余頗不然之. 晩讀漢書, 蓋次公劾效檀長卿沐猴舞, 然後方知子挺之正論也, 可知當時之俗. 胡至此極, 蓋其舞作狗行狀, 則尤可知兀良哈之比五囊犬者矣).

---

5) 『전한서』, 권77, 「개관효전」, 3245쪽에 보인다.

ⓐ의 정보는 『태종실록』, 태종 10년(1410) 2월 3일자 기사에서 확인할 수 있다. 다만 갈다합(葛多哈)이 '갈다개(葛多介)'로 표기되어 있다. ⓑ의 정보는 『청장관전서』(한국문집총간본, 권55, 505쪽)에서 "청정(淸正)이 올량합에 이르러, 두 왕자와 대신을 포로로 잡아, 안변(安邊)으로 돌아가려 했다. 7월 24일에, 올량합, 한남(漢南) 사람들이 '그 사람들을 추격했고[追人]', 또 길주(吉州)의 대세가 더해졌다"라고 되어 있고, 『연경재전집』(한국문집총간본, 권58, 60쪽)에서도 같다. 이는 『화한삼재도회』(와세다대학 소장본, 권13, 15a)을 채록한 문장으로, "청정(淸正)이 올량합에 이르자, 두 왕자, 후비 그리고 대신을 포로로 잡아, 안변(安邊)으로 돌려보내려 했다【만력 22년(1594) 7월 24일, 고요제이(後陽成) 문록(文祿) 2년이다】. 올량합과 한남(漢南) 사람들이 그들을 추격했고, 또 길주(吉州)의 대세가 더해졌다…"라고 되어 있다. 여기의 '한남(漢南)'의 '한'은 '막(漠)'자의 오기일 것이다. '막남(漠南)'이란 글자적 의미 그대로 고비사막 이남을 지칭하는 말이다. '추인(追人)'은 『화한삼재도회』처럼 '추지(追之)'로 고쳐야 한다. ⓒ남효온의 『추강집』, 권7, 「잡저·냉화」에 보인다. 자세한 기술은 '고전번역원DB'를 참고하시오. 이제 정백이가 채록한 '올량합'의 역사를 살펴보자.

> 올량합은 옛 동호(東胡)의 땅이다. *[고신씨의 후예로, 한나라의 선비(鮮卑), 당나라와 송나라의 토욕혼(土谷渾)과 거란(契丹)이 모두 이들이다(高辛氏之裔, 漢之鮮卑, 唐·宋之吐谷渾·契丹皆是也)]*. 옛날 고신씨(高辛氏)가 해빈(海濱)을 거닐다가, 극성(棘城)을 지나면서 전욱(顓頊)의 땅[闞顓頊之虛]을 보고 그곳에서 즐기다가 돌아와 그의 아들 염월(厭越)[6]을 그곳에 봉했다. 자몽(紫蒙)의 들에 도읍하고 '동호(東胡)'라 불렀다.[7] 흉노 묵득(冒頓) 시기, <u>동호가 강성해져, 목특을 경시하자 묵득이 동호를 공격</u>

6) 나왈경은 '염월(厭越)'아래 "『좌전』에 고신씨의 아들은 여덟인데, 그중 한 사람의 이름이 '염월(厭越)'이다(左傳, 高辛氏才子八人, 其中一名厭越)"라는 설명을 붙였다.

7) 나필(羅泌), 『노사(路史)』(사고전서본, 권19, 22b)에 따르면, "고신이 바닷가를 거닐다가 극성(棘城)을 지나 전욱의 땅을 둘러보고 그곳에서 즐기다가 돌아와 염(猒)과 월(越)을 창려읍과 자몽의 들에 살게 했다(高辛游海濱, 過棘城, 闞顓頊之虛, 樂之, 暨其歸, 居猒越, 於昌黎邑, 於紫蒙之野)"라고 하였다.

하여 무찔렀다.[8] 동호의 살아남은 사람들[遺種]은 선비산(鮮卑山)에 의지해 살아 선비(鮮卑)로 불렀다. *[대대로 생업을 이어가며(世業相繼)]*, 수천의 읍락(邑落)을 스스로 하나의 부(部)로 만들고, 용맹하고 건장하며 싸움과 소송을 잘 해결하고 결정할 수 있는 사람을 추대하여 대인(大人)으로 삼고, [대인이] 소집하거나 부를 때는 나무에 새겨 신표로 삼았다.[9] *[비록 문자는 없지만, 부족 사람들은 [그것을] 감히 어길 수 없다. 나라가 망한 뒤에도 중국과는 통하지 않았다(雖無文字, 而部眾不敢違犯. 自國破後, 未嘗通中國焉)]*.

광무(光武, 기원전 6~기원후 57) 초에 흉노가 *[강성하여]* 선비를 데리고 변경을 약탈하자 태수 채동(蔡彤)[10]이 격파하고, 거의 모두를 베거나 잡으니[斬獲殆盡], 선비는 비로소 통역하는 사신을 보내왔다[鮮卑始通驛使]. 이에 대인 편하(偏何), 어구분(於仇賁), 만두(滿頭) 등이 같은 종족의 사람들을 데리고 궐에 이르러 하례[朝賀]하고, *[의리를 흠모하여 내속했다(慕義內屬)]*. 또 북흉노, 오환(烏桓)을 공격할 때, 공을 세워 후(侯)로 책봉했다. *[해마다 청주와 서주는 2억 7천만 전을 지급하는 것으로 상례화하여 명제와 장제 시기에는 변방을 보전하며 무사했다(一歲間, 青·徐二州給錢二億七千萬以爲常, 明·章二世保塞無事)]*. 화제(和帝, 88~106년 재위) 때, 두헌(竇憲)이 흉노를 격파하자, 북선우(北單于)가 도망가, 선비는 그들 땅으로 옮겨 가, 그곳을 차지했다. *[흉노의 나머지 종족 중에서 남은 자들은 여전히 십만여 부락에 달했고, 이들 모두 스스로 선비로 칭했다. 선*

8) 묵득이 동호를 무찌른 경위에 대해, 나왈경은 "동호가 강해져, 보마(寶馬)를 요구하자 묵득은 주었고, 알지(閼氏)를 요구하여 묵득은 내어주었다. 얼마 뒤에 다시 흉노가 방기한 땅 1,000리를 요구했다. 이에 묵득은 크게 노하여 '땅은 나라의 근본이거늘 어찌 타인에게 주겠는가?' 라고 하며, 결국 군대를 보내 동호를 공격했다. 동호는 당초 묵득을 경시하여, 방비하지 않았다. 묵득의 군대가 이르러 동호를 대파하고 그 나라를 멸망시켰다(東胡强, 索寶馬, 冒頓與之, 索閼氏, 冒頭與之, 已而復索匈奴棄地千餘里. 於是冒頭大怒曰, 地者國之本也, 奈何與人, 遂發兵擊東胡. 東胡初輕冒頓, 不爲備, 及冒頓以兵至, 大破東胡, 減其國)"라고 기술하고 있다.

9) 『후한서』, 권90, 「오환전」, 2979쪽에 보인다.

10) 『후한서』, 권90, 「오환전」에는 제융(祭肜, ?~73)으로 되어 있다.

비는(*匈奴餘種留者尙有十萬餘落, 皆自號鮮卑, 鮮卑)*] 이때부터 점차 강성해져 빈번히 변경을 약탈했다.

환제(桓帝, 146~168년 재위) 때, 단석괴(檀石槐)의 아비 투록후(投鹿侯)는 처음 흉노군에게 3년을 종군할 때, 집에 있던 아내가 아들 낳았는데, 투록후가 돌아와서 [그를 보고] 괴이하게 여겨 죽이려 했다. 아내는 일찍이 하늘을 우러러보다가 우박이 입에 들어와 삼켰는데, 결국 임신하게 되었다고 말했다. 투록후는 아내의 말을 믿지 않고 아기를 버렸지만, 아내가 몰래 데려와 길러 '단석괴'라 불렀다. 열너덧 살에 이미 용맹 건장하며 지략을 갖추었다. 다른 부(部)의 대인이 자기 외가(外家)의 소와 양을 도둑맞았을 때, 단석괴가 혼자 말을 타고 추격하여 잃은 것들을 모두 데리고 돌아왔다. 남쪽으로 [한나라의] 변경을 약탈했고 북쪽으로 정령(丁零)에 대항하며, 동쪽으로 부여(扶餘)를 물리치고, 서쪽으로 오손(烏孫)을 공격하여 흉노의 옛 땅을 다 차지하니, 동서로 14,000여 리였다.

이로부터 쉼 없이 변경을 약탈했다. *[조정에서는 통제할 수 없어, 인장과 인끈을 들려 사신을 보내 단석괴를 왕으로 봉하자 물러갔다. 그러나 노략질은 더 심해져, 변방의 여러 군이 큰 영향을 받았다(朝廷不能制, 乃遣使持印綬, 封檀石塊爲王, 却之. 而寇抄滋甚, 緣邊諸郡受其大毒)]*. 영제(靈帝, 168~189년 재위) 때, 하육(夏育)이 선비를 치자고 건의하자 채옹(蔡邕)이 불가함을 상언했다. [그러나] 군대는 [단석괴를] 대패시켰고, 광화(光和, 178~184) 연간에 단석괴가 죽고, 달화(達和)[11]가 대를 이어 섰으나 *[재주와 힘이 아비에 미치지 못해(才力不及父)]*, 모반하는 사람이 반이나 되었다. *[뒤에 북지 공격에 나섰으나 염(廉)의 사람이 쏜 화살에 맞아 죽고(後出攻北地, 爲廉人射中死)]*, 아우 보도근(步度根)이 이었다. *[단석괴 이후로 여러 대인이 대를 이어 세습했다고 한다(自檀石塊後, 諸大人遂世相襲云)]*.

---

11) 『후한서』, 권90, 「오환전」에는 화련(和連)으로 되어 있다.

위문제(魏文帝) 초에 보도근이 사신을 보내, 말을 바쳐, *[황제는 그를 왕에 임명했다(帝拜爲王)]*. 뒤에 부(部)의 사람들은 점차 약해져 가비능(軻比能)에게 소멸하였다. 가비능은 선비의 작은 부족[小種]으로, 공평하여, 따르는 사람들이 대인으로 추대했다. 원소(袁紹)가 하북(河北)을 차지하고 있을 때, 나라 사람들이 대부분 배반하고 그에게 귀순하여, *[병장기와 갑옷 및 방패 만드는 것을 배웠고[教作兵器鎧楯]*, 문자를 상당히 배웠다.

건안(建安, 196~220) 연간에 오환(烏桓)과 함께 변경을 약탈했으나 뒤에 다시 위나라에 조공하고 부의왕(附義王)에 책봉되었다. *[군대와 기병이 강성하여 여러 부락이 두려워했으나 여전히 단석괴에는 미치지 못했다(兵騎强盛, 諸部憚之, 然猶未能及檀石槐也)]*.

청룡(青龍, 233~237)초에 유주자사(幽州刺史) 왕웅(王雄)이 용사 한룡(韓龍)을 보내 가비능을 찔러 죽이자, 무리가 마침내 농서(隴西) 지역에 흩어져 걸복씨(乞伏氏)가 되었다. *[국인이 왕을 칭하고, 두 세대를 전했다. 손모 말에(國仁稱王, 二傳, 至孫慕末)]*, 원위(元魏)가 이들을 멸하여 하서(河西)에서 독발씨(禿髮氏)가 되었다. *[오고가 왕을 칭하고, 두 세대를 전하여 아우 녹천에 이르러(烏孤稱王, 二傳, 至弟傉檀)]*, 걸복씨에게 소멸하여, 연(燕)에서 모용씨(慕容氏)가 되었다. 그 후 가장 강성해졌다. 위나라 초 그의 군대에 있던 막호발(莫護跋)이 여러 부락을 이끌고 요서(遼西) 지역으로 들어와 살다가, 사마의(司馬懿)를 따라 공손연(公孫淵)을 토벌한 공을 세워 솔의왕(率義王)에 제수되어, 극성(棘城)의 땅에서 건국하고 모용(慕容)을 씨(氏)로 삼았다.[12)]

손자 섭귀(涉歸)[13)]에 이르러 위나라에 귀부하고 선비(鮮卑) 선우가 되어 요동으로 옮겨 살았다. 이에 화하(華夏)의 유풍이 사라졌다. 섭귀(涉歸)에게는 두 아들이 있었는데, 장자는 '토욕혼(土谷渾)'이라 했고, 둘째는 '모

---

12) 『진서(晉書)』, 권108, 「재기(載記)·모용외(慕容廆)」(2803쪽)에 보인다.

13) 『송서』, 권96, 「선비토욕혼전」에는 '혁락한(弈洛韓)'으로 되어 있다.

용외(慕容廆)'[14]라고 했는데, *[섭귀의 적통이었다(涉歸之嫡嗣也)]*. 당초 토욕혼이 [모용]외와 말[馬]로 다투다가 모용외의 말이 상해를 입어 원망하자, 토욕혼은 화가 나서 그의 부락을 이끌고 서쪽 하황(河湟) 사이로 옮겨갔다. 그 후 '토욕혼'을 국호로 삼았다.

토욕혼으로부터 15세를 전하여 과려(夸呂)에 이르러, 처음 '가한(可汗)'이라 칭하며 자주 침략하여 수나라가 이를 물리쳤다. *[과려가 멀리 달아나면서 옛 땅은 비어, 수나라는 서해군, 차말군, 하원군을 설치했다(夸呂遠遁, 故地皆空, 隋置爲西海·且末·河源郡焉)]*. 대업(大業, 605~618) 말에 과려(夸呂) 아들 복윤(伏允)과 손자 모용순(慕容順)이 옛 땅을 회복하자 당나라 이정(李靖)이 괴멸시켰다. 복윤은 도망하다 죽고, 모용순은 항복하여 서평군왕(西平君王)에 책봉되었으나 *[이로부터 쇠약해져]* 토번(吐蕃)을 괴멸시키고 *[그 땅을 병합했다(倂有其地)]*. 모용순의 아들 낙갈발(諾曷鉢)이 당나라에 항복하자 고종(高宗, 628~683)은 안락주(安樂州)를 설치하고 자사(刺史)로 봉했다. *[그가 죽고 아들 충이 섰고, 그가 죽고 아들 선초가 섰다(卒, 子忠立, 卒, 子宣超立)]*.

무측천 시대에 토번이 다시 안락주를 차지하자 토욕혼의 잔존 부락은 삭방 하동(河東)으로 옮겼지만, *[당나라가 모용으로 되돌리고 다시 청해왕으로 삼아, 가한을 세습시켜 '토욕혼'이라 불렀다. 진나라 영가 시기부터 나라가 있은 지 350년으로, 이에 이르러 책봉과 세습이 끊어졌다(唐復以慕容復爲靑海王, 襲可汗, 號吐谷渾. 自晉永嘉時, 有國, 凡三百五十年, 及此封嗣絕矣)]*.

모용외는 타고난 재략[命世才略]이 있어 대극성(大棘城)을 전욱(顓頊)의 옛터로 여기고 그곳에 살았다. 농사를 가르치고, 법제를 중국과 같게 했다. 영가(永嘉, 307~313년)초에 '선비대선우'로 자신을 칭했다. 진(晉)의 혼란으로 화이(華夷)를 불러 위무하고, 형정(刑政)을 분명히 하자 달아

14) 『송서』, 권96, 「선비토욕혼전」에는 '약락외(若洛廆)'로 되어 있다.

난 사람들이 많이 돌아와 *[영구, 당국, 기주, 양성주를 세우고 네 군을 통치하며 유생들을 불러 참모로 삼아 진나라 조정을 받들며 조공이 끊어지지 않았다(乃立營丘·唐國·冀·陽城州, 四郡統之, 徵辟儒生, 以爲參佐, 而奉晉室, 朝貢不闕)]*. 모용외가 죽고, 아들 황(皝)이 이었다. 그는 *[더 씩씩하고(益雄毅)]* 권모술수가 많았는데, 강성해져, 마침내 연왕(燕王)을 칭하며 *[진나라에 고명을 청하여 진나라가 허락하자(請命於晉, 晉許之)]*, 류성(柳城)으로 천도했다. 모용황(慕容皝)[15]이 죽고, 아들 준(儁)이 황제를 칭하며 업(鄴)에 도읍을 세웠다. 준(儁)이 죽고 아들 위(暐)가 이으면서 모용수(慕容垂)가 보좌했다. 모용수의 사람됨은 지략(智略)이 많아, 연태부(燕太傅) 평(評)이 그를 시기하여 모용수는 [전]진으로 달아났다. 당초 부견(符堅)은 원래 연(燕)을 도모하려는 뜻이 있었으나 위명(威名)을 드리우는 것을 꺼려 출병하지 않고 있었는데, 모용수가 왔다는 소식을 듣고, 매우 기뻐하며 *[교외로 나가 맞이함에 집례가 매우 공손했다(郊迎執禮甚恭)]*. 관군(冠軍) 장군에 제수하고, 곧바로 왕맹(王猛) 등을 보내 연을 정벌했다. 연의 군대가 대패하자, 왕맹은 승기를 타고 업(鄴)의 성문으로 달려들어 위(暐)를 잡아 부견에게 데려가자, 부견은 그를 풀어주었다. 연은 마침내 망했다. 식자들은 모두 "아직 천운이 끝나지 않아 연은 반드시 중흥할 것이며, 그것은 모용수에게 달렸다(天未絶, 燕必中興, 其在慕容垂乎)"라고 하였다.

뒤에 정령(丁零)의 적빈(翟斌)이 거병하여 [전]진을 배반하자, 부견은 모용수를 보내 토벌했다. 모용수는 안양(安陽)에 이르러 마침내 적빈(翟斌)과 합쳐 업(鄴)을 공격하자, 진의 부비(符丕)는 달아나고 모용수가 들어가 황제를 칭했다. 어찌할 수 없이 연은 셋으로 나뉘었다. 모용충(慕容沖)이 즉위하여 사당을 지키니[防房] 바로 서연(西燕)이다. 한 세대를 전하여 모용영(慕容永)에 이르러 모용수가 공격하여 죽였다. 모용덕(慕容德)이 즉위하여 광고(廣固)하니 바로 남연(南燕)으로 한 세대를 전하여 모용초(慕容超)에 이르러 유유(劉裕, 363~422)에게 멸망했다. 그리고 모용수 또한

15) 『방여승략외이』에는 '모용외(慕容廆)'로 잘못되어 있어 『함빈록』에 따라 바로 잡았다.

3대를 전하여 모용희(慕容熙)에 이르러 망했다. 선비가 중국에 들어 오는 일은 이때부터 끊어졌다.

가비능(軻比能) 당시에 그 나머지 종족들이 황수(潢水)의 남쪽, 황룡(黃龍)의 북쪽 도망한 것은 거의 상고할 수 없다. [이들은] 원위(元魏, 386~534)에 이르러 '거란(契丹)'이라 부르며 이때부터 중국과 통교했다. 옛날 전하는 바에 따르면, **거란의 조상 중 어떤 남자가 백마를 타고 토하(土河)를 떠내려와 목엽산(木葉山)[16]에 이르러 합류하는 강물을 바라보니, 한 부인이 회색의 소가 끄는 작은 수레를 타고 황하(潢河)를 떠내려가고 있었는데, 그녀와 부부가 되어 여덟 아들을 낳았다. 각기 땅을 나누어 살며 여덟 부락을 이루었다. [그들이] 죽고 목엽산에 유상(遺像)을 세웠는데, 이것이 바로 거란의 시조이다. 그들을 제사할 때는 반드시 백마와 회색 소를 잡아 [제수로] 썼는데, 그들 시조가 가져온 물건들이기 때문이다(契丹之先有男子, 乘白馬, 浮土河而下, 遇於木葉山, 顧合流之水, 一婦人乘小車駕灰色牛, 浮潢河而下, 與爲夫婦, 生八子, 各居分地爲八部落. 死則立遺像于木葉山, 此契丹始祖也. 祭之必刑白馬, 殺灰牛用, 其始來之物耳)**. 그곳에 제사할 때 반드시 백마와 회색 소를 잡는 것은 여기에서 연유한 것이다.[17]

---

16) 목엽산, 시라무렌(Šira Mören, 내몽골 자치구 동부)과 라오하(老哈) 강이 합류하는 지점에 있는 거란 민족의 성산이다. 『요사』, 권39, 「지리지」(445쪽)에 따르면, 영주(永州)에 있다고 하는데, 당시 영주는 오늘날 옹뉴드 기(翁牛特旗)에서 동북쪽으로 대략 100km 지점이다.

17) 이상의 정보는 『방여승략외이』, 1권의 저자인 정백이(程百二)는 나왈경의 『함빈록』을 따르고 있는데, 나왈경의 기술과 어순이 좀 다르다. "거란의 선조로 어떤 남자가 백마를 타고 토하(土河)를 떠내려오고 있었고, 또 한 부인은 회색 소가 끄는 수레를 타고 황하(潢河)를 떠내려오고 있었는데, 목엽산 물이 합류하는 곳에서 만나 더불어 부부가 되었다. 이것이 그들 시조이다. 이렇게 여덟 아들을 낳았는데 각기 땅을 나누어 살며 여덟 부락을 이루었다. 그들이 죽고 목엽산에 상을 세웠다. 제사할 때는 반드시 백마와 회색 소를 잡았는데, 그들이 처음 유래한 물건이기 때문이다. 거병할 때도 그렇게 한다(契丹之先, 有男子, 乘白馬, 浮土河而下, 復有一婦人乘小車駕灰色牛, 浮潢河而下, 遇於木葉山顧合流之水, 與爲夫婦. 此其始祖也. 是生八子, 各居分地, 爲八部落. 死則立遺像於木葉山. 祭之, 必刑白馬, 殺灰牛, 用其始來之物也. 擧兵亦然)"라고 하였다. 논리적 순서에 따르면 『함빈록』의 기술을 따라야 할 것 같다.

뒤에 내가특(迺呵特)[18]이라는 한 군주는 해골 하나를 궁려(穹廬) 안에 두고 전(氈)으로 덮어 다른 사람이 못 보게 했다. 나라에 큰일이 있을 때 백마와 회색 소를 잡아 제사를 지내면, 사람의 모습을 변하여 나타났다가, 일이 끝나, 궁려에 넣으면 다시 해골이 되었다. 나라 사람들이 그것을 훔쳐보면서 소재를 잃었다. 또 '와가(喎呵)'라는 자식이 있었는데, 멧돼지 머리를 이고[戴][19] 멧돼지 가죽을 입은 채 궁려에 살다가, 일이 있으면 나왔다가 다시 예전처럼 궁려로 들어가 숨었다. 뒤에 아내가 그 가죽을 훔쳐가 어찌 되었는지 모른다[莫知所如]. 또 '주리혼가(晝里昏呵)'라는 군주는 양 20마리만 기르며, 하루에 19마리를 먹고 한 마리를 남겨두었는데, 다음날이면 다시 20마리가 되었다는 일 또한 괴이하지만, 그 사실을 따져 물을 수는 없다.

위나라 태무제[북위 탁발도(拓跋燾), 408~452년] 때, 8부(部)가 각기 명마와 문피(文皮)를 헌상했는데, *[모두]* 화룡(和龍)과 밀운(密雲) 사이에서 교역하여 *[얻은 것이었다]. [북제가 북위의 선양을 받으면서 조공이 끊이지 않았다. 수나라 개황 말에 별부(別部)의 4,000여 가구가 돌궐을 버리고 투항해 왔다(齊受魏禪, 入貢不絕. 隋開皇末有別部四千餘家背突厥, 來降)].*

당나라 무덕(武德, 618~626) 연간에 그곳의 대추(大酋) 손오조(孫敖曹)가 *[사신을 보내]* 조공해 왔으나 *[군장들이 조금씩 변경을 약탈하기도 했다. 정관 이후 그 중장이 또한 조공을 들이며 항시 조공했다(而君長或小*

이는 『요사(遼史)』, 권37, 「지리지·영창군(永昌郡)」(445~6쪽)에 "전하는 바에 따르면, 어떤 신인(神人)이 백마를 타고 마우산에서 토하(土河)에 떠서 동쪽으로 향했고, 어떤 천녀(天女)는 푸른 소가 끄는 수레를 타고 평지 송림에서 황하(潢河)를 떠서 내려왔다. 목엽산에 이르러, 두 강물이 합류하여, 서로 만나 짝이 되어 아들 여덟을 낳았다(相傳有神人乘白馬, 自馬盂山, 浮土河而東, 有天女駕青牛車, 由平地松林, 泛潢河而下. 至木葉山, 二水合流, 相遇爲配偶, 生八子)"라고 한 것으로 확인할 수 있다.

18) 『엄주사부고(弇州四部稿)』(사고전서본, 권160, 16b)에는 '니격특(尼格特)', 『옥지당담회(玉芝堂談薈)』(사고전서본, 권10, 40a)에는 '내가지(乃呵持)'으로 되어 있다.

19) 저본에는 '재(載)'자로 되어 있어 『옥지당담회』에 따라 바로잡았다.

冠邊. 貞觀以後, 其君長亦入朝, 有常貢矣)]. 돌궐은 외이(外夷)가 당나라와 연합하는 것을 원치 않아 양사도(梁師都)와 거란을 맞바꿀 것을 요청해 왔으나 태종(太宗)은 허락하지 않았다. 양사도는 당나라 신하로 모반하여 돌궐로 들어간 자였다. 오래지 않아 거란의 군장 굴가(窟哥)는 자기 부(部)를 데리고 내속(內屬)했다. [당나라는] 송막도독부(松漠都督府)를 설치하고 무극남(無極男)에 봉하고, 성으로 이(李)를 하사했다.

통천(通天, 693~697) 초에 굴가의 증손 *[송막도독]* 이진충(李盡忠)이 영주도독(營州都督) 조문홰(趙文翽)를 공격하여 죽이고, 거병하여 되레 *[영주를 함락하고(陷營州)]*, 가한(可汗)으로 자칭하며, *[계주자사 만영을 장수로 삼아 군대를 풀어 사방을 공략하며 이르는 곳마다 함락시켰다(以誠州刺史萬榮爲將, 縱兵四略, 所向輒下)]*. 무후(武后)는 화가 나 조인(曹仁), *[장언우, 이다조(張言遇, 李多祚)]* 등 28명의 장수에 명하여 토벌하게 했다. 당나라 군대가 패했다. *[어찌할 수 없이 이진충이 죽자(無何盡忠死)]*, 누사덕(婁師德), 사타충의(沙吒[叱]忠義) 등에게 병사 20만을 거느리고 격파하게 했다. *[만영도 죽자, 그 일당은 마침내 괴멸하여 돌궐에 붙었다. 이로부터 세력이 조금 약해지면서, 그들의 군장 이실활이 이회수 등에게 노출되어 연이어 항복했다. 당나라는 모두 도독으로 임명하고 왕작(王爵)으로 봉했다. 개원과 천보 연간에 사신을 보내 조공한 것이 무려 20차례나 되었다. 예전처럼 범양절도를 '압해·거란사'로 삼았다. 지덕 이후로 번진(藩鎭)에서 땅을 멋대로 처리해도, 스스로 안위에 힘쓰며, 요새를 지키는 척후에 더욱 성실해지니, 해(奚)와 거란의 노략질도 드물어지고 조공도 끊이지 않게 되었다(萬榮亦沒, 其黨遂潰, 附於突厥. 自是勢力稍弱, 而其長李失活吐于李懷秀等, 相繼降矣. 唐悉拜爲都督, 封以王爵. 在開元·天寶問, 使朝獻者, 無慮二十. 故事以范陽節度爲押奚·契丹使. 自至德後, 藩鎭擅地, 務自安, 障戍斥候益謹, 奚契丹亦鮮入寇, 而朝獻不絕矣)]*.

거란의 풍속으로, 8부의 대인들은 3년에 한 번 모여, 각각의 부에서 용맹한 사람을 선발하여 군주로 삼았다. 옛 군주가 자리에서 물러나면 예에 따라 항상 그렇게 했다. 아보기(阿保機)란 자는 어느 부락 사람인지 모른다. 그는 지략이 많고 말을 타고 활을 잘 쐈다. *[이때 대인 요련(遙輦)이 일을 맡을 수 없자, 사람들이 아보기를 추대하여 대신케 했다. 얼마 되지 않아 아보기는(是時, 大人遙輦不任事, 衆推阿保機代之. 無何阿保機)]* 한성(漢城)에 살면서 자신이 한 부락을 만들기를 청하여, 여러 추장이 허락해 주었다. *[한성에 옮겨 살면서 사람들에게 농사를 가르치자 점차 풍족하게 되었다(徙居漢城, 教人耕種, 漸致饒足)]*. 한참 뒤에 아내 술률(述律)과 모의하여, 여러 부락의 대인들을 소집하여 이르렀을 때, 모두 살해하고 그 사람들을 병합해, 황제를 칭했다.[20] 그는 동서남북에 매우 화려한 네 개의 누대를 세웠는데, 서로의 거리는 1,000여 리로, 그 사이를 오가며 사냥했다. 귀신을 좋아하고 태양을 귀하게 여겨, 매월 그믐이면 동쪽을 향해 태양에 절했다. 조회에 모여 국사를 볼 때도 동쪽을 높게 여겼으며, 네 누대의 문 모두 동쪽으로 향하게 했다.

앞서 진왕(晉王) 이극용(李克用)과 [후]량([後]梁)을 함께 멸하자고 약속하고, 이중으로 후량에 사신을 보내 거병하여 [후]진(晉)을 멸하자고 약속했다. 이극용은 이를 한스러워하며, 임종에 한 화살로 장종(莊宗, 885~926)에게 반드시 거란을 멸망시켜 달라고 부탁했다. 후당(後唐)의 신하 왕욱(王郁)이 진주(鎭州) 헌납하자, 이를 계기로 거란은 나라를 비우고 유주(幽州) 중산(中山)을 약탈해 오자 장종이 공격하여 물리쳤다. *[거란은 소득이 없었지만, 이때부터 중국을 노리는 뜻을 품었다(契丹雖無所得, 然自此有窺中國之志矣)]*.

[얼마 뒤] 아보기가 죽고 아들 덕광(德光)이 서서 더 강해졌다. 석경당(石敬瑭, 892~942)은 후당과 반목하여, [후당은] 장경달(張敬達)을 보내 토벌하자, 석경당은 덕광에게 구원을 요청했다. 덕광은 "내가 밤에 석랑이

---

20) 나왈경은 아보기가 대인들을 살해하고 황제에 오르는 과정을 다음과 같이 기술했다. "여러 부락의 대인들을 소집하여, 이르자, 그 옆에 병사들을 숨겼다가, 술에 취했을 때, 복병을 풀어 모두 살해하고, 그들의 사람들을 병합했다. 조금씩 이웃 작은 나라들을 신속시켜, 더욱 강성해졌다. 문자를 제정하고 관직명을 두어 황제를 참칭했다(召諸部大人, 至, 伏兵其旁, 酒酣, 伏發盡殺之, 而併有其衆. 稍臣服旁諸小國, 故益强盛, 制文字, 置官號, 僭稱皇帝)."

나를 부르는 꿈을 꿨는데 오늘 과연 그렇구나(余夜夢石郎召我, 今果然耶)"라고 하며 직접 군대를 이끌고 가 장경달을 물리쳐 죽였다. 덕광은 석경당을 [후]진의 천자로 세우고 *[북으로 돌아왔다(而北歸)]*. 이때 안문(雁門) 이북의 16개 주(州)가 모두 덕광의 소유였다. 유주(幽州)에 연경(燕京)을 두고, 회통(會通)으로 개원하고, 국호를 '대요(大遼)'라 했다. *[관리 체계와 제도는 모두 중국에 의거했다(百官制度皆依中國)]*.

[후]진은 신하를 칭하며 공물을 들이자, 덕광은 후진(後晉)을 '아황제(兒皇帝)'로 불렀다. *[고조의 시대 말에는 봉공에 더욱 성실했다(終高祖世, 奉之甚謹)]*. 출제(出帝, 942~946)가 즉위하자 덕광은 먼저 알리지 않은 점과 신하를 칭하지 않고 손자를 칭한 것에 대해 화가 나, 마침내 대대적으로 후진을 약탈했다. 유지원(劉知遠), 두중위(杜重威) 등이 공격하여 거란이 패해 덕광은 물러났다. *[얼마 되지 않아]* 조연수(趙延壽)는 거란에 항복하여 후진을 속이고 군대로 응징하겠다고 약속했다. 후진은 마침내 두중위 등을 보내 공격했으나 이기지 못하고, 포위되어 군량이 떨어지자, 두중위도 투항했다. 이에 덕광이 경사로 들어가자, 후진의 출제는 태후(太后)와 함께 항복하는 표문을 써서 죄를 진술하고 교외에 나와 맞이하자, 덕광은 그를 제지하며 "어찌 두 천자가 길에서 서로 만나겠는가(豈有兩天子, 相見於道路耶)"라고 하며 들어가, 출제를 부의후(負義侯)에 봉하고 황룡부(黃龍府)로 옮기게 했다. 덕광이 *[들어섰으나]* 식량과 꼴[糧草]이 부족하여 메일 수천 기병을 보내 사방을 약탈했는데, 그것을 '타초곡(打草穀)'이라 했다. *[백성들이 그 해를 입어, 원근이 탄식했다(民被其毒, 遠近咨嗟)]*.

마침 [후]한 고조(漢高祖)【유지원(劉知遠, 895~948)】가 일어나자, 소재하는 주진(州鎭)에서는 거란의 수장(守將)들을 죽이고 [후한]에 투항하자, 덕광은 두려워 소한(蕭翰)으로 변(汴)을 지키게 하고 직접 *[관속(官屬), 비첩, 장졸(將卒) 등]* 수천 명을 거느리고 북쪽으로 돌아가다가 살호림(殺胡林)에 이르러 병에 걸려 죽었다. 거란은 그의 배를 갈라 그의 창자와 위를 꺼내 소금으로 그것을 채워, 수레에 실어 북쪽으로 향했는데, 후진 사람들이 그것을 '황제를 말린 고기[帝羓]'라고 했다.

올욕(兀欲)은 동란왕(東丹王) 돌욕(突欲)의 아들이다. 이에 앞서 돌욕이 망하고 [후]당에 투항했기 때문에, 그의 아들 올욕이 서자 조모인 술률(述律)은 올욕[21]을 반역한 자의 아들이라고 하며 안득(安得)을 세웠다. 올욕은 화가 나서 술률을 목엽산(木葉山)에 유폐하고 결국 죽게 했으니, 그의 참혹하고 독함이 이와 같았다.

술률 또한 지략이 많고 잔인하여, 아보기(阿保機)가 죽자 따르던 장군들을 모두 죽이고, 그의 아내들에게 "선제를 따라가는 것이 좋겠다. 내가 과부이거늘 너희들이 어찌 남편이 있을 수 있겠느냐(可往從先帝. 我寡, 若安得有夫)"라고 하였다. 대장 조사온(趙思溫)은 어떤 일 때문에, 미움을 사, 술률이 그를 목엽산으로 보내게 했다. 조사온은 "친하기로는 태후만한 사람이 없는데 어찌 가지 않습니까(親莫如后, 何不行)"라고 하자, 술률은 "내 원래 선제(先帝)를 따르려 했으나 자식들이 어리고 나라에 변고가 많아, 갈 수 없었다(我本欲從先帝, 以子幼, 國中多故, 未能也)"라고 하며 팔 하나를 잘랐으나, 조사온은 풀어주고 죽이지 않았다. 얼마 뒤에 진주(鎭州)를 지키지 못한 올욕은 연왕(燕王) 술알(述軋) 등에 시해되었다. [그들은] 덕광의 아들, 경(璟)을 맞이해 세웠다. 경(璟)은 병이 있어 부인을 가까지 할 수 없자, 사냥을 좋아하고, 새벽까지 음주하고는 낮까지도 잠을 잤으므로 나라 사람들은 그를 '수왕(睡王)'이라 불렀다. *[나랏일에 참여하지 않았으므로 더는 남쪽에 노략질하지 않았다(不與國事, 以故不復南寇)]*.

현덕(顯德) 6년(959) [후]주의 세종(世宗, 954~959 재위)이 군대를 일으켜 북방을 정벌하여, 영주(瀛州)와 막주(漠州)를 차지하고 삼관(三關)[22]을 평정했으나 [거란의] 병사들은 피 흘려 싸우지 않았다. 경(璟)은 "[후]한나

21) 『함빈록』과 이를 따른 『방여승략외이』, 권1 모두 '물욕(勿欲)'으로 되어 있어 바로잡았다.

22) 여기의 '삼관'은 어구관(淤口關), 익진관(益津關), 와교관(瓦橋關)을 말한다.

라 땅을 [후]한에게 돌려주는데 내 어찌 아깝다고 하리오(漢地. 還漢, 余何惜耶)"라고 했다. 그 뒤 취하여 주방장[庖人]에게 시해되었다. *[나라 사람들은 올욕의 아들(國人共立兀欲)]* 명기(明記)를 세우고 천찬황제(天贊皇帝)를 칭했다. 송나라 태종(太宗) 시기에 노략질하기도 하고 조공하기도 했다.[23] 명기(明記)가 죽고 아들 융서(隆緖)가 즉위했으나 어려, 어미 소씨(蕭氏)가 국사를 맡으며 내행(內行)을 닦지 않았다. [시국을] 논의하는 사람들이 이때 유계(幽薊)를 수복하기를 청하여, 그렇게 하도록 하고, 조빈(曹彬), 전중진(田重進), 반미(潘美), 양업(楊業) 등을 보내 세 갈래로 출새하도록 했다. 조빈 등은 군대의 위력을 상당히 떨치며 가는 곳마다 승리했다. *[노획한 바가 많았고, 양업이 이미 여러 주를 항복시켰으나, 조빈 부하의 장수들은 공을 탐하여 다투어 진공의 전략을 세웠다. 조빈이 통제할 수 없자, 결국 군대에는 대오가 없어지고 사졸들은 지치게 되니, 얼마 되지 않아 항복한 여러 주를 금세 다시 잃었다. 그런데 오랑캐 군주가 잔학하여, 아랫사람들이 힘든 착취와 무거운 부역을 당해 투항해 오는 자가 더욱 많아졌다. 비록 거병하여 변경을 침탈했으나 결국 송나라에 만족할 만한 것을 얻을 수 없었다(多所虜獲, 業已下數州矣, 而彬部下諸將貪功, 競畫進取之策. 彬不能制, 遂至軍無行伍, 士卒疲乏, 未幾而所下諸州, 旋又復失. 第虜主殘而虐下苦斂重役, 來降者甚夥. 雖嘗擧兵入寇, 竟未能大得志於宋也)]*. 마침 송나라 장수 왕계충(王繼忠)이 전투에서 패배하여 포로가 되었다. *[오랑캐가 관직을 제수하자, 계충은(虜授以官, 繼忠)]*, 오랑캐에게 화의의 유리함을 언급하자, 비밀리 송나라 조정에 사신을 보내 화의를 청했다. 송나라는 조리용(曹利用)을 *[오랑캐 진영으로]* 보내, 해마다 비단 20만 필, 은 10만 냥을 지급하기로 허락했다. *[화의가 결정되자]* 오랑캐 [군주는] 형(兄)으로 송나라 황제를 섬길 것을 [청했다]. *[이 송나라와 요나라의 수호를 통해 교전은 적어졌다(自是宋遼修好, 少交兵焉)]*.

23) 정백이가 요약한 이 정보는 『함빈록』에 "이때 송나라 태조가 일어서서 국경을 지키고 백성을 평안하게 하며 이민족들과 일을 만들려 하지 않았고, 거란도 조공하거나, 노략질하기도 하며 무시로 반목하고 복종했다. 태종(976~997년 재위) 시기에 주현을 자주 약탈했지만, 그 또한 송나라에 지고 달아났다(是時宋太祖新興, 保境息民, 不欲生事夷狄, 而契丹亦或貢或寇, 畔服無常. 至太宗時, 數寇州縣, 然亦輒爲宋敗去)"라고 하였다.

융서(隆緖)가 죽고, 아들 종진(宗眞)이 즉위했다. 당시 하(夏)나라 원호(元昊)가 평정되지 않자, 종진은 중국에 전쟁을 원치 않는다[厭兵]고 알렸다. 유육부(劉六符)의 주장을 채택하여, 유(幽)와 탁(涿)에서 군사를 모아 약탈을 선언하고, 사신을 보내 진수관(晉隋關) 남쪽 땅을 요구했으나, *[그 목적은 사실 세폐를 요구하고자 함이었을 뿐이었다(而其指實欲邀歲賂而已)]. 인종(仁宗, 1022~1063년 재위)은 용병에 신중하며 [부필을 보내 답서로 타이르게 했으나(遣富弼報書諭之)]*, 결국 화의에 따라 해마다 은과 비단을 50만으로 늘려 주겠다고 했으나, 거란은 *[사실 동맹 우호는 헛소리가 되었다고 애석해하며(實惜盟好特爲虛聲)]*, 중국을 동요시켰다. 송나라는 당시 서하(西夏)의 군대에 지쳐, 재상 여이간(呂夷簡)은 더는 버텨내지 못하고, *[너무 후하게 허락해 주었다(許之至厚)]*. 그 후 무궁한 폐해가 늘어났다.[24)]

종진이 죽고 아들 홍기(洪碁)가 즉위하여, 사신 소희(蕭禧)를 보내 *[문서로 하동을 땅의 경계로 삼고자 하여, 말이 오고 가며 재삼 논의했으나 오랫동안 결정되지 않았다. 소희는(致書以河東地界, 爲言往返再三議久不決, 禧)]* 기필코 분수령을 경계로 삼고자 했으나, 재상 문언박(文彦博), 부필(富弼), 한기(韓琦), 증공량(曾公亮) 등이 상소하여 땅을 줄 수 없다고 하였다. 유독 왕안석만 왕에게 "가지려 한다면, 먼저 줘야 한다(將欲取之, 必固與之)"라고 아뢰었다. 이에 소희의 말에 따르게 했다. *[소희가]* 갈 때 황외(黃嵬) 기슭에서 경계를 나누니, 송나라는 응(應), 삭(朔), 무(武) 세 주를 굽어볼 수 있었고, 산맥으로 [땅을] 주어, 오랑캐는 결국 흔주(忻州)와 대주(代州)를 거꾸로 굽어보게 되어 동서로 땅 700리를 잃었다(往時界於黃嵬麓, 宋可以瞰其應·朔·武三州, 既以嶺與之, 虜遂反瞰忻·代, 凡東西失地七百里).

홍기가 죽고 아들 연희(延禧)가 즉위하여 '천조황제(天祚皇帝)'로 불렀다. 그의 사람됨은 탐욕스럽고 방종하며 무도했다. *[따르는 여러 나라가 모두*

24) 이상 『문헌통고』, 권346, 「거란하」(사고전서본, 19a~23a)에 자세히 보인다.

다른 마음을 가지고 있었다(諸國附從者皆有離心]. 여진(女眞)의 추령(酋領) 아골타(阿骨打[打骨])가 모반하여 *[부락의 갑마(甲馬) 3,000을 모아(集所部甲馬三千)]*, *[동쪽 경계인 영강주(東境寧江州)]*를 침범하자, *[연희는 당시 가을 산에서 사슴을 사냥하며, 난리 소식을 듣고 가볍게 여기며 개의치 않고, 고선수를 보내 토벌하게 했으나 패하여 영강이 함락되었다. 당초 주에는 교역장 권한을 가지고 있어, 여진이 금, 진주, 밀랍으로 교역할 때, 영강주의 사람들이 헐값에 강매하게 하고, 잡아 굴욕을 주었는데, 그것을 '타여진(打女眞)'이라 했었다. 이에 한을 풀며 멋대로 살해하니(延禧方射鹿秋山, 聞亂輕之, 不爲介意, 遣高仙壽討之, 敗焉, 遂陷寧江. 初州有權易場, 女眞以金·珠·蜜蠟爲市, 率爲州人賤直强買, 且拘辱之, 謂之打女眞. 至是逞憾恣殺)]*, 변경의 백성들에게 살아남은 것이 없게 되었다. 요나라의 장수 소사선(蕭嗣先)이 패하고, 그의 형 소봉선(蕭奉先)은 동생이 벌을 받을까 걱정하여 연희에게 "패한 군대를 사면하지 않으면 장차 마음의 큰 걱정거리가 될 것입니다(潰兵不赦, 將爲腹心重患)"라고 하자, 연희는 일체 불문하도록 했다. *[이에 출정하는 자들은 모두 "싸우면 죽고, 공이 없이 물러나면 살며 죄가 없다"라고 했으니, 병사들은 의지가 없이 적을 만나면 곧 달아나 버렸다(於是出征者皆曰, 戰則有死, 而無功退則有生而無罪, 故士無鬭志, 遇敵輒奔矣)]*. 여직(女直)이 동경(東京)을 함락하자, 연희는 거용관(居庸關)에서 나와 *[금위군 5,000을 거느리고(率禁衛五千)]*, 운중(雲中) 어양령(漁陽嶺)으로 달아나 음협산(陰夾山)으로 들어갔다. 당시 요나라의 군주가 없어지자, *[장림, 이처온이 함께 들어섰다가(張琳·李處溫共立)]*, 연희의 숙부 순(淳)이 군주가 되어 천석황제(天錫皇帝)로 칭했다. *[얼마 되지 않아]* 순(淳)이 죽고 거란의 땅은 모두 금나라에 편입되었다. 연희가 *[궁리 끝에]* 달아나고, 소호록(小鞠록)은 *[얼마 되지 않아]* 금나라 장수 누숙(婁宿)과 만났다. 누숙은 말에서 내려 앞에 무릎을 꿇고 잔을 바쳐 올리고 나아가, 마침내 포로가 되어 송환되었다. *[오걸매는 해빈왕으로 봉해 장백산 동쪽에 살게 했는데, 한 해가 지나 죽으니(吳乞買封爲海濱王處之長白山東, 踰歲而死)]*, 요나라는 망했다. 아보기(阿保機)에서 연희(延禧)까지 아홉 세대였다.

[원나라에 이르러 여직을 멸망시키고, 해(奚)의 도읍 땅으로 나아가 대녕로(大寧路)를 설치하고, 거란을 귀속시켜 대녕로의 북쪽 경계로 삼았다(及元滅女直, 卽奚都地, 置大寧路, 契丹屬之, 爲大寧之北境也)].

우리 왕조 홍무(洪武, 1368~1398) 초에 *[동이의 요왕, 혜녕왕, 타안원수부의 원수가 각기 사신을 보내 조공했다. 이에(東夷遼王·惠寧王·朶顔元帥府元帥, 各遣使來朝. 於是)]* 곧바로 옛 회주(會州) 땅에 북평행도사(北平行都司)를 설치하고 영왕(寧王) 권(權)을 그곳에 봉하여 주둔시켰다. 이후 북호(北胡)에서 항복해 오는 자들이 많아지면서 올량합(兀良哈)을 타안(朶顔), 대녕(大寧), 복여(福餘) 등 '삼위(三衛)'로 나누고, 그곳에 살다가 투항해 온 호(胡)로, 도독(都督), 지휘(指揮) 등을 두어 다스리게 하고, 요동의 *[선부(宣府) 동서]*를 나란히 외번(外藩)으로 삼고, *[그들 우두머리를 지휘사, 동지관으로 삼아 각기 소관 부락을 다스리게 했다. 이로부터 매년 조공했다(命其長爲指揮使·同知官, 各領所部. 自是每歲朝貢焉)]*. 정난지변(靖難之變)에 올량합(兀良哈) 부락들이 종군하여 공을 세우니 마침내 대녕(大寧)을 삼위(三衛)에 넘겨주었다. *[천하가 평정되자]* 영왕을 남창(南昌)으로 옮기고, 행도사(行都司)를 보정(保定)으로 옮겼다. '삼위(三衛)'에게는 1년에 두 번 조공하도록 했다. 이로부터 삼위의 땅은 요선(遼宣)과 떨어지며 지원[聲援]이 끊어졌다. *[영락 연간에 상(上)이 공격하여 아로태를 패퇴시키고, 이내 여러 장수에게 유시하며, "아로태를 도와 반역하려는 자들은 올량합이라는 적이니, 마땅히 군대를 돌려 없애야 한다"라고 하여, 마침내 보병과 기병을 골라, 다섯 갈래로 나누어 그들을 공격했다. 그들의 소굴에 이르러 수백의 수급을 베고, 수십 명의 추장을 사로잡아 벤 다음, 소, 양, 낙타, 말 등 10여 만을 모두 거두어 돌아왔다(永樂中, 上旣攻走阿魯台, 乃諭諸將曰, 所以翼阿魯台爲逆者, 兀良哈之寇也, 當還師剪之, 遂簡步騎, 分五道, 擊之. 抵其巢穴, 斬首數百級, 擒斬酋長數十人, 盡收其牛·羊·駝·馬十餘萬而還)]*.[25] 그러나 삼위 중에서 타안이 차지한 땅이 가장 험했고 *[그 기병 또한 가장 강하다고 했다(其兵騎亦稱*

25) 이 원정은 『명사』, 권7, 「성조본기」(102쪽)에는 영락 20년(1422) 7월의 일로 기록하고 있다.

最强)]. 기사년(己巳年)[1389] 복여와 대녕이 결합하여 야선(也先)을 향도(鄕導)로 삼았다. 타안은 유독 험지를 차지하고 따르지 않자, 야선은 끝내 요새로 들어가지 못하고 물러났다. 천순(天順, 1457~1464), 성화(成化, 1465~1487) 연간에 삼위는 모리해(毛里孩), 가가사란(乩加思蘭) 등을 통해 변경을 약탈하고, 얼마 뒤에 사죄했다. *[국가들이 곧바로 위무되어 귀납했으나, 저들의 소소한 약탈도 끊이지 않았다(國家輒撫納之, 而彼亦小小爲寇抄不絶)]*. 홍치(弘治, 1488~1505) 연간에 수신(守臣) 양우(楊友), 장경(張瓊)이 황야를 불태우며 출새하여 습격 살해하는 일이 매우 많아졌고[掩殺甚衆], *[변방의 유혈사태가 마침내 일어났다. 이로부터 명분은 수호하는 것이었으나 양이 순종하면 음이 반역하여 멋대로 침략했다. 화당은 공물을 더해 줄 것을 위협하고 요구하며, 파아손이 깊숙이 약탈해 들어오며 걸핏하면 결친(結親)을 빙자하여 이북에서 중국을 협박했다. 우리 장사들이 전후로 죽은 자들이 매우 많았으니, 바로 경술지변(庚戌之變) [1550년] 또한 '삼위(三衛)'가 이끈 것이었다(邊釁遂起. 自是雖名爲捍衛, 而陽順陰逆, 累肆侵略, 花當則脅求添貢, 把兒孫深入虜掠, 動稱結親, 迤北恐嚇中國. 我將士前後陷没者甚夥, 卽庚戌之變亦三衛導之也)]*. 융경과 만력*[慶·曆, 1567~1620]* 연간 이래 성보(城堡)를 잘 지키자, 오랑캐들이 조금씩 *[물러서는 법을 알아(知避斂)]* 처음처럼 조공을 들였다.

이들의 풍습과 역어(譯語)는 달단(韃靼)과 같다. 산천으로 흑산(黑山)【이르기를, 북인들이 죽으면 혼이 이 산으로 돌아간다고 한다】,[26] 마우산(馬

26) 『함빈록』에서 나왈경은 흑산을 다음과 같이 기술했다. "북방 사람들은 죽으면 혼이 이 산으로 돌아간다고 한다. 매년 동짓날에 추장은 흰 말과 흰 양을 잡아 각각 생피를 뽑아 술과 섞은 다음, 북쪽을 향해 절하고 이 산에 제사하는데, 매우 엄격하다. 제사를 지내지 않으면 사람들은 감히 이 산에 오르지 못한다(云, 北人死, 則魂歸此山. 每年冬至日, 酋長殺白馬·白羊, 各取其生血, 和酒, 北望拜, 祭此山, 甚嚴. 非祭則人不敢登此山)"라고 하였다. 정백이가 나왈경의 설명을 많이 생략했다. 한편 이 정보는 『요사』, 권53, 「예지·세시잡의(歲時雜儀)」(879쪽), "동짓날, 나라 풍습으로, 백양, 백마, 흰 기러기를 잡아 그 피를 술과 섞어, 천자는 흑산을 향해 절을 한다. 흑산은 경계 북쪽에 있으며, 민간에서는 나라 사람의 혼백이기 때문에 신으로 모시는 데 중국의 태산과 같다고 한다(冬至日, 國俗, 屠白羊·白馬·白雁, 各取血和酒, 天子望拜黑山. 黑山在境北, 俗謂國人魂魄, 其神司之, 猶中國之岱宗云)"라고 한 것에

盂山)【넓이가 1,000리이다】, 칠금산(七金山)【일곱 개 봉우리가 있다】이 있다.[27)]

물산으로 푸른 양[青羊], 누런 돼지[黃豕], 계토(契兎)【바로 ○토끼】, 마노(瑪瑙)【구슬 모양에 줄무늬가 있는[珠絲] 마노가 최고이다】[28)]가 있다[29)]

이상 1권에 타타르와 함께 기술된 올량합의 역사적 기술은 추재의 손에서 아주 간략하게 요약되었다. 위의 정백이 기술에서 굵게 표시한 문장들이 내용의 중심에 있다.

올량합은 옛 동호(東胡)로, 고신(高辛)의 아들 염월(厭越)이 그곳에 살았다. 한나라 초기에 흉노에게 멸망되어 그 남은 사람들이 선비(鮮卑)에게 달아났다. 당나라 시기에 토욕혼이 되었다가 거란으로 바뀌었다. 거란의 조상이 토하(土河)를 떠서 내려오다가 어떤 부인이 회색 소를 타고 황하(潢河)로 가는 것을 보고 그녀와 부부가 되어 아들 여덟은 낳았는데 그

서 취했을 것이다.

27) 마우산과 칠금산 정보에 관하여, 『요사』, 권39, 「지리지·중경도(中京道)」(482쪽)에 “칠금산, 마우산, 쌍산, 송산, 토하가 있다(有七金山·馬盂山·雙山·松山·土河)”라고 하였고, 485쪽에서는 송나라 때 왕증(王曾)이 올린 거란에 관한 일을 상언(上言)한 글을 인용하여, “산중에는 큰 소나무가 빽빽하고, 깊은 골짜기에는 이따금 소, 말, 낙타를 기르기도 하지만, 청양(青羊)과 누런 돼지가 많다(山中長松鬱然, 深谷中時見畜牧牛·馬·橐駝, 多青羊黃豕)”라고 하였다.

28) ‘주사(珠絲)’란 바로 ‘전사마노(纏絲瑪瑙)’의 실이 감돌아 있다는 의미의 ‘전사(纏絲)’를 잘못 옮겨 놓은 것 같다. 조소(曹昭)의 『격고요론(格古要論)』(사고전서본, 권중, 8b)에 “사이사이에 실처럼 홍백의 잡색이 있는 마노를 ‘전사마노’라고 한다(瑪瑙有紅白雜色如絲相間者, 謂之纏絲瑪瑙)”라는 설명으로 근거할 수 있다.

29) 산물에 관하여 나왈경은 『함빈록』에서 “그곳 산물로 청양(青羊)【털색이 푸르다】, 황시(黃豕)【털색이 누렇다】, 계토(契兎)【바로 궐토(蹷兎)이다. 공공(邛邛), 거허(距虛)가 뜯는 풀이다】, 마노(瑪瑙)【색깔은 청흑색 또는 청적색이다. 중간에 주사처럼 붉은 것을 기묘하게 여긴다. 남방의 것과 다르다】, 백포도(白葡萄)【순백색이다】가 특이하다(其產有有青羊【毛色青】·黃豕【毛色黃】·契兎【卽蹷兎, 爲邛邛距虛嚙草者也】·瑪瑙【色青黑或青赤. 中間以紅色如珠絲者爲妙. 與南方者不同】·白葡萄【純白色】爲奇)”라고 하였다. 정백이가 발췌한 것과 비교하면, 상당한 차이가 있다.

의 사람들이 한 부족의 땅에 살았다. 그가 죽고 상(像)을 세워, 백마와 흰 소로 제사를 지냈다. 뒤에 내가특(乃呵特)이란 군주는 해골 하나를 두고 전(氈)으로 덮어 두었는데, 일이 있을 때는 사람 모습으로 변해 나타났다가, 일이 끝나면 다시 들어갔다. 또 '와가(喎呵)'라는 자는 돼지머리를 이고 돼지가죽을 입은 채 궁려에 숨어 살았다. 주리혼가(晝里昏呵)[30]라는 자는 양 20마리만 길렀는데, 날마다 19마리를 잡아먹고 1마리를 남겨 놓으면, 다음날 20마리로 다시 채워졌다고 한다. 송나라, 원나라, 명나라에 이르면서 조공을 들이기도 했고, 약탈하기도 했다. 지금은 몽골 타이지(台吉)로 들어갔다.[31] 그곳에는 큰 나무가 많다. 그들은 귀신을 좋아하고 태양을 귀하게 여겨, 누대를 동쪽으로 향하게 하고, 매월 초하루에는 동쪽을 향해 태양에 절한다.[32] 산천으로 흑산(黑山), 마우산(馬盂山), 칠금산(七金

30) 『추재집』에는 '주(晝)'자가 '화(畫)'자로 되어 있다. 추재의 저본인 『방여승략외이』 권1은 '주(晝)'자를 보여준다. 또한 사고전서본 『흠정중정거란국지(欽定重訂契丹國志)』(이하 '거란국지'로 약칭함), 권28, 2a에 '주이항아(珠爾杭阿)'가 보인다. 그 아래 쌍행 주석에 "만주어로, 의(義)가 있다는 뜻이다. 원래 '주리혼아'였는데, 여기서는 '주이항아'로 고쳤다(滿洲語有義也. 原作晝里昏呵, 今改正)"라고 하였다. 따라서 『추재집』의 '화(畵)'자는 '주(晝)' 또는 '주(珠)'자로 고쳐야 한다.

31) '타이지(台吉)'란 사전적 설명에 따르면, 청나라 시기 몽골 귀족의 작위 명칭으로, 그 어원은 중국어 황태자(皇太子), 황태제(皇太弟)에게 의미에 있다고 한다.

32) 이 정보는 『신오대사』, 권73, 「거란」상(888쪽)에 보인다. "그들이 [처음] 살았던 곳을 상경(上京, 도성)으로 삼고, 그 사이에 누대를 만들고, 서루(西樓)라고 했으며, 또 그곳에서 동쪽으로 1,000리에 동루(東樓)를 세웠고, 북쪽으로 300리에 북루(北樓)를 세웠으며, 남쪽으로 목엽산(木葉山)에 남루(南樓)를 세워두고, 이 네 루를 오가며 사냥한다. 거란 사람들은 귀신을 좋아하고 태양을 귀하게 여겨, 매달 초하루 새벽에는 동쪽으로 향해 태양에 절한다. 그리고 모두 모여 나랏일을 처리할 때도 모두 '동향(東向)'을 존귀한 방향으로 여기며, 네 누대의 문도 모두 동향이다(以其所居爲上京, 起樓其間, 號西樓, 又於其東千里起東樓, 北三百里起北樓, 南木葉山起南樓, 往來射獵四樓之間. 契丹好鬼而貴日, 每月朔旦, 東向而拜日. 其大會聚, 視國事, 皆以東向爲尊, 四樓門屋皆東向)"라고 하였다. 그러나 첫 문장, "그곳에는 큰 나무가 많다"라는 정보의 출처는 미상이다. 다만 『요사』, 권39, 「지리지·중경도(中京道)」(485쪽)에서 송나라 때 왕증(王曾)이 올린 거란에 관한 일을 상언(上言)한 글을 인용하여, "산중에는 큰 소나무가 빽빽하다(山中長松鬱然)"라고 한 문장이 보이지만, 이를 근거한 것인지는 모르겠다.

山)이 있다. 물산으로 청양(靑羊), 황시(黃豕), 오토(獒兎),[33] 마노(瑪瑙)가 있다. 또 '목엽(木葉)'이라는 □산이 있다고 하는데, 북쪽 □사람들의 죽은 혼백이 모두 이 산으로 돌아간다고 하여 그 산을 경외한다[34](兀良哈古東胡也. 高辛之子厭越居焉. 漢初爲匈奴所滅, 其遺種走入鮮卑. 唐時爲吐谷渾, 改爲契丹. 契丹之先, 浮土河下, 見一婦人乘灰牛至潢河, 與爲夫婦, 生八子, 人居一部地. 死而立像, 祭以白馬·灰牛. 後有主曰乃呵特, 一髑髏在, 覆以氈, 有事, 變人形出視, 已, 卽復入. 又曰喎呵, 戴豬頭, 衣豬皮, 隱于穹廬. 又曰晝里昏呵, 惟養羊二十口, 日食十九留其一, 次日復滿二十數. 至宋曁元·明, 或入貢, 或侵掠. 今入於蒙古台吉. 其地多大木. 其俗好鬼貴日, 樓觀面東, 每朔東向拜日. 其語同韃靼. 山川, 則有黑山·馬盂山·七金山. 物產, 則靑羊·黃豕·獒兎·瑪瑙. 又有□山曰木葉云, 北□人死魂, 皆歸於此山, 故畏之).

동쪽으로 향한 누대에서 태양을 예배하고,	東向樓臺拜日光,
돼지머리의 왕은 해골 왕으로 이어졌네.	猪頭王繼髑髏王.
회색 소 흰 말 모두 흥미롭지 못하지만,	灰牛白馬俱無味,
매일 19마리를 날로 먹었다고 하네.	生啗朝朝十九羊.

목엽산 서쪽 검은 산이 있고,	木葉山西有黑山,
북인들 슬프게 귀문관을 지나네.	北人愁過鬼門關.
떠도는 혼령들 붉은 명정으로 인도하지 않아도,	游魂不用丹旐引,
구슬형 줄무늬 마노를 빌어 돌아가네.	賽得珠絲瑪瑙還.

33) '오토'는 '계토(契兎)'의 오기이다. 위의 『함빈록』 주석을 참고하시오.

34) '□山'은 흑산(黑山)이다. 이 정보는 위의 『함빈록』과 그에 따른 『방여승략외이』 정백이 주석에서 확인할 수 있다. 또한 『추재집』에는 '北□人'으로 한 글자를 읽을 수 없게 되어 있는데, 위의 『함빈록』의 나왈경 주석을 참고하시오. '북인(北人)' 사이에 어떤 글자가 들어올 수 없을 것 같다. 잘못 인쇄되었을 가능성이 크다.

[03] 여직(女直)

'여직' 즉 여진, '숙신씨(肅愼氏)'에 관하여 『지봉 이수광이 바라본 세계』에서 이미 다루었다(395~406쪽). 『방여승략외이』, 권2에 수록되어 있다. 권2에는 조선-여직-일본-유구가 차례로 기술되어 있다. 이 2권은 예장(豫章)의 이몽(李蒙)이 짓고 이극가(李克家)가 편집했다고 밝혔다. 추재는 '조선'만 뺐다. 이몽은 『함빈록』에 따라 '여직'의 역사를 다음과 같이 채록했다.

> **여직(女直)은** 동이(東夷)이다. **옛 숙신씨(肅愼氏)이다**. *[한나라 때는 읍루, 원위 시기는 물길, 당나라 때는 흑수말갈이라 했다(在漢爲挹婁, 在元魏爲勿吉, 唐爲黑水靺鞨)]*. 송나라 때 여진(女眞)이라고 했으나 거란 군주의 이름을 피하여 여직(女直)으로 바꾸었다.[1] *[지금은 그에 따른다(今因之)]*.
>
> **주무왕**이 상을 정벌하고 구이(九夷), 백만(百蠻)에 길을 열고, 각자 그곳의 예물을 들고 조공하도록 하며 직분[職業]을 잊지 않게 했다. 이에 숙신(肅愼)이 **호시(楛矢)**와 석노(石砮)를 **바치니** 그 길이가 1척 1지(咫)였다. [선]왕은 대희(大姬)에게 주고, 우호공(虞胡公)과 짝지어 진(陳)나라에 봉했다.
>
> 한나라(기원전 202~기원후 220)가 흥기하자, *[읍루(挹婁)는 부여(夫餘)의 종족들[種類]에 신속했으나, 작지만 강건했다. 부여는 조세를 무겁게 하*

---

1) 홍호(洪皓, 1088~1155)의 『송막기문(松漠紀聞)』(사고전서본, 권1, 1b)에 "오대 시기에 처음 여진(女眞)이라 불렀다. 후당(後唐) 명종(明宗, 926~933년 재위) 때, 등주(登州)의 발해를 노략질하다가 격퇴당한 적이 있다. 그 뒤 거란(契丹)의 [왕 이름을] 피하여 '여직(女直)'으로 고쳐 불렀는데, 민간에서는 여질(女質)로 와전되었다(五代時始稱女眞. 後唐明宗時, 嘗寇登州渤海, 擊走之. 其後避契丹諱, 更爲女直, 俗訛爲女質)"라고 하였다. 우문무소(宇文懋昭)가, 1234년 편찬한 『대금국지(大金國志)』(사고전서본, 수권, 10a)에 "금나라 원래 명칭은 '주로준(珠嚕準)'인데, 현지의 설음(舌音)이 여진(女眞)으로 와전되었고, 혹 로이금(魯爾錦)이라고도 한다. 거란 흥종(興宗)의 이름을 피하여 여직(女直)이라고도 했다(金國本名珠嚕準, 番語舌音訛爲女眞, 或曰魯爾錦, 避契丹興宗名, 又曰女直)"라고 하였다. 여기 '거란 흥종'은 바로 야율종진(耶律宗眞, 1016~1055)이다. 결국 그의 이름의 '진(眞)'자를 피하여 '직(直)'이라 했다는 말이다.

라고 탓하자, 위(魏)나라 황초(黃初) 연간에 반란을 일으켰다. 부여는 여러 차례 정벌했으나 이길 수 없었다. 활을 잘 쏘고 배를 타고 노략질을 잘해 이웃 나라들이 두려워했다. 위나라 말 호시(楛矢), 석노(石砮), 활, 갑옷, 담비 가죽 등을 헌상했다(夫餘責其租賦重, 以魏黃初中叛, 夫餘數伐之, 弗克也. 善弓矢, 便乘船寇盜, 鄰國畏之. 魏末貢落矢·石砮·弓·甲·貂皮之屬)]. **진(晉)나라 원제(元帝)와 성제(成帝)[2~8년] 석호(石虎, 季龍)와 통공(通貢) 했고,** *[얼마 되지 않아 다시 석호에게 조공하여, 석호가(頃之復貢於石虎, 虎)]* 물으니, 계절마다 소와 양이 서남쪽을 향해 누운 지 3년이 되어, 이로써 큰 나라가 있다는 것을 알고 조공해 온 것이라고 답했다(每候牛馬向西南卧者, 三年矣, 是知有大國所在, 故來貢焉).[2)]

원위(元魏, 386~534) 시대에는 물길(勿吉) 일곱 부락이 있었는데, 흑수부(黑水部)가 가장 강성했으니 바로 숙신씨(肅愼氏)였다. 연흥(延興, 471~476) 이후로 서로 조공 사신을 보냈다.

수나라 개황(開皇, 581~600) 초에 말갈(靺鞨)이 사신을 보내 공헌했다. **문제가 사신들을 위로하자, 그 무리가 일어나 춤을 추는데 동작[曲折]에 전투하는 모습이 많았다. 문제는 "천지에 이런 것이 있구나. 항상 전쟁할 뜻을 짓고 있구나(天地間有此物. 常作用兵意也)"라고 하였다.** *[이후 양제는 고구려와 전쟁하면서 번번이 패했는데, 그들 장수 돌지계(突地稽)가 무리를 이끌며 종군했다. 매번 전공을 올려, 수나라는 광록대부에 제수하고 류성(柳城)에 살게 했는데, 얼마 되지 않아 달아나 돌아갔다(後煬帝與高麗戰, 輒敗, 其渠帥突地稽率其徒從, 每有戰功, 隋拜爲光祿大夫, 居之柳城, 未幾遯歸)].*[3)]

당나라 태종(太宗, 626~649년 재위)이 고[구]려(高句麗)를 정벌할 때

2) 『진서(晉書)』, 권97, 「동이·숙신씨」(2535쪽)에 보인다.

3) 이상의 정보는 『북사』, 권94, 「사이·물길」(3125~3126쪽)에 보인다.

말갈이 도왔다【태종은 이 때문에 말갈을 파묻어 죽였다】.[4] 현종(玄宗, 756~762년 재위) 때 추장 예속리계(倪屬利稽)가 내조(來朝)하여 [발리주 자사에 임명하고(拜爲勃利州刺史)], 마침내 흑수부(黑水府)를 설치하여 부장(部長)을 도독(都督)과 자사(刺史)로 삼고, **이씨(李氏) 성을 하사했다.**[5] *[당나라는 장사(長史)를 설치하여 감독했다(唐置長史監之)]*. 당나라 시대에 이르러 대를 이어 사신을 보내 조공했다. 바친 산물[獻物]로 경정(鯨睛), 초서(貂鼠), 백토(白兔), *[석노, 호시(楛矢)가 있었는데, 또한 기이한 물건이었다(石弩·楛矢, 亦奇物也)]*.

정원(貞元, 785~805) 이후 발해(勃海)가 강성해졌다. *[말갈은 모두 신속(臣屬)되어, 결국 왕회(王會)에 참석하지 못했다(靺鞨皆役屬之, 遂不與王會矣)]*. 발해(渤海)는 원래 속말말갈(粟末靺鞨)로 처음에는 고[구]려에 부속되었다가 고[구]려가 멸망하고 통천(通天, 696~697) 연간에 사리걸걸중상(舍利乞乞仲象)이 말갈 추장 걸사비우(乞四比羽), 고[구]려 유민[餘種]과 함께 동쪽으로 달아나 성벽을 세우고 자강하자, 무후는 걸사비우를 허국공(許國公)에, 사리걸걸중상을 진국공(震國公)으로 봉했으나, 모두 거부하고 받지 않았다. 당나라는 장수 이해고(李楷固)를 보내 그들을 참수하게 했다. 당시 사리걸걸중상은 이미 죽고 아들 조영(祚榮)이 걸사비우의 사람들을 병합하여 진국왕(震國王)이라 자칭하고 [부여, 옥저, 변한, 조선 여러 나라의 땅을 모두 차지하고(盡得夫餘·沃沮·弁韓·朝鮮諸國地)], 통공(通貢)하자, 예종(睿宗, 712~716년 재위)은 그를 발해(渤海)의 왕에 봉했다. 이로부터 마침내 '발해국(渤海國)'이라 일컬었다. *[조영이 죽은 이후, 반란과 귀부가 무상했으나 자주 학생들을 경사의 태학에 보내 고금의 제도를 익혀, 군읍, 관직, 관복이 대부분 중국 것과 비슷했다(祚榮死以後, 叛附無常, 然數遣諸生詣京師太學, 習識古今制度, 故郡邑官號章服, 多倣*

---

4) 이몽(李蒙)이 주로 처리한 『함빈록』의 기술은 다음과 같다. "주필의 전투에서 힘을 다하자, 고연수, 고혜진이 무리와 말갈병 십만여 명을 이끌고 항복해 오자, 태종은 모두 풀어주었지만, 유독 말갈 3,000명만 파묻어 죽였다(甚力駐蹕之役, 高延壽·高惠眞以衆及靺鞨兵十餘萬來降, 太宗悉縱之, 獨坑靺鞨三千人)."

5) 『신당서』, 권219, 「흑수말갈전」, (6178쪽)에 보인다.

中國者)]. 아보기(阿保機, 907~926년 재위)가 흥하여 그들을 자주 공격함에 따라 그 위세를 끝내 떨치지 못했다.

후당(後唐, 923~937) 시대에 흑수(黑水)의 올아(兀兒)와 호독록(胡獨鹿), 즉 두 부락의 추장이 사신을 보내 조공해 왔다. *[이후 더는 보이지 않았지만(後不復見而)]*, '여직(女直)'이란 명칭이 처음 중국에 알려졌다. 종족들을 하나가 아니며, 생여직(生女直), 숙여직(熟女直)이 있고 황두여직(黃頭女直)이 있는데, *[생여직과 황두여직은 세력이 약해졌고(生女直及黃頭女直勢微)]*, 끝까지 강성한 것은 숙여직뿐이다. 거란 동북쪽 구석에서 신속하며 100여 년 동안 절도사(節度使)를 세습했다.

송나라 때부터 융성해져 천희(天禧, 1017~1021)에 이르면서 조공 사신이 끊이지 않았다. 거란은 그들이 중국에 조공하는 것에 화가 나, 결국 해안에 *[세 성채를 설치하고 성채마다 군사 3,000을 배치하여(置三柵, 柵置兵三千)]* 조공하는 길을 끊어버렸다. 여직은 곧바로 군대를 일으키고, 입조하여 구원을 청했으나[6] 태종(太宗, 976~997년 재위)은 군대를 보내지 않았다. 그 뒤 거란은 고려를 정벌하고 여직으로 들어가자, 여직은 고려 군대와 합쳐 저항하며 거란을 크게 격파했다. 이로부터 여직의 위세가 조금 진작되었다.

전하는 바에 따르면 송나라 초에 극진(亟晉)은 신라 사람으로, 나이는 60여 세였다. 그의 형인 아고내(阿古迺)와 결별하고, 아우 보활리(保活里)와 여직으로 가, 완안부(完顔部) 업간수(鄴幹水) 가에 살았다. *[한참 지나]* 완안부 사람이 그 종족을 살해한 일이 있어, 두 종족이 서로 싸우니 사람들이 이해할 수 없었다. 극진이 가서 그들을 타일러 화해시키자 부(部)의 사람들이 믿고 복종하며, 청우(靑牛) 한 마리로 사례하고 60명의 여인을 시집보냈다. 극진은 청우를 빙례(聘禮)로 여겨 받았다. 뒤에 두 아들을 낳으

6) 『함빈록』에 따르면, 이 정보는 "여직은 바로 바다로 나가 입조하고, 군대와 30여 수령을 보내 함께 세 성채를 평정하자고 요청했다(女直乃汎海入朝, 求發兵與三十首領, 共平三柵)"라고 기술되어 있다.

니, 장자는 오로(烏魯), 차자는 알로(斡魯)였고, 딸은 사판(思板)이었다.[7] 그 후예가 금(金)의 시조지만 『송막기문(松漠紀聞)』에 따르면, 금나라 사람 역대 조상 중에 함극의 이름과 차제(次第)는 없다고 한다. 완안씨(完顏氏)의 부인 60 여인은 두 아들을 낳았는데, 장자가 호래(胡來)였다. 『송사』에 실린 바에 따르면 그들 추장 감복(龕福)에서 다섯 세대를 전해 호래에 이르렀다고 하는데, 두 말이 비록 다르지만, 대개 호래가 바로 아구다(Agūda, 阿骨打) 4대조일 것이다. 아골타의 아버지는 양할(楊割)이라는 사람이었다. *[사람을 잘 등용하여 여러 부족보다 강했다(能用其人, 强於諸部)].*

요나라 왕 [야율]홍기(洪基, 도종, 1055~1101년 재위) 시대에 식자들은 그가 반드시 동방의 우환이 될 것임을 알고 있었다. *[양할은 많은 금, 구슬, 준마를 가지고서 해마다 거란의 힘을 쓰는 신하들에게 뇌물로 보냈는데, 이처럼 한 것이 10여 년이 되었다. 양할이 죽고 아들 골타가 즉위했다. 이에 앞서 여직은 해마다 해동청을 거란에 바쳤는데, 거란 사람들은 이것을 매우 좋아하여, 착취가 그치지 않아 나라 사람들이 매우 힘들었다(乃楊割多持金·珠·駬駿, 歲時遺賂契丹用事臣, 如是者十餘年. 楊割死, 子骨打立. 先是女直歲以海東青貢於契丹, 契丹酷愛之, 誅求不已, 國人厭苦)].* 요나라 왕 연희(延禧, 천조황제, 1101~1125년 재위)가 계승해서는 *[요구가 더 가혹해졌다. 심지어 응방자(鷹坊子, 매부리) 1,000여 명을 보내 장백산을 넘어 잡아감이 해마다 더 심해져, 그 소동을 견디기 어려웠다(責貢尤苛. 至遣鷹坊子千餘, 越長白山羅取, 歲甚一歲, 不勝其擾)].* 은패천사(銀牌天使)가 여직에 이르면, 반드시 잠자리를 함께할 자를 원해, 처음에는 중하(中下)의 집 여인들을 번갈아 가며 모시게 했지만, 뒤에는 남편이 있거나 문벌의 높이를 따지지 않았다. 이에 여직 사람들은 모반할 뜻을 품게 되었다. 요나라 속담에, 봄에 얼음이 녹을 때 요나라 군주는 반드시 여직 땅에 가서 얼음을 뚫어, 낚시하고, 사냥하는 것[放弋]을 낙으로 삼았다고 한다. 여직 사람들은 각기 산물을 가지고 와 헌상하면 경중을 재어 때리거나 묶거나 했는데,

7) 『금사』, 권1, 「함보본기」, (2쪽)에 보인다.

그것을 일러 '타여직(打女直)'이라 했다. 연희(延禧)가 혼돈강(混沌江)에서 낚시할 때면, 여직의 성장(省長) 들이 모두 와서 술을 즐기고 여러 추장에게 노래하고 춤추게 하는 것을 낙으로 삼았다. 그러나 [아]골타 만 단정하게 서서 직시하며 할 수 없다고 거절했다. 연희는 그를 주살하려 했으나 소봉선(蕭奉先)이 간언하여 그쳤다. 얼마 뒤에 [아]골타가 마침내 모반하여 동족인, 점한(粘罕)과 호사(胡捨)를 참모로, 은출할(銀朮*割), 이렬(移烈), 누실(婁室), 도모(闍母) 등을 원수(元帥)로 삼았다. *[그들 군제로 50인이 한 부대를 이루는데, 앞의 20명은 무거운 갑옷을 입고 창과 방패를 들며, 뒤의 30인은 가벼운 갑옷을 입고 활과 화살을 든다. 적을 만날 때면 두 사람이 말을 타고 나가 진지의 허실을 살핀 연후에 사방에 결진하여 100보 밖에서 달려 공격하면, 화살을 일제히 쏜다. 이기면 진영을 정돈한 뒤에 추격하고, 지면 다시 모이며 흩어지지 않는다. 그 분합과 출입이 상황에 따라 안배하며 사람들이 알아서 전투한다. 당시 연희는 포학하여 장사들의 마음이 이반되었고, 또 여직의 군대를 경시했으므로, 여직의 군대가 일제히(其軍法五十人爲一隊, 前二十人被重甲持戈矛, 後三十人輕甲操弓矢. 每遇敵則兩人躍馬而出, 觀陣虛實, 然後四面結陣, 馳擊百步之外, 弓矢齊發. 勝則整陣後追, 敗則復聚而不散. 其分合出入應變周旋, 人自爲戰. 時延禧暴虐, 將士離心, 又輕女直兵, 故女直甫起)]* 나아가, 거란 군대를 다섯 차례 물리쳤다. 연희는 몹시 노하여 여직의 말을 가위로 오려내게 했다. [아]골타는 군중을 모아놓고 칼로 얼굴을 베고 통곡하며 "거란이 너희들을 모두 가위로 오려내려 하니 우리 일족을 죽이고 항복시키는 것에 못지않다. 전화위복으로 삼아라!"라고 하자, 여러 추장이 절하며 "죽기로 싸울 것을 원한다"라고 하여 건(乾), 현(顯) 등을 쳐서 요동(遼東)과 장춘(長春) 두 로(路)를 얻었다. 비로소 철주(鐵州)의 투항한 양박(楊朴)이 건의하여 황제를 칭하고, 국호를 '대금(大金)'이라 했는데, 그 땅에 황금이 났기 때문이었다. 또한 감복(龕福) 이하를 황제로 추존했다.

송나라는 여직이 요양 땅을 차지했다는 소식을 듣고, 동관(童貫)이 이를 계기로 연(燕)을 수복하자고 건의하여, 조량사(趙良嗣)를 보내 예를 갖추게 하고 거란을 협공하여 연운(燕雲)을 취하자고 약조하자, 아골타가 허락하여 마침내 세폐(歲幣)를 거란의 옛 액수처럼 하기로 화의했다. 다음 해 금나라 사람들이 중경(中京)을 차지하고 고북구(古北口)에 이르렀다. 연희(延禧)는 운중(雲中)으로 달아나 [음]협산(夾山) 속에 머물자, 삭주(朔州)와 응주(應州)가 모두 함락되었다. 마침내 금은 연(燕)으로 들어왔다. 마침 연왕(燕王) 순(淳)이 이미 죽고, *[부인]* 소후(蕭后)는 달아나, 재상인 좌기궁(左企弓) 등이 영접하여 투항했다. 송나라는 조량사(趙良嗣) 등을 보내 보빙(報聘)하자, 금나라 사람들은 단지 연(燕), 계(薊) 여섯 주만 허용하고 여전히 이 여섯 주에서 세금을 거두고자 하였다. 소량사가 다시 왕복하며 두세 차례 화의하여 결국 거란의 세폐 외에 1백만 민(緡)을 증액하고 서경(西京)을 요구했다. 이듬해 동관(童貫), 채유(蔡攸)가 연(燕)으로 들어가자, 연의 자녀(子女), 옥백(玉帛), 직관(職官), 부실(富室)을 모두 쓸어 동쪽으로 가, 얻은 것은 텅 빈 성뿐이었다.[8)]

아골타가 죽고 아우 오걸매(吳乞買)가 섰다. 이때 중경(中京)이 포위되어 연희는 *[패배하고]* 서하(西夏)로 달아났다. 서하는 여직의 위세가 두려워 그를 받아주지 않았다. 또 얼마 되지 않아 임터(林攄)를 매질한 일로 송나라로 달아날 수도 없었다. 소호록(小鞠祿)의 운중으로 도망했으나, *[또 받아들이지 않자, 연희는 상황이 궁해져 밤에 운중으로 돌아가려다가 새벽에(復不納. 延禧勢窮, 乃夜回欲之雲中, 未明]* 누숙(婁宿)의 군대에 사로잡혀 해빈왕(海濱王)에 책봉되어 동해(東海)에 살게 되었다. 거란은 망했다.[9)]

금나라 사람들은 변경을 약탈하며 삭(朔), 무(武), 흔(忻), 대(代) 네 주를 차지하고 태원(太原)을 포위했다. 다음 해 경사를 포위하자 송나라는 사신을 보내 태원, 중산(中山), 하간(河間) 등 세 진(鎭)의 땅을 할양하기로

---

8) 『송사』, 권22, 「휘종본기」, (412쪽)에 보인다.

9) 여기 거란 왕의 최후에 관하여, 『함빈록』에서는 "미명에 누숙의 군대를 만났다. 누숙은 말에서 내려 천조 앞에 잔을 올리고, 잡은 포로를 송환하자, 해빈왕으로 봉하고 동해에 살게 했다. 거란은 마침내 멸망했다(未明遇婁宿軍, 婁宿下馬捧觴天祚前, 擒之俘以還, 封海濱王, 處之東海上. 契丹遂亡)"라고 기록했다.

약조하고 강왕 구(康王構), 소재 장방창(少宰張邦昌)을 볼모로 삼아 안으로 금백(金帛) 수만을 징발하니 모두 금나라 사람들의 요청에 따른 것이었다. 당초 이강(李綱)이 금나라 정벌을 청했으나 흠종(欽宗, 1127~1161년 재위)은 따르지 않았다. 금나라 사람들이 이강을 원망하자 송나라는 결국 이강을 파직하고 금나라 사람들에게 사죄했으니, 금인의 창궐(猖獗)이 이와 같았다. 어찌할 수 없어 이강을 다시 등용하고, *[적을 죽일 수 있는 자는 후한 상을 내리겠다고 명을 내리자, 사람들은 분기했다(下令能殺賊者厚賞, 衆無不奮躍)]*. 금나라 사람들은 두려워 조금씩 철수했다. 흠종이 세 진(鎭)의 땅을 허락하게 하자 금나라 사람들은 군대를 물렸다. 충사도(种師道)가 강을 반쯤 건넜을 때를 틈타 칠 것을 청했으나 황제는 허락하지 않았다. 충사도는 "훗날 반드시 나라의 우환이 될 것이다(異日必爲國患)"라고 하였다. 여호문(呂好問)도 "금나라 사람들이 뜻한 바를 이루자, 중국을 더욱 경시하니 적을 방비하는 대비를 신속히 강구해야 한다(金人得志, 益輕中國, 禦敵之備, 當速講求)"라고 하였다.[10] *[황제는 끝내 듣지 않았다(帝終弗聽也)]*.

얼마 되지 않아, 금나라 장수 점몰갈(粘沒曷[喝]), 알리부(斡[幹]離不)가 길을 나누어 *[경성을]* 약탈하자, 송나라 장수 곽경(郭京), 범경(范瓊) 등이 방어했으나 이기지 못해, 결국 경성이 함락되었다. 황제는 경성이 함락되었다는 소식을 듣고 통곡하며 "충사도의 말을 듣지 않아 이에 이르렀구나(不用种師道言至此)"라고 하였다. *[이에 결국 사신을 보내 땅을 할양했다(於是遂遣使割地矣)]*. 금나라는 다시 금백(金帛)을 요구함이 몹시 긴박했고, 황제를 진영으로 불렀다. 황제는 난색했으나, 하율(何㮚), 이약수(李若水)가 극력 여청성(如靑城) 행차를 권했다. 오걸매(吳乞買)는 황제의 항복하는 표문을 받고 결국 폐제(廢帝)하고 태상황(太上皇)을 서인으로 만들며

10) 『송사』, 권362, 「여호간전」, 11330쪽. "금나라 사람들이 뜻한 바를 이루자, 중국을 더욱 경시하니 적을 방비하는 대비를 신속히 강구해야 합니다. 현재 변경의 일은 달포마다 계획하는데도 설비가 갖추어지지 않았고, 신료들이 주청해도 모두 아래로 행해지지 않으니, 이것이 신이 두려워하는 바입니다(金人得志, 益輕中國, 秋冬必傾國復來, 禦敵之備, 當速講求. 今邊事經畫旬月, 不見施設, 臣僚奏請皆不行下, 此臣所深懼也)"라고 하였다.

황제를 핍박했다. 상황(上皇)이 옷을 갈아입자, 이약수가 황제를 안고 통곡하며 금나라 사람들에게 욕하자, 결국 목이 베이고 혀가 잘려 죽었다. *[의론하는 자들은 이약수의 이런 행동은 그가 황제에게 성을 나가도록 권한 죄라고 족히 해석할 수 있다고 했다. 얼마 뒤에(議者謂若水是擧也, 足以釋其勸帝出城之罪矣. 頃之)]*, 금나라 사람들은 장방창(張邦昌)을 황제로 세우고, 두 황제와 태자, 후비, 종친 30명을 데리고 북으로 갔다. 송나라 신하들은 강왕(康王)을 받들어 즉위시키고 장방창을 내려 태보(太保)로 삼았다. 당시 섬서(陜西), 산동(山東), 하남(河南), 회양(淮陽)이 연이어 함락되어, 고종(高宗)은 임안(臨安)에 건국했다. 종택(宗澤), 장준(張浚), 악비(岳飛) 등 장수들이 있어 *[형세가 조금 진작되었지만, 한참 지나자(勢稍得振, 久之)]*, 택은 죽고, 장준과 악비는 진회(秦檜)에게 배척당해 옛 땅을 회복하지 못했다.

오걸매(吳乞買)가 죽고 8대를 전하여 수서(守緖)가 즉위했다. 이때 몽골의 철목진(鐵木眞)이 황제를 칭하고, 맨 먼저 금나라 정벌을 도모하여, *[무릇 성을 공격하고 적에 맞서며 향하는 곳마다 이겼다. 금은 변(汴)으로 달아나니 몽골은 벌써 성읍 862개를 취했다(凡攻城對敵, 所向皆克, 及金奔汴, 蒙古已取城邑凡八百六十有二)]*. 사신을 보내 금이 황제의 호칭을 버리고, 하남왕(河南王)으로 칭하고 피차 군대를 거두도록 명했다. 금나라 군주가 따르지 않자, 몽골은 결국 금나라를 멸망시키려 작정했다.

철목진이 죽고, 아들 와활태(窩闊台)가 섰다. *[금나라가 사신을 보내와 귀부하고 부의하자, 황제는 "너희 군주가 오래 항복하지 않아, 선제를 전쟁통에 늙게 한 것을 내 어찌 잊을 수 있겠는가. 부의가 무슨 소용인가"라고 하고 물리쳤다. 몽골 백성에게 말 100필이 있는 자에게는 암말 한 필을, 소 백 마리가 있는 사람에게는 암소 한 마리, 양 백 마리가 있는 사람에게는 암양 한 마리를 보내는 것을 영원한 제도로 삼도록 했다. 마침내 창고를 설치하고 역참을 세웠다. 하북의 한족은 호구로 계산하여 세금을 내도록 하고 야율초재가 주관토록 했다. 서역인들은 장정으로 계산하여 세금을 내도록 하고 태몰적활랄서미에게 주관토록 했다(金遣使來歸賵, 帝曰,*

汝主久不降, 使先帝老於兵間, 吾豈能忘也, 賵何爲哉, 却之. 敕蒙古民有馬百者輸牝馬一, 牛百者輸牸牛一, 羊百者輸羒羊一, 爲永制. 始置倉廩, 立驛傳. 命河北漢民以戶計, 出賦調, 耶律楚材主之. 西域人以丁計, 出賦調, 台沒的滑剌西迷主之)]. 송나라와 연합하여 금나라를 공격하자, 금나라 군주 수서(守緖)는 송나라에 사신을 보내 식량을 빌리며 "입술이 없으면 이가 시리니, 우리가 없어지면, 그 세가 송나라에 미칠 것이다(脣亡齒寒, 我滅, 勢必及宋)"라고 했으나 송나라는 거부했다. 당시 성을 포위함이 다급해지자, 수서는 동면(東面) 원수 승린(承麟)에게 왕위를 전하자, 승린은 극구 사양했다. 이에 수서는 "나는 기름진 몸에 살이 쪄 말을 타고 돌격하기 불편하다. 경은 평소 민첩하고 장수의 지략을 가졌으니, 만에 하나 벗어날 수 있다면, 천조의 맥이 끊어지지 않도록 하는 것이 짐의 뜻이다(我以肌體肥重, 不便鞍馬馳突, 卿素趫捷有將略, 萬一得免, 祚胤不絕, 此朕志也)"라고 했다. 이에 승린이 즉위하자, 백관들이 경하의 예를 다하여 적에 맞섰으나, 남면(南面) 원수는 이미 송나라 기치를 세웠고, *[얼마 뒤 사방에 함성이 들리며 천지가 진동하자(俄頃四面呼聲, 動天地)]*, 지키는 자들이 성문을 방치했다. 원나라 군대가 들어오자, 수서는 스스로 목을 매 죽고, 승린은 난입한 군사들에게 살해되었다.[11] 금나라가 망하자, 남은 사람들이 달아나 여직의 옛 땅으로 돌아갔다. 원나라는 곧바로 그곳에 개원로(開元路)를 설치하고 함평부(咸平府)를 통솔하는 요동선위사(遼東宣慰司)에 예속시켰다. 함평은 바로 옛 기자(箕子)를 봉한 땅이다.

우리 왕조 영락(永樂) 9년(1411) *[파견한 장수들이 큰 배를 타고 혼동강에 이르러, 여러 추장을 소집해(遣將駕巨艦, 至混同江上, 召集諸酋豪)]*, 관직과 상을 내리자, 동왕(東旺), 동(佟) 등 *[네 추장이 무리를 거느리고(四酋率衆)]* 항복하여, 비로소 노아간도사(奴兒干都司)를 설치하고, *[네 추장을 도지휘로 삼고 칙서와 인장을 하사했다. 또(以四酋爲都指揮, 賜勅印. 又)]* 위(衛) 184개소를 두고, 20명의 소추장을 지휘(指揮), 천호(千戶), 백호(百戶), 진무관(鎭撫官)으로 삼고 3년에 한 번 조공하게 했다. 이

11) 『금사』, 권18, 「애종본기」, (402~403쪽)에 보인다.

어서 말시장[馬市]을 설치하고 기미(羈縻)하게 했다. 부족들은 하나가 아니어서, 건주(建州)에 사는 사람들이 가장 강했고, 땅은 가장 험하여 오랑캐[虜]들은 인후(咽喉)로 생각했다. 원래 발해(渤海)의 후예들로 농사, 방식을 즐겨하고, 음식과 의복은 상당히 중국식이다. 송화강(松花江) 가까이 사는 사람들을 '산이(山夷)'라고 하는데 모두 산에서 사는 바로 황두여직(黃頭女直)이다. 북흑룡강에 사는 사람들은 '강이(江夷)'라고 하는데 바로 생여직(生女直)으로 거처로 집과 천막[室廬]이 있다. 해서(海西)의 산이(山夷)가 바로 숙여직(熟女直)으로 금나라 사람들의 후예들이다.

[영락 초에는 오로지 안무하는 데 전념하여, 여러 오랑캐가 점차 변경의 우환이 되었다. 한 해에 노략질해 온 것이 97회나 되었고, 오랑캐들에게 살해된 관리와 사람들이 십만여 명으로, 정통과 경태 연간 시기를 합한 것이었다. 이전 노략질해 올 때 칙서와 인장을 모두 잃었기 때문에, 자손들은 관직을 청할 수밖에 없어, 사인(舍人)을 보내 조공을 들이니, 상과 하사품이 크게 줄었다. 이러한 이유로 원망하고 화를 내며 반란을 꾀했다(永樂初專事撫綏, 諸夷漸爲邊患, 一歲間入寇者九十七, 殺虜吏民十萬餘, 正統·景泰時附也. 先入寇勅印盡亡, 諸子孫不得請官, 以舍人入貢, 賞賜大減, 以故怨忿思叛)]. 성화(成化) 2년(1466), 추장 동산(董山)이 사람들을 규합하여 약탈해 오자 조보(趙輔), 왕영(王英) 등을 보내 토벌하게 했다. 동산이 투항하자 경사로 보내 주살시켰다. 얼마 되지 않아 여러 이(夷)가 동산의 원수를 갚는다고 약탈해 오자, 순무(巡撫) 진월(陳鉞)이 박살 내 로(虜)를 항복시켰다. 오랑캐들이 관새(關塞)로 들어와 살육하고 약탈하자,[12] 마문승(馬文升)을 보내 안무하고 평정하여 추장들을 해산시켰다. *[왕직이 마문승을 나무라며 비방하여, 조서로 하옥하고 중경으로 폄적되었다. 가정 연간에 순무 어오(於敖)가 상사(賞賜)를 줄이자, 오랑캐들은 몹시 원망하며 자주 관새로 들어왔고, 요동의 서쪽은 몹시 곤란해졌다(直*

12) 밑줄 친 기술은 『함빈록』에서 "순무 진월은 급습하여 오랑캐를 항복시키는 공을 세웠고, 또 왕직을 따라 변새의 틈을 개척하고, 출새하여 여러 오랑캐를 박살 내자, 오랑캐들은 더욱 화가 나 변새로 들어와 멋대로 죽이고 약탈하여(巡撫陳鉞欲掩降虜爲功, 又附汪直, 開邊隙, 出塞撲殺諸夷, 諸夷益大憤, 入塞殺掠無算)"라고 하였다.

怒誣文升, 下詔獄, 謫戍重慶. 嘉靖間, 巡撫於敖減賞賜, 夷人大恨, 因數入塞, 遼東西大困)]. 이로부터 변방의 위(衛)가 더 삼엄해지며, *[조금의 우환도 없었다(稍無虞矣)]*.

이들은 용맹하고 사나우며, 전투를 즐기고 배고픔과 추위를 잘 견디며, 말을 타고 활을 쏘는 것을 잘한다. 나는 듯 절벽을 오르내리고, 강과 호수를 건널 때는 배를 사용하지 않고 말을 타고[浮馬] 건너며 사냥을 즐긴다. 야수의 발자국을 보고서도 숨어있는 곳을 알아낼 수 있다. **또 화피(樺皮)로 호각을 만들어 유유(呦呦)하는 소리를 내어 노루와 사슴을 불러 사냥한다**. 이곳 날씨는 매우 추워 **항상 굴에서 살며**, 깊숙한 곳을 귀하게 여긴다[以深爲貴]. 돼지를 길러 고기를 먹고 가죽을 입는다. **구거(狗車)와 목마(木馬)가 있어 빠른 이동[輕捷]에 편리하다. 배처럼 생긴 '구거'는 수십 마리의 개가 끄는데, 왕래하며 번갈아 운송한다**. '목마'는 투석기[彈弓]처럼 생겼는데, 쏘면 멀리 갈 수 있어 달리는 말에 미칠 수 있다. **반쯤 익은 쌀을 개 피[生狗血]에 담갔다[漬潰]가 먹는 것을 좋아한다. 술을 좋아하지만, 취하면 그를 묶어서 살인하지 않게 한다.**[13] 부모가 봄여름에 죽으면 매장하고, 총애하던 노비나 타던 말을 순장하고, 가을 겨울에 죽으면, 시신을 담비 먹이로 주고, *[그러므로 또한 이로써 담비가 많이 잡힌다(故亦用是多得貂焉)]*. 친척이나 친구가 죽으면 칼로 이마를 그어 피눈물을 흘리는데 그것을 '송혈루(送血淚)'라고 한다. 도둑질은 매우 엄격하게 금한다. 단 정월 16일 하루만 마음대로 훔치며 놀이로 삼는다. 송나라 이전, 이 나라의 군장과 백성은 같은 내[川]에서 목욕하며 길에서 서로 어깨를 문지른다. 백성들이 닭을 잡았더라도 군장을 불러 함께 먹는다. 햇수를 모르며 단지 풀이 한번 푸르러지면 1년으로 여긴다. 돼지기름을 몸에 바르고 물에 들어가 손과 얼굴을 씻는다. 가운데 화장실을 만들고 빙 둘러 산다.

---

13) 『흠정중정대금국지(欽定重訂大金國志)』(사고전서본, 권39, 4b)에, "음식은 콩으로 장을 담그고, 반쯤 익은 생쌀을 개 피에 적셔 마늘을 넣어 먹는 음식을 좋아하며, 무리가 모여서 먹는다. 술을 좋아하고 살생을 즐긴다. 고라니의 [젖을] 발효하여 술을 만드는데, 취하면 묶어두었다가 깨기를 기다려 다른 사람을 죽이지 않게 한다(飲食以豆爲漿, 及嗜半生米漬以生狗血及蒜之, 屬和而食之. 嗜酒好殺. 醸糜爲酒, 醉則縛之, 俟其醒, 不爾殺人)"라고 하였다.

동이(東夷) 중에 가장 의례와 법이 없는 사람들이다. 금나라 사람들이 중국으로 들어오면서 이풍(夷風)이 점차 변했다.

그들의 역어(譯語)를 보면, **하늘을 아과(阿瓜, 압카), 땅을 납(納, 나)**, 태양을 수온(受溫),[14] 달을 별아(別阿, 비야)라고 한다(其譯語天爲阿瓜, 地爲納, 日爲受溫, 月爲別阿).

그곳의 산천으로 **백산(白山)**【꼭대기에는 담(潭)이 있는데, 80리로, 남쪽으로 흘러 압록강이 된다】, **태산(太山)**【지나가는 사람은 기침[咳嗽]하지 않는다. 곰이나 이리가 있다】이 있다.[15]

그곳의 산물로, **적옥(赤玉)**, 수각(殊角)【바다코끼리 어금니】, **방수(魴鬚)**【비녀를 만들 수 있다】, **경정(鯨睛)**【명월주】, 제응(諸鷹)【해동의 푸른[靑] 매만을 귀하게 여긴다】, **실랄손(失剌孫)**【토표(土豹)】, **호랄(好剌)**【사슴】, **해표(海豹)**, 해우(海牛), **해려(海驢)**, 해구(海狗), 해인어(海人魚)【머리털은 말꼬리 같고, 가죽과 살은 매우 희다. **토착민 중 홀아비나 과부는 집안에 많이 기르며 성교하는데 사람을 해치지 않는다**】, **수모(水母)**【포저어(蒲樗魚)라고도 한다. 배, 장기, 머리, 눈이 없고 두 새우가 등에 업고 나는 듯 다닌다】, **문림랑(文林郎)**【모양은 배[梨]와 같으며 건주(建州)에서 난다】.[16]

---

14) 날[日]을 '이넹기'라고 하는데, '수온'의 발음과는 거리가 멀다. 무엇을 음차한 것인지 확인하지 못했다.

15) 산천에 관한 기술은 이몽(李蒙)이 상당한 정보를 빠뜨렸다. 『함빈록』에 따르면, "그곳에는 산천이 가장 많은데, 장백산(長白山)【꼭대기에는 담(潭)이 있는데, 둘레는 80리이다. 남쪽으로 흘러 압록강이, **북쪽으로 흘러 혼동강(混同江)이, 동쪽으로 흘러 아야고하(阿也苦河)가 되는데, 금수들이 모두 희다**】, 태산(太山)【**사람들이 이 산을 경외하여** 지나가는 사람은 기침하지 않는다. 곰이나 이리가 있지만 **사람을 해치지 않고, 사람들도 감히 그들을 죽이지 않는다**】이 크다(其山川最多, 長白山【顚有潭, 周八十里, 南流爲鴨綠江, 北爲混同江, 東爲阿也苦河, 禽獸皆白】·太山【俗甚敬畏之, 過者不得咳嗽. 有熊狼, 不害人, 人亦不敢殺之】爲大)"라고 하였다.

16) 산물에 관한 정보 또한 이몽이 빠뜨린 설명이 많다. 나왈경은 『함빈록』에서 "그 산물로 적옥(赤玉)【닭 볏처럼 붉다. 바로 경(瓊)이다】, 수각(殊角)【바다코끼리 어금니이다】, 방수(魴鬚)

이상 이몽(李蒙)이 길게 쓴 여직(女直) 기술을 추재는 일관적으로 송나라 때의 명칭인 '여진(女眞)'이란 명칭을 사용하며 다음과 같이 요약했다. 즉 요나라 황제의 이름을 피할 이유가 없다는 말이다.

> 여진(女眞)은 옛 숙신씨이다. 주나라 무왕 대 호시(楛矢)를 헌상했다. 진나라 원제(元帝)와 성제(成帝) 사이에 석호(石虎, 계룡)과 통공(通貢)했다. 수나라 문제(文帝, 581~604년 재위)가 그들의 춤에 전투하는 모습이

【밝고 빛나며 비녀를 만들 수 있다】, 경정(鯨睛)【고래의 눈동자로, 바로 명월주이다】, 제응(諸鷹)【종류가 하나가 아니다. 다만 해동청(海東靑)이 가장 귀하다】, 호비호피(虎羆狐皮)【황, 흑, 백 세 종류가 있다】, 실랄손(失剌孫)【바로 땅에 사는 표범이다】, 호랄(好剌)【바로 각색의 사슴이다】, 해표(海豹)【물가에 모여 살며 한 마리가 안노(雁奴)처럼 보호하고 지킨다. 그 가죽으로 안장깔개를 꾸밀 수 있다】, 해우(海牛)【자주색이고, 뿔이 없으며, 거북이 발에, 메기 꼬리이다. 사람을 보면 날아 바다로 들어간다. 기름은 등불을 켤 수 있고, 가죽으로 활동개를 만들 수 있다】, 해려(海驢)【항상 가을에 섬에 올라 젖을 내는데, [그것으로] 우구(雨具)를 만들면 물에 젖지 않는다】, 해구(海狗)【고양이처럼 크다. 그 신(腎)은 보하고 돋우는 묘약이다】, 야저(野豬), 야려(野驢), 야우(野牛)【모두 산곡에서 나는 것들이다】, 어(魚)【짐승 이름으로, 돼지와 비슷하다. 그 등가죽에는 반점 문양이 있고, 배 아래는 온통 청색으로, 활이나 화살, 화살통을 만들 수 있다】, 우어(牛魚)【모양은 소와 같고, 길이는 1장 남짓이며, 무게는 300근이다. 비늘이 없고, 골육 사이 지방이 있어 맛이 매우 좋다. 바다 사람들은 그 가죽을 벗겨 걸어두고, 그 꼬리는 조수에 따라 기복하게 한다】, 해인어(海人魚)【모습이 사람과 흡사하며, 털은 말꼬리 같으며, 가죽과 살은 아주 희다. 성기의 모양은 남녀의 차이가 없다. 현지인 중 과부나 홀아비는 대부분 이것을 연못 속에 기르는데, 사람과 교합하는 것과 다름이 없으며, 사람을 해치지도 않는다】, 수모(水母)【포저어(蒲樗魚)라고도 한다. 새하얗고 거품처럼 흐물거린다. 배, 장기, 머리, 눈이 없어, 두 마리 새우가 업고 나는 듯이 다닌다】, 문림랑(文林郎)【과일로 모양은 배와 같다. 건주(建州)에서 난다】 등이 특이하다(其産則赤玉【紅如鷄冠, 卽瓊也】·殊角【海象牙】·魴鬚【明熒, 可爲簪】·鯨睛【鯨魚目睛也, 卽明月珠】·諸鷹【種類不一, 惟海東靑爲貴】·虎羆狐皮【有黃黑白三種】·失剌孫【卽土豹】·好剌【卽各色鹿】·海豹【叢居水涯, 常以一豹護守如雁奴之屬, 其皮可飾鞍褥】·海牛【紫色, 無角, 龜足, 鮎尾. 見人則飛入於海. 膏可燃燈, 皮可爲弓韃】·海驢【常於秋日登島, 産乳, 製爲雨具, 水不能潤】·海狗【大如猫, 其腎爲補助妙藥】·野猪·野驢·野牛【皆出山谷中者】·魚【獸名, 似猪. 其皮背斑文, 腹下純靑, 可爲弓箭矢服】·牛魚【形如牛, 長丈餘, 重三百斤, 無鱗, 骨肉脂相間, 味極佳. 海人剝其皮, 懸之, 其尾隨潮以爲起伏】·海人魚【形渾如人, 髮如馬尾, 皮肉極白, 陰形與男女無異. 土人鰥寡者多畜之池沼中, 交合與人無異, 亦不傷人】·水母【一名蒲樗魚, 正白, 濛如沫. 無腹臟頭目, 二蝦負之, 其行如飛】·文林郎【果也. 狀如李, 出建州】爲奇)"라고 설명했다.

많아 싫어했다. 당나라 태종이 고[구]려를 정벌할 때 군대로 그를 도와 성씨를 하사받았다. '생여진', '숙여진', '황두여진' 세 종족이 있다. 숙여진은 당나라 때 성씨를 하사받은 자들이다. ⓐ황두여진은 베로 머리를 싸매기 때문에, 그렇게 부른 것이고, ⓑ생여진은 장백산 아래 흑룡강 상류에 산다.[17] ⓒ전하는 바에 따르면, 장백산에는 천지가 있는데, 세 선녀[天女]가 내려와 목욕하는 중에 날아온 참새가 탄환 같은 붉은 과실을 떨어뜨려 막내 천녀가 그것을 삼켰는데, 몸이 무거워지면서 날아오를 수 없게 되자 마침내 암혈에 머물러 살았다. 몇 달 뒤 아들을 낳아 삼성하(三姓河) 강가에 이르자 나라 사람들이 그를 군주로 삼고, 성씨를 애신(愛新)이라 했는데,

17) ⓐ와 ⓑ의 정보는 이몽(李蒙)의 기술에는 보이지 않는다. 『자치통감(資治通鑑)』, 호삼성(胡三省)의 주(사고전서본, 권266, 15b), "여진은 숙신씨의 후예로, 흑수말갈(黑水靺鞨)이 바로 그들 땅이다. 요동에 들어가 적을 둔 자들을 '숙여진'이라 하고, 경계 밖 들에서 사는 자들을 '생여진'이라 하며, 변경에 가장 멀리에 사는 자들을 '황두여진'이라 한다(女眞肅慎氏之遺族, 黑水靺鞨即其地也. 入遼東著籍者號熟女眞, 界外野處者號生女眞, 極邊遠者號黃頭女眞)"라고 한 기록이 보인다. 그러나 누런 천으로 머리를 싸매 '황두여진'이라 한다는 정보는 역시 보이지 않는다.

홍호(洪皓, 1088~1155)의 『송막기문(松漠紀聞)』(사고전서본, 권1, 8b~9a)에 "황두여진은 모두 산에서 사는데, '합사한여진'이라 부른다. 그 사람들은 어리석고 순박하며, 용맹하고 강하여, 삶과 죽음을 구분하지 않는다. 금나라 사람들은 출전할 때마다 [그들에게] 무거운 갑옷을 입혀 앞으로 달려가게 하는데, 그들을 '경군(硬軍)'이라 한다. 이후 그들을 더욱 가혹하게 부렸다. 월급은 더 줄어들었고, 어쩌다 약탈해 얻은 것을 빼앗자, 그 분노를 이기지 못하고 천회(天會) 11년(1133) 마침내 모반했다. [금나라는] 군대를 동원하여 그들을 토벌했으나, 그들이 알산(遏山) 아래를 지켜내 그들의 소굴로 올라갈 수 없었다. 2년이 지나서(1135년) 나와 싸웠으나 패전하여 다시 항복했는데 [그들은] 아마도 황두실위(黃頭室韋)였을 것이다. 금나라는 그들을 '황두생여진'이라 불렀는데, 수염과 머리카락이 모두 누렇고, 눈동자에는 녹색이 많았고, 또 누렇고 흰 사람도 많았다. 거란 [왕의 이름을] 피하여 '황두여직(黃頭女直)'이라 부르게 되었다(黃頭女眞 , 皆山居 , 號哈斯罕女眞. 其人戇朴勇鷙, 不能別死生. 金人每出戰, 皆被以重札, 令前驅, 謂之硬軍. 後役之益苛, 廩給既少, 遇鹵掠所得復奪之, 不勝忿, 天會十一年遂叛. 興師討之, 但守遏山下, 不敢登其巢穴. 經二年出鬭而敗, 復降, 疑即黃頭室韋也. 金國謂之黃頭生女眞, 髭髮皆黃, 目精多綠, 亦黃而白多. 因避契丹諱, 遂稱黃頭女直)"라고 하였다. 수염과 머리털 색깔 때문에, '황두'라 불렸다는 이 정보는 누런 베로 머리를 싸맨다고 한 추재의 기술과는 엇갈린다. 홍호의 기술은 『대금국지(大金國志)』(사고전서본, 권26, 3a~b)에서 확인되는 만큼, 홍호의 기술을 따라야 할 것 같다.

18) 『만주실록(滿洲實錄)』(‘명청실록DB’, 권1)에는 만주의 원류[滿洲源流]에 관한 다음과 같은 건국 신화를 그림과 함께 소개하고 있다. “만주는 원래 장백산의 동북쪽 부쿠리(bukūri, 布庫哩)라는 산 아래 불후리(bulhūri, 布爾瑚里)라는 연못에서 기원했다. 처음 하늘에서 선녀 셋이 이 연못에서 목욕했는데, 맏이는 엉굴런(engulen, 恩古倫), 다음은 정굴런(jengulen, 正古倫), 셋째는 퍼쿨런(fekulen, 佛庫倫)이라 했다. 목욕을 마치고 뭍에 오르자, 어떤 신령한 까치가 붉은 과실 하나를 물고 있다가 퍼쿨런의 옷 위에 두었다. 그 색이 선명하고 예뻐 퍼쿨런은 손에서 놓기가 아까워, 입에 물고 옷을 입었는데, 그 과실이 뱃속으로 들어가 곧바로 감응하여 임신하게 되었다. 두 언니에게 ‘나는 배가 무거워져 함께 하늘로 올라갈 수 없으니 어떻게 할까?’라고 하자, 두 언니는 ‘우리는 단약을 먹어 두었으니 죽을 리 없을 것이다. 이는 하늘의 뜻이니 네 몸이 가벼워진 뒤에 올라와도 늦지 않을 것이다’라고 하며 작별하고 떠나갔다. 퍼쿨런은 뒤에 사내아이를 낳았는데 사람 말을 할 줄 알았다. 머지않아 장성하자 어머니는 아들에게 ‘하늘이 너를 낳게 한 것은 실은 네가 혼란한 나라를 평정하게끔 하고자 함이니, 너는 저곳으로 가거라’라고 하며 태어난 연유를 일일이 말해주고, 배 하나를 주며 ‘물을 따라 내려가면 바로 그곳이다’라고 하였다. 말이 끝나자 문득 [어머니는] 보이지 않았다. 그 아들은 배를 타고 물을 따라 내려가 사람이 사는 곳에 이르러 뭍에 올랐다. 버들가지를 꺾어 의자 모양으로 앉는 자리를 만들어 그 위에 홀로 앉아 있었다. 그 당시는 장백산의 동남쪽 오모호이(omohoi, 鄂謨輝)【지명】와 오도리(odori, 鄂多理)【지명】 안에 있는 세 성씨가 우두머리라고 싸우며 종일토록 서로 죽이고 해치고 있었다. 마침 한 사람이 물을 길으러 왔다가 그 아이의 행동거지가 특이하고 용모가 비상한 것을 보고 다투고 있는 곳으로 돌아와 사람들에게 ‘당신들은 다툴 필요가 없다. 내가 물을 길으러 간 곳에서 기이한 사내아이를 봤는데 보통 사람이 아니라서 하늘이 이 사람을 태어나게 한 것이 아닌가라고 생각했으니 모두 가서 그를 보자’라고 했다. 세 성씨의 사람들은 그 말을 듣고 싸움을 그만두고 함께 가서 보니 과연 보통 사람이 아니었다. 기이하여 그에게 묻자, ‘나는 선녀 퍼쿨런의 소생이며, 성은 아이신(aisin, 愛新)【중국어로 금(金)이다】 기오로(gioro)【성이다】이고, 이름은 부쿠리 용숀(bukūri yongshon, 布庫哩雍順)이다. 하늘이 날 낳아 너희들의 난을 평정하게 했다’라고 하며 어머니가 부탁한 말을 상세히 알려주었다. 사람들은 모두 경이롭게 여기며 ‘이 사람은 걸어가게 할 수 없다’라고 하며 서로 손을 엮어 가마를 만들어 떠받들고 돌아갔다. 세 성씨의 사람들은 다툼을 그치고 부쿠리 용숀을 주인으로 받들어 버리(beri, 百里) 여인을 아내로 삼게 하였다. 그 나라가 평정되고 만주라 부르니 바로 그 나라의 시조이다【남조(南朝)에서는 ‘건주(建州)’로 잘못 불렀다】(滿洲原起於長白山之東北布庫哩山下一泊, 名布爾瑚里. 初天降三仙女浴於泊, 長名恩古倫, 次名正古倫, 三名佛庫倫. 浴畢上岸, 有神鵲, 啣一朱果, 置佛庫倫衣上. 色甚鮮妍, 佛庫倫愛之, 不忍釋手, 遂啣口中, 甫著衣, 其果入腹中, 即感而成孕. 告二姊曰, 吾覺腹重, 不能同昇奈何. 二姊曰, 吾等曾服丹藥, 諒無死理. 此乃天意, 俟爾身輕上昇未晚, 遂別去. 佛庫倫後生一男而能言. 倏爾長成, 母告子曰, 天生汝, 實令汝以定亂國, 可往彼處, 將所生緣由一一詳說, 乃與一舟, 順水去, 即其地也. 言訖, 忽不見. 其子乘舟, 順流而下, 至於人居之處, 登岸. 折柳條爲坐具, 似椅形, 獨踞其上. 彼時長白山東南鄂謨輝【地名】·鄂多理【地名】內有三姓, 爭爲

바로 청나라 황제의 조상이다. 마침내 이자성(李自成, 1606~1645)의 난으로 천하를 차지했다.[18] ⓓ그곳 땅은 진창이며 춥다.[19] 사람들은 굴에서 사는 것을 선호하며, 수렵에 능하다. 화각(樺角)으로 유유(呦呦)하는 소리를 내어 노루와 사슴을 부른다. 배처럼 생긴 개썰매[狗車]는 여러 마리의 개가 끄는데 나는 듯이 번갈아 운송한다. 생 쌀밥을 좋아하고 취하면 묶어서 다른 사람을 해치지 않게 한다. ⓔ담(潭)에는 물고기를 닮은 미녀가 있는데, 아내가 없는 사람은 미끄러운 몸을 들여 합방한다.[20] ⓕ지금 그곳은 흥경부(興京府)로, 하나로 통일된 200년 동안 옛 풍습은 크게 변했으

雄長, 終日互相殺傷. 適一人來取水, 見其子擧止奇異, 相貌非常, 回至爭鬪之處, 告衆曰, 汝等無爭, 我於取水處遇一奇男子, 非凡人也, 想天不虛生此人, 盍往觀之. 三姓人聞言, 罷戰. 同衆往觀, 及見果非常人, 異而詰之. 荅曰, 我及天女佛庫倫所生, 姓愛新【漢語金也】覺羅【姓也】, 名布庫哩雍順. 天降我, 定汝等之亂, 因將母所囑之言詳告之. 眾皆驚異曰, 此人不可使之徒行, 遂相插手爲輿, 擁捧而回. 三姓人息爭, 共奉布庫哩雍順爲主, 以百里女妻之. 其國定號滿洲, 乃其始祖也【南朝誤名建州】)"라고 하였다. 이 번역문은 고려대학교 민족문화연구원에서 펴낸 『만주실록역주』(소명출판, 2014), 17~24쪽의 만주어 역본을 참고하여 한문본에 따라 번역했고 고유 명칭의 발음은 모두 그에 따랐음을 밝혀둔다.

19) 추재가 제시한 ⓓ의 정보는 확인되지 않는다. 고증을 기다린다.

20) ⓔ의 정보는 이몽이 산물 중 하나로 언급한 '해인어(海人魚)'에 붙여 놓은 원주를 참고하여 만든 문장일 것이다. '해인어'는 "머리털은 말꼬리 같고, 가죽과 살은 매우 희다. 토착민 중 홀아비나 과부는 집안에 많이 기르며 성교하는데 사람을 해치지 않는다(髮如馬尾, 皮肉極白, 土人鰥寡者多畜之家中, 與交合, 不傷人)"라고 하였다. 추재는 여기 '해인어'를 '지방질의 몸[脂膏身]'이라 표현하고 있는데, 아래 두 번째 시 3구에서는 '헌신하다'라는 의미의 '고신(膏身)'이란 표현을 사용했다. 단순히 자구의 제한 때문에 '고신'이라 약칭한 것인지, '지고신'에 몸을 바친다는 의미가 있는지는 모르겠다.

21) ⓕ는 추재가 이 「외이죽지사」를 지을 때의 그곳 상황을 기술한 정보이다. 그런데 '흥경부(興京府)'는 현 랴오닝성 푸순의 신빈(新宾) 만주족 자치현 지역으로, 『청사고(清史稿)』, 권25, 선통(宣統) 「본기」(972쪽)에 따르면, 선통 원년(1909), 3월에 "'흥경청'을 '흥경부'로 승격시켰다(升興京廳爲興京府)"라는 기록이 있다. 우리가 활용하고 있는 1939년 활자본을 간행할 때 '부(府)'자로 조정한 것인지, 아니면 '청(庁)'자를 '부(府)'자로 잘못 읽은 것인지 모르겠다. 어쨌든 추재는 이몽의 텍스트를 근거하되 추재가 집필할 당시의 시대적 상황을 기술해 넣어 현재적 사실성을 되살렸다는 점은 분명하다.

22) ⓖ산천 언급에서 이몽은 장백산(長白山)과 태산(太山)이라는 두 산을 들었다. 사실 이 두 산

나, 오로지 중화의 체제를 따르고, 관방에서는 팔기의 군적(軍籍)을 사용한다.[21] 산천으로 장백산(長白山), 태산(太山), ⓖ흑룡저하(黑龍瀦河)가 있다.[22] 그들의 말로, 하늘을 아과(阿瓜), 땅을 납(納)이라고 하고 ⓗ언어를 기손(記孫)이라 한다.[23] 물산으로 적옥(赤玉), 주각(珠角), 방수(魴鬚), 경정(鯨睛), 실랄손(失剌孫), 해표(海豹), 해려(海驢), 수모(水母), 문림랑(文林郎), 호랄(好剌)이 있다(女眞古肅愼氏也. 周武王時, 貢楛矢. 晉元·成間, 通貢石虎. 隋文帝見其舞有戰鬪象惡之. 唐太宗征高麗, 以兵佐之賜姓. 有生女眞·熟女眞·黃頭女眞三種. 其熟女眞則唐之賜姓者也. 黃頭女眞則以布裹頭故名焉, 生女眞則居長白山下黑龍江上. 相傳長白山上有天池, 三天女下浴, 飛雀墜一朱果如彈丸, 其季女吞之, 覺身重不能飛昇, 遂留居岩穴. 彌月生子, 至三姓河傍, 國人立以爲君, 姓愛新, 是爲淸帝之祖. 後因自成之亂, 遂有天下. 其地淖瀉且寒. 其俗好穴居善射獵, 以樺角作呦呦聲呼麋鹿, 見獸跡必窮其蹤而取之. 狗車形如船, 數狗拽之, 運遞如飛. 嗜生米飯, 醉則縛之, 不爾殺人. 潭中有魚肖美女, 無娘者以脂膏身入而合焉. 今其地爲興京府, 一統二百年, 舊俗丕變, 壹遵華制, 官方則用八旗軍籍. 山川則有長白山·太山·黑龍·瀦河. 其語則天爲阿瓜, 地爲納, 言語爲記孫. 物產則赤玉·殊珠角·魴鬚須·鯨睛·失剌剌孫·海豹·海驢·水母·文林郎·好剌剌).

은 같은 산의 다른 명칭일 뿐이다. 『성경통지(盛京通志)』(사고전서본, 권28, 46a)에 따르면, 부함산(不咸山)이 장백산(長白山)이고, 또 도태산(徒太山)이 장백산이며(47b), 태백산(太白山)이 '백산(白山)'이라고도 하는 장백산이라고 한다(48b). 이몽은 강물 이름을 하나도 언급하지 않았지만, 추재는 '흑룡저하(黑龍瀦河)'를 보태 넣었다. 『성경통지』(사고전서본, 권28, 19b)에 따르면, 흑룡강은 흑수(黑水), 완수(完水), 실건하(室建河), 알난하(斡難河) 등의 별칭이 있다고 한다. '흑룡저' 또는 '저하'라는 강물 명칭은 전혀 보이지 않는다. 따라서 '흑룡강'과 '저하'로 나누어 읽을 수는 없을 것 같고, '저(瀦)'자가 잘못 끼어들었음을 상정할 수밖에 없다.

23) ⓗ언어나 말을 '기손'이라 한다는 추재의 정보는 어디서 온 것일까? 말을 만주어로 '키순(kisoun)'[Joseph Marie Amiot, 『Dictionnaire tartare-mantchou françois』, I, Paris, 1789, 69, 331, 443쪽], 즉 '기손(記孫)'이란 음역과 잘 부합한다. 이몽의 해와 달에 해당하는 여진어를 왜 이 정보로 바꾼 것일까?

생, 숙, 황두 여진, 별처럼 흩어져 있고,	生·熟·黃頭列似星,
흑룡강은 검고 [장]백산은 푸르네.	黑龍江黑白山靑.
개 썰매에 사슴을 싣고 화각을 불며,	狗車載鹿吹樺角,
군왕을 묶어 술 깨기를 기다리네.	縛束君王待酒醒.
눈에서는 담비를 뒤쫓아 골짜기에 이르고,	雪上躡貂窮峒峪,
비가 내릴 때는 말을 타고 강안을 건너가네.	雨中浮馬過江岸.
헌신하여 밤에 아름다운 인어와 합방하고,	膏身夜合美人魚,
미식으로 아침에는 생 쌀밥을 먹네.	旨味朝餐生米飯.
산꼭대기 연못 만년 맑고,	山頭潭水萬年淸,
머리 감던 선녀 길하게 자식을 낳았네.	濯髮仙娘慶篤生.
청조가 어찌 현조의 알과 같으리오마는,	靑鳥何如玄鳥卵,
애신의 천하 오래도록 태평했네.	愛新天下久升平.

[04] 일본(日本)

추재의 '일본' 기술은 중국 자료에 너무 의존한 나머지 지봉 이수광이 『지봉유설·제국부·외국』에서 보여준 것과 같은 조선의 시선을 갖추지 못했다(지봉 이수광이 바라본 세계, 147~173쪽). 조선의 이전 자료 그 어느 것도 참고하지 않았다. 저본과 다르게 언급한 것들도 모두 중국 자료에 의존했다. 특히 이몽(李蒙)이 복제한 나왈경의 『함빈록』을 거칠게 축약했다는 점에서 '유구(琉球)'와 함께 큰 오점으로 남게 되었다. 이몽은 일본에 관하여 다음과 같이 채록했다.

> 일본은 옛 왜노국(倭奴國)으로 대해에 있으며, 민·절(閩·浙) 동북쪽 모퉁이이다. 한나라가 조선을 멸하고 왕을 칭하는 30여 나라와 사신을 주고받았다. 첫 번째 왕은 축자(筑紫) 일향궁(日向宮)에 도읍하고 이름을 어천중주(御天中主)라고 하였고, 다음은 천촌운존(天村雲尊)이라 했으며, 그 이후 왕들은 모두 '존(尊)'으로 호칭했다. 23세를 전하여 언렴존(彥瀲尊)의 어린 아들 신무천황(神武天皇)이 태화주(大和州) 강원궁(疆原宮)으로 천도했다. 그 이후 왕들은 마침내 천황(天皇)을 호칭으로 삼았다.
>
> 건무(建武, 25~56) 초에 왜노국이 조공을 들여, 광무제가 인장과 인끈을 하사했다. 환제(桓帝, 146~168년 재위)와 영제(靈帝, 168~189년 재위) 사이 왜국에는 [크게 혼란하여 수년 동안(大亂, 歷年)] 군주가 없이 비미호(卑彌呼)라는 한 여인이 나이가 차서도 시집가지 않고 요술로 사람들을 잘 미혹시켜 이에 왕으로 세웠다. 법이 매우 엄격했고 모시는 여종이 1,000명 있었지만 [그녀를] 볼 수 있는 자는 적었고, 오직 한 명의 남자만 명령을 전했다.
>
> 조위(曹魏, 220~265) 시대 *[공손씨를 평정했을 때(既平公孫氏)]* 왜의 여왕이 대부 난승미(難升米) 등을 보내 조공하자 조나라는 금인(金印)과 자수(紫綬)로 비미호를 친위왜왕(親魏倭王)으로 책봉하고 난승미 등을 중랑(中郎)과 교위(校尉)로 제수했다. *[이때부터 조공 사신의 왕래가 서로 잦았다(自是貢使往來相尋矣)]*. 비미호가 죽고 다시 남자 왕이 섰으나, 나라 사람들이 복종하지 않고 서로 쉼 없이 공격하여, 다시 비미호의 종실

여인[宗女] 일(壹)[1]을 왕으로 세워 *[혼란이 마침내 안정되었다(亂遂定)]*. 일(壹)이 즉위하자, 처음처럼 조공해 왔다. *[뒤에 다시 남자 왕이 들어섰는데, 모두 중국의 작명(爵命)을 받았다. 진나라, 송나라, 제나라, 양나라를 거치며 조빙(朝聘)이 끊이지 않았다(後復立男王, 並受中國爵命. 歷晉·宋·齊·梁朝, 聘不絕)]*.

진·송(晉·宋, 265~479) 시대 왜왕의 이름은 찬(讃)으로, *[이후 진(珍), 제(濟), 흥(興), 무(武)라 한 자들이 있었는데(後有名珍, 名濟, 名興, 名武者)]*, 그 세차(世次)를 고구할 수 있다.

수나라 개황(開皇, 581~600)에 이르러 왜왕의 성은 아매(阿每)이고 자는 다리사비고(多利思比孤)로, 사신을 보내 예궐했다. 상(上)은 소사(所司)에게 그 나라의 풍속을 묻게 하였다. 사신이 말하기를 "왜왕은 하늘을 형(兄)으로, 태양을 제(弟)로 삼아, 날이 밝을 때 정청(政廳)에 나와 가부좌하고, 해가 뜨면 일 처리를 그치며 '나의 아우에게 맡기노라'라고 한다"라고 했다. 문황(文皇)은 "이는 아주 무의(無義)하다"라고 하며 고치도록 훈령(訓令)했다.

대업(大業, 605~618) 초에 *[다시]* 사신을 보내 조공했다. 사신이 이르기를 "바다 서쪽에 보살천자(菩薩天子)가 불법(佛法)을 중흥했다고 들어 알현하게 되었습니다. 아울러 승려 수십 명이 와서 불법을 배우고자 합니다"라고 하였다. 그 나라의 서신에서는 "해가 뜨는 곳의 천자가 해 지는 곳의 천자에게 편지를 보낸다. 탈은 없는가?(日出處天子致書日沒處天子無恙)"라고 운운했다. 황제는 이를 보고 기분이 나빠져, 홍로경(鴻臚卿)에게 "[이] 오랑캐 편지에는 무례한 것이 있으므로 다시는 들리지 않게 하라(夷書有無禮者, 無復以聞)"라고 하였다. 이듬해(608) 배세청(裴世淸)을 왜에 사신으로 보냈다. 백제(百濟)로 건너가 다닌 곳이 진왕[국](秦王) 등 10여 개국이었다. 단지 진왕국 사람들만 화하(華夏)와 같았다고 했다. 선

---

1) 『삼국지』, 권30, 「동이·왜」(858쪽)에는 '일여(壹與)'로 표기했다.

진(先秦) 시대에 방사 서복(徐福)에게 어린 남녀 수천 명을 데리고 바다로 들어가 봉래(蓬萊) 선약을 찾게 하였는데, 찾지 못하자 주살될까 두려워 이주(夷州)와 단주(澶州)에 머물며 '진왕국'이라 부르며 대대로 왜노국에 속했다고 한다. *[배세청이 이르자, 왜왕은 사신 수백 명을 보내, 의장을 마련하고 고각(鼓角)을 울리며 맞이했다. 그 도읍에 들어가자(世清至, 倭王遣使數百人, 設儀仗, 鳴鼓角來迎. 既入其都)]*, 왕 다리사비고(多利思比孤)는 배세청을 만나보고 몹시 기뻐하며 "내가 듣기에 바다 서쪽에는 대수(大隋)라는 예의의 나라가 있다고 하여 조공하게 하였고, 이제 길을 깨끗이 하고 객관을 장식하여 대사(大使)를 기다렸으니, 대국의 유신(維新)한 교화를 듣기를 바랍니다(我聞海西有大隋, 禮義之國, 故遣朝貢. 今清道飾館, 以待大使, 冀聞大國維新之化)"라고 하였다. *[배세청은 "황제의 덕이 이의(二儀)를 갖추고, 은택이 사해에 흐르므로, 사신으로 보내 이렇게 선유(宣諭)하노라"라고 했다. 세청이 왜에 머문 지, 얼마 되지 않아 왕은 사신에게 명하여 세청을 따라가 조공을 들이게 했다(世清曰, 皇帝德並二儀, 澤流四海, 故遣行人來, 此宣諭. 世清居倭, 未幾王命使, 隨清入貢)]*.

당나라 정관(貞觀, 627~629) 연간에 사신을 보내 조공해 왔다. 당나라도 *[신주(新州)]* 자사 고인표(高仁表)를 보내 *[타이르게 했는데(諭之)]*, 왕과 예(禮)를 다투며, 불평하며 인정하지 않자, 천자의 명을 밝히고 돌아왔다(與王爭禮, 不平不肯, 宣天子命而還). *[한참 뒤에(久之)]* 그 나라 왕 효덕(孝德)이 즉위하자,[2] 말[斗]만 한 호박(琥珀)과 다섯 되[升] 그릇 크기의 마노(瑪瑙)를 바쳤다. *[당시 신라가 고구려와 백제의 해를 당하자, 고종은 칙서를 내려, 일본에게 출병하여 신라를 지원하게 했다(時新羅爲高麗·百濟所暴, 高宗賜璽書, 令日本出兵援新羅)]*. 효덕의 아들 천지(天智)가 즉위하여[3] 사신을 보내 하이인(蝦夷人)과 함께 조공해 왔다. 그 사신들은 수

---

2) 이몽(李蒙)은 채록하지 않았지만, 나왈경은 "효덕에서, 위로 다리사(多利思)까지 당나라 역사서에 모두 그 성명이 실려있다(自孝德, 上至多利思, 唐書具載有姓名)"라고 설명했다.

3) 이 정보는 『함빈록』에 "효덕이 죽고 두 세대를 전하여 천지(天智)가 즉위하여(孝德死二傳而天智立)"라고 하였다. 따라서 효덕의 아들이 '천지'라고 볼 수 없다. 『신당서』, 권220, 「동이·일본」에서 "얼마 되지 않아 효덕이 죽고, 그의 아들 천풍재(天豐財)가 즉위했다. 천풍재가 죽

염은 4척에 달했고, 머리털은 곤두서 있었으며[髮上指], 활을 잘 쐈으며, *[머리에 화살을 꽂고 있었다. 사람에게 박을 이고 서 있게 하고 수백 보 거리에서 쏘면 맞지 않는 것이 없었다(珥箭於首. 令人戴瓠立, 數百步射, 無不中者)]*. 천지(天智)의 아들 천부(天父)가 섰다가 죽고 아들 총지(總持)가 즉위했다. *[함형(咸亨) 초에 사신을 보내와 고구려를 평정한 일을 축하했다. 이후 조금씩 중화의 음을 익히면서(咸亨初, 遣使賀平高麗. 後稍習夏音)], 왜(倭)라는 이름을 싫어하여 일본(日本)으로 고쳐 불렀다. [사신들이 말하길 나라가 해가 나오는 곳과 가까워 이름했다고 하고, 혹자는 일본이 소국이었는데, 왜에게 병합되어 그 호칭을 쓰게 되었다고 한다(使者自言, 國近日所出以爲名, 或云, 日本小國也, 倭並之, 故冒其號云)].*

장안(長安, 701~704)초에 조신진인속전(朝臣眞人粟田)이 방물을 바쳤다. '조신진인'이란 당나라의 상서(尙書)와 같다. 쓰고 있는 진현관(進賢冠)은 *[끝에는 화려한 꽃이 네 개 있고, 자주색 도포를 입고 비단 띠를 했다. 그 나라 초기에는 관이 없었는데(頂有華蘤四, 被紫袍帛帶. 其國初無冠)]*, 수나라 때 하사받은 관으로 [관을 쓰는 제도가] 여기에서 시작되었다. 문자가 없어 나무에 [표식을] 새기거나 끈으로 묶었는데, 백제국에서 불서(佛書)를 얻으면서 그 제도가 비롯되었다. 속전(粟田)은 호학(好學)하고 글을 지을 수 있어, 무후(武后)는 사선경(司膳卿)이라는 관직을 주어 돌려보냈다. 개원(開元, 713~741) 초에 속전이 다시 조공해 왔는데, *[여러 유학자를 따라 경전을 배우고자 청하여, 사문조교 조현묵에게 명하여 홍려시로 나아가 스승이 되게 했다. 이후 받은 물품을 모두 책으로 사들여 돌아갔다(請從諸儒授經, 詔四門助教趙玄默卽鴻臚寺爲師. 後悉所賞物, 貨書以歸)]*. 부조신(副朝臣) 중만(仲滿)은 중화를 흠모하여 돌아가지 않으려 하여, 이름을 조형(朝衡)으로 바꾸고 관직을 제수했다. *[오래되어, 해당 지식이 많아져서야 돌아갔다. 이후 다시 조공을 들여 예전처럼 관리로 발탁했다. 건원(乾元)초에 진인 흥능(興能)이 조공해 왔는데, 글씨를 잘 썼다. 그*

고 아들 천지가 즉위했다(未幾孝德死, 其子天豐財立. 死, 子天智立)"라고 하였으므로, 손자가 맞을 것이다.

종이는 고치솜 비슷하면 윤기가 났는데 사람들이 [그 종이를] 알 수 없었다. 당시 왕은 백벽(白壁)이었다(久之, 多所該識乃還. 後復入朝, 擢官如故. 建元初, 遣眞人興能來貢, 善書, 其紙似繭而澤, 人莫能識也. 時王名白壁)]. 총부(總符)가 죽은 뒤로 여왕 두 명, 남자 왕 다섯 명이 있었고, [지금까지 여덟 세대를 전했다(至此凡八傳矣)].

정원(貞元, 785~805) 말에 왕 백무(栢武)[4]가 *[사신을 보내]* 조공을 들였다. 그의 맏아들 귤면세(橘免勢)가 남아 학업을 닦고자 하여 20여 년이 지나 나라로 돌아갔다.[5] 대중(大中) 연간에 일본 왕자가 조공하며 보기(寶器)와 음악을 헌상했다. 왕자는 바둑을 잘 두어 꺼내 놓은 바둑알은 매우 깨끗하고 예뻤다. 어떻게 만들었는지는 모르지만, 흑백의 돌들은 저절로 겨울에는 따뜻하고, 여름에는 차가워져, '냉난옥기자(冷煖玉棊子)'라고 불렀다.[6]

송나라 옹희(雍熙, 984~988) 초에 일본 승려 조연(奝然)과 그의 일행 다섯 명이 동기(銅器) 10여 개와 *[아울러 본국의 『직원령(職員令)』, 『연대기(年代紀)』 각 1권(並本國職員令·年代紀各一卷)]*을 헌상했다.[7] 조연은 예서(隸書)에 능했으나 중국어를 할 줄 몰라 그 풍토를 묻자 글로 써서 대답했다. *[국왕은 대대로 '왕(王)'을 성씨로 삼았는데 문무 관료 또한 그러하*

---

4) 『신당서』, 권220, 「동이·일본」(6209쪽)에는 '환무(桓武)'로 되어 있다.

5) 『함빈록』에 따르면, "사신이 왔을 때 면세 등이 돌아가고자 청하여, 조서로 그렇게 하게 했다(使者來請免勢等還, 詔然之)"라고 하였다. 이상 정원 말의 일은 『신당서』, 권220, 「일본전」(6209쪽)에서는 "정원 말에 그 왕 환무(桓武)가 사신을 보내와 조공했다. 그들 학자 귤면세, 승려 공해가 남아 학업을 닦고자 원했다. 20여 년이 지나, 사신 고계진인(高階眞人)이 왔을 때, 면세 등이 모두 돌아가기를 청하여 조서로 허락했다(貞元末, 其王曰桓武, 遣使者朝. 其學子橘免勢·浮屠空海願留肄業, 歷二十餘年, 使者高階眞人來, 請免勢等俱還, 詔可)"라고 하였다. 왕의 이름이 '환무(桓武)'로 되어 있다.

6) 대중(大中) 연간의 일은 『두양잡편(杜陽雜編)』(사고전서본, 권하, 5b)에 보인다.

7) 송나라 시기의 정보는 『송사』, 권491, 「일본국」(14131쪽)에서 옹희(雍熙) 원년(984)의 일로 기록되어 있다. 자세한 정보의 차이는 '중국정사외국전DB'를 참고하시오.

다. 실려있는 세차(世次)와 명호(名號)에 아주 상세하다.[8] *다만 왕의 세습 성씨인 왕씨는 중국 사서[本史]에서 '아매씨(阿每氏)'라고 한 것만 달랐다.*[9] *조연이 올 때, 『효경』 1권, 『월왕효경』과 『신의(新義)』 각 1권을 가지고 왔는데, 모두 금실과 붉은 비단으로 표구했고, 수정으로 축(軸)을 만들었다. 효경은 정씨(鄭氏)가 주를 단 것이었고, 월왕(越王)은 당태종의 아들 월왕 '정(貞)'이며, 『신의』란 기실참군 희고(希古)가 지은 것이었다(國王世以王爲姓, 文武官僚亦然. 所載世次名號甚詳. 第王世姓王氏, 與本史阿每氏者不同. 奝然之來也, 帶有孝經一卷, 越王孝經·新義各一卷, 皆金縷紅羅褾, 水晶爲軸. 孝經即鄭氏注者, 越王乃唐太宗子越王貞, 新義者, 記室參軍希古等撰也)*. 조연이 인본(印本) 대장경을 구하여 *[황명으로 지급하게 했다(詔給之)]. [이후]* 태주(台州) 상인 배를 따라 그들 나라로 돌아갔다. 몇 년 뒤에 제자(弟子)를 보내와 표문을 바치고 사례했는데, *[상당히 정교했다(頗工)]*. 그 대략은 다음과 같다. "*[비늘 같은 상흔이 꿈에 들어도, 중국 황제의 은혜를 잊을 수 없습니다. 말라비틀어진 뼈다귀와 함께하더라도 위씨(魏氏)의 적을 막았다고 합니다. 조연은 참으로 황공하옵니다【하고, 이르기를】(傷鱗入夢, 不忘漢主之恩. 枯骨合歡, 猶亢魏氏之敵. 奝然誠惶【云, 云】)]*, 지는 해를 바라보며 서쪽으로 향하여 10만 리의 파도에 온갖 어려움을 다 겪었고, 단지 바람만 믿고 동쪽으로 떠나 수천 리의 산악을 번갈아 넘어, 온 세상의 크고 기이함을 볼 수 있었고, 감히 그 계기로 먼 지역을 발섭(跋涉)했습니다. *[마침내 연화(蓮華)의 아름답고 신비로운 문장을 북쪽 궁궐의 북쪽에서 꺼내 패다라 잎에 새기도록 하여 불법을 동해의 동쪽에 전하게 하셨습니다. 엎드려 생각건대 폐하의 은혜는 사해에 넘치며 은택의 높이는 오악과 같고, 세상은 황제와 헌원의 옛날을 능가하며, 사람은 떠오른 태양에 상당합니다. 저기에 있으나 여기에 있으나 황제 성한 도를 앙모하고 있으며, 산과 바다를 넘어서도 황제의 깊은*

8) 여기에서 말하는 기록은 그들이 바친 『연대기』로 그곳에는 왕들의 세차(世次)와 명호(名號)가 자세하게 기록되어 있다. 자세한 기술은 『송사』, 권491, 「일본국」(14131~14133쪽)의 기술을 참고하시오.

9) 여기서 말한 '본사(本史)'란 『신당서』을 말하고, 권220, 「일본전」(6207쪽)에 따르면 일본 왕들의 성씨는 '아매씨(阿每氏)'라고 한 것을 확인할 수 있다.

덕을 잊을 수 있겠습니까. 저 조연 백 년의 몸이 가루가 되어도 어찌 하루의 은혜에 보답할 수 있겠습니까. 붓을 들어 눈물을 훔치며 종이에 요동하는 영혼을 폅니다"라고 상주(上奏)하여, 물품을 하사하여 돌려보냈다(遂使蓮華廻文神章, 出於北闕之北, 貝葉印字, 佛詔傳於東海之東. 伏惟陛下惠溢四溟, 恩高五岳, 世超黃·軒之古, 人直金輪之新. 在彼在斯, 只仰皇猷之盛, 越山越海, 敢忘帝德之深. 奝然縱粉百年之身, 何報一日之惠. 染筆拭淚, 伸紙搖魂. 上奏賜物遺歸)].

[함평(咸平)초에 건주(建州)의 바다 상인 주세창이 폭풍을 만나 일본에 표류했다가 7년 만에 그 나라 사신들과 함께 돌아왔다. 세창은 그 나라 사람과 주고받은 시를 올렸는데, 시들이 천박하게 다듬어 취할 만한 것이 못되었다. 경덕초, 승려 숙조(寂照)가 왔다. 희녕(熙寧) 연간에 승려 성심(誠尋)이 이르렀는데, 송나라를 그를 대접하며 후하게 자주색 방포를 하사했다. 이로부터 연이어 방물을 바쳤는데, 온 자들은 모두 승려였다(咸平初, 建州海賈周世昌遭風飄至日本, 凡七年得還, 與其國使至. 世昌以其國人倡和詩來上, 其詞雕刻膚淺無足取也. 景德初, 僧寂照至. 熙寧間, 僧誠尋至, 宋待之, 加厚賜紫方袍. 自是連貢方物, 而來者皆僧也)].[10] 순희(淳熙, 1174~1189) 이후 명주(明州), 수주(秀州), 진주(秦州) 등지에 왕왕 바람에 정박하기 위해 이르는 일본 해선들이 있었는데, [그 사람들이 먹을 것이 없어 길에서 구걸한다는 말을 상(上)이 듣고(其人眾無口食, 或行丐於途中, 上聞)], 조서로 그들의 재물을 취하지 말고 평소대로 쌀을 주어 구호하고 [순풍이 불 때를 기다려 귀국시키도록 했다(候便風遣歸國)].

송나라가 망하고 원나라 시대(1271~1368)에는 명을 받들지 않자, 원나라는 장수 흔도(忻都), 범문호(范文虎) 등을 보내 정벌하게 했다. 오룡산(五龍山)에 이르러 폭풍에 배가 부서지고 전군이 모두 빠져 죽었다.[11]

---

10) 『송사』, 권491, 「일본국」(14136~14137쪽)에서는 순서대로 함평 5년(1002), 경덕 원년(1004), 희녕 5년(1072)으로 시기가 특정되어 있다.

11) 이상 원나라 시기 일본 원정에 관하여, 나왈경은 "송나라가 망하고, 원나라 시기에 [일본은] 명을 받들지 않았다. 원나라는 흑적(黑的), 조양필(趙良弼, 1217~1276) 등을 사신으로 보냈

국초(國初)에 고황제(高皇帝)[홍무제, 1368~1398년 재위]가 *[즉위하여, 방국진과 장사성이 호족들을 멸하자, 모두 배를 타고 나가 섬의 적들을 규합하여 노략질했고, 홍무 때에는 산동, 절강, 복주, 소주, 송강(松江) 인근 바다와 군들을 자주 약탈하여(及國初高皇帝即位, 方國珍·張士誠既滅諸豪, 悉航海糾島賊, 入寇, 以故洪武時, 數寇山東·浙·福·蘇·松旁海諸郡)]*, 사신 양재(楊載)를 보내 불러 타이르게 했으나 이르지 않았다. 다시 내주(萊州) 동지(同知) 조질(趙秩)을 보내 옥새와 편지를 하사하여 그 왕 양회(良懷)에게 타이르게 했다. 조질이 이르러 *[중국의 위덕(威德)을 선언하고 조공을 들이라고 책망하자(宣言中國威德, 責其入貢)]*, 양회는 원나라가 일찍이 조(趙)씨 성을 가진 사신을 보내 습격하려 했는데, 지금 이 질(秩)도 조씨 성을 가졌으므로 장차 자기를 기습할 것이니, 거짓말로 대답하고, 좌우 측근에게 명하여 죽여버리게 했다. 조질을 꼼작하지 못하고, 천천히 "성천자는 중화 세계를 낳았고, 황제의 나라는 몽골과 비할 수 없다. 당신이 나를 죽이면 화가 미치지 않겠는가. *[우리 조정의 군대는 하늘의 군대로, 일당백이다. 그 전함들은 몽골의 병선 백 척이라도 하나를 당하지 못했다. 하물며 천명을 받은 사람이니 누가 어길 수 있겠는가(我朝之兵, 天兵也, 無不一當百. 其戰艦蒙古之戈船百不當一. 況天命所在人, 孰能違)]*" 라고 하였다. 양회는 이 말을 듣고 기가 꺾여 조질을 예우했다. 얼마 뒤 승려 조의(祖義)를 조질에 딸려 보내 조공했다.[12)]

15년(1382) 명주(明州) 비왜지휘(備倭指揮) 임현(林賢), 교통추밀사(交通

고, 아울러 고려 사신을 보내 타일렀으나 이르지 않자, 마침내 흔도, 범문호, 그리고 고려 장수 홍다구(洪茶丘, 1244~1291) 등을 보내 정벌케 했으나, 오룡산(五龍山)에 이르러 폭풍을 만나 배가 부서져 전군이 모두 죽었다. 그러나 일본은 끝내 이르지 않았다(宋亡終, 元之世, 不肯奉命. 元遣使黑的·趙良弼等, 並高麗使往諭之, 不至, 遂遣將忻都·範文虎, 及高麗將洪茶丘等往征之, 至五龍山, 暴風破舟, 全軍皆沒, 而日本竟不至也)"라고 하였다. 원나라 시기의 일본 원정에 관해서는 『원사』, 권208, 「일본전」(4625~4630쪽)에 상세하다. '중국정사외국전DB'의 번역과 주석을 참고하시오.

12) 마지막 문장은 『함빈록』에 따르면, "곧 승려 조의(祖義)를 조질에 딸려 보내 표문을 바치고, 칭신(稱臣)하며, 조공을 들였지만, 그들의 약탈은 여전했다(尋遣僧祖義隨秩, 奉表稱臣入貢來朝, 然其剽掠如故也)"라고 기술했다.

樞密使) 호유용(胡惟庸)이 모반하여 일본에게 승려 여요(如瑤)를 사신으로 보내 조공을 빙자하여 거촉(巨燭)을 바치고 화약과 병장기, 그리고 정예 병사를 조공선에 감춰 보내게 하여 안팎으로 협박하려던 계획이 이루어지지 않자, 창고를 약탈하여 바람을 타고 달아나려 했으나, 일이 발각되어 모두 주살되었다. 승려 사신들은 섬서, 사천, 각 사찰로 보내 후세에 본보기로 삼도록 하고, 일본과는 절대 통상하지 않도록 했다. 신국공(信國公) 탕화(湯和), 강하후(江夏侯) 주덕흥(周德興) 등을 보내 바다를 따라 살펴 계획하도록 하고, 남쪽으로, 직예(直隸), 산동, 절강, 복건, 광동, 광서에 모두 행도사(行都司)를 설치하여 왜(倭)에 대비토록 했다.[13]

영락(永樂, 1403~1424) 초에 태감 정화(鄭和) 등이 상(賞)을 들고 서양으로 나가 바다의 왕국들을 타이르자, 일본이 가장 먼저 귀부하고 변경을 침범한 적 20여 명을 잡아 헌상하여 *[곧바로 사람을 보내]* 그들에게 다스리게 하자, 포박하여 솥에 넣고 삶아 죽였다. 이에 도탑게 조서를 가지고 가 저들의 산을 수안진국(壽安鎭國)으로 봉했다. 상(上)은 비석에 쓸 글을 하사하고 여러 도를 감합(勘合)하여 10년에 한 번 조공하기로 약조했다. 이유 없이 3,000명이 요동을 침범하자 총병 유영(劉榮)이 물리치고 *[모조리 죽여버려(殺無噍類)]*, 유영을 광녕백(光寧伯)에 책봉했다. *[이로부터 종적을 감추고 감히 큰 노략질은 하지 못하고 작은 약탈이 끊이지 않았다. 바다에 출몰하여 틈이 있으면 병기를 펼쳐 멋대로 침탈하고, 틈이 없으면 방물을 펼쳐 조공을 칭하며 숨겨 실어 돌아가는 것이 일상이었다(自是斂跡, 不敢大爲寇, 而小小抄盜亦不絕. 出沒海中, 得間, 則張其戎器而肆侵陵, 不得間, 則陳其方物而稱朝貢, 菌載而歸, 以爲常矣)]*.

정통(正統, 1436~1449) 연간[14]에 도저(桃渚, 절강 태주)에 들어오고, 대숭(大嵩, 절강 영파)을 침범하여 죽이고 약탈함이 매우 참혹하여 쌓인 유해

13) 마지막 문장은 『함빈록』에 따르면, "'비왜(備倭)'라 부르니 오랑캐들이 어렵게 되었다(以備倭爲名, 犬羊盤錯䨻矣)"라고 하였다.

14) 『명사』, 권322, 「일본전」에는 1439년 5월의 일로 기록하고 있으나, 참혹한 만행은 언급되지 않았다.

가 릉(陵) 같았고, 기둥에 갓난아이를 묶어 끓는 물을 부어 그들이 울부짖는 것을 보고 웃음거리로 삼았으며, 임신한 부인을 잡아 남자인지 여자인지를 추측하여 갈라 보는 것으로 술 내기를 했다(縛嬰兒于柱, 沃之沸湯, 其啼號以爲笑樂. 捕得孕婦, 則計其男女, 剔視以賭酒). *[음탕한 짓과 참혹함을 이루 다할 수 없었다(荒淫慘毒, 不可勝言)]*.

가정(嘉靖, 1522~1566)초에 군주 원의식(源義植)이 어려, 군신을 통제할 수 없자, 우경조대부(右京兆大夫) 고귀(高貴)가 송소경(宋素卿)을 사신으로 보내와 조공했고, *[오래지 않아]*, 좌경조대부(左京兆大夫) 내예흥(內藝興)이 종설(宗設)을 보내와 조공했다. 모두 억지로 감합(勘合)을 청하며 앞뒤로 영파(寧波)에 이르러 서로 우선권을 다투었다. *[종설 무리가 송소경보다 많아, 결국 공격하여 패퇴시키며 북쪽으로 추격해 오며 소흥에 이르러(宗設衆盛於宋素卿, 遂攻敗之, 追北至紹興)]*, 소흥(紹興) 등 여러 군을 짓밟으며 갖은 방법으로 살육하고 약탈하여, 도지휘(都指揮) 유금(劉錦)과 천호, 백호 등의 관리들이 맞섰으나 모두 죽었다. 뒤에 조서를 내려 타이르고 송소경을 하옥하고 서서히 이해시켰다. 이로부터 왜노들은 휘파람을 불며 더 많이 몰려들었고, *[포악하고 오만함이 매우 치성하여 민·절(閩·浙)에는 그들을 믿는 사람이나 그들에게 이끌리는 사람도 없었지만, 우리의 허실을 엿보기 위해 감히 깊숙하게 들어왔다가(桀驁孔熾而閩浙無賴之民, 爲之嚮導, 覘我虛實, 以故敢於深入)]* 중국으로 망명한 왕직(王直), 진동(陳東), 서해(徐海), 모해봉(毛海峰) 같은 무리가 바다를 건너와 무리 짓고 변복하여 왕을 칭했으며, 왜의 선박들을 규합하여 왕래하며 간교한 상술로 이익을 탐했고, 사사로이 *[금지를 어긴 기물들을(違禁器物)]* 무역하여, *[모두 관과 부호의 비호를 받았고, 간사한 자들의 비호를 받았다. 또한 간사한 자들도 대부분 기이한 상품들 취하여 숨겨 가자, 보수를 받지 못한 선원들이 화를 내면 가볍게 살해해 버렸고, 공행(公行)을 약탈했다. 이에 오월(吳越)의 사람들은 밥을 지어 먹을 겨를도 없었고, 베개를 베고 편히 잘 수도 없었다. 농부들이 쟁기를 놓고, 직녀들이 직기를 놓는 일이 심해졌으며, 친족들이 뿔뿔이 흩어져 다른 마을로 숨어들었고, 부자와 노약자들이 포로로 묶여 길에 서로를 따랐다. 그 사상자들*

의 머리와 몸이 분리되어, 풀밭과 연못에 뼈가 드러났고, 해골들이 넘어져 변경에서 서로 바라보니(咸托官豪庇引, 黠者又多取其奇貨, 匿去, 莫酬舶人怒, 輕肆殺害, 公行剽掠. 於是吳·粵之民, 食不暇炊, 臥不安枕. 農夫釋耒, 紅女寢機甚, 則族類離散, 逃竄別邑, 或父子老弱係虜, 相隨於路. 其死傷者, 首身分離, 暴骨草澤, 頭顱僵仆, 相望於境)], 연해의 군현들이 거의 폐허가 되었다. 그 화는 정통 연간보다 참혹했다. 이러한 일이 조정에 알려지자, 곧바로 민·절(閩·浙) 순무를 특별히 설치하여 달랬다. 주환(朱紈, 1492~1549)은 평소 청렴하고 결백했으며, 일에 과감했는데, *[가서는 주야로 군사를 훈련하고 규찰을 엄히 하며, 위로는(往則日夜練兵甲, 嚴糾察, 上)]*, 두세 유력 부호[勢豪] 들이 번(番)들과 통상하는 상황을 폭로하여, 결국 그들의 무고를 당해 탄핵되고, 그들의 살육이 주환에게 미치자, 주환은 화가나 자살했다. 그곳에 배속된 부사(副使) 가교(柯喬, 1479~1550), 도지휘(都指揮) 유당(兪鏜)[15] 등 일에 공이 있는 사람들 모두 처형되거나 하옥되었다. *[이내 순무를 폐지하고 더는 설치하지 않았고, 선박 주인과 토호들은 더욱 기뻐하며, 간교함이 더욱 심해져 관리들이 눈으로 보고도 금지할 수 없었다(乃罷巡撫, 不復設, 而舶主·土豪益自喜, 爲奸浸甚, 官司視以目, 莫之禁矣)]*. 얼마 되지 않아 적들이 태주(台州)를 침범하여 황암(黃巖), 상산(象山) 등의 읍을 공격했다. 논의하여 다시 제독도어사(提督都御史)로 왕여(王忬)를 등용했다. *[왕여가 점차 적들을 참수하고 체포하자(忬經略稍有斬獲賊)]*, 적들은 배를 타고 남쪽으로 이동하여 소주(蘇州)와 송강(松江) *[두 군]*을 침범했다. 왕여를 대동[순무]으로 바꾸고 이천총(李天寵)이 왕여를 대신하게 했으며, 병부상서 장경(張經)이 그 일을 감독하게 했다. *[당시 안팎으로 기뻐하며 적이 하루아침에 평정될 것이라고 했다(時中外忻忻, 謂賊旦夕可平)]*. 공부시랑 조문화(趙文華)가 해도에 창궐한 일을 바다의 신에게 기도할 것을 청하여 마침내 조문화를 보내 기도하게 했으나, 공·사간의 비용은 많았으나 모두 [각각의] 주머니로 들어갔다. 조문화는 평소 장경을 싫어했는데, *[장경도 재능과 덕망을 자부하자, 문화는 화가나 연신 소장을 올려(經亦以材望自負, 文華恚*

15) 『명사』, 권322, 「일본전」에는 '노당(盧鏜, 1505~1577)'으로 되어 있다.

則疏連)], 장경을 탄핵하며 "그의 재주는 족히 알 수 있으나, 유독 민(閩)에만 있으며 적을 피하며 일부러 큰소리를 치며 적을 풀어주었을 뿐입니다(其才足辦也, 特家閩, 避賊讎, 故嚄唶, 縱賊爾)"라고 했다. 상(上)은 진노하여 사자를 보내 장경과 이천총을 체포하여 죄를 따져 처형하게 했다. 왜노의 기세는 더욱 날카로워지자, 조정에서는 진노하며 추장의 머리를 가져오는 사람에게 백작(伯爵)을 주겠다고 현상했다. 어사 호종헌(胡宗憲)이 손에 병장기를 쥐지 않고 기묘한 계략으로 많은 왜(倭)를 섬멸하여, 어사에서 개부(開府)로 발탁하고 일곱 성(省)의 병무를 총괄 감독하게 하자, 결국 서해(徐海)는 약탈하며 순무 완악(阮鶚, 1509~1567)을 포위하여 절(浙) 땅을 유린했다. 급히 상소하여 알리고 일을 맡은 호종헌은 직접 많은 전투를 겪으며 거둔 승전보가 앞뒤로 올린 공장(功狀)에 들어갔다. 판도가 갖추어지자,[16] 서해는 죽고, 호종헌은 우도어사(右都御史)로 옮겨갔다.

또 이듬해 왕직(王直)이 잡혔다. 왕직은 옛 휘주 사람이었으나 이 일로 바

---

16) 이상 밑줄 친 문장은 이몽(李蒙)이 『함빈록(咸賓錄)』의 기술을 상당 부분 고치고 상세한 정보들을 삭제했다. 나왈경은 다음과 같이 기술했다. "상은 몹시 화가 나, 사신을 보내 장경을 체포하게 했다. 장경은 당시 이미 가흥(嘉興)에서 적을 대파하고, 3,000수급을 베었고, 물에 빠져 죽은 자도 그러했다. 병부에서 상언하기를 장경을 유임시켜 적을 평정하여 스스로 공을 세우게 해야 한다고 했으나, 따르지 않았다. 아울러 순무 이천총 모두 죄를 따져 처형하게 했다. 조문화는 그의 공을 가로채고, 곧바로 순안어사(巡按御史) 호종헌(胡宗憲)을 발탁하여 이천총 총독을 대체할 것을 상주하여 또한 다시 변동이 있었다. 이로부터 안팎 문무 관리 모두 속수무책으로 종적을 감추고, 겁에 질려 걸음이 무거웠으니, 우환은 왜에게 있지 않았다. 조문화는 갑자기 조정으로 돌아가 태자태보(太子太保), 공부상서로 승진하고 호종헌도 결국 병부시랑 겸 총독(總督)으로 올랐다. 오래지 않아 서해가 노략질해 와, 완악을 포위하고 절(浙) 땅을 유린했다. 조문화는 급히 상소하여 총독을 내보낼 것을 청하여 허락받자, 이내 호종헌과 함께 서해를 유인하여 항복시키고, 군대를 합쳐 그를 엄습하여 체포했다(上怒甚趣使捕征經. 經時已大破賊於嘉興, 斬首三千級, 溺水死者稱是. 兵科言, 宜留經, 以賊平自效, 不聽. 並巡撫李天寵皆論死. 文華既已攘其功, 即奏超巡按御史胡宗憲, 代天寵督臣, 亦有更置. 由是中外文武皆束手斂跡, 惴惴重足立, 憂不在倭矣. 文華俄還朝進太子太保工部尙書, 而宗憲亦遂以兵部侍郎總督. 無何徐海入寇圍巡撫阮鶚躪浙地, 告急疏上, 趙文華請出督, 許之, 乃與宗憲誘徐海降, 而合兵掩捕平之)"라고 하였다.

다로 달아났다가 이후 선주가 되었는데, 신뢰를 중시하며 도적의 도리가 있어 오랑캐 주인[夷主]일 지라도 [그를] 좋아하여 따랐다. 휘주 사람 나룡문(羅龍文)[17]은 호협한 선비로, 왕직과 옛날부터 알고 지냈다. 호종헌은 급히 그에게 편지를 보내 왕직을 설득하게 했다. 나룡문이 왕직의 배에 이르러, 두 시녀를 보았는데, 바로 나룡문의 옛 기녀로 포로가 되어 있었다.[18] 나룡문은 두 기녀를 밀사로 보내 먼저 의사를 밝히고, 다음날 왕직을 알현했다. 왕직은 크게 기뻐하며, *[평소처럼 서로 환락했다(相敘歡若生平)]*. 나룡문이 "조정은 족하(足下)가 반역한 이유로 당신의 여묘(廬墓)를 부수고, 당신의 친척들을 도륙하지 않을 것이다. 덕의(德意)가 상당히 두텁소. *[지금 총독 호공은 우리 사람이니(今總督胡公吾黨人也)]*, 진심으로 투항하여 추악한 오랑캐들을 섬멸하여 *[만백성을 편안하게 한다면 족하의 공이 매우 크니(以安百萬生靈, 足下之功良厚)]*, 호종헌 공이 반드시 아뢰어 족하에게 높은 관작과 관직을 제수할 것이다. 영록(榮祿)를 누리며 고향으로 돌아갈 것인가, 아니면 더 해도에 몸을 맡기고 아침에 저녁을 도모하지 못하고 만세에 역적의 이름을 남길 것인가"라고 하자, 왕직은 이 말을 듣고 마음이 흔들렸지만 결정하지 못하고 있었다. 마침 두 시녀가 귓속말로 반복하여 권하자, 왕직은 두리번거리며 "죽음으로 속죄하고자 하노라"라고 하며 마침내 나룡문을 따라 총독부에 이르렀다. 호종헌은 크게 기뻐하며 그를 도탑게 예우했다. 곧바로 소장을 갖추어 조정에 알리자, 의론하기를 왕직은 원흉이므로 사면할 수 없다고 하여 저잣거리에서 처형하자, 나머지 무리 수만 명이 다시 회양(淮揚)을 약탈하고 여고(如皐)를 넘어 태주(泰州)에 이르니 그 세가 매우 치성했다. 당시 회양 순무(淮揚巡撫) 이수(李遂), 방해(防海) 부사 유경소(劉景韶), 참장(參將) 구승(丘陞)이 병사들을 격려하며 죽기로 싸우자고 약속하고,[19] 마침내 *[기뻐*

17) 『함빈록』에는 '나융문(羅隆文)'으로 되어 있다. 『명사』, 권205, 「호종헌전」(5415쪽)에는 나룡문(羅龍文)으로 되어 있다.

18) 이 문장은 『함빈록』에 "도착한 왕직의 배에는 두 여인이 있었는데, 나융문을 보고 눈물을 흘렸다. 바로 나융문의 옛 기녀로 왜구에게 포로가 되어 있었다(所適直船中有二女, 見隆文泣數行下, 即之則隆文故妓, 爲寇所虜也)"라고 되어 있다.

19) 이상의 문장은 이몽이 요약한 것으로 『함빈록』에서는 "당시 회양 순무 이수는 지략이 많았

하며] "적은 우리 수레바퀴에 있다"라고 하며, 유경소, 구승에게 적을 묘만(廟灣)으로 유인하도록 하여, 병사들을 풀어 공격했다. *[적은 대패하여, 오래지 않아 적은 삼사(三沙)로부터 유경소와 구승에게 이르러 싸우다가 구승이 칼을 맞고 죽었다. 유경소는 이내 구승의 군대와 합치고, 또 여러 도의 병사들을 신칙하여 공격하자 적은 다시 대패했다(賊大敗無何賊自三沙, 至景韶·陞, 與戰陞中鋒死. 景韶乃並陞衆, 遂又飭諸路兵, 擊之, 賊復大敗)]*. 적은 사잇길로 유장(劉莊)으로 달아났다. 비장 유현(劉顯)은 적이 유장을 점거하고 있다는 소식을 듣고 분발하여 앞에서는 유경소가 나아가고, 그 뒤를 추격하니, 백구장(白駒場)에 이르자 죽음을 면한 한 명의 적도 없었다. 승전보가 들리자 마침내 남경으로 진군했다. 병부시랑 유경소를 절강안찰사(浙江按察使)로 옮겼다. 호종헌이 여러 차례 승전한 이후로 절서(浙西)와 절동(浙東)은 조금 안정되었으나, 온주(溫州)와 태주(台州) 민광(閩廣) 지역은 여전했다. 40년(1561)에 적들이 흥화(興化) 등 여러 군현을 공격하자, 순무 담륜(譚綸), 총병 척계광(戚繼光)이 절강의 병사들을 모집하여 소탕했다. 절강의 군사들은 원래 취약했으나 총제(總制) 호종헌의 훈련을 받고 여러 차례 승전을 경험하여 지금은 모두 정예 병사들이다. 척계광은 바로 호종헌의 막하에서 나왔다.

융경(隆慶, 1567~1572) 초에 평청성(平淸盛)이 정권을 잡고 부자 형제가 요로를 차지하고 음란한 학정을 일삼았다. 만력(萬曆) 14년(1586) 평신장(平信長)이 관백(關白)이 되어 수길(秀吉)을 양자로 얻었다. 수길의 어머니는 여종으로 임신하여 낳아 버리려 했으나 기이한 징후가 있어 그를 길렀다. 수길이 어려서는 미천하여 생선 장사를 했다. 취하여 나무 아래 누

는데, 적들은 정밀한 전략이 없었다. 계략으로 동쪽 묘만에 이르도록 한다면, 이길 수 있었다. 이내 방해부사 유경소, 참장 구승에게 황교(黃橋)의 여러 길을 지키도록 하고, 자신은 태주의 요충지로 나가, 들의 막사에서 노숙하며 장사들을 격려하며 죽을 각오로 싸우기로 약속했다. 병사들 모두 함성을 지르며 뛰자, 몇 차례 교전에 적들은 퇴각하니, 과연 부안(富安) 연해 제방을 따라 약탈하며 동으로 향했다(時淮陽巡撫李遂, 多智略度, 賊無深謀. 若以計詒之東至廟灣, 可以決勝. 乃命防海副使劉景韶·參將丘升守黃橋諸路, 而身當泰州之衝, 露宿野次, 激勵諸將士, 期以死戰. 士皆踊躍奮呼, 數合, 賊退卻, 果從富安沿海堤掠而東)"라고 하였다.

웠는데, 평신장이 사냥할 때 평수길이 놀라 일어나며 충돌하여 평수길을 죽이려 했다. 수길이 잘 둘러대자, 평신장은 그곳에서 말을 기르게 하고 목하인(木下人)으로 불렀다. 무릇 평신장이 20여 주를 탈취할 때, 조력했으나 평신장이 명지(明智)에게 피살되자 수길은 마침내 행장(行長)과 함께 명지를 주살하고, 평신장의 양자를 그만두고 [관백으로] 자립했다. 그러나 수길은 지략이 많고 사람을 잘 등용했으나, 성정이 음란하고 살생을 좋아했다. 18년(1590년)[20] 수길은 화상(和尙)을 유구(琉球)에 보내 [중국에] 조공하지 말라고 협박했다. 복건 순무 조참로(趙參魯)가 이를 알렸다. 20년 정월 수길은 과연 조선을 침략하여 두 달도 못 되어 조선의 세 도(道)를 파괴하고, 옛 고려땅을 석권한 뒤에 중조(中朝)로 들어올 생각이었다. 조선이 급히 알려 오자, 상(上)은 장수를 보내 평양성 전투를 지원하게 했다. 수길은 깜짝 놀랐다. 이 일은 『조선지(朝鮮志)』에 자세하다.[21]

이곳은 민절(閩浙)과는 가깝지만, 요동(遼東)과는 멀어 조공을 들일 때 요동길을 따르지 않았다. 나라에는 오기(五畿), 삼도(三島), 칠도(七道), 65주, 600여 군(郡)이 있고, 속국은 100여 곳으로, *[모두 왜의 명칭으로 부른다. 구야한(拘邪韓)【사방 500리로 신라와 백제의 동쪽에 있다】, 대해(對海)【사방 400리로, 깊은 숲이 많아 새와 사슴이 무리를 이룬다. 사람들은 좋은 밭이 없어 해물을 먹고 산다】, 한해(瀚海)【사방 300리로, 대나무가 많으며 약간의 밭이 있지만 먹을 만큼 나지 않아 다른 나라에서 쌀을 사온다】, 말로(末盧)【4,000여 가구가 있다. 초목이 무성하여 다닐 때 앞 사람이 보이지 않는다. 물고기와 전복을 좋아하여, 수십 장 아래도 잠수하여 채취한다】, 윤도(尹都), 부미(不彌)【1,000여 가구가 있다】, 노국(奴國), 투마(投馬)【가구는 3~5 남짓이다】, 야마유(邪摩維)【바로 현 왜왕이 도읍한 곳이다】, 진왕(秦王)【앞에 보임】 등이다. 그 나머지 여러 나라 중 작은 것*

20) 『서애집』, 권3, 「주문(奏文)」에는 17년 즉 1589년 선조 22년으로 되어 있다.

21) 이상 밑줄 친 정보는 이몽(李蒙)이 추가한 내용이다. 『함빈록』에는 "이로부터 판도가 일신하여, 무위(武衛)가 점차 진작되었고, 바닷가의 여러 군이 그제야 왜구의 환란에서 벗어났다고 한다(自是弦轍一新, 武衛稍振, 而旁海諸郡始免倭患云)"라고 만 하였다. 이몽은 아래에서 밝히고 있는 바와 같이 추재가 채록하지 않은 '조선(朝鮮)' 기술에서 내용을 채록했다.

은 100리이고, 큰 것은 4~500리이다【모두 이름이 있으나 다 기록하지 않는다】(曰拘邪韓【方五百里在新羅百濟東】, 曰對海【方四百里, 多深林, 禽鹿成群, 戶無良田, 食海物自活】, 曰瀚海【方三百里, 多竹木, 差有田地, 食亦不給, 市糴他國】, 曰末盧【戶四千餘, 草木茂盛, 行不見前人. 好食魚鰒, 數十丈之下亦沒取之】, 曰尹都, 曰不彌【戶俱千餘】, 曰奴國, 曰投馬【戶俱三五餘】, 曰邪摩維【即今倭王所都】, 曰秦王【見前】. 其餘諸國, 小者百里, 大者四五百里【俱有名, 不盡錄】)]. 각기 독립되어 서로 통섭(統攝)하지 않는다.

그곳의 기후는 온난하며 화도(禾稻), 마(麻), 상(桑)에 적합하며, 소, 말, 호랑이, 표범, 양, 작(鵲)은 없다. 병기로는 창과 방패, 목궁(木弓), 대나무 화살이 있는데, 간혹 뼈로 촉을 만들기도 한다. 사람들의 성품은 술을 좋아하고 100살을 넘는 사람들이 많다. *[남녀는 서로 좋아하면 혼인하는데(男女相悅爲婚)]*, 사람들은 대부분 다처(多妻)이며 음란하거나 질투하지 않는다. 풍속은 도둑질하지 않고, *[쟁송이 적다(少爭訟)]*. 법을 어긴 자는 처자를 몰수하고, 죄가 큰 자는 가문을 멸한다. 장례는 중국과 다르지 않다. 뼈를 구워 길흉을 점친다. 중국의 옛 동전을 사용하며 1,000문(文)은 은 4냥의 값어치이다. 개원과 영락 두 종만 사용하지 않는다.

약탈하러 오는 시기는 청명과 중양절 이후이다. 그때는 동북풍이 많아져 조수[汛]를 막아준다. 3, 4, 5월을 '대신(大汛)', 9, 10월을 '소신'이라 한다.[22] 바다를 건널 때는 한 사람을 빗질하거나 씻지 못하도록 하고, 고기를 먹지 못하도록 하며, 부인을 가까이하지 못하도록 하는데, 그것을 '지쇠(持衰)'라고 한다. 가는 길이 길하면 재물을 그와 함께 나누며, 질병이나

22) 이 밑줄 친 정보는 『함빈록』과 약간 다르다, "오는 왜구들은 청명과 중양절 이후에 많은데, 이때는 동북풍이 많고 오랫동안 변화하지 않으므로, 왜구를 방어하는 사람들은 3월, 4월, 5월을 '대신', 9월과 10월은 '소신'이라 한다. 이 시기를 지나면 항행에 불리하다(來寇多在清明·重陽之後, 時多東北風, 久而不變, 故防寇者以三四五月爲大汛, 九十月爲小汛, 過此, 則不利於行矣)"라고 하였다.

재난을 당하면 '지쇠'가 성실하지 못했다고 여겨 곧바로 그를 죽인다.[23)]

남자들은 모자를 쓰지 않고 단발하며, 얼굴에 문신을 새긴다. 부인들은 머리카락을 늘어뜨리고 맨발로 다니는데, 간간이 신발을 신는다. 무속을 믿고 놀이를 좋아한다. 유교를 중시하고 불교를 공경한다. 만나면 웅크리고 앉는 것[蹲踞]을 공손하게 여기며, 손뼉을 쳐서 기쁨을 표시한다. 음식은 솔잎[槲葉?]을 깔고 손으로 먹으며 간혹 변두(籩豆)를 사용하기도 한다.[24)] 앉거나 누울 때 궤안(几案)이나 상장(床帳)이 없고, 풀을 엮어서 깔개로 하여 문피(文皮)를 겉으로 땅에 깔아 [그 위에] 앉거나 눕는다. 도둑질을 좋아하고, 생명을 경시하여 살생을 좋아하는 것은 천성이 그러한 것이다.

그 역어(譯語)에 따르면 **하늘은 사라[ぞら]라고 하고, 땅은 지[ち], 태양은 비록[ひりん], 달은 독급[つき?]라고 한다**(其譯語天爲唆喇, 地爲只, 日爲非祿, 月爲讀急).[25)]

산천으로 **수안진국산(壽安鎭國山)**【영락 초에 황제가 지은 글을 새긴 비석을 하사했다】, **아소산(阿蘇山)**【산의 바위에 오래된 것이 없고, 화염이 하늘에 닿는다】[26)]이 있다.

그곳 산물로 **여의보주(如意寶珠)**【청색이며 달걀만큼 크고, 밤에도 광이 난다. 어목(魚目)이다】, **청옥으로 만든 벼루[靑玉硯], 가는 비단[細絹], 칠기(漆器), 금도(金桃)**【무게는 1근이다】가 있다.[27)]

---

23) 이상 항해할 때 금기 사항은 『후한서』, 권85, 「왜전」(2821쪽)에서 보인다.

24) 『수서』, 권81, 「왜국(倭國)」(1827쪽)에 "풍속에 소반이나 도마는 없고, 해엽을 깔고, 먹을 때는 손으로 먹는다(俗無盤俎, 藉以槲葉, 食用手餔之)"라고 하였다.

25) 나왈경은 "『일본고략』과 역음이 같지 않다(與日本考略譯語不同)"라는 주석을 붙였다.

26) 아소산(阿蘇山)에 관하여 나왈경은 "산에는 오래된 것이 없고, 불이 솟아 하늘에 닿는다. 그 위에는 야광주(夜光珠)가 있다고 한다(山石無故, 火起接天. 云其上有夜光珠)"라고 설명했다.

27) 산물에 관하여 『함빈록』에 따르면, "그 산물로, 여의보주(如意寶珠)【청색으로 달걀만큼 크

이제 이몽의 일본 기술을 추재는 어떻게 요약하고 있는지 살펴보자. 그의 출발은 확실히 '조선'에 맞추어져 있다.

> 일본은 조선의 동남쪽 바다 가운데 있다. 전하는 바에 따르면 진시황제 때 방사 서불(徐市)이 남녀 동자 500명과 함께 불사약을 구해오겠다고 청하여, 뒤에 오곡과 온갖 장인을 데려가게 했는데, [그들은] 바다로 나가 넓은 들과 평원에 이르러 머물러 그곳에서 왕이 되었다. 그곳에는 등나무와 귤이 많았으므로, 평(平), 원(原), 등(藤), 귤(橘)로 토착 성씨를 하사했다. 수나라 개황(開皇) 연간에 사신을 보내와 조공했는데, 그들 글에 "해가 뜨는 곳의 천자가 해가 지는 곳의 천자에게 글을 보낸다. 탈은 없는가?"라고 운운했다. 명나라 만력(萬曆) 연간에 평수길(平秀吉)이 중국을 정벌하고자 먼저 조선을 침략했다. 이여송(李如松), 양호(楊鎬), 낙상지(駱尙志) 등이 막아냈는데, 마침 평수길이 죽어 결국 조선에 사신을 보내 강화했다. 뒤에 다시 민(閩) 바다를 침략하여 지금도 호구를 적은 책자[版籍]를 들이지 않았다. 나가사키[長崎島]에서 항주(杭州)로 오가며 장사한다. 그들 땅은 바닷가 섬들로 모래나 돌이 많고 거칠다. 그들은 싸움을 좋아하고 분노하면 인명을 죽인다. 사람들은 공(公)과 사(私)라는 두 검을 찬다. '공검'은 전쟁에 나서지 않으면 뽑지 않는다. 그들의 법은 매우 엄격하고, 진나라의 옛 법을 높이 산다. 부인들은 이를 검게 하는 것을 꾸민다고 생각한다. 존장자를 만나면 신발을 벗고 머리를 조아리며 경례하는 것을 공손함으로 여긴다. 민가는 모두 이층으로 마을을 형성하고, 관부는 5층 되는 것도 있다. 감자[藷]를 심어서 먹고, 귤을 직조하여 옷으로 입는 사람이 절반이다. 손님을 접대할 때 반찬과 밥에는 모두 금을 뿌린다. 그들 말로 하늘은 '사라[ぞら]'라고 하고, 땅은 '지[ち]', 태양은 '비록[ひりん]', 달은 '독급[つき?]'이라 한다. 산천으로 수안진국산(壽安鎭國山), 아소산(阿蘇山), 일광산(日光山)이 있다. 물산으로 여의보주(如意寶珠), 청옥으로 만든 벼

며, 밤에도 빛이 난다고 한다. 물고기의 눈동자이다**】**, 청옥연(靑玉硯), 선(扇), 세견(細絹), 칠기(漆器)**【모두 아주 정교하다】**, 금도(金桃)**【실제로 1근이 나간다】**가 기이하다(其產如意寶珠**【**靑色大如雞子, 夜有光云. 魚目精也**】**·靑玉硯·扇·細絹·漆器**【**俱極精巧**】**·金桃**【**實重一斤**】**爲奇)"라고 기록하고 있다.

루[青玉硯], 가는 비단[細絹], 칠기(漆器), 견절(鰹節), 좋은 검[良劒], 금도(金桃)가 있다(日本在朝鮮東南海中. 相傳秦始皇時, 方士徐市請五百童男女, 求不死藥, 陰以五穀百工隨之, 入海得大野平原, 止王焉. 地多藤橘, 故仍以平原藤橘錫土姓. 隨開皇中, 遣使入聘, 其書云, 日出處天子, 致書日沒處天子, 無恙云云. 至明萬曆中, 有平秀吉, 欲伐中國, 先侵朝鮮, 李如松·楊鎬·駱尙志等禦之, 會秀吉死矣, 遂使朝鮮講和. 後復入侵閩海, 今猶不入版籍. 自長崎島通販於杭州. 其地瀠嶼磽确, 其俗好鬪鬩, 怒輒戕命. 人帶二劒, 曰公曰私, 公劒則非臨陣不拔. 其法甚峻, 尙多秦舊. 婦人漆齒爲容. 見尊人脫屣叩頭而敬禮爲恭. 民家皆二層爲閣, 官府至有五層者. 種藷而食, 織橘而衣者半之. 待客饌飯皆灑金. 其語天爲喽喇, 地爲只, 日爲非祿, 月爲讀急. 山川則壽安鎭國山·阿蘇山·日光山. 物產如意寶珠·青玉硯·細絹·漆器·鰹節·良劒·金桃).

잘 기른 신민 오백 동자들	長養臣民五百童,
되레 봉래산을 따라 황금 궁전 세웠네.	還從鰲背起金宮.[28]
산에 무한한 춘풍의 풀들	山頭無限春風草,
여전히 진 황제의 취한 꿈속에 있네.	尙在秦皇醉夢中.

삼도, 오기, 육백 주	三島五畿六百州,
이층의 민가와 오층의 누각이로다.	二層民戶五層樓.
척촌의 거울 전산전(畠山殿)에서 갈고,	尺寸鏡磨畠畠山殿,[29]
공사의 검 살마주(薩摩州)에서 나네.	公私釖出薩摩洲.[30]

28) 오배(鰲背), 또는 오배(鼇背)는 왕일(王逸)의 『초사장구(楚辭章句)』, 「천문(天問)」에 "자라는 산을 이고 손뼉을 치는데 어찌 편안하리오(鼇戴山抃, 何以安之)"라는 구에서 왕일은 『열선전(列仙傳)』을 인용하여 "거대하고 영험한 자라가 등에 봉래산을 지고 창해 가운데에서 손뼉 치며 춤을 추는데, 어찌 혼자만 편안할 수 있겠는가(有巨靈之鼇, 背負蓬萊之山而抃舞戲滄海之中, 獨何以安之乎)"라고 하였다(사고전서본, 권3, 7a). 여기서 '오배'는 '봉래산'을 환유한다. 유우석(劉禹錫, 772~842)은 「신라 책봉사를 맡은 원(源) 중승을 전송하며(送源中丞充新羅冊立使)」라는 7언 율시에서 대구를 이루는 5구와 6구에서 "연무가 자라 등에서 걷히니 천 길 푸르름이요, 해는 고래 파도에 목욕하니 만 경의 황금이네(煙開鼇背千尋碧, 日浴鯨波萬頃金)"라고 하였다. 여기서도 '오배'는 발해의 봉래산, 즉 신라를 은유한다.

문신에 검은 이빨로 여인들은 꾸미고,	文身漆齒女爲容,
신발을 벗고 머리를 조아려 공손히 명을 받드네.	脫屣叩頭恭應命.
무른 땅에 감자 심고 밥에는 금을 뿌리며,	嫩土甘藷灑金飯,
평, 원, 등, 귤 등 네 성씨 존귀하네.	平原藤橘四尊姓.

29) '전(畠)'에 관하여, 이덕무(李德懋)는 보리를 경작하는 땅을 '전(畠)'이라 하는데, 그들 귀신(貴臣) 중에는 '전산전(畠山殿)'이란 호칭도 있다(규장각 필사본 『청장관전서』, 권57, 79, 이승창 씨의 번역문을 참고함)고 한다. 『해동제국기(海東諸國記)』, 「일본국기」에는 키나이[畿內]의 다섯 주(州)를 기술하며, 야마시로[山城] 주의 천황궁(天皇宮), 국왕전(國王殿)을 차례로 기술하고, 하타케야마 덴[畠山殿]을 다음과 같이 기술했다(『해행총재』본, 43쪽). "하타케야마 덴[전산씨는]은 천황궁 동남쪽에 있다. 대대로 좌무위 호세카와[細川]와 번갈아 간료[管領]를 지내며 국왕을 보좌하여 정권을 잡았다. 지금 천황 고쇼[康正] 원년 을해【경태 6년, 1455】에 사신을 보내와 조공했는데, 그 서신에 '관제 전산 수리대부 원 의충'이라고 했다. 간쇼[寬正] 6년 을유【성화 원년, 1465】에 [원] 의충이 죽어, 아들 의승(義勝)이 이었다. 분메이[文明] 2년 경인【성화 6년, 1470】, 사신을 보내와 조공했는데, 그 서신에 '관제 전산 좌경대부 원 의승'이라 했다. 또 '원 의취'란 자는 간쇼 원년 경진(1460)에 사신을 보내 조공했는데, 그 서신에 '옹·하·기·월·능 오주 총태수 전산 우금오독 원 조신 의취'라고 하였다. [원] 의취는 바로 의충의 같은 어머니에서 태어난 아우로, 덕본의 아들인데, 같은 종친이므로 모두 하타케야마라고 불렀다(畠山殿, 居天皇宮東南. 世與左武衛細川, 相遞爲管提卽管領, 佐國王秉政. 今天皇康正元年乙亥【景泰六年】, 遣使來朝, 書稱管提畠山修理大夫源義忠. 寬正六年乙酉【成化元年】, 義忠死, 子義勝嗣. 文明二年庚寅【成化六年】, 遣使來朝, 書稱管提畠山左在京大夫源義勝. 又有源義就, 寬正元年庚辰, 遣使來朝, 書稱雍河紀越能五州摠太守畠山右金吾督源朝臣義就. 義就乃義忠同母弟, 德本之子, 同宗故皆稱畠山)"라고 하였다. 이상으로부터 하타케야마의 본성은 미나모토(源)였고, 덴[殿]은 귀인의 성씨에 붙이는 경칭임을 알 수 있다. 하지만 무로마치 시대(1336~1573)의 이 무인 가문에서 간 거울이 무엇인지 기록을 추적하지 못했다.

30) '살마주'는 아마도 현 가고시마현 서부에 있었던 사쓰마노쿠니[薩摩国], 사쓰마한[薩摩藩]을 말하는 것으로 보인다. 이 지역은 용맹한 무사들의 땅으로 잘 알려져 있다. 무가 저택군 후모토가 가장 대표적인 예이다.

[05] 유구(琉球)

‘유구(琉球)’는 『제번지』, 『도이지략』, 『성사승람』에서 여러 차례 다루었고, 최근 ‘유구’에 관한 변증(『유구 변증설』)에서 자세하게 다루었으므로 별도의 해제는 생략한다. 19세기 조선의 ‘유구’는 아무런 혼동 없이 오로지 오키나와 유구를 가리켰다. 그러나 추재 조수삼은 자신이 얻은 『방여승략외이』란 엉터리 자료를 너무 신뢰한 나머지, 19세기에 이르러 또다시 타이완과 오키나와의 정보를 뒤섞어 놓는 우를 범했다. 중국 자료에 대한 무비판적 수용이라는 점에서 여기 ‘유구’ 기술은 추재 「외이죽지사」의 가장 큰 오점이다.

추재가 채록한 유구는 ‘유구(琉球)’ 『방여승략외이』, 권2의 저자 이몽(李蒙)이 기술한 내용에 근거로 요약 정리한 텍스트이다. 사실 이 이몽(李蒙)의 기술은 나왈경의 『함빈록(咸賓錄)』, 권2의 ‘유구(琉球)’를 그대로 채록한 것이다. 다시 나왈경은 정효(鄭曉, 1499~1566) 『오학편·황명사이고』(북경대학 소장본, 권상, 23a~26a)를 주로 참고했고, 1534년 오키나와 유구에 책봉 사신으로 갔다 와, 남긴 『사유구록(使琉球錄)』에 근거하고 있다. 나왈경이 추가한 정보라면 하늘, 땅, 태양, 달에 관한 역어(譯語)를 기술한 게 전부일 것이다. 말하자면, 정효와 진간-나왈경-이몽-조수삼으로 이르는 지독한 표절의 여정이다. 나왈경의 텍스트와 그로부터 이몽이 채록한 정보의 비교 검토는 나의 『유구 변증설』을 참고하시오.

결과적으로, 정효의 『황명사이고』와 진간(陳侃)의 『사유구록』에 근거한 나왈경의 유구는 타이완 유구와 오키나와 유구의 기록을 혼재시켰고, 비록 ‘소유구(小琉球)’라는 명칭을 들고는 있지만, 정사 속의 두 섬을 분명하게 분별하지 못하고 하나의 나라로 뭉뚱그렸다. 이러한 무비판적이며 의고주의적 기술 형태는 그대로 추재의 저본인 이몽의 『방여승략외이』, 권2의 기술로 이어졌다. 진간은 조선에서도 간행된 바 있는 『사유구록』을 통해 이전 자료의 명확한 변증이 있었고, 지봉 이수광도 약간의 혼재는 있지만, 여실히 오키나와 유구로 확인한 바가 있었다(『지봉 이수광이 바라본 세계』). 그러나 이몽의 텍스트는 19세기 추재의 손에서도 부활했다. 그는 이전 자료를 통해 어떠한 검증도 하지 않은 채, 반복된 오인의 소지를 남겼다. ①과 ②의 정보는 자신의 짐작에서 나왔고, ③에서는 팽호도(彭胡島)를 빠뜨렸고, ④에서는 ‘목피포(木皮布)’를 ‘목포(木布)’로 표기하면서 혼란을 가중했다.

유구는 동남해에 있는 대국이다. *[한나라, 위나라에서 당나라 송나라 시기까지 중국과 통하지 않았다(漢魏至唐宋不通中國)].* **수양제(隋煬帝, 604~617년 재위)는 주관(朱寬)에게 바다로 들어가 이속(異俗)을 찾게 했다.** [주관은] 유구가 [어디에 있는지를] 아는 하만(河蠻)을 얻어, 마침내 그와 함께 그 나라로 갔다. 언어가 통하지 않아 한 사람을 잡아 돌아왔다. 다음 해 주관에게 [그곳에] 가서 타이르게 했으나 따르지 않아 *[그들의 포갑(布甲)을 가지고 돌아왔다. 이에(取其布甲而歸於是)]*, 장수 진릉(陳稜) 등을 보내 토벌했다. 그들의 궁실을 불태우고, 남녀 1,000여 명을 포로로 잡아 왔다. 아울러 그곳 산물로 금형류목(金荊榴木) 수십 근(斤)을 얻어왔는데, 그 색이 진짜 황금 같았고 매우 향기가 났다. 이때 그 나라 왕의 성은 환사(歡斯)였고, 이름은 갈랄두(渴剌兜)였는데 나라가 몇 세대에 걸쳐 있게 된 유래를 모른다. *[진릉이 공격하여 무너뜨린 뒤로 소문이 끊어졌다(自陳稜攻破之後, 絕無聞)].*

유구 옆에 있는 비사나(毗舍那)는 소규모 오랑캐[小夷]로, 새 같은 말을 하고, 나체로 사람 같지 않다. *[송나라 순희(淳熙, 1174~1189) 연간에, 그 나라의 추장이 수백 명을 이끌고 갑자기 천주(泉州)의 수오(水澳), 위두(圍頭) 등의 촌락을 멋대로 백성들을 살해하고 약탈한 적이 있었다(宋淳熙間, 其國之酋豪, 嘗率數百輩, 猝至泉之水澳·圍頭等村, 肆行殺掠性)].* [그들은] 철기와 수저를 좋아한다. 문을 닫으면 들어오지 못하고 단지 그 문고리를 떼어서 간다. 수저를 던져주면 몸을 숙여 줍기 때문에 몇 걸음을 늦출 수 있다. 철갑의 말을 보면 다투어 그 갑옷을 떼가려고 머리를 나란히 하여 살육하지만 뉘우칠 줄 모른다. 적을 마주하면 표창을 사용하는데 10여 장의 줄을 매어 조정한다. 쇠붙이를 아껴 차마 버리지 못하기 때문일 것이다. 배를 타지 않고 대나무를 묶어 뗏목을 만들어 병풍처럼 접을 수 있다. 급하면 여럿이 들고 물에 띄워 달아난다. 이들이 오랑캐[夷] 중에서 가장 작고 위험하다.

[원나라 지원(至元, 1264~1294) 연간에 해선부만호(海船副萬戶) 양상(楊祥)이 6,000명의 군대로 유구를 가서 항복시키되, 명을 따르지 않으면 토

벌하겠다고 청하자, 원나라 군주는 그 청을 따랐다. 이어서 서생 오지두(吳志斗)란 자가 상언하기를, 가신은 복건에서 태어나고 자라, 해도의 유리함과 불리함을 잘 알고 있으니 [유구를] 귀속시키려면, 팽호(彭胡)로 배를 보내 타이르며, 수세(水勢)와 지리를 살핀 연후에 군대를 동원해도 늦지 않을 것이라고 했다(元至元中, 海船副萬戶楊祥, 請以六千軍往降琉球, 不聽命則遂伐之, 元主從其請. 繼有書生吳志斗者上言, 生長福建, 熟知海道利病, 若欲收附, 且就彭胡發船往諭, 相水勢地利, 然後興兵未晚也]. 원나라(1271~1368)는 양상(楊祥), 오지두(吳志斗), 완감(阮鑒) 등에 금은의 부절을 주어 유구에 사신으로 보냈으나 결국 그 요령(要領)을 얻지 못하고 돌아왔다. *[원정(元貞, 1295~1297) 초에 진무 장호(張浩) 등이 토벌하여 포로 100명을 잡았으나 끝내 복속하지 않았다(及元貞初, 遣鎭撫張浩等討之, 禽生口百餘, 竟不服也)].*

홍무(洪武, 1368~1398)초에 사신[行人] 양재(楊載)를 보내 *[일본을 불러 타이르고 돌아오자, 다시(招諭日本, 還, 復)]*, 유구로 보내자, 유구도 양재에 딸려 사신을 보내 조공을 들었다. *[조서로 바친 방물 모두 복건 행성에 들여 검사하게 했다. 얼마 뒤에(詔所貢方物俱於福建行省驗入. 頃之)]*, 그 나라는 **중산(中山), 산남(山南), 산북(山北)으로 나뉘어 세 사람이 왕을 칭했다.** 각기 사신을 보내 고명(誥命)을 청하여 중산왕 찰도(察度), 산남왕 승종(承宗), 산북왕 파사지(怕死芝)에게 인장과 예물을 하사했다.

영락(永樂, 1403~1424) 연간에 중산왕 사소(思紹)가 *[사신을 보내]* 조공하고 표문을 올려, 장사(長史) 왕무(王茂)는 중국 요주(饒州) 사람으로 조부 찰도(察度)를 40여 년 보필하면서 직무를 게을리하지 않았습니다. 올해로 이미 80세이니 환향(還鄕)하게 해 달라고 요청하여, 따랐다. 중산왕은 아들과 *[조카]*, **배신(陪臣)의 자제들을 보내 국학에 입학시키자**, 상은 기뻐하며 예우함이 유독 융숭했다. 민(閩)의 36명에게 성씨를 하사하고, 배를 잘 다루는 사람들에게 왕래하며 조공하게 했다. *[세 왕의 세습과 책봉은 모두 본조에 청하는 것으로 상례화 되었다(三王嗣封皆請於朝以爲常)].*

경태(景泰, 1428~1457) 시대에 산남, 산북이 중산왕 상사달(尙思達)에게 병합되었다. *[사신을 보내와 조공했다(遣使朝貢)]*.

가정(嘉靖, 1522~1566)초에 국왕 *[상진(尙眞)이 죽고, 세자인(國王尙眞卒, 世子)]* 상청(尙淸)이 표문을 올려 책봉을 청했다. 급사중(給事中) 진간(陳侃)과 사신 고징(高澄)을 보내 *[상진을 조문하고 상청을 중산왕으로 봉하게 했다. 민(閩)에 이르자, 상청은 장사 채승미 등을 보내와 영접했다(吊尙眞並封尙淸中山王. 至閩, 尙淸遣長史蔡承美等來迎)]*. [1532년] 5월 초하루 바다에 제사를 올리고 배에 올랐다. *[이때부터 바람과 파도가 호탕하여 배가 빠질 뻔한 것이 여러 차례였다(自是風濤浩蕩幾汨舟者數矣)]*. 18일이 너머 유구에서 300리 떨어져 있는 열벽산(熱壁山)에 이르렀다. 이인(夷人)은 이곳에 이르렀으니 비로소 걱정을 면할 수 있다고 했다. *[마침내 그곳에 정박했다. 얼마 뒤에 상청이 법사관을 보내, 양, 술, 채소와 과일 등의 물품을 가지고 맞이하러 와, 천사(天使)께서 멀리서 왕림하심에, 세자께서 기쁨을 이기지 못했습니다. 풍백(風伯)이 따른 일을 듣고 놀라, 삼가 소신을 보내 진간 등을 받들어 맞이하게 했다고 했는데, 그 말이 아름다워 그것을 받았다(遂泊焉. 頃之, 尙淸遣法司官, 具羊·酒·菜·果等物來迎. 言天使遠臨, 世子不勝忻痛. 聞風伯爲從者驚, 敬遣小臣, 奉迓侃等. 以其詞雅, 受之)]*. 10일을 넘어 바야흐로 그 나라에 도착했다. *[먼저 제례를 반포하여 마치고, 7월 2일에 조서로 책봉을 반포하니, 상청이 입은 관복의 법식과 궤배하는 의식이 모두 중국과 같았는데, 이전에 그것을 배워 익혔기 때문일 것이다(先頒祭禮畢, 至七月二日, 乃頒冊封詔敕, 尙淸冠服之飾, 跪拜之儀, 悉如中國, 蓋其先期習之, 熟也)]*. 사신들을 맞이하는 예가 매우 공손했다. *[이어 쇠북, 생황, 피리로 연주했다(仍用金鼓·笙·簫樂)]*. 삶고 조리한 맛은 모두 사신들의 주방 사람에게 빌린 것이지만, 전별연에 올린 것들은 궁에서 나온 것으로, 비빈들이 직접 만든 정결하고 향기로운 음식들이었지만, 수십 가지에 지나지 않았다. 진간 등은 9월 13일 배로 돌아오니, *[왕과 배신들이 강가에 나와 전송하며, 울지 않은 사람이 없었다. 그렇게 다시 작별하고(王及陪臣送至江滸, 無不相泣. 重別者)]*, 며칠을 항행하다가, 갑자기 회오리바람[颶風]이 불어 돛이 부러지고 키[舵]가 망가지자, 뱃사람들은 *[실색하여]* 천비(天妃)만 불렀다. 얼마 뒤에 붉은 광선이 하늘에서 비추자, 뱃사람들은 천비가 이르렀다고 했다. 배는 과연 안정되었다. 26일 문득 **나비 한 마리가 배 안에서 선회하고, 노란 참새 한 마리가 돛대에 앉자, 뱃사람들은 또 나비와 참새는 신물로**, 천비가 우리에게 바람을 알려주는 것이라고 했다. 잘 대비하고 있으니 그날 밤 과연 바람과 파도가 크게 일어나 배로 스며들자, **일제히 천비를 불렀다**. 곧 수만의 나비들이 **진흙을 물고 날아와 배를 메워주어**, *[배는 다시 안정되었다(舟復得安)]*. 다음날 순풍을 만나 *[배는 나는 듯이 항행했다. 또 다음 날(舟行如飛, 又次日)]* 마침내 정해(定海)에 정박했다.[1)] 상청(尙淸)은 표문을 올려 "『대명일통지』에 실려있는 유구에는 낙제(落漈)와 해골을 모으는 일이 있는데, 모두 사실이 아닙니다. 『두씨통전(杜氏通典)』, 『집사연해(集事淵海)』, 『나충록(臝蟲錄)』, 『성사승람(星槎勝覽)』에 기록된 것도 잘못 넣은 것이니 사관(史館)에 [고치도록] 하명하시길 바랍니다"라고 하여, 그에 따랐다. *['낙제'란 유구의 강물인데, 그 강물이 가장 위험하여, 배가 팽호에 이르렀다가 돌풍을 만나 표류하여 낙제에 이르면 돌아오는 자가 백중 한둘도 없다[는 말이다]. 해골을 모은다는 말은, 왕이 사는 곳 담장 아래 죽은 사람의 유해를 많이 모아 두는 것을 좋은 일로 여기며, 민간인의 문에도 짐승의 두개골과 뿔을 두는 것을 말한다. 이 말은 『태평환우기』 등의 책에서 나와, 『수서』와 『북사』에도 기재되어 있으므로, 그 나라가 고치고자 한 것이라고 한다(落漈者, 琉球水也. 其水最險, 舟到彭湖, 遇颶風作漂, 至落漈, 回者百無一二. 聚髑髏者, 言其國王所居壁下, 多聚死人枯骨以爲佳, 而民間門戶上亦安獸頭骨角. 此言出自寰宇記諸書, 而隋史·北史亦載之, 故其國欲改去云)]*.

그곳에는 산과 동(洞)이 많다. *[나라에는 너덧 명의 장수가 여러 동을 통치하고(國有四五帥統諸洞)]*, 동(洞)에는 소왕(小王)이 있다. 종종 촌(村)이 있는데, 그 촌에는 조료수(鳥了帥)가 있다. 전투를 잘하는 자가 한 마

1) 여기에 나왈경은 다음과 같은 추가 정보를 기록해 두었다. "외국에 사시으로 나가는 것 중에서 유구만이 가장 험하지만, 그 신 또한 가장 영험하여, 자세히 기록해 둔다(出使外國者, 惟琉球最險, 而其神亦最靈, 故詳錄之)"라고 하며, 신령한 일을 기록해 두는 이유를 밝혔다.

을의 일을 처리하게 한다. 초창기 나라 풍습에, [달의] 차고 기움으로 그믐과 초하루[晦朔]를 알고, 초목으로 겨울과 여름을 안다. 사람들은 모두 수염을 깎고, 손에 문신하며, 깃털 모자에 털옷을 입는다(去髭, 黥手, 羽冠, 毛衣). 예절이 없고 약탈과 공격을 좋아한다. 전투에서 죽은 자는 수습하여 먹고, 해골을 왕에게 바친다. 왕은 관(冠)을 하사하고 부대의 장수로 삼는다. 범죄자는 죄가 가벼우면 장(杖)을 사용하고, 무거우면 결박하여 큰 쇠 송곳[大鐵錐]으로 정수리를 찔러 죽인다. *[사람이 죽거나 기가 끊어질 때, 들고 뜰에 나가 그 시신을 씻기고, 베나 비단으로 묶고 갈대로 싸서 흙을 덮어 장례한다(人死氣將絕時, 舉至庭, 浴其尸, 纏以布帛, 裹以葦草, 櫬土而殯)]*. 그 남쪽 변경에서는 사람이 죽으면 마을 사람들이 함께 [시신을] 먹는다. *[남녀가 서로 좋아하면 혼인한다(男女相悅爲婚)]*. 부인이 아이를 낳으면, 반드시 태반을 먹는다. 연로한 사람들의 머리털은 대체로 희지 않다. *[산과 바다의 신을 섬기며 술과 안주로 제사한다. 전투에서 죽인 사람으로 신에게 제사한다. 이는 모두 중국과 통하지 않을 때의 풍속이다. 지금은 사람을 보내 국학에 입학시키면서 오랑캐 풍속이 조금씩 변해 중화의 풍속을 갖추었다. 형법과 전곡(錢穀)을 관장하는 관리들은 모두 현지인으로 무관직이고, 대부(大夫), 장사(長史), 통사관(通事官), 조공을 담당하는 사람은 문관직으로, 모두 36 성씨와 국학에서 배운 사람들이 그것을 한다(事山海之神, 祭以酒肴. 鬥戰殺人, 即以其人祭神. 此皆其未通中國時俗也. 迨今遣人, 入國學, 夷習稍變, 有華風焉. 凡司刑法·錢穀等官皆土人爲武職, 其大夫·長史·通事官·司朝貢爲文職, 皆三十六姓人及學於國學者爲之)]*.

귀신을 신봉하는데, **여자 무당이 가장 존귀하다. 여자 무당의 우두머리를 '여군(女君)'이라 한다**. 대낮에 [그녀가] 부르면 곧바로 수백 명이 모인다. 가지를 들고 풀을 이고 종횡으로 치달린다. 이따금 왕궁으로 들어가 외설스럽게 놀이를 한다[褻游狎戲]. 한 사람이 노래하면 백 명이 화답하는데, *[그 소리가 처연하다. 갑자기 왕래하며(音聲凄慘. 倏忽往來)]* 화복으로 잘못을 바로잡아 **왕과 세자 그리고 배신들이 모두 머리를 조아리고 절한다**. 나라 사람들이 따르지 않으면 *[밤에도]* 왕에게 알린다. 옛날 왜노(倭奴)

중에 중산왕을 해치려는 자가 있었는데, **신이 곧바로 그의 배를 움직이지 못하도록 하고, 물을 소금으로, 쌀을 모래로 변하게 하자 왜구들은 곧바로 살육되었다.** 그가 이 땅을 수호하기 때문에, 나라에서는 그를 공경하고 꺼리지만, [*사람을 죽여 그로 제사한 적은 없다(第未嘗殺人而祭之也)*].

왕은 산꼭대기에 산다. 궁궐은 소박하다. [*또한 해골을 모으는 일은 듣지 못했다(亦未聞聚髑事)*]. 사는 사람들은 기와집, 띠로 얽은 집 등으로, 일정하지 않다.[2] 땅에서는 철이 나지 않아 소라 껍데기로 불을 때고, 밥을 짓는 솥이 없으며 밭갈이에 호미가 없다. 사람들은 모두 굶주림과 추위를 잘 참아 잔병에 시달리는 사람이 없어 의약을 모르고, 전염병이 생기지 않는다.[3] 맛있는 것이 적고, 욕심을 줄인 효과이다. 남녀[4]는 쪽을 짓고 오색의 베로 머리를 묶어 귀천을 구분한다. 여인들의 윗도리는 밖에 폭을 추가하여 휘장 같다. 사람들을 만나면 그것으로 얼굴을 가린다. **아랫도리는 가늘고 주름 있는 긴 치마를 입고 다리를 덮는다.** [*수염을 깎고, 털옷을 입으며 깃털 관을 쓴다는 일이 없고, 아이를 낳고 반드시 태반을 먹는다는 일도 없다(無去髭·毛衣·羽冠之飾, 亦無產子, 必食子衣之事也)*]. **세법은 대략 정전법과 같고,** [*왕과 신민들이 각기 땅을 나누어 식록으로 삼아 징세가 없다. 나라에 일이 있어야 세금을 받는다(王及臣民各分土爲祿食, 無征稅. 國有事, 然後取之)*]. 이는 모두 근래 왕의 교화에 점차 물든 결과이다. 다만 형벌은 엄격하여, 도둑질은 [*발을 베거나(剕)*] 코를 자른다. [*사람들 모두 날래고 잘 달리고 활을 잘 쏘아 이웃 나라들이 강적으로 여긴다. 그러나 싸움을 좋아하여, 싸울 때면 곧바로 칼로 사람을 죽인다(人皆驍*

---

2) 이 주거 상황에 관하여 나왈경은 "부귀한 집에는 기와집이 약간 있지만, 나머지는 모두 띳집이다(富貴家稍有瓦屋, 餘皆茅茨)"라고 하였다. 이몽(李蒙)이 기술한 것과 상당히 다르다.

3) 이몽(李蒙)이 채록한 이 정보에 대하여, 『함빈록』에는 "사람들은 모두 배고픔과 갈증 그리고 힘든 일을 견뎌내, 추위와 더위도 침범할 수 없고, 또 잔병으로 쇠약한 사람도 없어, 의약을 모르며, 또한 요절하지 않고 전염병이 생기지 않는다(人皆耐飢渴勞苦, 寒暑不能侵, 亦無殘疾疲癃者, 不知醫藥, 而亦不夭札, 不生疾疫)"라고 하였다.

4) 이몽은 '남녀'라고 했지만, 뒤에 여자들은 별도로 기술하고 있으므로, 『함빈록』에 따라 '남(男)'으로 고쳐야 할 것 같다.

健, 便走善射. 鄰國視爲勍敵, 然好爭狠, 鬬輒刀殺人)]. 법을 벗어날 수 없으면, 배를 갈라 자결한다.

역어(譯語)에 따르면 **하늘을 전니(甸尼), 땅을 지니(只尼), 태양을 비록(非祿), 달을 도급(都及)이라 한다.**[5)]

그곳 산천으로 **원타서(黿鼉嶼), 고미산(古米山)**【가장 험하여 배가 부서진다.】, 팽호도(彭胡島)【복주, 천주, 장주, 흥주의 경계와 가깝다. 배가 이 섬에 이르러, 폭풍을 만나면 낙제(落漈)에 이르는데, 백에 한둘도 돌아오지 못한다】[6)]가 있다(其山川則有黿鼉嶼·古米山【最險損舟】·彭胡島【近福·泉·漳·興郡界, 舟到此山, 遇飄漂至落漈, 百無一二得回】).

이 나라 옆에는 사화공국(沙華公國)이 있어 멋대로 돌아다니며 약탈하는데, 상선이 표류해 이르면 사람들을 잡아 구워 먹는다.[7)] 또 소유구(小琉

---

5) 1501년 『해동제국기』에 성희안이 추가한 정보인, '어음번역(語音飜譯)'에 따르면, 천(天)은 [텐]으로, 지(地)는 [지]로, 백일(白日)은 [피루], 내월(來月)은 [뎨왕과즈]로 되어 있다. 조선의 역관이 훨씬 정확한 발음을 표기하고 있다. 추재는 이 자료도 보지 않았다.

6) 이몽은 원타서(黿鼉嶼)에 관해 설명하면서 '낙제(落漈)'와 연관을 지었다. 그러나 나왈경은 "복주, 천주, 장주, 흥주의 경계와 가까워, 날씨가 맑을 때 바라보면 운무 속에 있는 것 같다(近福泉漳興四郡界, 天晴望之, 若煙霧中)"라고 하였다.

7) 여기 '유구'의 이웃 나라로 '사화공국(沙華公國)'를 언급한 자료는 내가 아는 한 『함빈록』이 유일하다. '사화공(沙華公)'이란 나라는 1178년 주거비의 『영외대답(嶺外代答)』(사고전서본, 권3, 6a)에 처음 기술되었다. 그에 따르면, 사화공국은 "동남쪽 해상에는 사화공국이 있다. 그 사람들은 대부분 바다로 나가 약탈을 하고, 사람을 잡아 묶어 자바에 판다. 또 동남쪽에는 근불국(近佛國)이 있는데, 야도(野島)가 많아 오랑캐 도적들이 그곳에 살며 '마라노(麻囉奴)'라 한다. 상선들이 표류하여 이 나라에 이르면, 사람을 사로잡아 거대한 대나무에 끼워 구워 먹는다. 도적의 수괴는 치아를 잘라내고 황금으로 끼워 넣는다. 사람의 머리를 식기로 만들어 쓴다. 그 섬에 깊이 들어가면 갈수록 그 도적들은 더욱 많다(東南海上有沙華公國. 其人多出大海劫奪, 得人縛而賣之闍婆. 又東南有近佛國, 多野島, 蠻賊居之, 號麻囉奴. 商舶飄至其國, 擒人以巨竹夾而燒食之. 賊首鑽齒, 陷以黃金. 以人頭爲食器. 其島愈深, 其賊愈甚)"라고 하였다. 가브리엘 페랑(Gabriel Ferrand, 1864~1935)은 이 자료를 역주하면서 위의 '마라노(麻囉奴)'를 『나가라크르타가마(Nagarakṛtāgama)』에 보이는 보르네오 사라왁(Sarawak)에 있는 말라노

球)가 있는데 또한 천주에서 가깝다. 갠 날에 고산(鼓山)에 오르면 멀리 보인다(其國旁有沙華公國, 肆行劫掠, 商舶漂至, 則擒人燒食之. 又有小琉球, 亦近泉州. 霽日登鼓山可望而見). [그 사람들은 추한 풍속을 가지고 있으며, 중국에 거의 들어오지 않는다(其人麤俗, 少入中國)].

그곳 산물에 소, 양, 나귀, 말은 없고 단지 **투루수(鬬鏤樹)**【귤나무 가지와 비슷하며 직조할 수 있다】,[8] **목피포(木皮布)**【폭은 2척이다】,[9] **금형류(金荊榴)**【상이나 베개를 만드는데, 침향보다 낫다】만 있다(其產無牛羊驢馬, 惟鬬鏤樹【似橘條可織】·木皮布【布濶二尺】·金荊榴【作几枕, 勝沈香】). *[비록 조공을 들일 때 간혹 여러 산물이 있지만, 다른 나라와 교역하여 온 것이지 본국에서 나는 것이 아니다(雖入貢時或有諸物, 皆自他國貿易來者, 非本國所產也)].*

추재는 이상 이몽의 '유구' 기술을 전적으로 따르면서도, 자신이 확인할 수 없는 정보에 대해서는 채록하지 않았다. 추재는 다음과 같이 요약했다.

유구는 바다의 섬으로, 그곳은 일본(日本), 조선(朝鮮)과 가깝다. 수나라 양제(煬帝) 때, 처음 중국과 통했다. 명나라 영락(永樂, 1403~1424) 연간 처음으로 중산(中山), 산남(山南), 산북(山北)을 다스리며, 세 왕을 유구왕으로 삼고, 왕자와 신하들의 자제를 [국자감에] 입학시키도록 허락했다.

(Malano)로 추정했는데(『지리서와 여행기의 관계: 8~9세기 극동과 관련된 아랍, 페르시아, 튀르크(Relations de voyages et textes geographiques : Arabes, Persan et Turks relatifs a l'Extreme-Orient du VIIIe au XVIIIe siècles)』(파리, 1913~1914, 649쪽), 지리적으로 음성적으로 따를만한 추정이다. 이에 대한 자세한 사항은 『제번지역주』(247~8쪽)을 참고하시오.

8) 투루수(鬬鏤樹)의 '투루'는 면을 일컫는 '두라(兜羅)'의 또 다른 음역 표기이다. 그 고증 사항은 『지봉 이수광이 바라본 세계』, 66~73쪽 또는 『유구 변증설』, 35~40쪽을 참고하시오.

9) '목피포(木皮布)'에 관하여, 나왈경은 좀 더 자세하게 "나무껍질을 길쌈하여 베를 만드는데, 폭은 3척 남짓이다(緝木皮爲布, 闊三尺餘)"라고 하였다. 사실 일감으로 떠오르는 '목피포(木皮布)'는 마포(麻布)이다. 하지만 추재는 '목포(木布)'로 채록하면서 추정을 어렵게 만들어 버렸다. 나왈경은 이 베의 폭이 '3척'이라 했지만, 이를 채록한 이몽은 '2척'이라 했다. 마의 껍질을 벗겨 직조한 베라면 '2척(대략 60㎝)'은 너무 작다.

가정(嘉靖, 1522~1566)초에 국왕 상청(尙淸)이 표문을 올려 책봉을 청한 뒤로 지금까지 상씨(尙氏)가 대를 이어가며, 해마다 조공을 들였다. 그곳은 매우 따뜻하고 비옥하다. 그들은 옛날부터 무당을 신봉했다. 여자 무당을 '여군(女君)'이라 부르는데, 왕은 절을 하고 그녀를 맞이한다. 뱃사람들은 천비(天妃)라는 신을 신봉하고, 노란 참새[黃雀]와 나비[蝴蝶]을 신으로 여긴다. 사신들이 풍랑을 만났을 때, 천비를 일제히 부르며 기도하자, 한 마리 참새가 돛대에 앉더니 바람이 그쳤고, 또 나비 수만 마리가 진흙을 물고 와 배의 새는 곳을 메웠다. 궁궐은 산을 따라 띳집으로 이었다. 사람들은 모두 절풍건(折風巾)을 쓰고 가는 주름의 긴 치마를 입어 발을 가린다. 지금은 중화의 풍속에 점차 물들어, 부세는 정전제를 사용하고, 형벌은 오전(五典)을 사용하며, 의복과 문물 또한 볼만하다. 그곳 말로, 하늘을 '전니(甸尼)', 땅을 '지니(只尼)', 태양을 '비록(非祿)', 달을 '도급(都及)'이라 한다. 산천으로 원타서(黿鼉嶼), 고미산(古米山)이 있다. 전하는 바에 따르면, 옛날 중산왕이 난리를 당했을 때, 천비(天妃)를 부르자 쌀이 모래로 변했고, 물이 소금 같은 맛이 나자, 적들이 결국 물러났다고 한다. 물산에는 소, 양, 나귀, 말이 없고, 투루수(鬪鏤樹), 목포(木布), 금형류(金荊榴)가 있다(琉球海島, 地近日本·朝鮮. 隋煬帝時, 始通中國. 明永樂中, 始統中山·山南·山北, 三王爲琉球王, 許王子及陪臣子弟入學. 嘉靖初, 國王尙淸上表請封, 至今尙氏繼世, 歲歲入貢. 其地甚煖且肥饒. 其俗舊信巫, 號女巫爲女君, 王以下拜迎之. 舟人崇奉天妃神, 以黃雀·蝴蝶爲神. 使遇風浪, 頂祝齊呼天妃, 有一雀立桅上則風止, 復有蝶數萬啣泥塞舡漏處. 其宮闕依山苫茅. 人皆著折風巾, 被細褶長帬以掩足. 今則漸染華風, 賦用井制, 刑用五典, 衣冠文物亦可觀. 其語天爲甸尼, 地爲只尼, 日爲非祿, 月爲都及. 山川則黿鼉嶼·古米山. 相傳古中山王遇亂, 呼天妃則米變爲沙, 水如鹽味, 賊遂退云爾. 物產無牛·羊·驢·馬, 有鬪鏤樹·木布·金荊榴).

가는 주름 긴 치마 깃털 옷으로 짜고	細褶長帬織羽衣,
산꼭대기 궁궐 여군(女君)에게 돌아가네.	山顚宮闕女君歸.
소라에 밥을 지으니 침향 불이 필요 없고,	螺炊不用沉香火,
[투]루수, 금형[류] 아름으로 크네.	鏤樹金荊許大圍.

배의 진흙 나비 날개로 붙였고, 船上新泥蝶翅粘,
온 강의 풍랑 참새 비행으로 점치네. 滿江風浪雀飛占.
원타서 밖에 천비가 강림하니, 黿鼉嶼外天妃降,
쌀은 모래처럼 변하고 물은 소금이 되었네. 米變如沙水變鹽.

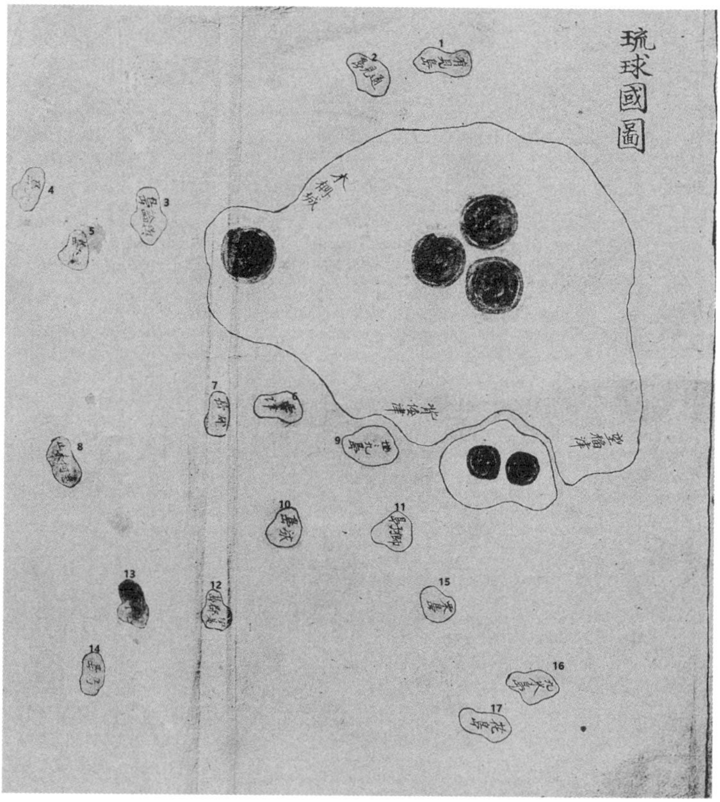

앙리 꼬르디에(Henri Cordier, 1849~1925)가 1894년 대영박물관에서 우연히 발견한 '18세기' 조선에서 그렸다고 하는 필사본 지도집에 들어 있는 '유구국도(琉球國圖)'다.

[06] 합밀(哈蜜)

여기부터는 『방여승략외이』, 권3에 수록되어 있다. 3권은 신안(新安)의 손광우(孫光寓)가 짓고, 오계은(吳繼恩)이 집록한 것으로 되어 있다.

합밀[ŋăp-mi̯ĕt](哈密)은 오늘날에도 같은 명칭으로, 신장 웨이우얼 자치구 투루판 지구와 몽골 사이에 있는 실크로드 선상에 있는 도시이다. 이 명칭이 나타난 시기는 기껏해야 13세기 후반으로 거슬러 올라갈 뿐이다. 이전 이곳이 어떻게 불렸는지는 여기 『방여승략외이』 제3권의 저자인 손광우(孫光寓)의 기술에서 확인할 수 있다. 앞서 언급했듯이 손광우 또한 나왈경의 『함빈록』을 채록했다.

저대문(儲大文, 1665~1743)의 『존연루문집(存硏樓文集)』(사고전서본, 권8, 21a)에 합밀(哈密)은 야율희량(耶律希亮, 1246~1327)의 『종군기행록(從軍紀行錄)』에 처음 보인다고 한다. 이 기록은 현재 확인되지 않지만, 중국 자료에서는 13세기 후반부터 '합밀'이란 지명이 나타난다는 점은 분명해 보인다. 『원사』, 권122(3001쪽), 지원(至元) 12년(1275) 화적합아적근(火赤哈兒的斤)은 "돌아와 화주(火州)를 진압하고, 화주 남쪽 합밀력(哈密力)의 땅에 주둔했을 때, 병력은 여전히 부족했는데, 북방군이 갑자기 그곳에 이르러 사력을 다해 싸웠으나 죽었다(還鎭火州, 屯於州南哈密力之地, 兵力尙寡, 北方軍忽至其地, 大戰力盡, 遂死之)"라고 한 기록으로 근거 삼을 수 있을 것 같다. 그러나 여기 합밀력(哈密力)이 '합밀'인지는 따져 봐야 한다. **왜냐하면 '합밀력'이 화주(카라호자) 남쪽에 있다고 하기 때문이다.** '중국정사외국전DB'의 주석에 따르면, "元朝에 들어와 서역에 阿力麻里行中書省을 설치하고 哈密을 이에 속하게 했으며, 忽納失里를 肅王으로 삼았다. 당시 伊州를 哈密力이라 칭했는데, 이때부터 이곳을 哈密이라 했다"라고 설명했다. 이 설명이 무엇을 근거했는지는 밝히지 않았다. 이 설명은 사실 영문판 위키백과의 내용을 출처만 빼고 가져왔다. 그 근거는 바로 앞서 본 『원사』의 기술이다.

폴 펠리오는 마르코폴로가 기술한 '카물(Camul)'이라는 곳에 관하여 다음과 같이 어원을 추적했다(『Notes on Marco Polo』, I, 153~154쪽). "이곳의 명칭은 지금 일반적으로 코물(Qomul)로 발음된다. 중세 후기부터의 일반적인 중국어 표기는 합밀(哈密)이다. 이 둘은 더 이전 형태인 카밀(Qamīl)에서 진화한 것으로 보인다. 'Qomul'-'Qamul'은 위구르 튀르크어 형태이지만, 몽골인들은 하밀(Ḫamil)로 발음한다. 기원후 1세기(2세기 말인지도 모름)로 추정되는 소그디아나 자료에서 '카멜(Kamēl)'로 읽힐 수 있는 'Km'yδ'는 원래 명칭의 가장 이른 언급을 제시하는 것 같다"라고 밝히고, 펠리오는 두 번째로 페르시아 역사가이자 관리였던 가르디지(Gardīzī)가 1050~1052년에 쓴 역사서에서 '카물(Qămūl)'이란 표기를 찾아냈다. 1~2세기부터 11세기 전반 사이의 언급은 현재까지 알려지지 않았다. 코물-카물-합밀은 앞서 언급한 대로 중국 자료에서는 13세기부터 중국 정사에 언급되었다.

『원사』에 가장 일반적으로 보이는 표기는 합미리(合迷里)[몽골 시기의 고유 명칭에서 '합(合)'자는 항상 '합(哈)'자와 통용한다]이다. 지원 23년(1286)[『원사』, 권14, 292쪽], 지원 31년(1294)[『원사』, 권18, 384쪽], 대덕 7년(1303)[『원사』, 권21, 448쪽]과 8년(1304)[『원사』, 권21, 459쪽]에 보인다. 다른 표기로 합미리(合迷裏)는 지원 25년(1288)[『원사』, 권15, 317쪽], 갈밀리(渴密里)[『원사』, 권133, 3228쪽], 그리고 언급은 했지만, 추적할 수 없는 한면력(罕勉力) 등은 모두 카밀(Qamīl)에 근거했다. 그러나 지원 26년(1289)의 합목리(合木里)[『원사』, 권15, 320쪽], 또한 지원 26년의 합목리(合木裏)[『원사』, 권50, 1076쪽], 지원 27년(1290)의 감목리(甘木里)[『원사』, 권16, 333쪽], 그리고 위구르 승려[只剌瓦彌的理]의 고국인 감목로(感木魯)[『원사』, 권202, 4519쪽]는 카물(Qamul)의 음차이다.

이밖에 불교 자료에서, 발합사파집(拔合思巴集)의 『근본설일체유부 출가수근원갈마의범(根本說一切有部出家授近圓羯磨儀範)』(T.1904, 905a)에서 1270년 서문과 『근본설일체유부 필추습학략법(根本說一切有部苾芻習學略法)』(T.1905, 915a)에서 1271년 발문에는 '함이라(含伊羅)'라는 표기가 보이는데, 펠리오는 이 이상한 음절의 표기 또한 카밀(Qamīl)이며, 마르코폴로의 카물(Camul)로 옮겨진다고 한다(『Notes on Marco Polo』, I, 154쪽).

또한 1330년경 「원경세대전도(元經世大典圖)」에서 아모리(阿模里)가 보이는데, 정겸(丁謙, 1843~1919)의 설명에 따르면, "지도에는 위구르[畏兀兒] 땅의 동쪽에 있는데 지금은 이러한 명칭이 없다. 땅으로만 판단하자면 지금의 합밀(哈密)임에 의심이 없다. 아마도 아모리(阿模里)는 합밀(哈密)의 음이 변화한 것일 것이다"라고 하였다.[1] 내가 보기에는 '아(阿)'자는 '가(柯)'자의 오기일 것이다.

마지막으로 『명사』에는 '합매리(哈梅里)'라는 표기가 홍무 23년(1390)[『명사』, 권3, 48쪽], 홍무 24년[앞의 출처], 홍무 25년[50쪽]의 「본기」에 보이고, 그 「열전」(권330, 8567쪽)에는 홍무 13년(1380)의 일에 나타난다. 브레트슈나이더가 추정하지 않았는데,[2] 그곳은 확실히 코물(Qomul)이다. 이상으로부터 합밀, 즉 하미는 중국 사료에서 13세기 후반부터 기록되었고, 카밀(Qamīl), 카물(Qamul), 코물(Qomul)에 근거하여 음차되었음을 확인할 수 있다.

그렇다면 합밀(哈密) 지역은 13세기 이전 중국인들은 어떻게 표기했을까? 이는 우리가 볼 나왈경이 중국 사서에서 채록한 정보와 그 텍스트를 복제한 손광우의 기록을 통해 확인할 수 있다. 문제의 지역은 『후한서』(권10, 「명제 본기」, 120쪽)에는 영평(永平) 16년(73) 2월에 "두고가 호연왕(呼衍王)을 천산에서 격파하고, 군사를 남겨 이오로(伊吾盧) 성에 주둔하게 했다(竇固破呼衍王於天山, 留兵屯伊吾盧城)"라고 하였다. '이오로'에 관하여 이현은 "원래 흉노의 지명인데, 호연왕을 격파한 뒤, 그곳을 차지하고 의화(宜禾) 도위를 설치하여 둔전(屯田)하게 했다. 지금의 이주 납직현(納職縣, Lapchuq)에 있는 이오(伊吾) 옛 성이 이곳이다(本匈奴中地名, 既破呼衍, 取其地置宜禾都尉, 以爲屯田, 今伊州納[細]職縣伊吾故城是也)"라고 설명했다. 이는 '이오로'가 흉노의 명칭을 그대로 표기했음을 암시하며, 이후 '이오'로 축약되었음을 보여준다. 마치 앞서 본 13세기 원나라 시기에 표기되었던 합밀력(哈密力), 합미리(合迷里) 등등이 '합밀(哈密)'로 줄어든 것과 같은 방식이다. 이로부터 이 지역을 차지한 어떤 민족이나 나라 사람들의 입을 통해, 또는 해당 지역의 방언들을 통해 '이오'라는 발음이 '합밀'로 변화되었음을 짐작해 볼 수 있다. 예를 들어 '우전(于闐)' 즉 호탄이 '코탄(Cotan)' 또는 '오돈(Odon)' 등등의 명칭으로 표기되었다는 점은 '이오'와 '합밀' 사이의 변화를 충분히 예상할 수 있다. 이상에서 후한에서 당나라 7세기까지 이오로-이오-이주(伊州)

---

1) 『원경세대전도지리고증(元經世大典圖地理攷證)』(『총서집성삼편』본), 권3, 11a.

2) Emil Bretschneider, 『Mediaeval Researches from Eastern Asiatic Sources』, London, II(1888), 219~220쪽.

로의 변화를 읽을 수 있다.

토마스(F.W. Thomas)와 코노우(Sten Konow)는 9세기로 추정되는 호탄 문서에 보이는 'Ichu'에 관하여 "이주(伊州), 즉 코물(Qomul), 하미이다"라고 하였다.[3] 위의 연대추정이 맞는다면, 9세기까지 그곳은 '이주'란 명칭으로 불렸다.

야율초재(耶律楚材)의 1228년 『서유록』에는 "금산(金山)의 남쪽 모퉁이에는 '별석파(別石把)'라는 위구르[回鶻] 성이 있다. 당나라 비석이 있었는데 한해군(瀚海軍)의 비석이라고 한다. 한해(瀚海)는 성의 서북쪽으로 수백 리에 있는데, 그 안에는 섬[嶼]이 있고 섬에는 모두 짐승과 새들의 깃과 털이 떨어지는 곳이다. 성의 서쪽으로 200여 리에는 윤대현(輪台縣)이 있는데, 당나라 비석이 그곳에 있다. 성의 남쪽으로 500리에는 화주(和州, 카라호자)가 있는데 당나라 고창(高昌)으로 '이주(伊州)'라고도 한다. 고창의 서쪽 3~4,000리에 오단성(五端城, 호탄)이 있는데 바로 당나라의 우전국(于闐國)이다. 오백옥(烏白玉)이 나는 두 강이 그곳에 있다(金山之南隅有回鶻城, 名曰別石把, 有唐碑, 所謂瀚海軍者也. 瀚海去城西北數百里. 海中有嶼, 嶼上皆禽鳥所落羽毛也. 城之西二百餘里有輪台縣, 唐碑在焉. 城之南五百里有和州, 唐之高昌也, 亦名伊州. 高昌之西三四千里有五端城, 即唐之于闐國也. 出烏白玉之二河在焉)"라고 하였다.

야율초재의 설명에 따르면 화주(火州)=고창(高昌)=이주(伊州)이다. 하지만 이 등식에 대해 브레트슈나이더는 마지막 '이주(伊州)'라고 한 것은 야율초재의 실수라고 한다. 왜냐하면 당나라 시기에 이곳은 한나라 시기의 이오로(伊吾盧), 즉 하미와 같은 곳이기 때문이라고 했다.[4] 현 지도상 하미와 투루판 가오창 사이의 직선거리는 300km 이상이다. 그러나 당나라 시기 고창국의 팽창을 고려하면, 충분히 '이주'로 인지될 가능성은 충분하다. 따라서 브레트슈나이더의 지적은 적확하지 않다. 이상으로 우리는 9세기 이후에도 '이주'란 명칭이 13세기까지 존속했고, 그곳은 화주, 고창 등의 명칭과 혼용했다는 점을 추론해 볼 수 있다.

3) F.W. Thomas, 『Two Medieval documents from Tun-huang』, Oslo, 1919, 148쪽.

4) Emil Bretschneider, 『Mediaeval Researches from Eastern Asiatic Sources』, London, I(1888), 16쪽.

마르코폴로는 '카물(Camul)'로 표기하고, 다음과 같이 그 지역을 기술했다.[5)]

> 카물은 옛날 왕국이었던 지방이다. 많은 도시와 마을이 있으나 중심 도시는 '카물'이라 불린다. 이 지방은 두 사막 사이에 있는데, 한쪽은 '롭(Lop)'이라는 큰 사막이고 다른 한쪽은 폭이 사흘 여정의 작은 사막이다. 사람들은 모두 우상 숭배자들이며 고유한 언어를 가지고 있다. 그들은 땅에서 나는 과실로 먹고 사는데, 그 과실들은 풍부하여 여행자들에게 팔기도 한다. 쉽게 산물을 얻는 사람들이기 때문에 그들은 악기를 연주하며 노래하고, 춤추며 즐기는 것밖에는 안중에 없다.
>
> 이들은 진짜로, 이방인이 이 사람들 누군가의 집에 와 머물면, 주인은 기뻐하며 자기 부인을 전적으로 손님의 처분에 맡기고, 자신은 나갔다가 이방인 떠날 때까지는 돌아오지 않는다. 손님은 자기가 원하는 만큼 그의 아내와 환락해도, 남편은 아무런 거리낌도 없으며, 그것을 정말 영광으로 여긴다. 이 지방의 모든 남자는 이런 식으로 아내들의 부정을 묵인한다. 여인들은 예쁘면서 음란하다.

수도원장 팔라디우스(Archimandrite Palladius, 1817~1878)은 「마르코폴로의 북중국 여행에 관한 설명(Elucidations of the Marco Polo's Travels in North-China)」에서[6)] 마르코폴로가 기술한 '카물'에 관하여, 그곳에 사는 사람들을 '위구르인'으로 특정했다. "하미에 관해 기술할 때, 마르코폴로는 위구르 사람들의 이상한 관습을 기술하며 그들의 친절에 대해 당황스러운 어투로 시작한다. 놀랍게도 마르코폴로보다 1세기 전에 살았던 중국인 홍호(洪皓)는 금나라에 포로로 있을 때를 기술한 『송막기문(松漠紀聞)』에서 이러한 위구르 사람들의 관습에 관해 마르코폴로와 거의 같은 말로 언급했다. 서하(西夏) 왕국의 연대기에 따르면, 하미는 서하에서 불교의 요람이었고, 이 왕국에 불교 서적과 승려들을 제공했다"라고 설명했다.

---

5) 『The Book of Ser Marco Polo』, I, 209~210쪽.

6) 『Journal of the North China Branch of the Royal Asiatic Society』, 제10권, 상하이, 1876, 6쪽.

홍호(洪皓)는 금나라에 14년 동안 포로로 잡혀 있다가 1243년 돌아와 『송막기문(松漠紀聞)』을 썼다. 그는 위구르[回鶻]에 관하여 "위구르는 당나라 말부터 쇠미해져, 본조(송나라)가 성했을 때, 진천(秦川, 산시와 간쑤)로 들어와 귀화한 자들이 있었다(回鶻自唐末浸微, 本朝盛時, 有入居秦川爲熟戶者)"라고 하며 이들의 풍습에 관해 다음과 같이 기록했다(『고금일사』본, 4b). "그들이 진천(秦川)에 살 때, 미혼의 여인들은 먼저 중국 사람들과 통정하여 몇 명의 아이를 낳고, 30세에 가까워 그들 종족과 결혼할 수 있다. 중매자가 와서 의논하면, 부모는 '내 딸이 누구누구와 친한 적이 있다'라고 하면서 많은 것을 좋게 여기는데 풍속이 모두 그러했다(其居秦川時, 女未嫁者先與漢人通, 有生數子年近三十, 始能配其種類. 媒妁來議者, 父母則曰, 吾女嘗與某人某人暱, 以多爲勝, 風俗皆然)." 사실 마르코폴로가 말한 관습과는 상당히 다르고, '진천(秦川)'에 이주한 사람들과 하미 사람들을 같은 위구르인으로 볼 근거는 없다. 이제 손광우가 채록한 합밀을 보자.

> **합밀은 서역의 여러 호(胡)가 왕래하며 조공하는 요로(要路)이다.** *[한나라 시기 이오려(伊吾廬) 땅이다(漢時爲伊吾廬地)]*. 한나라 명제(明帝, 57~75년 재위)가 흉노를 공략하여 이오려(伊吾廬)[7]를 취해 둔전(屯田)으로 삼아, *[서역이 마침내 통하게 되었다(西域遂通)]*. 그곳 땅이 매우 기름져, 오곡, 상마(桑麻), 포도(蒲桃)에 적합했기 때문에, *[한나라는 자주 흉노와 거사와 이오를 다투어 서역을 통제했다. 명제가 죽자, 이오와 구자는 도호 진목(陳睦)을 공격해 몰락시켰고, 흉노와 거사는 무기도위를 포위했다(故漢數與匈奴爭車師·伊吾, 以制西域焉. 及明帝崩, 焉耆·龜茲攻沒都護陳睦[睦], 匈奴·車師復圍戊己校尉)]*. 장제(章帝, 75~88년 재위)는 *[중국이 피폐해지기를 원치 않아, 이적을 섬기며, 무기교위를 귀환시키고 더는 도호를 파견하지 않았고(不欲疲弊中國, 以事夷狄, 乃迎還戊己校尉, 不復遣都護)]*, 둔전을 폐지하니, 이오는 결국 흉노가 차지했다. *[이후]* 반초(班超, 32~102)가 서역을 평정하면서 *[옛]* 이오의 땅을 회복했다. **등태후(鄧太后, 106~121년 통치) 때 서역의 반란을 반초의 아들 반용(班勇)이**

7) '이오려(伊吾廬)'에 관하여, '중국정사외국전DB'의 주석에 따르면, "伊吾盧는 大月氏가 哈密을 呼稱한 말로, 그 뜻은 '龍馬'라 한다"라고 한다. 대월지가 '합밀'과 '이오'를 합하여 부른 명칭라는 말일 텐데, 도대체 무엇을 근거한 설명인지 이해할 수 없다.

가서 평정했다. 이에 구자(龜兹) 등 17개국이 모두 한나라에 복속해 왔다. 이오는 서역과 가까웠고, 흉노는 그곳을 터전으로 삼아 약탈과 소요가 일어났기 때문에, 다시 둔전을 설치하고, 영원(永元, 89~105) 때처럼 이오사마(伊吾司馬) [한 사람]을 두어 통치했다.

[수나라(581~619) 초, 상인과 호(胡)가 섞여 살았고, 정예병 1,000여 명이 있었으며, 철륵(鐵勒)에 붙어살았다. 사람들은 매우 날래고 사나웠으며, 그들의 농토는 비옥했다(隋初商胡雜居, 有勝兵千餘人, 附於鐵勒. 人甚驍悍, 厥田良沃)]. **수나라 말에 내속하여** *[이오군(伊吾郡)을 두었지만, 천하가 어지러워지면서 다시(置伊吾郡, 屬天下亂又)]* 돌궐에 신속했다.

당나라 정관(貞觀, 627~649)초 힐리(頡利)가 격파되고, *[마침내]* 그에 속한 일곱 성이 투항해 와, 그곳을 무너뜨리고 **서이주(西伊州)로 삼았다**. 이때부터 마침내 *[당나라의]* 군현이 되었다. 석씨의 진(晉)나라 *[후진(後晉, 936~946)]* 때 그곳은 중운(仲雲)에 점거되었다. 중운은 바로 소월지(小月氏)의 후예들이다. *[그 사람들은 용맹하고 호전적이어서, 과주와 사주의 사람들 모두 그들을 두려워했다(其人勇而好戰, 瓜·沙之人皆憚之)].* [후]진(晉)나라가 고거해(高居海)를 우전(于闐)에 사신으로 보냈는데, 이곳을 지날 때 중운은 재상, 도독 등의 관리들을 보내 영접했다고 한다. 아장(牙帳)은 호로적(胡盧磧)에 있었는데, 바로 그곳이다.

[송나라 왕연덕(王延德)이 고창(高昌)에 사신으로 가면서, 이주(伊州)의 땅을 지났는데, 주의 장수[州將] 진씨(陳氏)의 선조들이(宋王延德使高昌, 歷伊州地, 州將陳氏, 其先)], 당나라 개원(開元, 713~741) 초부터 무릇 수십 세대에 걸쳐 주(州)를 다스리고 있었는데, *[당나라 시기의 조칙이 아직 남아있었다. 아마도 옛날엔 도성이 아니었고, 군장의 이름이나 호칭 등 기록할 만한 바가 없었으므로, 여러 사서에 「이오전(伊吾傳)」이 없다고 한다(唐時詔勅尙存, 蓋舊非都城, 無君長名號可紀, 故諸史無伊吾傳云)].*

[원나라 말 족속 위무왕(威武王)과 안극첩목아(安克帖木兒)가 이곳에 살

았다(元末, 族屬威武王·安克帖木兒居之)].[8)]

영락(永樂) 4년(1406) 합밀이 사신을 보내 조공하자 조서로 안극첩목아(安克帖木兒)의 아들 탈탈(脫脫)를 충순왕(忠順王)에 봉하고 황금 인장을 하사했다.[9)] 다스리는 곳으로 회회(回回), 외올아(畏兀兒), 합라회(哈喇灰) 세 종족이 있었는데 각기 그곳 추장을 도독으로 삼아 보좌하게 했다. 그리고 이전 **홍무(洪武, 1368~1398) 시기에 설치한 관외(關外)의 위(衛)는 모두 일곱으로,** *[합밀(哈密), 안정(安定)【성곽이 없고 땅은 폭 1,000리이다】, 아단(阿端)【안정 땅과 나뉘는데, 모두 홍무 8년에 설치했다】, 적근몽고(赤斤蒙古)【영락 2년에 설치했는데, 옛 월지의 땅이다】, 곡선(曲先)【영락 4년에 설치했다】, 한동(罕東), 한동좌(罕東左)【두 위(衛) 모두 홍무 30년에 설치했는데, 땅은 사주(沙州)에 있으며, 국세가 가장 약했다】이다(曰哈密, 曰安定【無城郭地廣千里】, 曰阿端【分安定地, 俱洪武八年置】, 曰赤斤蒙古【永樂二年置, 古月氏地也】, 曰曲先【永樂四年置】, 曰罕東, 曰罕東左【二衛皆洪武三十年置, 地在沙州, 其國勢極弱】)].* **모두 가욕관(嘉峪關) 서쪽에 있었으니,** 합밀 또한 여섯 위(衛) 서쪽에 있었다. 동쪽으로 숙주(肅州), 서쪽으로 토로번까지 각각 1,500리 떨어져 있고, 북쪽으로 와랄(瓦剌)까지 수백 리 떨어져 있었다. 무릇 **서역의 천방(天方) 등 38개국의 조공 사신들은 모두 합밀에 글을 번역하는 사람을 두어** 모든 사실을 다

8) 『명사』, 권329, 「합밀위(哈密衛)」(8511쪽)에 따르면, "원나라 말, 위무왕 납홀리(納忽里, 1380~1393년 재위)가 이곳을 진압하여 곧 그를 '숙왕'에 봉했다. 그가 죽자, 아우 안극첩목아(安克帖木兒, 1393~1405년 재위)가 승계했다(元末以威武王納忽里鎭之, 尋改爲肅王. 卒, 弟安克帖木兒嗣)"라는 정보를 확인할 수 있다.

9) 『명사』, 권329, 「합밀위(哈密衛)」(8512~8513쪽)에 영락(永樂) 2년(1404)년 6월에 안극첩목아(安克帖木兒)가 "다시 공헌하며 책봉을 청하자, '충순왕(忠順王)'으로 봉하고 황금 인장을 하사하자, 다시 말을 헌상하며 사은했다. 얼마 뒤에 이북의 가한[迤北可汗] 귀력적(鬼力赤)이 안극첩목아를 독살하고, 그나라 사람들에게 병으로 죽었다고 소문을 냈다. 3년 2월에 관리를 보내 제사를 지내고, 그의 형 탈탈을 왕으로 세우며 옥대를 하사했다(復貢, 請封, 乃封爲忠順王, 賜金印, 復貢馬謝恩. 已而迤北可汗鬼力赤毒死之, 其國人以病卒聞. 三年二月遣官賜祭, 以其兄子脫脫爲王, 賜玉帶)"라는 기록을 확인할 수 있다.

알고 난 뒤에 [중국으로] 출발했다.[10]

탈탈이 죽고 3대를 전하여 패라첩목아(孛羅帖木兒)가 계승했으나 곧바로 신하에게 살해되고, 왕의 어머니 노온답력(努溫答力)[11]이 국사를 주관했는데, 엄격하고 위엄이 있었다. 나라 사람들이 *[두려워하며 따랐는데(畏服]*, 그를 시해하려는 어떤 자가 그의 얼굴을 보고 전율하며 실조(失措)하여 병기를 모두 떨어뜨렸다고 한다.

성화(成化, 1465~1487) 연간에 토로번 추장 아력(阿力)이 사람들을 규합하여 적근몽고(赤斤蒙古)를 약탈할 때, [합밀이] 복종하지 않자, 화가 나서 군대로 왕모(王母)와 황금 인장을 빼앗아 가버렸다. 합밀과 세 부족의 오랑캐들은 주인이 없이 *[고욕(苦峪)]*과 여러 산곡으로 흩어져 살았거나, *[귀부하여 감주와 숙주에 살았고, 또한 토로번을 따라간 자들도 있었다. 감주의 수신(守臣)이 그 일을 상언하자, 통정 유문(劉文), 고양백 이문(李文)을 보내 가서 경략하게 했으나, 결국 요령을 얻을 수 없어 돌아왔다(或歸附, 居甘肅州, 亦有隨土魯番去者. 甘州守臣上其事, 遣通政劉文·高陽伯李文, 往經略之, 竟不能得其要領而還)]*. 감숙(甘肅) 수신(守臣) 승간(乘間)이 왕모의 생질 한신(罕愼)으로 합밀의 왕을 세습하도록 청했다. 당시 아력이 죽고 아흑마(阿黑麻)가 그들 대신하고 있었다. *[한신은 탐욕스럽고 잔학하여 민심을 잃었다(罕愼貪而殘, 失衆心)]*. 홍치(弘治, 1488~1505) 초에 아흑마는 속임수로 한신을 죽이고 그 성을 차지하고, *[상언하기를, 한신은 왕의 후예가 아니니 자신을 합밀의 왕으로 봉해 줄 것을 청했다(上言罕愼非王裔, 請自王哈密)]*. 마문승(馬文升, 1426~1510)이 *[불허를]* 건의하며 *[“본래의 후손을 얻지 못하면 여러 오랑캐를 복종시키기에 부족하므로, 통사(通事)들에게 여러 오랑캐 중에 충순왕의 후예를 찾아내게 하여 왕의 조카 섬파(陝巴)를 찾았습니다”*라고 하자, 상(上)*이 듣고* 마침내*(言非得元之遺裔, 不足以攝服諸番, 因命通事, 於諸番中訪*

---

10) 『엄주사부고(弇州四部稿)』, 권80, 「합밀지(哈密志)」, 10a.

11) 『명사』, 권329, 「합밀위(哈密衛)」(8514, 8515쪽)에는 노온답실리(弩溫答失里)로 되어 있다.

忠順裔派, 得王侄陜巴. 上聞, 遂)] 섬파(陜巴)를 충순왕으로 봉해 국사를 주관하게 했으나 아흑마가 다시 섬파와 황금 인장을 약탈해 갔다. 당시 병부시랑 장해(張海)가 합밀을 경략(經略)하고 *[가욕관 밖에서]* 표문을 올려 가욕관을 폐쇄하여 서역의 조공을 끊어 제이(諸夷)가 돌아가 아흑마를 원망하게 해야 한다고 했고, *[마문승도 이 건의 동의했다. 이내 서역의 여러 오랑캐가 조정을 원망하자 상사(賞賜)를 크게 줄였고, 해도를 통해 사자를 헌상하는 일을 막았다(馬文升亦同此議. 乃西域諸夷怨朝廷, 賞賜大減, 又沮其由海道貢獅子)]*. 그러나 서역의 오랑캐들은 되레 아흑마를 따랐다. **아흑마는 마침내 다시 합밀로 들어와 스스로 '가한(可汗)'이라 칭하며** 대대적으로 한동(罕東)과 여러 오랑캐를 약탈했다. *[아흑마는]* 서쪽으로 가고 그의 장수 아목란(牙木蘭)을 합밀에 남겨 지키게 했는데, 정예병력이 400 기병에 불과했다. 순무 허진(許進), 대장 유녕(劉寧)이 첩보로 이를 알아냈다. 이내 마문승이 *[진탕의 고사를 본받을 것을(效陳湯故事)]* 건의하여, 부총병(副摠兵) 팽청(彭清)이 번한병(番漢兵) 3,000명을 거느리고 합밀을 공습하자, 아목란은 달아났다.[12] *[어찌할 수 없이]*, 아흑마는 섬파와 황금 인장을 돌려보내, *[섬파는 옛날 봉호를 되찾았다(陜巴復故封)]*. 섬파가 죽고 아들 배아(拜牙)가 섰다. 당시 아흑마도 죽고 아들 만속아(滿速兒)가 서서, 그 추목(酋目) 타지정(他只丁)[13]에게 합밀을 공습하게 하여 배아를 축출하고, 수만의 기병으로 들어와 약탈하자, 진구주(陳九疇)는 용맹을 떨쳐 이들을 격파했다.[14] 진구주는 결국 왕경(王瓊)에게 중상을 입고

12) 손광우는 빠뜨렸지만, 나왈경은 이 문장 뒤에 "허양의공의 『평번시말(平番始末)』에 상세히 보인다(詳見許襄毅公平番始末)"라는 출처를 밝혔다. 여기 '양의(襄毅)'는 허진(許進, 1437~1510)의 시호(諡號)이다. 『기록휘편(紀錄彙編)』본 『평번시말』에 따르면, "홍치 8년(1495) 정월 감주(甘州)에 이르렀을 때, 아흑마는 이미 떠나고, 그의 대두목 아란(牙蘭)이 남아, 살타아(撒他兒)와 함께 정예병 200명을 거느리고 합밀을 지키고 있었다(弘治八年正月至甘州, 時阿黑麻已去, 留其大頭目牙蘭, 與撒他兒率精銳二百人守哈密)"라고 시기를 밝히고 있다.

13) 나왈경은 그 두목[酋目]의 이름을 '화자타지정(火者他只丁)'이라고 적고 있다.

14) 손광우가 요약한 이 정보는 『함빈록』에 따르면, "[우리 숙주병비(我肅州兵備) 진구주(陳九疇)는 와랄의 타타르 군대[達兵]와 화친하고 토로번을 공략하여 상당한 전과를 올렸으나 병부상서 왕경(王瓊)이 중상을 입어, 진구주는 투옥되었다가, 얼마 되지 않아 다시 일어나 감

변방에 유배되었으나 배아의 세력은 궁해져 토로번을 따랐다. 그 회회(回回), 외올아(畏兀兒), 합라회(哈喇灰) 세 부족도 모두 귀부(歸附)해 왔다.

이에 병부상서 호세녕(胡世寧, 1470~1531)이 상언하여 [*합밀의 여러 족속은 이미 스스로 토로번에 귀부했고, 나머지는 숙주에 들어와 산 지가 오래되어, 축출하는 것은 불가합니다. 그렇다면 합밀이 어찌 부흥할 수 있겠습니다. 그 적서를 찾아 세우더라도 누가 더불어 지키겠습니까(哈密諸族已自歸土魯番, 餘入居肅州者已久, 欲驅之出不可也, 然則哈密將安興復哉. 即求其嫡派立之, 誰與爲守)*]. 가욕관을 폐쇄하는 것만 못하며, 합밀을 존치시키는 것은 물을 필요도 없다고 했다. 마침 상서(尙書) 계악(桂蕚, 1478~1531)의 의론도 이와 같아 조정에서는 이를 따랐다. [*이때 왕경이 군대를 변경에 보내자, 토로번은 조금 물러났고, 또 와랄(瓦剌)의 공격을 받아 노략질할 수 없었다(時王瓊發兵境上, 土魯番稍却, 又爲瓦剌所攻, 不獲爲寇)*]. 가정(嘉靖, 1522~1566)초에 만속아(滿速兒)가 사신을 보내 천방(天方) 등 여러 나라와 같이 통공(通貢)하여 왔으나 합밀은 성을 회복하지 못하고 황금 인장을 잃었다.

그 땅은 섬서 난주에서 황하를 건너 1,500리를 가면 숙주(肅州)에 이른다. 숙주 서쪽 700리는 가욕관이다. 관 밖은 모두 '서역'이라 한다. **섬서 이남에서 곧장 사천과 운남에 이르는 요외(徼外)**는 모두 '서번(西番)'이라 한다. 이 가욕관의 가장 서쪽에 있는 것이 합밀이다.

풍속은 사납고 이익을 좋아한다. 흙집에서만 살며, 여러 오랑캐가 섞여 살아 의복과 음식이 다르다(俗獷悍好利, 居惟土房, 諸夷雜處, 故衣服異制, 飮食異宜).

숙을 순무했다. 만속아가 들어와 노략질하자 진구주는 끝내 왕경의 중상을 받아 변방에 유배되었고, 배아의 세력은 궁해져 토로번을 따랐다(陳九疇媾瓦剌達兵, 掠土魯番, 頗有斬獲, 而兵向王瓊中傷之, 遂下九疇詔獄, 未幾復起, 巡撫甘肅. 滿速兒入寇, 九疇奮勇力戰, 土魯番大敗. 頃之, 九疇竟爲瓊中傷論戍, 而拜牙勢窮從土魯番)"라고 하였다.

산천으로 천산(天山)【설산(雪山)이라고도 한다. [이곳을 지나는 오랑캐들은 모두 말에서 내려 절한다(虜過此者, 皆下馬拜)]】, **마종산(馬騣山)**【이릉(李陵)의 망향령(望鄉嶺)이 있다】,[15] 합라산(合羅山)【회골(回鶻) 공주가 살던 곳이다】[16]이 있다(其山川, 則有天山【一名雪山】·馬騣山【有李陵望鄉嶺】·合羅山【回鶻公主故居】).

그 산물로 **빈철(鑌鐵)**【돌 속에서 얻는데, 천연의 꽃문양이 있다. 값은 은보다 비싸다】, **사미목(四味木)**【열매는 대추 같다】, **야잠면(野蠶綿)**이 있다(其產, 則有鑌鐵【石中得之, 有自然花紋, 價貴過銀】·四味木【實如棗】·野蠶綿).[17]

이상 손광우가 채록한 합밀[하미]의 역사는 추재의 손에서 다음과 같이 요약되었다.

합밀은 서역의 요로이다. 등태후(鄧太后) 시기 반용(班勇)이 그곳을 정벌했다. 수나라 말에 내속해 왔다. 당나라 정관(貞觀) 초 '서이주(西伊州)'로 되었다. 명나라 홍무 연간에 관외(關外) 일곱 위(衛)를 설치했는데 [모

15) 나왈경의 원주에 따르면, "망향령이 있다. 영(嶺) 위에는 이릉이 제자(題字)한 곳이 있다(有望鄉嶺, 嶺上有李陵題字處)"라고 설명했다.

16) 『함빈록』에는 "바로 당나라 회골공주가 살던 곳으로, 성터가 아직 남아있다(乃唐回鶻公主所居, 城基尚在)"라고 설명하고 있다.

17) 손광우가 『함빈록』에서 채록한 산물과 설명에는 빠뜨린 것도 있어, 다시 나왈경의 기록을 옮기자면 다음과 같다. "산물에는 빈철(鑌鐵)【숫돌을 쪼개 그 안에서 얻어, 빈철을 만든다. 가운데에는 천연 꽃문양이 있고, 값어치는 은보다 비싸다】, 사미목(四味木)【그 열매는 대추와 같은데, 대나무 칼을 쓰면 달고, 쇠칼을 쓰면 쓰며, 나무칼을 쓰면 시고, 갈대 칼을 쓰면 시다. 천산(天山)에서 난다】, 대미양(大尾羊)【꼬리가 무거운 것은 3근, 작은 것은 1근이 나간다. 고기는 곰 기름 같고, 맛은 매우 좋다】, 야잠면(野蠶綿)【누에는 고삼(苦蔘)에서 나는데, 실로 면(綿)이나 백(帛)을 만들 수 있다】이 특이하다(產則有鑌鐵【剖礪石中得之, 爲鑌鐵. 中有自然花紋, 價直過銀】·四味木【其實如棗, 以竹刀則甘, 鐵刀則苦, 木刀則酸, 蘆刀則辛. 出天山】·大尾羊【尾重者三斤, 小者一斤, 肉如熊白, 味甚佳】·野蠶綿【蠶生苦參上, 絲可爲綿帛】爲奇)."

두] 가욕관 서쪽에 있다. 서역(西域), 천방(天方) 등 38개국에서 조공 사신이 이를 때는 모두 합밀에 역관(譯官)을 두었다. 뒤에 아흑마(阿黑麻)가 합밀을 차지하고 '가한'이라 칭하자, 가욕관을 닫기로 하여 합밀은 더는 성(城)이 되지 못했다. 이곳은 섬서에서 운남에 이르는 요외(徼外)로, 총 13,000리이다. 그들은 사납고 이익을 탐한다. 흙집에서만 살고, 여러 사람이 잡다하게 살고 있어 의복의 제도가 다르나, 그들의 언어는 번자(番子)와 같다. 산천으로 천산(天山), 마준산(馬駿山), 합라산이 있다. 물산으로 빈철(鑌鐵), 사미자(四味子), 야잠면(野蠶綿)이 있다(哈蜜西域要路也. 鄧太后時班勇征平之. 隋末內屬. 唐貞觀初, 爲西伊州. 明洪武設關外七衛, 在嘉峪關西. 西域天方等三十八國貢使至者, 咸置哈蜜譯文. 後阿黑麻據哈蜜稱可汗, 于是閉關不問, 哈蜜不復城矣. 其地自陝西抵雲南徼外, 共爲萬三千里. 其俗獷悍好利, 居惟土房, 而諸人雜處, 故衣服異制, 其語同番子. 山川則天山·馬駿山·合羅山. 物產鑌鐵·四味子·野蠶綿).

합라산의 사미자를 잘게 씹으며,	細嚼羅山四味子,
털옷과 가죽옷에 밤에는 흙집에서 자네.	氈裘夜宿土房裏.
꽃문양 빈철 누구에게 팔까?	華紋鑌鐵賣何人,
가욕관 앞에는 중국 시장 열렸네.	嘉峪關前開漢市.

[07] 고창(高昌)

수나라 당나라 시기의 '고창(高昌)'은 바로 화주(火州) 또는 화주(和州)이고, 원나라 시기에는 합랄(哈剌)로 지칭한 곳으로 모두 같은 곳을 시대마다 다르게 표기한 것일 뿐이다. 같은 지역임에도 각각 별도의 항목으로 기술한 것은 의고주의적 글쓰기에 기인한 것이다. 고창-코쇼(Qoço)-화주(和州)-합랄(哈剌)로의 음성적 변화는 이미 폴 펠리오가 『아시아 저널(Journal Asiatique)』, 1912, 578~603쪽에서 천착한 바 있고, 이후 사후 유작으로 출간된 『마르코폴로에 관한 주석(Notes on Marco Polo)』, I, 161~165쪽에서 이전 연구를 보완한 바 있다. 이에 대해서는 『지봉 이수광이 바라본 세계』(307~319쪽)에서 자세히 다루었다. 여기에서는 마르코폴로가 기술한 대목을 살펴보자.

> 이우굴리스탄(Iugulistan)은 아주 큰 지역이며 대칸에 속해 있다. 그곳에는 도시들과 많은 마을이 있지만, 중심 도시는 카라코쇼(Carachoço)이다. 이 도시는 자체로 다른 도시들과 촌락들을 거느리고 있으며 주민들은 우상을 숭배한다. 그러나 네스토리우스파 규율을 따르는 기독교도가 많다. 얼마간의 사라센들도 있다. 기독교도들은 종종 우상숭배자들과 결혼한다. 그러나 그들은 처음 인간으로서의 세대는 얼마 되지 않았고, 나무의 즙에서 만들어지는, 실제로 우리가 '에스카(esca)'라고 부르는 어떤 곰팡이류(fungus)에서 나와, 그로부터 모든 다른 사람들로 전해졌다고 한다. 우상을 숭배하는 사람들은 자신들의 규칙과 관습에 따라 학습하며 항상 교양(liberal arts)을 배우고 있다. 그 땅에서는 밀과 아주 좋은 포도주가 난다. 그러나 겨울에 그곳의 추위는 세상 어느 곳보다 더 심하다(A.C. Moule & P. Pelliot, 『Marco Polo』, I, 156쪽).

『원사』, 권122, 「바르츄그 아르트 테긴(巴而朮 阿而忒 的斤) 열전」(2999쪽)에서 전하는 전설은 "그 조상들은 위구르[畏兀兒]의 땅에 대대로 살았는데, 그곳에는 화림산(和林山)이 있고, 독홀랄(禿忽剌)와 설령가(薛靈哥)라는 두 강이 그곳에서 나온다. 어느 날 밤 신비로운 광채가 두 강 사이에 있는 나무에 내려와, 사람이 그곳으로 나아가 살펴보자, 나무에 곧바로 임신한 것처럼 혹[癭]이 생겨났고, 이로부터 광채가 항상 나타났다. 아홉 달 하고 열흘이 지나자, 나무의 혹이 갈라지면서 갓난아이 다섯이 나와 현지인들이 거두어 길렀다. 가장 어린 것을 '고가한

(古可罕)'이라 불렀다. 장성해서는 마침내 그 사람들에게 땅과 밭을 가지도록 할 수 있어 그를 군장으로 삼았다(先世居畏兀兒之地, 有和林山, 二水出焉, 曰禿忽剌, 曰薛靈哥. 一夕, 有神光降于樹, 在兩河之間, 人即其所而候之, 樹乃生癭, 若懷妊狀, 自是光常見. 越九月又十日而樹癭裂, 得嬰兒者五, 土人收養之. 其最稚者曰古不可罕. 既壯, 遂能有其民人土田, 而爲之君長)"라고 하였다. 확실히 마르코폴로가 말하는 펑거스와 상통하는 이미지를 전달하고 있고 그곳은 위구르의 땅임을 알 수 있다. 아래 기술한 '고창' 또한 손광우가 나왈경의 『함빈록』 기술을 그대로 채록했다.

고창은 화주(火州)로, 그 지세가 높고 평평하며 물산이 창성하기 때문에, 붙여진 명칭이다. 또한 산색이 불[火]같고, 날씨가 항상 더워 '화주'라고도 불린다. 화주는 원래 한나라 거사전왕(車師前王)의 옛 땅이다. '교하성(交河城)'이라고 하는 곳이 바로 이곳이다. 서역장사(西域長史), 무기교위(戊己校尉) 모두 이곳에 있었다. 이곳에는 한나라(기원전 202~기원후 220) 시대 고창루(高昌壘)가 있어, *[국호로 삼았다(故以爲國號)]*. 진(晉, 265~316)나라는 이곳을 고창군(古昌郡)으로 불렀다. 여광(呂光), 장궤(張軌), 저거(沮渠), 몽손(蒙遜)이 하서(河西)를 차지했을 때도 모두 태수(太守)를 두어 다스렸다.

[북]위(魏) 세조(世祖, 423~452년 재위) 시대 감상(闞爽)이 자신이 고창태수(高昌太守)라 했고, 곧이어 저거(沮渠)와 무휘(無諱)가 차지했고, 무휘가 죽고 그 땅은 또한 연연(蠕蠕)에 병합되어 감백주(闞伯周)가 고창왕이 되었다. 왕을 칭한 것은 이때부터이다. 감백주가 죽고 *[아들 의성이 올랐으나(子義成立)]* 그의 종형 수귀(首歸)에게 찬탈되었고[簒之],[1] 수귀 또한 고차(高車)의 주인 아복지라(阿伏至羅)에게 살해되었다. 곧이어 *[장맹명(張孟明), 마수(馬需)가 서로 이어가며 왕이 되었지만(尋爲張孟明·馬需相繼王之)]*, 나라 사람들에게 살해되고 마침내 마유(馬儒)와 장사(長

1) 밑줄 친 문장은 『함빈록』에 "그의 종형 수귀가 의성을 죽이고 찬탈했다(其從兄首歸殺義成, 簒之)"로 되어 있다.

史) 국가(麴嘉)를 주인으로 추대했다. 마침 엽달(嚈噠, 에프탈)이 언기(焉耆, 카라샤르)를 격파하자, 언기 사람들은 자립하지 못하고 국가(麴嘉)에게 주인이 되어 줄 것을 청해, 국가는 둘째 아들을 언기왕으로 삼으면서 고창은 비로소 조금 커졌다.

원위(元魏, 386~534) 시대 조공하고 표문을 올려 오경(五經)과 여러 역사서를 청하고, 국자조교(國子助教) 유섭(劉燮)을 박사로 삼기를 요청하여 허락했다.[2)]

양무제(梁武帝, 502~549년 재위) 때 양자밀(羊刺[剌]蜜)을 바치자, 상은 걸공(杰公)을 보내 그를 영접하게 했다. 걸공(杰公)이 이르기를 "평성(平城)의 양자(羊刺[剌])는 잎이 없고, 꿀 색[蜜色]은 맑고 희며 맛이 달다. 염성(鹽城)의 양자(羊刺[剌])는 잎이 크고 꿀 색깔이 푸르고[靑] 맛이 엷다. 이 꿀은 염성에서 나는 것이다(平城羊刺無葉, 蜜色明白而味甘, 鹽城羊刺葉大, 蜜色靑而味薄, 是蜜乃鹽城産者)"라고 하여 사신에게 물어보니 과연 그의 말과 같았다. *[얼마 뒤 명염침(鳴鹽枕), 포도, 양마, 구유(氍毹) 등의 물품을 헌상했다(頃之獻鳴鹽枕·蒲桃·良馬·氍毹等物)].*[3)]

수나라 개황(開皇, 581~600) 시기 종군하여 고[구]려를 치고 돌아오자, 수나라는 우문씨(宇文氏)의 딸 화양공주(華陽公主)를 아내로 주었다.[4)]

---

2) 원위(元魏) 시기의 기록은 『함빈록』에 따르면, "원위 시기에 조공이 끊어지지 않았다. 풍속에 서적을 좋아하여, 사신을 보내 표문을 올리고, 스스로 변방으로 전고(典誥)를 익히지 못했다고 하며, 오경과 여러 사서를 청구하여 빌리고, 아울러 국자조수 유섭을 박사로 삼고자 청해, 허락했다. 국가가 죽고 아들 국견이 섰다(元魏時, 朝貢不絶. 俗好書, 故遣使奉表, 自爲邊遐不習典誥, 求借五經諸史, 并請國子助教劉燮以爲博士, 許之. 嘉死, 子堅立)"라고 하였다.

3) 마지막 조공 정보는 『양서』, 권54, 「고창국」(812쪽)에 "대동 연간에 아들 [국]견(堅)이 사신을 보내 명염침, 포도, 양마, 구유 등의 물품을 헌상했다(大同中, 子堅遣使獻鳴鹽枕·蒲陶·良馬·氍毹等物)"라고 하였다.

4) 수나라 시기의 정보는 나왈경에 따르면, "수나라 개황 연간에 돌궐이 그들 네 개 성을 격파하자, 있던 2,000명이 중국에 귀의했다. 당시 국[견]이 죽고 아들 백아가 섰다. 이에 대업 5년(609) 내조했다. 수나라를 따라 고구려를 치고 돌아오자, 수나라는 우문씨의 딸 화양공주를 그

당나라 무덕(武德, 616~626) 연간에 *[사신을 보내(遣使)]*, 키는 6촌이고 길이는 1척 남짓인 암수의 개[狗]를 헌상했는데, 성질이 매우 영리하고 마함촉(馬銜燭)을 끌 수 있다. [이는] 원래 불름(佛菻)에서 나는 것으로 중국이 처음 불름의 개를 가진 것이라고 한다.[5] 정관(貞觀, 627~649) 초에 그곳 왕 문태(文泰)가 내조(來朝)했다. *[문태는 백아의 아들이다. 뒤에 서돌궐과 결탁하여 여러 나라의 조공 오는 자들이 고창에 노출되자, 문태는 점차 막고 단절시켰다. 태종이 조서를 내려 양보하게 했으나 반복되어, 사신 이도유(李道裕)에게 가서 그 정황을 따지게 하자, 문태가 사신을 보내 사죄했다. 태종은 사신을 불러 나무라기를 "너의 군주는 수년 조공을 들이지 않았고(文泰, 伯雅子也. 後與西突厥連結, 諸國朝貢者路出高昌, 文泰稍壅絶之. 太宗下詔讓, 其反覆, 遣使李道裕往問狀, 文泰遣使謝. 太宗引使責, 而主數年朝貢不入)]*, 번신(藩臣)으로서의 예가 없었으며, 나의 사신이 가자, 문태는 함부로 '매가 하늘에 날면 꿩은 쑥대에 숨고, 고양이가 뜰에 놀면 쥐는 굴에서 안락하거늘 각기 있을 곳이 있는데, 어찌 불쾌한가(鷹飛于天, 雉竄于蒿, 猫遊于堂, 鼠安于穴, 各得其所, 豈不快耶)'라고 했다. *[내년에 군대를 보내 너희 나라를 칠 것이니 너의 군주가 잘 도모하게 하라"라고 하였다. 곧바로 다시 타일러 조공을 들였지만, 문태는 병을 핑계로 오지 않았다(而主善自圖. 尋復諭入朝, 文泰稱疾不至)]*. 이에 장수 후군집(侯君集) 등을 보내 토벌하게 했다.[6] 문태는 당나라 군대[王師]가 왔다는 소식을 듣고, 두렵고 놀라 *[별다른 계책 없이(無他計)]* 병사

에게 시집보냈다(隋開皇中, 突厥破其四城, 有二千人來歸中國. 時堅死, 子伯雅立. 以大業五年來朝. 從擊高麗還, 隋以宇文氏女華陽公主妻之)"라고 하였다.

5) 『구당서』, 권198, 「서역·고창」(5294쪽)에서 고조(高祖) [무덕(武德)] "7년(624)에 [국]문태가 또 암수 한 마리씩을 헌상했는데, 키는 6촌, 길이는 1척 남짓으로, 성질이 매우 영리하여, 말을 인도하거나 초를 물고도 있었다. 원래는 불름국에서 난다고 했다. 중국에 불름의 개가 있게 된 것은 이때부터 시작되었다(七年, 文泰又獻狗雄雌各一, 高六寸, 長尺餘, 性甚慧, 能曳馬銜燭, 云本出拂菻國. 中國有拂菻狗, 自此始也)"라고 하였다.

6) 이 문장은 『함빈록』에 더 자세하게 "곧 장수 후군집, 설만, 계필하력, 우진달 등에게 군대를 거느리고 가 토벌하게 했다(乃遣將侯君集·薛萬·契苾何力·牛進達等帥兵討之)"라고 기록하고 있다. 여기의 '설만(薛萬)'은 『신당서』, 권221상, 「고창」(6221쪽)에 '설만균(薛萬均)'으로 되어 있다.

(病死)하고, 아들 지성(智盛)이 항복했다. 후군집은 군대를 나누어 평정하니, 무릇 3주, 5현, 22성(城), *[가구 8,000호, 인구 30,000명, 말 4,000마리였다. 이에 앞서, 그 나라 사람들의 민요에, "고창의 군대는 서리나 눈과 같고, 당나라 군대는 일월과 같네. 해와 달이 서리와 눈을 비추면, 머지않아 스스로 없어지리라"라고 하였다. 문태는 그 노래를 퍼뜨린 자를 잡으려 했으나 잡을 수 없었다(戶八千, 口三萬, 馬四千. 先是, 其國人謠曰, 高昌兵, 如霜雪, 唐家兵, 如日月. 日月照霜雪, 幾何自殄滅. 文泰捕謠所發, 不能得也)]*. 승전보를 듣고 태종은 *[몹시 기뻐하며, 군신들에게 연회를 베풀고, 하사품을 내리며 공을 기록했으며, 고창에 딸린 곳을 사면하고(大悅, 宴群臣, 班賜策功, 赦高昌所部)]*, 그 땅을 나누어 서주(西州)로 삼고 교하(交河), 천산(天山), 류중(柳中), 포창(蒲昌), 고창(高昌) 등 여섯 현을 설치했다. 당초 서돌궐이 엽호(葉護)를 보내 가한부도성(可汗浮圖城)에 군대를 주둔시켜 고창(高昌)과 서로 영향을 주고받았는데, 이에 두려워 투항해 와, 그곳을 정주(庭州) 포류현(蒲類縣)으로 삼았다. *[당시 위징(魏徵)과 저수량(褚遂良)이 모두 간언하며 고창 사람을 군주로 세워야 한다고 상소했으나 받아들여지지 않았다(時魏徵·褚遂良皆諫言, 宜立高昌人爲主, 書上勿納)]*. 후군집(侯君集)은 공적을 돌에 새기고 개선하여, *[포로를 바치고, 고창의 호걸을 중국에 인도하자(獻俘, 徙高昌豪傑于中國)]*, 지성(智盛)과 아우 지담(智湛) 모두 군공(郡公)으로 책봉되었다. 국씨(鞠氏)가 나라를 전한 지 아홉 세대, 134년 만에 *[망했다]*. **지담(智湛)의 아들 소(昭)는 호학하여 기이한 서적을 자랑했다. 어머니가 상자 속의 금을 보고 탄식하며 "어찌 이렇게 좋아하여 아들에게 이문(異聞)이 있게 할 수는 없다(何愛此, 不使子有異聞乎)"라고 하며 모두 가져가 바꾸어버렸다.** *[소(昭)는 사선경(司膳卿)을 지냈는데, 상당히 문장에 능했다(昭歷司膳卿, 頗能辭章)]*. 그의 아우 숭유(崇裕)에게는 무예(武藝)가 있어 영휘(永徽) 연간에 우무위익부중랑장(右武衛翊府中郎將)이 되어 교하군왕(交河郡王)에 책봉되었다.[7] 안사의 난(755~763)에 그곳은 함락되어 다시 스스

7) 이상 당나라 무덕 연간 고창과의 관계와 정벌 상황은 『신당서』, 권221상, 「고창전」(6220~6223쪽)에 자세하다. 번역과 주석은 '중국정사외국전DB'를 참고하시오.

로 나라를 일구었지만, 그곳에는 회골(回鶻) 사람들이 상당수 있었으므로 또한 '회골(回鶻)'이라고 불렸다.

송나라 *[건융(建隆, 960~963) 연간에 조공해 왔다(建隆中來貢)]*. 건덕(乾德, 93~968)초에 서주의 회골[西州回鶻] 가한이 승려 법연(法淵)을 보내 불아(佛牙), 유리(琉璃)그릇, 호박잔(琥珀盞)을 헌상했다. *[태평흥국 연간에 국주 사자왕이 사신을 보내와 헌상했다(太平興國中, 其國主師子王遣使來獻)]*. 송나라는 왕연덕(王延德, 939~1006)을 고창으로 보냈다. 마침 사자왕(師子王)이 고창 치소에서 1,000여 리 떨어진 북정(北庭)에서 피서하러 가다가 왕연덕을 맞이하여 북정으로 갔다. 왕과 왕자 그리고 모시는 사람들이 동서로 늘어서 절을 하고 하사품을 받았고, 왕연덕을 접대함이 매우 공손했다. *[옹희(984~988) 초에 왕연덕이 돌아와 그가 다닌 지역을 기술하여 바쳤다고 하는데, 그 말은 『송사』에 상세히 보인다(雍熙初, 延德還, 敍其所歷來獻云, 語詳見宋史中)]*.

국조(國朝, 명나라)는 [이곳을] '화주(火州)'라고 불렀다. 영락(永樂) 7년(1409) *[그곳 추장이 사람을 보내(土酋遣人)]* 조공해 왔고, 12년(1414)에 이부 원외랑 진성(陳誠)이 그 나라에 갔다가 돌아와 "그곳의 풍물은 소조(蕭條)하고 시장과 마을 사람들의 거처, *[대부분의 사찰도(僧堂過半亦)]* 모두 영락(零落)했다. *[동쪽에 황폐한 성의 옛터가 있는데, 옛날 고창국의 치소라고 했다(東有荒城故址, 云古高昌國治)]*"라고 하였다. 선덕(宣德, 1426~1435) 이후로 *[혹 3년 또는 5년마다(或三年五年)]* 조공이 끊어지지 않았다.

그곳의 성 동쪽 70리를 류진(柳陳)【당나라의 류중현(柳中縣)】이라 하고, 서쪽 100리는 토로번(土魯番)【당나라의 교하현(交河縣)】이라 한다.

사람들의 모습은 고[구]려와 비슷하고, 눈이 깊고 코가 높다. **머리카락을 땋아 뒤로 늘어뜨리고 옷은 수놓은 비단을 귀하게 여긴다. 부인들은 기**

름 모자[油帽][8]를 쓴다. 성곽에는 병장기, 역사서를 비축해 두었다. 혼례와 상례는 화하(華夏)와 같다. *[아마도 그 조상들이 당나라 조정의 군현이었기 때문일 것이다. 천신을 섬기고 불법을 신봉한다. 문자에도 진초(眞草)가 있는데 달단(韃靼)과 상당히 비슷하다(蓋其先爲唐朝郡縣故也. 事天神, 信佛法. 字亦有眞草, 頗似韃靼)].* **그들 풍속은 달단(韃靼)과 상당히 비슷하며 회회(回回)의 말을 빌려 사용한다.**[9] *[말을 타고 활쏘기를 좋아하고(好騎射)]*, **시절(時節)에는 물을 뿌리는[潑水] 놀이를 한다. 그곳에는 비나 눈이 내리지 않고 매일 무더워 사람들은 모두 땅에 굴을 파 산다. 나는 새들은 물가에 모여있다. 혹 날다가 태양에 그을려, 떨어져 날개를 다치기도 한다.**

산천으로 *[기이하고 빼어난 것이 가장 많은데(奇秀者最多)]*, **영산(靈山)**【돌이 모두 검다】, 탐한산(貪汗山)【여름에도 눈이 쌓여 있다】, **화염산(火焰山)**【붕사(硼砂)가 난다. *[항상 연기가 뿜어 나온다(常有烟氣涌出)]*. 저녁 광염(光焰)이 불처럼 비추어, 새나 쥐 **모두 붉게 보인다**】, 천산(天山)【바로 기련산(祁連山)이다. ***[당나라 때 천산현이다(唐天山縣)]***】, 한해(瀚海)【바닥의 모래 깊이가 5척으로 큰바람이 불면 가는 사람들이 인마(人馬)를 잃는다】, 포류해(蒲類海)【**염택(鹽澤)**이라고도 한다】가 있다.

산물로 **양자(羊刺**[剌]**)**【풀이다. 위에 꿀이 나는데, 맛이 좋다】, **백첩자(白疊子)**【풀의 열매다. 고치처럼 생겨 가운데 솜[絲]이 있어 베를 짤 수 있는데, 그것을 '첩포(氎布)'라고 한다】, **사서(砂鼠)**,[10] **적백염(赤白鹽)**【흰 것은 옥 같고, 붉은 것은 쇠 같다】, **화잠면(火蠶緜)**【솜옷[絮衣]이다. 한 벌은 1냥만 사용한다. 조금이라도 많으면 무더운 기운을 막을 수 없다】이 있다.

---

8) 나왈경은 '유모'에 관해 "'소막차'라고 하는데, 당나라에서는 악곡 이름으로 썼다(名蘇幕遮, 唐以爲曲名)"라고 설명했다.

9) 이 문장은 『함빈록』에 "또한 항상 회회의 어음을 빌려 사용한다(亦常借用回回語音)"라고 하였는데, 아마도 손광우가 앞의 문장과 잘못 연결하여 채록한 것 같다.

10) 사서(砂鼠)에 관해 나왈경은 "맹금들이 그것을 잡아먹는다(鷙禽捕食之)"라는 설명을 붙였다.

이상 손광우가 채록한 고창 즉 투르판 역사는 추재의 손에서 다음과 같이 요약되고 노래로 불렸다.

고창은 그곳 지세가 높고 평평하며 물산이 창성하여 붙여진 이름이다. 또 산색이 불과 같고 날씨가 항상 더워 '화주'라고도 한다. 원래 거사(車師)의 옛 땅으로 한나라 때 '교하(交河)'라는 곳이 이곳이다. 양나라 무제 때 양자밀(羊刺蜜)을 바쳐 걸공(杰公)이 그것을 밝힌 바 있다. 당나라 무덕(武德) 연간에 암수의 개를 바쳤는데, 키는 6촌이고 길이는 겨우 1척이었으나 성정이 영리하고 마함촉(馬銜燭)을 끌 수 있었다고 하는데 바로 불름(佛菻)의 개다. 어떤 아들 소(昭)는 책을 보면 황금을 아끼지 않고 사들여, [어머니는] "이렇게 좋아하니, 자손에게 기이한 소문이 있지 않겠는가?"라고 하였다고 한다. 그곳 동쪽은 류진(柳陳)과 접해 있고 서쪽으로 토로번(土魯番)과 가깝다. 사람들은 머리를 땋아 뒤로 늘어뜨리며, 옷은 수놓은 비단을 높이 사며, 부인들은 기름 모자[油帽]를 쓴다. 성곽, 갑옷, 병장기, 역사서가 있다. 혼례와 상례는 중국의 제도를 사용하고, 언어는 회회(回回)와 같다. 시절(時節)에는 물을 뿌리는 놀이를 하고, 비나 눈이 내리지 않아, 한여름에 사람들은 굴에서 사는데, 나는 새도 태양에 그을려 떨어지기 [때문이다]. 산천으로 영산(靈山), 화염산(火焰山)이 있는데, 날짐승 들짐승이 모두 붉다. 그리고 염택(鹽澤)이 있다. 물산으로 양자(羊刺), 백첩자(白氎子), 사서(砂鼠), 적백염(赤白鹽), 화잠면(火蠶緜)이 있다(高昌以其地勢高敞, 物產昌盛故名. 又山色如火, 天時常熱, 故亦名火州. 本車師故地, 漢之交河是也. 梁武帝時, 貢羊刺蜜, 杰公辨之. 唐武德中獻狗雌雄, 高六寸長僅尺, 性慧能牽馬嗡燭云, 是佛菻狗. 有子昭遇書, 鬻不惜金, 曰, 愛此不使子孫有異聞乎. 其地東接柳陳, 西近土魯蕃. 其俗辮髮垂後, 衣尙錦繡, 媍人戴油帽. 有城郭·甲兵·書史. 昏喪用華制, 其語同回回. 時節潑水爲戲, 無雨雪, 盛暑人穴居, 飛鳥爍日而墜. 山川則有靈山·火燄山, 禽獸皆赤, 鹽澤. 物產羊刺·白氎子·砂鼠·赤白鹽·火蠶綿).

집마다 물을 뿌려 시절(時節)을 즐기고, 家家潑水戲年時,

모래쥐 다투어 초밀 가지에 깃드네.	砂鼠爭棲艸蜜枝.[11]
태양은 져도 산빛은 횃불처럼 타오르고,	日暮山光騰列炬,
말[斗]같은 화잠은 새 실을 토해내네.	火蠶如斗吐新絲.
후두두 나는 새들 물가로 떨어지고,	跕跕飛鳥墮河濱,
모래바람 마주하니 사람은 보이지 않네.	對面風沙不見人.
검은 돌 붉은 소금 눈 내린 땅에는 없고,	黑石紅鹽無雪地,
굴집이라 내내 파충류의 걱정 없네.	穴居終不怕蟲鱗.
이민족 아들과 손자에게 기이한 소문 있는데,	番子番孫有異聞,
궤짝 황금 아끼지 않고 기이한 문장 사들였네.	篋金何惜買奇文.
천년 서로 전해 박사들을 죽일 테니,	千載相傳劉博士,
개가 기름 초를 물고 경서들을 부쉈네.	犬嚙膏燭破經羣.

11) 초밀(艸蜜), 즉 자밀(刺蜜)로, 당신미(唐愼微)의 『증류본초(證類本草)』(사고전서본, 권7, 96b)에 "교하의 모래에 있는 풀, 그 끝에는 가시가 있고, 그 위에는 털이 나있는데, 털에서 꿀이 나므로, 초밀(草蜜)이라고 한다. 호인(胡人)들은 '급발라(給敎羅)'라고 부른다(交河沙中草, 頭有刺, 上有毛, 毛中生蜜, 一名草蜜. 胡人叫爲給敎羅)"라고 설명하고 있다. 본문에서 말하는 '양자밀(羊刺蜜)'이 이것이다.

[08] 토로번(土魯番)

토로번[tʰuo-luo-bʱi̯wɐn](土魯番, 吐魯番, 吐魯蕃)은 위구르어 تۇرپان, 'Turpan|Turfan'의 음역 표기로, 『명사』에 실린 이 나라의 열전에 따르면, 영락(永樂) 4년(1406)부터 중국과 관계를 맺고 있다. '토로'라는 오랑캐[番, 蕃]인지, '토로번' 전체가 모두 음역 명칭인지 알려진 바 없다. 이곳은 이미 지봉이 『지봉유설』에서 기록한 바 있다. 아래 『방여승략외이』, 권3의 저자 손광우는 나왈경의 『함빈록』, 권3의 기술을 요약하여 채록했고, 나왈경은 정효(鄭曉, 1499~1566) 『오학편·황명사이고』의 기록을 따랐다. 이와 연관된 자세한 설명과 이 나라의 전신인 거사전왕정(車師前王庭), 거사후왕정(車師後王庭), 고창(高昌), 화주(和州)와의 연관 설명들은 『지봉 이수광이 바라본 세계』(257~272쪽)를 참고하시오.

> 토로번 또한 거사(車師)이다. 한나라 무제가 사신을 보내 서역과 통교할 때, 누란(樓蘭)과 거사(車師)는 길을 차지하고 있어 어려웠고, 한나라 사신 왕회(王恢) 등을 공격해 약탈했다. *[또 자주 흉노의 눈과 귀가 되었다(又數爲匈奴耳目)].* 무제는 장수를 보내 거사(車師)를 격파했다.[1] 위(魏)나라, 진(晉)나라, 당나라, 송나라 시기에는 모두 고창(高昌)에 속했다. *[자세한 사항은 모두 「고창지」에 보인다(詳具見高昌志中)].*[2]
>
> 원나라 시기에는 외올아부(畏兀兒部)에 속했다.
>
> 영락(永樂, 1403~1424) 연간에 진성(陳誠)이 이 나라에 갔다. 선덕(宣德) 5년(1430) 조공해 왔다. 홍치(弘治, 1488~1505) 연간에 아흑마(阿黑麻) 부자는 오로지 합밀(哈密)만 노리고 있었다. 정덕(正德, 1506~1521) 연간에 감숙(甘肅)을 여러 차례 침범했다. 가정(嘉靖, 1522~1566)초에 왕을 칭하는 자가 열대여섯 명이었다. 이때 토로번이 잔혹하게 가욕관 밖 일곱 위(衛)를 공파했다.[3]

---

1) 손광우가 『함빈록』에 따라 요약한 정보로, 나왈경은 "마침내 조(趙)를 보내 흉노를 치고, 거사를 격파했다. 선제(宣帝) 시기에 이르러 거사전왕(車師前王)과 거사후왕(車師後王)으로 나뉘었다(遂遣趙破奴, 擊破車師. 至宣帝時, 分爲車師前後王)"라고 하였다.

2) 여기서 말하는 「고창지(高昌志)」란 앞서 본 고창[07] 기술을 말한다.

3) 명나라 시기의 투루판을 기록한 이 단락은 손광우가 『함빈록』의 기술을 너무 간략하게 요약해

버렸다. 나왈경의 기록은 다음과 같다. "영락 20년(1422) 이부(吏部)의 진성(陳誠)이 이 나라에 갔다. 선덕 5년 처음 조공해 온 이래로 끊어지지 않았다. 홍치 연간에 오랑캐 추장 아력아흑마(阿力阿黑麻) 부자가 우리의 서쪽 변경을 어지럽히고, 우리 하미[哈密]의 충순왕을 노략질했는데, 바로 이때는 오로지 하미[哈密]만 노리고 있었다. 정덕 연간에 이르러서는 마침내 우리 감숙을 자주 침범했는데, 그 기록은 「합밀지(哈密志)」에 들어있다. 홍치와 정덕 연간에 토로번이 13차례 조공을 들일 때는 왕을 칭하는 자가 한 명이었는데, 가정초에는 왕을 칭하는 자가 열대여섯 명이나 되어, 예부에서 의논하여 칙서로 회신하며 왕을 한 사람으로 칭하게 했고, 5년에 한 번 조공이 편하다고 하자, 그를 따랐다. 이때 토로번이 잔혹하게 우리 가욕관 밖의 일곱 위(衛)와 성곽을 파괴했다. 여러 나라의 땅은 넓고 사람이 많았으니, 더는 진검봉(陳驗封, 즉 진성)이 사신으로 갈 때의 상황이 아니었다(永樂二十年吏部陳誠至其國. 宣德五年, 始遣使來貢以後不絕. 弘治間, 番酋阿力阿黑麻父子, 擾我西鄙, 虜我哈密忠順王, 即是時專伺哈密. 至正德間, 遂數犯我甘肅, 語在哈密志中. 弘·正間, 土魯番十三人入貢, 稱王者一人. 嘉靖初, 稱王者十五六人, 禮部議, 回勅書, 宜但稱王一人, 五年一貢爲便, 從之. 當是時土魯番殘破我嘉峪關外七衛及城郭. 諸國地廣人衆, 非復陳驗封奉使時矣)"라고 하였다.

이상 나왈경의 기록은 『황명사이고』(29b~30b)를 간략하게 채록하여 문맥을 파악하기 어렵다. 정효는 다음과 같이 기록했다. "가정(嘉靖) 11년(1532) 서역이 조공했을 때, 왕을 칭한 자가 75인이었고, 조공 사절이 290명에 이르렀다. 예관 하언(夏言)이 나라들에 한 사람을 왕으로 칭하게 요청했다. 내각 장부경(張孚敬)이 서역에 왕을 칭하는 자가 많은데, 아마도 저들 스스로 봉했거나 부락(部落) 서로를 일컬었을 것입니다. 전년에 조공했을 때 왕을 칭한 자 또한 30~40인이 있었는데 그들이 칙서에 답하며 모두 왕을 칭했습니다. 지금 모두 빼어버리면, 오랑캐들이 섭섭해할 것이니 예부와 병부에 내려보내 의논하라고 했다. 하언이 이르기를, 서역 여러 나라에 왕을 칭하는 자는 단지 투루판, 메카, 사마르칸트 삼국으로, 일락(日落) 같은 여러 나라의 명칭이 아주 많지만, 조공은 매우 적고, 투루판 등의 나라와 서로 통하지 않습니다. 홍치와 정덕 연간에 토로번이 13차례, 천방은 정덕 연간에 네 차례 조공을 들였는데, 왕을 칭한 자는 모두 한 명 또는 두세 명이었고, 나머지는 두목이나 친속이라 했습니다. 가정 2년(1523)과 8년(1529)에 왕을 칭한 자가 천방은 예닐곱, 투루판은 열한두 사람에 달했습니다. 이 두 시기에 사마르칸트는 27명에 달했습니다. 내각에서 이전 해에도 왕을 칭한 자가 30~40명에 달했다고 한 것은 세 나라의 숫자를 합한 것일 뿐입니다. 지금 투루판은 15명, 메카는 27명, 사마르칸트는 53명의 왕이니, 숫자를 합치면 150~160명으로, 이는 이전에 없었습니다. 하물며 왕을 칭하는 호칭이 원래 옛 문헌에 같은 것이 있는 것도 아니고 땅도 다릅니다. 홍치 연간에 칙서로 그 나라에 회답하며 나라에 한 명의 왕을 말하게 했습니다. 만약 사마르칸트에 했던 옛일에 따라 왕호로 답하고, 사람마다 한 통의 칙서를 준다면, 중국을 높이고 외이(外夷)에 엄하게 하는 이치가 아닐 것입니다. 그로부터 각기 그 모든 부락에 하사품과 칙서를 고집하며, 조공은 약속과 다르고, 사신들의 숫자가 다르게 임의로 왕래하면, 형세가 어려워지며 막히고, 역참과 우전(郵傳)은 번거로워질 것이며, 자주 우리의 채력을 고갈시켜 먼 오랑캐들을 부리는 계책 또한 어그러질 것이라고 하자, 상이 하언의 말에 따랐다. 이때 토로번이 잔혹하게 우

> 이곳은 험준한 골짜기와 가파른 절벽으로 초목이 자라지 않고 조수(鳥獸)가 드물다. 날씨는 따뜻하지만 비나 눈이 내리지 않는다. 합밀에서 1,000여 리 떨어져 있다. 사람들은 모두 집을 지어 산다. 토양은 마(麻), 맥(麥)에 적합하다. 그곳의 산물로 과(瓜), 과실[菓], 양, 말[馬]이 있다.[4)]

손광우(孫光寓)가 『함빈록』을 채록한 토로번(土魯番) 기술은 다음과 같이 추재의 손에서 더 요약되고 노래로 불렸다.

> 토로번 또한 거사(車師)의 옛 당에 있었는데, 한나라 무제 때 거사를 멸하고 고창에 예속시켰다. 명나라 영락 연간에 왕을 칭하는 13인이 있었다.

리 가욕관 밖의 일곱 위(衛)와 성곽을 파괴했다. 여러 나라의 땅은 넓고 사람이 많았으니, 더는 진검봉(陳驗封, 즉 진성)이 사신으로 갈 때의 상황이 아니었다(嘉靖十一年, 西域貢, 稱王者七十五人, 貢使至二百九十人. 禮官夏言請國稱一人王. 內閣張孚敬言, 西域稱王者多, 恐彼自封授或部落相稱. 先年入貢, 稱王亦有三四十人者, 答敕, 並稱王. 今盡裁奪, 恐夷情觖望. 下禮·兵部議, 言言西域諸國稱王者, 唯土魯番·天方·撒馬兒罕三國, 如日落諸國名甚多, 朝貢絶少, 且與土魯番諸國不相統. 弘治·正德間, 土魯番十三入貢, 天方正德間四人貢, 稱王者率一人或二人三人, 餘稱頭目親屬. 嘉靖二年·八年, 稱王者, 天方至六七人, 土魯番至十一二人. 此兩年間, 撒馬兒罕至二十七人. 內閣言, 先年亦有稱王, 至三四十人者, 併數三國耳. 乃今土魯番十五王, 天方二十七王, 撒馬兒罕五十三王, 併數, 則百五六十王, 前此所未有. 況所稱王號, 原非舊文, 即有同者, 地面又異. 弘治時, 回敕書國稱一王, 若循撒馬兒罕往年故事類, 答王號, 人與一敕, 恐非所以尊中國而嚴外夷也. 自後各執賜敕率其部落, 貢不如期, 使不如數, 任意往來, 勢難阻絶, 驛傳勞煩, 數竭我財力, 以役遠夷計亦左矣, 上從言言. 當是時土魯番殘破我嘉峪關外七衛及城郭. 諸國地廣人衆, 非復陳驗封奉使時矣)." 한 가지 덧붙여 말하자면, 여기 하언(夏言)이 상언한 기록은 『명사』, 권332, 「서역·살마아한」(8601~8602쪽)에 기술되어 있다.

4) 여기 손광우가 채록한 나왈경의 『함빈록』 기술은 다음과 같다. "이곳은 험준한 골짜기와 가파른 절벽으로, **하늘이 공교롭게 만든 기이한 절역이다.** 기후는 따뜻하고 비나 눈이 적게 내려 초목이 자라지 않고 조수(鳥獸)가 드물다. **사람들의 성격은 간교하여 서역 여러 종족과는 다르다.** 합밀에서 1,000여 리 떨어져 있는데, **중간에 검은 바람을 만나면 수초들이 모두 힘을 잃어, 멀리 오랑캐들을 점거하는 계획을 어렵게 하고, 단지 이곳을 끼고 있자니 그로써 이익을 늘려 줄 뿐이다.** 사람들은 모두 집을 지어 산다. 토양은 마(麻), 맥(麥)에 적합하다. 그곳의 산물로 과(瓜), 과실[菓], 양, 말[馬] 등이 있다(其地峻壑窮崖, 天巧奇絶. 氣候煖少雨雪, 不生草木, 少禽獸. 性最奸狡, 西或諸種不如. 去哈密千餘里, 中經黑風, 水草俱乏勢, 難遠據黠虜之計, 徒欲挾此, 以要利耳. 人皆屋居, 土宜麻麥. 其産瓜菓牛馬之類)."

그곳은 골짜기가 깊고 절벽이 가파르며, 초목이 자라지 않아, 흙을 쌓아 마(麻)와 맥(麥)을 심는다. 사람들은 모두 푸른 눈동자에 붉은 머리카락이며, 날씨는 따뜻하여 겨울에 비나 눈이 없다. 물산으로 과채(苽菜), 양, 말이 있다(土魯番亦車師古地, 漢武滅車師屬高昌. 至明永樂中, 稱王者十三人. 其地峻壑窮崖, 不生草木, 築土種麻麥. 人皆綠睛朱髮, 氣暖冬無雨雪. 物產則苽菜·羊·馬).

푸른 눈과 붉은 머리털에 누런 양을 타고,	綠睛朱髮騎黃羊,
험준한 골짜기 가파른 절벽에 평지는 단단하네.	峻壑窮崖平地强.
흙을 쌓아 겨우 마와 맥을 심고,	築土辛勤種麻麥,
동(洞)에는 식량을 나누는 열셋의 왕이 있네.	洞中分餉十三王.

[09] 로진(魯陳)

로진[luo-dʱi̯ĕn](魯陳)이란 옛 도시가, 중국 정사에서 별도로 기술된 것은 『명사』, 권329(8527쪽)에서 '류성[li̯ə̯u-ʑi̯ɛŋ](柳城)'이란 명칭으로 처음 나타난다. 이보다 앞선 자료로는 여기 『방여승략외이』로, 권3의 저자 손광우는 우리가 확인한 것처럼 나왈경의 『함빈록』, 권3의 기술을 복제했다. 또한 나왈경의 기술은 정효(鄭曉, 1499~1566) 『오학편·황명사이고』에서 가져왔다. 다시 『황명사이고』는 상당 부분 진성(陳誠)의 『사서역기』(『설부』본, 6b~7a)를 근거했다.

"류성은 옛 류중현(柳中縣)으로 카라호자[火州] 동쪽, 하미[哈密]에서 1,000여 리 떨어져 있다. 큰 주(州) 하나를 지나야 이 나라에 이른다. 땅은 모두 모래가 쌓여 수초가 없다. 길가에는 해골이 많은데, 그곳 사람[土人]들은 귀신과 도깨비[鬼魅]가 있어, 여행객들이 아침저녁으로 동료들을 잃고 길을 헤매다 죽는다고 한다. 큰 주(州)를 나와 모래가 흐르는 강[流沙河]을 건너면, 화염처럼 푸르고 붉은 산이 있고, 산 아래 성이 우뚝 솟아있는데, 폭은 2~3리로, 바로 로진성(魯陳城)이다. 토양은 검은 기장[穄], 밀, 콩, 참마, 복숭아, 살구, 작은 대추, 과(瓜), 호로 등에 적합하다. 그리고 포도가 가장 많은데, [알이] 작지만 달며, 씨가 없는 것을 '쇄포도(鎖葡萄)'라고 한다. 가축에는 소, 양, 말, 낙타가 있다. 기후는 온화하다. 사람들은 모두 순박하다. 남자들은 몽둥이 모양으로 상투하고, 여인들은 검은 베를 쓰고 쪽을 이마까지 드리우는데, 모두 호(胡) [복식]에 따른다. 남자들은 머리를 깎고 덮어쓰는 수놓은 작은 모자[小罩刺帽]를 쓰는데, 이슬람 복장[回回妝]이라 한다. 부녀들은 흰 베로 머리를 싸매는데, 위구르 복장[畏兀兒妝]이라 한다. 사투리는 모두 위구르[畏兒] 말이다. 풍속은 대략 카라호자[화주]와 같다." 원문과 주석은 『지봉 이수광이 바라본 세계』(321~329쪽)를 참고하시오.

'류중[li̯ə̯u-ti̯uŋ](柳中)'이란 지명은 중국 정사에서는 『후한서』에 처음 등장한다. 권19(720쪽), 경공(耿恭) 열전에 "영평(永平) 17년(74) 겨울에 기도위(騎都尉) 유장(劉張)이 출정하여 거사(車師)를 공격할 때, 경공(耿恭)을 사마(司馬)로 청하여, 봉거도위(奉車都尉) 두고(竇固)와 사촌 부마도위(駙馬都尉) 경승(耿秉)과 함께 거사를 격파하고 항복시켰다. 처음 서역도호(西域都護)와 무기교위(戊己校尉)를 둘 때, 경공을 무기교위로 삼아 거사후왕국[後王部] 금포성(金蒲城)에 주둔했고, 알자(謁者) 관총(關寵)이 무기교위가 되어, 거사전왕국[前王] 류중성(柳

中城)에 주둔했는데, 각 주둔지에는 수백 명을 두었다(永平十七年冬, 騎都尉劉張出擊車師, 請恭爲司馬, 與奉車都尉竇固及從弟駙馬都尉秉破降之. 始置西域都護·戊己校尉, 乃以恭爲戊己校尉, 屯後王部金蒲城, 謁者關寵爲戊己校尉, 屯前王柳中城, 屯各置數百人)"라고 하였다. 이현(李賢)은 금포성(金蒲城)에 대해, 거사후왕정(車師後王庭)으로 지금 정주(庭州) 포창현(蒲昌縣)의 성이라고 했고, 류중성(柳中城)은 지금의 서주현(西州縣)이라고 했다. '류중성'은 확실히 투루판 지역에 있었음을 확인할 수 있다. 이곳에는 아랍계와 위구르계 사람들이 섞여 살았으므로, 그곳을 부르는 명칭도 최소 두 개의 발음이 존재했을 것이다. 샤반(Édouard Chavannes)은 이곳을 여러 차례 'Louktchoun'으로 표기했고,[1)] 스벤 헤딘은 'Luktchin'으로 표기했다.[2)] 이들은 확실히 류중[liə̯u-ȶiuŋ](柳中), 류성[liə̯u-ʑiɛŋ](柳城), 로진[luo-dʱiĕn](魯陳) 등의 어원적 근거일 것이다.

진성의 『사서역기』-정효의 『황명사이고』-나왈경의 『함빈록』으로부터 손광우의 『방여승략외이』(권3)으로 복제된 정보는 급기야 추재의 「외이죽지사」로 요약 채록되었다. 지봉 이수광이 이미 이곳에 관해 기록해 둔 바 있지만, 추재는 전혀 그 존재를 몰랐다. 이곳에 관한 자세한 고증은 『지봉 이수광이 바라본 세계』를 참고하시오.

로진은 옛 류중(柳中) 땅이다. 선덕(宣德) 5년(1430)에 만호(萬戶) 와적랄(瓦赤剌)이 *[사람을 보내(遣人)]* 와서 **조공을 들였다.**

이곳 대천(大川)의 사막을 지나면[經], 수초(水草)가 없어 소나 말이 이곳에 이르면 죽는다. 길가에는 해골이 많다. 떠도는 유령[鬼魅]이 있어, 가는 사람들이 짝을 잃는다. 대낮에도 길을 잃으므로, 그곳 사람들[夷人]은 그곳을 '한해(旱海)'라고 한다. 서쪽으로 가면 유사하(流沙河)가 나오고, 북쪽으로 [가면] 화염산(火焰山)이 나온다. *[산 색깔이 불같고 기후는 따뜻하다(山色如火, 氣候和煖)].* 이곳의 풍속은 **순박하다.** 사는 사람들에

1) Édouard Chavannes, 『Dix inscriptions chinoises de l'Asie centrale』, Paris, 1902, 21~22쪽.

2) Sven Hedin, 『Through Asia』, I, London, 1898, 14쪽.

는 아랍[回回], 위구르[畏兀兒] **두 인종이 있다. 토양은 제(穄), 맥(麥), 마(麻), 두(豆)에 적합하다. 산물로는 소포도(小蒲桃)**[3]**가 있다**.

손광우의 이 짧은 내용을 근거한 추재의 기술 또한 크게 벗어나지 못했다.

로진은 옛 류중(柳中)의 땅이다. 명나라 선덕 연간에 와적랄(瓦赤剌)이 조공을 들였다. 그곳에서 대천(大川)의 사막을 지나면, 수초가 없어 소나 말이 이르면 곧바로 죽어, 길에는 드러난 뼈가 많다. 떠도는 유령[鬼魅]이 있어, 가는 사람들이 짝을 잃는다. 대낮에도 길을 잃으므로, 그곳을 '한해(旱海)'라고 한다. 서쪽으로 가면 유사하(流沙河)가 나오고 북쪽으로 가면 화염산(火焰山)이 나온다. 사람들은 순박하고, 크고 작은 두 종족이 있다. 토양은 제(穄), 릉(菱), 마(麻), 두(荳)에 적합하다. 산물인 소포도(小蒲桃)는 아주 맛이 좋아 회회인들이 그것을 탐낸다(魯陳古柳中地. 明宣德間, 瓦赤剌來入貢. 其地中經大川砂磧, 無水草, 牛·馬遇輒死, 道多暴骨. 有鬼魅, 行人失侶. 白日迷亡, 謂之旱海. 西出流沙河, 北出火焰山. 其俗淳朴, 有大小二種. 土宜穄·菱·麻·荳. 物有小蒲桃甚美, 回回人羨之).

대로진은 소로진에 연하여 있고,	大魯陳連小魯陳,
모래 속에 드러난 뼈들 앙상하네.	沙中暴骨望嶙峋.
화염산과 한해(旱海) 삼천리에,	焰山旱海三千里,
백주 모래바람에 귀신이 사람을 잡네.	白晝黃風鬼攝人.
류중 남쪽으로 화산은 높고	柳中南望火山高,
사막에 봄이 와도 땅은 불모라네.	磧裡經春地不毛.
이곳에 이르면 열에 여덟아홉은 죽는데,	到此十人九人死,
회회인들 부질없이 소포도를 탐내네.	回回空羨小葡萄.

3) 나왈경은 소포도(小蒲桃)에 관하여 "달고 씨가 없다(甘甜, 無核)"라고 설명했다.

[10] 살마아한(撒馬兒罕)

'살마아한(撒馬兒罕)'은 현 우즈베키스탄 사마르칸트를 옮긴 명칭이다. 『원사』, 권63, 「지리지·서북지부록(西北地附錄)」(1568쪽)에는 '살마이간(撒麻耳干)', 사고전서본 『명사』에서는 '새마이감(賽瑪爾堪)'으로, 무영전본 『명사』에는 '살마아한(撒馬兒罕)'으로 표기되었다. 중앙아시아 실크로드의 거점인 이 도시에 관해서는 이미 『지봉 이수광이 바라본 세계』(217~240쪽)에서 자세히 설명한 바 있다.

아래 『방여승략외이』, 권3의 저자 손광우가 복제한 텍스트는 나왈경의 『함빈록』 권3의 기술이다. 나왈경은 확실히 정효(鄭曉, 1499~1566) 『오학편·황명사이고』를 근거하고 있다. 송나라 이전의 정보들은, 정효가 이곳은 한나라 때의 '계빈(罽賓)'이라 했으므로, 나왈경은 정사에서 '계빈'에 관한 기술을 채록했다. 원나라 시기 정사에는 이곳 열전이 없으므로 채록하지 않았고, 명나라의 정보들은 『황명사이고』로 채웠다. 이곳은 이미 지봉 이수광이 자세히 기록한 바 있지만, 추재는 지봉의 기술을 전혀 참고하지 않고, 손광우의 기술만 채록했다.

여기에서 사마르칸트가 일반적으로 카슈미르로 여겨지는 한나라의 '계빈'인가의 문제는 또 다른 논의 거리이다. 이에 대해서는 『지봉 이수광이 바라본 세계』를 참고하시오.

> 살마아한(撒馬兒罕)은 *[한나라 때 계빈, 수나라 때의 조국(漕國)으로(漢爲罽賓, 隋爲漕國)]* **서역에 있는 대국이다**. 가욕관에서 10,000리 떨어져 있다.
>
> **한나라 무제(기원전 141~기원전 87년 재위)가 서역과 통교할 때**, 계빈(罽賓)은 자신들이 멀리 떨어져 *[한나라 군대가 이를 수 없다(漢兵不能至)]*고 생각하여 그 왕 오두로(烏頭勞)는 한나라 사신들을 여러 차례 겁탈하고 죽였다. *[오두로가 죽고 아들이 대를 이어 아들을 보내 봉헌했다(烏頭勞死, 子代立, 遣子奉獻)]*. 한나라 사신 관도위(關都尉) 문충(文忠)은 그 나라 사신 용굴왕자(容屈王子) 음말부(陰末赴)와 공모하여 계빈왕을 죽이고 한나라의 인장과 인끈으로 음말부(陰末赴)를 세웠다. 원제(元帝, 기원전 48~기원전 33년 재위) 시기 음말부가 다시 한나라 사신 조덕

(趙德) 등 70여 명을 죽이고 [사신을 보내] 서신을 올리고 조공하며 사죄했다. *[한나라는 사신을 보내 사신들을 전송하려 했으나, 두흠이 왕봉에게 편지를 올려 그만두었다(漢欲遣使者報送其使, 杜欽上書說王鳳, 乃止)]*.[1)]

위진(魏晉) 이후 알려진 바 없다. 원위(元魏, 386~534) 시대에 그곳 왕은 **선견성(善見城)에 도읍하고** 사신을 보내 조공했다(其王都善見城, 遣使朝獻). 수나라에 이르러 조국(漕國)으로 명칭을 바꿨다. 그곳 왕의 성씨는 소무(昭武)였고, 자(字)는 순달(順達)로 강국(康國) 왕의 종족이었다. *[나라의 법은 엄정하고, 그들은 귀신에게 제사를 지낸다. 천신을 모시는 사당이 있는데, 온통 금은으로 만들었다. 사당 앞에는 물고기의 등골뼈가 있어 그 구멍으로 말을 타고 출입한다. 대업 연간에 사신을 보내와 방물을 바쳤다(國法嚴整, 其俗淫祀祠. 有順天神祠, 渾以金銀爲之. 祠前有一魚脊骨, 其孔中通馬騎出入. 大業中, 遣使貢方物)]*.[2)]

당나라 시대에 다시 계빈으로 다시 이름을 바꿨다. 왕은 수선성(修鮮城)에 살았다. **무덕(武德, 618~626), 정관(貞觀, 627~649) 연간에 모두 조공을 들였다**.[3)] 태종(太宗, 626~649년 재위)은 *[대신들에게 '옛날 위징이 나에게 문덕을 닦아 중하(中夏)를 안정시키라고 권했는데, 이제 중화가*

1) 이상은 나왈경이 『전한서』, 권96상, 「계빈국」(3885~3887쪽) 기술을 요약한 정보들이다.

2) 이상 수나라 시기의 정보는 『수서』, 권83, 「조국(漕國)」(1857쪽)에서 채록했다.

3) 손광우가 요약한 『함빈록』에 따르면, "ⓐ무덕 연간에 사신을 보내와 보대(寶帶), 금쇄(金鎖), 수정(水晶), 유리잔[頗黎盞]을 바쳤다. ⓑ정관 연간에 구물두화(俱物頭花)를 바쳤는데, 붉은색과 자주색이 서로 섞여 있고, 그 향을 멀리에서도 맡을 수 있다. 또 명마를 바쳤다(武德中遣使, 貢寶帶·金鎖·水晶·頗黎盞. 貞觀中, 貢俱物頭花, 丹紫相間, 其香遠聞. 又貢名馬)"라고 기록하고 있다. ⓐ는 『신당서』, 권221상, 「계빈」(6241쪽)에 보이는데, "무덕 2년(619)에 사신을 보내와 보대, 금쇄, 수정잔(水精醆), 신 대추 같은 파려(頗黎)를 바쳤다(武德二年, 遣使貢寶帶·金鎖·水精醆·頗黎狀若酸棗)"라고 하였다. ⓑ의 정보는 두우(杜佑)의 『통전(通典)』(사고전서본, 권192, 18b)에서 "당나라 정관 11년(637)에 그 나라가 사신을 보내와 또 '계빈'이라 일컬으며, 구물두화(俱物頭花)를 헌상했는데, 붉은색과 자주색이 서로 섞여 있고, 그 향을 멀리서도 맡을 수 있었다(大唐貞觀十一年, 其國遣使, 又號罽賓, 獻俱物頭花, 丹紫相間, 其香遠聞)"라고 한 문장에 근거한 것 같다.

안정되어 사이가 공헌하니 모두 위징의 힘이다'라고 하며(語大臣曰, 昔魏徵勸我脩文德, 安中夏, 今中夏安, 四夷貢獻, 皆徵力也)], 사신을 보내 그 나라 왕에게 후한 하사품을 내렸다. 계빈왕은 명을 받고 이내 사람을 보내 천축(天竺)으로 안내했다. *[얼마 지나지 않아 욕특서(褥特鼠)를 헌상했는데, 주둥이는 뾰족하고 꼬리는 붉었으며, 뱀을 잘 잡아먹었다. [뱀에] 물린 사람이 그 오줌 냄새를 맡으면 상처가 치유되었다(頃之獻褥特鼠, 喙尖尾赤, 能食蛇, 螫者嗅其尿, 瘡即愈)]*. 현경(顯慶) 3년(658) 그곳을 수선도독부(修鮮都督府)로 삼고, *[그 왕을 수선도독에 제수했다(拜其王爲修鮮都督)]*. 개원(開元), **천보(天寶) 연간[713~756년]에 여러 차례 조공을 들이며, 천문서적과 비방(祕方), 기이한 약물을 헌상했고, 또 청주(淸珠)를 바쳤다. 그 빛이 밝고 결백하여 방 하나를 비출 수 있었다. 그 안을 살펴보니, 선인(仙人), 옥녀(玉女), 운학(雲鶴)의 형상이 그 안에 요동하고 있었다**. 대종(代宗, 762~779년 재위)이 즉위했을 때, 보고(寶庫)에는 신비로운 광채와 기이한 기운이 있는 것이 있어, 상(上)이 꺼내 살펴보게 했다. 가뭄이나 *[병란의 재앙이]* 있을 때마다 그것에 기도하면 효험이 있었다. *[아마도 기이한 물건일 것이다(蓋奇物也)]*.

[송나라 시기에는 통하지 않았다(宋時未通)]. 홍무(洪武, 1368~1398) 시기에 그곳 국왕 첩목아(帖木兒)가 사신을 보내 타마(駝馬)를 헌상하여 후하게 하사품을 내렸다. 첩목아는 옛 원나라 주인의 부마이다. *[이후 또 말을 바치고 해청(海青)을 바쳤다. 홍무 조정을 거치며 네 차례 사신을 보내 공물을 바쳤다(後復貢馬, 貢海青. 歷洪武朝, 凡四遣使奉貢焉)]*. 급사중(給事中) 부안(傅安), 곽기(郭驥)를 서역에 보냈을 때, 살마아한에 머물렀던 것은, 그 나라가 풍요로워 살기에 적합했기 때문이다.

영락(永樂, 1403~1424) 초에 부안 등이 돌아와, 첩목아가 죽었다고 했는데, 손자 합리(哈里)가 조공하여 사례했다.[4] 정통(正統) 12년(1447) **옥석**

4) 밑줄 친 정보는 손광우가 『함빈록』의 기술을 잘못 채록하여 문맥이 어색하다. 나왈경은 "영락 초에 부안 등이 돌아와 이르기를 첩목아가 죽고 손자 합리가 계승했다고 했다. 상은 사신을 보내 첩목아를 제사지내도록 하고 합리에게 칙서와 은폐(銀幣)를 하사하자, 합리가 공물을 바치고

(玉石)을 바쳤다. 성화(成化) 19년(1483) 아흑마(阿黑麻)가 **사자(獅子) 두 마리를 바치면서,** *[오랑캐 사신들이 대신들에게 나가 맞을 것을 청하자(夷使請大臣出迎)]*, 낭중 육용(陸容)이 말하기를, "사자는 금수로, 교묘(郊廟)의 희생으로도 쓸 수 없고, 승여(乘輿)로 길들여 갖춰 쓸 수도 없으니 받지 않는 것이 지당합니다(獅之爲獸, 郊廟不可以爲犧牲, 在乘輿不可以備馭服, 理不宜受)"라고 했다. *[예부상서 주홍모도 관리를 보내 맞이하는 것은 안 된다고 하자, 조서로 중관(中官)을 보내 맞이하게 했다. 사자는 매일 생양(生羊) 두 마리, 식초, 감(酣), 단 타락 각기 두 병을 먹었고, 관에서 사자를 기르는 사람에게 매일 광록시(光祿寺)에서 그것을 공급했다(禮尙周洪謨, 亦以爲不可命官出迎, 詔遣中官迎之. 獅子日食生羊二, 醋·酣·蜜酪各二瓶, 官養獅人, 光祿日供給焉)]*. 홍치(弘治) 2년(1489) 사자를 바쳤는데, *[이역 인들이 지나는 곳에서 멋대로 소동을 일으켰다(夷人所過, 橫爲侵擾)]*. 급사중 한정(韓鼎)이 상언하기를 "진귀한 새와 짐승들은 가까이 즐기기에 적합하지 않으니, 비용을 들이지 말고 돌려보냄이 마땅합니다(珍禽奇獸, 非宜狎玩, 供費不貲, 宜罷遣之)"라고 하였다. *[얼마 되지 않아, 광동의 포정사 진선이 상언하기를 살마아한 사신 파육만이 사자를 공헌하며 광남(廣南)에서 바다로 나가 말라카로 가, 다시 사자를 사서 들이고자 하는데, 기이한 물건을 귀하게 여겨서는 안 됩니다. 바닷길을 여는 것은 오랑캐 상인들에게 이로운 일이며 안남의 여러 오랑캐에게 웃음거리가 될 것입니다(未幾廣東布政陳選上言, 撒馬兒罕使臣怕六灣貢獅子, 欲從廣南浮海, 往滿剌加, 更市獅子入貢, 不可貴異物, 開海道利賈胡, 貽笑安南諸夷)라고 하였다]*. 3년(1490)에 또 *[남해를 거쳐(由南海)]* 사자를 바치자, 예관(禮官) 예악(倪岳)이 상언하기를 "남해(南海)는 서역이 아닙니다(南海非西域)"라고 하며 *[물리칠 것을 청했다(請却之)]*. 조공하는 길은 이후 모두 가욕관을 따라 들어왔다. 가정(嘉靖, 1522~1566) 연간 그 나라에는 **왕을 칭한 자가 53인으로 모두 조공을 들였다.**[5)]

사례하여, 다시 부안을 답빙하도록 했다. 홍희(洪熙) 원년(1425)이 되어서야 부안이 귀국했다(永樂初, 安等還, 言, 帖木兒死, 孫哈里嗣. 上遣使祭帖木兒, 賜哈里璽書·銀幣, 哈里貢謝, 復遣傳安報使. 至洪熙元年安始還國)"라고 기술했다.

5) 이상 명나라 시기의 정보는 대략 정효(鄭曉, 1499~1566) 『오학편·황명사이고』(북경대학 소

그곳의 땅은 오곡에 적합하다. 왕은 높고 넓은 곳에 살지만, 시장은 조밀하고, *[중원과 상당히 비슷하다(頗類中原)]*. **서남쪽의 외래 상품이 많이 그곳에 모인다. 그들의 기예는 나무나 쇠에 문양을 새기고, 양탄자[罽]를 짜고, 문양을 수놓고, 경서에 금을 입히는 일[泥金書經]에 뛰어나다.**[6] 산천과 경물은 중원과 상당히 비슷하다. *[대체로 『한서』에 실린 것과 같고, 그 풍속은 여전히 바뀌지 않았다(大抵如漢書所載, 其俗尙未改也)]*. 그 나라 동쪽으로 양이(養夷)【나라는 작고, *[고성(孤城)에 있다]*. 사방이 소연(蕭然)하다】, 사록해아(沙鹿海牙)【사람들은 절벽과 골짜기를 따라 산다. 상당히 번성[蕃庶]하다. 아주 고약한 냄새가 나는 풀이 있는데, 그 즙을 졸여 아위(阿魏)를 만든다】, **새람(賽藍)**【오곡이 번성한다. 지주(蜘蛛, 거미)가 있는데, 사람을 물면 죽는다. 박하(薄荷)로 문지른다. 독이 몸에 퍼졌을 때는 양의 간으로 문지르면 낫는다】, 달실간(達失干千)【땅은 좁고 사람은 조밀하다. 오곡에 적합하여, *[사람들이 풍족하다]*】, **실리미(失理迷)**【사는 사람들은 ***[겨우 천몇백 가구로]*** 가축을 많이 기른다. 강 서쪽에는 갈대숲이 있는데 사자들이 많이 산다】 등이 있고, 여러 성이 모두 이 나라에 속해 있다. 산천으로 **철문협(鐵門峽)**, 합랄**복란하**(哈剌**卜蘭**河)가 있다.

그곳 산물로는 **울금향(鬱金香)**【색이 노랗고 부용화와 비슷하다】, **계필사단(罽苾思檀)**【잎은 산다(山茶)와 비슷하고 열매는 은행과 비슷하나 작다】, **수정염(水晶鹽)**, **화예포(花蘂布)**, 산예(狻猊)【생후 7일, 눈을 뜨지 않았을 때는 기르기 쉽지만, 더 자라면 길들이기 어렵다】, **와시실(瓦矢實)**

장본, 권하, 24b~26b)에 기술된 내용을 채록했다.

6) 밑줄 친 정보는 『함빈록』에서 나왈경은 "그 사람들은 나무나 쇠에 문양을 새기고, 양탄자를 직조하고, 자수에 뛰어나며, 특히 집을 잘 짓는다. 시장에서는 은주화로 금박을 입힌 경서를 교역한다(其民巧彫文·刻鏤·織罽·刺文繡, 尤善治室. 市易銀錢, 泥金書經)"라고 하였다. 하지만 나왈경이 근거한 『황명사이고』(24b)에는 "청석에 조각한 것은 아주 정교하다. 양가죽으로 경전을 싸고, 글자는 금을 녹여 쓴다. 인물은 수려하고 기예가 많은데, 특히 집[室]을 잘 만든다(青石雕鏤極精巧. 以羊皮果經文, 文字泥金書. 人物秀美多藝, 尤善作室)"라고 하였다. 따라서 나왈경의 문장에는 조정이 필요한데, 바로 손광우가 읽은 것이 정확하다고 생각한다.

【향초로 좀[蠹]을 막을 수 있다】이 있다.[7)]

이상 손광우가 채록한 사마르칸트[撒馬兒罕]의 역사 기록을 추재는 주로 명나라 시기의 일을 채록했지만, 그의 요약은 상당히 불성실하다.

> 살마아한은 서역의 대국이다. 한나라 무제 때 서역과 통하면서 그들 왕을 세우고 선견성(善見城)에 도읍했다. 당나라 무덕과 정관 연간에 여러 차례 조공했고, 개원과 천보 연간에, 천문서, 비방, 기이한 악기를 헌상하고, 청주(淸珠)를 올렸는데, 그것을 보면 신선이 구름 속에 학을 타고 있는 모습이 있어 가뭄에 기도하면 효험이 있다. 명나라 영락 연간에 사자(獅子)와 옥석을 바쳤고, 왕을 칭하는 자가 53인이었다. 그곳의 땅은 오곡에 적합하다. 왕은 높고 넓은 곳에 살고, 시장은 조밀하여 외국 상품이 그곳에 모인다. 그들의 기예는 공교로워 나무나 쇠에 문양을 새기고, 융단[罽]을 직조하고, 문양을 수놓고, 경서에 금을 입히는 일[泥金書經]에 뛰어나다. 왕부(王府)에는 보물 기운이 많아 사자들이 그 광채를 보고 밤에도 포효한다. 산천으로 새람(賽藍), 실리미(失里迷), 철문협(鐵門峽), 복란하(卜蘭河)가 있다. 산물로 울금향, 계필사단(罽苾思檀), 수정염(水晶鹽), 화예포(花蘂布), 와시실(瓦矢實)이 있다(撒馬兒罕西域中大國也. 漢武通西域, 立其王, 都善見城. 唐武德·貞觀中數入貢, 開元·天寶間, 獻天文·秘方·奇樂, 上淸珠, 視之有仙人雲鶴狀, 水旱禱之卽驗. 明永樂中, 貢獅子·玉石, 稱王者五十三人. 其地宜五谷. 王居高廣, 市肆稠密, 蕃貨聚焉. 其俗能巧

7) 산물에 관하여 나왈경의 기술은 다음과 같다. "울금향【색은 샛노랗고, 부용화와 비슷하다】, 계필사단【나무와 잎은 산다와 비슷하고, 열매는 은행과 비슷하나 작다】, 수정염【수정처럼 단단하고 밝다. 쪼아 쟁반으로 만들어 물에 적시면 고기와 섞어 먹을 수 있다】, 화예포, 대미양【앞에 보임】, 산예【태어난지 7일, 눈이 떨어지지 않았을 때는 잡으면 길들이기 쉽지만, 조금 크면 길들이기 어렵다. 그 힘줄로 금현을 만드는데, 한번 연주하면 나머지 현들 모두 끊어진다. 젖 한 방울을 다른 짐승의 젖과 그릇 속에 두면 모든 젖이 모두 변해 물이 된다】, 와시실【향초로, 좀을 막을 수 있다】 등이 기이하다(鬱金香【色正黃, 如芙蓉花相似】·罽苾思檀【樹葉類山茶, 實類銀杏而小】·水晶鹽【堅明如水晶, 琢爲盤, 以水濕之, 可和肉食】·花蘂布·大尾羊【見前】·狻猊【生七日未開目時, 取之易調習, 稍長則難訓伏. 以其舫爲琴絃, 一奏, 餘絃皆斷. 取一滴乳, 并他獸乳, 置器中, 諸乳皆化爲水】·瓦矢實【香草, 可辟蠹】爲奇)"라고 하였다.

藝, 雕文刻鏤, 織罽紋繡, 泥金經書. 王府多寶氣, 獅子見光夜吼. 山川則賽藍·迭里迷·鐵門峽·卜蘭河. 物產鬱金香·罽苾思檀·水晶鹽·花蘂布·狻猊·瓦矢失實).

선인과 운학이 있는 맑은 구슬	仙人雲鶴上清珠,
선견성 남쪽 실리미에 있네.	善見城南迭里迷.
한밤중 신비로운 광채 길게 땅에 닿으니,	半夜神光長燭地,
놀라 포효하는 산예들이 있네.	一聲驚吼白狻猊.

새람의 거미들 친 거미줄 성글고,	賽籃蛛子結網疎,
민가에서 수놓은 장식 그림도 미치지 못하네.	綉餙民家畵不如.
잘라낸 화예포 영롱하고,	剪出玲瓏花蘂布,
금을 입혀 막 베껴낸 비방의 서적들 있네.	泥金新搨秘方書.

[11] 천축(天竺)

‘천축(天竺)’은 인도를 가리키는 명칭이었다. 인도를 지칭하는 가장 이른 표기는 ‘신독(身毒)’일 것이다. ‘신독’이란 나라는 기원전 122년, 박망후(博望侯) 장건이 대하(大夏, 박트라)에 사신으로 갔다가 그곳에서 촉(蜀) 지방의 베와 공(邛)의 대나무 지팡이를 보고 그 출처를 탐문했는데, 사마천은 “동남쪽의 신독국과는 수천 리 떨어져 있어, 촉나라 상인들 파는 것을 얻은 것이다(從東南身毒國, 可數千里, 得蜀賈人市)”라고 하면서(『사기』, 권116, 「서남이열전」, 2995쪽), 처음 언급되었다.

여기 ‘신독(身毒)’에 관하여 배인(裴駰)은 『사기집해(史記集解)』(사고전서본, 권116, 3b)에서 위소(韋昭, 201~273)의 『한서음의(漢書音義)』를 인용하여 “‘천축(天竺)’이라고도 하는데, 붓다 오랑캐[浮屠胡]이다(一名天竺, 則浮屠胡是也)”라고 하였고, 다시 8세기 사마정(司馬貞)의 『사기색은(史記索隱)』을 인용하여 “‘신[ɕjĕn](身)’자의 음은 ‘연[gjwan](捐)’, ‘독(毒)’의 음은 ‘독(篤)’이다. 어떤 판본에는 ‘건독(乾毒)’으로 되어 있다. 『한서음의』에서는 천축(天竺)이라고도 한다고 하였다”라고 설명했다. 이로써 볼 때, ‘신독’이란 명칭이 가장 먼저 표기되었고, 이후 ‘연독(捐篤)’, ‘건독(乾毒)’, ‘천독(天篤)’, ‘천축(天竺)’ 등으로 표기되었을 것이다. 이들은 음성적으로나 의미상 상당히 그럴법한 연관성을 띠고 있다.

반고(班固)는 ‘신독(身毒)’으로 표기한 예가 많지만, ‘연독(捐篤)’ 또는 ‘천독(天篤)’으로 쓴 때도 있다. 『전한서』, 권96상, 「서역전·피산국」(3882쪽), 피산국(皮山國)은 남쪽으로 천독(天篤)과 접해 있다고 하였고, 「무뢰국(無雷國)」(3884쪽)에서는 이 나라가 북쪽으로 ‘연독(捐篤)’과 접해 있다고 하였다. 이에 대해 안사고는 “연독이 바로 신독, 천독이다. 원래 모두 같은 명칭이나, 표현에 경중이 있을 뿐이다(捐毒即身毒·天篤也, 本皆一名, 語有輕重耳)”라고 하였다.

‘인도(印度)’라는 명칭은 중국 정사에서는 『송사(宋史)』에서 보인다(권490, 「천축국」, 14103쪽). 하지만 불교 문헌에서는 이미 7세기에 등장한다. 646년 현장의 『대당서역기』에는 온통 ‘인도’로 표기되었다. 현장은 권2에서 ‘인도’란 명칭에 관하여 다음과 같이 설명했다(T.2087, 권2, 875b). “천축(天竺)이란 명칭을 자세히 살펴보자면, 다른 설이 어지럽다. 옛날에는 신독(身毒), 혹은 현두(賢豆)라고도 했는데, 이제 그 바른 음에 따라 ‘인도’라고 해야 할 것이다. 인도의 사람들은 지역에 따라 나라로 칭하여, 지방이 다르고 풍속이 다르므로, 거시적으로 전체 명칭을 들고, 그 아름다움을 일컬어 ‘인도’라고 한다. ‘인도’란 중국어로 달을 말한다. 달에는 많은 명칭이 있는데, 인도는 그중 한 명칭이다. 뭇 중생의 윤회가 쉼이 없고, 무명의 긴 밤에는 새벽이 없는데, 이는 태양이 가려지면 밤의 촛불[달]이 이어지는 것과 같다. 별빛의 비춤이 있다 한들 어찌 밝은 달의 밝음과 같겠는가. 다만 이러한 효과에 따라 달에 비유하는 것이다. 실제로 그곳의 성현들이 그 궤적을 이어, 범인을 인도하고 사물을 제어함이 달이 비추어 임하는 것과 같다. 이러한 의미와 이유로 ‘인도’라고 부른다(詳夫天竺之稱, 異議糺紛, 舊云身毒, 或曰賢豆, 今從正音, 宜云印度. 印度之人, 隨地稱國, 殊方異俗, 遙舉總名, 語其所美, 謂之印度. 印度者, 唐言月. 月有多名, 斯其一稱. 言諸群生輪迴不息, 無明長夜莫有司晨, 其猶白日既隱, 宵燭斯繼, 雖有星光之照, 豈如朗月之明. 苟緣斯致, 因而譬月. 良以其土聖賢繼軌, 導凡御物, 如月照臨. 由是義故, 謂之印度).”

현장의 설명은 현응(玄應)의 『일체경음의』(C.1163, 권2, 842a)에서도 확인되는 만큼, 7세기 ‘인도’ 명칭에 대한 중국인들의 이해를 가늠해 볼 수 있다. 여기의 ‘현두[ɣien-dʱə̯u](賢豆)’란 표기는 수나라 달마급다(達摩笈多)가 7세기 초에 번역한 『연생론(緣生論)』, 서문에서(T.1652, 482a), “대업 2년(606) 10월 남현두국(南賢豆國)의 삼장법사 달마급다가 죽은 역경법사 언종(彥琮)과 동도(東都)의 상림원에서 임읍(林邑, 베트남 북부)에 있는 현두(賢豆)의 산스크리트어본에 따라 수나라 말로 번역했다(大業二年十月, 南賢豆國三藏法師達磨笈多, 與故翻經法師彥琮, 在東都上林園, 依林邑所獲賢豆梵本, 譯爲隋言)”라고 하였다. ‘남현두국’에 달린 원주에는 “옛 명칭인 천축이 와전된 것이다(舊名天竺者訛也)”라는 설명이 보인다. 사실 ‘천축’에서 ‘현두’로의 변화는 짐작되지 않는다. ‘축’이든 ‘독(篤)’ 또는 ‘독(毒)’이든 종성으로 모두 ‘k’가 들어있고, ‘두(豆)’에는 종성 ‘k’가 들어있지 않다. 따라서 ‘인도[ʔi̯ĕn-dʱuo](印度)’가 와전된 형태로 읽어야 할 것 같다.

이 ‘인도’란 명칭은 산스크리트어로 바다를 의미하는 ‘신두(Sindhu)’, 즉 서방에 있는 큰 강과 그 제방의 나라를 지금도 ‘신드(Sindh)’라고 한다. ‘신두’는 페르시아어로 ‘힌두(Hundū)’로 불렸고, 이로부터 그리스인들과 라틴 사람들은 그들 민족을 '인도이(Ivδoì)', 그 강을 '인도스(Ivδός)', 그 제방을 따라 사는 사람들을 '인디케(Ivδική)'라고 불렀다고 한다(『Hobson-Jobson』, 433쪽). 여기 율(Yule)이 인용한 자료에 따르면(앞의 책, 436쪽), '인디케(Ivδική)'라는 명칭은 이미 기원전 300년경의 자료에서도 언급되어 있으므로 이로부터 우리는 '신독(身毒)'부터 '인도(印度)'에 이르는 표기들의 어원을 대략 복원할 수 있을 것이다. 따라서 현장의 설명대로 '인도'가 가장 정확한 표기라고 확인할 수 있다.

1225년 조여괄은 '천축국'을 기술했고, 인도 서북부 구자랏인 호다랄(胡茶辣), 히어트와 록힐이 말라바르로 추정하는 남비국(南毗國), 퀼론인 고림국(故臨國), 그리고 촐라 왕국인 주련국(注輦國), 그리고 벵골인 붕가라국(鵬茄囉國) 등을 별도로 기술했다. 이는 현장이 "인도의 사람들은 지역에 따라 나라로 칭하여, 지방이 다르고 풍속이 다르므로, 거시적으로 전체 명칭을 들고, 그 아름다움을 일컬어 '인도'라고 한다"라고 한 설명과 부합한다.

한편 『방여승략외이』, 권3의 저자 손광우가 복제한 나왈경(羅曰褧)의 『함빈록』에도 '천축'을 필두로, 파라문(婆羅門), 고리(古里), 남인도 동부의 가이륵(加異勒), 쇄리(瑣里), 남인도 서부의 서양쇄리(西洋瑣里), 가지(柯枝), 대구남(大唄喃), 소구남(小唄喃), 소갈란(小葛蘭)이 기술되어 있고, 인도의 서북쪽으로 추정되는 감파리(甘巴里)를 별도의 항목으로 다루고 있다. 『함빈록』의 특이한 점은 조여괄이 '붕가라국'으로, 왕대연이 '붕가랄(朋加剌)'로 기술했고, 마환과 비신이 '방갈랄(榜葛剌)'로 기술한 벵골 왕국에 관한 정보가 여기 '천축'에 들어있다는 점일 것이다. 이는 나왈경의 시대 즉 16세기 후반의 '천축' 인식은 소위 '동인도'였음을 말해 주는 것 같다. 여기 언급된 나라들에 관해서는 『제번지역주』, 『도이지략역주』, 『영애승람역주』, 『성사승람역주』를 참고하시오.

천축은 신독국(身毒國)이라고도 한다. 땅은 사방 30,000여 리로, 중(中), 동(東), 남(南), 서(西), 북(北) 다섯 천축국으로 나뉜다. 바로 소위 오인도(五印度)이다. 각 나라에는 왕이 있고, 땅은 수천 리이다.

동천축은 부남(扶南), 점성(占城)과 이웃하고 있으나 소해(小海)를 사이에 두고 있다. 남인도는 대해가 끝이며, 서인도는 계빈(罽賓), 파사(波斯)와 접해 있고, 북쪽으로 설산(雪山)에 떨어져 있으며, 사방이 모두 산이다. 다만 남쪽만 계곡 하나로 통하는데, 국문(國門)이다. 중인도는 네 인도의 가운데를 차지하고 있으며, 별도의 성 수십 개가 있는데, 모두 장(長)을 두었고, 수십의 별개 나라에는 왕을 두고, 사위(舍衛), 파라내(波羅奈)인 가시(伽尸), 가비려(伽毗黎), 소마려(蘇摩黎), 근시리(斤施利), 마가타(摩伽陀), 파라문(婆羅門), 파려(婆黎) 등의 나라가 있는데, 모두 중천축에 속한다. 그리고 네 천축도 각기 수십의 속국을 가지고 있는데 *[다 기록하기 어렵다(難以盡紀矣)]*.

한나라 장건(張騫)이 촉포(蜀布)와 **공죽장(邛竹杖)**을 본 이래로, '신독(身毒)'이란 명칭이 처음 중국에 알려졌다. *[마침내 백옥으로 이어 만든 말고삐, 마뇌석(馬腦石)로 만든 굴레, 백광의 유리로 안장을 헌상했는데, 안장은 암실에 두어도 항상 대낮처럼 빛이 10여 장 비추었다. 이로부터 장안에 안장과 고삐를 화려하게 장식했으며 다투어 새기고 치장했는데, 신독이 헌상하면서 시작되었다(遂獻白玉連環羈, 馬腦石爲勒, 白光琉璃爲鞍, 鞍在暗室中, 常照一十餘丈如晝日. 自是長安盛飾鞍韉, 競加雕鏤, 由身毒之獻始也)]*.[1] 그 후 대월지(大月氏)의 귀상(貴霜) 왕에게 멸망하여 결국 월지(月氏)에 속했다. *[화제와 환제 시기에 다시 사신을 보내 공헌했다(至和桓時, 復遣使貢獻)]*. 세전(世傳)하여 **명제(明帝, 57~75년 재위)가 꿈에 금인(金人)을 보고 천축에 사신을 보내 불(佛)을 구했다**. 이에 불교가 중국에 그 그림과 형상이 전해졌다. 초왕(楚王) 영(英)이 그 불법[述]을 신봉했고, 환제(桓帝, 148~168년 재위)는 신(神)을 좋아하여 여러 차례 부도(浮屠)와 노자(老子)에 기도했으며, 백성 중에도 조금씩 믿는 사람

---

1) 이 정보는 『서경잡기(西京雜記)』(사고전서본, 권2, 2b)에 "무제 때 신독국이 옥을 이은 말고삐를 헌상했는데, 모두 백옥으로 만든 것이었다. 마노석(瑪瑙石)으로 굴레를 만들었고, 백광의 유리로 안장을 만들었는데, 그 안장은 암실에 있어도 항상 빛이 10여 장 대낮처럼 비췄다. 이로부터 장안 사람들은 화려하게 안장과 말을 꾸미고, 다투어 새기고 치장했다(武帝時, 身毒國獻連環羈, 皆以白玉作之. 瑪瑙石爲勒, 白光琉璃爲鞍, 鞍在闇室中, 常照十餘丈如晝日. 自是, 長安始盛飾鞍馬, 競加雕鏤)"라고 한 문장을 채록한 것이다.

이 생겨나, *[마침내 성해졌다(遂轉盛)]*. 위진(魏晉) 시기에 더는 통하지 않았다. 오나라(229~280) 때 부남(扶南) 왕 범전(范旃)이 사신 소물(蘇勿)을 그 나라에 보내자, 천축의 왕은 놀라 "바닷가는 아주 먼데, 그래도 사신이 왔구나(海濱極遠猶有使者來乎)"라고 하며 곧바로 사신 진송(陳宋) 등을 보내 월지(月氏)의 말 4필로 범전에게 보답했다. *[간 지 4년이 되어서야 돌아왔다. 이때 오나라는 중랑장 강태(康泰)를 부남에 사신으로 보냈는데, 진송(陳宋) 등을 만나보고, 천축의 토속에 관해 물으니, 그 나라 사람들은 순박하고 크며, 땅은 비옥하고 풍요롭고, 왕을 '무론(茂論)'이라 부르며, 풍습이 여전히 화려하며 대체로 중화의 풍이 있다고 하였다(往四年方得還國. 是時, 吳遣中郎康泰使扶南, 及見陳宋等, 具問天竺土俗, 言, 其國人淳龐, 土沃饒, 王號茂論, 習尙靡麗, 大有華風)].*[2] 송 문제 원가(元嘉, 424~453) 시기에 천축의 속국 가비려(伽毗黎)의 국왕 월애(月愛)가 사신을 보내 표문을 받들어[奉表] 금강지환(金剛指環), 마륵(摩勒), 금환(金環), 보물, *[적앵무, 백앵무 각 한 마리(赤白鸚鵡各一)]*를 헌상했다. 명제(明帝, 465~472년 재위) 때 다시 사신을 보내와 그 사신을 건위장군(建威將軍)으로 삼았다. *[이후 소마려국, 근타리국, 파려국이 모두 조공을 들였다(以後蘇摩黎國·斤陁利國·婆黎國俱入貢矣)]*.

양나라 무제 천감(天監, 502~519) 초에 천축왕 굴다(屈多)가 사신 장사(長史) 축라달(竺羅達)을 보내 표문을 바치고 유리타호(琉璃唾壺), 잡다한 향, 길패(吉貝)[3] 등의 산물을 헌상했다. [북]위나라 선무제(499~515년 재위) 시기에 남천축이 사신을 보내 준마를 헌상하며 자기 나라에서는 사자(獅子), 초(貂), 표(豹), 휘(獐), 탁타(橐駝), 서상(犀象)이 나며, *[운모와 같으며 자주색으로 그것을 펴면 매미 날개처럼 얇으며, 포개면 비단을 겹쳐 놓은 듯한(如雲母而紫色, 列之則薄如蟬翼積之則如紗縠之重沓)]* 화제

2) 이 정보는 『양서』, 권54, 「해남제국·중천축국」(798쪽)에 상세하다. 번역문은 '중국정사외국전DB'를 참고하시오.

3) 앞의 『양서』에는 '고패(古貝)'로 되어 있다.

(火齊)가 있고,[4] *[자석영과 비슷한데 수백 번 단련해도 없어지지 않으며 옥 같은 것을 자를 수 있는 금강(金剛)이 있으며(有金剛似紫石英, 百練不消, 可以切玉餘)]*,[5] 대모(玳瑁), 낭간(琅玕), 여러 향, 기물이 있는데, 이루 다 기록할 수 없다고 했으며 대진(大秦), 안식(安息), 부남(扶南), 교지(交趾)와 왕래하며 교역한다고 했는데, *[아마도 서번(西番)의 큰 중심지일 것이다(蓋西番之一大都會也)]*.

수나라 양제(604~617년 재위)는 사신 배구(裴矩)를 보내 서역의 여러 나라와 통교했지만, 천축과 불름(佛菻)이 오지 않은 것을 한스럽게 여겼다(不至爲恨). *[당나라 무덕 연간에 나라가 크게 혼란하여 천축의 왕 시라일다가 군대를 이끌고 싸울 때, 코끼리의 안장을 풀지 않도록 하고, 병사들의 갑옷을 벗지 않게 하면서 네 천축을 격파하자, 모두 신속했다(唐武德中, 國中[中國]大亂, 天竺王尸羅逸多勒兵戰, 象不弛[馳]鞍, 士不釋甲, 因破四天竺, 皆北面臣之)]*.[6] **당나라 승려 현장(玄奘)**이 이 나라에 가자, 시라일다(尸羅逸多)가 불러 "너의 나라에 성인이 나타나 '진왕파진악(秦王跛[破]陣樂)'을 지었다고 하는데, 나에게 그가 어떤 사람인지 한번 말해주시오(而國有聖人出, 作秦王跛[破]陣樂, 試爲我言其爲人)"라고 하여, 현장이 태종의 신무(神武)함과 사이(四夷)가 복종한 상황을 대강 말해주자, 왕은 기뻐하며 "내가 동쪽을 향해 그에게 인사해야겠노라(我當東面朝之)"라고 하였다. 정관(貞觀, 627~649) 연간에 사신을 보내와 서신을 올리자, 황제는 [운]기위(雲騎尉) 양회경(梁懷璥)에게 부절을 들고 가, 사라일다를 위로하도록 했다. [그는] 놀라며 [그] 나라 사람들에게 "옛날부터 마하진단(摩訶震旦)의 사신이 우리나라에 왔던가(自古亦有摩訶震旦使者至吾國乎)"라고 물으니 모두 "없다"라고 했다. 마하진단(摩訶震旦)은 중국어로 중국을 말한다. 왕은 [중국 사신을] 맞이하러 나와 머리에 손을 모아 절하며 조서를 정수리까지 받들었다. 보낸 사신에 딸려 입조하여 **화주(火珠)**, 울

4) '화제(火齊)'에 관한 설명은 『양서』, 권54, 「해남제국·중천축국」(797쪽)에서 가져왔다.

5) '금강(金剛)'에 관한 설명은 『구당서』, 권198, 「서융·천축국」(5306쪽)에서 채록했다.

6) 이 정보는 『신당서』, 권221상, 「서역·천축국」(6237쪽)에 근거했다.

금(鬱金), 보리수(菩提樹)를 헌상했다.

얼마 뒤 당나라는 장사(長史) 왕현책(王玄𧶠策)을 그 나라에 사신으로 보냈다. 마침 시라일다(尸羅逸多)가 죽고 나라 사람들이 혼란하여, 그의 신하 아라나순(阿羅那順)이 스스로 자리에 올라 군대를 일으켜 왕현책을 저지했다. *[당시 그를 따른 기병은 불과 수십 명으로 패전하여 모두 몰살되었다(時從騎才數十戰敗皆沒)]*. 왕현책은 토번(吐番) 서쪽 변경으로 도망쳐 격문으로 이웃 나라들의 군대를 불렀다. 토번은 군사 1,000명을 보내왔고, 니파라(尼波羅, 네팔)는 7,000 기병을 보내왔다. 왕현책은 군대를 나누어 다박화라성(茶鎛和羅城)【중천축 항하(恒河, 갠지스강) 가에 있다】으로 진군하여 사흘 만에[7] 마침내 아라나순을 사로잡아 대궐에 포로로 호송하여 왕연책을 조산대부(朝散大夫)로 발탁했다. *[방사 나라미파사매(那羅邇婆娑寐)를 얻었는데, 자신은 나이가 200살이며 죽지 않는 술법이 있다고 했다. 황제는 객사를 옮겨주고 단약을 만들게 했다. 사신들이 기이한 약과 특이한 돌을 달려가 채집했지만, 뒤에 그 술법에 효과가 없었다. 결국 장안에서 죽었다(得方士那羅邇婆娑寐, 自言壽二百歲, 有不死術. 帝改館, 使治丹. 遣使者馳採怪藥異石, 後術不驗, 竟死長安)]*.[8] 이때 마가타 왕국(摩伽陀國)이 파라수(波羅樹)를 헌상했고, 나게국(那揭國)이 방물을 헌상했으며, 오다국(烏茶𦯬國)이 용뇌향(龍腦香)을 헌상했고, 천축의 속국 대부분이 조공을 들였다.

---

7) 나왈경은 "사흘 만에 그들을 격파하고 참획(斬獲)한 사람을 헤아릴 수 없었다(三日破之, 斬獲無算)"라고 기술했다. 이는 『신당서』, 권221상, 「서역·천축국」(6238쪽)에 "사흘 만에 그들을 격파하고 3,000 수급을 참했고, 물에 빠져 죽은 사람이 10,000명이었다. 아라나순은 나라를 버리고 도주하여, 흩어진 군대를 다시 모아, 진을 쳤으나 장사인(蔣師仁)이 그를 사로잡고, 포로와 참수한 자들이 1,000명에 달했다(三日破之, 斬首三千級, 溺水死萬人. 阿羅那順委國走, 合散兵復陣, 師仁禽之, 俘斬千計)"라고 기술하고 있다. 자세한 상황은 '중국정사외국전 DB'를 참고하시오.

8) 이 기록 역시 『신당서』, 권221상, 「서역·천축국」(6238쪽)에 자세히 보인다. 그 방사의 이름은 '나라미사파매(那邏邇娑婆寐)'로 되어 있다.

오다국(烏茶[*]國)은 땅이 5,000여 리이고, 사람들은 금술(禁術)[9]에 능하다. 이 나라에는 신(神)이 있어, 토망(土蟒)으로 변하여 기근과 갈증을 구제하고, 또 **공작(孔雀)과 함께 차가운 샘물[滄泉]을 쪼아, 중생의 질병을 낫게 한다**고 하니 신비롭고 이상한 나라일 것이다.[10] 고종(高宗) 때 노가일다(盧伽逸多)는 오도(烏茶) 사람으로, 술법을 진상하여 회화대장군(懷化大將軍)에 제수되었다.[11]

천축의 법제로, 왕이 죽으면 태자가 세습하고, 나머지 아들은 모두 출가하여 승려가 되어 본국에 살지 않는다. 만수실리(曼殊室利)는 바로 그런 왕자로, 중국 승려를 따라 와, 태조(太祖, 960~976년 재위)가 상국사(相國寺)에 머물게 하였는데, 계율을 잘 지켜 도인(都人, 개봉 사람들)들의 신뢰를 받았다. *[시주받은 재물이 넘쳐나 사람들이 몹시 그를 질투했다. 그는 중국어를 이해하지 못했기 때문에, 거짓으로 그가 본국으로 돌아가고자 한다고 조서를 꾸며 내리자, 만수실리도 어찌할 수 없었다(財施盈溢, 衆頗疾焉. 以其不解唐言, 即僞爲詔求還本國, 詔下曼殊室利, 不得已)].* 남해 상인들을 따라 돌아간 뒤로 어디에서 죽었는지 모른다.[12] *[태평흥국 연간에 익주(益州)의 승려 광원(光遠)이 천축에 갔다가 그 왕 몰섭낭(沒徙曩)의 표문을 올렸는데, 그 표문에는 당나라 천자를 '지나(支那) 황제'라고 했다고 한다. 이로부터 밀달라(密怛羅), 법길상(法吉祥), 선칭(善稱) 등의 승려가 네 차례 알현하고 헌상했는데, 산스크리트어 경서[梵書]나*

9) 『신당서』, 권221, 「서역·마게타(摩揭它)」(6240쪽)에는 '금가술(禁架術)'로 되어 있다. 그의 출신은 동천축 오다(烏茶) 사람(東天竺烏茶人)이라고 하였다. 이로부터 '오다' 또는 '오도'는 동천축의 나라임을 알 수 있다.

10) 이 기록은 『함빈록』(1591년 서문이 있음) 이전 자료에서 찾을 수 없었다. 1609년 간행된 『삼재도회(三才圖會)』(북경대학 소장본, 인물13권, 21a)에는 '조복부국(鳥伏部國)'의 사람이 그려져 있는데, 그 설명에 따르면, "산신이 이곳에서는 토망(土蟒)으로 변하여 기근과 갈증을 구제하고, 또 공작과 함께 마시고 쪼는 창천(滄泉)이 있는데, 그것으로 사람들의 질병을 치유한다(山神於此化土蟒, 以濟饑渴. 又與孔雀飮啄, 有滄泉, 以愈衆疾)"라고 하였다.

11) 마지막 정보는 『신당서』, 권221상, 「서역·천축국」(6239쪽)에서 가져왔다.

12) 이 단락은 『송사』, 권490, 「천축국」(14103쪽)에 보인다.

사리[佛骨], 구리 이빨의 보살상을 헌상하여, 송나라 조정에서는 모두 허리띠[束帶]와 자주색 방포(方袍)를 하사했다(太平興國間益州僧光遠至天竺, 以其王沒徙曩表來上. 表稱唐天子爲支那皇帝云. 自是後僧密怛羅·僧法吉祥·僧善稱等, 凡四來朝獻, 或貢梵書, 或貢佛骨·銅牙菩薩像, 宋皆賜以束帶·紫方袍焉)].[13]

원나라 태조(太祖, 1206~1227년 재위)가 서역 정벌에 나서 회회국(回回國)을 멸하자, *[그 왕이 달아나다 죽어(其王走死)]*, 마침내 **서인도국으로 진군했을 때, 키가 수십 장(丈)이고, 뿔이 서우(犀牛)처럼 생겼으며, 사람의 말을 하는 큰 짐승을 만나, "이곳은 나의 세상이 아니니 속히 돌아가야겠다(此非帝世界, 宜速還)"라고 하자, 야율초재(耶律楚材, 1190~1244)가 "이것은 각단(角端)**[14]**이라 하는데,** 바로 모성(旄星)의 정령으로, 기이하여 범할 수 없습니다(此名角端, 乃旄星之精靈, 異不可犯也)"라고 하자 결국 군대를 돌려 돌아왔다.

우리 왕조 시대[我朝] 소납박아(沼[詔]納樸兒) 또한 인도의 하나이다. 영락(永樂, 1403~1424) 연간에 태감 후현(侯顯) 등이 조서를 가지고 가서 타이르자, 국왕 역불랄금(亦[一]不剌金)은 금은의 주장(柱杖) 두 사람에게 영

13) 이상의 정보는 『송사』, 권490, 「천축국」(14104~14106쪽)에 자세히 보인다. 번역문과 주석은 '중국정사외국전DB'를 참고하시오.

14) '각단(角端)'은 사마상여(司馬相如)의 「자허부(子虛賦)」에 '기린(麒麟)'과 함께 처음으로 언급되었다. 장읍(張揖)의 주석에 따르면, "각단은 소와 비슷한데, 그 뿔로 활을 만들 수 있다(角端似牛, 其角可以爲弓)"라고 하였고, 곽박(郭璞)은 "돼지와 비슷한데, 뿔이 코 위에 있어, 가운데 부분으로 활을 만든다(角端似豬, 角在鼻上, 中作弓)"라고 설명했다. 이들 설명에 대해 안사고(顏師古)는 곽박의 설이 맞다고 확인했다(『한서』, 권57상, 「사마상여열전」, 2556쪽). 아마도 코뿔소를 지칭하는 것 같다. 인도 공략을 만류하는 야율초재의 설명은 『원사』(권146, 「야율초재열전」, 3456쪽)에 다음과 같이 보인다. "이 상서로운 짐승은 '각단'이라 하는데, 사방의 말을 하고, 생명을 좋아하고 살생을 싫어합니다. 이는 하늘이 부적을 내려 폐하께 알려주는 것입니다. 폐하는 하늘의 맏아들이시니, 천하의 사람들은 모두 폐하의 자식입니다. 바라건대 천심을 받들고 백성의 생명을 보전하소서(此瑞獸也, 其名角端, 能言四方語, 好生惡殺, 此天降符以告陛下. 陛下天之元子, 天下之人, 皆陛下之子. 願承天心, 以全民命)."

접하게 했다. 주장(柱杖)은 그 나라 대신을 부르는 말이다. *[이르자 그 왕은 조서에 절하고 조아려 감사함이 매우 공손했다. [의례가] 끝나자, 대전의 바닥에 양탄자[絨毯]를 깔고 우리 사신들을 대접했고, 우리 군사들에게는 연회를 베풀며 소와 양을 구워 주었다. 술은 금하지 않았으나 성정을 어지럽힐지도 몰라 장미수와 향긋한 꿀물을 섞어 마셨다. 잔치가 끝나자, 또 정사, 부사, 그리고 여러 관병에게 금은의 바리[盔], 작은 상자[匣], 병, 동이[盆], 잔, 덮개 등의 물품을 차등에 따라 주었다. 이어서 황금 통에 은으로 만든 지면에 쓴 표문을 넣어, 후현 등의 사신에 딸려 사신을 보내며 방물을 공헌했다(至則其王拜詔叩謝甚恭, 及畢, 鋪絨毯於殿地, 待我天使, 宴我天兵, 燔炙牛羊, 禁不飲酒, 恐亂其性, 惟以薔薇露和香蜜水飲之. 宴畢, 復贈正使·副使及諸官兵金銀盔·甲·瓶·盆·盞·蓋等物有差. 尋置金筒銀葉表文, 遣使隨顯等, 貢獻方物)].*[15]

또 방갈란(榜葛蘭, 방글라)이 있는데, 서천(西天) 동인도이다. **영락 6년(1408)에 국왕 애아사정(靄牙思丁)이 사람을 보내 조공했다**. 12년(1414) 왕 새불정(賽^蹇弗丁)이 기린(麒麟)을 바쳤다. *[예부에서 경하의 표문을 올릴 것을 청하자, 상은 "경들은 단지 마음을 다해 다스림을 도와 천하를 은혜롭게 해야 하거늘, 천하가 이미 안정되어, 기린이 없어도 다스림에 해가 되지 않는다"라고 하였다. 이렇게 경하가 없어진 이후로 두 나라는 오래 공헌하지 않았다(禮部請上表賀, 上曰, 卿等但當竭心輔治, 以惠天下, 天下既安, 雖無麒麟, 不害爲治. 其免賀以後, 二國久不通貢)].*[16]

이곳의 땅은 광활하고 사람들은 조밀하며 재물이 풍부하다. 시장에서는 은 주화, 해파(海𧴩)를 사용한다. 농사를 잘 지어 1년에 두 번 수확한다. 왕이 사는 곳은 매우 화려하고, 예법이 엄격하다. 남녀 모두 검다. **남자는 삭발하고 흰 베로 싸맨다**. *[몸에는 머리부터 아래로 겹쳐 입으며, 아래*

15) 손광우가 채록하지 않은 이 정보는 나왈경이 비신(費信)의 『성사승람』, 벵골[榜葛剌] 조목에서 채록한 것으로 보인다. 자세한 상황은 『성사승람역주』, 262쪽을 참고하시오.

16) 이 정보는 『함빈록』 이전 자료에는 보이지 않는다. 17세기 유여집(兪汝楫)의 『예부지고(禮部志稿)』(사고전서본, 권2, 29b)에 보이는데 여기 나왈경의 기술을 채록한 것으로 보인다.

는 *수건으로 두른다(身服從頭套下, 下圍以帨)*. 여인들은 짧은 적삼을 입고 아래는 색포(色布)나 사면(絲綿)을 두르며 연지나 분을 바르지 않는다. *[아리따운 것은 나면서부터 희기 때문이다(惟嬌艶者生而白色耳)]*. 귀에는 보석 세공품[寶鈿]을 늘어뜨리고, 목에는 목걸이를 걸며 손목에는 금팔찌를 차고 손과 발에는 반지를 낀다. *[아주 볼만 하다(甚可觀也)]*.

전하는 바에 따르면, **이전 사람들의 성품은 사나워** 싸우다 죽는 것을 길리(吉利)로, 선종(善終)하는 것을 불상(不祥)으로 여겼으나, **주나라 시대 노담(老聃)**이 그 포악함을 싫어하여 **관새를 나와** 그들을 교화하고 부도(浮屠)의 가르침을 만들어 안팎으로 일소하고, 형체를 손상하지 못하도록 하자 마침내 탁생(托生)하여 **불(佛)이 되게 하였다**. 노자의 도를 계속 닦아 지금은 풍속이 매우 순박하고 아름다워져 *[서로 죽이거나 치지 않았다(不相殺伐)]*고 한다(傳言, 先時人性獷悍, 以戰死爲吉利, 以善終爲不祥, 至周老聃惡其强暴, 出關化之, *作浮屠法*, 令其內外剪除, 不傷形體, 後卒托生爲佛, *仍修老子之道*, 以故至今俗甚淳美).

[또한 문자가 있다. 교역에는 비록 만금이라도 가격이 정해져 공평하게 생각되면, 대체로 원망하거나 후회하지 않는다(亦有文字. 交易雖萬金, 亦價定量平, 略無怨悔)].[17] 조세는 10에 2를 거두고, 형벌에는 태형과 유배가 있다. 음양(陰陽), 의복(醫卜), 예기(藝技) 대체로 중국과 비슷하다.

한 부류의 사람들은 고기 음식을 먹지 않는다. **남편이 죽으면 아내는 재가하지 않고, 부인이 죽어도 남편은 다시 장가들지 않는다. 고아나 과부로 의지할 곳이 없으면, 온 마을의 사람들이 돌아가며 그들을 부양하고,** 수용되지 않으면 다른 마을에서 먹을 음식을 구해 주니 그 의로운 기상을 높이 살만하다.[18] 또한 항원(衏衏)이라는 여인들이 있는데, 인가의 잔치에

17) 손광우가 채록하지 않은 이 정보 또한 비신(費信)의 『성사승람』, 벵골[榜葛剌] 조목에서 채록한 것으로 보인다. 자세한 상황은 『성사승람역주』, 263쪽을 참고하시오.

18) 밑줄 친 기술은 손광우가 조금 고친 것으로 나왈경은 "그 의로운 기상이 이와 같다(其義氣如此)"라고 하였다. 이상의 정보 또한 비신의 『성사승람』에서 채록했다.

와서 술잔을 권하거나, 그들의 노래[番曲]를 부르거나 함께 춤을 춘다. 또 근초속로내(根肖速嚕柰)라는 사람들이 있는데 아마도 배우[優人]일 것이다. 그들은 온갖 연예[百戲]에 능하여 매일 인가로 가서 돈을 구한다[索錢].[19)]

산천으로 **성수(聖水)**【*[바람과 파도 멈추게 할 수 있어(能止風濤)]* 현지인[番人]들은 유리병에 그것을 담아가는데, 바람과 파도를 만나 그것을 뿌리면 그친다】가 있다.

토산으로 **두라금(兜羅錦)**【폭은 4~5척이고 두께는 5푼으로, 현지 말로 맥흑맥륵(驀黑驀勒)이라 한다】, **백수피지(白樹皮紙)**【매끄럽고 광택이 녹피(鹿皮) 같다】, **엄마륵(奄摩勒)**【향이 시지만, 맛은 좋다】, **초할우(稍割牛)**【뿔의 길이는 4~5척으로, 10일에 한 번 자르는데, 자르지 않으면 죽는다. 사람이 그 피를 마시면 500살을 살고 소도 그렇게 산다】, **칠기(漆器)**, **자기(磁器)**【매우 정교하다】가 있다.[20)]

이상 손광우의 뒤죽박죽 정보로 가득한 인도[天竺] 기술은 추재의 손에서 다음과 같이 요약되며 그 태생적 한계를 극복하지 못했다.

천축은 바로 신독국이다. 땅은 사방 30,000여 리이고, 동서남북 다섯 천축

---

19) 이상의 연예인에 관한 기술은 마환의 『영애승람』, 벵골[榜葛剌] 조목에서 채록한 것 같다. 자세한 사항은 『영애승람역주』(하, 168~170쪽)를 참고하시오.

20) 손광우는 산물을 기록하여 몇몇 산물을 생략하여, 여기에 『함빈록』의 기술을 다시 옮긴다. "그 산물로 세포(細布)【대여섯 가지가 있는데 귀천에 따라 다르다】, 두라금【위와 같음】, 백수피지【위와 같음】, 파라밀(婆羅密)【말[斗]만큼 크며 맛이 좋다】, 엄마륵(奄摩勒)【향은 시지만 매우 우수하다】, 초할우【위와 같음】, 용뇌향(龍腦香)【운모와 비슷하며 색깔은 얼음이나 눈 같다】, 사면(絲緜), 빈철(鑌鐵), 창도(槍剪)【매우 정교하며 예리하다】, 칠기(漆器), 자기(磁器)【모두 매우 정교하다】 등이 특이하다(其產細布【有五六樣, 貴賤不同】·兜羅錦【闊四五尺, 厚五分, 背面毳絨, 番名驀黑驀勒】·白樹皮紙【滑澤光潤如鹿皮然】·波羅密【大如斗, 味佳】·奄摩勒【香酸甚佳】·稍割牛【角長四尺, 十日一割, 不割則死. 人飲其血, 壽五百歲, 牛壽如之】·龍腦香【狀類雲母, 色如冰雪】·絲緜·鑌鐵·槍剪【極巧且利】·漆器·磁器【俱極精巧】爲奇)".

으로 나뉘어 있다. 한나라 장건(張騫)부터 중국과 처음 통교하여 명제 때에는 부처의 법을 구했다. 당나라 태종이 진현장(陳玄奘)을 보내 대승(大乘)의 법을 구했다. 원나라 태조가 서정(西征)할 때, 큰 짐승을 만나 사람들에게 "이곳은 제왕의 세계가 아니니 속히 돌아가야 한다"라고 하자, 야율초재(耶律楚材)가 "이것이 각단(角端)이다"라고 하여 결국 군대를 돌렸다. 명나라 영락 6년(1408) 기린을 바쳤다. 그곳은 땅이 넓고 사람이 조밀하며 재물이 풍부하고, 시장에서는 은전(銀錢)과 해파(海肌)를 사용하며 농사에 부지런하여 해마다 두 번 수확한다. 풍속에 남자들은 머리를 깎고 흰 베로 싸맨다. 여자들은 짧은 적삼을 입고 아래는 유색의 베를 두르며, 귀에는 보석 귀걸이를 하고, 목에는 목걸이를 걸며, 팔에는 금팔찌를 한다. 이전 시대에 사람들의 성정이 사나웠으나 노담(老聃)이 관새로 나가 그들을 교화하였다. 남편은 다시 장가들지 않고 부인도 다시 시집가지 않는다. 의지할 곳 없는 고아나 과부는 온 마을에서 부양한다. 신령한 새가 차가운 샘물[滄泉]을 쪼면 병이 낫는다. 그들 언어는 산스크리트어[梵]와 번어(番語)를 반반 사용한다.[21] 산천으로 총령(葱嶺),[22] 설산(雪山), 성수(聖水)가 있다. 산물로는[23] 두라금(兜羅錦), 백수피지(白樹皮紙), 엄마륵(奄摩勒), 초할우(稍割牛), 사자[獅], 코끼리[象], 각단(角端), 울금향(鬱金香), 공죽(邛竹), 공작(孔雀), 화제(火齊), 보석(寶石), 자기(磁器)가 있다(天竺卽身毒國也. 地方三萬餘里, 分東·西·南·北五天竺. 自漢張騫始通中國, 明帝求佛法. 唐太宗遣陳玄奘, 往求大乘法. 元太祖西征, 遇大獸, 人語曰, 此非帝王世界, 宜速還. 耶律楚材曰, 此角端, 遂班師還. 明永樂六年貢麒麟. 其地土廣人稠, 財物豐衍, 市用銀錢海肌, 勤農, 歲再收. 其俗男剃

21) 천축, 즉 오천축의 언어에 관하여, 나왈경은 아무런 언급도 하지 않았다. 추재가 추가한 이 정보는 정확하다. 다만 여기서 말하는 '번어(番語)'란 산스크리트 이외의 여러 언어 말하자면, 힌디어, 벵골어, 우르두어, 펀자브어 등등의 지방 언어를 말할 것이다.

22) '총령(葱嶺)'은 대체로 파미르고원을 지칭하는 용어였다. 나왈경이 언급하지 않은 총령의 범위는 인도 북부까지 펼쳐져 있으므로, 넣어도 크게 문제시될 것은 없다.

23) 추재가 언급한 인도의 산물은 자신의 저본에 보이는 내용에서 보태 넣은 것이다. 대체로 역대로 바친 조공품들이었다. 그러나 추재는 『함빈록』을 참고하지 못하여, 더 특징적인 인도의 산물들은 채록하지 못했다.

髮, 白布纏之. 女短衫, 下圍色布, 耳垂寶鈿, 項掛瓔珞, 腕金鐲. 先時人性悍, 老聃出關化之. 夫不再娶, 妻不再嫁. 孤寡無倚, 一村養之. 有神鳥, 啄滄泉而療病. 其語梵·番半之. 山川有葱蓅嶺·雪山·聖水. 物產則兜羅錦·白樹皮紙·奄摩勒勤·稍割牛·獅·象·角端·欝金香·邛竹·孔雀·火齊·寶石·磁器).

공죽 꽃 사이에서 공작이 울고,	邛竹花間孔雀啼,
울금향은 각단의 발굽에 흔들리네.	欝金香動角端蹄.
옷의 목걸이 은은한 빛 투사되어,	衣中瓔珞霞光射,
시원한 샘물 막 길어 화제를 씻네.	新汲滄泉沃火齊.

겹겹의 천축 성들 사방을 막아,	天竺重城鎭四邊,
중천축에는 제삼의 하늘이 있네.	中天竺在第三天.
두라금의 자리에서 항원들 춤추며,	兜羅錦席衎衎舞,
당나라 황제 해마다 내린 조서를 여전히 기념하네.	尙記唐皇賜詔年.

언제 옥부절로 불상을 물었던가.	何時玉節問金身,
자줏빛 상서로운 기운 서쪽에서 오니 덕화가 새롭네.	紫氣西來德化新.
남편과 부인들 재가하지 않고,	夫不再婚妻不嫁,
온 마을이 돌아가며 사방 궁핍한 사람 부양하네.	一村輪養四窮人.

'파라문(婆羅門)'은 힌두 사회 최상 카스트인 성직자나 학자인 산스크리트어 '브라마나(brāhmaṇa)'의 음역 표기로 알려져 있다. 이들은 직접 정치에 개입하지 않고 두 번째 계급인 크샤트리아를 내세워 통치한다. 따라서 특정 나라의 명칭으로 사용되지 않고, 그들이 최상위에 있는 나라를 범칭한다. 그 중심은 인도로 그들 문화가 미치는 곳은 어디나 파라문의 나라로 불릴 수 있다. 현장(玄奘)은 『대당서역기』(T.2023, 권2, 875b)에서 "인도의 인종과 성씨들은 여럿으로 나뉘는데, 그중 파라문(婆羅門)이 특별히 깨끗하고 높아, 그 고아한 명칭에 따라, 전하며 풍속이 되었으므로, 경계의 다름을 말하는 것이 아니라, 전체를 파라문의 나라[婆羅門國]이라 칭하는 것이다(印度種姓族類群分, 而婆羅門特爲淸貴, 從其雅稱, 傳以成俗, 無云經界之別, 總謂婆羅門國焉)"라고 설명한 말을 근거로 들 수 있다.

『방여승략외이』, 권3의 저자 손광우는 나왈경의 『함빈록』, 권3에 따랐다. 나왈경은 파라문(婆羅門)이 옛날 '사자국(師子國)'이라고 시작한다. 나왈경이 말하는 '사자국'은 스리랑카를 지칭한다. 스리랑카 역시 파라문의 나라이므로 크게 틀리지 않는다. 그러나 그는 '석란산(錫蘭山)'으로 권6(중국 국가도서관 소장본, 37b~38b)에서 스리랑카를 기술하고 있다. 따라서 여기의 '파라문' 기술은 분명 오류이다.

나왈경의 주된 참고 자료는 정효(鄭曉, 1499~1566) 『오학편·황명사이고』이다. 이 기록에는 '파라문'이란 나라는 보이지 않고 '파라(婆羅)'란 나라가 기술되어 있다(북경대학 소장본, 39a). "산을 등지고 바다에 임해 있다. 염불하고 소식하며 살생을 싫어하고 베품을 좋아한다. 영락 4년(1406) 물려가(勿黎哥)를 보내 조공해 와, 진주, 대모, 마노, 거거 등의 물품을 공헌하여, 왕과 왕비에게 문기(文綺)를 하사했다(負山面海, 念佛素食, 惡殺喜施. 永樂四年遣人勿黎哥來朝, 貢眞珠·玳瑁·瑪瑙·車渠等物, 賜王及妃文綺)"라고 하였다. 정보 대부분이 여기 '파라문' 기술에서 채록되었음을 알 수 있다.

정효의 기술을 참고한, 장황은 『도서편』(사고전서본, 권51, 90b~91a)에서 '파라'를 '파라문(婆羅門)'으로 표기하고, "바로 옛 사자국(師子國)으로, 서해의 가운데 있다. 가로세로 2,000여 리이며 인도[天竺]의 속국이다. [동]진 의희(義熙, 405~418)초에 옥으로 만든 불상을 바쳤고, 유송의 원가(元嘉), 양나라의 대통(大

通), 당나라의 총장(總章), 천보(天寶) 연간에 조공이 끊이지 않았다. 우리 왕조 영락 연간에 사신을 보내와 방물을 바쳤다. 그곳은 산을 등지고 바다에 임해 있다. 염불하며 소식한다. 풍속과 토산은 대략 천축과 같다(即古師子國, 在西海中. 延袤二千餘里, 天竺屬國也. 晉義熙初貢玉佛, 宋元嘉, 梁大通, 唐總章·天寶間, 朝貢不絕. 我朝永樂中遣使貢方物. 其地負山面海, 念佛素食, 風俗土產大略與天竺同)"라고 기술했다. 확실히 나왈경은 장황의 『도서편』의 기술에 따라 파라문을 '사자국'으로 판단하고 관련 기록을 사서에서 찾아 보완했다. 이 잘못된 정보를 손광우가 그대로 채록했고, 이를 추재는 요약했으니, 오류의 연속이 되었다.

결국 정효의 '파라(婆羅)'가 '파라문(婆羅門)'으로 와전된 것이다. 정효가 말하는 '파라(婆羅)'는 『대명일통지』(사고전서본, 권90, 27b)에 '파라국(婆羅國)'으로, "연혁으로 이전 시대에 상고할 것이 없다. 본조[명나라] 영락 4년(1406)에 국왕이 그의 신하 물려가(勿黎哥) 등을 보내 알현하고 방물을 바쳤다. 토산으로 진주(眞珠), 대모(玳瑁), 마노(瑪瑙), 거거(車渠)가 있다(沿革前代無考. 本朝永樂四年, 國王遣其臣勿黎哥等來朝, 并貢方物. 土產眞珠·玳瑁·瑪瑙·車渠)"라고 한 내용으로 확인할 수 있다.

다시 『명사』, 권323, 「외국·파라」(8378쪽)에서 "파라는 문래(文萊)라고도 하는데, '동양(東洋)'이 다하는 곳이자 '서양(西洋)'이 시작되는 곳이다. 당나라 시기에 '파라국'이 있었는데 고종(高宗, 649~683년 재위) 때 항시 조공을 들였다. 영락 3년(1405) 10월 사신을 보내 칙서와 채폐(綵幣)를 보내 그 나라 왕을 타일렀다. 4년 12월에 그 나라의 동왕과 서왕이 모두 사신을 보내 표문을 바치며 조공했다. 이듬해(1407) 또 조공했다(婆羅, 又名文萊, 東洋盡處, 西洋所自起也. 唐時有婆羅國, 高宗時常入貢. 永樂三年十月遣使者齎璽書·綵幣撫諭其王. 四年十二月, 其國東·西二王并遣使奉表朝貢. 明年又貢)"라고 하였다. 이 정보는 장섭(張燮)의 1617년 『동서양고(東西洋考)』의 문래(文萊) 기술에 따른 것이다(사고전서본, 권5, 16a). 여기 '문래(文萊)'는 보르네오섬의 브루나이를 가리킨다. 손광우는 파라문에 관해 다음과 같이 채록했다.

파라문(婆羅門)은 옛 사자국(師子國)으로, *[동진 시기에 통교했으며(東晉*

時通焉)], **천축의 속국이다**. 이곳은 *[서해 가운데 있으며(其地西海之中)]*, 가로세로 2,000여 리로 기이한 보물이 많이 난다. 사계절은 온화하고 **여름과 겨울의 다름이 없다. 오곡은 수시로 심고 계절이 따로 없다.** *[그 나라에는 옛날 사람은 없고, 단지 귀신이나 용이 사는 곳이었는데, 여러 나라의 상인들이 와서 교역할 때도 쉬이 그 모습을 드러내지 않고, 진귀한 보물에 해당하는 값을 밝혀두면, 상인들이 그 값에 따라 물건을 가져간다. 여러 나라의 사람들이 그곳이 낙토(樂土)라고 듣고 다투어 이르렀는데, 그 중 머물러 사는 사람도 있어 마침내 큰 나라가 되었다[其國舊無人, 止有鬼神, 有龍居之, 諸國商賈來共市, 易不見其形, 但珍寶明其所堪價, 商人依價取之. 諸國人聞其土樂, 因此競至, 或有停住者, 遂成大國]*.[1] [동]진(晉) **안제(安帝) 의희(義熙, 405~418) 초에 크기가 4척 2촌인 옥불상을 헌상했다.** *[오색이 깨끗하고 윤기가 났으며, 만든 형태가 매우 특이하여 사람이 만든 것 같지 않았다(五色潔潤, 形制殊特, 殆非人工)]*. 진·송(晉·宋) 시대를 거치며 **건강(建康) 와관사(瓦官寺)에 있었다.**[2] *[그 후 송나라 원가(元嘉, 424~453), 양나라 대통(大通, 527~529), 당나라 총장(總章, 668~670), 천보(天寶, 742~756) 연간에 조공이 끊어지지 않았는데, 바친 것으로 큰 진주, 금 세공품, 보석 목걸이 등의 물품이 있었다(其後宋元嘉, 梁大通, 唐總章·天寶間朝貢不絕, 獻有大珠·鈿金·寶瓔纓等物)]*.[3] 송나라 순화(淳化, 990~994) 연간에 사바국(闍婆國, 자바)의 사신이 와서 말하기를 "그들 이웃 나라 중에 파라문이 있는데, **그들은 사람의 마음을 알 수 있는 좋은 방법이 있어, 어떤 사람이 상대에게 위해를 가하려는 자를 모**

---

1) 이상은 『양서』, 권54, 「해남제국·사자국」(800쪽)에서 발췌했다. 이러한 교역 상황은 조여괄이 『제번지』 대진국(大秦國) 기술에서 언급한 '귀시(鬼市)'를 떠올리게 한다. 자세한 것은 『제번지역주』, 162쪽과 비교하시오.

2) 이상의 정보도 『양서』, 권54, 「해남제국·사자국」(800쪽)에서 발췌했다.

3) 여기 언급된 헌상품들은 『신당서』, 권221하, 「서역·사자(師子)」(6258쪽)에서 "총장 3년(670), 사신을 보내와 조공했다. 천보초에 왕 시라미가가 사신을 보내 큰 진주, 금 세공품, 보석 목걸이[寶瓔], 코끼리 이빨, 백첩(白氎)을 바쳤다(總章三年, 遣使者來朝. 天寶初, 王尸羅迷迦再遣使獻大珠·鈿金·寶瓔·象齒·白氎)"라는 기록으로 확인할 수 있다. 따라서 『함빈록』의 '보영(寶纓)'은 '보영(寶瓔)'으로 읽어야 할 것 같다.

두 미리 알 수 있다(其隣國有婆羅門者, 其人善法察人情, 人欲相危害者, 皆先知之)"라고 하였다. *[대관(大觀, 1107~1110) 연간에 파라문이 사신을 보내 와 조공하여 조서로 교지(交趾, 통킹)처럼 예우하게 했다(至大觀中, 婆羅門遣使來貢, 詔禮之如交趾)]*. 우리 왕조 영락(永樂, 1403~1424) 연간에 사신을 보내 진주(珍珠), 대모(玳瑁), 마노(瑪瑙), 거거(車渠) 등의 물품을 헌상하여, 왕과 왕비에게 문기(文綺)를 하사했다. **이곳은 산을 등지고 바다를 향해 있다**. *[염불하며 소식한다(念佛素食)]*. **풍속*[과 토산은 대략]* 천축과 같다**.

이상의 파라문 기술에서 추재는 다음과 같이 요약하여 자신의 텍스트를 만들었다.

파라문은 옛 사자국으로 천축의 속국이다. 불경에서 말하는 반야바라문(般若婆羅門)이 이곳이다.[4] 동진 안제(安帝) 때 옥불상을 헌상했는데 [그것은] 건강(建康) 와관사(瓦官寺)에 있다. 그곳은 산을 등지고 바다를 향해 있으며 겨울과 여름의 차이가 없다. 오곡은 사람에 따라 달리 심는데 정해진 때가 없다. 그 사람들은 마음을 살피는 좋은 법이 있어, 사람이 상대를 위협하거나 해치려 하면, 즉시 먼저 안다. 풍속, 언어, 물산은 천축과 같다(婆羅門古師子國, 天竺屬方也. 佛書所云般若婆羅門卽此. 晉安帝時獻玉佛, 在建康瓦官寺. 其地負山面海, 無冬夏之異. 五谷種隨人而不節時. 其人善法察情, 人相危害, 輒先知. 其俗·言語·物產, 與天竺同).

와관사 옥불상 남조 때 들어왔고,	瓦官玉佛入南朝,
낙토의 백성들 너그러운 법에 뛰어나네.	樂土人民善法饒.[5]
일찍이 석가모니의 꽃비가 내리는 세계로,	曾是牟尼花雨界,
사시사철 좋은 곡물 절로 싹을 틔우네.	四時嘉谷自生苗.

4) 밑줄 친 정보는 추재가 추가한 것으로 불경(佛經) 어디에서 '반야바라문'은 보이지 않는다. 추재의 상상일 것이다.

5) 여기의 '요(饒)'자는 훤히 안다는 의미의 '효(曉)'자로 읽어야 할 것 같다.

[13] 역력파력(亦力把力刀)

『방여승략외이』 제3권의 저자 손광우는 나왈경의 『함빈록』 권3의 기록을 약간 줄여 채록했다. 나왈경은 역력파력(亦力把力)을 한나라 시기의 쿠차[龜茲]로 특정하고, 원나라 이전의 정보들은 모두 사서에서 보이는 구차 기록을 채록하여 기술했다. 원나라부터의 기록은 나왈경의 주된 참고서였던 정효(鄭曉, 1499~1566) 『오학편·황명사이고』(북경대학 소장본, 권하, 36b~37a)을 활용했다. 실제 그 나라에 관한 기술은 진성(陳誠)의 『사서역기(使西域記)』, 또는 『서역번국지(西域番國志)』의 기술을 채록했다. 나왈경이 역력파력을 쿠차로 특정한 것은 정효의 기술에 따른 장황의 『도서편』(사고전서본, 권51, 60a~61a)에 근거했다.

먼저 정효는 "역력파력은 사막 사이에 있는데, '언기(焉耆)'라고도 하고 '구자(龜茲)'라고도 한다. 원나라 때 '별실팔리(別失八里)'라 부르고, 마합목(馬哈木)을 이곳에 봉했다. 홍무 24년 국왕 흑적아화자(黑的兒火者)가 사람을 보내 말을 바쳤다. 영락 4년(1406)에 왕 사미사간(沙迷査干)이 사람을 보내 옥돌[玉璞]을 바쳤다. 12년(1414) 진이부(陳吏部)[陳誠]가 이 나라에 사신으로 갔다. 16년 두목 속가극랄만랄(速哥克剌滿剌)이 알현해 와 이르기를 '왜사(歪思)가 그의 종형 왕을 시해하자, 납흑실지한(納黑失只罕)이 자립하여 왕이 되어, 나라를 서쪽으로 옮기고 '역력파력'이라 고쳐 불렀다고 하였다. ⓐ정통 2년(1437) 왕 야선부화(也先不花)가 사람을 보내 옥돌, 낙타, 말을 바쳤다. 경태 3년(1452) 사람을 보내와 조공했다. 천순(天順, 1457~1464) 이래로 조공이 끊이지 않았다. ⓑ그 나라에는 성곽이나 궁실이 없고, 수초를 따라 유목하며, 천막[帳房]을 치고 양탄자[氈罽]를 [깔아], 춥거나 덥거나 해도 땅에 앉고 눕는다. 그 왕은 작은 덮개를 쓰고, 가마우지 깃[鵚鶖]을 비녀로 꽂으며, 민소매 적삼을 입고, 머리는 자르고 귀를 뚫었다. 음식으로 고기와 유락(乳酪)을 먹으며 검은 기장[穄]과 밀을 먹기도 한다. 털로 베를 만든다. 눈과 서리가 많은데, 평지에는 여름과 가을이 대체로 따뜻하며, 깊은 산과 큰 골짜기에는 유월에도 눈이 날린다. 풍속은 사납고, 입고 먹는 것들은 더러우며, 상하의 기율이 없다. 그곳 산으로 백산(白山)과 총령(葱嶺)이 크고, 열해(熱海)가 있지만 기후는 항상 '춥다'. 구리[銅], 철, 납[鉛], 자황(雌黃), 호분(胡粉), 말, 낙타, 이우(犛牛), 공작(孔雀), 모직물[氍毹], 아위(阿魏), 백첩포(白氎布)가 난다(亦力把力, 在沙漠間, 或曰焉耆, 或曰龜茲. 元時名別失八里, 馬哈木封於此. 洪武二十四年國王黑的兒火者遣人貢馬. 永樂四年, 王沙迷査干千遣人貢玉璞. 十二年陳吏部

使其國. 十六年頭目速哥克剌滿剌來朝, 言, 歪思弑其從兄王, 納黑失只罕自立爲王, 徙其國西去, 更號亦力把力. 正統二年, 王也先不花遣人貢玉璞·駝·馬. 景泰三年, 遣人朝貢. 天順以來入貢不絶. 其國無城郭宮室, 逐水草住牧, 設帳房氈罽, 寒暑坐臥於地. 其王戴小罩剌簪鵝翎, 衣禿袖衫, 削髮貫耳. 飲食肉酪, 或食䅟麥. 爲毛布. 多雪霜, 平曠之地, 夏秋略暖, 深山大谷, 六月飛雪. 俗獷戾, 服用汚穢, 上下無紀律. 其山白山·葱嶺爲大, 有熱海, 然氣候常寒. 産銅·鐵·鉛·雌黃·胡粉·馬·駝·犛牛·孔雀·氍毹·阿魏·白氎布)"라고 기술했다.

ⓐ의 정보는 나왈경이 매우 축약하여 채록했다. 『명사』, 권332, 「별실팔리(別失八里)」(8608쪽)에 따르면, 야선부화(也先不花)는 왜사의 아들로, 정통 10년(1445)에 죽었다. ⓑ의 정보는 진성(陳誠)의 기록을 채록했다. 『학해류편(學海類編)』본 『사서역기(使西域記)』(5b~6a)에서는 역력파력(亦力把力) 또는 별실팔리(別失八里)도 아닌 '마합마(馬哈麻)'로 표기하고, "'마합마'는 원(元)의 후예들로 습봉(襲封)되어 이곳에 살았다. 성곽과 궁실이 없고, 수초를 따라 유목한다. 군주는 천막을 설치하고 양탄자[氈毯]를 깔고, 추우나 더우나 그 위에서 앉고 눕는다. 그 왕은 작은 조랄(罩剌) 모자를 쓰고, 가마우지나 비둘기 깃을 꽂으며 민소매 적삼을 입고, 머리털을 자르고 귀를 뚫었다. 부녀들은 흰색[천]으로 머리를 싸매고 목을 두르며, 좁은 소매 옷을 입는다. 음식은 고기와 유락(乳酪)을 먹으며 간혹 면도 먹는다. 술은 양조하지 않고 유즙(乳汁)을 마신다. 이따금 검은 기장과 밀을 심고, 우모(羽毛)의 베로 옷을 만든다. 그곳에는 송(松), 회(檜), 유(楡), 가는 잎의 오동나무가 있고, 여섯 가축 중에 소와 말이 가장 만다. 눈과 서리가 많아 날씨는 몹시 춥고, 깊은 산, 큰 골짜기에는 유월에도 눈이 날린다. 인성은 사납고, 군신 상하에 체통이 없다. 그 나라 사람들에게 물어보니, 옛날 강역은 동쪽으로 하미[哈密], 서쪽으로 사마르칸트[撒馬兒罕]에 이르렀으나 뒤에 티무르[帖木兒]의 부마에게 침탈되었고, 지금은 서쪽으로 탈홀마(脫忽麻), 북쪽으로 와랄(瓦剌)과 접해 있으며, 동남쪽으로 호탄[于闐], 아단(阿端, 호탄)에 이른다고 한다(馬哈麻者元之餘裔, 襲封居此. 無城郭宮室, 隨水草畜牧. 君則設帳鋪氈毯, 寒暑坐臥於上. 其王帶小罩剌帽, 簪鷲鴿翎, 衣禿袖衫, 削髮貫耳. 婦女以白裹首纏項, 衣窄袖衣. 飲食惟肉酪骼, 間食麵. 不釀酒, 惟飲乳汁. 間種䅟麥, 及羽毛布爲衣. 地有松·檜·楡·柳·細葉梧桐, 六畜牛·馬最廣. 多雪霜, 風氣極寒, 深[山]大谷, 六月亦飛雪. 人性獷戾,

君臣上下無體統. 詢其國人云, 故疆東連哈密, 西至撒馬兒罕, 後爲帖木兒駙馬侵奪, 今西至脫忽麻, 北與瓦剌相接, 東南抵于闐·阿端)"라고 하였다. 『서역번국지(西域番國志)』본으로는 저우롄관(周連寬)의 교주본(중화서국, 1991, 102쪽)을 참고하시오. 이로부터 우리는 정효의 출처를 확인할 수 있다. 하지만 실제 이곳에 다녀온 진성(陳誠)은 그곳을 '구자(龜茲)'로 특정하지 않았고, 정효 역시 판단하지 않았으며, 쿠차에 관련된 언급은 전혀 하지 않았다.

정효의 기록을 근거한 장황은 『도서편』(사고전서본, 권51, 60a~61a)에서, '역력파력'이 아닌 '액이파랍(額爾巴拉)'으로 표기하며, "액이파랍은 사막 사이에 있는데, 언기(焉耆)라고도 하고 구자(龜茲)라고도 한다. 한나라 선제(宣帝) 때 구자를 공략했다. 원강(元康, 291~299)초에 구자왕 강빈(姜嬪)이 공주의 딸과 함께 입조했다. 동한(東漢) 초에도 계속 조공했다. 진무제(晉武帝) 초에 아들을 보내 입시했다. 당나라 태종이 사이(社爾)를 보내 정벌하여 성을 무너뜨리고 그 왕을 잡았다. 뒤에 그곳은 구자도독부(龜茲都督府)가 되었다. 송나라 대중상부(大中祥符) 이후로 조공을 아홉 차례 들였다. 원나라 때 '파실백리(巴實伯里)'라 부르고 마합목특(瑪哈穆特)을 이곳에 봉했다. 홍무 24년 국왕 '합적이화작(哈迪爾和卓)'이 사람을 보내 말을 바쳤다. 영락 4년에 왕 사목찰간(沙木扎干)이 사람을 보내 옥돌[玉璞]을 바쳤다. 12년 진이부(陳吏部)[진성]가 이 나라에 사신으로 갔다. 16년 두목 소갈극랍문랍(蘓噶克拉們拉)이 내조하여 이르기를 오소(烏蘓)가 그의 종형 왕을 죽이자, '납극실찰합(納克實扎哈)'이 스스로 왕위에 올라 나라를 서쪽으로 옮겨 가, '액이파륵(額爾巴勒)'이라 고쳐 달리했다. 정통 2년 왕 액삼포합(額森布哈)이 사람을 보내 옥돌, 낙타, 말을 바쳤다. 경태 3년 사람을 보내 조공했다. 천순(天順) 이래로 조공이 끊어지지 않았다. 그 나라에는 성곽이나 궁실이 없고, 수초를 따라 방목하며 산다. 여름과 가을은 대체로 따뜻하지만, 깊은 산과 큰 골짜기에는 유월에 눈이 날린다(額爾巴拉, 在沙漠間, 或曰焉耆, 或曰龜茲. 漢宣帝攻龜茲. 元康初, 龜茲王絳賓同主女入朝. 東漢仍朝貢. 晉武初, 遣子入侍. 唐大宗遣社爾伐之破城, 執其王. 後以其地爲龜茲都督府. 宋祥符以後入貢凡九. 元時名巴實伯里, 瑪哈穆特封於此. 洪武二十四年國王哈迪爾和卓遣人貢馬. 永樂四年, 王沙木扎干遣人貢玉璞. 十二年陳吏部使其國. 十六年頭目蘓噶克拉們拉來朝, 言, 烏蘓弑其從兄王, 納克實扎哈自立爲王, 徙其國西去, 更別額爾巴勒. 正統二年, 王額森布哈遣

人貢玉璞駝馬. 景泰三年, 遣人朝貢. 天順以來入貢不絶. 其國無城郭宮室, 逐水草住牧, 夏秋畧煖, 深山大峪, 六月飛雪)"라고 하였다. 장황은 확실히 정효의 텍스트에 근거하고 있지만, 고유 명칭들은 완전히 다른 표기를 보여준다. 장황도 『황명사이고』에서처럼 쿠차인지 특정하지 않았지만, 밑줄 친 정보들은 장황이 그곳을 쿠차로 보고 있음을 보여준다. 바로 이 정보를 더욱 사서에서 보완한 텍스트가 바로 『함빈록』의 역력파력(亦力把力)임을 알 수 있다. 정리하자면, 진성(陳誠)은 자신의 기록에서 '역력파력'의 위치를 소문에 따라 채록했지만, 이후 저자들은 그곳의 정확한 위치를 아무도 확인하려 하지 않았다. 어쨌든 역력파력은 액이파랍(額爾巴拉) 또는 액이파륵(額爾巴勒)으로도 표기되는 곳이며, 별실팔리(別失八里) 또는 파실백리(巴實伯里)의 서쪽에 있다는 점은 확인된다.

먼저 별실팔리(別失八里)를 추적하면 역력파력을 추정할 수 있을 것이다. 저우렌관 씨는 진성(陳誠)의 『서역행정기(西域行程記)』(중화서국, 1985, 103쪽)에서 진성이 기술한 별실팔리(別失八里) 즉 베슈발리크(Beshbalik)를 설명하며, "구장춘(丘長春)의 『서유기(西遊記)』에서 별실팔리는 별사마(鼈思馬)로 표기되었고, 야율초재(耶律楚材)의 『서유록(西遊錄)』에서는 별석파(別石把)로 표기되었다"라고 주석했다. 출처를 표기하지 않은 이 주석은 사실 브레트슈나이더의 연구를 훔친 내용이다.[1)]

먼저 『장춘진인서유기(長春眞人西遊記)』(도장본, 권상, 17a~18a)에 "[1221년] 8월 27일(9월 14일), 음산(陰山)의 북쪽에 이르자 회흘이 교외에 마중 나왔다. 작은 성의 북쪽에 이르자 추장이 포도주와 이름난 과일, 큰 빵, 훈총(渾葱)를 차려주고, 파사포(波斯布) 1척씩 찢어 주면서, '이곳 음산 남쪽으로 300리에는 카라호자[和州]입니다. 그곳은 매우 덥고 포도가 아주 많습니다'라고 하였다. 다음날 강을 따라 서쪽으로 가면서 작은 두 도시를 지났는데, 모두 사는 사람이 있었다. 당시 벼와 밀이 막 익을 때였고, 모두 샘물로 관개했는데, 가을이 되면 비가 매우 적게 내리기 때문이었다. 서쪽은 바로 별사마(鼈思馬) 대도시로, 왕, 관리, 주민, 승

---

1) Emil Bretschneider, 『Mediaeval Researches from Eastern Asiatic Sources』, London, I(1888), 15쪽과 65쪽.

려, 도사 등 수백 명이 위엄을 갖추고 멀리까지 마중 나왔다(八月二十七日, 抵陰山後, 回紇郊迎. 至小城北, 酋長設蒲萄酒及名果·大餅·渾葱. 裂波斯布人一尺, 乃言曰, 此陰山前三百里和州也. 其地大熱, 蒲萄至夥. 翌日, 沿川西行, 歷二小城, 皆有居人. 時禾麥初熟, 皆賴泉水澆灌, 得有秋, 少雨故也. 西即鼈思馬大城, 王官士庶僧道教數百, 具威儀遠迎)"라고 하였다.

한편 야율초재(耶律楚材)는 『서유록(西遊錄)』(『육경감총서(六經堪叢書)』본, 1b)에서 "금산(金山)의 남쪽 모퉁이에는 '별석파(別石把)'라는 위구르[回鶻] 성이 있다. 당나라 비석이 있었는데 한해군(瀚海軍)의 비석이라고 한다. 한해(瀚海)는 성의 서북쪽으로 수백 리에 있는데, 그 안에는 섬[嶼]이 있고 섬에는 모두 짐승과 새들의 깃과 털이 떨어지는 곳이다. 성의 서쪽으로 200여 리에는 윤대현(輪台縣)이 있는데, 당나라 비석이 그곳에 있다. 성의 남쪽으로 500리에는 화주(和州)가 있는데 당나라 고창(高昌)으로 '이주(伊州)'라도도 한다. 고창의 서쪽 3~4,000리에 오단성(五端城, 호탄)이 있는데 바로 당나라의 우전국(于闐國)이다. 오백옥(烏白玉)이 나는 두 강이 그곳에 있다(金山之南隅有回鶻城, 名曰別石把, 有唐碑, 所謂瀚海軍者也. 瀚海去城西北數百里. 海中有嶼, 嶼上皆禽鳥所落羽毛也. 城之西二百餘里有輪台縣, 唐碑在焉. 城之南五百里有和州, 唐之高昌也, 亦名伊州. 高昌之西三四千里有五端城, 即唐之于闐國也. 出烏白玉之二河在焉)"라고 기술했다.

장춘진인이 말하는 '음산(陰山)'은 톈산 지맥인 보로호로(Borokhoro) 또는 탈키(Talki) 산맥으로 쿨자(Kuldja)의 북쪽이고, 야율초재가 말하는 금산(金山)은 알타이산맥으로 두 지역은 거리는 최소 500km 이상이다. 그러함에도 불구하고 브레트슈나이더는 "베슈발리크(Bishbalih)를 말한다. 야율초재는 더 정확하게 '별석파(別石把)'라고 더 정확하게 표기했다. 옛날 몽골인들은 외래어를 발음할 때 종종 'b' 또는 'p'를 'm'과 혼동한 사실을 알 수 있었다. 몽골 출처에서 라시드 앗딘은 개봉부(開封府)를 카이 민 푸(kai-min-fu)'로 썼다. 마르코폴로도 '케멘푸(Kemenfu)'로 썼다"라고 하였다(Emil Bretschneider, 『Mediaeval Researches from Eastern Asiatic Sources』, London, I(1888), 66쪽). 이 발음상 전이는 당연히 그럴법하다. 그렇다면 '별사마(鼈[鱉]思馬)'와 '별석파(別石把)'가 같이 베슈발리크가 될 수 겠는가. '사[si](思)'와 '석[ziɛk](石)'자의 고음상 발음 차이와 거리상 차이는 어떻게 극복할 것인가. 결국 그의 주장대로라면 『원사』, 「지리지」(1569쪽)에 보이는 '별실팔리(別失八里)'의 '별실팔'만 음역 되었다는 말인데, 베슈발리크의 'lik'에 대응하는 음은 없는 것인가.

야율초재는 '별석파(別石把)'에서 서쪽으로 나아가며 "한해군(瀚海軍)을 1,000여 리 지나자, 부랄성(不剌城)이 있었는데, 딸린 읍이 3~5개였다. 부랄(不剌)의 남쪽에 있는 음산(陰山)은 동서로 1,000리이고 남북으로는 200리였다. 그 산꼭대기에 있는 둥근 못은 둘레가 70~80리쯤이었다. 둥근 못을 지나 남쪽 아래로는 모두 임금(林檎, 야생 사과) 나무로, 나무들이 무성하게 그늘을 드리워 해가 보이지 않았다. 음산을 빠져나오자, 아리마성(阿里馬城)이 있었다. 서역 사람들은 임금(林檎)을 지칭하여 '아리마(阿里馬)'라고 했는데, 성 외곽에는 온통 임금 정원이므로 이로 말미암아 그렇게 불렸다. 딸린 읍은 8~9개로, 포도와 배가 많았다. 오곡의 파종은 중원과 같았다(既過瀚海軍千餘里, 有不剌城, 附庸之邑三五. 不剌之南有陰山, 東西千里, 南北二百里. 其山之頂有圓池, 周圍七八十里許. 既過圓池, 南下皆林檎木, 樹陰蓊翳, 不露日色. 既出陰山, 有阿里馬城. 西人目林檎曰阿里馬, 附郭皆林檎園囿, 由此名焉. 附庸城邑八九, 多蒲萄·梨果. 播種五穀, 一如中原)"라고 기술했다(『육경감총서』본, 1b).

야율초재는 '별석파'에서 '음산'을 너머 '부랄(不剌)'에 이르렀다. 브레트슈나이더는 여기서 언급한 "부랄(不剌)은 틀림없이 라시드 앗딘이 언급한 '풀라드(Pulad)', 하이톤(Haithon)의 여정에 보이는, 사이람(Sayram) 호수와 멀지 않은, '풀라드(Phulad)'란 도시로, 루브릭의 볼라트(Bolat)이다"라고 설명했다(『Mediaeval Researches from Eastern Asiatic Sources』, London, I(1888), 17쪽). 바로 보르탈라(Bortala, 博尔塔拉)로 중가리아 분지 서남쪽에 있다. 이후 야율초재가 이른 곳은 '아리마성(阿里馬城)'이다. 브레트슈나이더는 이에 대해서 "아리마(阿里馬)는 의심의 여지 없이 13세기 페르시아 저자들의 알말릭(Almalik)이다. 현 쿨자에서 멀지 않은 곳에 있는 것으로 보인다. …'알마(Alma)'는 키르기즈와 다른 튀르크 언어에서 '사과'를 의미한다"라고 추정했다(앞의 출처). 여기 아리마성은 확실히 현 카자흐스탄 남동부의 '알마티'를 가리킨다.

한편, 브레트슈나이더는 『원사(元史)』, 「지리지·서북지부록(西北地附錄)」(1569쪽), 역랄팔리(亦剌八里)를 '역력파력(亦力把力)'의 다른 표기로 읽고 "이 명칭은 옛 지도에서 '일리(Ili)의 도시'라는 뜻인 '일리발리크(Ilibalik)'으로 나타나는 것 같다. 이곳은 알말리크(Almalik, 알마티)의 서남쪽에 보인다. 알말리크에서 서쪽으로 향하던 하이톤(Haithon) 왕은 일란-발렉(Ilan-Balēk)에 도착하여 일란(Ilan, Ili) 강을 건넜다. 이는 중세의 저자 중에서 이 명칭을 사용한 유일한 예인 것 같다. 이 도시는 분명 일리강, 쿨자(Kuldja)에서 타슈켄트까지 강을 가로지르는 장소 근처일 것이다. 일리스코예(Iliskoye) 자치구의 좌안에 있다"라고 하였다(Emil Bretschneider, 『Mediaeval Researches from Eastern Asiatic Sources』, II, London, 1910, 44쪽).

이처럼 '별석파'가 '베슈발리크'라면, 야율초재의 여정은 베슈발리크(지무싸얼)-보르탈라-알말리크(알마티)-일리발리크 순이다. 위의 정효의 『황명사이고』에서 "왜사(歪思)가 그의 종형 왕을 시해하자, 납흑실지한(納黑失只罕)이 자립하여 왕이 되어, 나라를 서쪽으로 옮기고 '역력파력'이라 고쳐 불렀다고 하였다"라는 기술이 보이는데, 이는 별실팔리[베슈발리크, 지무싸얼]에서 역력파력[일리발리크]으로 옮겼다는 말로 이해할 수 있다. 따라서 야율초재의 '별석파(別石把)'는 베슈발리크에 해당될 수 있지만, 장춘진인의 '별사마(鼈思馬)'는 베슈발리크와는 다른 곳으로 읽어야 한다.

다시 장황의 『도서편』과 나왈경의 『함빈록』으로 돌아가 이곳이 한나라 시기 쿠차[龜兹]로 특정한 것은 성립되지 않는다. 일리발리크는 알마티와 타슈켄트 사이에 있던 곳으로 추정할 수 있겠다. 이제 손광우가 채록한 역력파력(亦力把力)을 보자.

> **역력파력(亦力把力)는 한나라 시기의 구자(龜兹)이다.** 옛날 소제(昭帝)가 우미태자(杅彌太子)인 이름이 뢰단(賴丹)인 자를 교위(校尉)로 삼아 윤대(輪臺)에 둔전하게 했다. 윤대와 구자(龜兹)[2]는 서로 연접해 있어, 구

2) 여기 '구자(龜兹)'는 『전한서』, 권96하, 「거리(渠犂)」(3916쪽)에 거리(渠犂)로 되어 있다.

자의 귀인 고익(姑翼)이 왕과 공모하여 뢰단을 살해했다. 선제(宣帝, 기원전 73~기원전 48년 재위) 때, 상혜(常惠)가 오손(烏孫)에 사신으로 갔다가 돌아올 때, 여러 나라의 군대를 징발하여 구자를 치고 고익을 잡아 참수했다. 이 이야기는 「상혜전(常惠傳)」에 보인다. *[한나라는 후하게 하사품을 내리고 1년을 머물게 하여 돌려보냈다. 돌아간 뒤에도 자주 알현하고 경하했다. 이로부터 의복, 궁실, 시종, 방위[周衛], 출입, 전호(傳呼), 종고를 치는 법[撞鐘鼓]이 한나라처럼 예법에 맞았다(漢厚賜之, 留一年遣, 歸後數來朝賀. 自是衣服·宮室·侍從·周衛·出入·傳呼·撞鐘鼓, 如漢家儀然)].* **오손공주(烏孫公主)가 딸을 경사로 보내 고금(鼓琴)을 배우게 했다.** 한나라는 사신 악봉(樂奉)을 보내 공주의 딸을 호송하게 했는데, 구자를 지날 때 **구자왕이 공주를 머물게 하며 보내지 않다가 결국 그녀를 아내로 삼았다.** 원강(元康, 291~299) 초에 구자왕 강빈(絳賓)은 공주의 딸과 입조하여 자신이 **한나라의 외손 사위라고 했다.** 시종들과 주위(周衛)가 한나라처럼 예법에 맞았다. *[한나라는 후하게 하사품을 내리고 1년을 머물게 하여 돌려보냈다. 돌아간 뒤에도 자주 알현하고 경하했다. 이로부터 의복, 궁실, 시종, 방위[周衛], 출입, 전호(傳呼), 종고를 치는 법[撞鐘鼓]이 한나라처럼 예법에 맞았다(漢厚賜之, 留一年遣, 歸後數來朝賀. 自是衣服·宮室·侍從·周衛·出入·傳呼·撞鐘鼓, 如漢家儀然)].* **당시 호인(胡人)들은 모두 "나귀인데도 나귀가 아니고, 말이면서도 말이 아님이 구자왕 같다. 소위 '노새'로다(驢非驢, 馬非馬, 若龜茲王, 所謂贏也)"라고 하였다.** 강빈이 죽고 아들 승덕(丞德)이 자신을 한나라의 외손이라고 했다. 성제(成帝, 기원전 33~기원전 7년 재위)와 애제(哀帝, 기원전 27~기원전 1년 재위) 시기에 왕래가 더욱 잦았다. *[한나라는 그들을 대우함이 또한 아주 친밀했다. 왕망의 시대에는 [관계가] 끊어졌다. 동한 초 다시 통했으나 이후 통하기고도 하고 끊어지기도 했는데, 지속적인 군주가 없었다. 위문제(魏文帝)가 즉위하자[220년] 사신을 보내 공물을 바쳤다. 진무제(晉武帝, 265~290년 재위) 초에 자식들을 보내 입시했으나 상혜(常惠)의 난으로 조공이 끊어졌다(漢待之亦甚親密. 王莽時絶. 東漢初復通, 以後或通或絶, 無常主矣. 魏文帝卽位, 遣使貢獻. 晉武初遣子入侍, 及惠懷之亂, 朝貢絶矣)].*

[전]진(秦) 부견(符堅, 338~385)이 장수 여광(呂光)을 보내 서역을 정벌할 때, 구자에 이르자, 그 왕 백순(白純)은 보물을 싣고 달아났다. 구자성은 장안성과 같았다.[3] **궁실이 장려하고 낭간(琅玕)과 금옥(金玉)으로 장식했다.** 여광은 백순의 아우 백진(白震)을 왕으로 세우고 돌아왔다. *[백진 이후 단지(白震之後, 惟)]* [북]주나라 보정(保定, 561~566) 초, 수나라 대업(大業, 605~618) 연간에 모두 조공을 들였다.

당나라 정관(貞觀, 627~650)초에 그곳의 왕 소벌첩(蘇伐疊)이 말을 헌상하자, 태종은 옥새와 서신을 내려 달래 위로해 주었다. 뒤에 서돌궐(西突厥)에 신속했다. *[곽효곽이 언기를 정벌하자 구자는 군사를 보내 언기를 뒤에서 지원했다(郭孝恪伐焉耆, 龜玆乃遣兵, 與焉耆影援)]*. 태종(626~649년 재위)은 *[노하여]* 토벌을 논의했다. 그날 밤 달이 묘성(昴星)을 침식했다. "묘성은 호(胡)의 분야이다(昴胡分)"라고 하며[4] *[아사륜두이 그리고 계필하력·(阿史倫杜爾[5]及契苾何力·)]* 곽효각(郭孝恪) 등을 보내 철륵(鐵勒) 13부의 군사 10만을 징발하여 토벌했다. 두이(杜爾)는 군대를 [다섯으로] 나누어 그 북쪽을 공략하여 언기왕(焉耆王) 아나지(阿那支)을 잡자, 구자는 *[몹시 겁에 질려 왕과 추장 모두 성을 버리고 달아났다. 두이는 이주 자사 한위를 보내 격파하자, 왕은(大恐, 王及酋長皆棄城奔, 杜爾遣伊州刺史韓威擊破之. 王)]* 궁여지책으로 발환성(撥換城)을 지켰다. 두이가 포위한 지 한 달이 지나 왕과 그의 장군 갈렵(羯獵), 재상 나

3) 구자(龜玆)의 성에 관하여 나왈경은 "성은 삼중이었고, 바깥 성은 장안성과 같다(城有三重, 外城與長安城等)"라고 하였다. 확실히 손광우가 정보를 잘못 전달하고 있다.

4) 이 문장은 손광우가 잘못 채록하여 문맥을 파악하기 어렵다. 나왈경은 『신당서』, 권221상, 「구자전」(6231쪽)을 근거하여 "조서를 내려, 달은 음의 정수이니, 형(刑)을 쓰라는 징조이다. 묘성은 호(胡)에 해당하니 그 운명도 끝날 것이다라고 하였다(詔曰, 月陰精, 用刑兆也. 昴胡分, 數且終)"라고 하였다. 여기의 '묘(昴)'자는 「구자전」에 '성(星)'자로 되어 있는데, 이로써 교정할 수 있다.

5) 『신당서』, 권221상, 「구자전」(6231쪽)에서는 '아사나사이(阿史那社爾)'로 되어 있다. '두(杜)'자와 '사(社)'자의 혼동은 흔하다. 그러나 세 번째 글자인 '륜(倫)'자와 '나(那)'자는 음성적으로, 자형상으로 매우 다르다. 『책부원구(冊府元龜)』, 『통지(通志)』, 『태평환우기(太平寰宇記)』 등은 모두 '나(那)'자를 보여준다.

리(那利)를 잡아 *[군영으로 데려왔다. 두이는 무릇 다섯의 큰 성을 격파하고 남녀 수만 명을 잡았으며 700여 작은 성에 사신을 보내 투항을 권유하자(詣軍. 杜爾凡破五大城, 男女數萬, 遣使者諭降小城七百餘]*, 서역이 두려움에 떨었다. 바위에 공적을 새기고 돌아와 포로를 대궐에 헌상하자 태종은 기뻐하며 군신들에게 "무릇 즐거움에는 기록할 만한 것이 있다고 내가 말한 적이 있다. 토성(土城)과 죽마(竹馬)는 아이들의 즐거움이요, 황금과 비취, 비단과 깁은 부인들의 즐거움이요, 교역의 유무는 상인들의 즐거움이요, 높은 관직과 많은 녹봉은 사대부의 즐거움이요, 전투에 적이 앞에 없는 것은 장수의 즐거움이요, 사해가 하나로 평안한 것은 제왕의 즐거움이다. 바로 짐의 오늘 즐거움이로다(夫樂有紀, 朕嘗言之. 土城竹馬, 童兒樂也, 金翠羅紈, 婦人樂也, 貿易有無, 商賈樂也, 高官厚秩, 士大夫樂也, 戰無前敵, 將帥樂也, 四海寧一, 帝王樂也. 朕今樂矣)"라고 하고 술잔을 돌렸다. *[당초, (곽)효각이 언기를 격파하자, 운수에 뛰어난 구자의 어떤 승려가 탄식하며, "당나라가 결국 서역을 차지할 것이고, 몇 년 되지 않아 우리나라도 망할 것이다"라고 했는데 과연 그 말대로였다. 태종이 그 왕 포실필(布失[夫]畢)을 사면하자, 사죄하여 중랑장으로 귀국하게 했다(初孝恪之擊焉耆也, 龜茲有浮屠善數, 嘆曰, 唐家終有西域, 不數年吾國亦亡, 果如其言. 太宗赦其王布夫畢, 罪拜, 中郎將遣歸國)]*. 얼마 되지 않아 구자가 혼란해지자 당나라는 다시 그곳을 격파하고 그곳을 구자도독부(龜茲都督府)로 삼고, 포실필(布失[夫]畢)의 아들 소계(素稽)를 왕으로 세우고 도독(都督) 직을 제수했다. *[장수(長壽, 692~694)초에 왕효걸이 토번을 격파하고 사진(四鎭)의 땅을 수복하여 구자에 안서도호부를 설치해 군사 30,000으로 지키게 했다. 사막이 황량하고 멀어, 백성들이 양식을 마련하기가 아주 힘들었기 때문에, 의론하는 사람들이 그곳을 포기하자고 했으나 무후는 듣지 않았다. 도호 중에서 치적을 쌓은 사람은 두섬(杜暹[進]), 전양명(田揚名), 곽원진(郭元振), 장효숭(張孝嵩)이라고 한다(長壽初, 王孝傑破吐蕃, 復四鎭地, 置安西都護府於龜茲, 以兵三萬鎭守. 於是沙磧荒絕, 民供貲糧苦甚, 議者請棄之, 武后不聽. 都護以政績著者, 杜進·田揚名·郭元振·張孝嵩云)]*. 개원 연간에 왕효절(王孝節)이 아우 효의(孝義)를 보내 유선침(遊仙枕)을 헌상했다. 이것을 베고 잠을 자면 구주(九洲)와 삼도(三島)가 모두 그 안에 있다고 하니 기이한 물건일 것이다. *[이후로는 통하지 않았다(以後未通)]*.

송나라 대중상부(大中祥符, 1008~1017)에서 희녕(熙寧, 1068~1078) 연간까지 조공을 들인 것이 아홉 차례이다. 그곳 왕은 자신을 사자왕(師子王)으로 칭하며 노란 옷과 보석 왕관을 쓰고 재상 아홉 명과 국사를 다스렸다. 소성(紹聖) 3년(1096) *[사신을 보내 표문을 올리고(遣使以表章)]* 옥불(玉佛)을 헌상하고자 *[조서(洮西)에 이르렀을 때, 희하경략사가 드문 사신이었기 때문에, 희주와 진주에서 수매하되[博買], 가져온 물건값으로 사고, 답례품을 주어 돌려보낼 것을 청하자, 그에 따랐다(至洮西, 熙河經略使以其罕通使, 請令於熙·秦州博買, 而估所齎物價, 答賜遣還, 從之)]*.

원나라 때 '별실팔리(別失八里)'라고 불렀고 선위사(宣慰司)가 그곳을 다스렸다.

우리 왕조 홍무(洪武, 1368~1399), 영락(永樂, 1403~1424) 연간에 세 차례 조공하여 이부(吏部) 진성(陳誠)이 그 나라에 갔다. 이후 왜사(歪思)가 그 나라 왕 납흑실지한(納黑失只罕)을 시해하고 스스로 왕이 되어, '역력파력(亦力把力)'이라 불렀다. 선덕(宣德) 2년(1427) 왜사에게 황금으로 만든 칼, 갑옷, 투구를 하사했다. 정통(正統, 1436~1449) 이후 조공이 끊이지 않았다.

이곳은 수초(水草)를 따라 방목한다. 땅은 추워 6월에 눈이 날린다. 풍속은 사납고[獷戾] 먹는 것은 더럽다. 상하 기율이 없고 **성격은 대부분 음란하여 여인을 파는 시장[女市]을 두었다. 남자들에게 쇠[鐵]를 받고 관리로 들인다(置女市收男子鐵以入官)**. 땅에는 공작이 많아 사람들은 그것을 잡아먹는다. 서북쪽에는 대산(大山)이 있고, 그 산에는 기름 같은 샘이 흘러 내를 이루어 몇 리를 가다가 땅속으로 들어간다. **모습은 제호(醍醐, 타락죽) 같고 악취가 심한데, 그것을 먹으면 이빨이 빠져도 다시 난다(齒落**

更生).[6] **매년 원일(元日)에는 투우(鬪牛)하고, 말 경주를 놀이로 삼는다. 7일 동안 승부를 살펴 한 해를 점친다**. 양과 말이 많고 농경은 약하다.

산천으로 **백산(白山)**【붕사(硼砂)가 난다】, **금령(金嶺)**【눈과 비가 많이 내린다】, **열해(熱海)**【기후가 항상 덥다】가 있다.

산물로 **이우(犛牛)**, 구유(氍毹), **백첩포(白氎布)**, **동철(銅鐵)** *[등]*이 있다.

추재는 명나라 시기의 기록은 조금이라도 빠짐없이 언급하려는 경향을 보여왔다. 그러나 이 조목에서는 보이지 않는다. 여기에서도 추가 정보를 넣으려 했던 것으로 보이지만, 그 결과는 미미한 것들에 지나지 않는다.

역력파력(亦力把力)은 옛 구자국이다. 오손공주는 딸을 한나라에 보내 금(琴)을 배우게 했는데, 구자왕이 그 딸을 잡아두고 아내로 삼고는 "나와 한나라는 외손서 관계"라고 했다. 나라 사람들의 속담에 "나귀인데도 나귀가 아니고, 말이면서도 말이 아님이 구자왕 같다. 소위 '노새'로다"라고 하였다. 그곳의 궁실과 시위들은 장려하고, 한나라처럼 금궐(金闕), 옥대(玉臺)가 있다. 어떤 샘물은 맛이 제호(醍醐) 같지만, 복용하면 빠진 이도 다시 난다. 매년 정월 초하루에는 소, 말, 낙타 싸움을 이레 동안 하여 그 승부로 풍년과 흉년을 점친다. 남녀는 더럽고 구분이 없으며, 여인을 파는 시장이 있고, 남자들에게 쇠[鐵]를 받고 관리로 들인다. 산천으로 백산(白山), 열해(熱海), 금령(金嶺)이 있다. 물산으로 이우(犛牛), 백첩포(白氎布), 동철(銅鐵), 유선침(遊仙枕)7)이 있다(亦力把力[刀]古龜兹國也. 烏孫公主遣漢女學琴, 龜兹王留妻之曰, 我漢家外孫婿也. 國人謠曰, 驢非驢, 馬非馬, 若龜兹王, 所謂騾嬴也. 其地宮室侍衛壯麗, 如漢有金闕·玉臺. 有泉, 味如醍醐, 服之落齒更生. 每歲元日鬪牛·馬·槖駞七日, 以輸贏占豊歉. 男女汚穢無別, 置女市, 收男子鐵入官. 山川則有白山·熱海·金嶺. 物產犛牛·氍毹·白氎布·銅鐵·游仙枕).

6) 이상의 정보는 『문헌통고』(사고전서본), 권326, '구자(龜兹)' 조목에 보인다(27a~28a).

금궐은 우뚝 옥대(玉臺)를 향해 있고,	金闕崢嶸望玉臺,
오손엔 누런 고니와 백룡퇴가 있네.	烏孫黃鵠白龍堆.
만남엔 말이 없고 오랑캐들 이빨 빠지면	相逢莫道獠牙落,
제호수 한 잔을 마시네.	且飮醍醐水一杯.
암소와 낙타 싸움으로 한 해를 점치고,	鬪牸鬪駞占歲時,
나귀도 아니고 말도 아닌 것이 한나라 구자라네.	非驢非馬漢龜茲.
쇠로 조세하고 낮에도 여인 파는 시장 열리고,	鐵稅日中開女市,
유선침 가에서 금(琴)을 배우네.	游仙枕上學琴兒.

7) 유선침(遊仙枕)은 추재가 손광우의 텍스트에서 언급된 것을 근거로 추가한 산물이다. 『백공육첩(白孔六帖)』(사고전서본, 권14, 23a)에 "당나라 『개원[천보]유사(開元天寶遺事)』에 따르면, 구자국에서 베게 하나를 진공했는데, 그 색이 마노와 같고 옥처럼 온화하고 매끄러웠으며 만든 것이 매우 정밀했다. 그것을 베고 자면 10주와 3도가 모두 꿈에 나타나, 황제가 그것을 '유선침'이라 불렀다. 이후 그것을 양국충(楊國忠)에게 하사했다(唐開元遺事, 龜茲國進枕一, 其色若碼碯, 温潤如玉, 製作甚工. 枕之而寐, 則十洲三島盡在夢中, 帝因號遊仙枕, 後賜楊國忠)"라고 한 기록이 보인다.

[14] 불름(佛菻)

'불름(拂菻)' 또는 불림(拂林)을 처음 추정한 학자는 히어트(F. Hirth)로, 그는 『중국과 동로마(China and the Roman Orient)』(Leipsic, 1885, 283~289쪽)에서 상당히 자세하게 이곳을 고증했다. 이어서 1903년 샤반(Édouard Chavannes)은 『서돌궐(튀르크)에 관한 자료 고증(Documents sur les Tou-Kiue Turcs occidentaux)』(St. Petersbourg, 1903)의 여러 곳에서 불름을 '시리아'에 배당했다. 이듬해(1904) 샤반은 자신이 시리아로 추정하게 된 이유를 설명하며, "나는 이 나라를 시리아로 확인했다. 왜냐하면 히어트(Hirth)가 『중국과 동로마(China and the Roman Orient)』에서 '불림'(고음으로, but-lim)을 베틀레헴(Bethléhem)으로 보았고, 불림의 왕 파다력(波多力)을 바트릭(bathrik), 즉 네스토리우스교의 주교로 보며, 훌륭하게 주장한 이론을 받아들였기 때문이다"라고 밝혔다(Édouard Chavannes, 「Notes additionnelles sur les Tou Kiue(Turcs) occidentaux」, 『통보』, 1904, 37쪽). 그러나 샤반은 37~38쪽으로 이어지는 긴 주석에서 다섯 가지 근거를 들어 히어트의 설을 부정하고, 불름은 비잔틴 이스탄불의 옛 명칭인 '폴린(Polin)'을 음차한 것으로 추정했다. 이후 1909년 히어트는 다시 샤반이 제기한 다섯 가지 이의 제기에 대해 항목마다 반증하며 그리스도의 출생지인 베틀레헴임을 주장했다.[1)]

샤반이 제시한 '폴린(Polin)'은 불름 또는 불림과 음성적으로 상당히 일치한다. 그 근거로 그는 카라 드 보(B. Carra de Vaux)가 번역한 마수디(Maçoudi)의 『경고와 교정의 책(Le livre de l'avertissement et de la revision)』의 결정적인 한 구절을 인용하는 것으로 충분할 것이다. 콘스탄티노플에 관하여 그는 "그리스인들은 콘스탄티노플의 역사가 쓰인 시기(히브리력으로 344년경)에 제국의 수도를 표현하고자 할 때는 '폴린(Polin)'이라 불렀고, 그 규모 때문에, 이스탄-폴린(Istan-polin)이라 했다. 그러나 그들은 '콘스탄티니에(Constantinïeh)'로 부르지 않았다. 아랍인들만 이 명칭으로 지칭했다"라는 문장은 인용했다. 여기 이슬람력으로 344년경은 10세기에 해당하므로, 사실상 7세기의 상황과 부합하지 않는다. 또한 히어트가 주장하는 베틀레헴은 그리스도의 출생지로서 타당하지만, 음성적 근접성을 전혀 확보하지 못했다. 확실히 다른 대안을 찾아야 했다.

---

1) Édouard Chavannes, 「The Mystery of Fu-lin」, 『Journal of the American Oriental Society』, 1909, 30, 1~30쪽.

이듬해(1910) 브레트슈나이더(Emil Bretschneider)는 "나라 역사에서 불름(拂菻)은, 7세기 초의 서역에 관한 배구(裴矩)의 기록에 처음 보이는데, 이슬람 저자들의 비잔틴 제국 또는 룸(Rum)을 지칭한다"라고 하며 샤반의 콘스탄티노플 설을 따랐다.[2] 그러나 불름에 해당하는 음이 샤반이 주장한 '폴린(Polin)'이 아니라 '룸'이라는 설명에 주목해야 한다.

이처럼 '불름'을 이슬람 세계에서 '로마'를 지칭하는 '룸'으로 보는 설은 1914년 폴 펠리오가 발표한 '불름'에 관한 설명에서 더욱 정확해졌다. 『아시아 저널(Journal Asiatique)』, 1914년, 3월 학술회의록, 498~499쪽에는 펠리오의 설명 요약이 보이는데, "'불름'이란 명칭은 여러 가설을 초래했다. 펠리오 씨는 지중해 동부의 명칭인 이 형태가, 중국에서 6세기 말이 아니라, 그의 생각에 따르면 확실히 550년경에 나타난다고 한다. 그의 설에 따르면, 심지어 더 오래되었다고 한다. 왜냐하면 5세기 중반에 여러 차례 언급된 보람[pʰuo-lăm](普嵐)이란 나라로 추정하고 있기 때문이다. 명칭의 어원에 관하여 펠리오 씨는 동로마에 적용되는 '롬(Rōm)'으로 보는 설명에 동의하지만, 중국 고음을 보여주며 이 명칭이 중국에서 '프롬(Frōm)' 형태로 나타났다고 주장했다. 'f'라는 접두사 파생은 중국어적 현상이 아니다. 이 'f'는 초성을 대충 발음하려는 의도에서 나온 변형으로밖에 설명할 수 없다. '롬(Rōm)'은 아르메니아어로 'Hrom' 또는 'Horom', 팔라비어로는 'Hrōm'이다. '파르티아' 형태의 이란 방언에서 'f'는 'h'로 옮겨졌다. 따라서 'Hrōm'이 'Frōm'으로 옮겨진 것은 이러한 대응 값을 가지고 있었던 방언을 통해서, 틀림없이 호라즘과 소그디아나의 방언에서 나왔을 것이다."

펠리오의 설은 1919년 라우퍼가 확인하고 보완하면서 어원에 관한 논란은 종식된 것 같다(『Sino-Iranica』, 436~437쪽). 라우퍼는 "불림이란 명칭의 어원에 관하여, 롬(Rōm), 룸(Rūm)에 근거했을 것이라는 펠리오의 새로운 설에 따라 언급한 바가 있다. 나는 그와 같은 생각이며 근본적으로 이 설에 영감을 받았다. 사실 이는 이 연구의 전반에 걸쳐 따르는 방법이다. 즉 중국어의 옛 음운학으로 돌아감으로써, 우리는 정확하게 중국어 전사의 원형을 복원할 수 있기를 바랄 수 있다.

2) Emil Bretschneider, 『Mediaeval Researches from Eastern Asiatic Sources』, I, 1910, 144쪽, 주391.

펠리오는 고 아르메니아어 형태인 'Hrom' 또는 'Hrōm'에서 출발했는데, 여기에서 'h'는 그리스어 초성 'r'의 '된 숨'에 해당한다. 몇몇 이란 방언에서 이 '된 숨'은 초성 모음에 표기된다. 요컨대 팔라비어 아룸(Arūm), 쿠르드어에서 우룸(Urum) 같은 경우이다. 메이에(A. Meillet)가 설명한 것처럼, 'hr'을 초성으로 가지는 옛 아르메니아어 단어들은 이란어 초성 'f'를 'h'로 옮기는 파르티아어 방언에서 빌려온 것이다. 예를 들어 고 이란어 프라마나(framana, 지금의 ferman, 순서)는 아르메니아어 'hraman'에서 나왔고, 이것은 파르티아어 'hraman'에서 나왔다. 그러므로 아마도 소그드인들이 전했을 'Frōm'이 원형이고 그로부터 중국어 불림[Fu-lim]이 만들어졌다. 내 생각으로 중국어 형태는 'Frōm'에 근거한 것이 아니라, 'Frim' 또는 'Frīm'에 근거했을 것이다. 'Rīm'은 룸(Rūm)의 옛날 변형임이 분명하다. 'Rim'은 여전히 로마에 대한 러시아어 지칭이다. 더 중요한 점은, 모디(J. J. Modi)가 보여주었던 것처럼, 팔라비어 명칭 사이리마(Sairima)가 있다. 이 단어는 『파르바르딘 야쉬트(Farvardīn Yašt)』에 보이는데, 『분다히슌(Būndahišn)』에서 룸(Rum)으로 확인된다. 또 『샤나메(Šāhnāmeh)』에서 해당하는 명칭은 룸이다. 이 나라의 명칭은 그에게 주어진 셀람(Selam) 대공에게서 나왔다고 한다. 그러나 이 전승에 따른 설은 설득력이 없다. 따라서 리마(Rima) 또는 림(Rim) 형태는 중 페르시아어에 존재했다. 그리고 중국어 표기인 'Fu-lim' 또는 'Fu-rim'을 근거로, 중국어 전사가 이루어진 이란어(아마도 파르티아어) 원형이 'Frim'이라고 추정하는 것이 타당하다."

그러나 펑청쥔(馮承鈞)이 편저하고 루준링(陸峻嶺)이 증보 교정한 『서역지명(西域地名)』(중화서국, 1982, 27쪽)은 이전의 성과를 온통 뒤죽박죽 만들어 버렸다. "'파랑(Farang)'은 "페르시아어로 지중해 동안의 서구인들을 지칭한다. 신장 돌궐어에서는 '피랑(Firang)'으로 변했는데, 바로 유럽어 프랑크인(Franks)을 말한다. 『도이지략』에서는 '불랑(佛朗)'이라 했고, 『서사기(西使記)』와 『원사·곽간전(郭侃傳)』에는 '부랑(富浪)'으로, 「순제본기(順帝本紀)」에서는 불랑(佛郞)이라 했으며, 또한 『서역기(西域記)』에는 불름국(拂懍國), 『왕오천축국전(往五天竺國傳)』에는 대불림국(大拂臨國)과 소불림국(小拂臨國), 『경행기(經行記)』, 『수서(隋書)』, 「신·구당서(新·舊唐書)」에는 모두 불름국(拂懍國)이 있는데 모두 페르시아어 '파랑(Farang)'에서 나왔다고 보이며, 이 명칭으로 동로마제국과 서아시아 지중해 연안 등지를 명명했으므로 이전 사람들이 고증한 설들은 모두 폐기하는 것이 좋겠다"라고 설명했다. 펑청쥔의 이 엉터리 기술은 이어지는 오류들에 책임을 물어야 한다.

『고대남해지명회석(古代南海地名汇释)』 편자들은 『도이지략』 감매리(甘埋里) 조목에서 언급된 문장을 인용하고 불랑이 바로 불름(拂菻)으로 추정했다(435쪽). 다시 불름(拂菻) 항목에서 불름(拂懔), 불랑(拂郞), 보람(普嵐), 부랑(富浪), 불랑(佛郞) 등의 다른 표기가 있음을 언급하고 『수서』, 권67, 「배구전(裴矩傳)」의 문장을 인용하여, 아랍어와 고대페르시아어로 로마제국[From, 즉 룸(Rum)이 와전된 형태]을 일컫는 음역 명칭으로, 동로마제국, 또는 그 수도 콘스탄티노플, 또는 소아시아 일대를 지칭한다고 추정했다(484쪽). 결국 중국 학자들은 이전 서방 학자들의 연구를 정확히 검토하지 않았고, 이 엉터리 정보는 '중국정사외국전DB'까지 이어졌다.

아래 손광우가 지었다고 하는 정보들은 나왈경의 『함빈록』, 권3을 약간 줄여 복제한 내용이다. 나왈경은 자신이 주로 근거한 정효(鄭曉, 1499~1566)의 『오학편·황명사이고』(북경대학 소장본, 권하, 44a)를 기초했다. 정효는 "불름은 가욕관 밖 10,000여 리에 있다. 홍무 4년(1371), 그 나라의 옛 백성 날고륜(捏古倫)에게 조서를 들려 보내 타이르자, 곧바로 사람을 보내와 조공했다. 그곳 풍속은 흙집으로 기와가 없고, 높은 신하들은 왕의 복장과 같으며 싸움을 높이 사지 않는다. 금은의 주화를 주조한다. 금은, 주(珠), 서금(西錦), 천년조(千年棗), 말, 단봉낙타[獨峯駝], 파람(巴欖)이 난다(拂菻在嘉峪關外萬餘里. 洪武四年, 遣其國故民捏古倫賫詔諭之, 尋遣人來朝貢. 其俗土屋無瓦, 貴臣如王服, 不尙戰鬪. 鑄金銀錢. 産金銀珠·西錦·千年棗·馬·獨峯駝·巴欖)"라고 짧게 기록했다. 이 정효의 텍스트는 장황의 『도서편』(사고전서본, 권51, 73a)에서 다음과 같이 정보가 추가되었다.

"불름은 가욕관 밖 10,000여 리에 있는 바로 한나라 때의 대진국(大秦國)이다. 원봉(元封, 기원전 110~기원전 105)초에 '대진'으로 봉하자, 화제우(花蹄牛)를 바쳤는데, 키가 6척이었다. 진(晉)나라 태강(太康), 당나라 정관과 개원, 송나라 원풍(元豊) 연간에 조공해 왔다. 원나라 때 그 나라의 많은 사람이 중국에 왔다. 홍무 4년(1371), 그 나라의 옛 백성 날고륜(捏古倫)에게 조서를 들려 보내 타이르자,

곧바로 사람을 보내와 조공했다. 그곳 풍속은 흙집으로 기와가 없고, 높은 신하들은 왕의 복장과 같으며 싸움을 높이 사지 않는다(拂菻在嘉峪關外萬餘里, 即漢大秦國也. 元封初大秦, 貢花蹄牛, 高六尺. 晉太康, 唐貞觀·開元, 宋元豐間來朝貢. 元時其國人多來中國者. 洪武四年, 遣其國故民揑古倫賫詔諭之, 尋遣人來朝貢. 其俗土屋無瓦, 貴臣如王服, 不尙戰鬪).” 나왈경은 바로 여기 장황의 정보로부터 사서들을 뒤져 ‘대진(大秦)’의 기술을 보태, 대진과 불름의 정보를 뒤섞어 버렸다. 손광우의 채록은 다음과 같다.

> 불름은 *[당나라 사서에 이르기를]* 바로 한나라 때의 대진국(大秦國)이고 ‘이헌(犂軒)’이라고도 한다고 했다. *[무제가 보낸 사신이 안식(安息)에 이르자 안식은 두 사람을 헌상했는데 눈썹을 찡그리고 코는 오뚝했으며, 헝클어진 머리에 곱슬한 수염이 나 있었고, 키는 4척 5촌으로 바로 그 나라 사람이었다. 원봉(元鳳)초에 대진(大秦)이 화제우(花蹄牛)를 헌상했는데 키가 6척이고 꼬리는 말려 그 몸을 감았으며, 뿔 끝에는 살이 있었고, 발굽은 연꽃 같았으며, 잘 달리고 힘이 셌다. 황제는 동석(銅石)을 실어가 망선궁(望仙宮)에 세우게 했는데, 발자국이 모두 꽃문양 같았다. 이후로 보내지 않았다(武帝遣使至安息, 安息獻人二, 皆蹙眉峭鼻, 亂髮拳鬢, 長四尺五寸, 是其國人也. 元封初大秦貢花蹄牛, 高六尺, 尾環繞其身, 角端有肉, 蹄如蓮花, 善走多力. 帝使輦銅石以起望仙宮, 足跡皆如花形. 自後送絕)].* 이 나라는 해서(海西)의 서쪽에 있어 ‘해서(海西)’라고도 한다. 조지(條支)에서 서쪽으로 해곡(海曲)을 건너 만 리, **장안에서 대략 4만여 리 떨어져 있다. 땅은 사방 만 리이고** 성은 400개소, **정예 병사는 백만**, 속한 작은 나라는 수십 개국이다. 10리마다 1정(亭)을 두었고 30리마다 하나의 봉수대[堠]를 두어, 길에는 도적이 없지만, 사자와 호랑이가 행인들에게 위해를 가하므로, 무리 짓지 않고는 그 나라를 지나갈 수 없다. 그곳 왕의 **도성은 넓이가 80리이고 문의 높이는 20장이며, 황금으로 아로새겼다. 궁전은 슬슬(瑟瑟)로 기둥을 만들었고, 수정(水晶), 유리(琉璃)로 동자기둥[棁]을 만들었고 기이한 보석으로 문을 장식했으며, 향나무로 들보를, 황금으로 바닥을 만들었다.** 기와가 없어 흰 돌로 지붕을 이었는데 옥처럼 견고하고 윤기가 난다. 한여름에는 물을 끌어와 위에서 흘려 그 기운으로

바람을 만든다.

귀신(貴臣) 12명이 함께 국사를 다스린다. 나라에 큰 재이(災異)가 나면, 곧바로 왕을 폐하고 다시 현자(賢者)를 세워도 원망하는 말이 없다. 마술사[幻人]는 능히 **이마에 성한 불똥을 만들고, 손에는 강과 호수를 만들고, 발을 들면 주옥이 절로 떨어지게 하고, 입을 열면 털 달린 깃발이 어지럽게 나오게 할 수 있다.** 그리고 안식(安息)이 한나라의 증백(繒帛)으로 교역하여 이익을 얻으므로, [대]진국을 막으면 [대진국]은 한나라와 통상할 수 없었다(有幻人能額上爲炎燼, 手中作江湖, 擧足而珠玉自墜, 開口則幡毦亂出. 而安息利漢繒帛交市, 故遮秦國, 不得通漢).[3)]

옛날 반초(班超)는 연(掾) 감영(甘英)을 대진(大秦)에 사신으로 보냈는데, 대해를 마주하여, 안식(安息)의 서쪽 경계로 가려 할 때, 뱃사람들이 감영

3) 이 단락의 정보는 손광우가 『함빈록(咸賓錄)』, 권3의 기술을 채록하면서 상당한 부분의 정보를 빠뜨려 문장의 이해가 어렵다. 나왈경은 "ⓐ귀신(貴臣) 12명이 함께 국사를 다스린다. 나라에 큰 재이(災異)가 있으면 곧바로 왕을 폐하고 다시 현자(賢者)를 세워도 원망하는 말이 없다. **ⓑ그 나라 사람들은 장대하고 공평하여 중국과 상당히 비슷하므로 그들을 '대진(大秦)'이라 부르며, 혹자는 원래 중국인이었다고 한다.** ⓒ마술사[幻人]들이 있는데, 이들은 이마에서 화염을 만들고, 손에서 강호를 만들며, 발을 들면 주옥이 저절로 떨어지고, 입을 열면 깃발들이 어지럽게 나오게 한다. **ⓓ훌륭한 의사들이 있는데, 머리를 열어 벌레를 잡아 안질을 치유한다.** ⓔ그 나라 왕은 곧바로 한나라와 통하려 했으나 안식(安息)이 한나라의 증백(繒帛)으로 그들과 교역하고 있었으므로, 그들이 막아 독자적으로 이를 수 없었다(有貴臣十二共治國事, 國有大災異, 輒廢王, 更立賢者, 亦無怨言. 其人長大平正, 頗類中國, 故謂之大秦, 或曰本中國人也. 有幻人, 能額上爲炎燼, 手中作江湖, 擧足而珠玉自墮, 開口則幡毦亂出. 有善醫, 能開腦取蟲, 以愈目眚. 其王輒欲通漢, 而安息欲以漢繒帛與之交市, 故遮閡, 不得自達)"라고 채록했다. ⓐ의 정보는 『구당서』, 권198, 「불름국전」(5313쪽)에서, ⓑ는 『후한서』, 권88, 「서역·대진」(2919쪽)에서 가져왔다. 다만 혹자는 그들이 원래 중국인이었다는 정보는 나왈경이 추가한 것으로 보인다. ⓒ는 정초(鄭樵)의 『통지(通志)』(사고전서본, 권196, 93b)에서 ⓓ는 『신당서』, 권221하, 「불름전」(6261쪽)에서, ⓔ는 『후한서』, 권88, 「서역·대진」(2920쪽)에서 채록했다. 한편 『문헌통고』, 권339, 2b에는 환인(幻人) 기술을 이어 "전한의 무제는 사신을 안식에 보내자, 안식은 이헌(犂軒)의 두 마술사[幻人]를 헌상했는데, 모두 눈썹을 찡그렸고, 오뚝한 코, 헝클어진 머리카락, 곱슬한 수염이었으며, 키는 4척 5촌이었다(前漢武帝遣使至安息. 安息獻犂軒幻人二, 皆蹙眉·峭鼻·亂髮·拳鬚, 長四尺五寸)"라는 주석이 딸려 나온다.

에게 말하기를 바닷물이 광대하여 왕래에는 모두 3년의 양식을 가지고 가며 *[바다에서 뛰어난 사신들도 뭍을 그리워하기 때문에, 죽는 사람도 자주 있다고 하여(海中善使人思土戀慕, 數有死亡者)]* 감영은 그쳤다. 환제(桓帝) 연희(延熹, 158~167)초에 대진왕 안돈(安敦)이 사신을 보내 일남(日南) 먼 곳으로 와서 상아(象牙), 서각(犀角), 대모(玳瑁)를 헌상했다. [서]진(晉)나라 태강(太康, 280~289) 연간에 조공을 들였다.

당나라 정관(貞觀, 627~649)초에 불름왕 파다력(波多力)이 *[사신을 보내와]* 적파려(赤玻瓈), 녹금정(綠金精)을 헌상했다. *[조서를 내리고 하사품으로 답했다. 당시 대식(大食)이 점차 강해져, 대장군 마예(摩拽)를 보내 정벌하자, 불름은 화약하고 그들에 신속했다. 건봉(乾封, 666~667) 이후로 다시 조공해 왔다(下詔答賚. 時大食稍强, 遣大將軍摩拽伐之, 佛菻約和, 遂臣屬焉. 乾封以後, 凡再來朝獻)]*. 개원(開元, 713~741) 연간에 토화라(吐火羅) 대추(大酋)가 사자(獅子), 영양(羚羊)을 헌상했다.[4] 오대(五代) 시기(907~979)에는 알려진 것이 없다.

송나라 원풍(元豊, 1078~1085) 시기에 국왕 멸력이령개살(滅力伊靈改撒)이 사신을 보내 안마(鞍馬), 도검(刀劍), 진주(珍珠)를 헌상하며 그곳은 매우 춥고, 흙집에는 기와가 없으며, 악기로는 공후(箜篌), 호금(壺琴), 소필률(小篳篥), 편고(偏鼓)가 있다고 했는데, 모두 중국의 악기이다. *[왕은 붉고 노란 옷을 입고, 금실로 짠 사포(絲布) 또는 오색의 베로 머리를 싸맨다. 높은 신하들의 관복 또한 이와 같다. 매년 3월이면 예배당[佛寺]에 가는데, 붉은 상에 타면 사람들이 들고 간다. 원나라 시기에 그 나라 사람 중에 중국에 사는 사람이 많았다(王衣紅黃衣, 以金線織絲布, 或五色布纏頭. 貴臣冠服亦如之. 每歲三月, 則詣佛寺, 坐紅床, 使人舁之)]*. 원나라 시기 그 나라 사람 중 많은 사람이 중국에 살았다.

4) 이상 당나라 기술은 『신당서』, 권221하, 「서역·불름」(6260~6261쪽)에서 채록했다. 자세한 사항은 '중국정사외국전DB'의 번역과 주석을 참고하시오.

우리 왕조 홍무(洪武, 1368~1398) 초에 그 나라의 옛 백성 날고륜(捏古倫)에게 조서를 가져가 타이르게 했다. 오래지 않아 사신을 보내 조공했다.

그들 풍속은 전투를 숭상하지 않는다. 이웃 나라와 사소한 분쟁이 있으면 단지 문자[글]로 서로 묻고, [사안이] 크면 군대를 보낸다. *[세금 징수는 단지 일의 크고 작음에 따라 차등을 둔다(賦稅但以治事小大爲差)]*. 형벌로 가벼운 자는 곤장을 *[수십 대를]* 치고, *[무거운 자는 200대에 이른다(重者至二百)]*. **대죄에는 포낭(布囊)에 넣어 강물에 던진다.** 일시(日時)를 재는 것은 **큰 쇠 저울을 걸어두고 12개의 쇠구슬 달아 시간마다 쇠구슬이 떨어지는데**, 조금의 오차도 없다. 금은으로 주화를 주조하는데, 구멍이 없이 앞면에는 미륵불(彌勒佛)을 새기고 뒷면에는 왕의 이름을 쓴다. 백성들이 사사로이 주조하는 것을 금한다.

토산으로는 다섯 색깔의 옥[五色玉], **야광벽(夜光璧)**【벽색(碧色)이다】,[5] **목난주(木難珠)**【새의 입 안에 맺힌 거품으로 만든 것이다(鳥口中結沫所成)】,[6] **강진향(降眞香)**【태워 학을 인도한다(燒之引鶴)】,[7] **종(賨)**【개와 비

5) '야광벽'에 대한 설명은 나왈경의 『함빈록』에는 '목난주(木難珠)'의 설명에 들어있는 것을 손광우가 잘못 채록한 것이다.

6) '목난주(木難珠)'란 『태평어람』(사고전서본, 권809, 5b)에 따르면, 『남월지(南越志)』를 인용하여 "목난은 금시조(金翅鳥)의 입에 맺힌 거품이 만든 것으로, 벽색(碧色)의 구슬이다. 대진(大秦) 사람들이 진귀하게 여겼다(木難, 金翅鳥口結沫所成, 碧色珠也. 大秦土人珍之)"라고 한 기록이 보인다. 한편 이시진은 『본초강목』(사고전서본, 권8, 56b)에서 다른 설명을 보여주는데, 그는 일반명칭이 아닌 '보석(寶石)'을 설명하면서 "보석은 서번(西番, 티베트?), 위구르[回鶻] 땅의 구덩이나 우물에서 나는데, 운남과 요동에도 있다. 색은 붉은색, 녹색, 벽색(碧色), 자주색 등 몇 가지가 있다. 붉은색은 랄자(剌子), 벽색은 '전자(靛子)', 비취색은 '마가주(馬價珠)', 황색은 '목난주(木難珠)', 자주색은 '납자(蠟子)'라고 한다(寶石出西番·回鶻地方諸坑井內, 雲南·遼東亦有之. 有紅·綠·碧·紫數色. 紅者名剌子, 碧者名靛子, 翠者名馬價珠, 黃者名木難珠, 紫者名蠟子)"라고 하였다. 목난주가 보석임에는 분명하지만, 그것이 벽색(碧色)인지 황색인지는 확인할 수 없다. 따라서 손광우가 '야광벽'을 '벽색'이라 채록한 설명은 잘못되었다.

7) 히어트와 록힐은 이 향이 '라카 우드(laka-wood)'라고 특정했지만(『Chau Ju-kua』, 211쪽), 사실 '강진향'은 의역된 표현으로 어떤 향인지 확인되지 않는다. 강진향에 관한 전문 기술은 『제번지역주』, 362쪽을 참고하시오.

8) 『태평환우기(太平寰宇記)』(사고전서본, 권184, 4b)에 실린 대진국(大秦國)의 산물에 '현(獌)' 자로 되어 있다. 그 주에 "'평(平)'과 '견(犬)'의 반절로 읽는다. 서해(西海)에서 나는데, 기르는 사람이 있다. 구(狗)와 비슷하며 힘이 세고 사납다(平犬切. 出西海, 有有養者, 似狗, 多力獷惡)"라고 설명했다. 여기의 발음 표기로는 '편'에 해당한다. 『강희자전』(사고전서본, 보유, 41b)에 『관규집요(管窺輯要)』를 인용하여 "불름에도 '종(獌)'이라는 짐승이 있는데, 구(狗)처럼 크고, 사납고 포악하며 힘이 세다(拂菻同有獸名獌, 大如狗, 獷惡而力)"라고 하였다. 어떤 글자가 맞는지 판단하기 어렵다.

9) 각화작(却火雀)은 소악(蘇鶚)의 『두양잡편(杜陽雜編)』(사고전서본, 권중, 1a)에 기록되어 있다. "순종 황제가 즉위한 해(805년)에 구미국(拘彌國)이 한 쌍의 각화작(却火雀), 이수주(履水珠), 상견빙(常堅冰), 변주초(變晝草)를 헌상했다. 각화작은 온통 검은색이며, 크기는 제비와 비슷하고, 소리는 맑아 여는 새와 같지 않았다. 불 속에 두자, 불이 저절로 꺼졌다(順宗皇帝即位歲, 拘彌國貢卻火雀, 一雄一雌, 履水珠·常堅冰·變晝草. 其卻火雀, 純黑, 大小似鷰, 其聲清, 殆不類尋常禽鳥. 置於火中, 火自散去)"라고 하였다. 여기 '구미국(拘彌國)'은 『후한서』, 권88, 「서역·구미전」(2912쪽)에 기록되어 있는데, 낙양에서 12,800리 떨어져 있는 곳이라고 하였기 때문에, 나왈경이 이 산물을 채록한 것일 것이다.

10) '해계서(駭鷄犀)'는 『후한서』, 권88, 「대진국」(2919쪽)에 산물로 언급되었고, '통천서(通天犀)'라는 정보는 조여괄의 『제번지』, 대진국 조목에 기술되어 있다(『제번지역주』, 160~161쪽). 『후한서』를 주석한 이현은 『포박자(抱朴子)』를 인용하여 "통천서에는 실 같은 흰 물결 문양이 있는 것이 있는데, 쌀을 담아서 닭 무리 속에 두면, 닭이 쌀을 쪼아 먹으러 갔다가 곧바로 놀라 물러나므로 남방 사람들은 '해계(駭雞)'라고 하였다(通天犀有一白理如綖者, 以盛米, 置羣雞中, 雞欲往啄米, 至輒驚却, 故南人名爲駭雞)"라고 설명했다. 확실히 나왈경은 이를 채록하고 있다.

11) '서금(西錦)'이란 분명 서역에서 나는 견직물을 일컫는 말이지만, 구체적으로 어떤 직물을 말하는지는 알려지지 않았다.

12) '내기(柰祇)'에 관하여, 단성식은 『유양잡조』(사고전서본, 권18, 13b) '내지(榇祗)'로 표기하고, "내지는 불림국에서 난다. 싹은 3~4척이고 뿌리는 오리알만 하며 잎은 마늘잎과 비슷한데 가운데 뻗은 줄기가 더 길다. 줄기 끝에는 홍백색의 여섯 개 꽃이 피고, 화심은 황적색이나 열매는 맺지 않는다. 이 풀은 겨울에 나서 여름에 죽으므로 냉이나 보리와 비슷하다. 그 꽃을 채취하여 눌러 기름을 짜 몸에 바르면 풍기(風氣)를 없앨 수 있다. 불림국 왕과 나라 안의 높은 사람들은 모두 그것을 사용한다(榇祗出拂林國. 苗長三四尺, 根大如鴨卵, 葉似蒜葉, 中心抽條甚長. 莖端有花六出, 紅白色, 花心黃赤, 不結子. 其草冬生夏死, 與薺·麥相類. 取其

슷하며 사납고 포악하며 힘이 세다**】**,[8] **각화작(却火雀)**【불 속에 두면 불을 끈다**】**,[9] **해계서(駭鷄犀)**【통천서(通天犀)이다. 여기에 쌀을 담아 놓고 닭이 쪼아먹게 하면 놀라 달아난다**】**,[10] **서금(西錦)**,[11] **내기화(柰祇花)**【기름을 채취해 몸에 바르면 풍(風)을 없앨 수 있다**】**,[12] 천년조(千年棗), **아발삼(阿勃參)**【기름을 옴[癬疥]에 바르면 효과가 커, 매우 비싸다**】**,[13] **육즙주(肉汁酒)**【땅에 납충(蠟蟲)의 살을 갈라 돌로 눌러 거른 즙을 발효시켜 만든 술로, 맛이 좋다**】**,[14] 용종양(龍種羊)**【양 배꼽을 땅속에 심고 물을 준다. 뇌우(雷雨) 소리가 들리면 [양이] 태어난다. 배꼽[탯줄]은 땅에 이어져 있는데, 칼로 자르면 죽는다. 북을 쳐 놀라게 하면 탯줄을 끊고 풀을 뜯으러 간다. 가을이 되어 [그 양을] 잡아먹으면, 배꼽에 또 종자가 있다】**[15]이 있다.[16]

이상의 손광우의 '불름'에 관한 역사적 기술을 근거로 추재는 다음과 같이 '불름'을 소개했다. 이 자료는 조선에 소개된 '불름'에 관한 가장 상세한 기록인 셈이다.

花, 壓以爲油, 塗身, 除風氣, 拂林國王及國內貴人皆用之)"라고 하였다. 이것이 바로 나왈경이 채록한 출처이다.

13) '아발삼(阿勃參)'의 정보 또한 단성식의 『유양잡조』(사고전서본, 권18, 13a)에서 가져왔다. "아발삼은 불림국에서 난다. 길이는 1장 남짓이고, 껍질은 청백색이며 잎은 가늘며 쌍쌍이 마주하고 있다. 꽃은 만청(蔓菁)과 비슷하며 샛노랗고 열매는 후추[胡椒]와 비슷하며, 적색이다. 그 가지를 자르면 기름 같은 즙이 흐르는데, 그것을 옴[疥癬]에 바르면 낫지 않는 경우가 없다. 그 기름은 매우 귀해 값이 황금보다 비싸다(阿勃參, 出拂林國. 長一丈餘, 皮青白色, 葉細, 兩兩相對. 花似蔓菁, 正黃, 子似胡椒, 赤色. 斫其枝, 汁如油, 以塗疥癬, 無不瘥者. 其油極貴, 價重於金)"라고 하였다.

14) '육즙주(肉汁酒)'에 관한 설명도 단성식의 『유양잡조』(사고전서본, 권4, 3a)에서 가져온 것 같다. 단성식은 아살 부락[阿薩部]을 기술하며, "아살부에는 충록(蟲鹿)을 많이 수렵하여, 그 고기를 갈라 겹겹이 쌓아 돌로 눌러 즙을 걸러내, 파사(波斯)와 불림(拂林) 등의 나라에 세금을 내고, 쌀이나 초자(草子)를 고기즙 안에 [넣어] 발효시킨다. 며칠이 지나면 술이 되어 그것을 마시면 취한다(阿薩部, 多獵蟲鹿, 剖其肉, 重疊之, 以石壓瀝汁, 稅波斯·拂林等國, 米及草子釀於肉汁之中. 經數日, 即變成酒, 飲之可醉)"라고 하였는데 '육즙주'는 여기에서 나온 명칭이다.

불름은 한나라 시기의 대진국으로, 장안에서 40,000리 떨어져 있다. 땅은 사방 10,000리이고, 정예 병사는 1백만이며, 왕의 도읍은 80리이다. 문의 높이는 20장이고, 황금으로 궁전을 만들었으며, 슬슬(瑟瑟)로 대들보를 만들었고, 수정과 유리로 동자기둥[棁]을 만들었으며, 기이한 보석과 향나무로 장식하고, 백석으로 지붕을 덮었으며, 황금으로 바닥 벽돌을 만들었다. 옛날 신왕(神王)[17]은 이마에서 불똥을 만들고, 손에는 강호를 만들

15) '용종양(龍種羊)'의 정보에 관하여, 1259년에 쿠빌라이가 보낸 사신으로 페르시아에 있는 훌라구에게 다녀온 상덕(常德)의 여정은 1263년 유욱(劉郁, 1201~1270)이 써서 '『서사기(西使記)』'라는 서명으로 간행되었다. 이 기록에 따르면, 상덕은 흑거란국(黑契丹國), 즉 이란 케르만[乞里灣]에서 '농종양(壠種羊)'을 목격하는데(사고전서본, 7a), "'농종양(壠種羊)'은 서해(西海)에서 난다. 그 양의 배꼽[臍]은 땅에 심겨 있어 물을 준다. 천둥을 듣고 태어나, 배꼽은 땅에 붙어있는 채로 있다. 다 자라면, [그 양을] 나무를 [두드려] 놀라게 한다. 배꼽[즉 탯줄]이 끊어지고 [그 양은] 풀을 뜯으려 [간다]. 가을에 이르면 [그 양을] 먹을 수 있다. 배꼽에는 또 [심을] 씨들이 있다(壠種羊, 出西海, 羊臍種土中, 漑以水, 聞雷而生, 臍系地中. 及長, 驚以木, 臍斷, 齧草. 至秋可食, 臍內復有種)"라고 하였다. 나왈경이 채록한 정보의 출처는 바로 이 텍스트이다. 유욱의 기록은 『본초강목』(사고전서본, 50상, 35a)에도 인용되었는데, 이시진은 '롱(瓏)'자를 제시했다. '롱(壠)'자인지, 아니면 '용(龍)'자를 따라야 하는지 어렵다. 두 글자의 고음은 'lịwoŋ'으로 같은 발음이다. 심는다는 의미에서 보면 '롱(壠)'자가 어울리지만, 『서사기』는 같은 케르만 지역에서 '용종마(龍種馬)'를 설명하고 있다. 여기 '용종(龍種)'은 서역의 말 소위 '천마'를 지칭하는 명칭으로 알려져 있으므로 '용(龍)'자일 가능성을 배제하지 못한다. 다만 이시진의 '롱(瓏)'자는 음역 명칭이 아닌 이상, 고려의 대상이 아니다. 땅에 배꼽이 이어진 양에 관한 기록은 이미 장수절(張守節)의 『사기정의(史記正義)』, 권123에 보인다(『사기』, 권123, 「대원열전(大宛列傳)」, 3162쪽). 이에 관해서는 별도로 준비하고 있는 '목면고(木棉考)'에서 자세히 다루기로 한다.

16) 이상 불름의 산물에 관하여 나왈경은 "그곳 산물로, 오색옥(五色玉)【청, 황, 적, 흑, 백 모두 있다】, 야광벽(夜光璧), 목난주(木難珠)【초록색으로, 목난(木難) 새의 입에 맺힌 거품으로 만든 것이다】, 강진향(降眞香)【그것을 태워 학을 인도한다】, 해계서(駭鷄犀)【통천서(通天犀)이다. 쌀을 담아 닭들이 쪼아 먹게 하면 왔다가 곧바로 놀라 물러간다】, 종(賨)【개와 비슷하지만 사납고 포악하며 힘이 세다】, 각화작(卻火雀)【**제비와 비슷하나, 불에 넣으면, 불이 꺼지고 그 참새는 아무런 손상이 없다고 한다. 사막 물에 목욕하고 알을 품어 그러한 것이다**】, 서금(西錦), 내지화(柰祇花)【기름을 채취해 몸에 바르면 풍(風)을 없앨 수 있다】, 천년조(千年棗), 아발삼(阿勃參)【기름은 옴[癬疥]에 바르면 효과가 커, 값이 매우 비싸다】, 육즙주(肉汁酒)【땅에 납충(蠟蟲)의 살을 갈라, 돌을 쌓아 눌러 거른 즙을 외국 초자(草子)를 취해 육즙에

었으며, 발을 들면 주옥이 떨어졌고, 입을 열면 각종 깃발[幡幢]이 나왔다. 사람들은 금속으로 저울을 만들어, 매일 쇠구슬 12개를 매어 두는데, 때가 되면 쇠구슬이 저절로 떨어진다. 양의 배꼽을 땅에 심어, 물을 주고 양을 기른다. 우렛소리를 듣고 배꼽이 끊어지면 [그 양을] 먹을 수 있고, 그 양의 배꼽을 남겨서 다시 심는데, [그 양을] 용종양(龍種羊)이라 한다. 큰 죄가 있으면 포낭(布囊)에 싸서 바다에 던진다. 물산으로 오색옥(五色玉), 야광벽(夜光璧), 목난주(木難珠), [그것은] 새의 입에 있는 거품으로 만든 것이다. 그리고 강진향(降眞香), 종(賨), 각화작(却火雀), 해계서(駭鷄犀), 서금(西錦), 내지화(柰祗花), 천년조(千年棗), 아발삼(阿勃參), 육즙주(肉汁酒), 녹금정(綠金精)이 있다.[18] 도금하고 채색할 수 있다(佛菻, 漢之大秦國也, 距長安四萬里. 地方萬里, 勝兵百萬, 王都八十里. 門高二十丈, 黃金爲宮殿, 瑟瑟爲棟楹, 水晶琉璃爲棁稅, 異寶香木飾之, 白石盖之, 黃金磚之. 古爲神王, 額上生炎燼, 手中作江湖, 擧足而珠玉墜, 開口而幡幢出. 俗以金等秤, 日以金丸十二係之, 時至則丸自墜. 種羊臍土中, 漑水羊長, 聞雷臍斷, 可食, 留其臍復種, 曰龍種羊. 有大罪, 囊布投諸海. 物產五色

발효시키면, 수일이 만에 술이 되는데, 맛이 아주 좋다】, 용종양(龍種羊)【양 배꼽을 땅속에 심고 물을 준다. 뇌우(雷雨) 소리가 들리면 [양이] 태어난다. 배꼽[탯줄]은 땅에 이어져 있는데, 칼로 자르면 죽는다. 북을 쳐 놀라게 하면 탯줄을 끊고 풀을 뜯으러 간다. 가을이 되어 [그 양을] 잡아먹으면, 배꼽에는 또 종자가 있다】 등이 기이하다(其產五色玉【青·黃·赤·黑·白俱有】·夜光璧·木難珠【碧色, 木難鳥口中結沫所成】·降眞香【燒之引鶴】·駭雞犀【通天犀也. 以盛米雞喙之, 至輒驚去】·賨【似狗獱惡多力】·卻火雀【似燕, 置火中, 火滅, 其雀無傷云. 因浴沙水受卵故然】·西錦·柰祗花【取油塗身, 可以去風】·千年棗·阿勃參【油宜塗癬疥大效價極貴】·肉汁酒【地有蠟蟲, 剖其肉, 重疊以石壓之, 瀝汁, 取外國草子, 釀於肉汁中, 經數日成酒, 飲之味佳】·龍種羊【以羊臍種土中, 漑以水, 聞雷而生, 臍屬地中, 刀割必死. 俗擊鼓驚之, 臍斷, 便行嚙草. 至秋可食, 臍內復有種】爲奇)"라고 기술했다.

17) '환인(幻人)'을 '신왕(神王)'으로 바꾼 것은 추재의 불성실한 독서를 여실히 보여준다.

18) 『함빈록』을 채록한 손광우는 불름의 산물로 '녹금정'을 언급하지 않았다. 그러나 정관(貞觀) 시기 헌상한 녹금정을 언급했기 때문에, 추재가 이를 산물에 넣은 것이다. 『구당서』, 권198, 「불름국」(5314쪽)에 "정관 17년(643) 불름왕 파다력(波多力)이 사신을 보내 붉은 파려(玻瓈)와 녹금정 등의 물품을 헌상하자, 태종이 옥새가 찍힌 서신을 내려 위문하고, 능기(綾綺)

玉·夜光璧·木難珠, 鳥口沫所成, 降眞香·贙·却火大雀·駭雞犀·西錦·柰祇花·千年棗·阿勃參·肉汁酒·綠金精·可鎏彩).

백석의 용마루, 슬슬 기둥,	白石飛甍瑟瑟楹,
황금 바닥, 녹금정.	黃金地面綠金精.
입에서는 깃발이 나오고 푸른 개들 짖고	幡脣吒殺靑贙吠,
한밤중 신왕은 고기와 술에서 깨어나네.	夜半神王肉酒醒.
목난주에 쇠 같은 것을 단장하여	木難珠粧金等皃,
쇠구슬 열둘 '단희'라 부르네.	金丸十二稱丹曦.
내지화 떨어지고 봄의 우레 준동하면,	祇花乍落春雷動,
바로 산 밭에 양을 심을 때라네.	政値山田種羝時.

를 하사했다(貞觀十七年, 拂菻王波多力遣使獻赤玻瓈·綠金精等物, 太宗降璽書答慰, 賜以綾綺焉)"라고 하였다. '녹금정'은 '녹+금정'의 구조로 읽어야 할 것 같다. 현장(玄奘)은 『대당서역기(大唐西域記)』에 토화라국 옛 땅의 굴랑나국(屈浪拏國)에 관하여 기술하며(T.2087, 권12, 940c) "산 암석이 있는데, 그 속에는 '금정'이 많이 있어, 그 돌을 쪼개고 쪼아 그것을 얻는다(有山巖, 中多出金精, 琢析其石, 然後得之)"라고 하였고 『신당서(新唐書)』, 권221하, 「토화라(吐火羅)·구란(俱蘭)」(6253쪽)에 "금정이 나는데 돌을 쪼아 채취한다(出金精, 琢石取之)"라고 한 것을 보면, '녹금정'은 일종의 초록 수정 같은 광석을 말하는 것으로 추정된다. 하지만, 추재가 말한 '도금하고 채색할 수 있다(可鎏彩)'라는 설명은 추재의 기술에만 보인다. 분명한 것은 '녹금정'이 일종의 수정이라면 이 설명과는 아무런 관계가 없다는 점이다. 혹 '가옥+채'라는 어떤 산물을 말하는 것인지, 전혀 확인되지 않는다. 또 추재가 '목난주(木難珠)'에서 손광우의 주석을 주석으로 처리하지 않고 그대로 채록해 넣은 것처럼, 잘못 채록해 넣었을 가능성도 있다. 고증을 기다린다.

[15] 소문답랄(蘇門答剌)

'소문답랄(蘇門答剌)' 즉 수마트라섬 서북부의 한 지역인 사무드라(Samudra)에서 출발하여 섬 전체를 지칭하는 명칭으로 이미 확인되었다. 이곳은 왕대연이 『도이지략』에서 '수문답랄(須文答剌)'로 기술한 곳이고(『도이지략역주』, 310~313쪽), 마환의 『영애승람』(『영애승람역주』, 253~279쪽), 비신의 『성사승람』(『성사승람역주』, 160~171쪽)에서 자세히 보고되었다. 그러나 『도이지략』(1349~1350년)이 간행된 이후로 한 세기 반이 지났건만, 여기 '소문답랄'은 『방여승략외이』 6권 중에서 가장 오류로 점철된 텍스트이다. 안타깝게도 이 엉터리가 추재의 손으로 다시 채록되어 노래로 소개되었다.

추재의 오인은 『방여승략외이』 권3의 저자 손광우에서 비롯되었고, 손광우의 오인은 전적으로 나왈경(羅曰褧)의 『함빈록(咸賓錄)』 권3의 책임이다. 나왈경은 자신의 주요 참고 자료였던 정효(鄭曉, 1499~1566) 『오학편·황명사이고』를 따르지 않았다. 정효는 소문답랄에 관하여 다음과 같이 기술했다(북경대학 소장본, 권상, 45a~46a).

"소문답랄은 바로 옛 소문달나(蘇文達那)로, '서양'의 중심이다. 동남쪽으로 큰 산, 서북쪽으로는 바다와 떨어져 있으며, 아루[阿魯], 나쿠르[那孤兒], 리데[黎伐] 세 나라와 산으로 연접해 있다. 말라카[滿剌加] 서남쪽에서 순풍에 5일 밤낮을 항행하면 '답로만(荅魯蠻)'이란 촌락에 이르는데, 배를 대고 육로로 10리를 가면 이 나라에 이른다. 성곽은 없고, 큰 강물이 바다로 흘러든다. 바다 어귀에는 파도가 커, 선박들이 이곳에 이르러 종종 침몰한다. 홍무(洪武) 연간에 국왕이 사람을 보내 금엽(金葉)에 쓴 표문을 올리고 '말[馬]'과 방물을 바쳤다. 영락 3년에 국왕 술탄[鎖丹] 한난아필진(罕難阿必鎭)이 아리(阿里)를 보내와 조공하여 [그 왕을] 소문답랄 국왕으로 봉하고 인장, 고명, 그리고 금폐(金幣)를 하사했다. 5년에 사신을 보내왔다. 얼마 뒤에 왕은 화면왕(花面王)과 전쟁하며 패하여 화살을 맞고 죽었다. 그의 아들은 어려 복수할 수 없었고, 그의 아내가 발분하여 나라 사람들에게 명하기를 복수를 해 줄 수 있는 자는 내가 남편으로 삼아 나랏일을 함께 다스리겠다고 했다. 한 어옹(漁翁)이 그것을 듣고, 무리를 인솔하여 화면왕을 물리치고 죽이자, 결국 왕의 아내는 어옹에게 시집갔다. 영락 7년 왕이 조공해 오자, 상(上)은 기뻐하며 그에게 후한 하사품을 내렸다. 10년 그 나라에 사신을 보내자, 왕의 가짜 아들이 무리를 이끌고 어옹왕을 살해하자, [어옹]의 아들 소간랄(蘇幹剌)이 무리를 이끌고 초산(峭山)으로 달아나 수시로 침략하며 복수코자 했다. 11년 태감 정화가 [가짜 아들을] 사로잡아 서울로 압송하여 복주(伏誅)하자, 어옹왕 아들은 감격하여 바친 공물이 매우 많았다. 선덕(宣德) 연간에 사신이 여러 차례 이르러, 금엽에 쓴 표문을 올라자, 10년 그의 아들에게 왕위를 계승하게 하고 모두에게 하사품을 내려, 지금까지도 조공이 끊이지 않았다. 풍속은 순박하고 인심이 두터우며, 언어는 온화하고 아름답다. 집, 혼례와 상례, 의복, 산물은 말라카와 비슷하다. 자갈밭으로 곡물이 드물게 익는다. 외래 선박들이 왕래하며 가져오는 상품으로 충당한다. 사람들은 부유하며 시장에서는 금과 주석 주화를 사용한다. 다만 수장이 살생을 좋아하여, 사람을 죽여 피를 뽑아 목욕한다. 화면왕은 바로 나쿠르 왕이다. 나라는 작아 겨우 큰 촌락만 하고 1,000여 가구에 지나지 않는다. 사람들은 모두 얼굴에 자상을 내었기 때문에, 화면(花面)이라 부른다. 풍속과 언어는 사무드라[蘇門答剌]와 비슷하다(蘇門答剌, 即古蘇文達那, 西洋之要會也. 東南大山, 西北距海, 山連阿魯·那孤兒·黎伐三國. 自滿剌加西南, 行順風五晝夜, 至答魯蠻村, 舍舟陸行十里, 至其國. 無城郭, 有大溪, 入海. 海口大濤, 舶至此, 往往沒溺. 洪武中, 國王遣人, 奉金葉表, 貢馬及方物. 永樂三年. 國主鎖丹罕難阿必鎮, 遣阿里來朝貢, 封爲蘇答剌國王, 賜印誥·金幣. 五年使來貢, 巳而王與花面王戰敗, 中矢死. 子弱不能復讐, 其妻發憤, 令于國曰, 能復此讐者, 我以爲夫, 與共國事. 有漁翁聞之, 率衆敗殺花面王, 王妻遂從漁翁. 永樂七年, 王來貢, 上喜厚賜之. 十年遣使至其國, 故王假子率部衆殺漁翁王, 王子蘇幹剌利率衆, 奔于峭山, 時時相侵, 欲復讐. 十一年太監鄭和擒送京伏法, 漁翁王子感激, 貢方物甚夥. 宣德中貢使數至, 用金葉表, 十年封其子嗣王, 皆有賜, 至今朝貢不絕. 風俗淳厚, 言語和媚. 室廬·婚喪·衣服·物産類滿剌加. 田磽穀少熟. 番舶往來財貨充物. 人饒富, 市用金錫錢. 惟首長好殺, 殺人輒取血, 浴身. 花面王者, 即那孤兒王也. 國小僅比大村, 秖千餘家. 人皆剺面, 以故號花面. 風俗·語言類蘇門答剌)"라고 기술했다. 몇몇 정보를 제외하면, 확실히 정효의 기록은 마환의 『영애승람』에 근거하여 상당히 정확하다. 나왈경이 정효의 텍스트에 근거했더라면, ⑴-①과 같은 엉터리 정보가 잘못되었음을 알았을 것이다. 이상하게도 나왈경은 장황의 『도서편』(사고전서본, 권51, 80a)을 채록했다.

소문답랄(蘇門答剌)은 "옛 수문달나(須文達那)로, 화면국(花面國)과 서로 접해 있다. ①바로 한나라 때의 조지(條支), 당나라 시기의 파사(波斯)와 대식(大食)이 모두 그곳이다. 한나라 장제 시기 신기한 새를 바쳤다. 당나라 정관 연간에 수정 구슬을 바쳤지만, 뒤에 대식의 왕에게 침략당했다. 영휘(永徽, 650~656) 초에 대식 왕이 사신을 보내와 조공한 이래 송나라 시기까지 조공이 끊이지 않았다. 촌락은 바닷가에 있으며, 밭이 척박하여 수확이 적다. 풍속은 매우 순박하며, 백성들은 물고기잡이를 생업으로 한다. 아침에 오로지 나무를 깎아 만든 배에 돛을 펴 바다로 나갔다가 저녁에 돌아온다. 영락 12년 가짜 왕 소간랄(蘇幹剌)이 약탈하여, 그 나라 왕이 사신을 보내와 고발하며 상의 명령으로 구원을 요청했다. 정사 태감 정화 등이 관병을 이끌고 가 소탕하고 가짜 왕을 사로잡아 대궐에 헌상하자 여러 번국이 떨며 복종했다(古名須文達那, 與花面國相接. 即漢條支, 唐波斯·大食, 皆其地也. 漢章帝時進異鳥. 唐貞觀貢水晶珠, 後爲大食王所侵. 永徽初大食王遣使朝貢, 終宋世朝貢不絶. 村落傍海, 田瘠少收. 風俗頗淳, 民網魚爲生. 朝駕獨木刳舟張帆而出海, 暮則回舟. 永樂十二年僞王蘇幹剌冦竊, 其國王遣使赴闕陳訴, 請救上命. 正使太監鄭和等統率官兵, 勦捕生擒僞王, 歸獻闕下, 諸番震服)"라고 하였다.

우리는 나왈경이 기술한 ①의 정보 출처를 확인할 수 있다. 이 정보를 신뢰한 나왈경은 조지(條支), 파사(波斯), 대식(大食)에 관한 기록을 사서(史書)에서 찾아 채록했다. 정리하자면, 아래 (1)~(4)의 기술은 모두 조지, 파사, 대식에 관해 보완한 정보이고, (5)만이 마환의 『영애승람』에 근거한 실제 사무드라[蘇門答剌]에 관한 기술이다. (6), (7), (8)은 모두 파사와 대식에 연관된 정보를 끌어다 붙였다. 이어서 (9)는 사무드라와 인접한 나쿠르를 기술한 정보로 비신의 『성사승람』에 근거했다. 속국과 산물을 기술한 (10)과 (11)에서 실체 사무드라[蘇門答剌]에 해당하는 산물은 두리안을 말하는 '취과(臭果)'와 레몬인 산자(酸子)뿐이다.

(1)소문답랄은 ①**한나라 때의 조지(條支), 당나라 때의 파사(波斯)와 대식(大食)이 모두 그곳이다**. 전하는 바에 따르면, 조지에는 약수(弱水)가 있다. 장건은 밭벼[田稻]가 있고, 옹기[甕] 만한 새 알이 있다고 한다.[1] 한나

1) 『방여승략외이』에서 손광우가 요약하여 채록한 전문(傳聞) 내용은 『함빈록』에 다음과 같이

라 사신들이 왕래할 때, 오익[산리](烏弋[山離])에 이르러 멈추었고, 조지까지 간 사람은 없었다.[2] **장제(章帝, 75~88년 재위) 때 [그] 나라 사람이 지작(鳷鵲)을 진공해 왔는데, 키가 7척이었고 사람의 말을 이해할 수 있었다.** *[화제(和帝, 86~106년 재위) 시기에 반초가 부하 감영(甘英)을 대진(大秦)에 사신으로 보냈는데, 조지에 이르러, 큰 바다를 앞두고 건너려 했으나 이루지 못하고 돌아왔다(和帝時, 班超遣掾甘英使大秦, 抵條支, 臨大海, 欲渡, 不果乃還)]*. 조지는 이후 파사(波斯)의 닉왕(匿王)에게 점령되었는데, 바로 대월지(大月氏)의 다른 후예이다.[3]

⑵원위(元魏) 신귀(神龜, 518~520) 연간에 조공을 들였다.[4] *[이로부터]* 양

상세하다. "**옛날 장건이 서역에 다녀 와 한무제에게 '조지(條支)는 안식(安息)의 서쪽 바다[西海]에 있는데, 덥고 습하며,** 밭을 갈고 벼를 심습니다. 옹기만 한 알을 낳는 새가 있고, 사람**들은 아주 많습니다. 종종 소군장이 있고 안식에 복속되어 있지만, 외국으로 여깁니다. 나라 사람들은 환술(幻術)에 뛰어납니다'라고 하였다.** 안식의 장로들이 전하는 바에 따르면, 조지에는 약수(弱水)가 있고, **서왕모가 해를 멈추고 들어간 곳이 있다고 하나 일찍이 본 적은 없다고 한다**(昔張騫通西域還, 爲武帝言, 條支在安息西海, 暑濕, 耕田種稻. 有鳥卵大如甕, 人衆甚多, 往往有小君長, 而安息役屬之, 以爲外國, 國人善眩. 安息長老傳聞, 條支有弱水, 西王母止日所入, 而未嘗見云)." 굵은 글씨로 표기한 정보들은 『방여승략외이』에 채록되지 않았다. 장건이 한무제에게 보고한 내용은 『사기』, 권123, 「대완열전」(3163쪽)에 보인다. 그러나 사마천이 조지(條支)에 관해 기술한 내용은 반고(班固)의 『전한서』, 권96, 「오익산리국전」(3888쪽)에 그대로 들어있다. 한나라 시대의 두 역사가는 오익산리(烏弋山離)의 더 서쪽에 조지(條支)가 있다고 인식했다.

2) 『후한서』, 권88, 「대진전」(2920쪽)에 보인다.

3) 조지가 파사에 정복되었다는 정보는 『함빈록』에 "그 뒤 조지의 옛 땅은 파사(波斯)에 점거되었다. 파사(波斯)란, 그들 파사닉왕(波斯匿王)이 바로 **대월지(大月氏)의 다른 후손으로 왕의 아버지를 씨로 삼아 마침내 대를 이어 국호로 삼았으므로 이 이전에는 알려지지 않았다**(其後條支故地爲波斯所據. 波斯者, 其波斯匿王乃大月氏別裔子孫, 以王父爲氏, 遂世爲國號, 前此未通)"라고 하였다.

4) 원위(元魏) 시기의 조공에 관하여 『함빈록』에는 "원위(元魏) 신귀(神龜) 연간에 그 나라는 사**신을 보내 서신을 올리고 산물을 바치며, '대국의 천자께서는 하늘의 소생이므로, 해가 뜨는 곳에서 언제나 한나라의 천자가 되시기를 바랍니다. 파사국왕 거화다(居和多)는 천만년 경배합니다'라고 했다**(元魏神龜中, 其國遣使, 上書貢物, 云大國天子, 天之所生, 願日出處常爲漢中天子. 波斯國王居和多千萬敬拜. 朝廷嘉納之)"라고 하였다. 이 정보는 『위서』, 권102, 「서

(梁)나라와 수나라 시기에 모두 사신을 보내 조공했고, 수나라도 사신 이욱(李昱)을 그 나라에 보냈다. *[수나라 말에 서돌궐의 엽호(葉護) 가한이 그 나라를 토벌하여 나라를 유지할 수 없었다(隋末, 西突厥葉護可汗討殘其國, 而不能有)]*. **당나라 정관(貞觀, 627~649) 연간에 수주(水珠)를 헌상했는데, 행군할 때 물이 없으면, 땅에 [그것을] 놓으면 물이 저절로 나왔다[唐貞觀中獻水珠, 行軍乏水, 置土中水自出]. 또 활욕사(活褥蛇)를 헌상했는데, 모양이 쥐와 비슷했지만,** *[색이 아주 푸르고(色正靑)]*, **크기는 8~9촌으로, 구멍으로 들어가 쥐를 잘 잡았다.**[5] 이때 조지의 후예들도 조공해 와, 금맥(金麥), 은미(銀米) 각각 수십 곡(斛)을 헌상했다. *[이후 파사왕이 대추(大酋)에게 축출되었고, 대식(大食)이 또 그를 공격하여, 사신을 보내 어려움을 아뢰었으나, 고종(高宗, 649~683년 재위)은 길이 멀어 군대를 보낼 수 없었다(後波斯王爲大酋所逐, 大食復攻之, 遣使告難, 高宗以遠不可出師)]*. 용삭(龍朔, 661~663) 초에 파사(波斯)가 대식(大食)의 침입을 받았다고 하소연하여, *[천자는]* 사신을 서역으로 보내 주현(州縣)을 나누어 설치하고 질릉성(疾陵城)을 파사도독부(波斯都督府)로 만들고 *[그 왕을 도독으로 삼았다(其王爲都督)]*. 갑자기 대식에게 멸망했다. *[비록 함형(咸亨), 천보(天寶), 건원(乾元) 연간에 사신을 보내 조공을 들였지만, 그곳은 모두 대식에 편입되었고, 대식에 신속했을 뿐이었다(雖咸亨·天寶·乾元間, 遣使入貢, 然其地盡入大食, 不過臣屬大食而已)]*.

⑶대식왕은 그 선조 또한 파사 사람이었다. 수나라 대업(大業, 605~618) 연간에 파사국 사람이 구분마지나(俱紛摩地那) 산에서 목축했다. **어떤 짐승이 "산의 서쪽 세 동굴에는 좋은 병장기[利兵], 검은 돌[黑石], 그리고 흰 글[白文]이 있는데 그것을 얻는 자가 왕이 될 것이다(山西三穴, 有利**

역·파사국」(2272쪽)에 보인다.

5) 『구당서』, 권198, 「파사국전」(5312쪽)에서는 정관(貞觀) "21년(647)에 이사후가 사자를 보내와 활욕사(活褥蚍)라는 짐승 한 마리를 헌상하였는데, 모양은 쥐를 닮고 색깔은 푸른색이며, 몸길이는 8~9촌(寸)으로 굴에 들어가 쥐를 잡을 수 있었다(二十一年, 伊嗣候遣使獻一獸, 名活褥蚍, 形類鼠而色靑, 身長八九寸, 能入穴取鼠)"라고 하였다.

兵, 黑石而白文, 得之者王)"[6]라고 하여, 그 사람이 가서 과연 그 돌을 얻어 상서롭게 여기며 이내 사람들을 규합하여 스스로 왕이 되어, 파사국의 서쪽 경계를 차지했다. 그 땅에는 모래와 자갈이 많아 오곡이 없었고, 단지 낙타와 코끼리 등의 고기만 먹었다. 이내 *[파사(波斯), 불름(拂菻)을 격파하고] 남쪽으로 파라문(婆羅門) 등의 나라를 침략하여* **처음 곡물 창고[粟麥倉庾]를 가지게 되면서 마침내 강성해져**, 그 땅의 넓이는 10,000리나 되었고, *[정예 병력은 40만에 달했으며, 강국(康國), 안국(安國) 등 40~50개국이 와서 신속했다. 그 왕은(勝兵至四十萬, 康·安等四五十國皆往臣之. 其王)]* 일찍이 사람들을 배에 태워 바다를 건너도록 했는데, 여덟 해가 되도록 서쪽 해안에 이르지 못했다. **바다 가운데 네모난 바위에는 가지가 붉고 잎이 푸른 나무가 있었다. 그 나무에는 키가 6~7촌 되는 살아 있는 아이들이 매달려 있었다.** 사람을 보고는 말은 하지 않고 웃으며, 손발이 모두 움직였다. 따서 손에 넣자 곧바로 말라 검게 되었다. 그 사신들은 식량이 모자라 서쪽 경계에 이르기는 어렵다고 생각하고 결국 돌아왔는데, 그 한 가지를 가져와 왕에게 보여주었다.[7] *[이 또한 기이한 일이다. 당나라 영휘(永徽) 초에 대식왕 함밀막말니(瞰蜜莫末膩)가 다시 사신을 보내 조공하며 왕의 성은 대식씨(大食氏)라고 하였다. 파사국 사람들이 나라를 가지게 된 것은 무릇 34년이며 두 세대를 전했다(此亦奇事也. 唐永徽初, 大食王瞰密莫末膩復遣使者朝貢, 自言王姓大食氏. 波斯國人得國, 凡三十四年, 傳二世矣)].*[8] 개원(開元, 713~741) 초에 사신을 보내와

---

6) 『신당서』, 권221하, 「대식전」(6262쪽)을 근거하고 있다. 한편, 『구당서』, 권198, 「대식국전」(5315쪽)에는 좀 더 자세한 설명이 보인다. "대업(605~617) 연간에 파사(波斯)의 한 호인(胡人)이 구분마지나 산에서 낙타를 기르고 있었는데, 문득 사자가 나타나 사람의 말을 하면서 '이 산 서쪽에 세 개의 굴이 있는데, 굴 안에는 병장기가 많이 있으니, 네가 가지면 된다. 굴 안에는 또 검은 돌에 흰색으로 쓴 글이 있는데 그것을 읽으면 왕위에 오르게 될 것이다'라고 하였다(大業中, 有波斯胡人牧駝於俱紛摩地那之山, 忽有獅子人語謂之曰, 此山西有三穴, 穴中大有兵器, 汝可取之. 穴中并有黑石白文, 讀之便作王位)."

7) 『구당서』, 권198, 「대식국전」(5315쪽)에 보인다.

8) 영휘(永徽) 연간의 정보는 『신당서』, 221하, 「서역·대식」(6262쪽)에 보이는데, "영휘 2년(651)에 대식왕 함밀막말니가 처음 사신을 보내 조공하며, 스스로 왕은 대식씨이고, 건국한 지 34년이 되었고, 두 세대를 전했다(永徽二年, 大食王瞰密莫末膩始遣使者朝貢, 自言王大食氏, 有

말과 *[세대(鈿帶, 세공한 허리띠)]*를 헌상하고 알현하며 절을 하지 않으며 "나라 사람들은 단지 하늘에 절하며 왕에게는 절하지 않는다(國人止拜天, 無拜王也)"라고 하였다. 그들 풍속은 **날마다 다섯 번 하늘에 절하기** 때문에 그렇게 말한 것이다. 유사(有司)가 질책하여 절을 했다.

⑷당초 대식의 '마하래(摩訶來)'라는 자는 용맹하고 지혜로워, 사람들이 그를 왕으로 세웠는데, *[땅을 3,000리로 개척하고(闢地三千里)]* 백의대식(白衣大食)이라 불렀다. 그로부터 14세대를 전하여 말환(末換)에 이르러, 형 이질(伊疾)을 죽이고 스스로 즉위하자, 신하들이 그의 잔인함을 원망했다. 그를 토벌하면서 "**나를 돕는 자는 모두 검은 옷을 [입으라](助我者, 皆黑衣)**"라고 사람들에게 호령하자, 곧바로 사람들이 말환을 살해하고 왕손(王孫)인 아포라발(阿蒲羅拔)을 군주로 삼고, 흑의대식(黑衣大食)이라 불렀다. [흑의대식은] 사신을 보내 조공했다. 대종(代宗, 762~779년 재위)은 그들 병사를 얻어 양경(兩京)을 평정한 것이 이때이다.

[송나라 건덕(建德, 963~968) 초에 승 행근(行勤)이 서역으로 떠날 때, 그 나라 왕에게 편지를 보내 불러 타이르게 했다. 이로부터 송나라 말까지 조공이 끊어지지 않았다. 바친 물품에는 간향(揀香), 백용뇌(白龍腦), 백사탕(白砂糖), 백월낙(白越諾), 장미수(薔薇水), 유리병(琉璃瓶), 상아(象牙), 빈철(賓鐵), 홍사(紅絲), 길패(吉貝), 오색 잡화의 번금(番錦), 유향(乳香), 무명이(無名異), 올눌제(膃肭臍), 용염(龍鹽), 천년조(千年棗), 편도(偏桃), 오미자(五味子), 타모욕(駝毛褥), 금선(錦襈), 번화담(番花簟), 금식수대(金飾壽帶), 연환비구(連環臂鈎) 등의 물품이 있었다. 송나라 황제들은 상과 하사품을 내릴 때는 바친 물건의 값에 기준하였다. 처음 조공하는 길은 사주(沙州)를 지나 하국(夏國)을 넘어 진주(秦州)에 이르렀다. 뒤에 자주 서쪽 사람들이 약탈당해, 조서로 지금부터는 바닷길을 취해 광주

國三十四年, 傳二世)"라고 하였다. 건국한 지 34년이 된 나라가 대식국인지 『함빈록』처럼 파사국인지 엇갈린다. 문맥상 『신당서』의 말이 정확해 보인다.

를 거쳐 경사에 이르게 했다.[9] *정화(政和, 1111~1117) 연간에 횡주(橫州) 토조(士曹) 채몽휴(蔡蒙休)가 그 나라 사신을 데리고 도성에 들어왔는데, 길을 따라서 오면서 고의로 지체하며 그들의 향약을 제값에 맞지 않게 강매했다. 이 사실을 보고하자, 조서로 하옥하여 다스리게 했다. 조서로 지금부터는 번이(蕃夷)들이 공물을 들일 때는 승무랑(承務郞) 이상의 청렴하고 강한 관리를 선발하여 안내하게 하도록 하고, 여정에 따라 행하되 이유 없이 하루를 지체하지 못하도록 했으며, 거래를 요구하는 자들은 공공물을 절도한 죄[自盜]로 다스리게 했다고 한다(宋乾德初, 僧行勤遊西域, 因賜其王書以招懷之. 自是後終宋之世, 朝貢不絕. 貢物有揀香·白龍腦·白沙糖·白越諾·薔薇水·琉璃瓶·象牙·賓鐵·紅絲·吉貝·五色雜花番錦·乳香·無名異·膃肭臍·龍鹽·千年棗·偏桃·五味子·駝毛褥·錦襈·番花簟·金飾壽帶·連環臂鉤等物. 宋帝賞賚輒準其所貢之直. 初入貢路繇沙州, 涉夏國, 抵秦州. 後輒爲西人鈔掠, 乃詔自今取海路, 繇廣州至京師. 政和中, 橫州士曹蔡蒙休押伴其使入都, 沿道故滯留, 強市其香藥不償直, 事聞, 下詔獄治, 詔自今蕃夷入貢, 並選承務郞以上清强官押伴, 按程而行, 無故不得過一日, 乞取買市者以自盜論云)].*

⑸우리 조정 *[홍무(洪武) 초에 국왕이 사신을 보내 와 말과 방물을 바쳤다(洪武初, 國王遣使貢馬及方物)]*. 영락(永樂, 1403~1424) 초에 국왕 재리노아필정(宰奴里阿必丁)이 사신을 보내 조공하여 그를 소문답랄(蘇門答剌)의 왕으로 책봉하고, *[인장, 고명 금폐(金幣)를 하사했다. 얼마 되지 않아(賜印誥金幣, 旣而)]*, 이웃 나라인 화면왕(花面王)과 싸우다가 죽게 되었으나, 아들은 어렸다. 한 어옹(漁翁)이 뜻을 떨쳐 군대를 이끌고 공격하여 화면왕을 죽이고 마침내 옛 왕의 아내를 부인으로 맞아, 자신을 '노왕(老王)'이라 칭하며 그 나라를 차지하고, *[사신을 보내 와 조공했다. 얼마 되지 않아(遣使來貢. 無何)]* 옛 왕의 아들이 장성하여, 몰래 부목(部目)들과 공모하여 어옹을 살해하고 옛 지위를 되찾았다. 그러나 어옹의 아들 소

9) 조공길의 변경에 관해서는 『송사』, 권490, 「서역·대식국」(14121쪽)에 자세히 보인다. '중국정사외국전DB'의 번역과 주석을 참고하시오.

간랄(蘇幹剌)이 달아나 인근 협곡에 살면서 스스로 왕위에 올라, 사람들을 거느리고 다시 부친의 원수를 갚았다[갚으려 했다]. 마침 태감 정화(鄭和)가 그 나라에 이르렀을 때, 군대를 보내 소간[랄]을 사로잡아 경사로 보내 주살하게 했다. 그러자 왕자는 상(上)의 덕의(德意)에 감읍하여 산물을 바치니 매우 많았다. *[지금까지 끊이지 않았다(至今不絶)]*.

⑹*[이곳은 대략 천주(泉州)에서 서북쪽으로 배를 타고 순풍이면 대략 100일 만에 이를 수 있다(其地大抵從泉州西北舟行順風大約百日, 可抵)]*.[10] 이곳의 농토[田]은 돌자갈로, 곡식이 적다. *[남자는 흰 베로 머리를 싸매고 허리에는 접은 베를 두른다. 여자들은 몽둥이 모양으로 쪽을 짓고 허리에는 유색의 배로 만든 수건을 두른다. 추장은 사람이 훤칠하며, 하루에 반드시 검은색, 적색, 노란색 등 세 가지 색깔로 바뀐다. 매년 10여 명을 죽여 그 피로 목욕하며, 사계절 질병이 발생하지 않는다고 하므로 사람들이 모두 두려워 그에게 복종한다(男白布纏頭, 腰圍摺布. 女椎髻, 腰圍色布手巾. 其酋長人修, 一日之間, 必三變色, 或黑, 或赤, 或黃. 每歲必殺十餘人, 取血浴身, 云四時不生病疹, 故民皆畏服焉)]*. **왕이 사는 곳은 마노(瑪瑙)로 기둥을, 녹감(綠甘)으로 벽을**, 수정(水晶)으로 기와를, 녹석(碌石)으로 까는 돌[磚]을, 활석(活石)으로 회(灰)를 만들었다. **휘장과 장막 같은 것들은 모두 백화금(百花錦)이다**. *[관직으로 승상(丞相)과 태위(太尉)가 있다. 말은 키가 7척이며 병졸들은 날래고 용감하다(官有丞相太尉. 馬高七尺, 士卒驍勇)]*. 백성들의 집은 중토(中土)와 같다. *[기예가 정교하여 외국 상인들이 왕래한다(技藝成精, 番商往來)]*.

⑺이 나라 이웃으로, 고림(故臨, 퀼론)이 있다. 나라 사람들은 칠처럼 검고, 도적질을 일삼는다. 중국 사람들이 대식에 갈 때는 반드시 고림(故臨)에서 작은 배로 갈아타고 간다.

---

10) 이 정보는 서역의 조지(條支), 파사(波斯), 대식(大食)과 남해의 소문답랄(蘇門答剌, 수마트라)의 정보가 혼재했으므로, 나왈경으로서는 방향을 '서북쪽'으로 설정할 수밖에 없었을 것이다. 『방여승략외이』는 이 정보를 삭제했지만, 결국 위에서 기술한 내용은 그대로 혼란스러웠다.

⑻묵가국(默伽國)이 있는데, 그 조상들은 대식(大食)의 황야(荒野)에 살았으나 조사 포라우(蒲囉吽)가 이곳으로 옮겨와 살면서 *[아내를 얻어]* **사마연(司麻煙)을 낳았다. 태어났을 때, 발로 땅을 차자 맑은 샘물이 솟구쳐 나오더니 얼마 되지 않아 큰 우물을 이루었다.** 이후 바다를 항해할 때 풍파를 만나면 이 물을 뿌리면 멈추지 않음이 없었다【천축(天竺)과 천방(天方)의 우물과 같다(與天竺天方井同)】.

⑼나고아국(那孤兒國)은 바로 화면왕국(花面王國)이다. 나라는 작아 큰 촌(村)과 비교할 만하다. 원숭이 머리[猱頭]에 나체로, 짐승의 모습이다. 사람들은 모두 얼굴에 문신을 새겨 그렇게 부른다.

⑽②그 속국으로 **물사리(勿斯里)【8년, 9년, 10년이 지나야 비로소 한 차례 비가 내린다.** 2년 또는 3년마다 노인이 강에서 나오는데, 나라 사람들이 절을 하고 길흉을 묻는다. **그가 웃으면 풍년이** 들고, 근심스러워하면 기근과 역병이 생긴다. *[한참 뒤에 다시 물로 들어간다]*.[11] ③탑 꼭대기에 신비한 거울이 있는데 멀리까지 비출 수 있다(經八九十年始見一雨. 二三年間有老人自江中出, 國人拜問吉凶. 笑則豐稔, 愁則飢疫. *[良久復*

---

11) 이 '노인'에 관한 이야기 또한 『제번지』에 「물사리(勿斯里)」 조목에 보인다(『제번지역주』, 234쪽). 이와 비슷한 정보들을 추적해 보면 황충(黃衷, 1474~1553)의 『해어(海語)』(사고전서본, 권하, 6a~b)에 따르면, "해화상(海和尙)은 사람의 머리에 몸은 자라이며, 발은 길고 딱지가 없다. 항해할 때 만나면 모두 불길함을 걱정한다(海和尙, 人首鼈身, 足差長而無甲. 舟行遇者, 率虞不利). 또 호세안(胡世安, 1593~1663)의 『이어도찬보(異魚圖贊補)』(사고전서본, 권중, 9b)에서는 『일통지』를 인용하여 "임해(臨海)에는 조수를 바라보는 물고기가 나는데, 일명 '해화상'이라 한다(臨海出望潮魚, 一名海和尙)"라는 기록이 보인다. 마지막으로 왕대해(王大海)가 1791년 서문을 쓴 『해도일지(海島逸誌)』[장원장판(漳園藏板)본, 권4, 9b]에서 자바섬 견문에서도 '해화상(海和尙)'을 기술하며 "대해의 가운데 늘 있는 것은 아니지만 일어나면 돌풍의 재해가 있다. 모습은 사람 같은데 입은 커 귀에 이른다. 사람을 보면 웃는데, '해화상(海和尙)'이라 한다. 나타나 불길함을 알려 주는데[見之者知爲不祥], 반드시 광풍에 당하거나 큰 풍랑이 이르러 배가 전복될 염려가 있다"라고 한 기록이 보인다. 이것들의 출현이 어떤 결과를 보이느냐만 다를 뿐 같은 형상의 해양 동물을 연상시킨다.

入水中]. 塔頂有神鏡能遠照)】,[12] ④물사리(勿斯離)【자생하는 나무가 있는데 그 과일을 '포로(蒲蘆)'라고 하며 먹을 수 있다. 다음 해에 열리는 것을 '마다택(麻茶澤)'이라고 하고, 3년에 여는 것을 '몰석자(沒石子)'라고 한다(有天生樹, 其果名蒲蘆可食, 次年生名麻茶澤, 三年生名沒石子)】,[13] ⑤길자니(吉慈尼)【땅은 추워 봄에도 눈이 녹지 않는다. 설저(雪蛆)가 난다. *[모양은 표주박 같고, 먹으면 맛이 좋다. 속의 열을 잘 다스린다(狀如瓠瓜, 食之味美. 大治內熱)]*】,[14] ⑥마리발(麻離拔)【*[부유한 사람들은 황*

---

12) 여기 소문답랄(蘇門答剌)의 속국으로 열거된 나라들은 모두 파사(波斯)나 대식(大食)에 연관된 나라들이다. ②의 정보는 히어트와 록힐이 이집트로 추정하는 조여괄의 '물사리(勿斯里)'에 관한 기술을 채록한 것이고(『제번지역주』, 234쪽), ③은 역시 조여괄이 기술한 '알근타국(遏根陀國, 알렉산드리아?)'의 거울이다(앞의 책, 238쪽). 거울에 대한 마지막 정보는 『함빈록』에 "탑 꼭대기에는 신비한 거울이 있는데, **다른 나라의 군대가 이르면 먼저 비추어 나타낸다**(塔頂有神鏡, 若他國兵至, 則先照見)"라고 하였다.

13) 소문답랄의 또 다른 속국인 '물사리(勿斯離)'는 조여괄이 '물시리(勿厮離)'로 기술한 곳으로 히어트와 록힐은 '모술(Mosul)'로 추정한 바이다. 조여괄이 "산에는 자생하는 나무가 있는데, 한 해는 밤이 열려 그것을 포로(蒲蘆)라고 하고 다음 해에는 몰석자(沒石子)가 열린다(山有天生樹, 一歲生栗, 名蒲蘆, 次歲生沒石子)"라고 한 정보와는 사뭇 다르다(『제번지역주』, 221쪽). 1647년의 『본초승아반게(本草乘雅半偈)』(사고전서본, 권9, 40b~41a)에는 "대식의 것은 한 해에는 포로자(蒲盧子)가 열리는데, 둥글고 납작하며 손가락 한 마디 크기의 밤과 같으며 가운데 씨는 모두 먹을 수 있다. 다음 해에는 무식자(無食子, 몰석자)가 열리는데 그 나라 사람들은 '마다택'이라 부른다(大食國者, 一年生蒲盧子, 圓扁亦如栗大寸許, 中仁俱可食. 次年生無食子, 彼國呼爲麻茶澤)"라고 하였다. 이로부터 몰석자(沒石子)가 바로 '마다택'임을 알 수 있다. 『본초승아반게』의 설명이 맞는다면, 나왈경이 어디에서 정보를 가져왔는지는 모르지만, 잘못 정보를 채록한 것이다. 몰석자에 관해서는 『제번지역주』, 222쪽을 참고하시오.

14) '길자니(吉慈尼)'는 아프가니스탄과 인도 북부 지역의 가즈니를 음역 표기한 나라로, 주거비(周去非)가 『영외대답(嶺外代答)』, 권3, 대식제국(大食諸國)에서 언급한 나라이다. 첫 번째 정보는 조여괄의 기술을 채록한 것이다(『제번지역주』, 216쪽). 하지만 두 번째 정보인 '설저(雪蛆)'가 난다는 정보는 『제번지』에 보이지 않는다. 원나라 말과 명나라 초에 활동한 섭자기(葉子奇)의 『초목자(草木子)』(사고전서본, 권1, 17a)에 따르면, "음산(陰山) 북쪽에는 쌓인 눈이 몇 세대가 지나도 녹지 않는데, 그 설산 북쪽 사람들이 '설저(雪蛆)'라고 부르는 표주박만 한 저(蛆)가 자라는데, 맛이 아주 감미롭다(陰山以北, 積雪歷世不消, 中生蛆, 其大如瓠, 北人謂之雪蛆, 味極甘美)"라고 하였고, 한편 주밀(周密, 1232~1298)은 『계신잡식(癸辛雜識)』(사고전서본, 속집 하, 4b)에서 '빙저(冰蛆)'에 관하여 "서역 설산에는 만고의 세

금 실과 복숭아꽃 문양의 비단으로 머리를 싸맨다(貴人以金線桃花帛纏頭). 시장에서는 금은의 주화를 사용한다】,[15] ⑦여벌(黎伐)【*[나라 사람들*

월에도 녹지 않는 눈이 있는데, 겨울과 여름 모두 그러하다. 그 설산에는 누에 같은 벌레가 있는데, 맛이 꿀처럼 달고, 얼음처럼 차가워 이름하여 '빙저'라고 하는데 누적된 열을 치료할 수 있다(西域雪山有萬古不消之雪, 冬夏皆然. 中有蟲如蠶, 其味甘如蜜, 其冷如冰, 名曰冰蛆, 能治積熱)"라고 하였다. 이로부터 설저(雪蛆)가 바로 빙저(冰蛆)이며, 이 정보를 나왈경이 추가한 것으로 보인다.

15) 이 정보는 1178년 주거비의 『영외대답(嶺外代答)』(사고전서본, 권3, 2a~b)에서 대식의 여러 나라[大食諸國]를 기술하며 첫 번째로 언급한 마리발국(麻離拔國)에서 채록한 것이다. 주거비에 따르면, "마리발국(麻離拔國)이 있다. <u>광주에서 중동(中冬) 이후에 출항하여 북풍을 타고 가면, 약 40일 만에 남리(藍里)라는 곳에 이른다. 소목(蘇木), 백석(白錫), 장백등(長白藤)을 두루 사서 다음 겨울까지 살다가 다시 동북풍을 타고 순풍에 60일을 항행하면 이른다</u>. 이 나라에는 유향, 용연, 진주, 유리, 서각, 상아, 산호, 목향, 몰약, 혈갈, 아위(阿魏), 소합유(蘇合油), 몰석자, 장미수 등의 상품이 나는데, 모두 대식 여러 나라가 이곳에 이르러 교역한다. 국왕, 신하, 백성들은 모두 하늘을 섬긴다. 관리와 부호들 모두 금실로 꽃을 수 놓은 비단으로 머리를 싸매고 목덜미에 걸치며, 흰 월낙금자포(越諾金字布)로 옷을 만들어 입거나 여러 색의 수놓은 비단을 입는다. 붉은 가죽으로 신발을 만들어 신고, 5층의 누대에 살며, 빵[麵餅], 고기, 유락(乳酪)을 먹는데, 가난한 사람들은 물고기와 채소를 먹는다. 땅에는 곡물이 적지만 나는 과실들은 달고 시지 않다. 포도로 술을 만들고, 당(糖)을 향약에 졸여 사수주(思酥酒)를 만들고, 꿀을 향약과 섞어 미사타화주(眉思打華酒)를 만드는데 몸을 따뜻하게 하고 보신하는 데 좋다. 금은으로 주화를 만든다. 대형 선박을 가진 부유한 상인들 모두 이곳에 모인다. 철종(哲宗) 원우(元祐) 3년(1088), 11월에 대식의 마라발국(麻囉拔國)이 사신을 보내 조공을 들였는데, 바로 여기 마리발(麻離拔)이다(有麻離拔國. 廣州自中冬以後, 發船乘北風行, 約四十日到地名藍里. 博買蘇木·白錫·長白藤,住至次冬, 再乘東北風六十日順風方到. 此國產乳香·龍涎·眞珠·琉璃·犀角·象牙·珊瑚·木香·沒藥·血竭·阿魏·蘇合油·沒石子·薔薇水等貨, 皆大食諸國至此博易. 國王官民皆事天. 官豪皆以金線挑花帛纏頭搭項, 以白越諾金字布爲衣, 或衣諸色錦. 以紅皮爲履, 居五層樓, 食麵餅·肉·酪, 貧者乃食魚·蔬. 地少稻米, 所產果實, 甜而不酸. 以蒲桃爲酒, 以糖煮香藥爲思穌酒, 以蜜和香藥作眉思打華酒, 暖補有益. 以金銀爲錢. 巨舶富商皆聚焉. 哲宗元祐三年十一月, 大食麻囉拔國遣人入貢, 卽此麻離拔也)".

밑줄 친 지리 정보를 조여괄은 "대식(大食)은 천주(泉州)의 서북쪽에 있는데, 천주에서 가장 멀다. 외래 선박이 직접 가기는 어려워 천주에서 배를 타고 40여 일을 가서 남리(藍里)에 이르러 장사를 하며 겨울을 지내고, 다음 해 다시 출발하여 순풍에 60여 일을 가면 그 나라에 도착한다(大食在泉之西北, 去泉州最遠. 番舶艱於直達, 自泉發船四十餘日, 至藍里博易住冬, 次年再發, 順風六十餘日方至其國)"라고 기술했다. 마리발국(麻離拔國)을 '대식'으로, 광주(廣州)를 '천주'로 고친 것 이외의 정보는 일치한다.

은 겨우 2,000~3,000가구이며, 언어와 행동 방식은(國民僅二三千家, 言語動用)] 소문답랄(蘇門答剌)과 같다. [또한 소문답랄에 기대어 진공했다(亦附蘇門答剌, 進貢)]】,[16] ⑧**백달(白達)**【땅에는 진귀한 보물이 많다. *[사람들은 수락(酥酪), 빵, 고기를 먹는다. 흰 베로 머리를 싸맨다. 군대는 강성하여 다른 나라가 감히 침범하지 못한다(人食酥酪·餠·肉. 白布纏頭, 兵强, 他國不敢侵犯)]*】[17] 등이 있다.

히어트와 록힐은 이 '마리발국'을 아라비아 '하드라마우트(Hadramout)' 해안으로 추정했고, 이어서 나오는 대식의 도읍인 밀서리(蜜徐篱)의 원주에 "어떤 곳에는 마라발(麻囉拔)로 되어 있다"라는 정보에서 이 '말라발'은 하드라마우트 해안에 있는 미르바트(Mirbāt)로 추정하며 '마리발'이 바로 '마라발'로 이해하고 있다(『Chau Ju-kua』, 120, 121쪽). 그러나 펑청쥔은 이 설을 따르지 않고 바리발을 말라바르(Malabar), 즉 조여괄이 기술한 '남비국(南毗國)'으로 추정했다(『제번지교주』, 중화서국, 1956, 48쪽).

그러나 주거비는 '마리발'에 이어 메카[麻嘉國]를 기술하며(사고전서본, 권3, 2b)에서 "마리발국에서 서쪽으로 육로를 통해 80여 정(程)을 가면 [메카에] 도착한다(自麻離拔國西去, 陸行八十餘程乃到)"라고 하였다. 펑청쥔처럼 말라바르로 보면 서쪽은 모두 인도양이므로, 기술한 정황이 맞지 않는다. 따라서 마리발은 지리적 정황이나 음성적 일치도 면에서 아라비아 하드라마우트 해안의 미르바트로 추정해야 할 것 같다. 그렇다면 위에서 언급한 '남리(藍里)'는 남무리(藍無里), 즉 수마트라섬 서북단 라무리(Lamuri, 현 아체)로 읽어야 할 것이다.

16) '여벌(黎伐)'이란 나라는 사무드라[蘇門答剌]과 산으로 이어져 있는 '여대(黎代)'의 오기로, 리데(Lidé)의 음역 표기이다. 이 작은 나라에 관해서는 마환이 『영애승람』에서 별도의 항목으로 기술한 바 있다(『영애승람역주』, 285~293쪽). 손광우가 채록한 나왈경의 『함빈록』 권3에는 다음과 같이 설명하고 있다. "나라 사람은 겨우 2,000~3,000가구이며, 언어와 생활은 소문답랄과 같다. 또한 소문답랄을 따라와 진공했다(國民僅二三千家, 語言動用與蘇門答剌同, 亦附蘇門答剌進貢)"라고 하였다. 이는 마환의 『영애승람』 기술을 근거하고 있다. 이처럼 나왈경은 『영애승람』을 참고했으면서, 왜 이러한 혼란을 불러온 것인지 이해되지 않는다.

17) '백달(白達)'은 바그다드의 음역 표기로 알려진 곳이다. 1178년 주거비의 『영외대답(嶺外代答)』에서 대식의 여러 나라[大食諸國] 중 세 번째로 기술한 바 있다(사고전서본, 권3, 3a). 이에 대해서는 『제번지역주』, 212~213쪽을 참고하시오. 한편 손광우는 나왈경의 『함빈록』 권3의 기술을 위처럼 요약했지만, 그의 설명은 더 자세하다. "그곳에는 진귀한 보물이 많다. 사람들은 수락(酥酪), 빵, 고기를 먹는다. 흰 베로 머리를 싸맨다. 군대가 강하여 다른 나라가 감히 침범하지 못한다(地多珍寶. 人食酥酪·餠·肉. 白布纏頭. 兵强他國不敢侵犯)"라고 하였다. 이는 『영외대답』과 그에 따른 『제번지』에 근거한 것이다.

⑾그 토[산]으로 **미채(美菜)**【길이는 6~7척이다】,[18] **편도(偏桃)**【과육은 쓰지만, 씨는 맛이 좋다】,[19] **심지조(尋枝爪)**【열 사람이 하나를 함께 먹을 수 있다(十人方可共啗一枚)】,[20] **취과(臭果)**【길이는 8~9촌으로 열면 냄새가 심하다. 안에는 큰 버터[酥] 같은 14~15개의 흰 과육이 들어있는데 맛이 매우 달다(長八九寸, 開之甚臭, 內有大酥白肉十四五片, 味甜美)】,[21] **산자(酸子)**【크기는 배[梨]만 하고, 맛은 향기롭고 강렬하다】,[22] **취조(鷲鳥)**【키는 4척으로 낙타(駱駝)와 비슷하며 양을 먹는다[噉羊]】,[23] **나자대(螺子黛)**

---

18) 길이가 6~7척이나 되는 '미채(美菜)'가 무엇을 말하는지 모른다. 고증을 기다린다.

19) '편도(偏桃)'는 바로 『유양잡조(酉陽雜俎)』(사고전서본, 권18, 11a)에서 파사국의 산물로 기술하고 있다. 바로 마환이 아덴을 기술하며 아랍어 바담(badam)을 음역 표기한 '파담(把擔)', 즉 아몬드를 말한다. 이에 관해서는 『영애승람역주』(하, 134쪽)를 참고하시오.

20) '심지조(尋枝爪)'는 중국 국가도서관 소장본 『함빈록』(권3, 29a)에는 추재처럼 '심지과(尋枝瓜)'로 되어 있고, 『총서집성속편』본 『함빈록』(권3, 29a)에는 '조' 또는 '과'자 없이 '심지(尋枝)'로 되어 있다. 악사(樂史, 930~1007), 『태평환우기(太平寰宇記)』(사고전서본, 권186, 18b)에는 대식국(大食國)의 산물을 기록하면서 과일로 '희고 노란 이과[白黃李瓜]'를 들고 있는데, "큰 것은 심지(尋枝)라고 하는데, 십여 명이 한 과를 먹는다(大者名尋枝, 十餘人食一顆)"라고 하였으므로, '심지'로 읽는 것이 맞겠고, '조'보다는 '과(瓜)'자가 맞을 것이다.

21) 여기 '취과(臭果)'는 마환이 『영애승람』 소문답랄 조목에서 언급한 '도이언(賭爾焉)' 즉 두리안 과일을 말한다. 자세한 사항은 『영애승람역주』(하, 268쪽)를 참고하시오.

22) 여기 '산자(酸子)' 또한 마환이 『영애승람』 소문답랄 조목에서 언급한 '산귤(酸橘)'을 말한다. 『영애승람역주』(하, 268쪽)를 참고하시오.

23) '취조(鷲鳥)'는 『양서(梁書)』, 권54, 「파사국」(815쪽) 기술에서 "서쪽으로 성에서 15리 떨어진 곳에 흙산이 있는데, 산은 높지 않지만, 산세가 아주 멀리 이어져 있다. 그 안에는 취조(鷲鳥)가 있는데 양을 잡아먹어 현지인들이 몹시 걱정거리로 여긴다(西去城十五里有土山, 山非過高, 其勢連接甚遠, 中有鷲鳥噉羊, 土人極以爲患)"라고 하였다. 정초(鄭樵)의 『통지(通志)』(사고전서본, 권196, 118b)와 악사(樂史)의 『태평환우기(太平寰宇記)』(사고전서본, 권186, 18a)에서 파사국을 기술하며 "또 타조가 있는데, 키는 4척 이상이며, 다리는 낙타의 발굽과 비슷하며, 목덜미에 사람이 타고 5~6리를 갈 수 있고, 알은 2되[升]만큼 크다(又有駞鳥, 高四尺以上, 脚似駞蹄, 頸項勝得人騎, 行五六里, 卵大如二升)"라고 한 설명을 보면 취조(鷲鳥)가 바로 타조임을 알 수 있다.

【한 개에 천금의 값이 나간다(每顆直千金)】,[24] **용연향(龍涎香)**,[25] **장미수(薔薇水)**【옷에 뿌리면 해가 지나도 향기가 흩어지지 않는다】[26] 등이 있다.[27]

---

24) '나자대(螺子黛)'란 여인들이 눈썹을 그리는 광물질의 안료이다. 도종의(陶宗儀)는 『설부(說郛)』(사고전서본, 권66하)에 수록한 10세기 풍지(馮贄)의 『남부연화기(南部烟花記)』(65a)에 보인다. 그는 나자대에 관하여 "수양제(604~617년 재위)의 궁중에서는 다투어 긴 눈썹[長蛾]을 그려, 사궁(司宮) 관리가 매일 나자대 5곡(斛)을 지급했다. 파사국에서 난다(煬帝宮中, 爭畫長蛾, 司宮吏日給螺子黛五斛, 出波斯國)"라고 기록했는데 아마도 이에 근거했을 것이다.

25) '용연향(龍涎香)'은 고래나 큰 바다 포유동물의 분비물로 알려져 있다. 수마트라섬 아체주 북쪽에 있는 섬으로 추정되는 '용연서(龍涎嶼)'가 있는데, 이 용연향이 많아 나기 때문에 붙여진 이름이다고 한다(『도이지략역주』, 63~73쪽, 『성사승람역주』, 194~198쪽을 참고하시오). 또한 직접 '용연서'를 기술하지 않았지만, 마환의 『영애승람』에서도 몰디브와 인도양 너머의 페르시아만 주변에 있는 나라에서 '용연향'의 존재를 확인할 수 있다(『영애승람역주』, 하, 81쪽). 손광우가 생략한 '용연향(龍涎香)'에 관한 나왈경의 설명은 아래 주석을 참고하시오.

26) 장미수(薔薇水)는 바로 장미로(薔薇露)로, 장미에서 추출한 향료이다. 이 향료는 주로 아랍권 나라들의 산물로 알려져 있다. 자세한 사항은 마환의 『영애승람』, 도파르 왕국 조목을 참고하시오(『영애승람역주』, 하, 98쪽).

27) 손광우는 나왈경의 『함빈록』 권3의 기술을 채록하며 산물 중 여러 항목을 빠뜨려 더욱 혼란스럽게 만들었다. 나왈경이 언급한 산물은 다음과 같다. "그 산물로, 미채(美菜)【길이는 6~7척이다】, 편도(偏桃)【모양은 납작하고, 과육은 쓰지만, 씨는 맛이 좋다】, 심지(尋枝)【매우 커서, 열 사람이 함께 한 가지를 먹을 수 있다(十人方可共啗一枝)】, 석류(石榴)【[하나에] 6~7근에 달한다】, 취과(臭果)【길이는 8~9촌으로 열면 냄새가 심하다. 안에는 큰 버터[酥] 같은 14~15개의 흰 과육이 들어있는데 달아 먹을 만하다】, 산자(酸子)【크기는 배[梨]만 하고, 맛은 향기롭고 강렬하다】, 포도(蒲桃)【달걀만큼 크다】, 죽계(竹雞)【대충 삶으면 익으며 맛이 다른 곳의 닭을 능가한다】, 취조(鷲鳥)【키는 4척으로, 다리는 낙타와 비슷하고, 알은 2되[升]만큼 크며, 양을 삼킨다】, 명마(名馬)【말과 용이 교합하여 나온 것이다】, 호양(胡羊)【꼬리는 부채만큼 크고, 봄에 배를 갈라 수십 근의 기름을 채취하고, 약실로 봉합하면 양은 예전처럼 살지만, [배를] 가르지 않으면 죽는다】, 나자대(螺子黛)【보석이다. 한 알에 천금의 값이 나간다(每顆直千金)】, 용연향(龍涎香)【용들이 싸우면 침이 나오는데, 나라 사람들이 계산하여 그것을 채취해, 향과 섞으면 아주 기이하다】, 장미수(薔薇水)【옷에 뿌리면 해가 지나도 향기가 흩어지지 않는다】 등이 특이하다(其產美菜【長六七尺】·偏桃【其形偏, 肉苦難食, 惟子味佳】·尋枝【極大, 十人方可共啖一枚】·石榴【重五六斤】·臭果【長八九寸, 開之甚臭, 內有大酥白肉十四五片, 甜美可食】·酸子【如梨, 其味香冽】·蒲桃【大如雞子】·竹雞【略煮便熟, 味美勝各處

이상 손광우는 소문답랄(蘇門答剌, 수마트라), 묵가국(默伽國, 메카), 고림(故臨, 퀼론), 나고아국(那孤兒國, 수마트라 나쿠르)을 '소문답랄'에 넣어 뒤죽박죽 정보를 전달했다. 이는 추재의 손에서, 하나의 나라로 합쳐지며 더 혼란스럽게, 소설처럼 되었다. 결국 지봉 이수광이 다룬 이 나라들은 무려 2세기가 지난 19세기에도 추재는 단 한 곳도 제대로 파악하지 못하고 있었다.

> 소문답랄은 한나라 시기의 조지(條支)이고 당나라 시기의 파사(波斯)·대식(大食)이다. 장건은 "밭벼[田稻]가 있고, 알이 항아리만큼 큰 새가 있다"라고 하였다. 장제(章帝, 75~88년 재위) 때 지작(鳷鵲)을 헌상했는데, 키가 7척의 사람만 했다고 한다. 당나라 정관(貞觀, 627~629) 연간에 수주(水珠)를 헌상했는데, 행군할 때 물이 없으면 땅속에 두면 물이 저절로 나왔다. 또 활욕사(活褥蛇)를 헌상했는데, 모양이 쥐와 비슷했는데, 구멍으로 들어가 쥐를 잡는다. 수나라 대업(大業) 연간에 처음 오곡을 심기 시작했다. 바다에는 나무가 있는데, 가지와 잎이 붉고 가지 끝에는 어린아이 같은 것이 달리고, 키는 6~7촌 정도로 먹으면 감미롭다. 그 땅은 돌자갈이다. 왕궁은 유리로 기둥을 만들었고 녹감석으로 벽을 만들었으며, 휘장들은 모두 온갖 화면(華錦)으로 만들었다. 풍속에 사람들은 모두 검은 옷을 입고 군주의 옷만 희다. 옛날 어떤 사람이 사림연(司林烟)이 태어났을 때, 발로 땅을 차자 맑은 샘물이 솟아났다. 산의 서쪽에는, 말을 할 줄 아는 짐승이 있다. 사람들은 5일에 한 번 하늘과 경전에 예배한다. 8~9년에 한 번 비가 내린다. 노인이 강에서 나와 웃으면 풍년이 든다. 산천은 길자니(吉慈尼), 백달(白達), 물사리(勿斯里)가 있다. 산물로는 편도(偏道), 심지과(尋枝瓜)가 있는데 한 가지면 열 사람이 먹을 수 있다. 악취 나는 과일[臭菓], 산자(酸子, tamarind), 취조(鷲鳥), 나자대(螺子黛), 용연향, 장미수가 있다(蘇門答剌, 漢之條支, 唐之波斯·大食是也. 張騫言, 田稻有鳥, 卵如甕大. 章帝時貢鳷鵲, 高七尺人言. 唐貞觀中獻水珠, 行軍乏水, 置土中水

者】·鷲鳥【高四尺, 足似駱駝, 卵大如二升, 啖羊】·名馬【馬與龍交所產】·胡羊【尾大如扇, 春剖腹取其膏數十斤, 以藥線縫合之, 羊如故, 不割則死】·螺子黛【寶也. 每顆價直千金】·龍涎香【龍鬪則涎出, 國人以計取之, 和香, 極奇】·薔薇水【灑衣經歲, 香氣不散】爲奇)"라고 하였다. 굵게 표시한 산물과 설명은 손광우가 빠뜨린 정보들이다.

自出. 又獻活褥蛇, 狀類鼠, 入穴取鼠. 隋大業時, 始種五谷. 海中有樹, 枝葉赤, 枝頭生小兒, 長六七寸, 食之甜美. 其地磽确. 王居以瑪瑠爲柱, 綠甘爲壁, 帷幕悉百華錦. 其俗民皆衣黑, 君獨衣白. 古有人曰司林烟生時, 以足蹩地, 淸泉湧出. 山西有獸能言. 人皆五日一拜天經. 八九年始一雨. 有老人自江中出笑則歲登. 山川則吉慈尼·白達·勿斯里. 物產偏桃·尋枝瓜, 一枝能啗十人. 臭菓·酸子·鷲鳥·螺子黛·龍涎香·薔薇水).

하늘 향한 모배는 달에 여섯 번 하고, 膜拜瞻天月六巡,
군주는 흰옷 백성은 검은 옷을 입네. 白衣君有黑衣民.
가지 끝에서 아이 얼굴 모양 과일을 따서 枝頭摘取嬰兒菓,
물결에 던져주면 노인이 미소 짓네. 擲贈波心笑老人.

밭에 새알은 옹기만큼 크고, 田中鳥卵大如甕,
탑에 무지개 광채 어둠을 여네. 塔上虹光開晦霧.
사마연 땅을 차자 맑은 샘물 나와 烟兒蹩地出淸泉,
한 꼭지 담그면 열 명이 먹네. 沉得一苽啖十衆.

[16] 우전(于闐)

우전(于闐)은 현 신장 웨이우얼 자치구의 실크로드 거점도시로, 1956년 위구르어를 음차한 '화전(和闐)'에서 더욱 간편하게 '화전(和田)'으로 표기하는 지역이다. 우리에게 '호탄(Khotan)'으로 알려진 곳이다. 이미 『사기』에서부터 알려진 고대의 서역 왕국이다. 이곳은 당나라 시기 구법승들이 인도로 갈 때 반드시 거치는 왕국으로, 혜초도 중국으로 돌아올 때 이곳을 거치며 기록을 남겼다. 이 왕국에 관해서는 이미 『지봉 이수광이 바라본 세계』(287~306쪽)에서 자세히 다루었다.

여기에서도 『방여승략외이』, 권3의 저자 손광우는 나왈경의 『함빈록』 기술을 서둘러 복제했다. 나왈경은 정효(鄭曉, 1499~1566) 『오학편·황명사이고』를 시작으로 상당한 정보를 보완했다. 나왈경의 텍스트에 대한 전체적 이해는 손광우가 복제한 것으로 갈음하고, 보충이 필요한 부분만 원문과 함께 재론하기로 한다.

> 우전(于闐)은 *[큰 나라이다(大國也)]*. **중국에서 10,000리 떨어져 있다.** *[장건이 이르렀던 황하의 수원 중 하나가 우전에서 나온다고 한 것이 바로 이곳이다(張騫所窮河源一出于闐者是也)]*. **광무제(光武帝, 25~57년 재위) 말에 사거(莎車)의 왕에게 병합되었다.** 뒤에 우전왕은 휴막패(休莫霸)를 거느리고 사거(莎車)를 반격하여 스스로 **우전왕에 올랐다.** *[휴막패가 죽고 형의 아들 광덕(廣德)이 올랐으나 다시 사거에게 소멸되었다. 그 나라는 점차 성하여 복종하는 나라가 13개국으로(休莫霸死, 兄子廣德立, 復滅莎車. 其國轉盛, 服從者十三國)]*, 선선(鄯善)과 함께 그곳에서 대국으로 일컬어졌다.
>
> 원가(元嘉, 151~153) 연간에 우전 장수 수북(輸僰[^1])[1] 등이 한나라 장사(長史) 왕경(王敬)을 살해했다. *[한나라는 토벌하려 했으나 이루지 못했다. 우전은 이를 믿고 더욱 교만해졌다(漢欲討之, 不果. 于闐恃此遂驕)]*. 진(晉)나라 태강(太康, 280~289) 연간에 사신을 보내 옥인(玉印)을 헌상

1) 『후한서』, 권88, 「우전전」(2916쪽)에는 '후장(侯將) 수북(輸僰)'으로 되어 있는데, 여기 '후장'은 제후이자 장수를 의미하는 것으로 읽어야 한다. Edouard Chavannes, 「Les pays d'Occident d'après le Heou Han chou」, 『통보』, 1907, 173쪽.

했다. *[상은 봉하여 넣어두게 했다. 후위(後魏) 시기에 조영(祖瑩)이 분별해 낸 것이 바로 이 인장이다. 송나라와 제나라 시기에는 통하지 않았다. 후위 태무(太武)는 고량왕(高涼王) 나(那)를 보내 토욕혼(土谷渾)의 모리연(慕利延)을 토벌하게 하자, 모리연은 두려워 부락민들을 데리고 유사(流沙)를 건너갔다. 나(那)의 군대가 급히 추격하자, 모리연은 결국 서쪽 우전(于闐)으로 들어가, 그곳 왕을 죽이니, 죽은 자들이 매우 많았다. 현조(顯祖)[2] 말에 연연(蠕蠕)이 우전을 노략질하자, 우전은 우려하며 사신 소월가(素月伽)[3]를 보내 표문을 올려 구원을 청했다. 공경들이 의논하기를 우전은 만 리의 땅이고 연연은 습성이 들에서 약탈할 뿐, 오래 머물며 공성할 수 없을 것이니 군사를 보내더라도 형세상 미치지 못할 것이라고 했다. 이러한 의론으로 조서를 내려 사신을 타이르자 이내 그쳐 군대를 보내지 않았다. 이에 후위는 사신 한양피(韓羊皮)를 파사(波斯)에 사신으로 보냈는데, 도중에 우전을 지나자, 우전 중우왕(中于王)[4] 추인(秋仁)이 그를 억류했다. 한양피가 돌아와 상황을 보고했다. 후위는 다시 한양피를 보내 나무라며 타이르자, 그때부터 조공이 끊이지 않았다(上命緘而藏之. 至後魏時, 祖瑩所辨卽此印也. 宋·齊未通. 後魏太武遣高涼王那討吐谷渾慕利延, 利延懼, 驅其部落渡流沙. 那軍急追之, 利延遂西入于闐, 殺其王, 死者甚衆. 顯祖末, 蠕蠕寇于闐, 于闐患之, 遣使素月伽, 上表, 請援. 公卿議, 于闐萬里, 蠕蠕性但野掠, 不能久頓攻城, 卽遣師, 勢無及矣. 詔以此議, 諭使者, 遂止, 不發兵也. 先是魏遣使者韓羊皮使波斯. 道經于闐, 于闐中于王秋仁輒留之, 羊皮歸言狀. 魏復遣羊皮, 責諭之, 自是朝獻不絕矣)]*. 양나라 무제 천감(天監, 502~519) 연간에 처음 강좌(江左)와 통교하며 *[사신을 보내 방물을 바쳤다. 얼마 뒤에는 파라파보장(波羅婆步鄣)을 헌상*

2) 『북사』, 권97, 「서역·우전전」(3210쪽)에는 '헌문(獻文)'으로 되어 있는데, 바로 헌문제 탁발홍(拓跋弘, 465~471년 재위)이다.

3) 『위서』 권102, 「우전국」(2263쪽)에는 '소목가(素目伽)'로 되어 있다.

4) 『위서』 권102, 「우전국」(2263쪽)에도 같다. '중우(中于)'는 어떤 자료에서도 확인되지 않는다. 『통지(通志)』(사고전서본, 권196, 21b)에는 "그 왕 추인(其王秋仁)"으로만 되어 있다. 중화서국편 『위서』의 교감기에는 "우전을 지나다가 우전왕 추인이 곧바로 억류했다(經于闐中, 于闐王秋仁輒留之)"라는 문장이 잘못되었을 것으로 추정했다.

했고, 유리병을 바쳤으며, 조각한 옥불(玉佛)을 헌상했다. 대체로 양나라 말까지(遣使貢方物. 頃之, 獻波羅婆步障, 獻琉璃罌, 獻刻玉佛. 蓋終梁之世)],[5] 네 차례 조공을 들였다. [북]주 건덕(建[達]德, 572~577) 초에 명마를 헌상했다. **수나라 대업(大業, 605~618) 연간에 자주 조공을 들였는데,** 그 왕의 성씨는 [왕(王)], 자(字)는 비시(卑示)였는데,[6] **그는 비단 모자[錦帽]와 황금으로 장식한 관[金裝冠]으로 머리카락을 다른 사람들에게 보이지 않는다. 풍속에 "왕의 머리카락이 보이면 [그]해는 반드시 흉년이 든다(見王髮, 年必儉也)"라고 한다.**

당나라 때 그 왕은 성씨가 위지(尉遲)이고 이름은 굴밀(屈[屋]密)로, 원래는 돌궐(突厥)에 신속했었다. 정관(貞觀, 627~649)초에 사신을 보내 [산물을] 헌상했다. [2년 뒤에 아들을 보내 입시했다(後二年遣子入侍)]. 뒤에 아사륜두이(阿史那杜爾)[7]가 구자(龜茲)를 평정하자, 구자의 왕 복도신(伏闍信)이 두려워 아들을 보내 *[낙타 300마리를 헌상했다. 장사 설만비(薛萬備)가 사이에게 말하기를 "이제 구자를 격파하여 서역이 모두 두려움에 떠니 경기병을 빌려 우전왕을 잡아 경사에 바치고자 한다"라고 청했다. 두사가 허락했다. 우전에 이르러, 당나라의 위엄을 떨치고, 천자를 배알하도록 권하자, 복도신은 이내 사신을 따라왔다. 마침 고종이 즉위하여, 우위대장군(右衛大將軍)에 제수하고 하사품을 후하게 내렸다. 몇 개월 머물렀다가 돌아가며(獻橐它三百. 長史薛萬備謂社杜爾曰, 今破龜茲, 西域皆震恐, 願借輕騎羈于闐王獻京師, 社[杜]爾許之. 至于闐, 陳唐威靈, 勸入見天子, 伏闍信乃隨使者來. 會高宗立, 授右衛大將軍, 賜賚特厚, 留數月*

5) 이상 조공 기록은 『양서』, 권54, 「우전국」(814쪽)에 자세한데, 천감 9년(510)에 방물을 바쳤고, 13년(514)에 파라파보장, 18년(519)에 유리병, 대동(大同) 7년(541)에 옥을 조각한 불상을 바쳤다고 한다,

6) 『수서』, 권83, 「우전」(1852쪽): "그 왕의 성은 왕(王)이고 자는 비시폐련(卑示閉練)이다"라고 하였다.

7) 『구당서』, 권198, 「서융·우전국」(5305쪽)에는 '아사나사이(阿史那社爾)'로 되어 있다. 『신당서』, 권2, 「태종본기」(47쪽)에는 정관 22년 쿠차와의 전투를 언급하여 '사사나사이'로 표기되어 있다. 이를 따라야 할 것이다.

遣之, 請以子弟宿衛. 上元初身率子弟酋領七千人來)], 숙위(宿衛)로 입시(入侍)토록 청했다. 상원(上元, 674~676)초에 *[직접 자제들과 수령 70명을 거느리고 와 내조(來朝)했다(身率子弟酋領七十人來朝)]*. 종군하여 토번(吐蕃)을 친 공을 세워 그곳을 비사도독부(毗沙都督府)로 만들고, *[복도신을 도독에 제수했다. 죽고(授伏闍信都督. 死)]* 무릇 다섯 세대를 전하여 위지승(尉遲勝)이 즉위했다. 지덕(至德, 756~758) 초에 병란을 도우러 왔다가 *[숙위로 남게 해달라고 청했다(請留宿衛)]*. 당나라는 그의 아우 엽호(葉護) 요(曜)를 권지본국사(權知本國事)로 삼았다. 얼마 되지 않아 **모나고 둥근 두 미옥(美玉)을 헌상했는데, 지름은 각기 5촌으로** 터럭을 비출 수 있었다. 상(上)이 도사에게 보여주며 해설[解言]하라고 하자, 해설하여 "**이 하나는 용옥(龍玉)이고, 하나는 호옥(虎玉)입니다. 둥근 것은 용(龍)으로 물에서 나와 용이 보석이 된 것입니다. 물에 던지면 반드시 무지개[虹霓]가 그곳에서 나올 것입니다.** 모난 것은 호랑이로, 암곡(巖谷)에서 나와 호랑이가 보석이 된 것으로, 만약 **호랑이 털로 쓸면 자주색 빛이 분사[迸逸]되어** 온갖 짐승들이 두려워 엎드립니다(此一龍玉, 一虎玉. 圓者龍也, 生於水中, 爲龍所寶, 若投之水, 必虹蜺出焉. 方者虎也, 生於巖谷, 爲虎所寶, 若以虎毛拂之, 即紫光迸逸, 百獸懾服)"라고 하였다. 상(上)이 **시험해 보게 하자 과연 효험이 있었다.** 사신에게 물으니 "둥근 것은 어인(漁人)에게서 얻은 것이고, 모난 것은 엽호(獵戶)에게 얻은 것입니다"라고 했다. 이에 상은 그것을 내부(內府)에 소장하게 했다.[8] *[이후 더는 이르지 않았다(以後不復至矣)]*.

석씨(石氏)의 [후]진(晉, 936~946) 시기, 그곳 왕 이성천(李聖天)이 자신을 당나라의 종친[宗屬]을 칭하며 *[홍염(紅鹽), 울금, 옥, 첩포(氎布), 이우(犛牛) 꼬리 등의 물품을(紅鹽·鬱金·玉·氎·犛牛尾等物)]* 바쳤다. [후]진은 장업(張鄴), 고거회(高居誨) 등을 그 나라에 보내, *[이성천을 대보우전왕에 책봉토록 하여(冊聖天爲大寶于闐國王)]*, 7년 만에 돌아왔다. 『오대

8) 이상 당나라 시기 우전(于闐)과의 관계 기술은 모두 『신당서』, 권221상, 「서역·우전」(6235~6236쪽)에서 채록하였다. 자세한 설명은 '중국정사외국전DB'를 참고하시오.

사(五代史)』에는 고거회의 기록이 실려있는데, 모두 왕래하며 본 산천들로 *[이성천의 세차(世次)에는 미치지 못했다(而未及聖天世次也)]*.[9]

송나라 건융(建隆) 초,[10] *[이성천이 사절을 보내 옥으로 합(柙)을 만들어 넣은 규(圭) 하나와 옥 베개 하나를 바쳤다. 본국의 마니교 사(師)가 유리병 2개, 호금(胡錦) 1단을 바쳤다(聖天遣使貢圭一, 以玉爲柙; 玉枕一. 本國摩尼師貢琉璃瓶二·胡錦一段)]*. 건덕(建德, 963~968)에서 가우(嘉祐, 1056~1063) 연간에 이르기까지 들인 조공이 *[무려 수십 차례였다. 길게는 2년을 넘지 않았고, 짧게는 한 해에 두 번 이르렀다. 그곳 산물인 유향은 올 때마다 떼로 짊어지고 와서 사사로이 상인들과 거래하며 이익을 탐했다. 팔지 못하면 여러 바깥 부서로 돌리면 좋은 값을 받을 수 있었으므로 그 거래가 더욱 많았다. 원풍(元豐, 1078~1085) 초에 우전에 조서를 내려 표문과 방물인 말과 나귀를 가져올 때만 예궐을 허락할 것이니, 유향은 무용하므로 진공을 허락하지 않는다고 하였다. 원우(元祐, 1086~1093) 연간에 그곳 사신들이 무시로 이르자, 희하(熙河, 감숙성)에 해를 걸러 한 번씩 예궐을 허락하게 했다(無慮數十. 遠不踰二歲, 近則一歲再至. 地產乳香, 來輒群負, 私與商賈牟利. 不售, 則歸諸外府得善價, 故其來益多. 元豐初, 詔于闐惟賚表及方物馬驢乃聽以詣闕, 乳香無用不許貢也. 元祐中, 以其使至無常, 令熙河間歲一聽至闕)]*. 소성(紹聖, 1094~1098) 연간에 유사웅(游師雄)이 이르기를 "우전, 대식, 불름(拂菻) 등의 나라가 조공을 받들고 배들이 번갈아 연이어 이르니 유사(有司)들이 하사품 내리는 것을 꺼려, 변방에 억류하고, 2년에 한 번 진공으로 제한하고 있는데, 이는 멀리서 오는 사람들에게 할 바가 아닙니다(于闐·大食·拂菻等國貢奉, 船次踵至, 有司憚於供賚, 抑留邊方, 限二歲一進. 此非所以來遠人也)"라고 하였다. 이에 선화(宣和, 1119~1125) 시기에는 조공이 끊이지 않았다. *[이에 앞서, 태평흥국(太平興國, 976~983) 연간에 전주(澶州)의 병졸 왕귀*

9) 이상 후진(後晉) 시기의 기록은 『신오대사』, 권74, 「사이부록(四夷附錄)·우전」(917쪽)에서 채록했다. 공물을 바친 시기는 후진(後晉) 천복(天福) 3년(938)으로 되어 있다.

10) 『송사』, 권490, 「우전」(14106쪽)에는 건융(建隆) 2년(961) 12월로 되어 있다.

(王貴)가 낮에 문득 보니 사자가 군영에 이르러 급히 왕귀를 불러 함께 가자고 했다. 남쪽으로 강 다리에 이르자 역마가 갖추어져 있어 곧바로 타게 하더니 갑자기 공중으로 뛰어오르는 듯하다가 갔다. 얼마 뒤에 말을 멈추니 가옥이 크고 아름답다고 생각했는데, 사자가 왕귀를 이끌어 들어가자, 그 주인의 모습, 호위, 제도가 모두 왕과 같았다. 왕귀에게 "네가 58세가 되면 우전국 북쪽 통성산(通聖山)에 가서 기이한 보물을 얻어 황제에게 바쳐야 하니 깊이 마음에 두도록 하라"라고 하였다. 마침내 말을 타고 허공을 넘어 돌아왔다. 군중에서는 왕귀가 없어진 지 며칠 되었는데, [왕귀가] 탄 말을 검사해 보니 바로 군영 병졸의 말이었다. 지주(知州) 송후(宋煦)가 왕귀를 심문하여 보고했으나 태종(太宗)은 그를 풀어주었다. 천희(天禧, 1017~1021) 초에 왕귀가 이르기를 나이가 이미 58세가 되었으니 이전 훈계에 따라 저쪽 우전으로 가겠다고 하자 조서로 허락했다. 왕귀가 진주(秦州)에 이르렀을 때 문득 한 도사를 만났다. 왕귀를 인도하여 높은 언덕으로 올라가 왕귀에게 눈을 감게 하고, 한참 뒤에 다시 뜨게 했는데, 산천을 보니 확 달라져 있었다. 도사는 이곳이 우전국 북쪽 경계인 통성산이라고 했다. 다시 왕귀를 안내하여 연못을 보여주었는데 그 안에 있는 선동(仙童)이 한 물건을 그에게 주며 이것을 가져가 황제에게 바치라고 했다. 또 눈을 감게 하더니 얼마 뒤에 다시 진주에 이르렀으나 이전의 도사는 이미 소재가 없었고 그 물건을 꺼내니 '국왕조만영보(國王趙萬永寶)'라고 쓰인 옥으로 만든 인장이었다. 진주에서는 귀에게 돌려주어 헌상하게 했다(先是, 太平興國中有澶州卒王貴者, 晝忽見使者至營, 急召貴偕行, 南至河橋, 驛馬已具, 卽乘之, 俄覺騰空而去. 頃之駐馬, 但覺屋室宏麗, 使者引貴入, 見其主者容衛制度悉如王者. 謂貴曰, 汝年五十八, 當往于闐國北通聖山取一異寶以奉皇帝, 宜深志之. 遂復乘馬凌空而旋. 軍中失貴已數日矣, 驗所乘, 卽營卒之馬也. 知州宋煦劾貴以聞, 太宗釋之. 天禧初, 貴自陳年已五十八, 願遵前戒, 西至于闐, 詔許之. 貴至秦州, 忽遇一道士引貴, 登高原, 令貴閉目, 頃復令開, 視山川頓異, 道士曰, 此于闐國北境通聖山也. 復引貴觀池, 中有仙童, 出一物授之, 謂曰, 持此奉皇帝. 又令瞑目, 頃復至秦州, 向之道士已失所在矣, 發其物乃玉印也, 文曰, 國王趙

萬永寶, 州貴歸以獻)].[11]

[원나라 시기에는 내속했다. 승상 백안(伯顔)이 그 나라에 이르러, 우물을 파다가 옥불(玉佛) 하나를 얻었는데, 색깔이 비계를 잘라 놓은 듯했다. 비추어 보니 근골(筋骨)과 맥락(脈絡)이 살아있는 부처와 같았는데, 이 모두가 하나의 기이한 일이었다(元時內屬, 丞相伯顔至其國, 鑿井得一玉佛, 色如截肪. 照之, 皆見筋骨脈絡如生佛, 此皆一奇事也)].

우리 왕조 영락(永樂) 2년(1404) 두목 타로와역부랄금(打魯哇亦不剌金)이 사신을 보내 옥박(玉璞)을 바쳤다. 12년(1416) 이부(吏部)의 진성(陳誠)이 그 나라에 사신으로 가보니 *[나라는 지극히 미약해, 이웃 나라들이 번갈아 침입하여 피해 산골짜기에 살았다. 영락(永樂) 이후로 서융(西戎)이 공물을 바치면서 서로 침범하지 않아 비로소 안식하며 풍요롭게 되었다. 뽕나무, 대마(大麻), 벼, 기장은(國至微弱, 鄰國交侵, 避居山谷. 永樂以後, 西戎奉貢, 不相侵伐, 始得安息富饒. 桑·麻·禾·黍)]* 완연히 중토(中土)와 같았다.

그곳 사람들[土人]은 기술에 능숙했고[機巧], 가무(歌舞), 방적(紡績)을 좋아한다. **풍속은 부도(浮屠)를 숭상하여 승려[僧尼]가 유난히 많다.** 왕이라도 계율을 지쳐, [승려들을] 만나면 무릎을 꿇으며, 예절과 *[존비(尊卑)를]* 안다. 사람들은 **사람이 죽으면 화장하고 유골을 수습하여 하나의 탑에 같이 매장한다.** 각각 장유(長幼)의 순서가 있다. 모래로 봉분을 만든다. 상을 치르는 사람은 길이 4촌으로 머리카락을 자른다. **부처가 길에서 죽은 기러기를 보고 모래로 묻어주어, 호인(胡人)들은 '안탑(雁塔)'이라 불렀는데,** 뒤에 부처가 열반하고 그 옛일에 따라, **역시 모래로 매장하고 탑을 그곳에 세웠다고 한다.**

11) 이상 송나라 시기의 기록은 『송사』, 권490, 「우전국」(14106~14109쪽)에서 발췌했다. 자세한 정보는 '중국정사외국전DB'를 참고하시오.

고창(高昌)을 비롯하여 서역 여러 나라의 사람들은 모두 눈이 깊고 코가 오뚝한데, 우전 사람들의 모습만 그렇게 심하지 않으며, 중원 사람들과 상당히 비슷하다.

황하의 수원은 우전에 이르면, 세 강으로 나뉘는데, 백옥하(白玉河), 흑옥하(黑玉河), 녹옥하(綠玉河)로, 모두 옥이 나며 그 색이 다르다. 매년 가을 물이 마르면 국왕은 하(河)에서 옥을 건져내게[撈澇] 해야 *[나라 사람들은 비로소 옥을 건져낼 수 있다(國人始得撈澇玉)]*.[12]

그곳 산으로 총령(葱嶺)이 있다. 옛 유적[古蹟]으로 찬마사(贊摩寺)【옛날 나한(羅漢), 비구(比丘), 비로전(比盧旃)이 왕을 위해 단지를 엎어 부도를[覆盆浮圖] 조성한 곳이다. 돌에는 벽지불(辟支佛)이 가부좌한 곳이 있으며, 발자국 두 개가 여전히 남아있다(昔羅漢比丘比盧旃爲其王造覆盆浮圖之處. 石上有辟支佛趺處, 雙跡猶存)】[13], 비마사(比摩寺)【노자가 호(胡)를 교화하고 성불한 곳이다(是老子化胡成佛之處)】[14]가 있다.

---

12) 우전의 세 강에서 나는 옥에 관한 정보는 『신오대사』, 권74, 「사이부록·우전」(918쪽)에서 채록했다. 『함빈록』과 『방여승략외이』에는 '로(澇)'자로 되어 있는데, 적합한 의미가 없다. 『송사』, 권490, 「우전국」(14106쪽)에도 "매년 가을 나라 사람들은 강물에서 옥을 채취하는데 그것을 '노옥(撈玉)'이라 한다(每歲秋, 國人取玉於河, 謂之撈玉)"라고 하였으므로, '로(撈)'자로 교정한다.

13) 『위서』, 권102, 「우전국」(2262~2263쪽)에 보인다.

14) '비마사(比摩寺)'에 관한 설명 또한 앞의 출처에서 가져왔는데, 이 사찰은 호탄[于闐] 서쪽 500리 지점에 있다고 한다. 두우(杜佑)의 『통전(通典)』(사고전서본, 권192, 4a)의 주석에 따르면, "이 나라 서쪽 500리에는 비마사가 있는데, 사람들은 이곳이 노자가 호(胡)를 교화하고, 성불한 곳으로, 노자가 서방으로 가서 이곳에 이르렀을 때, 태양이 뜨자, 호인(胡人)들에게 영결하며 말하기를, '내 잠시 하늘에서 노닐다가, 곧바로 내려오겠다'라고 했다. 그 뒤에 천축국에 나타나, 변화하여 호(胡)의 왕태자가 되어 스스로 '불(佛)'이라 일컬었다. 이에 이 절을 세웠다고 한다(其國西五百里有比摩寺, 俗云是老子化胡, 成佛之所, 老子西行至此地, 白日升天, 與群胡辭訣言, 我暫游天上, 尋當下生. 其後出天竺國, 化爲胡王太子, 自稱曰佛, 因立此寺焉)"라고 한 설명이 보인다.

그곳 토산으로 **포도주(蒲桃酒), 화예포(花蘂布),**[15] 운휘(芸輝)【향초이다. 색깔이 희고, 땅에 넣어도 썩지 않는다. 당나라 원재(元載, 713~777)는 그것을 가루로 만들어 벽에 바르고, '운휘당'이라 불렀다(香草也. 色白, 入土不朽. 唐元載碎之, 以塗壁, 號芸輝堂)】,[16] **호금(胡錦)**[17]이 있다.[18]

---

15) '화예포(花蘂布)'에 관하여 나왈경은 '화예(花蕊)'로 짠 것이라고 한다. 사전적 정의로 '화예'란 꽃술을 말하는데, 여기서는 꽃으로 인식된 섬유질로 실을 뽑아 짠 베를 말하는 것으로 보인다. 『구양문충공집(歐陽文忠公集)』(사부총간초편본, 권4, 4b), 1067년 1월 26일에 쓴 「감사(感事)」란 칠언 율시 3구에서 "병든 몸 야위어가니 화예포로 만든 옷 따뜻하고(病骨瘦便花蘂暖)"라고 했는데, 원주에 "가우(嘉祐) 8년(1063)에 우전의 국왕이 사신을 보내와 조공하여, 재신(宰臣) 이하에 사은품을 내렸다. 우전에서 헌상한 화예포(花蘂布)는 부드럽고 질기며 응고된 유지방처럼 결백(潔白)하고 바람을 막아, 매우 따뜻하여, 모직으로 짠 의복[駝褐]에 못지않다(嘉祐八年于闐國王遣使來朝貢, 恩賜宰臣已下. 于闐所獻花蘂布, 柔肕, 潔白如凝脂, 而禦風甚温, 不減駞褐也)"라고 하였다. 이 설명에 따르면, 분명 면제품인 '백첩(白氎)'과 같은 목면(木棉)일 것이다.

16) '운휘(芸輝)'는 당나라 시기 소악(蘇鶚)의 『두양잡편(杜陽雜編)』(사고전서본, 권상, 8b)에 "운휘는 향초의 이름으로, 우전국에서 난다. 그것을 빻아 가루로 만들어 그 벽에 발랐기 때문에, '운휘당'이라 불렀다(蕓輝, 香草名也, 出于闐國. 其香潔白如玉, 入土不朽爛. 舂之爲屑, 以塗其壁, 故號蕓輝焉)"라는 기록이 확인된다.

17) '호금(胡錦)', 의역된 이 명칭은 결국 서역에서 나는 수놓은 비단이란 말인데, 구체적으로 어떤 직물을 말하는지 명확하지 않다. 전여성(田汝成)의 『염요기문(炎徼紀聞)』, 권4, 운남 기술에는 '답리채(踏裏彩)'가 언급되었는데(사고전서본, 권4, 6a), 그 주석에 호금(胡錦) 이불 명칭이라고 설명했다. 『문헌통고』(사고전서본, 권337, 7b), 『명일통지』(사고전서본, 권89 24b)에도 호탄[于闐]의 산물로 기록되어 있다. 또 『문헌통고』(권339, 29b)에서는 불름(拂菻, 동로마)의 산물로도 언급되었다 이로써 볼 때, '호(胡)'자는 중앙아시아 서역의 민족이나 지역을 의미하는 글자임을 알 수 있다. 비단과 같은 성격의 보드라운 면제품, 또는 모직물에 모두 해당할 수 있다.

18) 산물(産物)은 한 나라를 얼마나 정확히 인식하고 있는지 중요한 근거가 된다. 그로부터 우리는 위치를 더 정확하게 확신할 수 있게 된다. 여기 손광우는 나왈경의 『함빈록』, 권4의 내용을 채록하면서 임의로 몇몇 산물과 설명을 빠뜨렸다. 나왈경은 "그 나라 산물로 포도주, 호금(胡錦), 화예포(花蘂布)【화예(花蕊)를 짜서 만든 것이다】, 사적서(砂磧鼠), 올눌제(膃肭臍)【앞에 보임】, 운휘(芸輝)【향초이다. 색깔이 옥처럼 희고, 땅에 넣어도 썩지 않는다. 당나라 원재(元載, 713~777)는 그것을 가루로 만들어 벽에 바르고, '운휘당'이라 불렀다】, 오색옥(五色玉)이 기이하다(其産蒲桃酒·胡錦·花蘂布【以花蕊織成者】·砂磧鼠·膃肭臍【前見】·芸輝【香草也. 色白如玉, 入土不朽. 唐元載碎之, 以塗壁, 號芸輝堂】·五色玉爲異)"라고 하였다.

이상 손광우가 채록한 우전(于闐) 즉 호탄 기술은 추재의 손에서 다음과 같이 정리되었다. 확실히 추재의 시선은 기이한 일에 맞추어져 있다. 줄곧 채록해 온 산천에 관한 언급이 전혀 없다.

우전은 중국에서 10,000리 떨어져 있다. 한나라 시기 사거(莎車)에게 멸망했으나 휴막패(休莫霸)라는 자가 나라를 재건했다. 수나라 대업 연간에 조공을 들였는데, 그 왕은 비단 모자와 황금 관으로 머리털을 보이지 않게 한다고 한다. 머리털이 보이면 그해 반드시 흉년이 든다고 한다. 당나라 때 모나고 둥근 두 개의 옥을 헌상했는데, 지름이 각기 5촌이었다. 도사 선(鮮)이 이르기를 "이것은 하나는 용, 하나는 호랑이로, 둥근 것은 물에 넣으면 무지개가 뜨고, 모난 것은 호랑이 꼬리로 쓸면, 자줏빛 광채가 분사된다"라고 하였는데, 시험해 보니 과연 그러했다. 황하의 원천은 우전에서 백옥하, 녹옥하, 흑옥하 셋으로 나뉘는데, [그곳에서] 모두 옥이 나며 색깔이 달라, 나라 사람들에게 그것을 건져 채취하게 한다. 사람들은 기교가 있고 가무와 방적을 좋아하며, 부도(浮屠)를 숭상하여 승려들

손광우는 '화예포'에 대한 설명을 빠뜨렸고, '사적서(砂磧鼠)', '올눌제(膃肭臍)', 그리고 '오색옥'은 전혀 언급하지 않았다.

먼저 사적서(砂磧鼠)란 사전적 정의에 따르면 바로 '사서(砂鼠)'로 사막의 쥐로, 동물 실험에 많이 사용되는 몽골리안 저빌(Mongolian gerbil)로 알려져 있다. 12세기 남송 왕명청(王明淸)의 『휘진록(揮麈錄)』(사고전서본, 권4, 8a)에 "북정(北庭)의 강물은 길이와 폭이 수천 리로 맹금류가 사는 것이며, 좋은 풀이 많이 자란다. 그 아래에는 토끼 새끼만 한 화사서(花砂鼠)가 있는데, 맹금들이 잡아먹는다(北庭川長廣數千里, 鷹鷂鶻鶻之所生, 多美草, 下生花砂鼠 , 大如䰻, 鷙禽捕食之)"라고 하였는데, 아마도 꽃문양이 들어간 사막 쥐의 일종인 것 같다. 한편 『대명일통지』(사고전서본, 권89, 19b)에는 카라호자[和卓]의 산물을 기술하며 '사서'를 들고 "크기는 토끼 새끼만 하며 맹금들이 그것을 잡아먹는다"라고 하였다. 이로써 볼 때, '화사서' 줄여 '사서'라고 했고, 이로부터 '사적서(砂磧鼠)'라는 명칭이 생겨난 것으로 보인다.

올눌제(膃肭臍)는 조여괄이 이미 대식(大食) 칼하트[伽力吉]의 산물로 기술한 바 있다(『제번지역주』, 430~432쪽을 참고하시오). 히어트와 록힐은 이 '올눌'이 향리(香狸, 인도 사향 고양이), 담비 속의 해리(海狸), 또는 해구(海狗)의 배꼽일 가능성을 제시했다(『조여괄』, 234~235쪽). 마지막으로 '오색옥(五色玉)'이란 호탄이 옥의 산지라는 점으로 볼 때, 다섯 가지빛의 옥을 말하는 것으로 보인다.

이 많다. 사람이 죽으면 불에 태우고 뼈를 수습하여 탑에 매장한다고 한다. 부처가 땅에 죽은 기러기를 보고, 모래로 묻어주었는데 호인(胡人)들은 그것을 '안탑(雁塔)'이라고 하므로, 모래로 무덤을 만든다. 산물로, 포도주(蒲桃酒), 화예포(花蘂布), 운휘(芸輝), 호금(胡錦)이 있다(于闐去中國萬里. 漢時爲莎車所滅. 有休莫覇者復國. 隋大業中入貢, 其王錦帽·金裝冠, 不令髮見云, 髮見則年必儉. 唐時進方圓二玉, 徑各五寸, 道士鮮曰, 此一龍一虎, 圓者投水虹霓出, 方者拂以虎尾紫光迸, 試之果驗. 河源至于闐分爲三, 曰, 白玉河·綠玉河·黑玉河, 皆出玉而色異, 國人撈取之. 人機巧, 好歌舞·紡績, 尙浮屠, 多僧尼. 人死火化之, 收骨共葬一塔云. 佛見雁死于地, 以沙葬之, 胡人稱爲雁塔, 故以沙爲塚焉. 物產蒲桃酒·花蘂布·芸輝·胡錦).

강물에서 건진 옥들 둥글고 모나고,	河中撈玉較圓方,
불탑은 금빛 모래로 기러기를 묻어 빛나네.	佛塔金沙葬雁光.
비단 모자 단단히 써서 머리카락 드러내지 않는데,	錦帽緊縫休露髮,
한 가닥만 보여도 한해 흉년이 든다네.	一毫看作一年荒.

[17] 묵덕나(默德那)

'묵덕나(默德那)'는 현 사우디아라비아 메카 북쪽 마디나(Madīnah) 또는 메디나(Medina)를 음역한 표기로, 무함마드가 622년 메카로 추방당해 헤지라(성천)를 행한 곳이다. 뜻은 '문명의 도시'란 의미로, 이곳에는 무함마드의 무덤이 있는 이슬람교도의 성지이다. 이곳이 중국 자료에서 별도로 기술된 것은 정효(鄭曉, 1499~1566) 『오학편·황명사이고』에서 가장 빠르다.

"묵덕나는 바로 회회인들의 조국이다. 국초에 국왕 무함마드[謨罕驀德]가 태어나자마자 성령하여, 서역의 여러 나라가 신속했다. 여러 나라가 그를 페이겜베르[別諳拔爾]라고 높였는데, 중국어로 천사를 말한다. 나라에는 성전[佛經] 30장(藏), 무릇 3,600여 권이 있는데, 전서(篆書), 초서(草書), 해서(楷書)를 갖추어 서양의 여러 나라가 모두 그것을 활용한다. 수나라 개황(開皇) 연간에 살합팔살아적간갈사(撒哈八撒阿的幹葛思)가 처음 그 교를 전해 중국에 들어왔다. 그곳은 천방(天方)에 접해 있고, 성지(城池), 궁실, 전원, 시장은 대체로 강회(江淮)와 비슷하다. 추위와 더위는 절기에 상응하고, 민물(民物)은 번화하고, 오곡을 심는다. 또한 음양, 점술, 의약, 음악 등의 기예인들이 있다. 풍속에 살생을 중시하여, 동류가 아니면 죽이고 [함께] 먹지 않으며, 돼지고기를 먹지 않는다. 문양이 들어간 직조[織文], 조각과 새김[雕鏤], 용기가 가장 정교하다. 선덕 연간에 왕이 사람을 보내 천방을 따라와 조공했다(默德那, 即回回祖國也. 國初國王謨罕驀德生而聖靈, 臣服西域諸國, 諸國尊爲別諳拔援爾, 華言天使也. 國中有佛經三十藏, 凡三千六百餘卷. 兼篆·草·楷, 西洋諸國皆用之. 隋開皇中, 國人撒哈八撒阿的幹葛思始傳其教, 入中國. 其地接天方, 有城池·宮室·田園·市肆, 大類江淮間. 寒暑應候, 民物繁庶, 種五穀, 亦有陰陽·星歷·醫藥·音樂諸技藝人. 俗重殺, 非同類殺不食, 不食豕肉. 織文·雕鏤·器皿最精巧. 宣德中, 王遣人隨天方來貢)."

확실히 나왈경은 여기 정효의 기술을 아주 조금 문장을 쉽게 바꾸어 채록하고, 특이한 산물을 들었다. 이를 『방여승략외이』, 권3의 저자 손광우는 그대로 채록했다. 정효의 이 정보는 『명사』에서도 상당 부분 채록되었다. 그 번역문은 '중국정사외국전DB'를 참고하시오.

묵덕나는 바로 회회(回回)의 조국이다. 선덕(宣德, 1426~1435) 연간에 천

방(天方)을 따라 조공을 들였다. 처음 국왕 모한맥덕(謨罕驀德, 무함마드)이 태어나면서 신령하여 서역의 여러 나라를 신속(臣屬)시키자, **높여 별암발이(別諳拔𢷮爾)**[1]**라 부르니, 중국어로 '천성(天聖)'이라는 뜻이다.** *[나라에는 불경(佛經) 30장(藏)이 있는데 전서, 초서, 해서를 섞어 썼다. 수나라 개황(開皇, 581~600) 연간에 살합팔살아적간갈(撒哈八撒阿的幹葛)*[2] *이 처음 그 종교를 전하여 중국에 들어왔다(國中有佛經三十藏, 書兼篆艸楷. 隋開皇中, 國人撒哈八撒阿的幹葛始傳其敎入中國)].*

이곳은 천방(天方)과 접해 있어, **성지(城池)와 궁실(宮室), 밭과 정원, 시장은 강회(江淮)와 대체로 비슷하다.** *[추위와 더위는 절기에 상응하고, 토양은 오곡에 적합하다(寒暑應候, 地宜五谷)].* **또한, 음양(陰陽), 성력(星曆), 의약(醫藥), 음악(音樂) 등의 기예인들이 있다. 사람들은 돼지고기를 먹지 않는다.** *[동족이 잡은 것이 아니면 먹지 않는다. 문양을 짠 것, 조각한 것들과(諸非同類殺, 不食. 織文·彫鏤]* 용기들은 정교하다.

그곳 토산으로 **묘정(猫睛)**,[3] **조모록(祖母綠)**,[4] 사자(獅子), **사보(梭甫)**,[5]

---

1) '별암발이(別諳拔爾)'는 유욱(劉郁)의 『서사기(西使記)』에 '벽안팔아(癖顔八兒)'로 표기된, 페르시아어로 '예언자'란 의미의 '페이겜베르(peighember)'를 음역한 표기이다. 『성사승람역주』, 431쪽을 참고하시오.

2) 『명사』, 권332, 「서역·묵덕나」(8625쪽)에는 '살합팔살아적간갈사(撒哈八撒阿的幹葛思)'로 되어 있다.

3) 묘정(猫睛), 고양이 눈동자를 닮은 보석으로, 조여괄은 『제번지』에서 묘아정(猫兒睛)으로 별도의 기록을 남겼다. 자세한 사항은 『제번지역주』(410~411쪽)과 『영애승람역주』(하, 120쪽)를 참고하시오.

4) '조모록(祖母綠)'은 에메랄드의 일종으로 마환의 『영애승람』 호르무즈 조목에서 '조모랄(祖母剌)'로 언급되었다. 자세한 사항은 『영애승람역주』(하, 202쪽)를 참고하시오.

5) 사보(梭甫)는 쇄복(鎖袱), 쇄복(瑣伏), 사복(梭福), 사복(梭服) 등으로도 표기되는 모직물로, 아래 합렬(哈烈)[21]의 주석을 참고하시오.

살합랄(撒哈刺),[6] **서양포(西洋布),**[7] **압부려(押**[押]**不廬)**【약 이름이다. 사람이 조금만 마셔도 죽는다. 칼이나 도끼도 들어가지 않는다. 3일이 되어 다른 약을 투여하면 살아난다(藥名. 人少飮卽死. 刀斧不入, 至三日投以別藥卽活)】,[8] 화실랄파도(火失刺把都)【약으로, 모양은 목별자와 같으며,

---

6) 살합랄(撒哈刺)은 마환이 『영애승람』 아덴과 호르무즈 기술에서 언급한 '살합라(撒哈喇)'로, 셔츠 등의 옷감으로 쓰이는 '사클라트(saklat)'의 음역 표기로 알려져 있다. 자세한 사항은 『영애승람역주』(하, 126쪽), 『성사승람역주』(266쪽)를 참고하시오.

7) '서양포(西洋布)'는 왕대연이 『도이지략』에서 무지발(無枝拔)에서 교역되는 산물로 언급한 바 있다(『도이지략교주』, 57쪽). 또한 마환은 캘리컷 왕국의 특산으로 '서양포'를 별도로 특기하고 있다. 이에 대해서는 『영애승람역주』(하, 46쪽)를 참고하시오.

8) '압부려(押不廬)'란 약물은 압부로(押不盧) 또는 압부로(押不蘆)로 표기되었다. 또한 『패문재광군방보(佩文齋廣群芳譜)』와 『전재기(滇載記)』에는 '기사회생초(起死回生草)'로 불리기도 했다. 이 아랍의 약물을 중국 자료에서 처음 언급한 사람은 송나라 말기 저명한 사(詞) 작가 주밀(周密, 1232~1298)이다. 주밀은 『계신잡식속집(癸辛雜識續集)』(사고전서본, 권상, 45b~46b)에서 압부로(押不盧)를 다음과 같이 설명했다. "회회국 서쪽 수천 리 땅에는 온통 인삼 모양의 사람처럼 생긴 극한의 독이 나는데, 그곳 추장은 '압부로(押不蘆)'라고 부른다. 땅속 깊숙이 수 장(丈)으로 자라는데, 사람이 잘못 건드려 그 독이 묻으면 필사한다. 그것을 채취하는 방법은, 우선 사방이 트인 곳에 사람이 들어갈 만한 구덩이를 파고, 가죽끈으로 그것을 묶어, 그 가죽끈을 개의 다리에 연결하여, 몽둥이로 개를 때려 쫓으면 개가 달아나면서 뿌리가 뽑히고, 개는 독기에 반응하여 곧바로 죽는다. 그런 다음 구덩이에 묻고 한 해가 지난 뒤에 꺼내 햇볕에 말린 다음, 별도의 다른 약을 사용하여 만든다. 조금씩 술에 갈아 사람에게 마시게 하면, 온몸이 마비되어 죽는다. 칼이나 도끼로 찍어도 모른다. 사흘 뒤에 별도로 소량의 약을 투여하면 곧바로 살아난다. 아마도 옛날 화타가 장을 가르고, 위를 씻어 질병을 치료한 것은 필시 이 약을 사용했을 것이다. 요즘 들으니, 어약원(御藥院)에서 갖추고 있다고 하는데, 백정옥(白廷玉)[백정(白珽)의 자(字)]이 노송애(盧松厓)에게 들은 것이다. 혹자는 요즘 탐관오리가 뇌물을 넘치게 받아 사람들에게 고발되면 백일단(百日丹)을 복용시키는데, 모두 이것을 사용한다고 한다(回回國之西數千里地, 產一物極毒, 全類人形若人參之狀, 其酋名之曰押不蘆. 生土中深數丈, 人或誤觸之, 著其毒氣必死. 取之法, 先於四旁開大坎可容人, 然後以皮條絡之, 皮條之系, 則繫於犬之足, 既而用杖擊逐犬, 犬逸而根拔起, 犬感毒氣隨斃. 然後就埋土坎中, 經歲, 然後取出曝乾, 別用他藥制之. 每以少許磨酒飮人, 則通身痲痹而死. 雖加以刀斧, 亦不知也. 至三日後, 別以少藥投之, 即活. 蓋古華陀能刳腸滌胃以治疾者, 必用此藥也. 今聞御藥院中亦儲之, 白廷玉聞之盧松厓. 或云. 今之貪官污吏, 贓過盈溢, 被人所訟, 則服百日丹者, 莫非用此)"라고 하였다. 이 텍스트는 주밀의 또 다른 필기(筆記)류 자료인 『지아당잡초(志雅堂雜鈔)』[『월아당총서(粵雅堂叢書)』본, 권상, 40b~41a]에 밑줄 친 정보만 빼고 수록되었다.

다음은 15세기 중반 필사본으로 프랑스 국립 박물관에 소장된[Lat 9333] 『건강을 위한 기술(Tacuinum Sanitatis)』, 37엽 정면에 그려진 삽도다.

아래에는 라틴어로 다음과 같은 설명이 달려 있다. “맨드레이크 열매(Fructus mandragore). 속성: 3도면 차가워지고, 2도면 건조하다. 최상품: 크고 향기롭다. 효능: 열이 나는 두통과 불면에 그것의 냄새 맡는다. 나병과 피부가 검어지는 감염에 쓰는 습포제. 상처치료: 아이비 베리와 함께 쓴다. 효과: 먹을 수 없다. 여름이나 남부지역에 사는 더운 기질의 청년에 적합하다.” 확실히 주밀이 기록한 내용과 일치하는 장면이다.

여기에서 기술한 ‘압부로(押不盧|押不蘆)’는 베르톨트 라우퍼(B. Laufer)가 처음으로 아랍-페르시아어로 이 식물의 열매를 말하는 ‘아브루(abruh)’ 또는 ‘야부루(yabruh)’를 옮긴 음역 명칭이며, 바로 맨드레이크(Mandragora officinarum)라고 추정했다(Berthold Laufer, 「La Mandragore」, 『통보』, 1917, 5쪽). 음성적으로 상당히 그럴법한 추정이다.

프랑스 군의관 르클레르크(Lucien Leclerc, 1775~1840)에 따르면, 이 열매를 아랍인들은 ‘신들의 사과(toffāf-el-jenn)’[Barthélemy d’Herbelot, 『Bibliothèque orientale』, Den Haag, III(1778), 524쪽에서는 ‘악마의 사과’라고 부름], 즉 ‘악마들의 램프(sirādj el-kotrob)’[『Traité des simples par Ibn El-Beïthar』, Paris, II(1881), 246쪽], 또는 라바(la’ba)[III(1883), 240쪽]와 ‘신들의 알(beiḍ el-jinn)’ 등으로도 불렀다고 한다. 또한 아랍인들은 그리스인들의 만드라고라스(mandragoras)를 ‘만다그루(mandaghuru)’라는 형태로 차용했다고 한다(III, 341쪽).

다시 라우퍼의 설명에 따르면, 아람어로 이 열매는 ‘yawruha’로 불렸고, 시리아어로는 ‘jerābūh’가 일반적이다. 이러한 셈어 계열 명칭은 이미 디오스코리데스가 ‘아페모움(ἀπεμούμ)’이란 이집트어 형태를 언급했는데, 이 형태는 아랍어 ‘아브루(abruh)’와 연관된 것으로 보이므로 ‘아페로움(ἀπερούμ)’으로 교정하기를 제안하기도 했다(앞의 출처, 6쪽).

프랑스의 저명한 문헌학자이자 식물학자인 조레(Charles Joret, 1839~1914)는 “망드라고르 오피치나룸은 망드라고르 암컷(mandragore femelle)으로 알려져 있다. 이 식물은 프랑스 중부, [이탈리아 남서부]의 칼라브리아, 시칠리아, 크레타섬, 킬리키아(Cilicia)의 협곡 등에서 많이 발견되는데, 그늘진 곳, 물가, 동굴 입구에서 보인다. 가을에 꽃이 피는데 간혹 봄에도 핀다. 뿌리는 통통하며 겉은 검지만 속은 희며 즙이 많다. 잎은 큰 데, 가장 바깥 잎은 끝이 둔하고, 가장 안쪽 잎은 뾰족하다. 색깔은 푸르스름한 초록이며 윗부분은 윤기가 있고, 아래쪽은 윤기가 없다. 잎꼭지는 길며, 꽃대는 길고 붉으며 약간 오각형이다. 꽃은 창끝 모양의 다섯 부분으로 나뉘는 하나의 꽃받침, 꽃받침보다 3배나 길며, 보라색이고, 장방형의 다섯 열편(裂片)으로 갈라진 꽃부리로 이루어져 있다”라고 설명했다(Charles Joret, 『Les plantes dans l’antiquité et au moyen âge』, Paris, I(1897), 498쪽).

이 식물의 열매에 관하여 라우퍼는 “이 열매는 작은 사과와 비슷하며 향긋한 냄새가 난다. 이 식물의 마취 효능은 옛날부터 잘 알려져, 마법, 최음, 생식력을 강화하는 효능으로 유명했다. 그 뿌리는 보통 인간의 몸을 다소 연상시키는 단순한 형태이다”라고 설명했다(앞의 출처 6~7쪽). 그러나 이 식물의 열매이든 뿌리이든 사람을 죽이는 극한의 독이라는 정보는 확인되지 않는다. 여기에서 ‘죽는다’는 의미를 마취된다는 말로 읽어야 하는가? 아니면 단순한 과장으로 읽어야 하는가?

120종의 증상을 치료할 수 있다(藥也. 形如木鱉子, 可治一百二十種疾)】[9]

방이지(方以智, 1611~1671)의 『통아(通雅)』(사고전서본, 권수, 36b)에 '압부로(押不盧)'에 관하여 "주밀(周密, 1232~1298)은 사람을 죽였다가 살리는 약으로 설명했다. 『[방여]승략』에 '메디나[默德那]에 '압부려(押不廬)'가 있다고 하였는데, 바로 『본초』의 활록초(活鹿草)이다(周密載殺人復活之藥, 勝略曰默德那有押不廬, 即本草活鹿草)"라고 설명했다.

다시 방이지가 말한 '활록초(活鹿草)'에 관해 살펴보자면, 이시진은 소공(蘇恭)의 설을 다음과 같이 인용하여(『본초강목』, 사고전서본, 권15, 73b), "천명정(天名精)이 바로 활록초이다. 『별록(別錄)』에서는 '천만청(天蔓菁)'이라고도 불렀다. 남방 사람들은 지숭(地菘)이라 하는데, 잎이 만청(蔓菁)이나 숭채(菘菜)와 비슷하여 이러한 명칭이 생겼다. 그 맛은 달고 매워 '강(薑)'이란 명칭이 있다. 모양이 쪽[藍]과 같으며 두꺼비[蛤蟆]가 그 아래 살기 적합하여 함마람(蛤蟆藍)이라 한다. 향기가 난초와 비슷하여 또한 '섬서란(蟾蜍蘭)'이라고도 한다(天名精, 卽活鹿草也. 別錄一名天蔓菁. 南人名爲地菘, 葉與蔓菁·菘菜相類, 故有此名. 其味甘辛, 故有薑稱. 狀如藍, 而蛤蟆好居其下, 故名蛤蟆藍. 香氣似蘭, 故又名蟾蜍蘭)"라고 하였다. 이 설명은 여실히 맨드레이크에 어울린다.

단성식(段成式)은 『유양잡조(酉陽雜俎)』(사고전서본, 권19, 4a)에서 '천명정(天名精)'이란 식물을 설명하며 "'녹활초(鹿活草)'라고도 한다. 옛날 즉 송나라 원가(元嘉, 424~453) 연간에 청주(青州)의 유진(劉燼)이 사슴 한 마리를 쏴서 잡고, 오장을 베어내고 이 풀로 채우자, 벌떡 일어났다. 기이하게 여겨 그 풀을 빼내자 다시 쓰러졌다. 세 차례나 이와 같아, 유진은 이 풀을 몰래 가져와 심었다. 대부분 상처와 골절에 주효하여, 민간에서는 '유진초(劉燼草)'라 불렀다(天名精. 一曰鹿活草. 昔青州劉燼, 宋元嘉中射一鹿, 剖五臟, 以此草塞之, 蹶然而起. 怪而拔草, 復倒. 如此三度, 燼密錄此草種之, 多主傷折, 俗呼爲劉燼草)"라고 하였다. 여기 녹활초가 바로 방이지가 말한 활록초이며, 왜 그렇게 부르는지의 연원을 추적할 수 있다.

종합해 보면, 유럽 남부의 맨드레이크가 아랍인들에게 '아브루'로 동일시된 점은 분명해 보인다. 또한 아랍의 '아브루'가 중국인들에 의해 '압부로(押不蘆)'로 음역 표기된 것도 인정할 만하다. 그러나 정확히 압부로가 맨드레이크에 해당하는지는 의문이다. 왜냐하면 주밀의 '압부로' 기술은 치명적이고, 또 그 열매는 언급하지 않았기 때문이다. 마지막으로 방여지가 주장하는 대로, 압부로가 활록초(活鹿草) 또는 녹활초인지는 확인되지 않는다.

9) '화실랄파도(火失剌把都)'에 관한 설명은 도종의(陶宗儀, 1321~1407), 『철경록(輟耕錄)』(사고전서본, 권7, 6b)에서 채록했을 것이다. 도종의는 이 약재를 화사랍복도(和沙拉卜都)'로 표기하고, "화사랍복도란 아랍[回回]의 밭에서 나는 약이다. 그 모양은 목별자와 같지만 작고, 120종의 증상을 치료할 수 있는데, 각 증상에는 보완하는 약[湯引]이 있다(和沙拉卜都者, 回回田地所産藥也. 其形如木鱉子而小, 可治一百二十種證, 每證有湯引)"라고 하였다. 왕세정(王世貞, 1526~1590)은 『엄주사부고(弇州四部稿)』(사고전서본, 권156, 20a)에서 도종의(陶宗儀)의 설을 채록하며 '화실랄파도(火失剌把都)'라고 표기했다.

하지만 이시진은 『본초강목』(사고전서본, 권18상, 18a)에서 '화실각파도(火失刻把都)'로 등이 있다.

이상 손광우는 '묵가국(默伽國, 메카)'은 '소문답랄' 조목에 넣어 기술했지만, 여기서는 묵덕나(默德那) 즉 메디나를 별도의 항목으로 기술했다. 이로부터 추재는 다음과 같이 채록했다.

> 묵덕나(默德那)는 회회인들의 조국으로, 항상 천방(天方)과 함께 조공했다. 그 왕은 '별암발이(別諳拔爾)'라고 하는데, 중국어로 천성(天聖)이란 뜻이다. 그곳의 성곽, 궁실, 전원, 시장 등은 대체로 강회(江淮)와 비슷하며, 또한 음양, 점성, 의약, 음악이 있다. 돼지고기는 먹지 않고, 그릇들은 정교하다. 산물로 묘정(猫睛), 조모랄(祖母剌[綠]), 사보(梭[狻]甫), 살합랄(撒哈

"말의 연전(連錢)과 비슷하여 '마전(馬錢)'이라 한다고 한 다음 "번목별(番木鱉)은 회회국에서 난다. 지금은 서쪽 앙주(卬州) 등 여러 지역에 모두 있다. 넝쿨로 자라며, 여름에 노란 꽃이 핀다. 7~8월에 하늘타리[栝樓] 같은 열매를 맺는데, 익지 않은 것은 푸르고 익으면 붉어, 목별자와도 같다. 그 씨는 목별자보다 작으며 색은 희다. 그들[아랍인들]은 120가지 병을 치료하는데, 증상마다 별도의 보완하는 약이 있다. 혹 두부로 잘 제어하여[制過] 쓰는 것이 좋다고 한다. 혹 개를 중독시켜 죽일 수 있다고 한다(番木鼈生回回國, 今西土卬州諸處皆有之. 蔓生, 夏開黃花. 七八月結實如栝樓, 生青熟赤, 亦如木鼈. 其核小於木鼈而色白. 彼人言治一百二十種病, 每證各有湯引. 或云以豆腐制過, 用之良. 或云能毒狗至死)"라고 하였다. 이로부터 이시진의 '화실각파도'는 '화사랍복도' 또는 '화실랄파도'를 말하고 있음을 알 수 있다. 또한 그것은 외래 목별자라는 의미로 부르는 번목별(番木鱉) 즉 마전자(馬錢子)로, 스트리크노스 눅스 보미카(Strychnos nux-vomica)이며, 아랍어로는 '개를 죽이는 것'이라는 의미의 '까틸 알 칼브(qaatil al-kalb)'라고 하는데, 바로 이시진의 마지막 설명으로부터 확인할 수 있다.

사실 『사고전서』본 『철경록』의 표기인 '화사랍복도(和沙拉卜都)'와 왕세정이 옮긴 '화실랄파도(火失剌把都)'는 여실히 같은 외래어를 음역 표기하고 있음을 보여준다. 그렇다면 '화실랄파도'가 맞는 표기인지, 이시진의 '화실각파도'가 정확한 표기인지 확인할 필요가 있다. 먼저 이 외래어는 '화실랄' 또는 '화실각'+'파도'로 이루어진 합성어로 보인다. 산스크리트어, 힌디어, 구자라트어로 '쿠슐라(Kuchla)'라고 한다(Multilingual Multiscripted Plant Name Database). '각[kʰək](刻)'의 음가는 어떤 인도 문화권 지역의 발음과도 상응하지 않는다. 따라서 이시진이 자형이 비슷하여 '랄(剌)'자를 '각(刻)'자로 잘못 옮겼을 것이다. '파도' 또는 파두(把豆)는 '열매'를 뜻하는 힌디어 '바담'의 변형으로 추측하지만, 확실하지는 않다. 나는 이전 『영애승람역주』(하, 52쪽)에서 이시진의 '화실각파도'를 그대로 언급했는데, 이로써 정확히 해 둔다.

剌), 서양포(西洋布), 압부려(押[柙]不廬), 화실랄파도(火失剌把都)가 있다(默德那回回祖國也, 常隨天方入貢. 其王稱爲別諳諸拔援爾, 華言天聖成也. 其地城郭·宮室·田園·市肆, 大率類江淮, 亦有陰陽·星曆·醫藥·音樂.

不食豕肉, 器皿精巧. 物產猫睛·祖母剌[綠]·獅子·梭[狻]甫·撒哈剌·西洋布·押[柙]不廬·火失剌把都).

땅은 천방과 접한 제일 지역으로, 地接天方第一區,
묘정과 조모랄 수많은 구슬이 있네. 猫睛祖綠谷量珠.
신비한 조제 어찌 청낭 신술을 논하리, 靈劑豈論靑囊術,
압부로(押不廬) 옆에서 파도(把都) 채취하네. 柙不廬邊採把都.

[18] 천방(天方)

천방(天方|天房)은 '천당(天堂)'으로도 표기하는 아라비아반도 메카의 의역 명칭이다. 이 이슬람 성지는 1178년 주거비(周去非)의 『영외대답(嶺外代答)』에서 '마가국(麻嘉國)'으로 기술되었고, 그 기술은 1225년 조여괄의 『제번지』로 이어졌다. 이후 1349~1350년 왕대연은 『도이지략』에서 천당(天堂)으로 기술했다. 더 정확한 기술은 15세기 초 마환의 『영애승람』, 그리고 비신의 『성사승람』으로 소개되었다. 순서대로 『제번지역주』(191~194쪽), 『도이지략역주』(472~475쪽), 『영애승람역주』(하, 215~243쪽)를 참고하시오.

아래 추재가 채록한 『방여승략외이』, 권3의 저자 손광우는 나왈경의 『함빈록』의 기록을 그대로 복제했다. 한편 나왈경이 『함빈록』에서 주로 근거한 자료는 정효(鄭曉, 1499~1566)의 『오학편·황명사이고』를 들 수 있는데, 여기 나왈경의 천방(天房) 기술은 정효의 정보를 뛰어넘는다. 정효는 천방에 관하여(북경대학 소장본, 권하, 56a), "천방은 옛 균충(筠冲)의 땅으로, 옛날에는 천당(天堂)으로 불렸고 '서성(西城)'으로도 불렸다. 선덕(宣德) 연간에 왕 사환(沙瓛)을 보내 조공해 왔다. 풍속은 회회력(回回曆)을 사용하고, 풍경은 조화로워 사계절 모두 봄과 같다. 농토는 비옥하여 벼가 풍부하고, 사는 사람들 생업을 즐긴다. 남녀는 변발하고 말젖을 밥에 섞어 먹는다. 말, 금, 호박(琥珀), 옥석, 산호, 서각(犀角)이 난다. 조공은 가욕관(嘉峪關)에서부터 들여 온다(天方古筠冲地, 舊名天堂, 又名西城. 宣德中, 其王遣沙瓛來朝貢. 俗用回回曆, 風景融和, 四時皆如春. 田沃稻饒, 居民樂業. 男女辮髮, 馬乳拌飯. 産馬·金·琥珀·玉石·珊瑚·犀角. 貢從嘉峪關入)"라고 하였다. 밑줄 친 정보를 제외한 문장들은 장황의 『도서편』(사고전서본, 권51, 113b)에서 채록되었다. 이처럼 나왈경의 기술은 훨씬 더 많은 정보를 수합하고 있다.

나왈경의 텍스트 전반부는 『성사승람』의 기술을 따랐고, 후반부는 『영애승람』에 근거했다. 사실 당시 메카에 관한 가장 적확한 기술은 『영애승람』이다. 그럼에도 나왈경은 『도이지략』에 근거한 비신의 텍스트를 채록했다는 점은 16세기 말 명나라 지식인들의 세계 인식 수준을 잘 보여준다.

천방(天方)은 옛 균충(筠冲)의 땅으로 **천당(天堂)이라고도 한다. 선덕(宣德) 5년**(1430) 태감 정화(鄭和) 등이 여러 번국(番國)에 가, 고리(古里, 캘리컷)에 이르렀을 때, 사신을 차출하여 천방국의 왕을 타이르게 했다. 왕은 곧바로 **사신을 보내 조공을 들이고, 아울러 천당도(天堂圖)를 그려 헌상했다.**

이곳은 **사계절이 모두 봄철 날씨로, 농토는 비옥하여 벼가 풍요롭다.** *[사는 사람들은 편안히 생업에 종사한다(居民安業)].* **사람들은 말 젖[馬乳]을 밥에 섞어[拌] 먹어서 대부분 살이 찌고 아름답다. 풍속은 선하고,** [사람들에게] 세금이나 부역[科擾]이 없어, *[가난하고 어려운 사람이 없다(故無貧難)].* 도적이 없이 *[자연에 순화하니(故自然淳化)]*, 바로 극락의 세계이다. **나라 안에는 예배하는 사원이 있는데, 사원은 사방으로 나뉘어 있고, 각 방향은 90칸이다. 모두 백옥으로 기둥을 만들었고, 황옥(黃玉)으로 바닥을 만들었다. 바닥에는 검은 돌, 한 조각이 있는데, 사방 1장으로, 한나라 초 하늘에서 내려온 것이라고 한다. 사원을 두르는 담장들 모두 장미수(薔薇[水]), 용연향(龍涎香)을 물과 섞어 만들어, 향기가 끊어지지 않는다. 위에는 검은 저사(紵絲)로 덮었다. 두 마리의 검은 사자를 길러 그 문을 지키게 한다. 매년 12월 10일, 각국의 회회인들이, 만 리 밖에 있더라도, [이곳에] 와서 예배하는데, 모두 덮어 둔 저사 한 조각을 찢어 가, 기념으로 삼는다.** 다 찢어 가면 다시 바꾸어 [덮어], 해마다 끊이지 않는다.

산물은 매우 많지만, 낮 동안에 장이 열리지 않고, **해가 떨어진 뒤에야 야시장을 연다.** 그곳 날씨가 너무 덥기 때문일 것이다.[1)]

그곳 고적(古蹟)으로 **맥저성(驀底城)**【안에는 이전 국왕의 무덤이 있다. 그 꼭대기에는 **밤낮으로 발산하는 빛이 구름을 뚫고 일어난다.** 무덤 뒤에는 **'아필삼(阿必糝)'이라는 물이 있는데,** 바람을 그치게 할 수 있다(內有前國

1) 야시장이 열린다는 정보는 비신의 『성사승람』에만 보인다. 『성사승람역주』, 438쪽을 참고하시오.

王墓, 墓頂日夜放光侵雲而起. 墓後名阿必糝蔘水, 可止風)】이 있다.[2)]
토산으로 진보(珍寶)【앞을 보시오】, **전화수(纏花樹)**【꽃은 1년에 두 번 피고, 장생하며 시들지 않는다(花一年二開, 長生不枯)】가 있다.[3)]

손광우는 앞서 사무드라[蘇門答剌] 조목에서 이미 '묵가국(默伽國)'을 기술하고, 여기서는 다시 '천방(天方)'에 넣어 기술했다. 이에 대해 아무런 언급 없이 추재는 다음과 같이 요약했다.

메카[天方]은 일명 천당(天堂)이라고 한다. 명나라 선덕(宣德) 5년에 조공을 들이고, 「천당도」를 헌상했다. 이곳은 사계절이 모두 봄이라, 농토는 비옥하고 곡물은 풍부하다. 사람들은 말젖을 밥에 섞어 먹으므로 대부분 살이 찌고 아름답다. 풍속은 선하여, 도적이 없다. 나라 안에는 예배하는 사원이 있는데, 사원은 사방으로 나뉘어 있고, 각 방향은 90칸이다. 기둥은 백옥이고, 바닥은 황금이다. 땅에는 검은 돌이 있는데, 한나라 초 하늘에서 내려온 것이라고 한다. 담장은 장미와 용연수를 섞어 발라, 향기가 끊어지지 않는다. 저사(紵絲)로 그것을 덮고, 두 마리 사자가 가운데 문을

---

2) 성수(聖水)에 관한 기록은 손광우가 나왈경의 『함빈록』에서 채록했다는 사실을 단적으로 보여준다. '아필삼(阿必糝)'은 마환의 『영애승람』에 '아필삼삼(阿必糝糝)'으로 되어 있다. 'Zamzam'을 음역한 것이므로 '삼삼'이 되어야 한다. 자세한 사항은 『영애승람역주』(하, 238쪽)를 참고하시오. 나왈경은 맥저성(驀底城), 즉 메디나에 관하여 "[메디나] 안에는 이전 국왕의 묘가 있는데, 무덤 꼭대기에서는 밤낮으로 발산하는 빛이 구름을 뚫고 일어난다. 무덤 뒤에는 '아필삼(阿必糝)'이라는 물이 있는데, 바람을 그치게 할 수 있어 **성수(聖水)와 같다**(內有前國王墓, 墓頂日夜放光侵雲而起, 墓後一井名阿必糝, 水可止風, 與聖水同)"라고 하였다. 마지막 정보를 손광우는 채록하지 않았다.

3) 여기 산물에 관한 정보는 나왈경의 『함빈록』(권4, 7a)에 "그 산물로 진보(珍寶), 사자[獅], 표범[豹], 명마(名馬)【키가 8척쯤 된다】, 타조[駝雞], 영양(羚羊), 초상비(草上飛)【이상 모두 뒤에 보인다】, 전화수(纏花樹)【그 꽃은 1년에 두 번 피고, 오래 살고 말라 죽지 않는다】가 특이하다(其產珍寶·獅·豹·名馬【高八尺許】·駝雞·羚羊·草上飛【俱詳見後】·纏花樹【其花一年二開, 長生不枯】爲奇)"라고 하였다. 손광우는 이를 채록하면서 진보(珍寶)와 전화수(纏花樹)만 언급했다. 이 나왈경의 특산물 기술은 모두 『영애승람』을 근거하고 있다. 여기 전화수(纏花樹)는 '면화수(棉花樹)' 즉 케이폭처럼 면(棉)을 생산하는 나무를 말한다. 자세한 사항은 『영애승람역주』, 235쪽을 참고하시오.

지킨다. 매년 12월 10일에는 각 나라의 회회인들이 비록 만 리 밖이라도 모두 와서, 덮은 덮개를 한 조각 찢어 기념으로 삼는다. 날씨가 너무 더워 밤에 시장이 열린다. 맥저성(驀幕底城)이 있는데, [그곳] 왕의 무덤은 밤에도 빛을 발한다. 산물로 전화수(纏花樹), 아필삼수(阿必糝水)가 있다(天方一名天堂. 明宣德五年入貢, 獻天堂圖. 其地四時皆春, 田沃稻饒. 人以馬乳拌飯, 故多肥美. 俗好善無盜賊. 國內有禮拜寺, 寺分四方. 方各九十間, 白玉柱黃金地. 地中有黑石, 云漢初天降也. 墻壁和薔薇·龍涎水泥之, 馨香不絶. 紵絲蓋罩之, 二獅子守中門. 每歲十二月十日, 各番回回, 雖萬里之外皆來, 割罩蓋一方以爲記. 日熱常爲夜市. 有驀幕底城, 王墓夜放光. 物産纏花樹·阿必糝水).

천방은 예부터 천당이라 불렸고,	天方自古號天堂,
「극락도」가 만들어져 온 사방에 전하네.	極樂圖成傳十方.
봄바람에 늙지 않는 전화수(纏花樹)는,	春風不老纏花樹,
맥저성(幕底城) 무덤 광채 바라보네.	驀幕底城中望墓光.

사자가 지키는 중문에는 야시장이 열리고,	獅子中門夜市開,
언제 검은 돌 하늘에서 내려왔던가.	何年黑石降天來.
사롱천 다투어 찢어 가는 향기로운 벽에는	絲籠競割馨香壁,
해마다 회회인들 예배하러 왔다가 돌아가네.	歲歲回回禮拜回.

'조법아(祖法兒)'는 현 오만 남부 예멘과 경계를 이루는 한 주의 명칭인 도파르(Dofar) 또는 주파르(Zufar)의 음역 표기이다. 이곳은 15세기 초 정화의 원정으로부터 알려진 지역으로, 비신은 '좌법아(佐法兒)'로 표기하고 있다. 이 나라에 관한 해제와 기술은 『영애승람역주』(하, 89~111쪽), 『성사승람역주』(392~399쪽)을 참고하시오.

『방여승략외이』, 권3의 저자 손광우는 나왈경의 『함빈록(咸賓錄)』, 권4의 기술을 크게 빠뜨린 정보 없이 그대로 채록하고 있다. 나왈경이 주로 참고한 자료인 정효(鄭曉, 1499~1566)의 『오학편·황명사이고』에는 조법아(祖法兒)에 관하여(북경대학 소장본, 권하, 6a~b), "조법아는 좌법아(左法兒)라고도 한다. 동남쪽은 모두 바다이고 서북쪽은 겹겹의 산이다. 캘리컷[古俚] 서북쪽 바다에서 10일 밤낮을 가면 이를 수 있다. 성곽은 없고, 사람들은 이슬람교[回回教]를 숭상한다. 체형은 훤칠하며, 언어는 솔직하다. 왕은 흰 베로 머리를 싸매고 푸른 꽃문양 수건 또는 금실로 짠 비단 도포를 입고 가죽 신을 신는다. 가마를 타거나 말을 타며, 앞뒤로 코끼리, 낙타, 말을 배열하여 고취(鼓吹)한다. 기후는 항상 '가을' 같다. 시장에서는 금화와 구리주화를 사용하는데, 주화에는 사람 문양이 있다. 영락 연간에 와아리(亞里)가 사람을 보내 조공해 왔다. 선덕 연간에 또 조공해 왔다. 서마(西馬), 낙타, 학정(鶴頂), 타조[駝鶴], 복록(福鹿), 편뇌(片腦), 침향(沈香), 나무의 수지인 유향(乳香), 여러 기이한 약물이 나는데, 그것들로 중국의 저사(紵絲), 자기와 교역한다. 타계(駝雞, 타조)는 학과 같으며, 키는 3~4척이고, 다리는 둘이며, 털은 낙타와 같고, 다니는 것도 그와 같다. 낙타는 단봉 또는 쌍봉이며 모두 탈 수 있다(祖法兒, 亦名左法兒. 東南皆海, 西北重山. 自古俚西北海, 行十晝夜可至. 無城郭, 俗尙回回教. 體幹修碩, 語言朴實. 王白布纏頭, 衣青花絲帨, 或金錦袍, 靴履. 乘轎跨馬, 前後列象·駝·馬, 皷吹. 氣候常如秋. 市用金銅錢, 錢文人形. 永樂中, 王亞里遣人來朝貢. 宣德中, 又來朝貢. 産西馬·駝·鶴頂·駝鶴·福鹿·片腦·沉香·乳香, 乳香即樹脂·諸奇藥, 以易中國紵絲·磁器. 駝雞如鶴, 長三四尺, 脚二指, 毛如駝, 行亦如之. 駝單峯或雙峯, 皆可乘)"라고 하였다. 정효의 이 기술에는 송나라 이전 역사를 전혀 언급하지 않고 있다. 나왈경의 송나라 이전 기술은 어디에 근거했을까?

나왈경의 송나라 이전 기술은 장황의 『도서편』에서 제시한 엉터리 정보에 따라, 정사의 연관 기술들을 증보했다. 장황은 정효의 기술과는 전혀 다르게 '조법아'를 대하(大夏), 토화라(吐火羅), 서돌궐(西突厥)과 연관 지었다. 그는 조법아(祖法兒)에 관하여(사고전서본, 권51, 115a~b) "한나라 때의 대하(大夏), 수나라 당나라 시기의 토화라(吐火羅)라는 지역이다. 한나라 장건이 대하(大夏)에 이르렀고, 수나라 대업(大業) 연간에 조공을 들였으며, 당나라 초에 서돌궐(西突厥)에 신속했다. 당나라 고종(高宗) 때, 큰 새를 헌상했는데, 키가 7척이었다. 현경(顯慶) 연간에 아완성(阿緩城)을 월지도독부(月氏都督府)로 삼고, 왕 아사나(阿史那)를 도독에 제수하자 뒤에 아들을 보내 입시하도록 했다. 건원(乾元)초에 서역의 아홉 나라[西域九國]가 군대를 보내 천자의 적을 토벌했다. 숙종은 조서로 삭방행영(朔方行營)에 예속시켰다. 송나라 시기에는 전하는 바가 없다. 우리 왕조 영락과 선덕 연간에, 왕 아리(亞里)가 모두 사신을 보내 조공했다. 나라에 성곽은 없고, 사람들은 이슬람교(回回教)를 숭상한다(漢大夏, 隋唐吐火羅是也. 漢張騫至大夏, 隋大業入貢, 唐初臣西突厥. 唐高宗時, 獻大鳥, 高七尺. 顯慶中, 以其阿緩城爲月氏都督府, 授王阿史那爲都督, 後遣子入侍. 乾元初, 與西域九國發兵爲天子討賊. 肅宗詔、朔方行營. 宋未聞. 我朝永樂·宣德中, 王亞里俱遣使朝貢. 國無城郭, 俗尙回回教)"라고 하였다. 실제로 조법아, 즉 도파르에 관한 정보는 마지막 밑줄 친 내용이 전부이다. 온통 한나라 시기의 대하(大夏, 파르티아) 그리고 당나라 시기의 토화라(吐火羅)에 관한 정보로 채워졌다. 이로부터 나왈경은 장황의 기술에 근거하여 대하와 토화라 정보를 정사에서 찾아 정리하고, 이어서 정효의 조법아 기술로 채워 한나라 시기부터 명나라까지의 역사를 잘못 전하게 된 것이다.

다시 정효의 『황명사이고』의 조법아(祖法兒) 기술로 돌아가 보면, 정효는 정보 대부분을 『영애승람』에서 취했고, 일부는 『성사승람』에서 채록했다. 명나라 시기의 정보들은 나왈경이 대체로 정효의 기술을 따르고 있는데, 상당히 다른 정보가 보이므로, 여기서 나왈경이 기술한 명나라 시기 정보를 정확히 옮겨 살펴볼 가치가 충분하다.

> 우리 왕조 ⓐ영락, 선덕 연간에 왕 아리(亞里)가 모두 사신을 보내 조공해 왔다. 성곽이 없고, 풍속은 질박하며, 이슬람교[回回教]를 숭상한다. 왕은 희고 가는 현지의 베[番布]로 머리를 싸매고, 몸에는 푸른 꽃문양의 가는

주견(紬絹)을 입거나 금실로 짠 비단옷을 입는다. 출입할 때는 가마를 타거나 말을 타는데, 앞뒤로는 코끼리, 낙타를 늘어세우고 고취(鼓吹)한다. 기후는 항상 덥고, 시장에서는 금은의 주화를 사용하는데, 사람 형상 같은 문양이 있다. 남자들은 곱슬머리며 장삼을 입는다. ⓑ여자들은 베로 머리와 얼굴을 가려, 나가 사람을 만날 때도 얼굴을 드러내지 않는다. ⓒ남자는 많고, 여자는 적어 형제가 아내를 공유한다. 한 부인에 남편이 다섯이면 머리에 다섯 뿔을 달고, 열 명이면 열 개의 뿔을 단다. 형제가 없으면 다른 사람과 의형제를 맺은 다음 아내를 얻는데, 아이를 낳으면, 큰형에게 소속된다. 사람들이 예배당에 가는 날이면 반드시 먼저 목욕하고 장미로(薔薇露) 또는 침향 기름으로 얼굴에 바르고 새 옷으로 갈아입은 다음 다시 침향, 단향, 안바르[俺八兒]로 옷과 몸을 훈증하고서 예배하러 간다. 이날 거리와 시장을 지나더라도, 향기는 열흘 동안 흩어지지 않는다. 그 나라 산천으로 파려산(頗黎山)【굴에서는 신비한 망아지가 나는데, 모두 한혈마이다】이 있다. 그 산물로, 복록(福鹿)【몸은 모두 희지만, 가운데 그려 놓은 것처럼 가늘고 푸른 꽃문양이 있다】, 타계(駝雞)【바로 타조이다. 가운데 살로 된 안장이 있어 탈 수 있다. 현지인[夷人]들은 그것을 도살하여 고기를 판다】, 명마(名馬)【굴에서 신마(神馬)가 난다】가 특이하다(我朝永樂·宣德中, 王亞里俱遣使朝貢國. 無城郭, 俗朴實, 尙回回教. 王以白細番布纏頭, 身穿青花細紬絹, 或金錦衣袍. 出入乘轎跨馬, 前後陳列象·駝, 鼓吹. 氣候常熱, 市用金銀錢, 文如人形. 男拳髮, 穿長衫. 女則以布兜頭面, 出見人亦不出露. 男多女少, 故兄弟通室. 婦人五夫, 則首戴五角, 十夫戴十角. 無兄弟者, 與他人結爲昆季, 然後得妻, 生子屬其長兄. 其民如遇禮拜寺日, 必先沐浴, 用薔薇露或沈香油塗其面, 更以新衣, 復以沈·檀·俺八兒香熏其衣體, 始往禮拜. 是日經過街市, 香氣旬日不散. 其山川則頗黎山【有穴產神駒, 皆汗血】. 其產福鹿【周身俱白, 中有細青花如畫者】·駝雞【即駝鳥也, 中有肉鞍, 可乘. 夷人殺之, 以賣其肉】·名馬【穴中產神馬】爲奇).

ⓐ의 정보는 『명사』, 권326, 「조법아전」(8448쪽)에서 “영락 19년(1421), 사신을 보내 아덴[阿丹], 랄살(剌撒) 등의 나라와 함께 조공을 들이자, 정화에게 칙서를 가져가 예물을 하사하고 보답하게 했다. 21년(1423) 조공 사신이 다시 이르렀

다. 선덕 5년(1430)에 정화가 다시 그 나라에 사신으로 가자, 그 왕 아리(阿里)가 곧바로 사신을 보내 조공하여, 8년(1433)에 수도에 도착했다(永樂十九年遣使偕阿丹·剌撒諸國入貢, 命鄭和齎璽書賜物報之. 二十一年, 貢使復至. 宣德五年, 和再使其國, 其王阿里卽遣使朝貢, 八年達京師)"라고 한 사실에서 확인할 수 있다.

ⓑ의 정보는 비신의 『성사승람』에서 채록한 정보로, 『영애승람』에는 보이지 않는다. 나왈경의 기술 중에 가장 주목할 만한 점은 ⓒ의 정보로, 『황명사이고』, 『도서편』, 『영애승람』, 『성사승람』 어디에도 언급되지 않았다. 이 정보는 『통지(通志)』(사고전서본, 권196, 115a~b), 『태평환우기(太平寰宇記)』(사고전서본, 권186, 12a), 『당회요(唐會要)』(사고전서본, 권99, 17a), 『문헌통고(文獻通考)』(사고전서본, 권339, 20a)의 토화라(吐火羅) 기술에 보인다. 그 외 나머지 정보들은 모두 『영애승람』에서 채록했다.

> **조법아는 한나라 때의 대하(大夏)이다**. *[수나라와 당나라 시기의 토화라(吐火羅)가 이곳이다. 옛날 한나라 장건이 대하(大夏)에 이르렀는데, 말하기를, 그 풍속은 정착 생활을 하며, 대군장이 없으며, 군대는 약하고 전쟁을 두려워하고 장사에 뛰어나다고 했다(隋唐之吐火羅是也. 昔漢張騫至大夏, 言, 其俗土著, 無大君長, 兵弱畏戰, 善賈市)]*. 그 **도읍은 남시성(藍市城)이라고 한다**. 흉노가 대월지(大月氏)의 왕을 격파하고, 왕의 머리로 술 마시는 그릇[飮器]으로 만들었다. *[그 종족들은 결국(其種人, 遂)]* 나머지 사람들을 *[수습하여]* 대완(大宛)을 지나 서쪽으로 대하를 공격하여 신속시켰다. 대하는 결국 월지(月氏)에 신속되었다.
>
> 수나라와 당나라 시기에는 토화라(吐火羅)라고 불렸다. *[세차(世次)는 상고하기 어렵지만, 에프탈[嚈噠]과 잡거하며 정예 병력이 10만이었다. 에프탈은 대월지의 후예들이다(世次難考, 與嚈噠雜居, 勝兵十萬. 嚈噠者大月氏之遺種也)]*. 대업(大業, 6058~618) 연간에 조공을 들였다. 당나라 초에 서돌궐(西突厥)에 속했다. *[그러나 무덕(武德)과 정관(貞觀) 연간에 모두 공물을 헌상했다(然武德·貞觀中, 俱入獻也)]*. **고종(高宗, 649~683**

년 재위) 때[1] **큰 새를 바쳤는데**, 키가 7척, 색은 검고, 다리는 낙타와 비슷했으며, **사람이 탈 수도 있고, 날갯짓으로 300리를 가며, 쇠를 삼킬 수 있다. 사람들은 그것을 '타조(駝鳥)'라고 부른다**. 현경(顯慶, 656~661) 연간에 그곳 아완성(阿緩城)을 월지도독부(月氏都督府)로 삼았다. *[작은 성들을 나누어 24주로 삼고, 왕 아사나(阿史那)를 도독에 제수했다. 얼마 되지 않아 아들을 보내 내조(來朝)하고 숙위로 머물게 했다. 곧이어 또 마노등수(碼碯鐙樹)를 헌상했는데, 키가 3척이었다(析小城爲二十四州, 授王阿史那都督. 未幾, 遣子來朝, 留宿衛. 俄又獻碼碯鐙樹, 高三尺)]*. 개원(開元, 713~741) 천보(天寶, 742~756) 연간에 *[자주 말, 노새, 기이한 약물, 건타파라(乾陀婆羅) 200품(品), 홍·벽파리(紅·碧玻璃) 등을 헌상하였다. 이에 그 군주 골돌록돈달도(骨咄祿頓達度)를 토화라 엽호(葉護)*[2]*이자, 읍달왕(挹怛王)으로 책봉하였다. 그 뒤(數獻馬·驢·異藥·乾陀婆羅二百品·紅碧玻璃, 乃冊其君骨咄祿頓達度爲吐火羅葉護·挹怛王. 其後)]*, 인근 호(胡) 갈사(羯師)가 토번(吐蕃)을 끌어들여 토화라를 공격했다. 엽호(葉護) 실리망가라(失里忙伽羅)가 안서(安西)의 군대로 토벌을 도와줄 것을 간청하자, 황제는 군대를 보내 그들을 격파했다. 건원(乾元, 758~760)초에 서역의 아홉 나라가 군대를 보내 천자를 위해 적을 토벌했다. 숙종(肅宗, 756~762년 재위)이 조서로 삭방(朔方)의 행영(行營)에 예속시켰다. 송나라 시기에는 통상하지 않았다.

우리 왕조, 영락(永樂, 1403~1424)과 선덕(宣德, 1426~1435) 연간에 왕 아리(亞里)가 모두 사신을 보내 조공했다.

나라에는 성곽(城郭)이 없고 *[사람들은 순박하고 성실하며(俗朴實)]*, 회회교(回回教)를 숭상한다. ⓐ*[왕은 흰색의 현지 베로 머리를 싸매고, 몸에는 청색의 가는 명주나 비단 혹은 황금 비단 도포를 입는다(王以白細番布*

---

1) 『신당서』, 권221하, 「서역·토화라」(6252쪽)에는 영휘(永徽) 원년(650)의 일로 기록하고 있다.

2) 나왈경의 『함빈록』에는 '엽호(葉護)'가 '엽(葉)'자로만 표기되어 『신당서』, 「서역·토화라」(6252쪽)에 따라 보충해 넣었다.

纏頭, 身穿青花細紬絹, 或金錦衣袍)]. **기후는 항상 덥다.** 시장에서는 *[금]*은 주화를 사용하는데 문양은 사람 모습 같다[文如人形]. *[남자는 곱슬머리이고, 장삼을 입는다. 여자는 베로 머리와 얼굴은 덮고, 나가 다른 사람을 만날 때도 드러내지 않는다(男拳髮, 穿長衫. 女則以布兜頭面, 出見人亦不出露)].* **남자가 많고 여자는 적어,** 형제가 아내를 공유한다. **한 부인이 다섯 남편을 두면 머리에 다섯 개의 뿔[五角]을 꽂고, 남편이 열이면 열 개의 뿔을 꽂는다.** 형제가 없는 사람은 다른 사람과 의형제[昆季]를 맺은 다음 아내를 얻는데, 아들을 낳으면 맏형[長兄]에게 소속된다.

그곳 사람들은 예배하는 사원에 갈 때면 반드시 먼저 목욕하고, 장미로(薔薇露) 혹은 침향 기름을 얼굴에 바르고, 새 옷으로 갈아입으며 *[또 침향 또는 엄팔아(俺八兒) 향으로 그의 옷과 몸을 훈증한 뒤에야(復以沈檀·俺八兒香熏其衣體)]* 예배하러 간다. *[이날 거리와 시장을 지나다녀도, 향기가 열흘 동안 흩어지지 않는다(是日經過街市, 香氣旬日不散)].* ⓑ왕의 출입에는 가마를 타거나 말을 타는데, 앞뒤로 코끼리와 낙타를 늘어세우고 북을 치고 피리를 분다[鼓吹].[3)]

산(山)으로 파려산(頗黎山)【굴에서 신구(神駒)가 난다】이 있다.[4)] 토산으로 복록(福祿)【색이 희고 푸른 꽃문양이 있다(色白青花)】, 타계(駝雞)【바로 타조이다. 살 안장[肉鞍]이 있어 탈 수 있다】가 있다.[5)]

---

3) ⓑ왕의 출입에 관한 정보는 『함빈록』에 ⓐ의 문장 뒤에 기술되어 있다. 손광우가 이곳으로 옮겼는데, 문맥의 전개상 ⓐ의 문장 끝에 들어가는 것이 맞다.

4) 파려산(頗黎山)에 관한 정보는 『신당서』, 권221, 「서역·토화라」(6252쪽)에서 토화라의 "북쪽에는 파려산(頗黎山)이 있는데, 남쪽 굴에는 신마(神馬)가 있어 나라 사람들이 그 옆에 암말을 방목하여 망아지를 낳게 하는데, 바로 한혈마이다(北有頗黎山, 其陽穴中有神馬, 國人游牧牝于側, 生駒輒汗血)"라고 한 것을 채록한 것이다. 이 파려산은 도파르와 아무런 관련이 없는 잘못된 정보이다.

5) 『함빈록』에 조법아(祖法兒)의 산천과 산물에 관하여 다음과 같이 기록되어 있다. "그곳의 산으로 파려산(頗黎山)【굴에서 신구(神駒)가 나는데 **모두 한혈(汗血)이다**】, 그곳 산물로 복록(福鹿)【**온몸이 모두 흰색이고, 가운데에는 그림을 그린 것 같은 가는 푸른 꽃문양이 있다**】, 타계(駝雞)【바로 타조이다. 가운데 살 안장이 있어 탈 수 있다. 그곳 사람들은 그것을 도살하여

장황(章潢)의 『도서편』에서 시작하여, 나왈경의 『함빈록』 그리고 손광우의 『방여승략외이』, 권3에 이르는, 토화라(吐火羅) 즉 힌두쿠시 북쪽의 아프가니스탄 지역에 해당하는 토하라(Tokhara)의 정보와 혼재한 기술은 추재의 손에서 아무런 고증 없이 그대로 요약 정리되고 노래로 불렸다.

> 조법아는 한나라의 대하(大夏)로, 그 도읍은 남시성(藍市城)이라 한다. 당나라 고종(高宗) 때 큰 새를 바쳤는데 사람이 탈 수 있으며, 날개를 쳐 300리를 간다. 타조(駝鳥)라고 부르며 쇠를 삼킬 수 있다. 파려(頗黎)라는 산이 있는데 그 굴에서는 신구(神駒)가 난다. 기후는 항상 덥다. 남자는 많고 여자는 적어, 한 부인이 다섯 남편을 두면 다섯 뿔을 가장자리에 꽂고, 열 명이면 열 개의 뿔을 단다. 물산으로 복록(福祿), 타계(駝雞)가 있다(祖法兒漢之大夏也, 其都曰藍市城. 唐高宗時貢大鳥, 人可乘, 鼓翅行三百里, 名曰駞鳥, 能噉鐵. 有山曰頗黎, 穴生神駒. 氣候常熱. 男多女少, 婦人五夫戴五角丫, 十夫十角. 物產福鹿·駞雞).

산굴의 신비로운 바람에 준마의 망아지가 나오고,	山穴神風出駿駒,
살 안장의 타조로 구름길에 몰아가네.	肉鞍駞鳥馭雲衢.
아침에 장미수로 세수하고,	朝來靧面薔薇露,
다섯 뿔의 갈래머리는 다섯 남편이라네.	五角丫頭五丈夫.

고기를 판다】, 명마(名馬)【굴에서 신마(神馬)가 난다】가 특이하다(其山頗黎山【有穴產神駒, 皆汗血】. 其產福鹿【周身俱白, 中有細青花如畫者】·駝雞【卽駝鳥也. 中有肉鞍, 可乘. 夷人殺之, 以賣其肉】·名馬【穴中產神馬】爲奇)."

[20] 람방(覽邦)

람방(覽邦)의 기술은 소륵(疏勒), 즉 카슈갈 정보로 채워져 있다. 손광우가 근거한 텍스트는 나왈경의 『함빈록』을 그대로 옮겨 놓은 것이다. 나왈경이 참고한 주요 근거 자료는 정효(鄭曉, 1499~1566)의 『오학편·황명사이고』(북경대학 소장본, 권하, 43b)였다. 정효의 기술에 따르면, "람방은 홍무 9년 사람을 보내와 조공했다. 영락, 선덕 연간에 이웃 나라를 따라와 방물을 바친 적이 있다. 그 나라는 서역에서 아주 멀리 있으며, 시장이나 파는 사람이 없다. 땅에는 모래와 자갈이 많아, 마(麻)와 보리 외에 다른 곡물은 없다. 산은 비스듬하고 봉우리가 없으며, 강물 또한 얕으며 탁하다. 풍속도 불(佛)을 좋아하여 제사에 성실하다. 낙타, 말, 소, 양이 있다. 시장에는 주화를 사용하기도 한다(覽邦, 洪武九年, 遣人來朝貢. 永樂·宣德中, 嘗附鄰國貢方物. 其國去西域遠甚, 無市賈販. 地多沙礫, 麻麥之外, 無他穀. 山坡坨, 無峯巒, 水亦淺濁. 俗亦好佛, 勤賽祀. 有駝·馬·牛·羊. 市亦用錢)"라고 기술했다. 확실히 오늘날 카슈갈인 '소륵(疏勒)'을 언급하지는 않았지만, 역시 먼 서역으로 설명하고 있다. 이미 정효의 기술은 상치된다. 시장이나 물건을 파는 사람이 없다고 하면서도 마지막에는 주화를 사용한다는 정보가 그것이다.

정효의 기술을 근거로 람방(覽邦)을 카슈갈 즉 소륵(疏勒)과 연결한 장본인은 바로 장황(章潢)의 『도서편(圖書編)』(1577년)이다. 그에 따르면(사고전서본, 권51, 115b), 람방(覽邦)은 "한나라 때 소륵국(踈勒國)이다. 경공(耿恭)이 우물에 절하고 샘을 솟게 하여 흉노를 물리친 바로 그곳이다. 수나라 대업(大業) 연간에 조공을 들였다. 당나라 정관(貞觀) 연간에 명마(名馬)를 바쳤다. 의봉(儀鳳) 연간에 토번(吐蕃)이 그 나라를 격하하여, 개원(開元) 연간에 그 군주 안정(安定)을 책봉하여 소륵왕으로 삼았다. 천보(天寶) 연간에 수령 배국량(裴國良)이 알현하여 절충도위(折衝都尉)에 제수했다. 송나라 시기에는 전하는 바가 없다. 우리 왕조 홍무 9년에 국왕 석라목이합라장(錫喇穆爾哈喇章)이 알현해 왔고, 선덕(宣德) 연간에 이웃 나라를 따라 방물을 바쳤다(漢踈勒國也. 耿恭拜井湧泉, 退匈奴, 即其處. 隋大業時入貢. 唐貞觀, 貢名馬. 儀鳳時, 吐蕃破其國, 開元冊其君安定爲踈勒王. 天寶, 首領裴國良來朝, 授折衝都尉. 宋無聞. 我朝洪武九年, 國王錫喇穆爾哈喇章來貢, 宣德間, 每附鄰國, 貢方物)"라고 하였다. 장황의 손에서 람방은 정사에 보이는 소륵, 즉 카슈갈 기술로 채워졌다. 장황의 근거는 전무하다. 나왈경은 정효가 서역의 나라로 뭉뚱그려 기술한 '람방'을 '소륵'으로 기술한 『도서편』에 따라,

소륵에 관한 정사의 기록들을 더 취합했다. 이렇게 혼란은 가중되었다.

장섭(張燮)은 1617년 『동서양고(東西洋考)』(사고전서본, 권9, 8a)에서 서양(西洋)으로 가는 항로[針路] 중에서, '방카(Bangka)'섬으로 추정되는 팽가산(彭加山)에서 시작하여 하항(下港) 즉 자바섬에 이르는 항로를 기술하며, 중간에 경유하게 되는 '람방(覽邦)'이란 항구에 관하여 "람방의 오랑캐들은 즐겨 사람을 먹어, 배를 대는 선박들이 없다. 바깥으로 '노사아(奴沙牙)'라는 작은 섬이 있고, 그 섬 가까운 곳은 수심이 8~9탁(托)이다. 정오(丁午, 185도) 방향으로 3경을 가면, 노사랄(奴沙剌)에 닿는데, 수심은 14탁이다. 또 정오(丁午) 방향으로 3경을 가면 멀리 석란산(錫蘭山)이 보인다(覽邦夷人好食人, 故舶無維纜者. 外有小嶼名奴沙牙, 近嶼打水八九托. 用丁午三更, 取奴沙剌, 打水十四托. 又用丁午針, 三更, 遠望錫蘭山)"라고 하였다.

여기에서 석란산(錫蘭山)은 우리가 알고 있는 실론을 말하는 것이 아니라, 장섭의 설명에 따르면, "양나라 시대 '낭아수(狼牙修)'라는 곳으로 지금은 석단(石旦)으로 와전되었다.… 그곳 말로 높은 산 또는 섬을 '석란(錫蘭)'이라고 한다(即梁時所通狼牙脩也, 今訛爲石旦…夷言高山爲錫蘭)"라고 설명하고 있다(앞의 출처). 한편 『순풍상송(順風相送)』에서는 적감(赤坎)에서 팔렘방[舊港]과 순다[順塔]로 가는 항로를 기술하며, 장섭과 비슷한 항로를 보여주는데, 장섭의 '석란산(錫蘭山)'은 '석단(石旦)'으로 표기되어 있다. "순다[順塔] 항구 앞에서 서북쪽으로 6경을 가면 석단 항구에 이른다"라고 하였다(『양종해도침경(兩種海道針經)』, 중화서국, 2006, 64쪽). 이상의 기술들은 람방(覽邦)이 '서역'이 아니라 '서남해'의 지역임을 말하고 있으며, 『고대남해지명회석(古代南海地名汇释)』(중화서국, 1986, 589쪽)의 저자들이 람방을 수마트라섬 동남쪽 람풍(Lampung)의 음역 표기라는 설명은 타당하다.

『사고전서』본 『명사』, 권325(18b)에서 람방(覽邦)은 다음과 같이 기술되었다. "람방은 서남해에 있다. 홍무 9년 왕 석리마합랄찰적랄찰(昔里馬哈剌札的剌札)이 사신을 보내 표문을 바치고 조공을 바쳤다. 조서로 그들 왕에게 직금문기(織金文綺)와 사라(紗羅)를 하사하고, 사신들에게는 관례에 따라 연회를 베풀고 하사품을 내렸다. 영락과 선덕 연간에 이웃 나라를 따라와 조공한 적이 있다. 그곳에는 모래와 자갈이 많아, 마(麻)와 맥(麥) 이외에 다른 곡물은 없다. 상선들이 거의 가지 않는다. 산은 평탄하여 봉우리가 없으며, 강물 또한 얕으며 탁하다. 불(佛)을 좋아하며, 제사에 성실하다. 그들 공물로 공작(孔雀), 말, 단향, 강[진]향, 후추, 소목(蘇木)이 있었다. 교역에는 주화를 사용한다(覽邦, 在西南海中. 洪武九年, 王昔里馬哈剌札的剌札遣使, 奉表來貢. 詔賜其王織金文綺·紗羅, 使者宴賜如制. 永樂·宣德中, 嘗附隣國朝貢. 其地多沙礫, 麻·麥之外無他種. 商賈鮮至. 山坦迤無峰巒, 水亦淺濁. 俗好佛, 勤賽祀. 厥貢, 孔雀·馬·檀香·降香·胡椒·蘇木. 交易用錢)" 라고 하였다.

정리하자면, 나왈경은 위치를 특정할 수 없는 정효의 기술을 채록하지 않고, 장황이 정효의 기술에 근거하여 끌어다 붙인 '소륵(疏勒)' 정보를 채택했다. 그리고 소륵에 관한 정사의 정보들을 수습했다. 이를 고스란히 채록한 자료가 손광우의 『방여승략외이』, 권3의 '람방'이고, 이를 다시 추재가 채록하면서, 수마트라섬 동남쪽에 있던 '람방'이 서역의 소륵으로 와전되기에 이르렀다.

> **람방은 한나라 때의 소륵국(踈勒國)이다.** 명제(明帝) 영평(永平, 58~75) 연간에 구자(龜玆) 왕 건(建)이 소륵왕 성(成)을 공격해 죽이고, 자신이 구자의 좌후(左侯)인 두제(兜題)를 소륵왕으로 세웠다. 한나라는 반초(班超)를 보내 두제(兜題)를 위협하여 묶고 성(成)의 형 아들 충(忠)을 소륵왕으로 세웠다. [뒤에] 충(忠)이 모반하여 반초가 그를 참수했다. **경공(耿恭)이** 무기교위(戊己校尉)가 되어 거사후왕(車師後王)의 금만성(金滿城)에 주둔하고 있을 때, 흉노의 공격을 받았다. 경공은 사람들을 이끌고 소륵성으로 들어갔다. **물이 부족하여** 우물을 15장이나 팠으나 물을 얻을 수 없었다. **경공은 의관을 정제하고 우물을 향해 절을 하고, 칼을 뽑아 산을 가르자, 샘물이 용솟음쳤고** 적들은 결국 물러갔다. *[안제(安帝) 원초(元初, 114~120) 연간에 소륵왕 안국(安國)이 죽자, 장인 신반(臣盤)[1]이 왕이 되어 나날이 강성해져 자주 사신을 보내 공헌했다. 영제(靈帝) 건녕(建寧)*

1) 『후한서』, 권118, 「소륵국」(2927쪽)에는 '신반(臣磐)'으로 되어 있다.

초[2]*에 계부(季父) 화득(和得)에게 살해되고, 화득이 스스로 왕이 되었다. 그 후 계속 서로 살해했지만, 한나라에서는 더는 금할 수 없었다(安帝元初中, 疏勒王安國死, 舅臣盤立爲王, 日以強盛, 數遣使貢獻. 靈帝建寧初, 爲季父和得所殺, 自立爲王. 其後連相殺害, 漢不能復禁)].*

후위(後魏) 문성(文成, 452~465년 재위) 시기 말에 그곳의 왕이 사신을 보내 석가모니불(釋迦牟尼佛)의 가사(袈裟)를 보내왔는데, 길이는 **2장 남짓**이었다. 황제는 그것이 진짜 부처의 옷이라면 분명 영험하리라 생각하고, 활활 타오르는 **불에 태우게 했는데, 온종일 지나도 타지 않았다**. 그곳의 왕은 황금 사자 관을 쓴다. *[해마다 돌궐에 공물을 보낸 적이 있다(每歲嘗供送於突厥)]*. 도성은 사방 5리이다. *[나라 안에는 큰 성 12개와 작은 성 수십 개가 있다. 사람의 손과 발가락은 모두 여섯 개로(國內有大城十二·小城數十. 人手足皆六指)]*, **자식을 낳아 여섯 손가락이 아니면 기르지 않는다.**[3] *[정예 병사 2,000이 있다. 땅에는 사막이 많고 토양이 적다(勝兵有二千人. 地多沙積, 少壤)]*. 풍속은 궤사(詭詐)를 자랑하고, **자식을 낳으면 머리를 묶어 납작하게 한다[取匾綸]. 사람들은 문신하고 눈동자는 푸르다[碧]**. *[왕의 성은 배(裵) 씨이고, 아마지(阿摩支)라 자칭하며, 가사성(迦師城)에 사는데 돌궐은 딸들을 그에게 시집보낸다. 수나라 대업(大業, 605~618) 연간에 또 사신을 보내왔다(王姓裴氏, 自號阿摩支, 居迦師城, 突厥以女妻之. 隋大業中, 又遣使來)]*.

당나라 정관(貞觀, 627~649)초에 명마를 헌상하자, 태종(太宗, 626~649년 재위)은 방현령(房玄齡) 등에게 "옛날 천하를 통일하고 사이(四夷)에 승리할 수 있었던 것은 오로지 진시황제와 한나라 무제였을 뿐이다. 짐은 3척의 검을 들고, 사해를 평정하여 먼 곳의 오랑캐들 모두 복속해 오니, 두 군주에 비하여 손색이 없도다. 그러나 두 군주는 말년에 스스로 보전하지 못했으니, 공들은 서로 잘 보필하여, 아첨하는 말을 올려 짐을 위망(危

2) 앞의 출처에는 건녕 원년(168)으로 되어 있다.

3) 『위서』, 권102, 「서역·소륵국」(2268쪽)에 보인다.

亡)에 빠뜨리지 말라(曩之一天下, 克勝四夷, 惟秦皇·漢武耳. 朕提三尺劍定四海, 遠夷率服, 不減二君者. 然彼末路不自保, 公等宜相輔弼, 毋進諛言, 置朕於危亡也)"라고 하였다. 의봉(儀鳳, 676~679) 연간에 토번(吐蕃)이 그 나라를 격파했다. *[개원(開元, 713~741) 연간[4]에 대리시 정(大理正) 교몽송(喬夢松)과 섭홍로소경(攝鴻臚少卿)을 보내 그곳 군주 안정(安定)을 소륵왕으로 봉했다. 천보(天寶) 12년(753)에 수령 배국량(裴國良)이 내조(來朝)하여 절충도위(折衝都尉)에 제수하고, 자주색 도포와 금어부(金魚符)를 하사했다(開元中, 遣大理正喬夢松攝鴻臚少卿, 冊其君安定爲疏勒王. 天寶十二載, 首領裴國良來朝, 授折衝都尉, 賜紫袍·金魚)]*. 송나라 시기에는 통교하지 않았다.

우리 왕조, 홍무(洪武) 9년(1376)에 국왕 석리마합랄찰(昔里馬哈剌札扎)[5]이 조공해 왔다. *[영락(永樂), 선덕(宣德) 연간에 자주 이웃 나라들이 귀부하여 방물을 바쳤다(永·宣間, 輒附鄰國, 貢方物)]*. **땅은 모래, 자갈이 많아, 곡물로는 마(麻)와 맥(麥)뿐이다.** *[산물에 특이한 것이 없다(産無奇)]*.

이상의 정보로부터 추재는 람방을 소륵(疏勒) 즉 카슈갈에 관한 정보를 중심으로 다음과 같이 소개했다.

람방은 한나라 시기의 소륵(疏勒)이다. 경공(耿恭)이 흉노에 곤란을 당했을 때, 성안에 물이 없자 경공은 제사를 올리고 우물에 절한 다음 칼을 뽑아 산을 가르자, 나는 샘물이 용솟음쳤다. 후위(後魏) 말에 길이 2장 남짓의 가사(袈裟)를 헌상했는데, 불에 태웠으나 타지 않았다. 그 왕은 황금 사자의 관을 쓰고, 예불을 좋아한다. 아들을 낳아 여섯 손가락이 아니면 거두지 않고, 머리를 묶어 납작하게 한다. [사람들은] 문신을 하고 눈동자는

---

4) 이 단락은 『신당서』, 권221, 「서역·소륵」에서 발췌했는데, 개원(開元) 16년(728)으로 기록하고 있다.

5) 『명사』, 권325, 「람방」(8425쪽)에는 석리마합랄찰적랄찰(昔里馬哈剌札的剌札), 『태조고황제실록』, 홍무 9년(1376), 8월 17일 기사에는 같은 발음으로 '昔里馬哈剌扎的剌扎'이라고 표기되어 있다.

푸르며, 거짓말과 헛소리를 하고, 전(氈)으로 만든 성에 산다.[6] 땅이 척박하여 마(麻)와 맥(麥)만 심는다(覽邦漢之踈勒也. 耿恭爲凶奴所困, 城中無水, 恭設奠拜井, 拔刀刺山, 飛泉湧出. 後魏末獻袈裟長二丈餘, 焚之不然. 其王戴金獅冠, 喜拜佛. 生子非六指不擧, 束頭令匾褊. 文身青瞳, 詐誕浮語, 居氈城. 地瘠, 惟種麻·麥).

황금사자 왕의 머리에 있고,	黃金獅子頂人天,
2장 가사 불보(佛寶)로 전하네.	丈二袈裟佛寶傳.
천년 검은 갈아도 닳지 않고,	千古劒磨消不得,
산꼭대기 나는 포말 경공의 샘물이네.	山頭飛沫耿恭泉.

모래 위 전(氈)으로 만든 성은 사방 5리요,	沙上氈城五里方,
전하는 풍속 길에서 사라져 말은 통하지 않네.	流風塗道語唐喪.
머리 묶은 아이들 다투어 보러 오고,	束頭兒子爭來看,
무수한 푸른 눈동자와 여섯 가락 기네.	無數青瞳六指長.

6) 밑줄 친 정보는 손광우의 채록에서 확인되지 않는다. '전(氈)'이란 두꺼운 모직물을 말하는데, 추재는 '람방'을 서역의 카슈갈로 생각했으므로, 모직물로 만든 유목민의 천막을 연상했을 것으로 보인다.

[21] 합렬(哈烈)

합렬(哈烈)은 서부 아프가니스탄 헤라트(Herat) 또는 헤리(Heri)의 음역 표기로 알려져 있다. 1415년 서역에 사신으로 갔다가 돌아온 진성(陳誠)의 『사서역기(使西域記)』(『학해류편(學海類編)』본, 1a~3a)의 합렬[ŋăp-liɛt](哈烈) 기술에 보이는 '흑로[xək-luo](黑魯)'의 또 다른 표기로 보인다. 하지만 여기의 '흑로(黑魯)'와 정효(鄭曉)의 『황명사이고(皇明四夷考)』, 그리고 『명사』 등에 별도의 항목으로 기술된 '흑루(黑婁)'와 음성적으로 매우 비슷하여, 같은 헤라트를 지칭한다고 많은 오해를 불러왔다. 그러나 기술된 내용은 '합렬'의 다른 명칭인 '흑로'와 '흑루'는 다른 곳으로 인정할 수밖에 없다. 이 합렬, 즉 헤라트 기술은 이미 지봉 이수광이 『지봉유설』에서 정효의 『황명사이고』를 근거로 언급한 바 있다. 이번에도 추재는 지봉의 기록을 모르고 있었다. 합렬의 자세한 설명은 『지봉 이수광이 바라본 세계』(283~286쪽)를 참고하시오.

주지하듯이 『방여승략외이』, 3권의 저자 손광우는 나왈경의 『함빈록』, 권4의 합렬 기술을 그대로 발췌했다. 나왈경의 '합렬' 기술은 다른 나라에 비해 상당히 길게 서술되었기 때문에, 손광우의 기록도 길 수밖에 없다. 손광우가 채록하지 않은 정보는 그다지 많지 않다. 따라서 손광우의 기술만으로도 충분히 헤라트와 중국 사이의 관계 역사를 충분히 살펴볼 수 있으므로, 여기서는 손광우가 빠뜨린 정보를 중심으로 살펴보기로 하자.

원나라 이전의 역사적 기술은 『함빈록』의 저자 나왈경이 『사기』, 『한서』, 『수서』, 『신당서』, 『통지(通志)』 등에서 대완(大宛), 석국(石國)의 기술에서 요약 정리한 내용이고, 원나라 이후의 정보는 바로 정효(鄭曉, 1499~1566) 『오학편·황명사이고』에서 가져온 채록한 내용이다. 『황명사이고』의 번역문과 설명은 『지봉 이수광이 바라본 세계』, 합렬 조목을 참고하시오.

> **합렬(哈烈)**은 *[큰 나라이다(大國)].* **한나라 때의 대완(大宛)**, *[원위(元魏) 시대의* ***낙나(洛那)***, ***수나라 때의 소대나사(蘇對沙那)와 석국(石國)***이 *모두 이곳이다.*[1] *옛날 한무제(漢武帝, 기원전 141~기원전 87년 재위)는 흉*

1) 밑줄 친 정보는 장황(章潢)의 『도서편(圖書編)』(사고전서본, 권51, 63b)에 보인다.

노를 정벌하려 했는데, 월지(月氏)가 흉노와 틈이 있다는 소식을 듣고, 월지와 사신으로 소통하여 힘을 합쳐 흉노를 멸망시키려고 사신으로 갈 사람을 모집했다(元魏之洛那, 隋之蘇對沙那及石國, 皆其地也. 昔漢武帝欲伐匈奴, 聞月氏與匈奴有隙, 欲通使月氏, 并力共滅之, 乃募能使者)]. 장건(張騫)이 랑(郎)으로 응모하여 월지(月氏)로 가는 길에 흉노를 지나며 선우(單于)에게 잡혀 10여 년을 체류하며, 아내를 맞고 아들을 낳았다. 뒤에 친속들과 마을을 떠나 월지(月氏) 서쪽으로 달아나, 며칠 만에 대완에 이르렀다. 대완은 사신을 보내 [이들을] 인도하여 보내 2년이 넘어서 월지에 도착했다. 장건은 한나라로 돌아와 모두 한무제(漢武帝)에게 말하며, "대완의 선조는 천마(天馬)의 자식으로, 좋은 말이 많습니다(大宛其先天馬子也, 多善馬)"라고 했다. 황제는 **이사(貳師) [장군]을 대완으로 보내 선마(善馬) 수십 필, 중마(中馬) 이하의 암수 3,000필을 가져왔다.**[2] 한나

2) 이상 장건이 돌아와 한무제에게 보고한 내용과 이사장군의 원정 경위에 대하여 나왈경은 다음과 같이 기술했다. "장건이 한나라로 돌아와 무제에게 대완의 성곽, 군사, 사람 그리고 한혈마의 조상이 천마의 새끼임을 말했다. 무제는 대완에 좋은 말이 많다는 소식을 듣고, 사신에게 천금을 들려 대완으로 보내 대완의 좋은 말을 요청했다. 대완의 왕은 한나라가 멀리 떨어져 있어 대규모 군대가 이르지는 못하리라 생각하고, 결국 한나라 사신들을 죽였다. 태초(太初, 기원전 104년), 이광리(李廣利)를 이사장군(貳師將軍)으로 임명하고 이사(貳師)에 이르러 좋은 말을 얻어올 것이라 예상했다. 수만 명을 이끌고 그들 변경에 이르러 욱성(郁城)을 공략했으나 함락하지 못하고 돌아오니, 왕복 2년이 걸렸다. 돈황(燉煌)에 이르자 병졸 중에 살아남은 자가 열에 겨우 한둘뿐이었다. 황제는 그의 실패에 화를 내며 사신을 보내 옥문관을 차단하고, 들어오지 못하게 했다. 이에 이사는 돈황에 주둔했다. 또 이사에게 6만 명을 거느리게 했는데, 사적으로 데려간 사람들은 그 수에 넣지 않았다. 소 10만, 말 3만여 필, 노새와 낙타 수만 마리였다. 온 천하가 요란했다. 병사 18만을 더 징발하여 거연(居延), 휴도(休屠)를 설치하고 주천(酒泉)을 지키도록 했다. 이사가 대완에 이르자, 대완 사람들이 왕 무과(毋寡)를 참수하고 말을 바쳤다. 한나라 군대는 좋은 말 수십 필, 중마(中馬) 이하의 암수 30필을 얻고, 귀인(貴人) 매채(昧蔡)를 왕으로 세워, 해마다 말을 헌상하기로 약속했다. 마침내 포도(蒲萄), 목숙(苜蓿)의 종자를 가지고 돌아왔다. 이사가 다시 가서 왕복하는 데 4년이 걸렸다(張騫還漢, 具爲武帝, 言大宛城郭·兵·眾及汗血馬, 其先天馬子也. 帝聞宛多善馬, 即遣使者持千金往宛, 以請宛善馬. 宛王以漢絕遠, 大兵不能致, 遂殺漢使. 太泰初元年, 拜李廣利爲貳師將軍, 期至貳師取善馬. 率數萬人, 至其境, 攻郁城, 不下, 引還, 往來二歲. 至燉煌, 士卒存者十不過一二. 帝怒其不克, 使遮玉門, 不許入. 貳師因留屯燉煌. 又遣貳師率六萬人, 負私從者不與焉. 牛十萬, 馬三萬匹, 驢·橐駝萬數. 天下騷然. 益發戍甲卒十八萬, 置居延·休屠以衛酒泉. 貳師至宛,

라 명제(明帝, 57~75년 재위) 시기 한혈마(汗血馬)를 헌상했다.

후위(後魏) 때, 낙나국(洛那國)이 *[자주]* 말을 헌상했다. 수나라 시기에는 소대사나국(蘇對沙那國)이라고 했다. 그곳 왕의 성은 소색닉(蘇色匿)이고 자(字)가 저실반타(底失槃佗)였으며, 그 북쪽 변방은 석국(石國)으로 또한 옛 대완의 땅이었다. *[수나라 대업(大業) 초에 사신을 보내와 조공했다(隋大業初, 遣使朝貢)]*.

당나라 *[무덕(武德), 정관(貞觀) 연간에 자주 방물을 헌상했다(武德·貞觀間, 數獻方物)]*. 현경(顯慶) 3년(658) 감갈성(瞰羯城)에 대완도독부(大宛都督府)를 세우고, *[그 왕을 도독에 제수했다. 개원(開元) 초에 그들 군장을 석국왕(石國王)으로 봉했다. 얼마 되지 않아, 그들 왕이 상언하기를 지금 돌궐은 이미 천가한(天可汗)에 속했고, 오직 대식(大食)만이 여러 나라의 우환이 되었으니 토벌해 달라고 요청했다. 천자는 허락하지 않았다. 천보(天寶)초에 나구차비시(那俱車鼻施)를 화화왕(懷化王)으로 봉하고, 철권(鐵券)을 하사했다. 한참 지나 안서절도사 고선지(高仙芝)가 그가 번신(藩臣)의 예가 없다고 탄핵하며 토벌을 청했다. 왕은 항복을 약속했으나 고선지는 사신을 보내 개원문(開遠門)으로 호송해 와, 참수하게 하자, 서역의 나라들이 모두 원망했다. 왕자는 대식(大食)으로 달아나 군사를 구걸하여 달라사성(怛邏斯城, 탈라스)을 공격하고 고선지의 군대를 물리친 뒤에 대식에 신속했다. 보응(寶應, 762~763) 연간에 사신을 보내와 조공했다(授其王都督. 開元初, 封其君長爲石國王. 項之, 其王上言, 今突厥已屬天可汗, 惟大食爲諸國患, 請討之. 天子不許. 天寶初, 封王子那俱車鼻施爲懷化王, 賜鐵券. 久之, 安西節度使高仙芝劾其無蕃臣禮, 請討之. 王約降, 仙芝遣使者護送至開遠門, 斬闕下, 於是西域皆怨. 王子走大食乞兵, 攻怛邏斯城, 敗仙芝軍, 自是臣大食. 寶應時, 遣使朝貢)]*.[3] 이전 역사

宛人斬王毋寡首, 獻馬, 漢軍取其善馬數十匹, 中馬以下牡牡三十匹, 而立宛貴人昧蔡爲王, 約歲獻馬. 遂採蒲萄·苜蓿種而歸. 貳師再行往返凡四歲).” 여기 나왈경의 기술은 『사기』, 권123, 「대완열전」(3174~3179쪽)에서 요약 정리한 것이다.

3) 이상 당나라 시기의 정보들은 『신당서』, 권221하, 「서역하·석국」(6246쪽)에서 발췌한 내용이다.

서에 실린 바에 따르면, 그곳 풍속으로 **포도(蒲萄)를 술로 만드는데, 부유한 사람을 10,000여 석(石)을 저당해 두며, 오래된 것은 수십 년이 되어도 부패하지 않는다. 그들 양마(良馬)에는 수 촌(寸)짜리 육종[肉角]이 있는 것도 있고, 혹 사람의 말을 이해하고 음(音)을 알아 춤을 추는 말도 있다.** 나라의 도성 동남쪽에는 집을 짓고 자리[座]를 마련해 두었다가, 정월 6일과 7월 15일에는 왕의 **부모를 화장하고 남은 뼈를 금항아리[金甕]에 담아** 상(床) 위에 두고, 빙빙 돌아다니며 향기로운 꽃과 잡다한 과일을 뿌린 다음, 왕은 산하들을 거느리고 그곳에서 제사를 지낸다. 제례가 끝나면 왕은 부인과 나와 별도의 장막으로 가고, 신하들은 서열에 따라 늘어앉아 잔치를 연다.

[송나라 시기에는 통하지 않았다(宋時未通)]. 원나라 때 내속되었다.

우리 왕조에서는 '합렬(哈烈)'이라 불렀고, '흑로(黑魯)'라고도 했다. 원나라 부마 첩목아(帖木兒)의 아들 사합로(沙哈魯)가 그곳에 살았다. 나라 사람들은 [그를] 속로단(速魯檀, 술탄)이라 불렀는데, 중국어로 군왕(君王)을 말한다. *[홍무 25년(1392) 사신을 보내 조서로 타일렀다(洪武二十五年, 遣使詔諭)]*. 영락(永樂) 7년(1409)에 *[두목 마릐(麼賚) 등이 조공해와, 이부(吏部)의(頭目麼賚等朝貢, 吏部)]* 진성(陳誠)이 그 나라에 갔다. 정통(正統) 2년(1437) 지휘(指揮) 합지(哈只) 등이 *[마(馬)]*, 옥석(玉石)을 바쳤다.

그곳의 도성은 사방 10리이고, 평천(平川)에 있다. 평천은 폭이 100리이고, 사방은 큰 산들이다. 왕은 동북쪽 산에 살며, **돌을 포개 집을 만들었고**, 그 집은 높은 누대처럼, 기둥과 들보가 없고, 담장과 **창문 모두 금벽(金碧)과 유리(琉璃)로 만들었고**, 문들은 뼈와 뿔을 상감하여 아로새겼다. 집 옆으로 채색하고 수놓은 휘장을 설치하여 연침(燕寢)하는 곳으로 삼고 황금 침상[金床]과 깔개를 자리와 겹쳐두었다[重裀茵]. 현지인[民土]들의 집으로 전(氈)으로 만든 장막[帳]도 있는데, 비가 적게 내리기 때문이다. **상하가 서로 직접 이름을 부르는데** 왕이라도 그러하다. 서로 만나면 약간 몸을 굽히고, '살력마력(撒力馬力)'[4]이라고 한마디 하며 악수하거나 **서로 안는 것이 예법이다. 마음을 다른 사람에게 전할 때는 '살반(撒盤)'이라 한다.** 아궁이에 불을 피워 밥하지 않고 먹을 때는 가게로 가고[就肆], 수저가 없다. 정월 초하루나 시일과 달이 없다. 남자들은 머리를 깎고 옷은 흰색을 높이 친다. **상을 당했을 때는 청흑색으로 갈아입는데,** 망자에게는 관곽(棺槨)이 없다. **사람들은 대부분 잘 달려 하루에 300리를 간다. 기후는 항상 덥다. 자기(磁器)와 환기(紈綺)는 정교하여** *[중국을 뛰어넘는다(過中國)]*. **농토에는 수확이 많고 연회는 풍성하다.** 남녀는 문란하여 부끄러워하지 않는다. 서역 여러 나라 중에 합렬(哈烈)의 풍속이 가장 비루하다. 그러나 학교[學舍]가 있어 **생도들은 경의(經義)를 강습한다.** 베품[施予]을 좋아하고 농상(農桑)에 힘쓰는 것은, 또한 여러 나라가 미치지 못하는 바이다. 예속된 나라로 **엄도회(俺都淮), 팔랄흑(八剌黑)**【두 나라의 땅은 비옥하여 사람들이 많다】이 있다.

토산으로 **쇄복(鎖伏), 화담(花毯), 주배등(酒杯藤)**【꽃이 견실하고 밝으며 예쁘다. 나라 사람들은 술을 따르는 데 사용한다. 열매는 두구(豆蔲)와 같다(花堅明可愛. 國人用以酌酒. 實如豆蔲)】이 있다.[5]

---

4) '살력마력(撒力馬力)'는 아랍어 인사말인 '앗사라무 알라이쿰'을 빨리 읽으면 '살라 말레이쿰'으로 들리는데, 아마도 '살라 말레이'만 옮긴 음역이 아닌지 모르겠다.

5) 여기 산물에 관하여 나왈경은 "산물에는 ⓐ쇄복(鎖伏), ⓑ화담(花毯), 사자(獅子), 수정염(水晶鹽), ⓒ주배등(酒杯藤)【꽃이 견실하고 밝으며 예쁘다. 나라 사람들은 술을 따르는 데 사용한다. 열매는 두구(豆蔲)와 같고, 그 향[香味]이 술기운을 없앤다】이 있는데 특이하다(産物有鎖伏·花毯·獅子·水晶鹽·酒杯藤【花堅明可愛. 國人用以酌酒. 實如豆蔲, 香味銷酒】爲奇)"라고 하였다. 손광우는 '사자'와 '수정염' 두 산물을 빠뜨렸다.

ⓐ쇄복(鎖伏)은 마환이 『영애승람』, 아덴의 산물로 언급한 사폭(梭幅), 비신이 『성사승람』 호르무즈 산물로 언급한 사복(梭腹)으로, 어떤 종류의 털인지는 확인되지 않지만, 털로 짠 직물로 알려져 있다. 또한 쇄복(鎖袱), 쇄복(瑣伏), 사복(梭福), 사복(梭服) 등으로도 표기되는 것을 보면, 음역 표기임을 짐작하게 한다. 아랍어로 모직류의 직물을 일컫는 '수프(suf)'를 음역한 표기라는 설이 있다. 자세한 사항은 『영애승람역주』(하, 124쪽), 『성사승람역주』(245쪽)를 참고하시오.

ⓑ화담(花毯)이란 『원사』, 권89, 「백관지·내사부」(2268쪽)에 따르면 지원(至元) 17년(1280)에 관령풍주날지국(管領豐州捏只局)를 설치하고 화담(花毯) 직조를 관장하게 했다는

이상 합렬(哈烈)에 관해 손광우가 편집한 텍스트에 근거하여 추재는 '탑렬(嗒烈)'로 옮겼는데, 이는 인쇄상 오류로 보인다. 추재의 요약은 다음과 같다.

> 합렬은 한나라 때의 대완(大宛)으로, 이사장군(貳師將軍)이 [대]완을 정벌하고 한혈마(汗血馬)를 얻었다. 그곳 성은 강물 가운데 있으며, 너비는 100리이고, 돌을 쌓아 집을 세우고, 창과 벽은 모두 금과 벽유리(碧琉璃)이다. 사람들은 달리기를 잘해 하루에 300리를 간다. 머리털을 깎고 옷은 흰색을 높이 친다. 상하가 그냥 이름을 부르고, 사람을 보면 악수하거나 서로 안는 것이 예이다. 포도를 술로 만들어, 부잣집에서는 10,000석까지 저장하는데, 수십 년이 되어도 썩지 않는다. 부모를 화장하며, 남은 뼈는 황금 항아리에 담아 향화(香花)를 흩어둔다. 양마(良馬)에는 육종[肉角]이 있고, 사람의 말이나 음(音)을 알고 춤을 추는 말도 있다. 모임과 연회는 풍성하고 사치스러우며, 다른 사람에게 마음을 전하는 것을 '철반(撤盤)'[6]이라 한다. 상을 당했을 때는 파란 옷을 입는다. 기후는 덥지만, 밭에

기록이 보인다. 또한 『명사』, 권65, 「여복지(輿服志)」에는 왕실 수레에 사용되는 화담(花毯)을 확인할 수 있다. 글자적 의미 그대로 꽃문양을 넣어 짠 양탄자를 말한다.

ⓒ주배등(酒杯藤)은 설명에 따르면, 술을 마실 때 쓰는 등나무 일종의 꽃과 열매를 말하는 것 같다. 손광우가 설명에서 채록하지 않은 "그 향[香味]이 술기운을 없앤다(香味銷酒)"라는 정보는, 『총서집성속편』본 『함빈록』, 권4(12b)에는 "향이 좋아 술기운을 없앤다(香美銷酒)"라고 되어 있다. 문맥으로 '미(美)'자가 더 잘 어울린다. '주배등'에 관한 정보는 이미 최표(崔豹)의 『고금주(古今注)』(『사부총간삼편』본, 권하, 3a)에 보인다. "주배등은 서역에서 난다. 등줄기는 팔 만큼 크고, 잎은 칡과 비슷하며 꽃과 열매는 오동과 같다. 열매와 꽃은 견고하여 모두 술을 따를 수 있는데, 본연의 문양이 있고 빛이 투영되어 예쁘다. 열매는 손가락만큼 크고 맛은 두구와 같으며, 향이 좋아 술기운을 풀어주어, 현지인들은 등나무 아래로 술을 가져와 꽃을 따서 술을 따라 마시고, 열매로 해장한다. 나라 사람들이 그것을 보배로 여기며 중국에 전하지 않았는데, 장건이 대완에 출사하여 얻어온 것이다(酒杯藤, 出西域. 藤大如臂, 葉似葛, 花實如梧桐. 實花堅, 皆可以酌酒, 自有文章, 映徹可愛. 實大如指, 味如豆蔻, 香美消酒, 土人提酒來至藤下, 摘花酌酒, 仍以實銷醒. 國人寶之, 不傳中土, 張騫出大宛得之)"라고 설명했다. 이로부터 꽃은 술잔으로 열매는 해장으로 사용했다는 정보를 확인할 수 있으며, 장건이 얻어왔다는 사실은 확인할 수 없지만, 그것이 서역의 산물임에는 분명해 보인다.

6) '철반'은 정효의 『황명사이고』, 나왈경의 『함빈록』, 그리고 손광우의 텍스트에서 이 '반'자는 '죽(竹)'자 아래 '반(盤)'자로 쓰여있다. 『강희자전』에서 보이지 않는 이 글자는 당연히 대나

는 수확이 많다. 자기(磁器)와 기환(綺紈)은 정교하다. 학생들은 경사(經史)를 논하고 익힌다. 산천으로 팔랄흑(八剌黑), 엄도회(俺都淮)가 있다. 산물로는 쇄복(鎖伏), 화담(花毯), 주배등(酒杯藤)이 있다(哈喀烈漢之大宛也, 貳師伐宛得汗血馬. 其城居川中, 廣百里, 疊石爲居, 窓·壁皆金·碧琉璃. 其人善走, 日三百里. 髡首, 衣尙白. 上下直相呼名, 見人握手, 或相抱爲禮. 葡萄釀酒, 富家藏至萬石, 數十年不敗. 以父母燒, 餘骨盛金甕, 散以香花. 良馬有肉角, 人語解音舞者. 會讌豊侈, 致意于人, 謂之撒. 當喪, 穿靑衣. 氣候熱, 田多收. 磁器·綺紈精巧. 學生論習經史. 山川則八剌黑·俺都准. 物產鎖伏·花毯·酒杯藤).

포도(蒲桃)는 한 번 빚으면 십 년 푸르고,	蒲桃一釀十年靑,
'살반'하는 술잔과 꽃으로 주배등을 따네.	撤盤桮花摘酒藤.
사람 말을 알아듣는 육종의 말은 사신 따라 들어오고,	肉角人言槎上入,
서쪽으로 온 한나라 사신 방성 깃발 보이네.	西來漢使見房星.

유리 창문, 돌 지붕에 추위를 모르고,	琉窓石屋不知寒,
술탄[速魯檀]들은 이름을 서로 부르네.	名字相呼速魯檀.
금 항아리에 백 년 동안 유골을 넣어 두고,	金甕百年藏骨殖,
집마다 효를 중시하여 파란 옷으로 갈아입네.	家家重孝換靑冠.[7]

무로 만든 '반(盤)'일 것이다. 『사부총간삼편』본, 『죄유록(罪惟錄)』(권36, 35b)에는 확실히 '살반(撒盤)'으로 표기하고 있다. 따라서 추재의 '철(徹)'자는 '살(撒)'자의 오기로 읽어야 할 것이다. 아랍어로 '슈크란'은 감사함을 표현하는 말이다. '죽(竹)'자 아래 '반(盤)'자는 '람(籃)'자로 읽어야 하지 않을까?

7) 여기 '관(冠)'자는 '의(衣)'가 맞겠지만, 운자를 맞추기 위해 '관'자를 쓴 것으로 추측한다.

[22] 고리(古里)

고리(古里)는 인도 서안의 캘리컷이다. 이 지역은 14세기 중반 왕대연이 『도이지략』에서 '하리(下里)', 또는 '고리불(古里佛)'로 기술한 바 있지만, 두 곳의 추정을 놓고 어디가 캘리컷인지는 아직 확인되지는 않았다. '고리'가 정확히 캘리컷을 지칭하게 된 것은 마환의 『영애승람』과 비신의 『성사승람』에서부터 시작되었다. 자세한 사항은 『도이지략역주』(350~353쪽, 430~438쪽), 영애승람역주(하, 15~59쪽), 『성사승람역주』(229~236쪽)를 참고하시오.

손광우의 캘리컷 기술은 역시 나왈경의 『함빈록』, 권4에서 채록했다. 나왈경은 "고리는 서양 여러 번국의 중심으로, 중국에서 100,000리 떨어져 있다. 영락 원년(1403) 왕 사미적(沙米的)이 사람을 보내 조공했다. 5년(1407) 태감 정화를 보내 왕에게 고명과 채폐(綵幣)를 하사하여 국왕으로 책봉하고, 그 장령(將領)들에게는 차등에 따라 자급을 올리고 상을 내렸다. 왕은 불교[浮屠]를 좋아하고, 종족은 다섯 부류로 나뉜다. 소똥을 구어 주머니에 넣어 차거나 사지에 바르기도 하는데, 이는 더러운 풍속이다. 신의를 중시하여 행인들은 길을 양보하고, 길에서 유실물을 줍지 않는 점은 아름다운 풍속이다. 바닷가에서 시장을 형성하여 번국들과 통상하는데, 일은 모두 두 장령이 결정한다. 나라 사람들에게도 남곤(南昆), 회회(回回), 철지(哲地), 혁전(革全), 목과(木瓜) 등 다섯 등급이 있는데, 팔렘방[三佛齊]과 같다. 남곤이 왕이 되며 소를 먹지 않고, 회회가 장령이 되며 돼지를 먹지 않는데, 각기 그 풍속에 따른다. 그 나라는 왕이 죽으면 아들에게 전하지 않고 생질에게 전하는데, 생질이 없으면 아우에게 전한다. 도둑의 진위, 소송의 옳고 그름을 가릴 때는 손을 끓는 기름에 넣어서 시험한다. 셈법은 손발 20개를 사용하는 데도 계산에 조금의 틀림도 없다. 그 산물로 소과(小瓜)【새끼손가락만 하며 길이는 2촌으로 맛이 좋다】, 편복(蝙蝠)【매처럼 크고, 항상 목별자(木鱉子) 나무 위에서 거꾸로 매달려 쉰다】, 황우(黃牛)【사람들은 그 고기를 먹지 않고, 죽으면 매장한다. 무게는 300~400근이 나간다】가 특이하다(古里, 乃西洋諸番之會, 去中國十萬里. 永樂元年, 王沙米的遣人朝貢. 五年, 遣太監鄭和, 賜王誥·幣, 封爲國王, 陞賞其將領有差. 王好浮屠, 族類分五種. 鍛牛糞爲囊佩之, 或塗肢體, 其穢俗也. 尙信義, 行者讓路, 道不拾遺, 其美俗也. 海濱爲市, 通諸番國, 事皆決於二將領. 國人亦有南昆·回回·哲地·革全·木瓜五等, 與三佛齊同. 南昆爲王, 不食牛. 回回爲將領, 不食豬, 各從其俗. 其國王死, 不傳子而傳甥, 無甥, 則傳弟. 其辨盜眞僞, 辨訟曲直, 亦

以手置沸油中試之. 算法以手足二十指, 會計毫髮無差. 其產小瓜【大如小指, 長二寸, 味佳】·蝙蝠【其大如鷹, 常於木鱉子樹上倒挂而歇】·黃牛【人不食其肉, 死則埋之, 重三四百斤】爲奇【以下俱西域小國, 無世系, 事跡可考第以其朝貢中國, 故詳錄之】)"라고 기록했다.

나왈경은 여기 캘리컷 기술에서도 자신의 중심 텍스트인 정효(鄭曉, 1499~1566)의 『오학편·황명사이고』를 따르지 않았다. 손광우는 『함빈록』의 기록을 너무 축소했고, 추재는 더 요약하여, 실제 중요한 정보들은 놓쳐버렸다. 안타깝게도 추재는 이 조목에서도 지봉 이수광의 『지봉유설』을 참고하지 않았다. 지봉 이수광은 '고리(古俚)'로 표기하며 정효의 『황명사이고』의 정보를 채록했다. 그 번역문과 주석은 『지봉 이수광이 바라본 세계』(189~192쪽)를 참고하시오. 정효 또한 『영애승람』을 참고했지만, 여기 나왈경의 채록이 조금 더 자세하다.

나왈경의 텍스트에서 주목할 만한 점은 특이한 산물로 든 편복(蝙蝠)에 관한 설명이다. 사실 마환도 거꾸로 매달려 쉬는 박쥐[蝙蝠]를 언급했지만, 그것들이 목별자(木鱉子) 나무 위에서 쉰다는 정보는 보이지 않는다. 왕대연과 비신의 기록에서도 찾아볼 수 없다. 마환은 과일과 채소를 설명하면서(하, 51쪽) 목별자(木別子)를 특기하고는 있지만, 박쥐와 연결하여 설명하지는 않았다. 이 목별자 설명 이후에 바로 박쥐를 기술하여 나왈경이 잘못 채록한 것인지도 모른다.

> **고리(古里)는 바로 서양의 여러 사람이 모이는 곳이다.** 중국에서 100,000리 떨어져 있다. **영락(永樂) 원년(1403) 왕 사미적(沙米的)이 사람을 보내 조공했다.** 5년(1407) 태감 정화를 그 나라에 보냈다. **왕은 부도(浮屠)를 좋아한다. 인종은 다섯 종류로 나뉜다. 소똥을 구워 자루에 넣어 차거나** 신체에 바른다. 그러나 풍속은 아름다워 길을 가는 사람은 도로를 양보하고 떨어진 물건을 줍지 않는다. 바닷가에 시장을 형성하여 여러 번국(番國)과 통상한다. **계산하는 법으로 손과 발 20개로 계산하는데 조금의 차이도 없다. 송사(訟事)의 옳고 그름을 가릴 때는 끓는 기름에 손을 넣어 시험한다.** 그곳 **왕이 죽으면 아들에게 전하지 않고 생질[甥]에게 전하고, 생질이 없으면 아우에게 전한다.**

이상을 근거로 추재는 다음과 같이 고리(古里) 즉 캘리컷을 소개했지만, 그 한계를 극복하지 못했다. 이러한 점에서 『영애승람』의 가치의 의미는 크다.

> 고리(古里)는 서양 여러 지역[諸部]의 중심지[都會]이다. 명나라 영락(永樂) 연간(1403~1424)에 조공을 들였다. 이 나라 왕은 부처[浮屠]를 좋아한다. 민족은 다섯 부류이다. [왕이] 죽으면 아들에게 전하지 않고 생질이나 아우[甥弟]에게 전한다. 소똥을 말려[煆] 향낭(香囊)으로 찬다. 계산하는 법은 손발 20개를 사용하여 계산하는데, 나는 듯이 [빨리해도] 조금의 차이도 없다. 소송하는 사람들은 부처 기름[佛油]을 더듬어 옳고 그름을 분별한다(古里乃西洋諸部之都會也. 明永樂中入貢. 其王好浮屠. 族分五種. 死不傳子而傳甥弟. 煆牛屎囊佩之. 算法以手足二十指會計, 如飛而無分毫差. 訟者探佛油卞曲直).

소송의 옳고 그름은 기름을 더듬어 가려내고,	訟庭曲直探油辨.
나는 듯한 손발 스무 개, 그 셈법 기이하네.	廿指如飛筭法奇.
소똥을 향낭에 매고, 다섯 부류로 나뉘었으며	牛糞鞶囊分五族,
나라는 생질이나 아우에게 전하지 아들에게 전하지 않네.	家傳甥弟不傳兒.

[23] 유산(溜山)

유산(溜山)은 바로 몰디브 군도를 말한다. 이 군도는 이미 1349~1350년 왕대연의 『도이지략』에서 '북류(北溜)'로 표기되며 기술되었고, 15세기 초 마환의 『영애승람』, 비신의 『성사승람』에도 자세한 기록이 보인다. 몰디브에 관한 자세한 설명은 『도이지략역주』(341~349쪽), 『영애승람역주』(하, 73~88쪽), 『성사승람역주』(413~421쪽)를 참고하시오.

여기 손광우의 몰디브[溜山] 기술은 나왈경의 『함빈록』, 권4의 정보를 채록했다. "유산은 '첩간'이라고도 하는 작은 나라이다. 홍무 초에 사람을 보내와 조공했다. 이곳에는 성곽이 없고 섬[山]을 따라 모여 산다. 풍속은 순미하고, 불(佛)을 숭상하며 어업에 종사한다. 남녀의 체모는 약간 검다. 남자들은 흰 베로 머리를 싸매고 아래는 수건[帨]으로 두른다. 부인들은 위에는 짧은 적삼을 입고 수건으로 머리를 둘러 얼굴만 드러낸다. 은으로 주화를 만들고, 혹 해파(海𧵅)를 사용하기도 한다. 그곳 서쪽에는 성궐 같은 천연 석문(石門)이 있지만, 안에는 여덟 유(溜)가 있으며 각기 주인이 있다. 폭은 3,000리라고 하는데, 소위 '약수삼천리'라는 곳이다. 그 사람들은 둥지나 굴에서 사는데, 곡식이나 비단을 모르고, 단지 물고기와 새우를 먹으며, 나뭇잎으로 앞뒤를 가려 옷으로 입는다. 장사배들이 역풍을 만나, 뱃사람이 조심하지 않으면, 그 유(溜)에 빠지는데, 수력이 점차 없어져 가라앉으면 더는 돌이킬 수 없다. 유산의 산물은 아주 많은데, 유독 용연향(龍涎香)【앞에 보임】, 교어(鮫魚)【유어(溜魚)라고도 하는데, 덩어리로 잘라 연하게 말려 다른 나라에 판다】, 사감수건(絲嵌手巾)【세밀함이 다른 곳보다 월등하다】, 직금수파(織金手帕)【아주 정교하여, 부잣집 남자들은 이것으로 머리를 싸매는데, 한 폭당은 5냥의 값어치이다】[1)]가 특이하다(溜山, 一名牒幹, 小國也. 洪武初, 國王遣人朝貢. 其地無城郭, 倚山聚居. 風俗淳美, 尙佛, 業漁. 男女體貌微黑, 男子白布纏頭, 下圍以帨. 婦人上穿短衣, 以帨圍頭, 止露其面. 以銀爲錢, 或用海𧵅. 其西有天生石門如城闕, 然中有八溜, 各有所主. 廣三千里云, 所謂弱水三千是也. 其人巢居穴

---

1) '직금수파(織金手帕)'란 글자 그대로 금실로 짠 수건이란 뜻이다. 직금라(織錦羅), 직금사(織金紗), 직금화저사합포(織金花紵絲合包) 등의 직물을 연상할 수 있는데, 합성 여부는 확인할 수 없다. 앞의 '사감수건(絲嵌手巾)' 즉 명주실을 섞어 짠 수건과 달리, 부유한 계층의 터번을 말하고 있으므로, 금실과 명주실을 섞어 짠 비단을 말하는 것 같다. 이 터번용 직물은 이전 몰디브를 기술한 자료에서 언급되지 않았다.

處, 不識穀帛, 但食魚蝦, 以樹葉遮其前後爲衣. 商船倘遇逆風, 舟師不謹, 落入其溜, 其水漸無力而沈, 不復反矣. 溜山物產甚多, 惟龍涎香【見前】·鮫魚【一名溜魚, 切塊淡乾, 賣與他國】·絲嵌手巾【細密絕勝他處】·織金手帕【絕精, 富家男子以之纏頭, 每幅價可值銀五兩】爲奇)"라고 하였다.

여기 몰디브 기술에서도 나왈경은 자신이 주로 참고하고 있는 정효(鄭曉, 1499~1566)의 『오학편·황명사이고』의 정보를 채록하지 않았다. 지봉 이수광은 『지봉유설』에서 정효의 유산(溜山) 기술 정보를 채록한 바 있다. 지봉이 『함빈록』의 존재를 몰랐던 것 같다. 정효와 『황명사이고』의 기술에 대해서는 『지봉 이수광이 바라본 세계』(211~215쪽)를 참고하시오. 나왈경의 정보는 모두 『영애승람』에서 가져왔다. 결국 손광우의 불성실한 정보 수집은 추재의 텍스트로 이어졌다. 여기에서도 추재는 지봉의 『지봉유설』을 보지 않았다.

> **유산(溜山)은 '첩간(牒幹)'이라고도 한다. 그곳에는 성곽이 없이** 산을 따라 모여 살며, 서쪽에는 **천연의 성궐(城闕) 같은 석문이 있고, 안에는 여덟 유(溜)가 있다. 각기 여덟 왕이 있고** 폭은 3,000리라고 한다. **소위 약수삼천(弱水三千)이 이곳이다. 상선들이 역풍을 만나면 이들 유(溜)에 들어가는데, 그 물이 점차 힘이 없어지며 침몰하여** 더는 되돌릴 수 없다. 시장에서는 은 주화와 해파(海𧴩)를 사용한다. **불교를 숭상하며, 물고기잡이를 업으로 삼는다.** 풍속은 순박하고 아름답다. 우리 왕조, **홍무(洪武, 1368~1398) 초에 조공을 들였다.**

이 정보를 근거로 추재는 몰디브[溜山]를 소개했다. 비록 손광우의 정보를 채록했지만, 지봉 이수광의 자료는 안중에도 없었다.

> 유산은 '첩간(牒幹)'이라고도 한다. 명나라 초에 조공을 들였다. 그곳에는 성곽이 없고, 천연의 석문(石門)이 성궐처럼 나 있다. 안에는 여덟의 유(溜)가 있고, 여덟 왕이 나누어 차지하고 있다. '약수삼천리(弱水三千里)'라는 곳이다. 바다 선박들이 유(溜) 안에 표류해 들어가면 부력이 없어 점차 침몰한다. 불(佛)을 숭상하며 물고기잡이를 업으로 한다. 풍속이 순박

하고 아름답다(溜山一名牒幹. 明初入貢. 其地無城郭, 天生石門如城闕. 中有八溜, 八王分占. 弱水三千里是也. 海舶漂入溜中, 則水無力漸沉. 市用海貝八銀錢, 尙佛業漁. 俗淳美).

성궐 같은 석문 서쪽 섬에 있고,	石門城闕西山裡,
해파, 은 주화, 물고기 시장에 가득하네.	海貝八銀錢魚滿市.
여덟 유(溜) 골짜기 여덟 왕이 나누어,	八溜洞中分八王,
모두 약수삼천리를 차지했네.	摠占弱水三千里.

[24] 아단(阿丹)

아단(阿丹)은 현 예멘 항구도시 아덴[عدن]의 음역 표기이다. 중국 자료에서 아덴 기술은 15세기 초 정화의 원정과 더불어 시작되었다. 자세한 설명은 『영애승람역주』(하, 112~142쪽)와 『성사승람역주』(383~391쪽)를 참고하시오.

손광우의 『방여승략외이』, 권3에 보이는 기술은 나왈경의 『함빈록』, 권4에서 채록했다. 『함빈록』에 따르면, "아단은 작은 나라이다. 영락 9년(1411)에 태감 정화를 파견하여 명을 내려[賜命] 통상토록 했다. 그 나라 왕은 조서에 절하고, 사신들을 접대함이 모두 공경스러웠다. 보낸 사신들을 따라서 금으로 상감한 보대[金廂寶帶], 금관, 야쿠트[鴉鶻] 등의 보석, 사각(蛇角) 등의 물품을 진공했다. 땅은 캘리컷[古里]과 가깝다. 그들 풍속에 국왕은 금관을 쓰고 누런 도포를 입으며, 허리에는 보대를 맨다. 예불(禮佛)하러 갈 때는 가는 번포(番布)로 머리를 싸매고 위로 정수리에 비단을 더하며, 흰 도포를 입는다. 그들 두목의 관복은 각기 차등이 있다. 남녀의 복장은 모두 몰디브[溜山]와 같으며, 집은 모두 돌을 쌓아 만들었다. 교역에는 순금 주화[赤金錢]와 붉은 구리주화[紅銅錢]를 사용한다. 열두 달을 한해로 치고 한 해에는 윤달도 없다. 밤에 신월(新月)이 보이면 1월이다. 사계절은 꽃과 나무의 피고 짐으로 정하는데 계산에 조금의 차이도 없다. 기병과 보병 7~8,000명이 있어 이웃 나라가 그들을 두려워한다. 그곳 산물로, 산호수(珊瑚樹), 장미로(薔薇露), 만년조(萬年棗), 대미양(大尾羊), 사자(獅子), 기린(麒麟), 복록(福鹿), 타계(駝雞), 백치(白雉), 보석(寶石)【이상의 산물은 모두 이전 나라 기술에서 보인다】이 있는데 특이하다(阿丹, 小國也. 永樂九年, 遣太監鄭和諭之, 賜命互市, 其王拜詔待使, 禮俱甚恭. 隨遣使, 進金廂寶帶·金冠·鴉鶻諸寶石·蛇角等物. 地近古里. 其俗國王金冠黃袍, 腰繫寶帶. 至禮佛, 則易細番布纏頭, 上加錦頂, 身服白袍. 其頭目冠服各有差. 男女服飾, 悉如溜山. 屋皆石壘, 交易有赤金錢·紅銅錢. 以十二月爲一歲, 歲亦無閏. 每夜見新月, 即一月也. 其四時, 惟以花木榮謝定之, 自有推算毫髮無差. 國有馬步兵七八千, 鄰國畏之. 其產珊瑚樹·薔薇露·萬年棗·大尾羊·獅子·麒麟·福鹿·駝雞·白雉·寶石【以上物產俱各見前】爲奇)"라고 하였다. 여기에서도 나왈경은 자신의 중심 참고서인 정효(鄭曉, 1499~1566)의 『오학편·황명사이고』에 근거하지 않았다. 정효는 "아단은 고리의 바닷가에서 가까워 배로 갈 수 있다. 나라는 부유하며, 기마병과 보병의 정예 병사 7,000~8,000명이 있어 이웃 나라가 이들을 두려워한다. 영락 9년에 환관 정화에게 조서를 내려 그들에게 명하여 통상토록 했다(阿丹近古俚瀕海, 可舟行. 國中富饒, 有馬步勝兵八千, 隣國畏之. 永樂九年, 詔中使鄭和, 賜命互市)"라는 간략한 정보만 보인다. 이로부터 우리는 나왈경이 마환의 『영애승람』을 채록했음을 확인할 수 있다. 이 점에서 나왈경의 텍스트는 『영애승람』 교정에 상당한 도움이 될 수 있었을 것이다. 『영애승람』을 역주할 당시 참고하지 못한 아쉬움을 이로써 달랜다. 손광우는 상당히 많은 정보를 채록하지 않았다.

> **아단(阿丹) 땅은 고리(古里)와 가깝다. 시장에서는 순금 주화[赤金錢], 붉은 구리주화[紅銅錢]를 사용한다. 사계절은 단지 꽃과 나무가 피고 지는 것으로 결정되지만** 조금의 틀림도 없다. **나라에는 기병과 보병 7,000~8,000명이 있어 이웃 나라가 두려워한다.** 영락(永樂) 9년(1411)에 태감 정화에게 명을 내려[賜命] 통상토록 했다. 토산으로 **산호수(珊瑚樹)**, 보석(寶石), **만년조(萬年棗)**가 있다.

손광우의 아덴[阿丹]에 관한 요약된 정보는 추재의 손에서 다음과 같이 산문과 운문으로 더욱 소략해졌다.

> 아덴[阿丹] 땅은 캘리컷[古里]에서 가깝다. 시장에서는 적금(赤金, 순금)과 홍동(紅銅)을 사용한다. 꽃과 나무로 사계절을 결정한다. 나라에는 기병과 보병 8,000병사가 있어, 이웃 나라들이 그 강성함을 두려워한다. 이곳에는 보석, 산호수(珊瑚樹), 만년조(萬年棗)가 많다(阿丹地近古里. 市用赤金·紅銅. 以花木定四時. 國有馬步八千兵, 隣邦畏其强. 地多寶石·珊瑚樹·萬年棗).

적금과 홍동 속에 만물이 평온하고,	金赤銅紅百物平,
꽃이 피고 잎이 짐으로 사계절이 이뤄지네.	花開葉謝四時成.
문 앞에는 모두 산호수를 심었고,	門前盡種珊瑚樹,
만년조 나무 아래 언제나 마보병 머무네.	棗下常留馬步兵.

[25] 남무리(南巫里)

'남무리(南巫里)'는 조여괄이 '남무리(藍無里)'로, 왕대연이 '남무리(喃巫哩)'로, 마환이 '남발리(南勃里)'로 기술한 바 있는 현 인도네시아 수마트라섬 북서지역을 차지하고 있었던 왕국으로, 지금은 아체주에 속하는 곳이다. 이곳에 대한 설명은 『제번지역주』(102쪽), 『도이지략역주』(337~340쪽), 『영애승람역주』(상, 294~307쪽)를 참고하시오.

여기 『방여승략외이』, 권3의 저자 손광우가 채록한 자료는 나왈경의 『함빈록』, 권4에 기술된 것이다. "남무리는 작은 나라이다. 홍무(洪武) 초에 사신을 보내와 강진향(降眞香) 등의 물품을 바쳤다. 그곳은 사무드라[蘇門答剌] 서쪽에서 서풍을 타고 하루 밤낮이면 이를 수 있다. 나라 사람들은 1,000여 가구로 모두 아랍인[回回人]이다. 왕의 복장은 대략 아덴[阿丹]과 같고, 궁실은 큰 나무를 사용하여 누대처럼 3~4장이며, 누대 위는 매우 청결하여, 정사를 보거나 자고 먹는 것을 모두 그 안에서 한다. 아래는 소, 양 등의 동물을 기른다. 풍속은 사무드라와 대략 같다. 산천으로 모산(冒山)【산 아래는 20~30여 가구가 있는데, 각기 왕을 칭하며 남무리에 예속되어 있다】이 있다. 그곳 산물로 강진향(降眞香)【유독 이 나라 산이 우수하다】, 흑산호(黑珊瑚)【엄지손가락만큼 크고, 먹 같은 색이며, 옥처럼 윤기가 난다. 가지[椏枝]는 파사(婆娑)하고 예쁘다】가 있는데 기이하다(南巫里, 小國也. 洪武初遣使, 貢降眞香等物. 其地自蘇門答剌西風一日夜可至. 國民千餘家, 皆回回人. 王服飾略同阿丹. 宮室用大木高三四丈如樓, 樓上甚潔, 聽政·寢食皆在其中, 下則畜牛·羊等物矣. 民俗與蘇門答剌略同. 其山川帽山【山下二三十餘各自稱王屬南巫里】. 其產降眞香【惟此國者爲佳】·黑珊瑚【大如拇指, 其色如墨, 其潤如玉. 有椏枝·婆娑可愛】爲奇)"라는 자세한 설명을 보여준다.

대체로 나왈경의 기술 출처는 정효(鄭曉, 1499~1566)의 『오학편·황명사이고』(북경대학 소장본)였다. 그러나 여기서는 정효의 기술과는 매우 다르다. 정효는 '남니리(南泥里)'라고 표기하고 "남니리는 보르네오[浡泥]에 예속되어 있다. 사무드라[蘇門答剌]에서 배로 3일 밤낮으로 항행하면 이를 수 있다. 동쪽으로 리데[黎伐]와 떨어져 있으며, 서북쪽은 바다이고, 남쪽은 큰 산에 연이어 있으며 산 남쪽은 바다이다. 근 1,000여 가구가 있는데, 모두 아랍인[回回人]이며 풍속은 순박하고 성실하다. 왕이 사는 곳은 누대와 비슷한데, 누대는 높고 넓으며 엄정하고 청결하다. 시장에서는 구리주화를 사용하고, 곡식이 적어 물고기와 새우를 먹는다. 서북쪽 대해는 바로 '서양'으로, 그 가운데 꼭대기가 평평한 모산이 있는데, 현지인들은 '나몰려(那沒黎)'라고 부른다. 선박들 모두 이 섬[山]을 지남으로 삼는다. 섬 아래 얕은 물에는 산호수가 있는데, 큰 것은 2~3척이며 가지를 나누면 파사(婆娑)한 모습이 아름답다. 섬에 사는 사람들은 20~30가구로 모두 왕이라 하며 누구냐고 물으면 곧바로 '아고사(阿孤楂)'라고 하는데, 중국어로 왕을 의미한다. 혹자는 남니리가 바로 남무리(南巫里)라고 한다(南泥里隸浡泥. 自蘇門答剌舟行三晝夜可至. 東距黎伐, 西北距海, 南連大山, 山南際海. 僅千餘家, 皆回回人, 俗朴實. 王居類樓, 樓高廣, 嚴整幽潔. 市用銅錢, 少穀食, 食魚鰕. 西此大海, 即西洋, 中有帽山, 平頂, 土人稱爲那沒黎, 番舶皆以此山爲指南. 山下淺水有珊瑚樹, 大者高二三尺, 分枝婆娑可愛. 依山居人二三十家, 皆稱王, 問其爲誰, 輒曰阿孤楂, 華言王也. 或曰南泥里即南巫里)"라고 하였다. 여기 정효의 기술은 밑줄 친 부정확한 정보를 제외하면, 모두 마환의 『영애승람』에서 채록한 내용이다. 이에 대해서는 『영애승람역주』(상, 294~307쪽)과 비교하시오.

사실 채록한 내용만 약간 다를 뿐 나왈경의 기술도 역시 『영애승람』에 근거하고 있는 점은 분명하다. 다만 주목할 점은 바로 사무드라[蘇門答剌]에서 남무리에 이르는 거리이다. 나왈경은 '하루 밤낮'이라고 했고, 마환은 '사흘 밤낮(三晝夜)'이라고 했다. 지도상으로 사무드라에서 람브리까지, 추정하여 말하자면, 록세우마웨에서 반다아체까지는 직선거리로 210km 정도이므로 3일을 항해해 가야 하는 거리는 아니다. 정효가 남니리(南泥里)라고 표기한 것과 채록된 문장으로 볼 때 그는 장승(張勝)이 개정한 『영애승람』을 참고했을 것이다. 심절보(沈節甫, 1533~1601)의 『기록휘편(紀錄彙編)』본에는 모두 '사흘'이다. 위에서 본 것처럼 나왈경은 분명히 『영애승람』에서 채록했다. 그렇다면 나왈경의 『함빈록』은 1591년의 서문이 있으므로, 심절보와 동시대에 『영애승람』보고 채록했을 것이다. 나왈경이 본 판본에는 '하루 밤낮'으로 되어 있었을지도 모른다. 나는 나왈경이 채록한 정보가 정확하다고 생각한다. 손광우는 나왈경의 기록을 다음과 같이 줄였다.

> 남무리(南巫里) 이곳은 소문답랄(蘇門答剌)에서 서풍을 타고 **하루 밤낮**으로 [항행하면] 이를 수 있다. 홍무(洪武, 1368~1398) 초에 강진향(降眞

香)을 바쳤다.

이 간략한 손광우의 기술도 추재는 그대로 채록하지 않았다. 특히 “풍속은 아덴[阿丹]과 같다”라는 추가 정보는 19세기 초 조선의 세계 인식의 한계를 여실히 보여주는 상상이다.

> 남무리는 소문답랄에서 서풍을 타고 하루 밤낮을 가면 이를 수 있다. 명나라 초기에 조공을 들였다. 풍속은 아단(阿丹)과 같다. 강진향이 많다(南巫里自蘇門答剌, 西風一日夜可至. 明初入貢. 俗同阿丹. 多降眞香).

큰 선박들 멀리 소문답랄 길로 통할 제,	大舶遙通答剌途,
서풍에 하루면 남무리에 이르네.	西風一日到南巫.
그 번성함 『전중기』에 쓰이지 않았지만,	繁華不用滇中記,[1]
십만 그루 강진향 심어 수확하네.	種得眞香十萬株.

1) ‘전중기(滇中記)’가 어떤 책인지 분명하지 않다. 다만 ‘전(滇)’은 운남을 지칭하는 전용 명사이다. 양신(楊愼)의 『전기(滇記)』, 또는 『전재기(滇載記)』를 말하는 것은 아닌지 모르겠다. 어쨌든 추재는 남무리를 ‘운남’과 연결해 생각한 것은 분명해 보인다.

[26] 백송호아(白松虎兒)

'백송호아(白松虎兒)'라는 나라에 관하여 추재는 『방여승략외이』, 권3을 지은 손광우의 기록을 따랐고 또 손광우는 다시 나왈경의 『함빈록』, 권4(14b~15a)에서 가져왔다. 그에 따르면, "백송호아는 옛날 '속마리아(速麻里兒)'라고 했다. 이전 시기에 흰 호랑이가 숲에서 나와 짐승을 보고도 잡아먹지 않고, 사람을 만나도 해치지 않았다가, 한 달 남짓 보이지 않았다. 부로들은 이것이 서방 백호의 정령이라고 하여 현재의 명칭으로 바꾸었다. 영락 연간에 사신 16인을 보내와 조공했다. 산천, 고적, 산물에 특이한 것이 없다(白松虎兒, 舊名速麻里兒. 先時, 有白虎出松林中, 遇獸不食, 遇人不傷, 旬月餘不見. 父老云, 此西方白虎降精, 故更今名. 永樂中, 遣使十六人來貢. 山川·古跡·物產無奇)"라고 하였다.

다시 나왈경이 근거하고 있는 이전 자료를 추적하자면, 정효(鄭曉, 1499~1566)의 『오학편·황명사이고』(북경대학 소장본, 권하 45b)에 "백송호아는 옛날에 '속마리아'라고 했다. 나라에는 큰 산이 없고, 산은 낮고 작은 것조차도 드물며, 숲에는 맹수나 독충의 해가 없었다. 이전 시대에 흰 호랑이가 소나무 숲에서 나온 적이 있는데, 짐승을 보고도 잡아먹지 않고, 사람을 만나도 해치지 않다가 한 달 뒤는 사라져 버렸다. 나라 사람들은 그것을 신비로운 호랑이라고 여겼고, 부로들도 그것은 서방 백호의 강림한 정령이라고 하여, 그 나라를 '백송호아'라고 고쳐 불렀다. 영락 연간에 사신 16인을 보내와 조공했다(白松虎兒, 舊名速麻里兒. 國中無大山, 山卑, 小者亦鮮, 林木無猛獸·毒蟲之害. 先時, 嘗有白虎出松林中, 遇獸不食, 遇人不傷, 旬月後竟不見. 國人稱爲神虎, 父老又曰, 此西方白虎降精, 以是更其國爲白松虎兒. 永樂中, 遣使十六人來貢)"라고 하였다. 이어서 장황은 『도서편』(사고전서본, 권51, 64b)에서 정효의 기술을 채록하되, 밑줄 친 문장을 삭제했고, 그 나라의 옛 명칭을 '소만랄리(蘇滿埒里)'라고 표기하고 있다. '속마리아'와 큰 발음상 차이는 없다.

한편, 사고전서본 『명사』, 권332(26b~27a)에서는 '박사화륵(博斯和勒)'이란 나라를 기술하며, "박사화륵(博斯和勒)은 옛날에 '사극마라륵(舒克瑪喇勒)'이라고 불렀다. 일찍이 흰 호랑이가 소나무 숲에서 나와 사람을 해치지 않고, 또 다른 짐승을 잡아먹지도 않다가 열흘 뒤에 더는 보이지 않았다. 나라 사람들이 그것을 기이하게 여겨 신비로운 호랑이라 여기며, 이것은 서방 백호의 강림한 정령이라고 하며 나라 이름으로 고쳤다. 그곳에는 큰 산이 없고, 또한 나무도 자라지 않으며, 독충이나 맹수의 해가 없지만, 산물은 매우 빈약하다. 영락 연간에 조공을 들인 적이 있다(博斯和勒, 舊名舒克瑪喇勒. 嘗有白虎出松林中, 不傷人, 亦不食他獸. 旬日後, 不復見. 國人異之稱爲神虎, 曰, 此西方白虎所降精也, 因改國名. 其地無大山, 亦不生樹木, 無毒蟲·猛獸之害, 然物産甚簿. 永樂中嘗入貢)"라고 하였다. 확실히 정효의 기록에 근거하고 있다. 다만, '백송호아'를 '박사화륵'이라 했고, '속마리아'를 '서극마라륵'으로 표기하고 있는데, 두 경우 모두 음성적 차이가 크다.

먼저 『고대남해지명회석(古代南海地名汇释)』(중화서국, 1986, 294쪽)에 따르면, '백송호아'는 아프리카 '소말리아'라고 추정했다. 이는 확실히 '속마리아(速麻里兒)'라는 명칭에 근거하고 있는 추론이다. 정확하게 '소말리아'에 잘 대응하는 음역 표기임에는 분명하다. 그러나 현재로서 가장 '속마리아'를 언급하고 있는 정효의 16세기 중반에 '소말리아'라고 불리는 나라가 존재했을까? 마르코폴로와 이븐바투타의 여행기에 '소말리아'는 언급되지 않았다. 대신에 그들은 현 소말리아 수도인 '모가디슈'를 언급했다. 15세기 초 정화의 원정을 수행한 비신(費信)도 '목골도속(木骨都束)'으로 표기하고 짧은 기록을 남긴 바 있다(이에 관해서는 『성사승람역주』, 405~412쪽을 참고하시오). 브레트슈나이더도 『명사』의 '백송호아'를 역주하면서, 'Su-ma-li'라고 '아(兒)'자를 빠뜨리고 표기했지만(사실 이 'Su-ma-li' 표기가 소말리에 더 근접함에도), '소말리아'를 언급하지 않고, 아무런 추정도 제시하지 못했다.[1)]

심지어 『명실록』에 '백송호아'는 한 번도 언급되지 않았다. 『사고전서』본 『명사』의 박사화륵[pwɑk-sie̯-ɣuɑ-lək](博斯和勒)은 백송호아[bʱɐk-zjwoŋ-ŋiei](白松虎兒)와 음성적 차이가 크다. 또한 『고대남해지명회석』 저자들이 '소말리아'로 추정한 근거가 되었던 옛 명칭인 '속마리아'는 '서극마라륵[ɕjwo-kʰək-ma-lɑt-lək](舒克瑪喇勒)'으로 표기되어, 소말리아와 거리가 확연히 멀다. 게다가 계황(嵇璜)의 『흠정속문헌통고(欽定續文獻通考)』(사고전서본, 권248, 30b)에도 '박사화륵'으로 표기하고 옛 명칭을 '소

---

1) Emil Bretschneider, 『Mediaeval Researches from Eastern Asiatic Sources』, London, II(1888), 311~312쪽.

밀이(蘇密爾)'라고 하였다. 이 또한 '소말리아'의 발음과 거리가 멀다. 결과적으로 '백송호아'란 표기는 중국어로 의역한 명칭이다. 따라서 우리는 고증을 필요로 하는 '박사화륵'이나 옛 명칭으로부터 나라를 특정해 갈 수밖에 없다.

> 백송호아(白松虎兒)는 옛날에는 속마리아(速麻里兒)라고 불렀다. 백호(白虎)가 [소나무] 숲에서 나와 짐승을 만나도 잡아먹지 않고, 사람을 보고도 해치지 않았다. 부로(父老)들은 "이는 서방 백호의 강림한 정령이다(此西方白虎降精)"라고 하여 나라 이름으로 불렀다. 영락(永樂, 1403~1424) 연간에 조공했다.

이상의 정보를 통해 추재는 다음과 같이 '백송호아'라는 나라를 소개하고 노래했다. 그러나 추재의 정보만으로는 이곳이 어느 대륙에 있는 나라인지조차 짐작할 수 없을 것이다.

> 백송호아는 옛날 '속마리(速麻里)'라고 하였다. 명나라 영락 연간에 조공을 들였다. 전하는 말에, 옛날 흰 호랑이가 송림에서 나와 사람을 헤치지 않아 [사람들은] 이것이 서방 백호의 강림한 정령이라고 하였다. 사람들은 인자하고 살생 계율을 지킨다[2](白松虎兒, 舊名速麻里. 明永樂中入貢. 傳云, 古有白虎出松林, 遇人不害, 是謂西方白虎降精. 其俗慈仁持殺戒).

강림한 정령의 신호를 점성가들은 말하고,	降精神虎說星家,
지금 백송호아는 옛날 속마리라네.	今白松兒舊速麻.
인자한 사람들 살생 계율 지키며,	慈俗人人持殺戒,
산중엔 해침이 없어 노루 사슴 누워있네.	山中無蛯臥麕麚.

2) 밑줄 친 정보는 추재의 상상인 것 같다. 중국 측 자료에는 보이지 않는다.

[27] 아속(阿速)

아속(阿速)은 이미 2세기 전 지봉이 『지봉유설』에서 기술한 바 있다. 오늘날 코카서스(다리엘 협곡의 인근, 즉 조지아와 러시아 경계)의 이란 오세트(Osset) 인들을 말한다. 원래 오우(Ows) 사람들의 조지아어 형태인 오우세티(Owseti)로 불렸고, '아속'은 중세 이슬람 저자들에게서 보이는 'Ās' 또는 'Āś', 즉 'As' 또는 'Aas'와 같은 형태를 음역한 것으로 추정한다. 자세한 사항은 『지봉 이수광이 바라본 세계』(349~358쪽)를 참고하시오. 사실 추재는 지봉의 기술, 즉 『지봉유설』을 전혀 참고하지 않았다.

『방여승략외이』, 권3의 손광우는 아속(阿速)에 관한 기술을 나왈경의 『함빈록』, 권4에서 "아속은 서해에 있는 조금 큰 나라이다. 영락 연간에 사신 112인을 보내와 조공했다. 그곳에는 사마르칸트[撒馬兒罕]와 메카[天方] 등의 나라 사람들이 많다. 사람들은 불(佛)을 경배하고 싸움을 싫어한다. 서늘함과 따뜻함은 절기에 적합하고, 사람들에게는 굶주림과 추위가 없으며, 밤에도 도적이 없다. 산물에는 특이한 것이 없다(阿速, 西海中爲稍大國也. 永樂中遣使百十二人朝貢. 其地多撒馬兒罕·天方諸國人. 俗敬佛, 惡鬪. 涼暄適節, 人無飢寒, 夜無寇盜. 物產無奇)"라고 한 기술에서 채록하였다.

다시 나왈경이 근거한 바를 추적하자면, 정효(鄭曉, 1499~1566)의 『오학편·황명사이고』(북경대학 소장본, 권하, 45b)에 "아속은 서해에 있는 큰 나라이다. 성은 산에 의지해 있고 강물을 향해 있으며, 강물은 남으로 흘러 바다로 들어간다. 바다에는 물고기와 소금 시장이 있고, 들에는 농사와 목축의 이점이 있다. 불(佛)을 경배하고 귀신을 경외한다.[1] 즐겨 보시하고 다툼을 싫어하며 산물은 풍요롭고 평범하다. 서늘함과 따스함은 절기에 적합하고, 사람들에는 굶주림과 추위가 없으며 밤에도 도적이 없다. 영락 연간에 사신 112명을 보내 조공해 왔다(阿速, 西海中爲大國也. 城倚山面川, 川南流入海. 海有魚鹽之市, 野有耕牧之利. 敬佛畏

1) 아스 사람들은 기원후부터 알라노이[阿蘭聊] 즉 '알란스(Alans)'로 알려졌는데, 이란계 유목민족으로 동이란 어군에 속했다. 이들의 신앙에 관하여, 중국 측 자료들은 모두 '불(佛)'을 경배한다고 한다. 이들의 어군으로 볼 때 여기의 '불'은 불교가 아니라 이슬람교를 지칭할 것이다. 또한 『명사』의 기록에 따르면, '신(神)'을 경외한다고 하는데, 이는 기독교를 의미할 것이다. 이에 관해서는 『지봉 이수광이 바라본 세계』, 357쪽을 참고하시오.

鬼.好布施, 惡爭鬪, 物産饒俗. 涼暄適節, 人無飢寒, 夜無寇盜. 永樂中遣使百十二人朝貢)"라고 한 정보에 근거하고 있음을 확인할 수 있다. 이 정보는 장황의 『도서편』(권51, 65a)에는 아소(阿蘇)로 표기하고, 사마르칸트를 '새마이감(賽瑪爾堪)'으로 표기한 것 이외에는 정효의 텍스트를 그대로 따랐다.

마지막으로 『사고전서』본 『명사』(권332, 29a)에서[무영전본은 '중국정사외국전DB'를 참고하시오], "아소(阿蘇)는 메카, 사마르칸트[賽瑪爾堪]에 가깝고 폭과 둘레는 매우 넓다. 성은 산을 의지해 있고 강물을 향해 있으며, 강물은 남쪽으로 흘러 바다로 들어가, 물고기와 소금의 이점이 있다. 땅은 농경과 목축에 적합하다. 불(佛)을 경배하고 신(神)을 경외하여 베풂을 즐기며 싸움을 싫어한다. 물산은 풍부하고, 추위와 따스함이 절기에 적절하여 사람들에게는 굶주림과 추위가 없고, 밤에 도적이 드물어 상당히 낙토라고 한다. 영락 17년(1419)에 그 추장 아고사(雅固沙)가 사신을 보내와 말과 방물을 바쳤다. 예제에 따라 연회를 베풀어 하사품을 내렸다.[2] 땅이 멀어 항시 조공할 수 없었다. 천순(天順) 7년(1463) 도지휘(都指揮) 백전(白全) 등을 그 나라에 사신으로 보냈지만, 끝내 더는 조공해 오지 않았다(阿蘇近天方·賽瑪爾堪, 幅員甚廣. 城倚山面川. 川南流入海, 有魚鹽之利. 土宜耕牧. 敬佛畏神, 好施惡鬪. 物産富, 寒暄適節, 人無飢寒, 夜鮮寇盜, 雅稱樂土. 永樂十七年, 其酋雅固沙遣使, 貢馬及方物, 宴賚如制. 以地遠不能常貢. 天順七年命都指揮白全等使其國, 竟不復再貢)"라고 한 것을 참고할 수 있다. 확실히 추재의 채록에 보태진 정보는 보이지 않는다.

> 아속(阿速)의 풍속은 불(佛)을 공경하고 싸움을 싫어한다. 서늘함과 따스함이 절기에 적합하다. 사람들에게는 굶주림과 추위가 없고, 밤에도 도적이 없다.

---

2) 무영전본 『명사』에 추장 '아고사'는 아홀사(牙忽沙)로 표기되었다. 이들의 조공 기록은 『태종문황제실록(太宗文皇帝實錄)』, 권217, 영락 17년(1419) 10월 18일 기사에 "가탈가(可脫乩) 두목 호답역랄(虎荅亦剌, Hudayar?), 아속 두목 '아홀사'가 각기 보내온 사신들과 사마르칸트[撒馬兒罕] 성직자[僧人] 질력미력(迭力迷失) 등이 말과 방물을 바쳐, 문기(文綺), 사라(紗羅) 비단을 차등에 따라 하사했다(可脫乩頭目虎荅亦剌·阿速頭目牙忽沙各遣使, 并撒馬兒罕僧人迭力迷失等貢馬及方物, 賜文綺·紗羅·帛各有差)"라고 한 것으로 증빙할 수 있다.

이상 손광우가 간략하게 채록한 '아속'의 정보를 추재는 한 글자도 틀림없이 옮겨 붙였다.

> 아속(阿速)의 풍속은 불(佛)을 공경하고 싸움을 싫어한다. 서늘함과 따스함이 절기에 적합하다. 사람들에게는 굶주림과 추위가 없고, 밤에도 도적이 없다(阿速俗敬佛惡鬪. 凉暄適節. 人無飢寒. 夜無寇盜).

배부름도 굶주림도 없이 양생하며,	無飽無飢生養存,
부처 세계의 날씨 서늘함과 따스함이 적절하네.	佛天風日適凉暄.[3]
나라에는 훔치는 풍속이 없어,	國中沒有穿窬俗,
밤에도 집들은 문을 닫지 않네.	昏夜家家不閉門.

3) 추재는 확실히 '불(佛)'을 불교로 인식하고 있음을 보여주는 구이다. 여기의 불(佛)은 이슬람교를 지칭한다.

[28] 걸력마아(乞力麻兒)

걸력마아(乞力麻兒)가 어떤 나라인지 특정할 수 없다. 『방여승략외이』, 권3의 저자 손광우의 텍스트는 나왈경의 『함빈록(咸賓錄)』, 권4에서 가져왔다. 나왈경은 걸력마아(乞力麻兒)에 관하여 “걸력마아는 영락 연간에 사신 12명을 보내 조공했다. 그 나라의 산은 낮고 물도 얕다. 서남쪽은 바닷가이고, 동북쪽은 숲이 깊고 빽빽한데, 맹수와 독충이 많다. 사람들은 농사는 짓지 않고 수렵을 좋아한다. 산물에는 기이한 것이 없다(乞力麻兒, 永樂中, 遣使十二人朝貢. 其國山卑水淺, 西南傍海, 東北林莽深密, 多猛獸·毒蟲. 民不事耕稼, 喜射獵. 物產無奇)”라고 기록하고 있다.

다시 『함빈록』의 정보를 추적하자면, 정효(鄭曉, 1499~1566)의 『오학편·황명사이고』(북경대학 소장본, 권하, 43b)에 ‘흘력마아(吃力麻兒)’로 표기하고, “흘력마아는 영락 연간에 사신 11명을 보내 알현하고 방물을 바쳤는데, 짐승 가죽, 새 깃, 계갈(罽褐)[1]뿐이었다. 그들은 농사에 종사하지 않고 수렵을 좋아한다. 산은 낮고 물은 얕다. 서남쪽은 바닷가이고, 동북쪽은 숲이 깊고 빽빽한데, 맹수와 독충이 많다. 중국의 웅황(雄黃), 사향(麝香), 자기(磁器)를 몹시 얻고 싶어 한다. 큰 거리는 있지만 시장은 없다. 교역에는 정해진 기일이 없으며, 쇠 주화를 사용한다(吃力麻兒, 永樂中, 遣使十一人來朝, 貢方物, 惟獸皮·鳥羽·罽褐之類. 其俗不事耕農, 喜射獵. 山卑水淺, 西南傍海, 東北林莽深密, 多猛獸·毒蟲. 得中國雄黃·麝香·磁器甚喜. 有逵巷, 無市肆, 交易無期, 用鐵錢錢鐵)”라고 하였다. 장황은 『도서편』(사고전서본, 권51, 75b~76a)에서 ‘걸력마아(乞力麻兒)’로 표기하고, 밑줄 친 정보를 제외한 문장을 그대로 채록했다.

『사고전서』본 『명사』(권332, 26b)에는 무영전본과는 달리 ‘기이마륵(奇爾瑪勒)’으로 표기하고 “기이마륵은 영락 연간에 사신을 보내 알현하고 방물을 바쳤는데, 짐승 가죽, 새 깃, 계갈(罽褐)뿐이었다. 그들은 수렵을 좋아한다. 서남쪽은 바닷가이고, 동북쪽은 숲이 깊고 빽빽한데, 맹수와 독충이 많다. 큰 거리는 있지만 시장은 없다. 교역에는 쇠 주화를 사용한다(奇爾瑪勒永樂中遣使來貢, 惟獸皮·鳥

1) ‘계갈(罽褐)’은 카펫을 의미하는 ‘계(罽)’와 털옷 또는 베옷을 의미하는 ‘갈(褐)’ 두 직물의 합칭으로 읽어야 할지, 카펫 같은 털옷을 말하는지 모르겠다.

羽·罽褐. 其俗喜射獵, 不事耕農. 西南傍海, 東北林莽深密, 多猛獸·毒蟲. 有逵巷, 無市肆, 交易用鐵錢)"라고 한 내용을 보면, 확실히 정효의 『황명사이고』에 근거하고 있음을 알 수 있다.

한편 『명회전(明會典)』(사고전서본, 권104, 5b)에도 '기이마륵(奇爾瑪勒)'으로 표기하고, 영락 연간에 사신 12인에게 제공한 음식물이 기술되어 있는 점을 보면, 나왈경이 채록한 '12명'은 '11명'으로 고쳐야 할 것 같다. 하지만 『명실록』에 이 나라는 전혀 흔적도 없다. 한편 『연감류함(淵鑑類函)』(사고전서본, 권243, 33a)에서는 『황명상서록(皇明象胥錄)』을 인용하여 '기이마륵'으로 표기하고 마지막에는 "아륵마국(阿勒瑪國)"이라고도 한다는 정보가 보인다. 어느 표기가 더 정확한 것인지 위치를 특정할 수 없으면 무용하다.

'중국정사외국전DB' 주석에는 아무런 출처나 근거를 밝히지 않고 걸력마아(乞力麻兒)가 키르만(Kirman)을 가리킨다고 했다. 또한 『고대남해지명회석(古代南海地名汇释)』(중화서국, 1986, 154쪽)의 저자들은 이란 남부 연안의 케르만(Kerman)이라고 밝히고 있다. 이들은 브레트슈나이더가 추측한 내용으로 사실 그도 확정하지 못하고 물음표를 붙인 곳이다. 앞서 본 무영전본 『명사』를 역주하면서 그는 "아마도 키르만(Kirman)을 지칭한 것이다. 이 도시는 카펫과 울 제품으로 유명하다. 그러나 중국 측 기술에는 키르만으로 볼 수 없는 진술들이 들어있다. 나는 어떤 나라에서 쇠 주화를 사용하는지 모르겠다"라는 주석을 붙였다.[2)]

마르코폴로는 케르만(Cherman) 지역에 대해 상당히 긴 기술을 보여주는데, 정효의 정보와는 뚜렷한 공통점을 찾을 수 없다.[3)] 폴 펠리오는 케르만의 다른 표기들을 보여주며, 야쿠트(Ya'qūt)의 '카르만(Kärmān)', 카탈란 지도의 크레만(Creman), 프라 마우로(Fra Mauro)의 크레만(Chreman), 크레마니아(Chremania), 카르마니아(Charmania)를 보여주고 있다(『Notes on Marco Polo』, I, 241쪽). 대체로

2) Emil Bretschneider, 『Mediaeval Researches from Eastern Asiatic Sources』, London, II(1888). 290~291쪽.

3) 김호동 역주, 『마르코폴로의 동방견문록』, 128~130쪽을 참고하시오.

'만(-man)'으로 종결되는 사실을 확인할 수 있다. 확실히 『원사』, 권149, 「곽간열전(郭侃列傳)」(3525쪽)에는 '걸리만(乞里彎)'으로 표기하고 있다. 또한 무영전본 『요사』, 권30, 「야율대석(耶律大石) 본기」(356쪽)에는 '기아만(起兒漫)'으로 되어 있다. 이곳은 왕운(王惲, 1227~1304)의 문집 『추간집(秋澗集)』에 실린 상덕(常德)의 「서사기(西使記)」(사고전서본, 권94, 11b)에도 기술되었다.

"흑거란국은 케르만[乞里灣]이라 하는데, 왕은 호교풍적음(呼教豐迪音) 술탄[蘇勒坦]이다. 왕이 매우 현명하다는 소문을 듣고 그의 발리사(拔里寺) 대성으로 투항해 오기도 했다(黑契丹國, 名乞里灣, 王名呼教豐迪音蘇勒坦, 聞王大賢, 亦來降其拔里寺大城)"라고 하였다. '걸리만'은 『수산각총서(守山閣叢書)』본과 『해국도지(海國圖志)』에는 '걸리만(乞里彎)'으로 표기되어 있다. 호교풍적음(呼教豐迪音)은 『사고전서』본 『옥당가화(玉堂嘉話)』와 『서사기(西使記)』에 '화달마정(和達瑪鼎)'으로, 『수산각총서』본과 『해국도지』에는 '홀교마정(忽教馬丁)'으로 되어 있다. 브레트슈나이더는 '홀교마정'이 오쏜(Constantin Ohsson)의 『Histoire des Mongols(蒙古全史)』(Amsterdam, III(1852), 133쪽)에서 케르만을 통치하다가 1258년에 죽은 '콧브 엣딘(Kotb-eddin)'이라고 추정했다.[4] 또한 '발리사(拔里寺)'는 고대 케르만의 수도였던 바르다시르(Bardasir)로 추정했는데(앞의 출처), 음성적으로 잘 부합하는 것은 아니다. 폴 펠리오는 '바르다시르'가 아니라 'Bardsīr'가 되어야 중국어 음역 표기에 잘 대응한다고 했다(『Notes on Marco Polo』, I, 241쪽). 즉 펠리오는 중간의 'd'음을 묵음으로 읽었으므로, 바르시르, 바로 발리사(拔里寺)와 부합한다고 생각했다. 사실 『옥당가화』와 『서사기』에는 '파이사(巴爾斯)'로 되어 있다는 점으로 볼 때, 펠리오의 설이 설득력 있게 들린다.

이처럼 케르만의 음역 표기가 '만'으로 끝난다면, '걸력마아(乞力麻兒)' 또는 '기이마륵(奇爾瑪勒)'의 종성들과 부합하지 않는다. 이점에 대해서 펠리오도 같은 의문을 품고 있다(앞의 출처). 게다가 상덕은 케르만을 기술하며, 그곳의 특이한 동물들과 보석들을 상당히 길게 설명하고 있다. 이는 15세기 초에 조공해 와 "짐승 가죽, 새 깃, 계갈(罽褐)뿐이었다"라고 한 정효의 기술과 전혀 부합하지 않는

4) Emil Bretschneider, 『Mediaeval Researches from Eastern Asiatic Sources』, London, I(1888), 147쪽.

다. 이는 여기 ‘걸력마아’니 ‘기이마륵’이란 나라가 결코 케르만이 아니라는 결론에 이르게 된다. 마지막으로 ‘기이마륵’이란 『명사』의 표기가 있으므로, 추재가 음역한 ‘걸력마력(乞力麻力)’도 얼마든지 가능하다.

> 걸력마아(乞力麻兒) 이 나라의 산은 낮고 물은 얕으며, 맹수와 독충이 많아 사람들은 농사를 짓지 않는다(乞力麻力, 其國山卑水淺, 多猛獸·毒蟲, 民不耕稼).

추재는 이 나라를 ‘걸력마력(乞力麻力)’으로 옮기고 같은 내용을 옮겼다.

> 걸력마력은 산이 낮고 물이 얕으며, 맹수와 독충이 많아 사람들은 농사를 짓지 않는다(乞力麻力, 山卑水淺, 多猛獸·毒蟲, 民不耕稼).

무릎까지 잠기는 계곡엔 돌과 물고기 많고,	沒膝山溪淺石鱗,
올록볼록 푸른 봉우리에 사람 다니지 않네.	蘘蘘碧峀不過人.
민가엔 밭이 없고 텃밭도 없으며,	無田民戶又無圃,
맹수와 독충들과 항상 이웃하고 있네.	猛獸毒蟲常作鄰.

[29] 흑갈달(黑葛達)

흑갈달(黑葛達)은 『고대남해지명회석(古代南海地名汇释)』(중화서국, 1986, 773쪽)에 따르면, 현 이라크의 수도 바그다드의 또 다른 표기로, 원래는 '백갈달(白葛達)'[293쪽]로 표기되었다고 한다. 결국 흑갈달이 바로 백갈달이란 말이다.

손광우의 저본인 나왈경의 『함빈록』, 권4에는 흑갈달에 관하여 "흑갈달은 작은 나라이다. 선덕 연간에 사람을 보내 조공해 왔다. 그곳의 토양은 척박하여 사람들은 가난하며, 불(佛)을 숭상하고 형벌을 두려워한다. 산천과 산물에 특이한 것이 없다(黑葛達, 小國也. 宣德中遣人朝貢. 其地土瘠民貧, 尙佛畏刑. 山川·物產無奇)"라고 기술했다.

그러나 나왈경이 근거한 정효(鄭曉, 1499~1566)의 『오학편·황명사이고』(북경대학 소장본)에는 '흑갈달'은 보이지 않고 백갈달(白葛達)에 관하여, "백갈달은 바다의 작은 나라이다. 토양은 척박하고 사람들은 불교를 숭상한다. 선덕 7년(1432)에 국왕이 화자리일사(和者里一思) 등을 보내와 조공했다(白葛達, 海中小國. 土瘠, 俗尙佛教. 宣德七年國王遣和者里一思等來朝貢)"라고 하였다. 이 정효의 기술은 장황의 『도서편』(권51, 71a)에도 똑같이 채록되었다. 또 정효는 권하, 41b에서 흑갈달(黑葛達)에 관하여 "흑갈달은 나라는 작고 사람들은 가난하다. 넓은 강물과 드넓은 광야에 초목은 무성하나 금수는 극히 드물다. 사람들은 불(佛)을 숭상하고 형벌을 두려워한다. 시장에는 소나 말이 많고, 교역에는 모두 주화를 사용한다. 선덕(宣德, 1426~1435) 연간에 국왕이 18인을 보내와 방물을 바친 적이 있다(黑葛達, 國小, 民貧. 平川曠野, 草木暢茂, 禽獸鮮少. 俗尙佛畏刑. 市肆多牛羊, 交易俱用錢. 宣德中, 國王久嘗遣十人來貢方物)"라고 백갈달과 별도로 구분하여 소개했다. 정효의 이 흑갈달 기술은 장황의 『도서편』(사고전서본, 권51, 62a)에서 밑줄 친 정보만 빼고 그대로 채록되었다.

정효와 장황처럼, 두 나라로 보는 기술은 『명사』로 이어졌다. 권 326, 「백갈달(白葛達)」(8457쪽)에는 먼저 백갈달에 관하여 "선덕 원년(1426) 사신 화자리일사를 보내와 조공을 들였다. …그 나라는 땅이 척박하고, 불교를 숭상한다. 시장 교역에서는 쇠 주화를 사용한다(宣德元年遣其臣和者里一思入貢…其國, 土地瘠薄, 崇釋教, 市易用鐵錢)"라고 하였고, 이어서 흑갈달에 관하여 "또 흑갈달이 있는데,

마찬가지로 선덕(宣德) 이래로 조공해 왔다. 나라는 작고 사람들은 가난하며, 불교를 숭상하고 형벌을 두려워한다. 소와 양이 많고 또한 쇠로 주화를 주조한다(又有黑葛達, 亦以宣德時來貢. 國小民貧, 尙佛畏刑. 多牛羊, 亦以鐵鑄錢)"라고 하였다. 확실히 정효의 기술에 근거하고 있다.

사실 백갈달과 흑갈달의 기술은 한 나라에 대한 기록이라고 봐도 무방할 정도로 비슷하다. 이를 방증이라도 하듯이 『명실록』에 흑갈달(黑葛達)은 한 차례도 언급되지 않았다. 다만 선덕(宣德) 원년(1426), 5월과 7월 기사에서 백갈달만 세 차례 언급되었고, 당시의 사신은 '화자리일사'였다. 여기 『명사』의 '백갈달'에 대해 폴 펠리오는 바그다드로 보았지만, '흑갈달'은 '백갈달'의 '백(白)'자에 근거하여 만들어 낸 결과라고 추정했다(『Notes on Marco Polo』, I, 91쪽). 그렇다면, '백갈달'이 바로 바그다드의 음역이라는 종점에 이른다.

그러나 마르코폴로가 '바우닥(Baudac)'으로 표기하고 기술한 바그다드의 모습은 여기 백갈달과 흑갈달의 정보와 매우 상반된다. "바우닥은 대단히 큰 도시이다. …도시 한가운데로 매우 큰 강 하나가 지나고, 그 강을 따라가면 무사히 인도양에 도달할 수 있으며, 상인들은 상품을 갖고 그곳을 왕래한다. …바우닥에는 금실과 비단으로 짠 여러 종류의 옷감이 있다. …바우닥의 칼리프가 여태까지 누구보다 더 많은 금은보화를 소유하고 있다"라고 한다(김호동 역주, 『마르코폴로의 동방견문록』, 111~112쪽). 과연 백갈달과 바그다드를 같은 곳으로 인정할 수 있을까.

바그다드는 『신당서』, 43하, 「지리지·봉주도독부(峯州都督府)」(1154쪽)에서 '박달(縛達)'이란 음역 표기는, 폴 펠리오에 따르면, 바그다드의 아주 정확한 전사라고 한다(『Notes on Marco Polo』, I, 90쪽). 사실 두 『당서』에는 이 '박달'에 대한 별도의 기술[傳]이 없으므로, 확인할 방법이 없다. 1178년 주거비(周去非)의 『영외대답(嶺外代答)』에는 '백달(白達)'이 보이는데, 이 정보는 조여괄의 『제번지』에 고스란히 채록되었다. 이곳을 바그다드로 추정하는 데에는 큰 이견이 없다.[1] 조여

---

1) 『제번지역주』, 212~213쪽을 참고하시오.

괄의 기술에서도 바그다드의 가난함은 읽을 수 없다.

왕운(王惲, 1227~1304)의 문집 『추간집(秋澗集)』에 실린 상덕(常德)의 「서사기(西使記)」에 따르면(사고전서본, 권94, 9b~10a), "정사년(1257) 바그다드[布達國]에 이르렀다. 남북으로 2,000리이며 그 군주를 '칼리파[合里法]'라고 했다. 성으로 동쪽 성과 서쪽 성이 있고 그 가운데 큰 강이 있다. 서쪽 성에는 성벽과 보루가 없지만, 동쪽 성은 벽돌로 만들어 견고했으며, 그 위에 그림을 그려 매우 성대했다. …이 나라의 사람들은 부유하기가 서역에서 으뜸이다. 궁전은 모두 침향, 단향, 오목, 강진향으로 만들었고, 벽은 모두 흑백의 옥으로 만들었다. 황금 구슬과 진주가 셀 수없이 많았고, 그의 비빈은 모두 중국인이었다. 그곳에서 나는 큰 구슬은 '태세탄(太歲彈)', '란석(蘭石)', '슬슬(瑟瑟)', '금강찬(金剛鑽)' 등이라 했는데, 천금의 가치가 있는 것들이었다. …(丁巳歲, 取布達國, 南北二千里, 其王曰合里法, 其城, 有東西城, 中有大河, 西城無壁壘, 東城固之以甓, 繪其上, 甚盛. …其國俗富庶, 爲西域冠. 宮殿皆以沉·檀·烏木·降眞爲之, 壁皆以黑白玉爲之. 金珠珍貝, 不可勝計. 其妃后皆漢人. 所産大珠, 曰太歲彈·蘭石·瑟瑟·金剛鑽之類. 帶有直千金者. …)"라고 기술하고 있다.

여기 '포달(布達)'은 『수산각총서(守山閣叢書)』와 『해국도지(海國圖志)』에 '보달(報達)'로 표기되었다. 『서사기고증』(6a)에 "'보달(報達)'은 회교국의 전체 도성(都城)이며 『원사』에는 팔합달(八哈達), 『비사(祕史)』에는 파흑탑(巴黑塔), 『서역사(西域史)』에는 파고달(帕古達), 『연표(年表)』에는 반극대특(班克大特)로 되어 있는데 지금의 팔격달(八格達)로, 터키[土耳其] 동부 티그리스강 강가에 있다"라고 설명했다. 여기에 『원사』, 권63, 「지리지·서북지부록」(1571쪽)의 팔길타(八吉打)까지 모두 바그다드의 음역들이다. 정리하자면 백달(白達)=포달(布達)=보달(報達)=팔합달(八哈達)=팔길타(八吉打)=파흑탑(巴黑塔)으로, 원나라 시기부터 세 글자로 표기되었음을 알 수 있다. 이 세글자의 형태로부터 명나라 시기의 '백갈달(白葛達)'이란 표기가 나왔을 것이다.

이처럼 여기 명나라 시기의 '백갈달'이 바그다드라면, 마르코폴로의 기술이나 「서사기」와의 상반되는 내용을 어떻게 이해해야 할 것인가? 원나라에 정복당한 뒤로 폐허가 된 것인가? 그보다는 명나라 시기, 즉 16세기 이곳과의 관계가 거의 없었고, 그곳에 대한 정보 또한 몹시 제한적이었다고 이해하는 편이 타당할 것이다.

'흑갈달(黑葛達)'은 펠리오가 추정한 것처럼, 상상에 의한 것만으로 설명할 수 없을 것 같은 미약한 실마리가 하나 있다. 므로닥 팔라단 1세(Merodach-baladan I, 기원전 1186~1173)의 경계석에 보이는 '바그다두(Bagdadu)'가 현 바그다드이며, 이는 이전 '후다두(Hudadu)'라고도 불렸다는 설이 있다.[2] 이처럼 '바그다두=후다두'가 입증된다면, 이 '후다두'로부터 '흑[xək](黑)'의 발음을 찾을 수는 없을까.

> 흑갈달의 땅은 척박하고 사람들은 가난하다. 불(佛)을 숭상하고 형(刑)을 두려워한다(黑葛達, 土瘠民貧, 尙佛畏刑).

추재는 정확히 손광우의 기록과 같은 문장을 복제하여 설명하고, 다음과 같이 노래했다.

땅은 척박해 일 년 내내 풀들도 없고,	瘠地終年無草萊,
형벌은 있지만 처벌은 없으니, 귀신이 품었나.	刑名薄責鬼懷胎.
공연히 부처에 빌어 다복함을 구하고,	空然媚佛求多福,
분신하고 팔을 잘라도 애석해 하지 않네.	不惜焚身斷臂來.

2) A. T. Olmstead, 「Babylonia as an Assyrian Dependency」, 『The American Journal of Semitic Languages and Literatures』(73, 1921), 216쪽.

[30] 흑루(黑婁)

흑루(黑婁)는 『명사』, 권332, 「서역·흑루」(8619~20쪽)에 별도의 기술이 갖추어져 있다. 그 번역문과 주석은 '중국정서외국전DB'를 참고하시오. 여기서는 『사고전서』본의 기록을 살펴보면(28a~b), '흑루'를 '혁로(赫嚕)'로 표기하고, "혁로(赫嚕)는 사마르칸트[賽瑪爾堪]와 가까워 대대로 혼인한다. 그곳의 산천, 초목, 금수 모두 검고, 남녀 또한 그러하다(赫嚕, 近賽瑪爾堪, 世爲婚姻. 其地山川·草木·禽獸皆黑, 男女亦然)"라고 하였고, 선덕(宣德) 7년(1432), 정덕(正德) 2년(1507), 6년(1511), 경태(景泰) 4년(1453), 천순(天順) 7년(1463), 성화(成化) 19년(1483), 경태(景泰) 7년(1512), 홍치(弘治) 3년(1490)의 조공 사실을 기록하고 있다. 그들이 조공한 물품으로 말, 나(騾), 려(驢), 타(駝), 옥석(玉石), 강사(硇砂), 빈철도(鑌鐵刀), 사자(獅子) 등이 기록되어 있다. '혁로'는 사마르칸트와 가까운 지역으로 설명하고 있다.

『명사』 이전 자료로, 정효(鄭曉, 1499~1566)는 『오학편·황명사이고』(북경대학 소장본, 권하, 30a)에서 흑루(黑婁)로 표기하고, "흑루는 가욕관 서쪽에 있으며, 토로번(土魯番)과 가까워 대대로 흑루와 혼인했다. 흑루 오랑캐가 조공할 때는 토로번을 따라 들였다. 그곳의 산천, 초목, 금수 모두 검고, 남녀 또한 그러하다. 선덕 7년(1432) 처음 사신을 보내 조공해 왔다(黑婁在嘉峪關西, 近土魯番, 世結好黑婁. 黑婁夷入貢, 從土魯番入. 其地山水·草木·禽獸皆黑, 男女亦然. 宣德七年始遣使朝貢)"라고 하였다.

1591년 서문을 갖춘 나왈경(羅曰褧)의 『함빈록(咸賓錄)』(중국 국가도서관 소장본, 권4, 16a)의 기술에 따르면, "흑루는 작은 나라이다. 선덕 7년(1432) 조공했다. 그곳은 투루판[土魯番]과 가까우며, 그들과 대를 이어 혼인했다. 산천과 금수가 모두 검고, 남녀들도 그러하여 그렇게 부른다(黑婁小國也. 宣德七年朝貢. 其地近土魯番, 世相結好. 山川·禽獸皆黑, 男女亦然, 故名)"라고 하였다. 정효와 나왈경은 '흑루'가 토로번(土魯番)과 가까운 곳에 있다고 확인해 주고 있다. 그렇다면 『명사』의 기록은 어디에서 나온 것일까?

이보다 앞서 진성(陳誠)이 서역(西域) 17개국을 돌아보고 1415년 돌아와 견문을 기록한 『사서역기(使西域記)』를 황제에게 바쳤는데, 『학해류편(學海類編)』

본(1a)에 따르면 “합렬(哈烈)은 ‘흑로(黑魯)’라고도 한다. 사마르칸트[撒馬兒罕] 서남쪽에 있으며, 섬서(陝西) 숙주(肅州) 가욕관(嘉峪關)에서 11,100리 떨어져 있다”라고 설명했다(전체 번역은 『지봉 이수광이 바라본 세계』, 흑루 조목을 참고하시오). 문제는 여기 ‘흑로(黑魯)’라고도 한다는 정보에서 비롯되었다. 이 ‘흑로(黑魯)’는 ‘흑루(黑婁)’와 자형이나 발음이 상당히 흡사하다. 두 곳은 위의 기록으로 볼 때 다른 곳이어야 한다. 진성은 헤라트의 다른 명칭으로 ‘흑로(黑魯)’를 들었으나, 이후 정보를 채록하는 사람들이 서로 다른 곳을 하나로 혼동했을 것이다. 이를 방지하기 위해 『사고전서』본 『명사』에서는 ‘혁로(赫嚕)’라고 했는지도 모르겠다. 이러한 혼동의 대표적인 예는 1577년 장황(章潢)의 『도서편』(사고전서본, 권51, 63b)에 보인다. 장황은 ‘흑루(黑婁)’ 또는 ‘혁로(赫嚕)’를 별도로 기술하지 않고, ‘합리(哈里, 헤라트)’를 기술하며 “합리(哈里)는 ‘혁로(赫嚕)’라고도 하는데, 사마르칸트[賽瑪爾堪] 서남쪽에 있으며, 가욕관(嘉峪關)에서 13,000리 떨어져 있다(哈里, 一名赫嚕, 賽瑪爾堪西南, 去嘉峪關萬三千里)”라고 하였는데, 확실히 두 곳은 하나로 합해져 있다. 다행스럽게도 여기 『방여승략외이』 권3의 저자 손광우(孫光寓)는 『함빈록』을 채록하여 일단은 이러한 혼란에서는 벗어나 있다.

> 흑루(黑婁)는 토로번(土魯番)과 가까워 대대로 혼인했다. 산천, 금수 모두 검다. 남녀도 그러하다(黑婁近土番, 世相結好. 山川禽獸皆黑, 男女亦然).

추재 또한 다른 자료를 참고하지 않고, 손광우의 기록을 그대로 채록하고 다음과 같이 노래했다.

온 땅과 산 까마귀가 날개를 편 것 같고,	滿地山如鴉翅翻,
산 앞 흐르는 물 먹처럼 흔적이 남았네.	山前流水墨生痕.
날짐승 들짐승 검고 남녀들도 검으며,	黑禽黑獸黑男女,
대대로 토로번 사람들과 혼인하네.	世世姻親土魯番.

[31] 합실합력(哈失哈力)

합실합력(哈失哈力)에 관하여, 손광우는 나왈경이 『함빈록』, 권4에서 기술한 내용 전부를 가져왔다. 게다가 나왈경이 중심으로 채록한 정효의 정효(鄭曉, 1499~1566) 『오학편·황명사이고』에도, 그리고 이를 근거한 장황의 『도서편』에도 전혀 언급되지 않았다. 따라서 이 나라에 대한 고증과 위치추적은 불가능하다. 다만, 1644년 사계좌(査繼佐)의 『죄유록(罪惟錄)』(사부총간본, 권36, 41a)에 "합실합력(哈失哈力)은 선덕(宣德, 1426~1435) 연간에 14인을 보내 조공해 왔는데, '아력마력(阿力馬力)'이라고도 한다(哈失哈力, 宣德間遣十四人來朝貢, 或曰即阿力馬力)"라고 하였다.

여기 사계좌와 손광우가 언급한 '아력마력(阿力馬力)'은 『원사』, 권9, 「세조본기」, 지원(至元) 14년 7월 조목에 처음 언급된 '아력마력(阿力麻力)'을 말하는 것 같다. 『원사』, 권63, 「지리지·서북지부록(西北地附錄)」(1569쪽)에는 '아리마리(阿里麻里)'라고 열거한 곳에는 "카이두[海都, 1235~1303]는 아력마리(阿力麻里) 등지에 행영(行營)을 두었는데, 아마도 분봉 받은 땅이었을 것이다. 상도(上都)에서 서북쪽으로 6,000리를 가면 위구르[回鶻]의 오성(五城)에 이르는데, 당나라 시기에 북정(北庭)으로, 도호부를 설치했던 곳이다. 또 서북쪽으로 4,000~5,000리를 가면 아력마리(阿力麻里)에 이른다(諸王海都行營于阿力麻里等處, 蓋其分地也. 自上都西北行六千里, 至回鶻五城, 唐號北庭, 置都護府. 又西北行四五千里, 至阿力麻里)"라는 설명이 보인다. 여기 '아력마리(阿力麻里)' 또는 '아리마리(阿里麻里)'를 브레트슈나이더(E. Bretschneider)는 알말리크(Almalik)에 해당하는 음역 표기로 읽고 있다(『Mediaeval Researches from Eastern Asiatic Sources』, London, II(1888), 33쪽).

한편 『원사』에는 별십팔리(別十八里) 또는 별실팔리(別失八里)가 여러 차례 언급되었는데, 에밀 브레트슈나이더(E. Bretschneider)의 추정에 따르면, 별십팔리(別十八里)는 위구르의 도읍 비슈발리크(Bishbalik)를 음역한 표기이며, 튀르크어로 '다섯 도시'를 의미한다고 한다(앞의 책, 27쪽). 또한 클라프로트(Julius von Klaproth)의 연구에 의하면, 비슈발리크와 당나라 시기의 북정(北庭)은 동부 톈산 북쪽 기슭에 있는 우름치(Urumqi)에 해당한다고 한다(『Mémoires relatifs à l'Asie』, Paris, II(1826), 355쪽).

이상으로부터 중국 서북쪽으로 먼저 당나라 시기 북정(北庭)으로 오늘날 우루무치에 해당하는 비슈발리크[別失八里|別十八里]가 있고, 그곳에서 더 서쪽으로 4~5천 리에 알말리크[阿力麻力|阿力麻里]가 있다. 하지만 저대문(儲大文, 1665~1743)의 『존연루문집(存研樓文集)』(사고전서본, 권8, 58b)에 따르면 "화주는 남쪽으로 우전(于闐), 서쪽으로 역력파력(亦力把力)과 떨어져 있다. 이 역력파력은 합실합력(哈失哈力), 혹은 아력마력(阿力馬力)이라고도 하는데, 아마도 원나라의 별실팔리(別失八里)일 것이다(火州南距于闐, 西距亦力把力, 一名哈失哈力, 或曰即阿力馬力, 蓋元別失八里)"라고 하였다.

『명사』, 권332, 「서역·별실팔리」(8608쪽)의 비슈발리크 기술에는 영락 "16년(1418) 조공 사신 속가(速哥)가 이르기를, 왕은 사촌 동생 왜사(歪思, Uwais Khan, 1418~1428년 재위)에게 시해되었고, 스스로 왕이 되어, 그의 부락(部落)을 서쪽으로 이주시키고, 나라 명칭을 '역력파리(亦力把里)'라고 했다고 하였다(十六年, 貢使速哥言 其王爲從弟歪思所弒而自立, 徙其部落西去, 更國號曰亦力把里)"라는 기록으로 확인된다. 『사고전서』본 『명사』(권332, 12a)에서는 '파습백리(巴什伯里)'로 표기되었다. 이로부터 별실팔리와 역력파리는 다른 곳임을 추론할 수 있다. 이에 따르면 비슈발리크의 서쪽에 역력파리(亦力把里)가 있다. 이곳에 관하여, 브레트슈나이더는 『원사』, 권63, 「지리지·서북지부록(西北地附錄)」(1569쪽)에 보이는 '역랄팔리(亦剌八里)'를 '역력파리(亦力把里)'로 읽고 알말리크의 서남쪽에 있는 '일리의 도시'라는 의미인 일리발리크(Ilibalik)로 추정했다(『Mediaeval Researches from Eastern Asiatic Sources』, London, II(1888), 44쪽). 이로써 알말리크와 일리발리크는 일리[伊犂] 근처임을 알 수 있다. 이러한 인접성에 따라 저대문의 설명은 충분히 나올 수 있다.

그렇지만, '합실합력(哈失哈力)'은 비슈발리크, 알말리크, 일리발리크 등과 어떠한 연관성도 찾을 수 없다.

1583년 엄종간(嚴從簡)의 『수역주자록(殊域周咨錄)』, 권15, "역력파력(亦力把力)은 사막 사이에 있는데, 옛날 어떤 나라였는지 모른다. 아마 카라샤르[焉耆], 쿠차[龜茲] 땅이었을 것이다. 백산(白山) 남쪽에 있으며, 연성(延城)에 도읍했다.

현재 그곳은 3,000여 리이고, 북쪽은 2,000여 리이다. 원나라 초에 여러 왕이 나누어 섰다가 이곳에서 합쳐져 나라 이름을 별실팔리(別失八里)라고 했다(亦力把力地居沙漠間, 不知古何國, 疑即焉耆·龜茲地也. 在白山南, 都延城. 今其地三千餘里, 北二千餘里. 元初分建諸王, 合冊於此, 國名別失八里)"라고 하였다. 역력파력=별실팔리임을 설명하고 있다.

> 합실합력(哈失哈力)은 아력마력(阿力馬力)이라고도 한다(哈失哈力, 一名阿力馬力).

이상 손광우의 기록을 추재는 다음과 같이 보충 설명하고 노래했다.

> 합실합력(哈失哈力)은 아력마력(阿力馬力)이라고도 한다. 땅은 흑루(黑婁)와 가깝고, 바깥 이민족의 여러 부족 모두 이곳에서부터 조공을 들인다[1](哈失哈力, 一名阿力刀馬力刀. 地近黑婁, 外番諸部皆從此入貢).

흑루는 서쪽으로 마림(麻林)과 접해 있고,	黑婁西去接麻林,[2]
안으로 만 리의 사막 깊네.	望裡沙河萬里深.
『일통지』에서는 '아력마'라고 하는데,	一統志中阿馬號,[3]
중원은 이곳에서 사방의 중심이 되네.	中原從此四邊心.

1) 밑줄 친 정보를 추재는 어디에서 가져왔을까? 아마도 이전 '흑루(黑婁)' 다음으로 여기 합실합력(哈失哈力)이 기술되어 있으므로, 그렇게 생각한 것일 것이다. 정효(鄭曉, 1499~1566)는 『오학편·황명사이고』(북경대학 소장본, 권하, 30a)에서 "흑루는 가욕관 서쪽에 있으며, 토로번(土魯番)과 가까워 대대로 흑루와 혼인했다. 흑루 오랑캐가 조공할 때는 토로번을 따라 들였다(黑婁在嘉峪關西, 近土魯番, 世結好黑婁. 黑婁夷入貢, 從土魯番入)"라고 한 것을 근거로 볼 수 있다.

2) 여기 '마림(麻林)'은 아력마력(阿力麻力)의 '마력(麻力)'의 오기로 읽어야 할 것 같다. '마림'은 [33]에서 별도로 기술하고 있는데, 그곳의 산물로 '기린(麒麟)'을 언급하고 있는 것을 보면, 이곳 중앙아시아 지역과는 아무런 관련이 없어 보인다.

3) '일통지'란 『대명일통지』, 또는 『대청일통지』를 가리키겠지만, 『대청일통지』의 '아마(阿馬)'는 사람 이름으로 나타난다. 여기서는 '아력마력(阿力馬力)'의 약칭으로 추측하여 번역했다.

『방여승략외이』, 권3의 저자 손광우는 나왈경(羅曰褧)이 『함빈록』, 권4에서 '가와(呵哇)'에 관해 기록된 내용을 고스란히 채록하고, "이상은 선덕 연간에 조공을 들인 나라들"이라는 주석을 붙였을 뿐이다. '가(呵)'자는 칼그렌 고음으로 [xɑ]에 해당한다.

1461년 『명일통지』(사고전서본, 권90, 31b)는 아와국(阿哇國)에 관하여 "연혁은 이전 시대에 상고할 것이 없다. 본조[명나라] 영락 연간에 왕 창길랄이 사신을 보내 내조(來朝)하고 아울러 방물을 바쳤다(沿革前代無考. 本朝永樂中國王昌吉剌遣其臣來朝, 并貢方物)"라고 설명하고 있으므로, 가와(呵哇)가 바로 아와(阿哇)임을 알 수 있다. 여기 '아(阿)'자의 칼그렌 고음은 [ʔɑ]이다. [x]는 'h'음에 가깝고, [ʔ]는 연한 '히읗' 발음이므로, 바꾸어 쓸 수 있는 개연성은 다분하다.

정효(鄭曉, 1499~1566) 『오학편·황명사이고』(북경대학 소장본, 권하, 37b)와 장황(章潢)의 『도서편』(사고전서본, 권51, 71a)에서도 '아와(阿哇)'로 표기하고 "아와는 영락 연간 왕 창길랄(昌吉剌)이 사신을 보내 조공했다(阿哇, 永樂中, 王昌吉剌遣人來朝貢)"라는 손광우와 같은 기술이 보인다. 이 나라는 『명사』, 권326에는 '랄니(剌泥)'라는 나라가 기술되어 있고(8456쪽), 이어서 랄니(剌泥)라는 나라 밖에 '확인되지 않는[無可稽]' 10개국을 열거하고 있는데, 아홉 번째로 아와(阿哇)를, 마지막은 타회(打回)를 들었다.

밀스(J. V. G. Mills)는 『영애승람역주』의 부록(I)에서 랄니(剌泥)를 서인도의 중부 구자랏 지역인 라르(Lar)로 추정했다.[1] 이어서 밀스는 '아와(阿哇)'를 서부 인도 구자랏 '너머'에 있는 나라로 아마다바드(Ahmadabad)라고 설명했다(앞의 책 184쪽). 밀스의 이러한 추정에는 사실 아무런 근거가 없다. 먼저 라르는 인도 파트나에서 서북쪽으로 130km 떨어져 있는 내륙지역으로, 특히 "영락 원년(1403) 아랍인 하지[哈只] 마합몰기랄니(馬哈沒奇剌泥) 등이 와서 방물을 바쳤고, 후추를 가지고 와서 백성들과 교역하였다"라는 『명사』의 기술(8456쪽)과 어울리지 않는다. 게다가 아와와 아마다바드의 음성적 관계는 그 근접성이 너무 미약하다.

---

1) J. V. G. Mills, 『Ma Huan Ying-yai Sheng-lan』, Cambridge, 1970, 202쪽.

한편 타회(打回)는 『정화항해도(鄭和航海圖)』에 그려진 '타왜(打歪)'로 보이는데, 『대명일통지』(사고전서본, 권90, 28b)에 타회(打回)에 관하여 "연혁은 이전 시대에 상고할 것이 없다. 본조[명나라] 영락 3년(1405)에 국왕이 그의 신하 마물(麻勿) 등을 보내 알현하고 방물을 바쳤다(沿革前代無考. 本朝永樂三年, 國王遣其臣麻勿等來朝, 并貢方物)"라고 하였고 토산물로 소목(蘇木)과 후추[胡椒]를 기록하고 있다. 한편 정효(鄭曉, 1499~1566)는 『오학편·황명사이고』(북경대학 소장본, 권하, 40b)에서 "타회는 해외의 작은 나라로, 자주 이웃 나라에 골칫거리가 되었다가, 군비를 마련하여 이웃 나라와 전투에서 점차 승리하면서 자립했다. 영락 3년(1405)에 마물을 보내 조공했다(打回海外小國, 數爲鄰國所苦已, 乃治兵器與鄰國戰, 戰勝稍得, 自立. 永樂三年遣麻勿來朝貢)"라고 하였는데, 이 정보는 장황의 『도서편』(사고전서본, 권51, 74a)에도 그대로 채록되었다.

그러나 후지타 도요하치는 왕대연이 기술한 담막(淡邈)이 바로 타회이고 타왜라고 주장하며, 그곳을 현 미얀마 남쪽 다웨이로 추정했다(『도이지략역주』, 175쪽). 중국의 기록에 영락 초에 처음 조공 사실이 기록되고 있으므로, 왕대연의 시대인 14세기 중반 이곳이 알려졌을 가능성은 적다. 따라서 '담막=타회=타왜'라는 등식은 확인할 수 없지만, '타보이 또는 다웨이=타회=타왜'라는 등식은 음성적으로 상당히 그럴법하다. 밀스도 타왜(打歪)가 '타보이'라고 확인하고 있으므로(앞의 책, 220쪽), 나왈경, 손광우 그리고 추재가 말하는 가와(呵哇)는 바로 아와(阿哇)이고 이는 미얀마 아와(Ava) 왕국인 '아와(阿瓦)'의 다른 표기일 것으로 읽어야 하지 않을까.

> 가와(呵哇)는 영락(永樂, 1403~1424) 연간 왕 창길랄(昌吉剌)이 사신을 보내 조공했다.【이상의 나라들은 선덕(宣德, 1426~1435) 연간에 조공을 들였다(以上諸國, 宣德中入貢)】.[2)]

---

2) 손광우의 부연 설명으로 보이는 이 주석에서 말하는, '이상의 나라들'은 구체적으로 어떤 나라를 말하는지 분명하지 않다. 다만, [26] 백송호아의 기술에는 영락(永樂) 연간 조공했다는 자체 기술이 보이므로, 그 이후 [27] 아속(阿速), [28] 걸력마아(乞力麻兒), [29] 흑갈달(黑葛達), [30] 흑루(黑婁), [31] 합실합력(哈失哈力)을 말하는 것 같다. 하지만 『명일통지』에는 영락 연간의 조공 사실만 확인된다.

가와(呵哇)에 대한 추재의 설명은 손광우의 기술과 상당히 다르다.

가와(呵哇)는 명나라 선덕 연간에 흰 꿩을 바치고, 표문은 금으로 만든 지면[金葉]에 썼다[3](呵哇, 明宣德中貢白雉, 表用金葉).

가와는 그 나라의 말로 '가와'라 하는데,	呵哇國裡語呵哇,
금엽에 서신을 만들어 중국 사신 따라왔네.	金葉書成逐漢槎.
월상으로 돌아가는 길 물을 필요 없이,	不必越裳歸路問,
주나라는 지남거를 만들어 남겼네.	周家遺制指南車.

3) 추재는 아래 시에서 보는 것처럼, 가와(呵哇)가 월상(越裳, 북부 베트남)으로 생각한 것인지 월상에서 바쳤다는 흰 꿩을 끌어들였다. 이 조공 기록은 이미 『상서대전(尙書大傳)』, 『한시외전(韓詩外傳)』, 『논형(論衡)』 등에서 주공(周公)의 치세를 상징적으로 보여주는 대표적인 예 중 하나로 언급되었다. 이에 더하여 추재는 이 월상이 흰 꿩을 바치면서 올린 표문이 '금엽(金葉)'에 썼다고 한다. 이는 온전히 추재의 상상에 따른 것으로 이해해야 할 것 같다. 결국 추재는 저본의 빈약한 내용을 자신의 상상으로 보충하였다.

[33] 마림(麻林)

손광우의 간략한 '마림(麻林)'이란 나라 기술은 추재의 손에서도 달라진 것이 없다. 손광우가 복제한 나왈경(羅曰褧)의 『함빈록(咸賓錄)』(1591년 서문이 있음), 권4에 따르면, "마림은 그 나라가 어디에 있는지 알려지지 않았다. 영락 13년(1415)에 왕이 사신을 보내 기린을 바쳐, 후하게 하사품을 내렸다(麻林未詳其國所在. 永樂十三年, 王遣使貢麒麟, 厚賜之)"라고 하며 그 나라의 위치를 알 수 없다고 하였다. 나왈경의 이 기술은 정효(鄭曉, 1499~1566) 『오학편·황명사이고』(북경대학 소장본, 권하 41b)에서 가져왔다. 또 정효의 기술은 장황(章潢)의 1577년 『도서편』(사고전서본, 권51, 75a)으로 복제되었다. 즉 정효-장황-나왈경-손광우-추재의 손으로 같은 정보가 전파된 셈이다.

기린을 바쳤다는 정보는 『태종문황제실록(太宗文皇帝實錄)』, 권170, 영락 13년(1415) 11월 19일 첫 번째 기사에 "마림국과 여러 번국이 기린, 천마, 신록 등의 방물을 진공하자, 상이 봉천문(奉天門)으로 나가 받았다(麻林國及諸番國進麒麟·天馬·神鹿等物, 上御奉天門受之)"라는 기록으로 확인된다. 이는 『명사』, 권326, 「외국·마림」(8451~2쪽)에서도 확인할 수 있다.

"마림은 중국에서 아주 멀리 떨어져 있다. 영락 13년(1415) 사신을 보내와 기린을 바쳤다. [사신이] 이르렀을 때, 예부 상서 여진(呂震)이 경하하는 표문을 올리겠다고 청하자, 황제는 '지난번 유신(儒臣)이 『오경사서대전』을 올릴 때 축하하는 표문을 올리겠다고 청하여 내가 허락한 것은 그 책은 다스림에 유익하기 때문이었다. 기린의 유무가 무슨 손익이 있겠는가. 그만두어라!"라고 하였다. 얼마 뒤 마림이 여러 번국의 사신들과 기린과 천마, 신록(神鹿) 등의 방물을 진공하자, 황제는 친히 봉천문(奉天門)으로 나가 받았다. 관료들이 머리를 조아리며 경하하자, 황제는 이는 돌아가신 황제의 덕이 미친 바이고, 또한 경들의 보좌에 힘입어 먼 곳의 사람들이 모두 내조하는 것이다. [이를] 이어 지금부터 더욱 덕을 잡고 짐이 미치지 못한 바를 이끌겠노라'라고 하였다. 14년(1414) 또 방물을 바쳤다(麻林, 去中國絶遠. 永樂十三年遣使貢麒麟. 將至, 禮部尚書呂震請表賀, 帝曰, 往儒臣進五經四書大全, 請上表, 朕許之, 以此書有益於治也. 麟之有無, 何所損益, 其已之. 已而麻林與諸蕃使者以麟及天馬·神鹿諸物進, 帝御奉天門受之. 百僚稽首稱賀, 帝曰, 此皇考厚德所致, 亦賴卿等翊贊, 故遠人畢來. 繼自今, 益宜秉德迪朕不逮.

十四年又貢方物).

우리가 알고 있는 기린의 산지는 아프리카 대륙이다. 아프리카 대륙의 정보는 15세기 정화(鄭和)의 원정과 연관되며, 그로부터 중국에 알려졌다. 조지 필립스(George Phillips)는 소위 『정화항해도』에 그려진 '마림지(麻林地)'를 추정하여 아프리카 동안에 있는 멜린다(Melinda)로 확인했다.[1] 이어서 폴 펠리오도 정화의 일곱 차례 항해를 고증하며 네 번째 항해에 마림(麻林) 또는 마림지(麻林地)를 믈린드(Melinde) 라고 추정한 바 있다.[2] 이어서 1970년 밀스도 이상의 추정에 따라 말린디(Malindi)로 확인했다.[3] 음성적으로, 지리적으로 상당히 부합하는 추정이다. 이 말린디는 케냐 몸바사의 북동쪽으로 120km 지점에 있다. 이로써 '마림'은 '마림지'의 다른 표기 또는 글자를 빠뜨린 형태로 읽어야 문제를 단순화할 수 있다. 밀스처럼 다른 곳으로 보아 '마림지'를 '모잠비크'로 상정하는 추측은 또 다른 문제를 양산한다.

주목할 만한 점으로, 추재는 첫 구에서 마림이 바다를 통해 배로 기린을 헌상했음을 암시하고 있다. 이 정보는 추재가 참고한 텍스트와 이전 자료에는 전혀 보이지 않는다. 추재가 다른 최신 자료를 보고 언급한 것인지, 아니면 단순히 상상에 따른 결과인지는 판단하기 어렵다. 전체적인 정보를 채록하고 있는 방식으로 볼 때, 전자일 가능성은 극히 적다.

마림은 영락(永樂) 13년(1415) 기린(麒麟)을 바쳤다.

이상 '마림'에 관한 짧은 정보를 추재는 다음과 같이 풀어쓰고, 노래했다.

마림은 명나라 영락 13년에 처음 중국과 통교하며 기린을 바쳤다(麻林,

---

1) George Phillips, 「The seaports of India and Ceylon」, 『Journal of the China Branch of the Royal Asiatic Society』, XX, 222쪽.

2) 『성사승람역주』, 부록, 479쪽을 참고하시오.

3) J. V. G. Mills, 『Ma Huan Ying-yai Sheng-lan』, Cambridge, 1970, 205쪽.

明永樂十三年始通中國, 貢麒麟).

바다의 마림 배로 기린을 바치니,	麻林海上貢麟船,[4]
남쪽으로 유사(流沙)를 건너 수천 리 길이네.	南出流沙路幾千.
『주례』의 직방씨 사서에 올리면서,	周禮職方登太史,
크게 '영락 십삼 년'이라 썼다네.	大書永樂十三年.

4) '린선(麟船)'이란 표현을 해석하기 어렵다. 표현대로라면, '기린 배'란 뜻이다. '기린을 바쳤다[貢麒麟]'라고 하면 운자가 맞지 않기 때문에 불가피하게 글자를 '선(船)'자로 바꾸어 압운했을 것이다. 사실 '기린'에서 '기'자를 빼면 큰 혼란이 발생한다. 아프리카 기린(giraffe) 이전의 전설상 동물을 연상시키기 때문이다. 이는 당시 추재 조수삼이 기린의 존재를 보지 못했고, '마림'이 어디인지도 상상하지도 못했음을 암시한다. 이는 2구의 '유사(流沙)'란 표현으로 방증삼을 수 있다.

[34] 가이륵(加異勒)

『방여승략외이』, 권3에서 손광우가 채록한 『함빈록』, 권4에서 나왈경은 "가이륵[ka-i-lək](加異勒)은 작은 나라이다. 영락(永樂)과 선덕 연간에 모두 사신을 보내 조공했다. 그곳은 백성들이 가난하여 항상 이웃 나라에 품팔이한다. 물산에는 특이한 것이 없다(加異勒小國也. 永樂·宣德間, 俱遣使朝貢. 其地民貧, 常佣鄰國. 物產無奇)"라고 기술했다.

이들 자료 보다 이전 『대명일통지』(사고전서본, 권90, 30b~31a)에서는 가이륵국(加異勒國)에 대하여 "연혁은 이전 시대에 상고할 것이 없다. 본조[명나라] 영락 연간에 국왕 자마리내나(者麻里柰那)가 사신 별리태부래(別里呆不來)를 보내 알현하고 아울러 방물을 바쳤다(沿革前代無考. 本朝永樂中, 國王者麻里柰那遣其臣別里呆不來等來朝, 并貢方物)"라고 기록했다. 결국 조공 사실 이외에 이 나라에 관한 정보는 전혀 없다.

정효(鄭曉, 1499~1566)는 『오학편·황명사이고』(북경대학 소장본, 권하 42a)에서 "가이륵은 서융(西戎)의 작은 종족이다. 사는 사람들은 1,000가구에 미치지 못하고, 가난하여 먹을 것이 모자라 항상 이웃 나라에 품팔이한다. 영락 연간에 왕인 자마리내나(者麻里奈那)가 사신 별리태부래(別里呆不來)를 보내 알현하고 방물을 바쳤다. 선덕 연간에 사신을 보내와 조공했다(加異勒, 西戎小種. 居人不及千家, 貧窶乏食, 常傭鄰國. 永樂中, 王者麻里奈那遣使別里呆不來朝, 貢方物. 宣德間, 遣使朝貢)"라고 기술했다.

한편 장황(章潢)은 『도서편』(사고전서본, 권51, 62a)에서 가유륵[ka-ju-lək](嘉裕勒)으로 표기하고, "가유륵은 서이(西夷)의 작은 종족으로, 사는 사람들은 1,000가구에 미치지 못하며, 가난하고 먹을 것이 부족하여 항상 이웃 나라에 품팔이한다. 영락 연간에 왕 랍리마문랍(拉里瑪們拉)이 사신 필라태포(必喇台布)를 보내 방물을 바쳤다. 선덕 연간에 조공했다(嘉裕勒, 西夷小種. 居人不及千家, 貧窶乏食, 常傭鄰國. 永樂中, 王拉里瑪們拉遣使必喇台布貢方物. 宣德間朝貢)"라고 하였다. 장황의 기술은 정효의 정보를 가져왔지만, 국왕과 사신의 명칭이 완전히 다르다.

『명사』, 권326, 「외국·가이륵」(8454쪽)에 "가이륵은 서양의 작은 나라이다. ⓐ영락 6년(1408) 정화를 보내, 조서를 가져가 불러 타이르고 금기(錦綺)와 사라(紗羅)를 하사하게 했다. ⓑ9년(1411) 그 추장 갈복자마(葛卜者麻)가 사신을 보내 표문을 올리고 방물을 바쳤다. [영락제는] 잔치를 베풀어 주고, 관대, 채폐(綵幣), 보초(寶鈔)를 하사하게 했다. 10년(1412) 정화가 다시 그 나라에 간 뒤로 무릇 세 차례 조공을 들였다. ⓒ선덕 5년(1430) 정화가 다시 그 나라에 사신으로 갔다. ⓓ8년(1433)에도 아단(阿丹) 등 11개국과 함께 조공해 왔다(加異勒, 西洋小國也. 永樂六年遣鄭和賫詔招諭, 賜以錦綺·紗羅. 九年, 其酋長葛卜者麻遣使奉表, 貢方物. 命賜宴及冠帶·綵幣·寶鈔. 十年, 和再使其國, 後凡三入貢. 宣德五年, 和復使其國. 八年又偕阿丹等十一國來貢)"라고 하였다. ⓐ와 ⓑ의 사실은 『태종문황제실록(太宗文皇帝實錄)』, 권83, 영락 6년 9월 28일 기사와 권117, 영락 9년 7월 16일 기사를 통해 확인되고, ⓒ와 ⓓ는 『선종장황제실록(宣宗章皇帝實錄)』, 권67, 선덕 5년 6월 9일 기사와 권105, 선덕 8년 윤8월 1일 기사를 통해 확인된다. 다만 선덕 8년에 사신으로 온 사람은 '아도유합만(阿都儒哈蠻)'으로 되어 있다. 이로부터 장황이 언급한 국왕과 사신 이름은 확인되지 않는다.

『무비지(武備志)』(권240, 19a)에는 인도 중부 가장 동쪽으로 '가이성(加異城)'이 표기되어 있다. 이곳을 조지 필립스(George Phillips)는 마르코폴로의 '카일(Cail)'이란 도시라고 추정했다(「The seaports of India and Ceylon」, 『Journal of the China Branch of the Royal Asiatic Society』, XX, 222쪽). 펠리오 또한 정화의 일곱 차례 원정을 고증하며, 두 번째 항해에 가이륵(加異勒)을 넣고 아무런 의심 없이 그곳을 '카일'로 받아들였다.[1] 이어서 『원사』, 권210, 「마팔아등국(馬八兒等國)」(4670쪽)에서 퀼론[俱藍] 공격을 상의하기 위해 술탄[算彈]의 다섯 형제가 모두 모인 '가일(加一)'이라는 곳 또한 여기 가이륵(加異勒)과 같은 곳으로 읽었다.[2] 펠리오가 '카일'이라 지정한 곳은 인도의 동남쪽 탐라파르니(Tāmraparnī, Thamirabarani) 강어귀에서 1.5마일 떨어진 옛 카얄(Kāyal), 지금의 '팔라야카얄(Palayakāyal)'이라는 가난한 마을이라고 한다. 이 회합은 지원(至元) 18년(1281)

1) Paul Pelliot, 「Les grands voyages maritimes chinois au début du XVe siècle」, 『통보』, 1933, 289쪽.

2) Paul Pelliot, 『Notes on Marco Polo』, I, 130쪽

의 일로 기록하고 있으므로, 이 나라는 이미 13세기 말부터 중국에 알려져 있었다는 말이다. 요컨대, '가일=가이륵=카일'이라는 등식은 성립하는가의 문제로 귀결된다.

마르코폴로는 '카일'이란 도시에 관해 "카일은 크고 훌륭한 도시로, 다섯 형제 왕 중에서 맏형인 아샤르(Ashar)가 차지하고 있다. 교역을 위해 말과 다른 상품들을 실어 오는 서방, 예를 들어 호르무즈(Hormos), 키스(Kis), 아덴(Aden) 그리고 아라비아(Arabia)에서 오는 배들은 바로 이 도시에 정박한다. 이 때문에, 주변의 지역의 사람들이 많이 몰려들어 카일 이 도시에서는 큰 시장이 형성되었다"라고 시작한다(『The Book of Ser Marco Polo』, II, 370쪽). 이 마르코폴로의 기술은 앞서 본 중국 자료의 기술과 완전히 상반된다. 이는 원나라 시기의 가일(加一)과 명나라 시기의 가이륵(加異勒)을 분리하여 읽도록 이끈다. 지리적 위치가 좋았던 만큼 이 나라가 갑자기 못 살게 되어 이웃 나라에 품팔이하는 나라로 전락한 일을 상상하기 어렵다. 또 가일(加一)의 '일(一)'자는 고음에서 종성으로 't'음이 있고, 이는 'r' 또는 'l'로 대체될 수 있다. 그러나 '가이륵(加異勒)'은 '카일'과 깔끔하게 대응하지 않는다. 카일 주변의 어떤 지역이라면, 마르코폴로의 기술과 부합할 수 있다. 우리는 그곳을 상정해야 할 것 같다. 결과적으로, '카일=가일(加一)'은 성립하지만, '카일=가이륵'은 판단을 보류해야 한다.

가이륵(加異勒)의 사람들은 가난하며 항상 이웃 나라에 품팔이를 한다.

이 짧은 정보를 추재는 다음과 같이 풀어쓰고 노래했다.

가이륵(加異勒)은 땅이 척박하여[3] 사람들이 가난하고, 항상 이웃 나라에 품팔이를 한다(加異勒, 土薄民貧, 常傭于隣邦).

가난한 왕은 적은 곡물로 가난한 백성을 먹임에, 貧王貧谷食貧民,

3) 밑줄 친 이 정보는 중국 자료에서 전혀 확인되지 않는다. 아마도 그곳이 가난했다고 하므로, 추재가 그 가난한 이유를 추측한 것으로 보인다. 그곳이 남인도 동안 쪽이라면, 땅이 척박할 리는 없다. 또 그렇게 가난한 나라가 어떻게 사신을 보내 조공했다는 점도 의문이다.

땅은 드물고 산은 없어 골짜기 물고기를 주네. 地罕山毛與澗鱗.
남녀가 가정을 이뤄 밖에서 밭 갈고 몸을 파니, 男女成家耕販外,
품팔이 생활 족히 죽을 때까지 하겠네. 傭工生活足終身.

『무비지(武備志)』, 권240, 19b. 가이성(加異城)이 '익성(翼城)'으로 표기되어 있다.

[35] 민진성(敏眞誠)

민진성(敏眞城)에 관하여 손광우가 채록한 저본인 『함빈록』 권4에 따르면, “민진성[mi̯ĕn-tɕi̯ĕn-ʑi̯ɛŋ](敏眞誠) 나라는 조금 크다. 영락 연간에 40인을 보내 조공했다. 관습으로 대낮에 시장이 열린다. 그곳에서는 기이한 향 등의 물품이 난다(敏眞誠國稍大. 永樂中, 遣四十人朝貢. 俗日中爲市. 其產異香等物)”라고 하였다. 한편 주가주(周嘉胄, 1582~1658?)은 『향승(香乘)』(사고전서본, 권12, 4a)에서 민진성국에서 나는 향에 관하여 기술하며, 『방여승략』을 인용하여 “민진성국. 그 관습은 대낮에 시장이 열리며 여러 기이한 향이 난다(敏眞誠國, 其俗日中爲市, 產諸異香)”라고 하였다. 바로 손광우의 기술을 말한다.

이전 『대명일통지(大明一統志)』(1461년)에 기록이 없는 이 나라에 관하여 정효(鄭曉, 1499~1566)는 『오학편·황명사이고』(북경대학 소장본, 권하 42b)에서 “민진성 또한 크며 높은 산이 많고 강물은 깊어 나무를 묶어 건넌다. 대낮에 시장이 열려, 많은 장사치가 모두 모인다. 중국의 자기나 칠기를 보면 다투어 서로 사려 한다. 기이한 향, 낙타, 말이 난다. 영락 연간에 왕은 40인을 보내와 조공했다(敏眞誠國亦大, 多高山, 水流深, 縛木爲渡. 日中爲市, 諸賈皆集. 見中國磁漆器, 爭欲得之. 產異香·駝·馬. 永樂中, 王遣四十人來朝貢)”라고 했다. 그런데 “또한 크다”라는 말은 이전 나라와 비교하는 말일 것이다. 그러나 정효가 민진성 앞에 언급한 나라는 흑갈달(黑葛達)로 그 나라는 작다고 기술하고 있다. 따라서 여기 ‘역(亦)’자의 의미는 의문이다. 이는 장황의 『도서편』(사고전서본, 권51, 62b)에서도 밑줄 친 정보만 빼고 그대로 채록되었다.

『사고전서』본 『명사』(권332, 27b)에서는 민진성을 ‘밀진성[mi̯ĕt-ʈi̯ĕn-ʑi̯ɛŋ](密珍城)’으로 표기하고, “밀진성은 영락 연간에 조공해 왔다. 그 나라의 땅은 넓고, 높은 산이 많다. 대낮에 시장이 열려 많은 산물이 몰려든다. 중국의 자기와 칠기를 귀하게 여기며, 기이한 향, 낙타, 말이 난다(密珍城, 永樂中來貢. 其國地廣, 多高山. 日中爲市, 諸貨騈集. 貴中國磁·漆器, 產異香·駝馬)”라고 하였다. 『명사』의 ‘성(城)’자는 앞의 ‘성(誠)’자와 고음 발음은 일치하지만, 『명사』 이전의 자료들은 모두 ‘성(誠)’자를 보여준다. ‘밀진’ 또는 ‘민진’이라는 성(城), 즉 도시를 말하는지, 아니면 ‘민진성’ 세글자가 모두 지명을 옮기고 있는지 의문이 생긴다.

한편 『사고전서』본과 무영전본의 『명사』 목록에는 모두 '서역(西域)'에 넣고 '민진(敏眞)'이라고 한 점으로부터, '민진'을 선택해야 하고, '성(誠)'은 『명사』처럼 도성의 의미로 읽어야 할 것으로 보인다. 그렇지만 1644년 사계좌(查繼佐) 『죄유록(罪惟錄)』(사부총간본, 권36, 86b)에는 '민진성국(敏眞誠國)'으로 표기했는데, 이는 '민진성'이 모두 음역한 표기임을 말해준다. 그런데 이 나라는 '밀진'이든 '민진'이든, 또 민진성(敏眞誠)이든 민진성(敏眞城)이든 『명실록』에는 전혀 언급을 찾을 수 없다. 현재로서는 이곳은 '서역', 즉 가욕관 서쪽에 있는 나라 중 하나이며, 특히 더위 때문에, 밤에 시장이 열리는 곳과는 달리, 이곳은 낮에 시장을 열어 많은 사람과 산물이 모이는 곳이라는 정도만 추측해 볼 수 있다.

> 민진성(敏眞誠)의 풍속은 대낮에 시장이 열린다. 기이한 향 등의 물품이 난다.

추재는 주어진 정보와는 다르게 '민진성'을 기술하고 노래했다.

> 민진성의 풍속은 진실하여 속이지 않는다.[1] 대낮에 시장을 연다. 기이한 향이 난다(敏眞誠俗誠信不欺. 日中爲市. 產異香).

민진성의 물건 가치 이름이 나	物在眞誠價汙隆,
침향, 단향, 애납향 청홍을 가리네.	沉檀艾納辨靑紅.[2]

1) 이 밑줄 친 정보는 어떤 자료에도 보이지 않는다. 추재는 『주역』, 「계사전하」에서 "한낮에 시장을 열어 천하의 사람들을 부르고, 천하의 상품을 모아서 교역한 뒤에 물러나 각기 살 곳을 얻게 하니, 대저 서합괘(噬嗑卦)에서 취하였다(日中爲市, 致天下之民, 聚天下之货, 交易而退, 各得其所, 蓋取諸噬嗑)"라고 한 말을 떠올려 추론해 낸 것일까? 시의 3구는 이를 암시하고 있는 것 같다.

2) 어느 자료에도 구체적인 '이향(異香)'을 언급하지 않았다. 여기 침향, 단향, 애납향은 추재가 생각하는 기이한 향이었을 것이다. 추재가 침향 다음으로 언급한 '단향(檀香)'은 전단(旃檀), 또는 진단(眞檀)으로도 불린다. 이시진의 고증에 따르면(『본초강목』, 사고전서본, 권34, 37b), 먼저 『대명일통지』의 설명을 인용하여 "단향은 광동(廣東)과 운남(雲南) 및 참파[占城], 캄보디아[眞臘], 자바[爪哇], 보르네오[渤泥], 시암[暹羅], 팔렘방[三佛齊], 아랍[回回]의 나라에서 나고, 지금은 영남(嶺南)의 여러 지역에 모두 있다"라고 하였다. 이로부터 단향은 주로 남해

먼 이역 누가 포희의 가르침 걸었나. 遐荒誰揭庖犧教,
교역 시장 어지러이 대낮에 보이네. 交市紛紛視日中.

의 산물임을 알 수 있다. 또 섭정규(葉廷珪)의 『향보(香譜)』를 인용하여 "껍질이 알차며 노란색을 황단(黃檀), 껍질이 깨끗하면서 흰색을 백단(白檀), 껍질이 푸석하며 자색인 것을 자단(紫檀)이라 한다. 나무는 모두 단단하고 무거우며 맑은 향이 나는데, 백단이 더욱 좋다"라고 하였다. 단향(Sandalwood)은 산탈룸(Santalum) 속의 나무를 말한다. 산스크리트어로는 '찬다나(Chandana)'라고 하는데, '향나무'란 의미이다.

'애납향(艾納香)'은 이시진은 『본초강목』(사고전서본, 권41~75b)에서 『광지(廣志)』에 따른 마지(馬志)의 설을 인용하여 "애납은 서쪽 나라에서 나는데, 가는 쑥과 유사하다. 또 소나무 껍질 위에 있는 '녹의(綠衣)'로 '애납'이라 하는데, 태우면 연기를 모을 수 있고, 푸르고 흰색이 흩어지지 않지만, 이것과는 다르다(艾納出西國, 似細艾. 又有松樹皮上綠衣, 亦名艾納, 可以和合諸香, 燒之能聚其煙, 青白不散, 而與此不同)"라고 한 설명이 보인다. 『동의보감』, 「잡병편」, 권9에 언급된 애납향(艾納香) 아래 "애납향은 바로 소나무 위에 있는 푸른 이끼[苔衣]이다(艾納香卽松木上青苔衣也)"라고 한 설명이 보인다('한의학고전DB'를 참고하시오). 구의 마지막 '청홍(青紅)'이란 표현에서 '청'은 이 애납향을, '홍'은 침향과 단향을 말하는 것 같다.

[36] 팔답흑상(八答黑商)

팔답흑상(八答黑商), 즉 현 아프가니스탄 동북부 바다흐샨(Badakhshan)에 관한 손광우의 기술은 『함빈록』, 권4에서 가져왔다. "팔답흑상은 영락(1403~1424) 연간 40인을 보내와, 직피(織皮), 융계(絨罽), 향목(香木)을 바쳤다. 그 나라의 산천은 수려하다. 사람들은 불(佛)을 숭상한다. 서양과 서역이 모두 이곳에서 교역하는데, 산물에는 기이한 것이 없다(八答黑商, 永樂間遣四十人, 貢織皮·絨罽·香木. 其國山川明秀, 俗尙佛. 西洋·西域皆商販於此, 產無甚奇)"라고 하였다.

다시 나왈경(羅曰褧)이 근거한 기술을 추적하자면, 정효(鄭曉, 1499~1566) 『오학편·황명사이고』(북경대학 소장본, 권하 42a)에서 "팔답흑상은 영락 연간 40인을 보내와 방물인 직피, 융계, 향목을 바쳤다. 사람들의 풍속은 순박하고 불(佛)을 받든다. 여러 곳에 있는 부도(浮屠)는 왕이 사는 곳처럼 장려하다. 서양과 서역 모두 이곳에서 장사한다. 대체로 우모(羽毛), 직문(織文), 옥석(玉石), 향목(香木), 낙타, 양 등이다. 베, 비단, 은, 주화 모두 교역할 수 있다(八答黑商, 永樂間遣四十人, 貢方物織皮·絨罽·香木. 人俗朴實, 奉佛. 有浮屠數區, 壯麗如王宮. 西洋·西域皆商販於此. 大抵皆羽毛·織文·玉石·香木·駝·羊也. 布·帛·銀·錢皆可交易)"라고 하였다. 장황(章潢)의 『도서편』(사고전서본, 권51, 62b)에서는 '파달극산(巴達克山)'으로 표기하고, 정효의 밑줄 친 정보만 채록했다.

『명사』, 권332, 「서역·팔답흑상」(8613쪽)에서는 이처럼 '팔답흑상(八答黑商)'으로 되어 있지만, 사고전서본 『명사』(권, 332, 21b)에서는 '발달극산(拔達克山)'으로 표기하고, "발달극산은 안득호이[安都呼]의 동북쪽에 있다. 도성의 둘레는 10여 리이다. 땅은 넓고 험한 곳이 없으며 산천은 수려하고 사람들은 순박하고 사물은 무성하다. 여러 곳의 부도(浮屠)들은 왕이 사는 곳처럼 장려하다. 서양과 서역의 여러 상인이 대부분 이곳에서 물건을 사고팔아 사람들이 부유하고 여유롭다. 당초 헤라트[哈里] 추장 살화이(薩和爾)의 아들이 차지한 곳이다. 영락 6년(1408) 내관 파태(把太), 이달(李達)에게 명하여 그들 추장에게 칙서와 채폐(綵幣)를 하사하게 했고, 아울러 카슈갈[喀什噶爾]과 격특랑(格特朗) 등의 각 부족에게 왕래하며 통상하라는 뜻으로 타이르자 모두 즉시 명을 받들었다. 이로부터 동서 10,000리를 왕래하는데 막힘이 없었다. 12년(1414) 진성(陳誠)이 그 나라에 갔다. 18년(1420) 사신을 보내와 조공하고 진성과 내관 곽경에게 칙서와 채패를 가지고 보답하게 하였다. 천순 5년(1461) 그 나라 왕 무함마드[瑪哈穆特]가 사신을 보내와 조공했다. 다음 해(1462)에 다시 조공해 와, 사신 악박도리(鄂博都哩)에게 부친의 직위를 세습하게 하여 지휘동지(指揮同知)로 삼았다(拔達克山, 在安都呼東北. 城周十餘里. 地廣無險阻, 山川明秀, 人物樸茂. 浮屠數區, 壯麗如王居. 西洋·西域諸賈多販鬻其地, 故民俗富饒. 初爲哈里酋薩和爾之子所據. 永樂六年命內官把太·李達賜其酋勅書綵幣, 幷及喀什噶爾·格特朗諸部, 諭以往來通商之意, 皆卽奉命. 自是, 東西萬里行旅無滯. 十二年, 陳誠使其國. 十八年遣使來貢, 命誠及內官郭敬齎書幣往報. 天順五年, 其王瑪哈穆特遣使來貢. 明年復貢, 命使臣鄂博都哩襲父職, 爲指揮同知)"라고 기술했다.

위의 '격특랑(格特朗)'은 무영전본에 '갈특랑(葛忒郞)'으로 표기한 곳으로, 브레트슈나이더는 호틀(Khotl), 즉 호틀란(Khotelan)의 음역으로 표기하고, 현 바다흐샨(Badakhshan) 북쪽 지훈(Jihun) 상부로 추정했다. 그에 따르면, 이븐 하우칼과 아불페다(Abulfeda)가 이 지명을 언급했다고 한다.[1] 음성적으로 '호틀란'은 격특랑, 갈특랑과 상당히 잘 부합하며, 지리적 위치로도 어울린다. '중국정사외국전 DB'에서 '하탈란(Khatalan)'이란 표기는 잘못되었다.

바다흐샨 즉 팔답흑상(八答黑商), 발달극산(拔達克山), 파달극산(巴達克山)은 이미 630년경 현장(玄奘)이 『대당서역기(大唐西域記)』(T.2087, 940b)에서 '발탁창나(鉢鐸創那)'라고 불렀고, 도선(道宣)의 645년 『속고승전(續高僧傳)』(T.2060, 권2, 435a)에서 '파다차나(波多叉拏)'라고 표기되었다. 이곳은 브레트슈나이더가 바다흐샨으로 추정한 바 있고, 지셴린(季羨林) 또한 『대당서역기교주』(중화서국, 하, 971쪽)에서 확인한 바 있다. 정사에서는 『원사』, 권63, 「지리지·서북지부록」(1568쪽)에 처음 '파달합상(巴達哈傷)'으로 나타난다. 여기 '팔답흑상(八答黑商)'은 『원사』의 표기 계통이다.

『대청일통지(大淸一統志)』(권193, 28a)에는 발달극산(拔達克山) 조목 아

---

1) Emil Bretschneider, 『Mediaeval Researches from Eastern Asiatic Sources』, London, II(1888), 277쪽 주석을 참고하시오.

래 그 위치에 관하여 "신장[回部] 카슈갈[喀什噶爾]과 야르칸드[葉爾羌]의 서남쪽 600여 리에 있다. 나라는 파미르 고원[蔥嶺]에 있으며, 그들이 조공해 오는 길은 신장을 거쳐 경사에 이른다(在回部喀什噶爾·葉爾羌之西南六百餘里. 國居蔥嶺中, 其貢道由回部以達於京師)"라고 한 다음, 다시 그곳의 연혁을 기술하며 "한나라 시기의 오타국(烏秅國), 북위(北魏) 시기에는 권어마국(權於摩國), 아구강국(阿鉤羌國)이었고, 당나라 시기에는 갈반타(喝盤陀)의 땅이었다. 개원 연간 그곳에 총령수착(蔥嶺守捉)을 두었다. 원나라와 명나라 시기의 발달극산(拔達克山)【『원사』에서는 파달합상(巴達哈傷), 『명사』에서는 팔답흑상(八答黑商)으로 되어 있는데, 모두 음이 와전된 결과로, 지금 모두 바로 잡는다】이다. 성곽은 험산을 등지고 있다. 그들 칸[汗]을 술탄 샤[素爾坦沙]라고 한다(漢爲烏秅國, 北魏爲權於摩國及阿鉤羌國, 唐爲喝盤陀地. 開元中, 於其地置蔥嶺守捉. 元·明爲拔達克山【元史作巴達哈傷, 明史作八答黑商, 皆係譯音之譌, 今俱改正】. 有城郭, 負山險. 其汗曰, 素爾坦沙)"라고 하였다. 마지막 그곳의 토산물로, 『청일통지』는 도(刀), 부(斧), 마(馬)를 들었다.

이로부터 손광우가 말한 '불(佛)'은 바로 무함마드를 말한다. 또 추재가 아래에서 말한 성은 수백 리라는 정보는 어디에서도 확인되지 않는다. 앞서 본 『명사』에서 "도성의 둘레는 10여 리이다"라고 하였고, 현장도 『대당서역기』에서 도성의 둘레는 6~7리라고 보고하고 있다(『대당서역기교주』, 하, 971쪽).

> 팔답흑상(八答黑商)의 풍속은 불(佛)을 숭상한다. 서양과 서역 모두 이곳에서 장사한다.

추재의 기술은 다음과 같다.

> 팔답흑상의 성은 둘레가 수백 리이다. 사람들은 불(佛)을 숭상한다. 서양과 서역의 여러 나라가 모두 이곳에서 물건을 판다(八答黑商城周數百里. 俗尙佛. 西洋·西域諸國, 皆販貨于此).

팔답흑상의 성에는 팔방에서 모여들어, 八答名城聚八方,

서역이나 서양과 두루 교역하네. 貿遷西域與西洋.

높은 돛 큰 배 바람에 항해하고, 高檣大舶天風路,[2]

온갖 직종의 사람들 팔답흑상에 팔려오네. 白業人人販黑商.

G.W. Colton, 「Persia Arabia & c.」, New York, 1856. 카불 2시 방향에 바다샨이 보인다. 아프가니스탄 남쪽은 발루치스탄이 있고, 그 남쪽은 바로 아라비아해 오만만이 위치한다.

2) 이 구는 '서양(西洋)'이라는 정보에서 유추해 냈을 것이다. 여기서 말하는 '서양'이란 인도의 서북부와 인도양 서쪽의 나라를 말할 것이다.

[37] 화랄찰(火刺札)

『방여승략외이』, 권3, 손광우의 화랄찰(火刺札) 기술을 추적하자면, 먼저 『함빈록』, 권4에서 나왈경은 "화랄찰은 나라는 약하고 산물이 미약하다. 사방은 모두 산이지만 초목이 적고, 물에는 물고기나 새우가 없다. 사람들은 불(佛)를 숭상한다. 영락 연간에 사신을 보내 조공했다(火刺札, 國弱產微. 四圍皆山, 山少草木, 水無魚蝦. 俗尙佛. 永樂中遣使朝貢)"라고 한 것을 들 수 있다.

다시 나왈경의 기술 근거를 추적하자면, 정효(鄭曉, 1499~1566)는 『오학편·황명사이고』(북경대학 소장본, 권하, 42b)에서 "화랄찰은 나라가 작고 사람들은 약해, 산물이 빈약하다. 사방이 모두 산이나 산에는 초목이 드물고, 물은 굽이져 흘러 물고기나 새우도 없다. 성은 불과 1리쯤이고, 모두 흙집과 판잣집이며, 왕이 사는 곳도 보잘것없다. 사람들은 불(佛)를 숭상하고 승려를 중시하며, 중국 자기와 침선(針線) 제품을 좋아한다. 영락 14년에 사람을 보내 조공한 적이 있다(火刺札, 國微人弱, 物產凉薄. 四圍皆山, 山鮮草木. 水流曲折, 亦無魚鰕. 城僅里許, 皆土屋·板屋, 王居亦陋. 俗尙佛重僧, 喜中國磁器·針線. 永樂十四年嘗遣人朝貢)"라고 하였다. 이 정효의 정보는 장황의 『도서편』(사고전서본, 권51, 62b~63a)에서, 밑줄 친 부분을 제외하고 채록되었는데, '호이찰(呼爾察)'로 표기했다. 이는 화랄찰(火刺札)의 다른 음역 표기가 호이찰(呼爾察)임을 보여주는데, 이 표기는 아래에서 인용한 『사고전서』본 『명사』와 『추간집(秋澗集)』에 수록된 「서사기(西使記)」(사고전서본, 권51, 4b)에 보이며, 『명회전(明會典)』(사고전서본, 권103, 16a)에도 보인다.

무영전본 『명사』, 권332, 「서역·화랄찰」(8617쪽)에서는 화랄차(火剌箚)로 표기했지만, 『사고전서』본 『명사』(권332, 26a)에는 호이찰(呼爾察)로 표기하고, "호이찰은 나라가 미약하다. 사방이 모두 산으로 초목이 드물다. 물은 굽이쳐 흐르지만, 물고기도 없다. 성은 겨우 1리쯤이고, 모두 흙으로 만든 집들이며, 추장이 거처하는 곳도 비루하다. 사람들은 승려를 경배한다. 영락 14년(1416) 사신을 보내 조공하여 [그들이] 지나는 곳마다 예우하게 했다. 홍치 5년(1492) 그곳의 회회인 파라륵온(帕羅勒温) 등이 바닷길을 통해 파리(玻璃), 마노(瑪瑙) 등의 물품을 바쳤다. 효종(孝宗, 1487~1515년 재위)은 받지 않고 여비를 하사하여 돌려 보냈다(呼爾察, 國微弱. 四圍皆山, 鮮草木. 水流曲折, 亦無魚蝦. 城僅里許, 悉土屋, 酋所居

亦卑陋. 俗敬僧. 永樂十四年遣使朝貢, 命所經地皆禮待. 弘治五年, 其地回回帕羅勒温等由海道貢玻璃·瑪瑙諸物. 孝宗不納, 賜道里費遣還).” 사실 밑줄 친 정보는 정효의 『황명사이고』를 채록하고 있다. 이는 정효의 텍스트가 당시로서는 가장 신뢰할 만한 자료로 인정되었음을 방증해 준다.

한편 황명으로 1783년 완성한 계황(嵇璜)의 『흠정속통전(欽定續通典)』(사고전서본, 권149, 19a)에는 『명사』와 같은 내용을 채록하며 ‘호라제(呼喇濟)’로 표기하고 있다. 호이찰(呼爾察), 화랄차(火剌箚), 화랄찰(火剌札) 등의 다양한 음역 표기에도 우리는 이에 해당하는 곳을 특정하지 못하고 있다. ‘중국정사외국전DB’의 주석에 따르면, 화랄차(火剌箚)가 ‘화차랄(火箚剌)’의 오기를 상정하고, “시르다리야 연변의 도시인 오트라르(Otrar)를 가리킨다”라고 추측했지만, ‘화랄차’가 ‘화차랄’로 잘못 도치될 수 없음을 다른 표기들이 증명하고 있고, 설령 그렇다고 하더라도 오트라르가 ‘화차랄’로 부정확하게 음역될 수는 없을 것 같다.

화랄찰(火剌札)의 산에는 초목이 적고 물에는 물고기와 새우가 적다. 풍속은 불(佛)을 숭상한다.

이상의 정보로 추재는 다음과 같이 풀어 쓰고 노래했다.

화랄찰의 산에는 초목이 적고, 물에는 물고기가 없다. 사람들은 불(佛)을 숭상하여 집마다 경전을 외고, 맵고 비린 것을 먹지 않는다[1](火剌札, 山少草木, 水無魚蝦. 俗尙佛, 家家誦經, 不食葷·膻).

일반 백성들은 매운 것을 먹지 않고,	葷戒尋常百姓家,
강역 모두에는 물고기가 나지 않네.	域中都不產魚蝦.
산은 황폐하여 춘색은 말할 것도 없고,	童山莫說無春色,
날마다 비 꽃만 뿌리네.	日日諸天散雨花.

1) 밑줄 친 이 정보는 앞서 살펴본 자료에서 전혀 흔적을 찾아볼 수 있다. 다만 불(佛)을 숭상하고 승려들을 존경한다는 『황명사이고』와 『명사』의 정보가 있으므로, 추재의 상상은 그럴법하다.

[38] 납실자한(納失者罕)

저본에는 화랄찰(火剌札) 다음에 "소문달나(蘇文達那)【홍무(洪武) 14년(1381) 조공했다】"라는 나라와 "실랄사(失剌思)【선덕(宣德, 1426~1435) 연간 조공했다】"라는 두 항목이 들어있다. 이 두 나라를 추재는 채록하지 않았다.

'납실자한(納失者罕)'에 관하여 나왈경은 『함빈록』, 권4에서 "납실자한은 영락 연간에 사신을 보내와 조공했다. 그곳은 실라사(失剌思)에서 며칠 가는 거리에 있는데, 모두 배를 타고 바다로 간다. 나라에는 수초가 많아 나는 말이 많다. 사람들은 승(僧)을 공경하고 싸움을 즐긴다. 물산에는 특이한 것이 없다(納失者罕, 永樂中遣使朝貢. 其地去失剌思數日程, 皆舟行海中. 國饒水草, 故產馬多. 俗敬僧, 喜鬪鬥. 物產無奇)"라고 하였는데, 확실히 손광우가 채록한 정보임을 확인할 수 있다.

또 나왈경은 정효(鄭曉, 1499~1566)의 『오학편·황명사이고』(북경대학 소장본, 권하 42b~43a)에 "납실자한(納失者罕) 동쪽으로 실랄사(失剌思)에서 며칠 가는 거리에 있는데, 모두 배를 타고 바다로 다닌다. <u>그 산천과 천택(川澤)에는 수목과 어충(魚虫)이 있다</u>. 도성의 동쪽 평원에는 수초가 풍부하여 말을 방목할 수 있다. 말에는 여러 종이 있는데, 가장 작은 말은 3척이 되지 않는다. 사람들은 승(僧)을 받들어 모셔, 승이 가는 곳에서는 반드시 음식을 대접한다. 다만 힘이 세고 싸움을 중히 여기는데, 싸움에서 진 사람은 사람들의 조롱거리가 된다. 영락 연간에 사신 10명이 와서 조공했다(納失者罕, 東去失剌思數日程, 皆舟行海中. 其國山林川澤有林木魚虫. 城東平原饒水草, 可牧馬. 馬有數種, 最小者高不過三尺. 俗敬事僧, 僧所至, 必飮食之. 顧尙氣健鬭, 鬭不勝者, 衆共嗤之. 永樂中遣使十人來朝貢)"라는 기술을 근거했다. 이 정보는 밑줄 친 정보를 제외하고 장황의 『도서편』(사고전서본 권51, 76b)에 채록되었다.

무영전본 『명사』, 권332, 「서역·납실자한」(8618쪽)에서는 정확히 '납실자한'으로 표기하고 있지만, 사고전서본 『명사』(권332, 27a~b)에서는 '납실철간(納實哲干)'으로 표기하고, "납실자한은 동쪽으로 실라소(實喇蘇)에서 수일 가는 거리에 있어, 모두 배를 간다. 도성의 동쪽은 평원으로 수초가 풍부하여 목축에 적합하다. 말에는 여러 종이 있는데, 가장 작은놈은 3척에 불과하다. 사람들을 승려를 중시하고, 그들이 이를 때마다 반드시 음식을 공양한다. 그러나 기상이 굳세고 싸움을 좋아하여, 싸움에서 진 자는 사람들에게 조롱받는다. 영락 연간에 사신을 보내와 조공했다. 사신들이 돌아갈 때는 하북(河北)을 지나고, 관중(關中)을 돌아 감숙에 이르는데 담당 관원들이 모두 잔치를 베풀었다(納實哲干, 東去實喇蘇數日程, 皆舟行. 城東平原, 饒水草, 宜畜牧. 馬有數種, 最小者高不過三尺. 俗重僧, 所至必供飮食. 然好氣健鬪, 鬪不勝者, 衆嗤之. 永樂中遣使朝貢. 使臣還, 歷河北, 轉關中, 抵甘肅, 有司皆置宴)"라고 기술했는데 역시 정효의 『황명사이고』에 근거한 바가 많다.

이상 기술에서 납실자한(納失者罕) 또는 납실철간(納實哲干)의 위치를 추정할 만한 단서는 실랄사(失剌思) 또는 실라소(實喇蘇)의 서쪽으로 며칠 배를 타고 가야 하는 거리에 있다고 하는 정보뿐이다. 먼저 '실랄사' 또는 '실라소'라는 곳의 위치를 특정하면 우리는 여기 '납실자한'이 어디쯤인지 방향이라도 알 수 있을지도 모른다. 사실 추재가 참고한 『방여승략외이』 3권의 저자 손광우는 '납실자한' 앞에 "실랄사(失剌思)【선덕(宣德, 1426~1435) 연간 조공했다】"라는 정보를 채록해 놓고 있다.

손광우가 참고한 『함빈록』, 권4에는 "실랄사는 영락 연간에 조공해 왔을 때, 안팎의 관리들을 보내 기폐(綺幣)와 자기(磁器)로 사마르칸트[撒馬兒罕], 실랄사(失剌思) 등의 나라에서 말과 교역하게 했다. 선덕 연간에 다시 조공해 왔다(失剌思, 永樂間來貢時, 遣內外官以綺幣·磁器市馬於撒馬兒罕·失剌思諸國. 宣德中復朝貢)"라고 하였다.

다시 나왈경이 참고한 정효의 『황명사이고』(권하, 42b)에는 "실랄사는 영락 연간에 조공해 왔을 때, 내외의 관리들을 보내, 기폐(綺幣)와 자기(磁器)로 이서(迤西)의 사마르칸트[撒馬兒罕]와 실랄사 등의 나라에서 교역하게 했다. 헌릉(獻陵, 홍희제)이 즉위하여[1424년] 조서로 여러 사신에게 10일 이내에 있던 곳에서 수도로 돌아오되 이유를 들어 머무르지 못하도록 했다. 선덕 연간에 사신 8인을 보내 조공해 왔다(失剌思, 永樂間來貢時, 遣內外官以綺幣·磁器市馬於迤西撒馬兒罕·失剌思諸國. 獻陵即位, 詔諸使至十日內就所在還京, 毋得托故稽留. 宣德中

遣使八人來朝貢)"라고 하였다. 여기에서 밑줄 친 정보는 『조선왕조실록』, 세종 6년(1424) 10월 15일 조서를 통해 확인된다. "이서(迤西)의 사마르칸트[撒馬兒罕]와 실랄사 등의 곳에 말 등의 품목을 사거나 하미[哈密]에서 말을 가져오는 일은 모두 정지하라. 가서 하사하도록 지급된 비단과 자기 등의 물품을 명백하게 숫자에 맞추어 입고하고, 말, 낙타, 노새 등은 관급(官給) 받은 것이면 바꾸어 돌려보내라. 관군민이 사들인 것들은 원래 산 사람에게 돌려주고, 파견된 내외의 관원들이 있으면 모두 10일 이내에 출발하여 수도로 돌아오되, 이유를 들어 더 머무는 일은 허락하지 않는다(往迤西撒馬兒罕·失剌思等處買馬等項, 及哈密取馬者, 悉皆停止. 將去給賜段匹·磁器等件, 就於所在官司, 明白照數入庫. 馬·駝·騾匹, 若係官給者, 仍交還, 官軍民買辦者, 仍給還原買之人. 所有差去內外官員, 俱限十日已裏, 起程赴京, 不許托故稽留)"라고 기록되어 있다. '조선왕조실록DB'의 원문 구두와 번역은 '타서살마아(迤西撒馬兒)', '한실자사(罕失剌思)'라고 한 것은 위의 번역처럼 고쳐야 한다. 이로부터 '실랄사'는 확실히 사마르칸트와 함께 거론되는 지역이다.

무영전본 『명사』, 「서역·실랄사」(8615쪽) 조목은 "실랄사는 사마르칸트와 가깝다(失剌思, 近撒馬兒罕)"라고 시작한다. '중국정사외국전DB'의 주석처럼 이란의 '시라즈(Shiraz)'로 보면, 사마르칸트에서 시라즈까지는 직선거리로만 1,726km이므로 부합하지 않는다. 게다가 이란의 시라즈는 『원사』, 권63, 「지리지·서북지부록」(1571쪽)에 '설랄자[ɕiɛt-lɑt-tsi](設剌子)'로 표기되어 있다. 따라서 여기 '실랄사(失剌思)' 또는 '실라소(實喇蘇)'는 사마르칸트 근처에서 찾아야 한다. 16세기 전반, 가욕관에서 메카까지 그린 『몽고산수지도(蒙古山水地圖)』에 따르면, 실랄사(失剌思)는 확실히 사마르칸트 동쪽에 그려져 있다. 그러나 아쉽게도 이곳을 특정할 수 없다. 그러므로 실랄사의 서쪽에 있는, 또 배를 타고 다닌다는 '납실자한' 또한 특정할 수 없다. 다만 그곳이 사마르칸트 동쪽이라면, 큰 호수를 끼고 있는 지역이며, 텍스트에서 말하는 '승(僧)'은 '불(佛)'의 다른 표현으로 이슬람교로 읽어야 하는 점은 분명해 보인다.

> 납실자한(納失者罕)은 *[영락 연간에 사신을 보내 조공했다(永樂中遣使朝貢)]*. 땅은 실랄사(失剌思)에서 며칠 가는 거리[程]에 있는데, 모두 배를

타고 바다로 간다. 나라에는 수초(水草)가 많아 말이 난다. 대체로 승(僧)을 공경하고 싸움을 좋아한다. [물산에 특이한 것이 없다(物產無奇)].

추재는 다음과 같이 채록하고 노래했다.

납실자한은 [실]랄사에서 바다로 수일 가는 거리에 있다. 땅에는 수초가 풍부하여 좋은 말이 난다. 사람들은 승(僧)을 공경하고 싸움을 좋아한다(納失者罕, 去剌剌思海數日程. 地饒水草, 產善馬. 俗敬僧喜鬪).

랄사 바다 바깥은 창망한 물에 접해 있어,	剌[剌]思海外接蒼茫,
용의 종자 무리 수초의 목장에서 무리 짓네.	龍種群屯水草場.
남자들 만나면 서로 싸우고,	男子相逢卽相鬪,
귀의는 결국 부처에 있네.	歸依畢竟在空王.

『몽고산수지도(蒙古山水地圖)』, 고궁박물관 소장본, 16세기 전반 그려진 것으로 추정.

[39] 쇄리(瑣里)

쇄리(瑣里)는 송나라 시기 주련(注輦)으로 음역 표기된 나라로, 인도의 중남부를 차지한 고대 왕국으로 히어트와 록힐의 설명에 따르면, “주련(注輦)은 촐라(Chola), 또는 솔라데삼(Soladesam)으로, 칸치(Kanchi, Conjeveram)가 이 나라의 수도였다. 대체로 ‘솔라(Sola)’에서 ‘솔라-만달라(Sola-mandala)’ 또는 ‘촐라-만달라(Chola-mandala)’가 형성되었다. 이를 포르투갈인들은 쇼로만델(Choromendel)로, 네덜란드인들은 코로만델(Coromandel)로 읽었다”(『Chau Ju-kua』, 1912, 98쪽)라고 하였다. 부연하자면, ‘만델라(mandela)’는 왕국을 의미하므로, ‘솔라 왕국’ 또는 ‘촐라 왕국’이라는 뜻으로, 유럽인들이 ‘쇼로만델’ 또는 ‘코로만델’로 읽었다는 말이다. 이 왕국에 관한 조여괄의 자세한 기술은 『제번지역주』, 141~150쪽을 참고하시오.

『방여승략외이』 제3권의 저자 손광우는 이 나라를 권의 마지막에 채록하고 있는데, 그의 저본인 『함빈록(咸賓錄)』에는 ‘쇄리(瑣里)’와 ‘서양쇄리(西洋瑣里)’를 별도로 기술하고 있다. 이를 손광우가 하나로 합쳐 정리했다. 먼저 나왈경은 『함빈록』, 권4에서 ①“쇄리는 작은 나라이다. 홍무 5년(1372) 국왕 복납적(卜納的)이 마아다가아간적역랄단팔아를 보내 황금으로 쓴 표문을 바치며 알현하고 방물을 바쳤다. 아울러 그곳의 산천 지도를 올리자, 조서로 두텁게 예우토록 하고, 대통력(大統曆)과 금폐(金幣) 등의 물품을 하사했다. 영락 원년(1403) 다시 사신을 보내 와 조공했다. 풍속은 서역(西域)과 같다. 그곳은 서양쇄리(西洋瑣里)와 가깝고, 국력이 미약하여 서양쇄리에게 자주 침략을 당했다. 산물은 매우 적고, 살합랄(撒哈剌) 등의 베만 있다. 그들 공물에는 진귀한 것이 많았지만, 모두 이웃 나라와 교역을 통해 들어온 것으로, 본국에서 나는 것이 아니다(瑣里, 小國也. 洪武五年, 國王卜納的遣馬牙茶嘉兒幹的亦剌丹八兒, 奉金字表, 來朝, 貢方物, 並上其土地山川圖, 詔優禮之, 賜大統曆·金幣等物. 永樂元年復遣使朝貢. 俗同西域. 其地近西洋瑣里, 勢力微弱, 西洋瑣里輒侵辱之. 物產甚微, 惟有撒哈剌諸布. 其貢物雖有珍異, 然皆自鄰國貿易來者, 非本國所產也)”라고 기술했다.

이어서 나왈경은 ‘서양쇄리’란 나라에 관하여 ②“서양쇄리는 쇄리보다 조금 크다. 홍무 3년(1370)에 사신을 보내 황금 지면에 쓴 표문으로 조공하여, 하사품과 예우가 매우 두터웠다. 영락 원년에 상(上)이 그 나라의 재화에 세금을 징수하지 않도록 했다. 29년(1396) 서양의 열여섯 나라가 사신 1,200명을 보내와 방물을 바치며 수도에 이르렀다. 서양쇄리의 공물이 유독 풍성하고 아름다웠는데, 그곳 산물 중 유독 베[布]가 훌륭했다(西洋瑣里比瑣里爲差大. 洪武三年, 遣使以金葉表朝貢, 賜遇甚厚. 永樂元年來貢, 上令勿征其番貨. 二十九年, 西洋十六國遣使一千二百人, 貢方物至京師, 西洋瑣里貢獨豐美, 其產惟布爲佳)"라고 하였다.

나왈경이 근거한 자료를 추적하자면, 1461년의 『대명일통지(大明一統志)』(권90, 24a~b)에서 쇄리국(瑣里國)에 관하여, "연혁은 이전 시대에 상고할 것이 없다. 본조[명나라] 홍무 5년에 국왕 복납적이, 그의 사신 살마아다가아간적역랄단팔아를 보내 황금 글자로 쓴 표문을 바치고 조공하며, 아울러 그 나라의 산천을 그려 헌상했다(沿革前代無考. 本朝洪武五年, 國王卜納的遣其臣撒馬牙茶嘉兒幹的亦剌丹八兒, 奉金字表朝貢, 并圖其土地山川以獻)"라고 하였다. 이어서 그곳의 산물로 살합랄(撒哈剌), 홍팔자람포(紅八者藍布), 기목리포(覬木里布), 백필포(白苾布)를 들고 있다. 확실히 나왈경 기술의 대강을 보여준다. 그러나 '서양쇄리'에 대해서는 언급하지 않았다. 쇄리국 앞에는 '서양고리국(西洋古里國)'이 기술되어 있다.

①쇄리와 ②서양쇄리의 구분은 정효(鄭曉, 1499~1566)의 『오학편·황명사이고』(북경대학 소장본, 권하 37b~38a)에서 시작되었고 나왈경의 정보는 여기에서 가져왔다. 정효는 같은 발음의 쇄리(瑣里)로 표기하고 대동소이한 내용을 보여주며[瑣里, 西海中小國物. 產甚微, 有撒哈剌諸異布. 洪武五年國王卜納的遣撒馬牙茶嘉兒幹的亦剌丹八兒, 奉金字表朝貢, 圖上其土地山川, 賜大統曆·金幣. 永樂元年復遣人朝貢], ②에 관해서 "서양쇄리는 쇄리와 가깝고, 쇄리와 비하여 약간 크다. 물산은 대체로 쇄리와 비슷하다. 홍무 3년 사신을 보내와 황금 지면의 표문으로 방물을 바치자, 상(上)은 그 왕이 중국을 공경함에 기뻐하며, 가는 바닷길이 너무 멀므로 매우 후하게 하사품을 내렸다. 영락 원년에 다시 사신을 보내 조공해 오자, 상은 '해외의 먼 오랑캐들이 그들 나라의 상품을 실어 오니 세금을 징수하지 말라'고 하였다. 21년(1423)에 서양의 열여섯 나라가 사신 1,200명을 보내 방물을 바치러 수도에 이르렀는데, 서양 쇄리의 공물이 유독 풍성하고 훌륭했다(西洋瑣里近瑣里, 視瑣里差大. 物產大類瑣里. 洪武三年使來, 以金葉表文貢方物, 上喜王

敬中國, 涉海道甚遠, 賜甚厚. 永樂元年復遣人朝貢, 上曰, 海外遠夷, 附載番貨, 勿征. 二十一年, 西洋十六國遣使千二百人, 貢方物至京師, 西洋瑣里貢獨豐美)"라고 하였다. 이들 두 나라로 나누어 기술한 정보는 장황의 『도서편』(사고전서본, 권51, 71b~72a)에 고스란히 채록되었다. 밑줄 친 세부 정보들 외에는 나왈경의 기술과 일치한다. 다만 열여섯 나라가 사신을 보낸 해가 『방여승략외이』의 '29년'인지, 21년인지만 엇갈린다.

무영전본 『명사』, 권325, 「외국·쇄리」(8424쪽)와 『사고전서』본 『명사』(18a) 또한 정효의 기술에 근거하고 있는데, 열여섯 나라가 조공해 온 해는 21년 즉 1423년이다('중국정사외국전DB'를 참고하시오). 한편, 『태종문황제실록(太宗文皇帝實錄)』, 권263, 영락 21년 9월 20일 기사에는 열여섯 개국의 1,200명 사신이 조공해 온 기록이 확인되므로, 21년은 정확하다. 그러나 이 기사에는 실제로 '열여섯'이라 표현했으나, 열거한 나라는 '열다섯'이다. 어쨌든 '서양쇄리'는 보이지 않고 캘리컷을 말하는 '서양고리(西洋古里)'만 보인다.

『태조고황제실록(太祖高皇帝實錄)』, 권71, 홍무 5년(1372) 1월 4일 기사에 "쇄리국왕 복납적은, 그의 신하 살마아다가아, 간적역랄단팔아산을 보내 황금 지면에 쓴 표문을 바치며 말 1필, 붉은 살합랄(撒哈剌) 1연(連), 홍팔자람포(紅八者藍布) 4필, 붉은 번포(番布) 2필, 기목리포(覬木里布) 4필, 백필포(白苾布) 4필, 진주 목걸이[珠子項串] 1부(副)를 헌상하고, 그곳의 산천을 그려 바쳤다. 이보다 앞서 [홍무] 3년(1370) 6월 탑해첩목아(塔海帖木兒)에게 조서를 들려 보내 그 나라를 타이르게 했더니 이제야 함께 온 것이다. 상(上)은 중서성 신하들에게 '서양쇄리는 세간에서 멀리 있는 번국으로 연월로 계산할 수 없다고 하니, 그들의 조공이 드물든 자주든 갈 때는 후하게, 올 때는 가볍게 해도 될 것이다'라고 하였다. 이에 복납적에게 대통력과 금실을 섞어 짠 비단[織金文綺], 사라(紗羅) 각 4필, 간적역랄단팔아산 등에게는 문기(文綺)와 사라 각 2필, 시종들에게는 고려포(高麗布) 각 2필을 하사했다(瑣里國王卜納的遣其臣撒馬牙茶嘉兒·幹幹的亦剌丹八兒山, 奉金葉表, 貢馬一匹·紅撒哈剌一連·紅八者藍布四疋·紅番布二疋·覬木里布四疋·白苾布四疋·珠子項串一副, 并繪其土地山川以獻. 先是三年六月, 遣塔海帖木兒持詔論其國, 至是始與俱來. 上謂中書省臣曰, 西洋瑣里, 世稱遠番, 涉海而來, 難

計年月. 其朝貢無論疏數, 厚往而薄來可也. 於是賜卜納的大統曆及織金文綺·紗羅各四疋, 幹翰的亦剌丹八兒山等文綺·紗羅各二疋, 傔從高麗布各二疋)"라고 기록하고 있다.

이로부터 앞서 본 별개의 두 나라로 기술된 ①쇄리와 ②서양쇄리는 같은 나라임을 확인할 수 있다. 별개로 기술되었던 정보가 여기 『실록』에서는 하나의 나라로 기술되어 있다. 게다가 캘리컷을 지칭하는 '서양고리(西洋古里)'는 '서양쇄리'로 혼동할 개연성이 다분하다. 또 두 경우에서처럼 '서양'은 확실히 인도양을 의미하는 수식어에 지나지 않는다. 또한 『함빈록』의 ①'마아다가아간적역랄단팔아(馬牙茶嘉兒幹的亦剌丹八兒)'에는 앞에 '살(撒)'자를 붙여 '살마아다가아간적역랄단팔아'로 보완해야 하며, 이는 '살마아다가아'와 '간적역랄단팔아' 두 사람으로 읽어야 할 것 같다.

> 쇄리(瑣里)의 풍속은 서역(西域)과 같다(瑣里俗同西域). 홍무(洪武) 5년(1372) 그곳 왕 복납적(卜納的)이 마아다가아간적역랄단팔아(馬牙茶嘉兒幹的亦剌丹八兒)를 보내 황금으로 만든 지면에 쓴 표문[金字表]을 올리고 방물을 바치며, 그곳 산천을 그린 그림을 올렸다. 서양쇄리(西洋瑣里)는 쇄리(瑣里) 보다 약간 크다. 영락(永樂) 29년[1] 서양의 열여섯 나라가 사신 1,200명을 보내 방물을 바쳤다. 서양쇄리가 조공한 것이 유독 풍성하고 아름다웠다. 이곳에서는 베[布]만 생산하는데, 우수하다.

이상의 정보는 추재의 손에서 다음과 같이 요약되었다.

> 쇄리에는 동쪽과 서쪽의 두 쇄리(瑣里)가 있다. 명나라 초 아다(牙茶)에게 황금 지면에 쓴 표문을 받들어 조공하게 하며 지도를 바쳤다. 그곳 산물은 유독 아름답다(瑣里有東西二瑣. 明初遣牙茶奉金字表入貢, 獻地圖. 其產獨美).

1) 영락(永樂)은 1403~1424년 사용한 연호이므로, 29년은 존재하지 않는다. 『오학편·황명사이고』 따라 영락 21년이 되어야 할 것이다. 위의 해제를 참고하시오.

멀리 북극성을 향해 천자에게 절하고,	遙望北辰拜天子,
황금 표문 홍릉의 지면에 썼네.	黃金表字紅綾紙.
아다는 산천의 지도를 받들어 올리니,	牙茶捧獻畫山川,
동쇄리는 서쇄리와 같네.	東瑣里如西瑣里.[2]

2) 앞서 '쇄리'는 남인도 지역임을 추정한 바 있다. 또 나왈경은 '쇄리'와 '서양쇄리'로 나누어 기술했었다. 「곤여만국전도(1602년)」에 따르면, 인도의 서쪽 바다를 '소서양(小西洋)'으로 표기하고 있으므로, '서양쇄리'는 남인도의 서안 즉 말라바르 해안 쪽을 말하고, '쇄리'는 동쪽 코로만델 해안 지역을 지칭한다. 이로써 추재가 말하는 '서쇄리'는 바로 '서양쇄리'를 말하고, '동쇄리'는 바로 코로만델 해안에 해당한다.

[40] 토번(吐蕃)

여기부터는 『방여승략외이』, 권4에 수록된 나라들이다. 이 4권은 신안(新安)의 정본열(鄭本烈)이 짓고, 오등양(吳騰驤) 집록한 것으로 되어 있다. 정본열이 채록한 나왈경의 『함빈록』에는 권5, 「서이(西夷)」에 '토번'을 넣어 기술했다.

7세기 초반에 건국한 '토번(吐蕃)'은 바로 오늘날 티베트에 해당한다. 그 건국자는 송첸깜뽀(Songtsen Gampo)이다. 현재 우리의 자료에서 보겠지만, 그들은 '강(羌)' 또는 '서강(西羌)'에서 유래했다는 설이 지배적이다. 언급된 자료는 중국 사서들뿐이므로 당연히 그렇게 읽을 수밖에 없다. '번(蕃)'자는 이민족, 소위 오랑캐를 지칭하는 글자이므로, '토(吐)'자가 음역 표기일 것이다. 티베트인들은 자신들을 '뵛(bod)'이라고 부르는데, '토'자의 중고 시대 음은 '투(t^huo)'이다. '뵛'과의 음성적 근접성을 발견하기 어렵다.

『수서』, 권83, '부국(附國)' 열전(1858~1860쪽)이 수록되어 있는데, 기록에 따르면, 이 나라는 촉군(蜀郡, 쓰촨)의 서북쪽 2,000여 리 떨어진 곳에 있으며, 한나라 시기 서남이(西南夷)라고 시작한다. 이 나라의 '부(附)'에 관해, 알버트 헤르만(Albert Herrmann)은 티베트어 '뵛(bod)', 즉 티베트로 읽고 부국을 '중부 티베트'로 추정했다.[1)] '부'자의 중고음은 '비우($b^hi̯u$)'로 종성 자음을 가지지 않을 뿐만 아니라, 쓰촨 청두에서 서북쪽 2,000리는 중부 티베트에 해당할 리가 없다. 여기서 말하는 '부국'은 의미상 부용(附庸), 즉 속국을 의미하는 것이라고 폴 펠리오는 추정했다(『Notes on Marco Polo』, II, 693쪽). 마르코폴로는 티베트를 '테벳(Tebet)'으로 기록했는데, '벳'은 바로 '뵛(bod)'에, '테'는 '토(吐)'에 해당하는 북방 중국어 발음일 것이다. 가정하자면 '티베트' 또는 테베트는 중국인들이 티베트인을 부른 '토'와 티베트인들의 자칭인 '뵛'이 합쳐진 형태로 생각한다. 그럴법하지만, 결국 중국인들이 말하는 '토'의 형태는 설명되지 않는다.

여기 정본열이 채록한 『함빈록』의 기술은 중국인들이 알고 있는 토번에 관한 정사의 기록들이 잘 요약되어 있다. 여러 자료를 뒤적이지 않더라도 족히 중국과

1) Seven Hedin, 『Southern Tibet』, VIII(1922, Stockholm), 22쪽과 Albert Herrmann, 『Historical and commercial atlas of China』(Cambridge, 1935), 35 F 3.

티베트의 관계를 파악할 수 있다는 점에서 방점을 둘 수 있을 것이다.

> **토번(吐蕃)은** 무릇 100여 종이 있다. **옛날에는 서융(西戎)이라 했고 서강(西羌)이라고도 했다.** *[그 조상은 삼묘(三苗)에서 나왔다. 나라는 남악(南岳)과 가까웠고, 지금은 형초(荊楚)의 계동(溪洞)에 왕왕 있다. 도둑질하며 어지럽힌 자들을 조사해 보니 대부분 묘성(苗姓)이었는데, 대체로 그들의 후손들이다(其先出自三苗. 國近南岳, 今荊楚溪洞中往往有. 竊發爲亂者詢之, 多爲苗姓, 大抵其遺種也)].* **순(舜)임금 시절에 삼위산(三危山)으로 삼묘(三苗)를 이주시켰다.** 삼위(三危)는 숙주(肅州)에서 수백 리 남쪽으로 촉한(蜀漢)과 접한 요외(徼外) 만이(蠻夷)로, 서북쪽으로는 고창(高昌) 등의 나라와 접해 있다. 풍속에 아들이 어미를 아내로 삼고, 아우가 형수를 받아들이니[子妻母, 弟納嫂], 나라에는 홀아비나 과부가 없고, **종족이 번성했다.**
>
> 옛날 성탕(成湯)이 견이(畎夷)를 정벌하고, 무정(武丁)이 귀방(鬼方)을 정벌했으며, 계력(季歷)이 서락(西洛), 여무(余無), 시호(始呼), 예도(翳徒) 등의 융(戎)을 정벌했다. *[문왕의 시기에 융적들이 복종했다(在文王時, 戎狄賓服)].* 무왕(武王) 시기에 [상나라를 칠 때] 강(羌)과 무(髳)가 목야(牧野)에서 군대를 끌고 모였었다. 선왕(宣王) 때에는 융(戎)이 진중(秦仲)을 살해하여 장공(莊公)이 그들을 격파했다. 유왕(幽王) 시기에 신후(申侯)가 융과 함께 공격하여 왕을 살해하자 진양공(秦襄公)이 이들을 정벌했으니, 융(戎)이 유래한 지는 오래되었다. 평왕(平王)에 이르러 낙읍(洛邑)으로 천도하여 **견융(犬戎)**을 피했다. *[이에 융은 중원을 압박하며(於是戎逼諸夏)],* 농산(隴山) 동쪽에서 이수(伊水)와 낙수(洛水)에 이르기까지 융이 종종 노략질하며, 그곳에 잡거(雜居)했다. *[그리하여 적(狄)과 원(豲)의 융, 규(邽)와 기(冀)의 융, 의거융(義渠戎), 대려융(大荔戎), 여융(驪戎), 육혼융(陸渾戎), 음융(陰戎), 만지융(蠻氏戎)이 있었고, 이수와 낙수 사이에는 양거융(楊拒戎), 천고융(泉皐戎)이 있었다. 춘추시대에 이따금 중국에 살면서 중원과 회맹하기도 했다(故有狄豲戎·邽冀戎·義渠戎·大荔戎·驪戎·陸渾戎·陰戎·蠻氏戎, 伊·洛間有楊拒·泉皐戎. 春秋時, 間在中國,*

與諸夏盟會)]. 규(邽)와 기(冀)의 융은 장공(莊公)이 멸한 적이 있다. 여융(驪戎)은 진(晉)나라 헌공(獻公)이 멸했다. *[이때 이수와 낙수의 융이 강성하여 조(曹)와 노(魯)나라에 침입하여 왕성으로 들어오자, 진(秦)과 진(晉)나라가 물리쳤다. 2년 뒤에 다시 양왕(襄王)의 아우 숙대(叔帶)와 공모하여 양왕을 치자, 제환공(齊桓公)이 관중(管仲)을 보내 평정했다. 이후 진(秦), 진(晉), 초(楚), 조(趙)나라가 강성하여(是時, 伊·洛戎強, 侵曹·魯, 入王城, 秦·晉伐之. 後二年, 復與襄王弟叔帶謀, 伐襄王, 齊桓公使管仲平之. 嗣後秦·晉·楚·趙强盛)]*, 진(秦)나라 목공(穆公)은 유여(由余)를 얻어 서융(西戎)을 제압했다. [진]도공([晉]悼公)이 위강(魏絳)을 보내 여러 융과 화의하게 하자, 만지(蠻氏)는 초(楚)나라에 복종했고, 육혼(陸渾), 이수(伊水), 낙수(洛水), 음수(陰水)의 융들은 진(晉)나라를 섬겼다. *[진(晉)과 조(趙)나라가 북이(北夷)를 멸하고(晉·趙滅北夷)]*, 진(秦)나라가 대려융(大荔戎)를 멸하자 나머지 벗어난 사람들이 모두 서쪽으로 도주하여 견산(汧山)과 농산(隴山)을 넘어갔다. 이에 중국에는 융의 노략질이 없어졌고, 다만 의거종(義渠種)만 그곳에 남아있었다. *[의거융(義渠戎)의 세력이 강성하여, 성을 쌓고 왕을 칭하여 진(秦)나라는 자주 패하고 곤궁해졌다(義渠勢力强悍, 築城稱王, 秦輒爲其敗困)]*. 진(秦)나라 소왕(昭王, 기원전 306~기원전 251년 재위) 때, 의거(義渠) 왕이 진(秦)에 입조했다가, 소왕의 모친 선태후(宣太后)와 사통하여 두 아들을 낳았다. 뒤에 선태후가 의거왕을 유인하여 살해하자, [진나라] 왕은 군대를 일으켜 그들을 멸망시키고 처음 그곳에 농서(隴西), 북지(北地), 상(上)의 군(郡)을 설치했다.

양한(兩漢) 시대에 서융(西戎)의 종족들은 다시 성해졌다. 이에 앞서 융 중에는 [무익]**원검([無弋]爰劍)이 있었는데,** 그들은 어느 [융]에서 나왔는지 모른다.【혹자는 순임금이 소자(少子)를 융땅에 봉했는데 이들은 그 후예들로 삼묘종이 아니라고 한다.】 진(秦)나라 여공(厲公) 때에는 원검을 잡아 노예로 삼았다. 뒤에 도망하여 돌아가다가 **코가 베인 여인[劓女]과 들에서 만나 결국 부부가 되었다. [이] 여인은 그 모습을 부끄럽게 여기고 머리카락을 풀어 얼굴을 가렸는데,** 강(羌) 사람들은 이를 풍속으로 삼았다. *[서로 멋대로 사지하(賜支河)와 황수(潢水) 사이로 들어오면서 여러*

강(羌)이 넓어지며 강해졌다. 이에 강(羌)에게 농사짓고 목축하게 하니 무리 중에(相與亡入賜支河·湟間, 諸羌推以爲豪. 於是敎羌田畜, 種人)] 의지하여 따르는 사람이 나날이 많아졌다. 원검(爰劒)이 죽고 *[네 세대에 걸쳐, 인(忍), 무(舞), 인(印)이란 자들이 있었는데, 모두 아내를 많이 받아들여 아들이 각기 10여 명씩으로 각자 저마다 종족을 이루니 이로부터(四世有曰忍, 曰舞, 曰印者. 竝多納婦, 子各十餘, 各自爲種, 自是苗裔漸熾)]* 그 후예들이 점차 많아져 150여 종족에 달했다. 혹 사지하(賜支河) 서쪽에 살았고, 혹 촉한(蜀漢) 먼 북쪽에 살았는데, *[그 명칭을 다 기술하기 어렵다(其名號難以盡述也)]*. 그중 소당(燒當), 선령(先零), 종강(鍾羌), 참랑(參狼)이 가장 강성하여, *[나머지 종족들은 그들에 의지하거나 노략질할 뿐이었다. 소당(燒當)은 인(忍)의 14대 후손으로 가장 강성했으므로(餘種特依之, 爲寇而已. 燒當者忍第十四世孫也, 最豪健, 故)]* 그 자손들이 대를 이어가며 소당(燒當)으로 종족 명칭을 삼았다고 한다. 이후 진시황이 장성을 쌓았고, 한무제(漢武帝)가 영거새(令居塞)를 짓고, 장액(張掖)【옛 흉노 땅으로, *[한나라는 장액군(張掖郡)을 설치했다]*. 지금의 감주위(甘州衛)이다】, 주천(酒泉)【옛 월지(月支)로 *[한나라는 군을 설치했다]*. 지금의 숙주위(肅州衛)】, 돈황(燉煌)【옛 과주(瓜州), 지금의 사주위(沙州衛)】,[2] 무위(武威)【옛 흉노 휴도(休屠) 왕의 땅으로 *[한나라 때에는 군(郡)을 설치했고, 송나라 시기에는 서량부(西涼府)였다]*. 지금의 양주위(涼州衛)이다】 4군을 설치하여 강호(羌胡)와 절연하니, 서쪽이 안정되었다. *[소당(燒當) 자신과 그의 현손 전량(滇良)이 대를 이어 복종했으나, 유독 선령(先零)만이 여러 강족을 결합하여 자주 노략질하며, 약탈이 끊이지 않았다(燒當之身及其玄孫滇良, 累世服從, 獨先零結諸羌, 數數爲冦抄不絕)]*. 조충국(趙充國)이 선령(先零)을 항복시키고, 풍봉세(馮奉世)가 삼저(彡姐) 등의 강을 항복시켰다. *[사이(四夷)가 복종한 지 수십 년이 되었다. 왕망이 왕위를 찬탈하자, 강족이 다시 노략질해 왔고, 심지어 흉노에 붙어 한*

2) 돈황(燉煌)에 관하여 나왈경은 "옛 과주(瓜州)의 땅으로, 한나라는 돈황군(燉煌郡)을 설치했고, 당나라 때는 과주(瓜州)와 사주(沙州), 두 주로 나누었으며, 원나라는 과주를 없애고 사주로(沙州路)를 두었다. 명나라 초에 사주위(沙州衛)을 설치했고, 정통(正統) 연간에 그곳 사람들을 내지(內地)로 이주시켜 이름만 남겼을 뿐이다"라고 설명했다.

나라와는 서로 적대했다. 건무(建武, 25~56) 연간에 내흡(來歙), 마원(馬援) 등이 물리쳐 항복시키고, 천수(天水), 농서(隴西), 부풍(扶風) 세 군을 설치했다. 중원(中元, 56~57) 초에 소당강(燒當羌) 전오(滇吾)는 아우 전안(滇岸)과 함께 농서새를 노략질했다. '전오'란 자는 전량(滇良)의 아들로, 곧바로 토벌되어 이겨낼 수 없었다. 영평(永平, 58~75) 초에 두고(竇固), 마무(馬武) 등이 크게 무찔렀다. 얼마 되지 않아, 전안(滇岸), 전오(滇吾)가 항복하고 예궐하여 공물을 바치고 알현했고, 전오의 아들 동오(東吾), 동오의 아들 동호(東號), 동호의 아들 마노(麻奴)가 모두 들어와 살며 안정되니 대대로 받들며 예전처럼 약속했다. 유독 동오(東吾)의 여러 아우, 미오(迷吾), 호오(號吾) 등이 여러 강족을 결합하여, 자주 노략질을 했다. 얼마 뒤에 항복하거나 멸절되어, 세력이 심하게 창궐하지는 못했다(四夷賓服者數十年. 王莽簒位, 羌復入寇, 至附匈奴, 與漢相拒矣. 建武中, 來歙·馬援等破降之, 徙置天水·隴西·扶風三郡. 中元初, 燒當羌滇吾與弟滇岸, 寇隴西塞. 滇吾者, 滇良子也, 輒討之, 不能克. 永平初, 竇固·馬武等大破之. 無何, 滇岸·滇吾降, 詣闕獻見, 而滇吾子東吾·東吾子東號·東號子麻奴, 俱入居安定, 世世奉約束如故. 獨東吾諸弟·迷吾·號吾等結諸羌, 數數爲寇. 頃之, 或降或滅, 勢亦未至甚猖獗也)]. 영초(永初, 107~114) 연간에 투항한 여러 강족이 호리(豪吏)들의 요역(徭役)에 힘들어 마노(麻奴)는 달아나 출새하여 *[여러 잃어버린 강족들을 두루 불러 모아, 마침내(諸亡羌轉相嘯聚, 遂)]* 전령(滇零), 종강(鍾羌) 등의 여러 종족을 복속시켜 대대적으로 약탈하고, *[나무를 들어 병장기를 만들고, 땔나무를 지고 장비를 만들어, 수레와 말로 먼지를 일으키니 군현들이 떨며 통제할 수 없었다(揭木爲兵, 負柴爲械, 轂馬揚埃, 郡縣畏懦不能制)].* 또 참랑(參狼), 상군(上郡)과 서하(西河)의 여러 종족을 소집하여 동쪽으로 조(趙)와 위(魏)의 남쪽을 침범하여, 익주(益州)로 들어와 마침내 삼보(三輔)를 약탈하고 농산도(隴山道)를 차단하며 군현을 공격했다. 전령(滇零)은 북쪽 땅에서 스스로 천자를 칭했다. 등즐(鄧騭), 임상(任尙), 임인(任仁), 단희(段禧), 단숭(段崇) 등이 그들을 토벌했지만, 한나라 군사들은 곧 좌절되었다. *[살상과 약탈이 매우 참혹했다. 서융(西戎)이 반란을 일으킨 뒤로 상국(上國)이 이처럼 심하게 능멸당하고 배척당한 적은 없었다(殺掠大慘, 自西戎作逆,*

未有陵斥上國若斯其熾也)]. 전령(滇零)이 죽고 아들 영창(零昌)이 즉위했다. *[나이는 어렸지만, 동족 낭막(狼莫)과 모의하여(年幼小而同種狼莫爲其計策)]*, 자주 약탈해 왔다. 그들을 토벌함에 공과가 없자 임상(任尙)은 우익(虞翊)의 계책을 활용하여 *[경기병으로 공격했다. 또 장교(張喬)는(輕騎擊之. 又張喬)]* 모반한 강족을 불러 유인하자 *[조금씩 항복해 왔다(稍稍詣降)]*. 당시 효공종(効功種) 호봉(號封)이란 자가 영창을 찔러 죽이자, 그를 왕으로 봉했다. 전무종(全無種) 조하(雕何)란 자가 낭막(狼莫)을 찔러 죽여 그를 후(侯)로 봉했고, 호다(號多)가 당전(當煎)과 늑저(勒姐)와 함께 여러 종족을 윽박질러 파한(巴漢)을 약탈한 일은 정신(程信)과 판순(板楯)의 만병(蠻兵)에 힘입어 물리쳤다. 이에 강(羌)들은 와해되었다. *[삼보(三輔)와 익주(益州)에는 더는 약탈 경보가 없어졌다(三輔·益州無復寇警矣)]*. 영녕(永寧, 301~302) 이후 강들이 다시 결합하여 마노(麻奴)가 노략질했고, *[여러 종족의 강들이 또 자주 반역했다. 얼마 뒤에 모두 항복했으니, 마현(馬賢)의 공이 컸다(而鍾羌又數反. 頃之皆降, 馬賢之功居多)]*. 마현(馬賢)이 전투에서 죽음에 따라 동서의 강들이 다시 대거 집합하여, 소당(燒當), 선령(先零) 심지(沈氏), 뇌저(牢姐) 등의 종족들이 연이어 노략질했다. *[얼마 되지 않아 투항하거나 멸절되었는데, 단경(段熲)의 공이 컸다. 그 뒤로부터 종족의 명칭, 세차(世次)는 상고할 수 없었다(頃之, 或降或滅, 段熲之功居多. 自是厥后, 其種號·世次, 莫可得而考矣)]*.

서진(西晉) 회제(懷帝, 284~313) 때 적정강(赤亭羌) 요익중(姚弋仲)은 바로 원검(爰劒)의 후예이다. 동쪽 유미(楡眉)로 옮겨가자, 융(戎)이 커지면서 의지해 따르는 자가 수만이었고, 아들 요양(姚襄)과 요장(姚萇)이 모두 헌걸차고 용맹한 지략이 많았다. 요익중이 병들어 아들 요양에게 이르기를 "중원에는 주인이 없으니 내가 죽으면 너는 곧바로 진(晉)나라에 귀의하여 진나라에 불의함이 없도록 하라(中原無主, 我死, 你亟歸晉, 於晉無爲不義也)"[3]라고 하고 죽었다. 요양은 마침내 사람들을 이끌고 귀부하

3) 『진서』, 권116, 「요익중전」, 2961쪽: "중원에 주인이 없었고, 예부터 융적 중에 천자가 된 자는 없었다. 내가 죽거든 너는 곧바로 진(晉)나라로 들어가 신하의 절개를 다하여 불의한 일이 없도록 해야 한다(中原無主, 自古以來未有戎狄作天子者. 我死, 汝便歸晉, 當竭盡臣節, 無爲

자 조서로 초성(譙城)에 주둔하게 했다. 마침 은호(殷浩)는 그가 강성해지는 것을 싫어하여, *[자주 자객을 보내 죽이게 했으나 이루지 못했다. 또(屢遣刺客刺之, 不諧. 又)]* 몰래 위경(魏憬)을 보내 요양을 습격했으나, 요양을 이기지 못하자 앙심을 품을 수밖에 없었다. *[얼마 되지 않아]* 은호는 진(秦)을 정벌하며 요양을 선봉으로 삼았으나 요양은 거짓으로 달아나며 복병을 두어 격퇴하고, 반대로 산상(山桑)에서 은호를 공격하자 은호는 대패하여 귀의해 서인(庶人)이 되었다. 환온(桓溫) 도독군(都督軍)이 요양을 토벌하자 *[요양은 연전연패하며 평양(平陽)으로 달아나 반민(叛民)을 불러들여 관중(關中)을 도모할 뜻을 품었다. 진(秦)은 군대를 보내 공격하여 요양을(襄連戰敗, 退奔平陽, 招納叛民, 輒有圖關中之志. 秦遣兵攻擊)]* 참수하자, 요양의 아우 요장이 *[무리를 이끌고 진(秦)에 항복했다. 이에 앞서 연(燕)나라 모용위(慕容暐)가 진(秦)에 항복해 오자, 진(秦)나라는 모용위와 선비(鮮卑) 무리 4만여 가구를 장안으로 이주시켰다. 모용홍(莫容泓)이 군대를 일으켜 선비 무리를 끌어모아 그 세력이 강성해졌다. 후진은 부예(苻叡)를 보내 모용홍을 공격하게 하고, 요장(姚萇)을 사마(司馬)로 삼아 보좌하게 했다. 요장이 부예에게, '선비들은 모두 돌아갈 마음이 있으므로 일으켜 어지럽히고 내몰아 관새로 나가게 해야 막을 수 없을 것입니다'라고 하였다. 부예는 따르지 않아 결국 패하여 죽었다. 부견은 대노하여 요장을 죽이려 했다. 요장은(以眾降秦. 先是燕慕容暐降秦, 秦遷暐并鮮卑衆四萬餘戶於長安, 及莫容泓起兵, 收集鮮卑眾, 其勢遂盛. 秦遣苻叡擊泓, 以姚萇爲司馬, 佐之. 萇諫叡曰, 鮮卑皆有思歸之志, 故起而爲亂, 宜驅令出關, 不可遏也. 叡勿從, 果敗沒. 堅大怒欲殺萇. 萇)]* 위수(渭水) 북쪽으로 달아나 강호(羌豪) 5만여 가구를 규합하고 스스로 진왕(秦王)으로 칭하자, 강(羌)과 호(胡)의 투항자가 10만여 명이었다. 마침 후진 부견(符堅)이 서연(西燕)을 공격하다가 패해 오장산(五將山)으로 달아나자, 요장은 사람을 보내 그를 목매 죽이고 마침내 장안을 차지하고 황제를 칭하니 *[그 세력이 매우 성했다(勢赫然盛矣)]*. 요장이 죽고, 아들 요흥(姚興)이 죽자, 아들 요홍(姚泓)이 즉위했다. *[요홍은 사람됨이 나약하*

不義之事)"라는 기록이 보인다.

여 조부의 풍모가 없었다(泓爲人孱弱, 無祖父風)]. 유유(劉裕, 363~422)는 왕진악(王鎭惡)을 보내 토벌하자 *[싸우지도 못하고 궤멸하여(不戰而潰)]* 결국 요홍은 투항했다. *[유유가 장안에 이르러(裕至長安)]* 요홍을 건강(建康)으로 보내 참수하게 하니, 요진(姚秦)씨는 망했다. *[위진(魏晉) 초에(在魏晉初)]* 서강(西羌)의 땅은 동호(東胡) 토욕혼(土谷渾)에 병합되었다. 「올량합지(兀良哈志)」에 자세하다. *[수나라에 이르러 토욕혼(土谷渾)은 쇠미해졌다. 당시 서강(西羌)의 땅에는 당항(党項), 대양동(大羊同), 등지(鄧至), 탕창(宕昌), 실립(悉立), 니파라(泥婆羅), 소비(蘇毗), 백란(白蘭), 토번(吐蕃)이 있었다(至隋, 吐谷渾衰, 時西羌地有党項, 有大羊同, 有鄧至, 有宕昌, 有悉立, 有章求拔, 有泥婆羅, 有蘇毗, 有白蘭, 有吐蕃)]*. 서강(西羌)의 땅은 단지 당항(黨項)과 토번(吐蕃)이 컸을 뿐이다.

당나라 초에 여러 종족은 모두 토번(吐蕃)에 병합되었다. 토번의 조상은 골제발실야(鶻提勃悉野)라고 하는데 어떤 종족인지 알려지지 않았다. *[혹자는 남량(南涼) 독발리록고(禿髮利鹿孤)의 후손으로 번니(樊尼), 녹단(傉檀) 두 아들이 있었는데, 녹단이 승계했다가 걸불치반(乞佛熾盤)[4]에게 멸망 당해, 번니가 남은 부족들을 거느리고 저거몽손(沮渠蒙遜)[5]에게 신속하여 임송태수(臨松太守)가 되었으나 저거몽손이 멸망하자, 번니는 군대를 거느리고 서쪽으로 황하를 건너고 적석(積石)을 넘어 마침내 강족 무리를 다스리게 되었다고 한다(或曰南涼禿髮利鹿孤之後, 二子曰樊尼, 曰傉檀. 傉檀嗣, 爲乞佛熾盤所滅, 樊尼挈殘部, 臣沮渠蒙遜, 以爲臨松太守, 蒙遜滅, 樊尼率兵西濟河, 逾積石, 遂撫有羣羌云)]*.[6] 그들 풍속에 **강웅(强雄)한 사람을 '찬(贊)'이라 하고**, 대부를 '보(普)'라 하여 **군(君)**[7]을 **'찬**

4) 서진(西晉)의 제3대 군왕인 '걸복치반(乞伏熾磐, 412~428년 재위)'의 다른 표기일 것이다.

5) 북량(北涼)의 제2대 군왕으로, 임송(감숙성 장액) 흉노 출신으로 북량의 실질적 건국자이다. 401~433년간 재위했다.

6) 『신당서』, 권216상, 「토번전」에서 가져왔다.

7) 나왈경은 '군(君)'을 '군장(君長)'이라고 했는데, 『신당서』, 권216상, 「토번전」에서도 '군장'이라고 했으므로 '군장'이 맞을 것이다.

보(贊普)'[8]**라고 불렀다**. 얼마나 전해졌는지는 모르지만, 농찬(弄贊), 또 기소농(棄蘇農), 또 불야씨(弗夜氏)라고 하는 사람에 이르렀다. 그의 사람됨은 강개(慷慨)하고 재주가 있고, 사내다워 항상 야생마나 이우(犛牛)를 몰아 달리며, 그것들을 찔러 죽이기를 즐기니, 서역의 여러 나라가 그에 신속했다.

태종(太宗), 정관(貞觀) 8년(634) *[처음으로 사신을 보내(始遣使者)]* 내조(來朝)했다. *[황제는 행인 풍덕하(馮德遐)를 보내 조서를 내리고 위무토록 했다(帝遣行人馮德遐下書臨撫)]*. 농찬(弄贊)이 돌궐(突厥)과 토욕혼(土谷渾)이 모두 공주를 얻었다는 소식을 듣고, 사신을 보내 예물을 가져와 구혼했으나 황제는 허락하지 않았다. 사신이 돌아가 거짓말하며 "천자가 나를 후하게 맞으며 거의 공주를 얻을뻔했으나 마침 토욕혼의 왕이 입조하여 결국 허락받지 못했는데 분명 우리를 이간한 것이 있지 않겠습니까(天子遇我厚, 幾得公主, 會吐谷渾王入朝, 遂不許, 殆有以間我乎)"라고 하자 농찬은 화가나 양동(羊同)을 거느리고 토욕혼(土谷渾)을 공격하자 *[토욕혼은 저항하지 못하고 청해의 북쪽으로 달아나니(吐谷渾不能亢, 走青海之陰)]*, 그들의 재물과 가축을 모두 빼앗았다. 또 당항(党項)과 백란강(白蘭羌)을 공격하여 격파했다. 군사 2만 명을 조련하여 송주(宋州)를 약탈하고 사신에게 금갑(金甲)을 바치게 하고 공주를 맞이하겠다며 측근들에게 "공주가 오지 않으면 우리도 침입하겠다(公主不至, 我且深入)"라고 하였다. *[도독 한위(韓威)가 가볍게 보고 나가 적을 정탐하다가 되레 패배하니 속한 강족들이 크게 동요하며 모두 반기를 들고 적에 호응했다(都督韓威輕出覘賊, 反爲所敗, 屬羌大擾, 皆叛以應賊)]*. 당나라는 후군집(侯君集), *[집실사력(執失思力), 우응규(牛應逵),*[9] *유란(劉蘭)]* 등을 보내 네 갈래로 출병하여 토벌하게 했다. 1,000여 수급을 베자 농찬이 비로소 두려워 퇴각하며, 사신을 보내 사죄하고 청혼을 고집하자, *[허락했다. 대*

---

8) 티베트 최고 통치자를 '첸포(tsenpo)'라 하는데, 이를 음차한 표기이다.

9) 『신당서』, 권216상, 「토번전」에는 우무위대장군(右武衛大將軍) 우진달(牛進達)로 되어 있다.

론(大論) 설록동찬(薛祿東贊)[10]*을 보내 황금 5,000냥을 바치고 다른 보물들도 이에 상응하게 보내 맞이하는 예물로 삼았다. 15년(641)에(許之. 遣大論薛祿東贊獻黃金五千兩, 它寶稱是, 以爲聘. 十五年)].* **종실의 딸을 문성공주(文成公主)로 봉하고 강하왕(江夏王) 도종(道宗)에게 조서를 내려 부절을 가지고 호송하게 하자, 농찬은 군대를 이끌고 백해(柏海)에 주둔하며 도종을 친히 맞이하며**, 사위로서의 예가 매우 극진했고, **중국 복식의 아름다움을 보고 위축되어 부끄러워했다**. 나라로 돌아가 선대에 황제의 딸과 혼인한 적이 없었기 때문에, **공주를 위해 성 하나를 지어 후세에 자랑하고자 궁실을 세워 살게 했다. 공주가 나라 사람들이 얼굴을 붉게 칠하는 것[赭面]을 싫어하자, 농찬은 나라에 하명하여 그것을 금지했다. [그리고] 자제들을 국학(國學)에 입학시켜** 시와 글쓰기를 배우게 하고, 또 유학자를 청해 서소(書疏)를 관장하게 하였다.

영휘(永徽, 650~656) 초에 농찬이 죽었으나 아들이 없어, *[그의 손자를 세웠으나 어려 다스리지 못하자 록동찬이 나랏일을 살폈다. 얼마 지나지 않아 토욕혼을 격파하자, 모용낙갈발(慕容諾曷鉢)과 홍화공주(弘化公主)가 남은 부락을 이끌고 양주(涼州)로 달아났다. 이듬해 록동찬이 죽고, 그의 아들(立其孫, 幼不事, 故祿東贊相其國. 頃之, 破土谷渾, 慕容諾曷鉢與弘化公主引殘落走涼州. 踰年祿東贊死, 其子)]*, 흠릉(欽陵), 찬파(贊婆), 실다(悉多), 발론록(勃論祿) 형제들이 함께 나라를 맡았다. 이해부터 약탈하여, 기미한 12주의 여러 강(羌)을 격파했다. 또 기미한 18주를 침입하여, 우전(于闐)을 이끌고 구자(龜茲)의 발환성(撥換城)을 빼앗았다. 이에 안서(安西)의 네 진(鎭)이 모두 없어졌다.[11] 조서로 설인귀(薛仁貴), *[아사나도진(阿史那道眞)]* 등을 보내 토번을 토벌하고 아울러 토욕혼을 호위하여 나라로 돌아가게 했다. 군대는 무릇 10여만 명이었으나 대비천(大非川)에 이르러 흠릉의 저항을 받고 천자의 군대가 패했다. 결국 토욕혼을

10) 『구당서』, 권196상, 「토번전」(상, 5221쪽)에는 '설'자 없이 '록동번'으로만 되어 있다.

11) 발환성을 빼앗은 일은 『신당서』, 권216상, 「토번전」에 함형(咸亨) 원년(670)의 일로 기록하고 있다.

멸망시키고 그 땅을 모두 차지했다.

고종(高宗) 상원(上元, 674~676)초에 대신 논토혼미(論吐渾彌)를 보내와 화친을 청하고 토욕혼과 우호 관계를 요구했으나 황제는 따르지 않았다. *[이듬해(676) 선(鄯), 곽(廓), 하(河), 방(芳), 첩(疊), 부(扶) 등 여섯 주를 공격해 오자,*[12] *당나라는(明年, 攻鄯·廓·河·芳·疊·扶六州, 唐)]*, 장수 이경현(李敬玄), *[이효일(李孝逸), 유심례(劉審禮)]* 등을 보내 토번을 쳤으나 모두 공과가 없었다. 흑치상지(黑齒常之)가 결사대 500명을 거느리고 밤에 그들 군영을 기습하자, 오랑캐[虜]들이 놀라 서로 밟혀 죽은 자가 매우 많았다. 이에 [토번은] 군대를 물렸다. 의봉(儀鳳, 676~679) 초[13]에 *[대수령(大首領)]* 찬파(贊婆)와 소화귀(素和貴)가 군사 3만을 이끌고 하원(河源)을 공격하고 양비천(良非川)에 주둔할 때, 이경현(李敬玄)이 황천(湟川)에서 맞서 싸웠으나 패했다. 흑치상지가 정예 기병 3,000으로 밤에 치자 찬파가 철군했다. 이에 흑치상지를 하원군경략대사(河源軍經略大使)로 삼았다. *[이어 경계를 삼엄하게 하며 둔전을 개간하니(乃嚴烽邏, 開屯田)]*, 오랑캐의 모략이 조금 꺾였다. *[당초에 검남(劍南) 무주(茂州)를 지나는 서쪽에 안융성(安戎城, 쓰촨 마오현茂縣)을 세워 비루한 것들을 저지했다. 갑자기 교화되지 않은 강족[生羌]을 향도로 오랑캐[虜]들이 그곳을 차지하고 지키면서 서이하(西洱河)의 여러 만(蠻)을 병탄하고 양동(羊同), 당항(党項) 등 여러 강족을 신속시켰다. 그곳은 동쪽으로 송주(松州), 무주(茂州), 수주(嶲州)와 접하여 있고, 남쪽으로 파라문(婆羅門)에 닿으며, 서쪽으로 사진(四鎭)에 이르고, 북쪽으로 돌궐에 이르러 폭과 둘레가 수만 리였다. 이는 한나라와 위나라 때의 여러 융(戎)에게 없었던 일이었다(初, 劍南度茂州之西築安戎城, 以迮其鄙. 俄爲生羌導, 虜取之以守, 因幷西洱河諸蠻, 盡臣羊同·党項諸羌. 其地東與松·茂·嶲接, 南極婆羅門, 西取四鎭, 北抵突厥, 幅圓餘萬里, 漢·魏諸戎所無也)]*.

---

12) 『신당서』, 권216상, 「토번전」(6076쪽)에는 의봉(儀鳳) 원년(676)에 "선(鄯), 곽(廓), 하(河), 방(芳) 등 4주를 공격하여 관리를 죽이고 말과 소 만여 필을 노략질했다(攻鄯·廓·河·芳四州, 殺略吏及馬牛萬計)"라고 하였다.

13) 『신당서』, 권216상, 「토번전」(6076쪽)에 따르면 조로(調露) 2년(680)의 일로 기록하고 있다.

무측천(690~705년 재위) 시기에 위대가(韋待價)와 염온고(閻溫古)를 보내 토벌토록 했으나 군대가 진격하지 않고 앉아 죽었다. 다시 잠장천(岑長倩)을 보냈으나 공과가 없었다. 무측천은 노해 *[이듬해]* 조서로 왕효걸(王孝傑), *[당휴경(唐休璟), 아사나충절(阿史那忠節)]* 등에게 대규모 병력을 동원해 토번을 공격하게 하여 그 무리를 격파하고 다시 안서(安西)의 네 진(鎭)을 수복하고 구자(龜玆)에 안서도호부(安西都護府)를 두고 군대를 주둔시켜 지켰다. 얼마 되지 않아 돌궐 군대와 합쳐 남침하자 왕효걸이 패주시켰다. *[이듬해 임조(臨洮)를 공격하고]* 또 양주(涼州)를 공격하여 도독을 죽이고 사신을 보내 화친을 청하며, 사진(四鎭)의 병력 철수를 약속하고, *[십성(十姓)의 땅을 분할 요구했다(求分十姓地)]*. 무후(武后)는 통천위(通泉尉) 곽원진(郭元振)을 사신으로 보냈는데, 길에서 흠릉(欽陵)과 만났다. 곽원진이 "동찬(東贊, 녹동찬)은 조정을 섬기며 우호를 맹세함이 무궁했거늘, 지금은 스스로 우호 관계를 단절하고 변경을 어지럽히고 있다. 아비가 통교하고, 아들이 그것을 끊었으니, 그것이 효(孝)인가. 아비가 섬겼는데, 자식은 반역했으니, 그것이 충(忠)인가(東贊事朝廷, 誓好無窮, 今猥自絕, 歲擾邊, 父通之, 子絕之, 孝乎. 父事之, 子叛之, 忠乎)"라고 말하자, 흠릉는 "그렇고 그러하다. 천자가 화의를 허락하여 두 나라가 수비대를 없애고, 십성돌궐(十姓突厥), 사진(四鎭)에 각기 군장(君長)을 두어 그 나라가 스스로 지키게 하는 것이 어떠한가(然然. 天子許和, 得罷二國戍, 使十姓突厥·四鎭各建君長, 俾其國自守若何)"라고 하였다. *[흠릉은]* 사신을 보내 집요하게 청했지만, 곽원진이 고집스럽게 불가함을 말해, 무후는 그의 의견을 따랐다. *[흠릉이 나라를 전횡한 지 오래되면서 항상 중앙 관제의 일을 맡았고, 여러 동생은 지방의 군대를 거느렸는데 찬파(贊婆)가 동쪽 변경을 근 30년 맡으면서 변경의 우환이 되었다. 형제들은 모두 재략이 있고 아주 헌걸차 사람들이 두려워했다. 기노실롱(器弩悉弄)이 장성하자 자신이 나라를 차지하고자 점차 불평하며 대신 론암(論巖) 등과 도모하여 그들을 제거하려 했다. 흠릉은 당시 군대를 거느리고 밖에 있었는데, 찬보(贊普)가 수렵한다는 구실로, 곧장 조련된 군사로 그들 친족 무리 2,000여 명을 잡아 죽이고, 사신을 보내 흠릉과 찬파를 소환했으나 흠릉이 명을 받지 않자, 찬보가 직접 그를 토벌했다. 싸우기도 전에 흠*

릉의 군대는 궤멸하고 흠릉이 자살하자, 측근 중에 따라 죽은 자가 100여 명이었다. 찬파는 결국 무리를 이끌고 당나라에 항복하자 당나라는 왕의 작위로 봉했다(欽陵專國久, 常居中制事, 諸弟皆領方面兵, 而贊婆專東境幾三十年, 爲邊患. 兄弟皆才略沈雄, 衆憚之. 器弩悉弄旣長, 欲自得國, 漸不平, 乃與大臣論巖等圖去之. 欽陵方提兵居外, 贊普託言獵, 卽勒兵執其親黨二千餘人殺之, 發使者召欽陵·贊婆, 欽陵不受命, 贊普自討之. 未戰, 欽陵兵潰, 乃自殺, 左右殉而死者百餘人. 贊婆遂率衆降唐, 封以王爵)].

얼마 되지 않아, 찬보(贊普)가 죽고 *[여러 아들이 다투어 서니(諸子爭立)]*, 나라 사람들은 기례축찬(棄隸蹜贊)을 찬보로 세웠다. 일곱 살이 되어서야 그곳 대신이 여러 차례 사신을 보내 구혼했다. 중종(中宗, 705~710년 재위)은 *[부득이하여]* 옹왕(雍王) 수례(守禮)의 딸을 금성공주(金城公主)로 삼고 그의 아내가 되게 했다. 양구(楊矩)에게 부절을 주어서 보내 호송하게 하고, 곧이어 양구를 선주도독(鄯州都督)에 제수했다. 토번은 *[겉으로 화친했으나 속으로는 분노를 머금고(外雖和而陰銜怒)]*, 후하게 양구를 대접하며 하서구곡(河西九曲)을 공주의 식읍[湯沐]으로 줄 것을 청해, 양구가 표문을 올려 그 땅을 주었다. 구곡(九曲)은 물이 감미롭고 풀이 잘 자라 목축에 적합하며 가까이 당나라와 접해 있어 노략질이 쉬웠다.[14)]

개원(開元, 713~741) 초, 그곳 재상 분달연(坌達延)이 군사 10만을 이끌고 임조(臨洮)를 약탈하고, *[난주(蘭州)와 위주(渭州)로 공격해 와 감목(監牧)의 말들을 약탈했다. 양구는 두려워 자살했다(入攻蘭·渭, 掠監馬. 楊矩懼, 自殺)]*. 현종(玄宗, 756~762년 재위)은 설눌(薛訥), *[왕준(王晙)]* 등을 보내 공격하여 17,000수급을 참수했다. 오랑캐 무리는 *[대패하여]* 달아나며 서로 충돌하고 깔려 죽어, 조수(洮水)가 흐르지 않았다. 조서로 자미사인(紫微舍人) 예약수(倪若水)에게 군대를 안무하고 전공을 실사하여 전몰자를 제사토록 했다. 그리고 주현(州縣)에 조칙을 내려 토번의 시

14) 마지막 문장은 『신당서』, 권216상, 「토번전」을 따른 『함빈록』에는 "이곳으로부터 오랑캐[虜]들이 더욱 팽창하여 노략질이 용이했다(自是虜益張雄, 易入寇)"라고 하였다.

신도 함께 묻어주게 했다. 찬보와 금성공주는 사신을 보내 상서하며 수호(修好)를 맹약하자, 황제는 *[본디 이미 화친하여 성사된 바가 있으니(自已和親, 有成)]*, 이전 맹약대로 하면 된다(尋前盟可矣)[15]고 하며 다시 맹약을 맺는 것을 허락하지 않았다. *[사신들을 예우하여 돌려보내고, 찬보에게 후하게 하사품을 내리자(禮其使而遣, 且厚賜贊普)]*, 이로부터 *[해마다]* 조공이 끊이지 않았다. 얼마 되지 않아 *[변경 침범이 지속되자, 농우절도사 왕군착(王君臭)이 토번을 습격했다. 결국 다시 도발하며 감주(甘州)를 공격하고 과주(瓜州)를 함락하며 그 성을 허물고 자사 전원헌(田元獻)을 잡았다. 마침 왕군착이 회흘(回紇)에게 살해당했다. 이에 소숭(蕭嵩)을 하서절도사로 삼아 과주를 평정하고 성을 수복하게 했다. 당시 장수규(張守珪), 장지량(張志亮), 두빈객(杜賓客) 등이 싸워 모두 공을 세웠고, 참획한 바가 많았다. 찬보는 두려워 사신을 보내 화친을 청하자, 황보유명(皇甫惟明)도 화친을 권하여 황제는 화약을 따랐다. 칙서로 황보유명과 장원방(張元方)을 보빙(報聘)하게 하고 공주에게 칙서를 내렸다. 황보유명이 찬보를 만나 천자의 뜻을 말하자, 찬보는 몹시 기뻐하며 정관(貞觀) 이래로 오간 칙서들을 모두 꺼내 황보유명에게 타이르며 보여주고 후하게 대접하고 헌상했다. 실랍(悉臘)이란 사신이 사신들을 따라 입조(入朝)했다. 이에(犯邊久之, 隴右節度使王君臭襲擊吐蕃. 遂復啓釁, 攻甘州, 入陷瓜州, 毁其城, 執刺史田元獻. 會君臭爲回紇所殺. 乃以蕭嵩爲河西節度, 克平瓜州復城之. 時張守珪·張志亮·杜賓客等戰, 皆有功, 多所斬獲. 贊普懼, 遣使請和, 皇甫惟明亦勸, 帝約和從之. 敕惟明及中人張元方往聘, 以書賜公主. 惟明見贊普, 言天子意, 贊普大喜, 因悉出貞觀以來書, 詔示惟明, 厚饋獻. 使名悉臘隨使者入朝. 於是)]*, 최희일(崔希逸)을 하서절도사(河西節度使)로 삼아 양주(涼州)에 주둔하도록 하였다. 변경에는 모두 장벽을 세우고 소규모 군대[守捉]를 두었다. 최희일이 오랑캐 수장(戍將) 걸력서(乞力徐)에게 "두 나라가 수호(修好)를 맺었건만 수비하는 것은 왜 그런 것인가? 모두 철수하여 사람들을 편하게 할 것을 청합니다(兩國約好, 而

15) 이상 현종이 한 말은, 『신당서』, 권216상, 「토번전」에 "옛날 이미 화친하면서 약속한 바 있으니, 이전의 맹약을 따르면 된다(昔已和親, 有成言, 尋前盟可矣)"라고 되어 있다. 나왈경이 이를 잘못 채록했고, 정본열은 마지막 문장만 채록했다.

守備, 云何. 請皆罷, 以便人)"라고 하자 걸력서는 "공은 충실하여 불가한 것은 없습니다만 조정이 아직 완전히 믿지 못하고 엄습하여 빼앗을 줄 모르니, 내가 수비하지 않으면 후회할 것이오(公忠誠, 無不可, 恐朝廷未皆信, 脫掩, 吾不備, 其可悔)"라고 하였다. 최희일이 고집하여, 결국 허락을 받았다. 곧바로 흰 개를 잡아 맹세한 뒤에 장벽을 모두 철거하여 오랑캐 가축들이 들판을 덮었다. 이듬해 어사(御史) 손회(孫誨)가 상주하여 망령되게도 "오랑캐들이 수비하지 않으니 [그곳을] 차지하는 것이 좋습니다"라고 하여 황제는 그의 말을 채택하고, 조서로 내수(內豎) 조혜종(趙惠琮)과 함께 가서 실상을 조사하게 했다. 두 사람은 요행을 바라며 양주(涼州)에 이르러 조서를 빙자하자, 최희일이 출병하여 청해(青海)에서 토번을 습격하니, 베고 잡은 사람들을 헤아릴 수 없이 많았다. 걸력서는 달아났다. 토번은 원한을 품고 조공을 들이지 않고 대대적으로 하서(河西)로 침입해 왔으나 최희일이 막고 물리쳤다. *[선주(鄯州) 도독 두희망이 또 신성(新城)을 빼앗아 위융군(威戎軍)으로 고쳐 불렀다. 얼마 되지 않아 절도사 겸경(兼瓊)이 안융성을 빼앗자 '평융성(平戎城)'으로 고쳐 불렀다. 그리고 토번이 유주(維州)를 공격했으나, 이루지 못했다. 승풍보(承風堡)를 공격했으나 장희예(臧希銳)*[16]*가 격퇴했다. 곽주를 습격하고, 진무군(振武軍)을 공격하자, 황보유명과 가서한(哥舒翰, 699~757) 등이 격퇴했다. 오랑캐[虜]의 세력은 점차 꺾였다(鄯州都督杜希望又拔新城, 更號威戎軍. 頃之, 節度兼瓊拔安戎城, 更號平戎城. 而吐蕃攻維州, 不得志. 攻承風堡, 臧希銳破之. 襲廓州, 攻振武軍, 皇甫惟明·哥舒翰等破之. 虜勢稍却)]*. 이듬해 찬보 걸려소롱랍찬(乞黎蘇籠臘贊)이 죽고 아들 사실롱랍찬(挲悉籠臘贊)이 계승하여 사신을 보내 수호(修好)하자 조서로 경조소윤(京兆少尹) 최광원(崔光遠)에게 사신으로 책봉서를 가져가 조문하게 했다. 당시 안록산의 난으로 가서한(哥舒翰)은 하·농(河·隴)의 군대를 거느리고 동쪽으로 동관(潼關)을 지켰고, 장수들은 각기 통솔하는 군대로 난을 토벌하니,

16) 『신당서』, 권216상, 「토번전」에 따르면, "혼애봉(渾崖烽)의 기장(騎將) 장희액(臧希液)이 정예병 5000으로 격퇴했다(渾崖烽騎將臧希液以銳兵五千破之)"라고 하였다. 『자치통감』(사고전서본, 권214, 43b)에도 '장희액'으로 되어 있다. '장희예'는 나왈경이 잘못 베낀 형태일 것이다.

처음 '행영(行營)'이라 불리게 되었다. 변방이 텅 비게 되자 토번은 그 틈을 타고 난폭하게 약탈해 왔다.

지덕(至德, 756~758) 초에 *[수주(巂州)와 위무(威武) 등 여러 성을 얻고 석보성(石堡城)에 들어가 둔전했다. 그 이듬해 곽주(廓州), 패주(覇州), 민주(岷州) 등의 주와 하원군(河源軍), 막문군(莫門軍)을 취했다. 사신들이 자주 와서 화친을 청했으나 황제는 거짓을 살피면서도 우선은 걱정거리를 풀어내려 하여(取巂州及威武等諸城, 入屯石堡. 其明年, 取廓·霸·岷等州及河源·莫門軍. 使數來請和, 帝雖審其譎, 姑務紓患)]*, 곽자의(郭子儀), 소화(蕭華), 배준경(裴遵慶) 등에게 조서를 내려 회맹하도록 했다. 보응(寶應, 762~763) *[초에, 토번이 임조(臨洮)를 함락하고, 진주(秦州), 성주(成州), 위주(渭州) 등을 차지하여, 이에(初, 陷臨洮, 取秦·成·渭等州. 明年, 入大震關, 取蘭·河·鄯·洮等州, 於是)]* 농우(隴右)의 땅을 모두 잃었다. *[토번은 진군하여 경주(涇州)를 포위하고 성으로 들어와 자사 고휘(高暉)를 항복시켰다. 또 빈주(邠州)를 격파하고 봉천(奉天)으로 들어왔으나 부원서 곽자의가 방어했다. 토번은 토욕혼, 당항의 병사 20만으로 동쪽 무공(武功)을 공략하여 위북행영장(渭北行營將) 여일장(呂日將)이 주질(盩厔, 산시 시안 周至) 서쪽에서 전투했으나 격파되었고, 또 종남(終南)에서 싸웠지만, 여일장은 패주했다(進圍涇州, 入之, 降刺史高暉. 又破邠州, 入奉天, 副元帥郭子儀禦之. 吐蕃以吐谷渾·党項兵二十萬東略武功, 渭北行營將呂日將戰盩厔西, 破之, 又戰終南, 日將走)]*. 대종(代宗, 762~779년 재위)은 섬(陝)으로 피신하고 오랑캐들은 장안으로 들어왔다. 의관(衣冠)을 갖춘 사람들은 모두 남쪽으로 달아났고, 상이 섬(陝)에 이르렀을 때, 철우(鐵牛)를 바라보며, 벌떡 일어나 말하기를 "짐이 어렸을 때 궁에 승려가 있었는데, 말한 일들이 상당히 증험이 있었다. 여러 차례 나의 등을 어루만지며 천하에 재화(災禍)가 있을 때 소를 보면 돌아올 수 있다고 했는데, 이제 소를 봤으니 짐은 돌아갈 수 있다(朕幼時, 宮中有尼, 言事頗驗. 屢撫吾背曰, 天下有災, 遇牛方迴, 今見牛, 朕可迴也)"[17]라고

17) 『두양잡편(杜陽雜編)』(사고전서본, 권항, 1a) "상이 섬에 이르렀을 때 철우(鐵牛)를 바라보며

했다. 이달에 광록경(光祿卿) 은중경(殷仲卿) 1,000명을 이끌고 남전(藍田)에 벽을 세우고, 기병 200명을 선발하여 산수(滻水)를 건넜다. 또한 오랑캐를 속여 곽령공(郭令公, 곽자의)의 군대도 온다고 하자 토번은 크게 동요했다. 마침 소장(少將) 왕보(王甫)가 악소년(惡少年)들과 함께 밤중에 북을 치며 소리를 지르자, 오랑캐들이 놀라 퇴각했다. 곽자의가 장안으로 들어오자, 고휘(高暉)는 동쪽으로 달아나 동관(潼關)에 이르렀지만, 수장(守將) 이일월(李日越)이 그를 죽였다. 토번이 경사에 머문 지 15일 만에 달아났고 천자는 경사로 돌아왔다.

마침 복고회은(僕固懷恩, ?~765)이 반란을 일으키고, 영무(靈武)에서 *[장수 범지성(范志誠)·임부(任敷)를 보내(遣其將范志誠·任敷)]*, 토번, 토욕혼과 규합하여 빈주(邠州)를 공격해 왔다. 백효덕(白孝德)과 곽희(郭晞)가 성루를 둘러 지키자, 봉천(奉天)으로 들어갔다. 곽희가 그들을 공격하자 토번이 퇴각하면서 양주(涼州)를 포위했다. 하서절도사(河西節度使) 양지렬(楊志烈)이 지키지 못하고 감주(甘州)로 달려가 지키게 되면서 양주를 잃었다. 이때 [삭방]병마사([朔方]兵馬使) 혼일진(渾日進)이 봉천 땅에 주둔하고 있었는데, 토번이 봉천으로 압박해 왔다. 혼일진이 한 필의 말로 달려가고 병사 200명이 뒤따라와 좌우에서 공격하며 칼로 찌르고 활을 쏘니 맞고는 모두 쓰러졌다. 오랑캐들이 몹시 놀라 물러났다. 혼일진이 오랑캐 장수 한 명을 끼고 달려 나오자, 전군이 바라보며 함성을 질렀다. 돌아온 병사 중에는 한 발의 화살도 맞은 사람이 없었다. 다음날 오랑캐들이 성을 치자, 혼일진은 투석기와 경노(勁弩)를 쏴 많은 군사를 죽였다. 사흘 만에 오랑캐가 군대를 거두어 방벽 안으로 들어갔다. 혼일진은 오랑캐의 사정을 알고 곧바로 밤에 진영을 습격하여 1,000여 수급을 참하고 500명을 사로잡았다. 또 마외(馬嵬)에서 싸워 7일 만에 적 10,000명을 물리치며

궐연하게 좌우에 이르기를, '짐이 나이 열대여섯 때, 궁에 공덕산(功德山)이란 승려가 있었는데, 하는 말들에 왕왕 신기한 증험이 있었다. 자주 나의 등을 어루만지며 천하에 재앙이 있을 것인데 소를 만나면 돌아올 수 있다고 했다. 이제 소를 봤으니 짐이 돌아갈 수 있을까'라고 했다(上至陝, 因望鐵牛, 蹶然謂左右曰, 朕年十五六, 宮中有尼號功德山, 言事往往神驗, 屢撫吾背曰, 天下有災, 遇牛方廻. 今見牛也, 朕將廻爾)"라고 한 기록이 보인다.

5,000수급을 참했고, 노획한 말, 낙타, 깃발과 장비가 매우 많았다.

마침 복고회은이 죽자, 오랑캐들은 군주가 없게 된 것을 논의하다가 결국 회흘(回紇)과 주도권을 다투었다. 회흘이 화가나 곽자의(郭子儀)에게 와서 토번을 공격하는 데 힘을 다하겠다고 청하여 곽자의가 허락했다. 백원광(白元光)에게 [회흘과] 연합하여 영대(靈臺) 서쪽에서 토번을 공격하게 하여 크게 무찔러 복고명신(僕固名臣)을 항복시키자 황제는 군대를 돌렸다. 이로부터 자주 영(靈), 빈(邠), 경(涇), 농(隴), 여(黎), 아(雅) 등의 주를 약탈할 때, 당나라 장수 마린(馬璘), 백원광(白元光), 곽자의가 곧바로 공격해 물리치니, 토번은 모두 뜻을 이루지 못하고 돌아갔다.

덕종(德宗, 779~805년 재위)이 즉위하여 *[해마다 오랑캐와 다툼에서 득실이 서로 비슷했기 때문에, 덕으로 그들을 회유하려고(歲與虜确, 亡獲相償, 欲以德綏懷之)]*, 태상소경(太常少卿) 위륜(韋倫)을 보내 포로 500명을 귀환시키고 후하게 옷가지를 지급하게 했다. 변방 관리들에게는 보루[亭障]를 지키되 잠시라도 오랑캐 땅을 침범하지 못하도록 엄명을 내렸다. 토번은 이 소식을 듣고 믿지 못했으나 사신이 경내로 들어가자 모두 감복하여 경외했다. 이때 걸립찬(乞立贊)이 찬보(贊普)가 되었고, 상결찬(尙結贊)이 재상이 되어 위륜(韋倫)을 따라 사신을 보내 입조하여 서로 맹약을 맺었다. *[주차(朱泚, 742~784)의 반란에 혼감(渾瑊)이 론망라(論莽羅)의 군대로 주차의 장수 한민(韓旻)을 무정(武亭)에서 격파했다. 당초 토번[虜]과 약조할 때, 장안을 되찾으면 경주(涇州)와 영주(靈州) 등의 네 주를 토번에게 주기로 했었다. 마침 큰 유행병으로 토번이 곧바로 퇴각했다. 주차가 평정되자 이전 약속을 들어 땅을 요구했다. 천자는 그들의 노고가 별로 없었으니, 조서만 하사하고, 상결찬(尙結贊)과 론망라 등에 비단 1만 필을 하사하자, 이에 토번[虜]은 원망했다(朱硃泚之亂, 渾瑊用論莽羅兵破泚將韓旻於武亭中. 初, 與虜約, 得長安, 以涇·靈四州界之. 會大疫, 虜輒引去. 及泚平, 責先約求地. 天子薄其勞, 第賜詔書, 償結贊·莽羅等帛萬匹, 於是虜以爲怨)].*

[정원(貞元, 785~805) 초에 조건(趙建)을 사신으로 보냈으나 로(虜)는 이미 경주(涇州), 농주(隴州), 빈주(邠州), 영주(寧州)를 침범하여 사람과 가축을 약탈하고 농토를 부쉈다. 또 염주(鹽州)와 하주(夏州)를 공격하자, 자사 두언광(杜彦光)과 탁발건휘(拓拔乾暉)가 지켜내지 못하고, 무리를 이끌고 남쪽으로 달아나니 로(虜)는 결국 그 땅을 차지했다. 천자는 변경의 사람들이 죽어 나가자, 조서를 내려 정전(正殿)을 회피하며 자기의 잘못을 애통하게 여겼다. 낙원광(駱元光)에게 염주와 하주를 경략(經略)하게 했다. 상결찬(尙結贊)이 다시 회맹을 청해오자, 당나라는 혼감(渾瑊)과 병부상서 최한형(崔漢衡)을 사신으로 보냈으나 로(虜)는 복병을 두어 혼감을 사로잡았다. 혼감은 도망했지만, 최한형 등 60명이 모두 붙잡혔다. 로(虜)는 염주와 하주 땅에 주둔하고 있었는데, 봄에 전염병이 크게 일어나자 모두 돌아가고 싶어 했다. 이내 그곳의 집들을 불태우고, 외성과 성가퀴를 부수고 돌아갔다. 상결찬은 최한형(崔漢衡) 등을 돌려보냈으나 그의 사신은 내쳐졌다(貞元初, 詔趙建往使, 而虜已犯涇·隴·邠·寧, 掠人畜, 敗田稼. 復攻鹽·夏, 刺史杜彦光·拓拔乾暉不能守, 悉其衆南奔, 虜遂有其地. 天子以邊人殘沒, 下詔避正殿, 痛自咎. 詔駱元光經略鹽·夏. 結贊復來請盟, 唐使渾瑊及兵尙崔漢衡往, 虜計以伏兵擒瑊, 瑊遁去, 漢衡等六十人皆被執. 虜戍鹽·夏, 涉春疫大興, 皆思歸. 乃火其廬舍, 頹郛堞而去. 結贊歸漢衡等而却其使)]. 이내 상결찬(尙結贊)은 군대로 봉상(鳳翔)을 침범하고 보계(寶雞)로 들어와 불 지르고 약탈해 돌아갔다. 또 견양(汧陽), 화정(華亭)을 유린하고 남녀, 소, 양을 약탈하여 1만에 달했다. 경(涇), 농(隴), 빈(邠)의 백성들을 깨끗이 쓸어갔다. 장수들은 한 명의 포로도 잡을 수 없었고, 단지 적들이 변경을 나간 것을 축하하는 데 그쳤다. *[이로부터 경(涇), 빈(邠), 녕(寧), 경(慶), 부(鄜), 린(麟) 등의 주가 약탈당해(自是數寇涇·邠·寧·慶·鄜·麟等州)]*, 위고(韋皋)가 대패시키며 서남쪽은 조금 안정되었고 3년도 되지 않아 수주(嶲州)의 땅을 모두 차지했다. *[그러나 토번[虜]의 소규모 노략질을 끊이지 않았다(而虜特小小爲寇不絶)]*.

이때 가려가족(可黎可足) 찬보가 *[선 지 거의 30년이 되어서(立幾三十年)]*, 병에 걸려 정사를 보지 못하고, *[대신에게 맡겨 중국에 대항할 수 없

어, 변경 상황이 편안해졌다. 그가 죽자(委任大臣, 故不能抗中國, 邊候晏然. 死], 아우 달마(達磨)에게 맡기고 자리를 잇게 했다. 달마는 술을 좋아하고 사냥과 여자를 즐기며, 흉악하고 인색하여, [정국은 더욱 어지러워졌다. 개성(開成) 초에[18] *태자첨사(太子詹事) 이경유(李景儒)를 사신으로 보내자, 론집열(論集熱)을 보내 내조(來朝)하고, 옥기, 양, 말을 헌상했다. 그때부터 나라에는 지진이 일어나 샘물이 솟구치고, 민산(岷山)이 무너졌으며, 조수(洮水)가 사흘이나 역류했다. 쥐가 곡식을 먹고, 사람들은 굶주림과 전염병에 걸려 죽은 자들이 널렸다. 선주(鄯州)와 곽주(廓州) 사이에서 밤이면 북 치는 소리가 들려 사람들을 놀라게 했다. 회창(會昌, 841~847) 연간에(政益亂. 開成初, 遣太子詹事李景儒往使, 論集熱來朝, 獻玉器·羊·馬. 自是國中地震裂, 水泉湧, 岷山崩, 洮水逆流三日, 鼠食稼, 人饑疫, 死者相枕藉. 鄯·廓間夜聞鼙鼓聲, 人相驚. 會昌中)]*, 찬보가 죽자[19] 왕비 침씨(綝氏)의 오빠 아들인, 걸리호(乞離胡)를 찬보로 세웠다. 낙문천(落門川) 토격사(討擊使)인 상공열(尙恐熱)이 토번에 모반하자 부족 대부분이 그에게 귀의하여 찬보는 제압할 수 없었다. 당나라는 그 틈을 타, 결국 옛 땅을 수복했다. *[이에 봉상절도사(鳳翔節度使) 이차(李泚)가*[20] *청수(清水)를 수복했고, 경원절도사(涇原節度使) 강계영(康季榮)이 원주(原州)를 회복하고, 석문(石門) 등 6개의 관(關)을 얻었으며, 영무절도사(靈武節度使) 이흠(李欽)이 안락주(安樂州)를 얻어 조서로 '위주(威州)'라고 했다. 빈녕절도사(邠寧節度使) 장흠서(張欽緒)가 소관(蕭關)을 수복하고 진주(秦州)를 거두어들였고, 산남서도절도사(山南西道節度使) 정애(鄭涯)가 부주(扶州)를 얻었다. 신하들이 "왕은 공업을 세우고 이뤘으면, 반드시 세상에 환하게 드러낼 근거가 있습니다. 오늘날 병사 한 명, 피 한 방울 흘리지 않고 하(河), 황(湟)이 저절로 귀속되었으니, 천자께 존호를 올리도록 청합니다"라고 하였다. 조서로 순종(順宗)과 헌종(憲宗)의 시호(諡號)를 올려 후세에 자랑하고 드러내라고 하였다(於是鳳翔節度使李泚復清水, 涇*

---

18) 『신당서』, 권216상, 「토번전」에는 개성(開成) 4년(839)으로 되어 있다.

19) 찬보(贊普)가 죽은 해는 『신당서』, 권216상, 「토번전」에 따르면, 회창(會昌) 2년(842)이다.

20) '이차(李泚)'는 『신당서』, 권216상, 「토번전」에 '이빈(李玭)'으로 되어 있다.

原節度使康季榮復原州, 取石門等六關, 靈武節度使李欽取安樂州, 詔爲威州, 邠寧節度使張欽緒復蕭關, 收秦州, 山南西道節度使鄭涯得扶州. 羣臣奏言, 王者建功立業, 必有以光表於世者. 今不勤一卒, 血一刃, 而河·湟自歸, 請上天子尊號. 詔上順·憲二廟謚號, 夸顯後世)].

이듬해(851년) 사주(沙州) 수령 장의조(張義潮)가 과(瓜), 사(沙), 이(伊), 숙(肅), 감(甘) 등 11주의 지도를 바쳤다. *[당나라는 장의조를 사주절도사로 발탁했다(唐擢義潮沙州節度使)]*. 하(河), 위(渭)의 오랑캐 수장(守將) 상연심(尙延心)을 헌상하며 귀부하여, *[하주(河州)와 위주(渭州) 등의 도유혁사(都游弈使)로 발탁했다. 얼마 되지 않아 상공열(尙恐熱)이 복고준(僕固俊)에게 패전하여, 참수당해 머리를 경사로 보내왔다(擢河·渭等州都游弈使. 未幾, 恐熱爲僕固戰敗, 斬之, 傳首京師)]*.

당나라 말, 중원에는 변고가 많아, 감주(甘州)는 회골(回鶻)에 병합되었다. 귀의군(歸義軍)의 성들은 올말(嗢末)에게 넘어갔고,[21] *[당나라도 지켜낼 수 없었다. 그러나(唐亦不能守也. 然)]* 토번도 이때부터 쇠약해져 부족들은 흩어져 더는 통일되지 않았다. 의주(儀州), 위주(渭州), 경주(涇州), 원주(原州), 환주(環州), 경주(慶州), *[그리고 진주(鎭州), 융주(戎州) 및 진주(秦州)]*에서 영주(靈州)·하주(夏州)에 이르기까지 모두 차지하고 있었다. 각각 수령이 있었고, 귀속한 사람들을 '숙호(熟戶)'라고 했고 나머지는 '생호(生戶)'라 불렀다. 양주(涼州)는 떨어져 있었지만, 그곳에 나름대로 목수(牧守)를 설치하여 중국 조정에 임명을 청하기도 하였다. 오대(五代, 907~979) 시기에는 *[그 수령들의]* 조공과 헌상이 끊이지 않았다.

송나라 시기에 부락들이 매우 많아지고 그중에서 반라지(潘羅支), 이립준(李立遵), 곡시라(唃厮囉)가 가장 강성했다. *[정예 병력이 6~7만이었다. 반라지는 서량부(西涼府, 감숙성 무위)의 도수령(都首領)이었다(勝兵*

21) 이상 당나라와 토번의 관계사는 모두 『신당서』, 권216상, 「토번전」에서 발췌했다. 자세한 사항은 '중국정사외국전DB'의 번역과 주석을 참고하시오.

六七萬. 潘羅支西涼府六谷都首領)]. 함평(咸平, 998~1003)초에 [지진융군(知鎭戎軍) 이계화(李繼和)가 말하길 반라지가 힘을 합쳐(知鎭戎[龍]軍李繼和言, 羅支願戮力)], 하국(夏國) 이계천(李繼遷)을 토벌하고자 한다고 하며 [자사로 임명해 줄 것을 청하여 그에 따랐다. 반라지는 말 5,000필을 바쳤다. 얼마 되지 않아 이계천이 서량부로 침입하자 지주 정유청(丁惟淸)이 함락되어 죽었다. 반라지가 무리를 이끌고 공격하니, 이계천은 크게 패하여 강물에서 화살을 맞고 죽었다(請授以刺史, 從之. 羅支貢馬五千匹. 未幾, 繼遷入西涼府, 知州丁惟淸陷沒. 羅支率衆擊之, 繼遷大敗, 中流矢死)]. 나지를 무위군왕(武威郡王)에 봉하고, 아우 시탁독(廝鐸督)을 염주방어사(鹽州防禦使)로 삼으니, 조공이 끊어지지 않았다. 곡시라(唃廝囉)는 찬보의 후손이었으나 종가부(宗哥部)의 이립준(李立遵)을 론포(論逋)로 삼아서 그를 보좌하게 하였다. ['론포'란 중국어로 재상을 말한다. 두 사람은 매우 위엄이 있어 장수들이 그들을 경외했다(論逋猶華言相也. 二人甚有威名, 諸將畏之)]. 대중상부(大中祥符, 1008~1017) 연간에 조공을 들이고 하(夏)를 토벌하겠다고 청해왔다. 송나라는 융인(戎人)들이 속임수가 많아 허락하지 않았다. [얼마 뒤에 하나라 주인 원호(元昊)가 곡시라의 경계를 침략하자, 곡시라는 중과부적임을 알고 성벽을 견고히 하고 나오지 않고 원호를 살폈다. 원호는 강을 건너올 때 얕은 곳에 표식을 꽂아 두었는데, 몰래 사람을 보내 깊은 곳으로 옮겨 심게 하여 원호를 오인하게 했다. 큰 전투가 벌어지자, 원호는 궤멸하여 돌아갈 때, 병사들이 표식을 보고 건너다가 열에 여덟아홉이 익사했고, 많은 사람을 노획했다. 이로부터 기묘한 계책으로 대적하자, 원호는 결국 그들의 경계를 염탐하지 못했다(頃之, 夏主元昊强侵略所廝羅界地, 廝羅知衆寡不敵, 堅壁不出, 陰[險]間得元昊. 已渡河, 揷幟志其淺, 乃潛使人移植深處, 以誤元昊. 及大戰, 元昊潰而歸, 士視幟, 渡, 溺死十八九, 鹵獲甚衆. 自是數以奇計敵, 元昊遂不敢窺其境)]. 원호(元昊)가 서량부(西涼府)를 차지하자, [반라지(潘羅支)의 옛 부락민 대부분이 돌아갔으며, 곡시라도(元昊取西涼府, 羅支舊部多歸, 廝羅又)] 회흘(回紇) 부족 수만 명을 얻어 선주(鄯州)【지금의 서녕위(西寧衛). [한나라 금성군 파강현 땅이다(漢金城郡破羌縣地)]】로 옮겨가 살았다. [청해(靑海), 고창국(高昌國)과 통하여 이민족 상

인들이 모두 선주(鄯州)로 향해, 나날이 부강해졌다. 그러함에도 송나라 조정의 관작을 받았다(通青海·高昌國, 蕃商皆趍鄯州, 以故日益富强, 然亦受宋朝官爵)]. 치평(治平, 1064~1067)초에 곡시라가 죽고 어린 아들 동전(董氈)이 즉위했다. 어머니는 교씨(喬氏)였으나, 곡시라는 별도로 두 아내를 두었는데 모두 이립준의 딸로, 할전(瞎氈)과 마전각(磨氈角)을 낳았다. 이립준이 죽고 이씨(李氏)는 총애가 시들자 쫓겨나 비구니가 되었고, 두 아들도 갇혔다. 어머니의 친족인, 이파전(李巴全)은 몰래 아들들을 싣고 종가(宗哥)로 달아나자, 마전각은 마침내 자신의 무리를 가질 수 있게 되었다. 할전은 감곡(龕谷)에 도망쳐 살다가 그 땅을 차지했다. 이에 곡씨(唃氏)의 땅은 셋으로 나뉘었으나 동전(董氈)이 가장 강했다. *[모두 해마다 조공을 들여(俱歲入貢)]*, 송나라는 모두 자사(刺史)로 제수했다. 원풍(元豊, 1078~1085) 초에 동전이 송나라를 따라 서하를 토벌한 공을 세워 무위군왕(武威郡王)으로 봉했다. 뒤에 서하 사람들이 그와 통호(通好)하려 했으나 동전은 거부하고, 군대를 정비하여 대비했다. 신종(神宗)이 듣고 가상하게 여겼다. 원우(元祐, 1086~1094) 초에 동전이 죽고 아들 아리골(阿里骨)이 자리를 이었다. 아리골은 원래 우전(于闐) 사람으로 어렸을 때 어머니를 따라 동전을 모셨는데, 동전이 길러 아들로 삼았다. 아리골이 죽고[1096년], 할정(瞎征)이 계승했다.

송나라 왕첨(王贍)은 막천(邈川)과 청당(青唐)을 취하여 황주(湟州)와 선주(鄯州)를 설치했다. 할정이 귀의해 오자, 나라 사람들은 농찰(隴拶)을 군주로 삼았다. 농찰은 바로 할전(瞎氈)의 손자이자 목정(木征)의 아들로, 곡씨(唃氏)의 지손(支孫)이었다. *[하나라 사람들이 그를 도와 청당을 공략하고 차지했다. 송나라를 결국 막천(邈川)을 버리고 농찰을 하서군절도사로 삼고 무위군공에 봉해 대대로 세습도록 했으며, 할정(瞎征)에게는 검교태부(檢校太傅), 회원군절도사를 더해 주었다. 숭녕(崇寧, 1102~1106) 연간에 왕후(王厚)가 황주(湟州)와 선주(鄯州)를 수복하고,[22] 마침내 희하(熙河) 한 도를 세우고 군현으로 나누어 설치하니, 공업은 이루어졌으*

22) 『송사』, 권492, 「토번(吐蕃)」에는 숭녕 3년(1104)으로 기록되어 있다.

나 변방의 우환은 종식되지 않았다(夏人助之, 攻破靑唐, 據之. 宋遂并棄邈川, 而以隴拶爲河西軍節度使, 封武威郡公, 世世襲職, 而加瞎征檢校太傅·懷遠軍節度使. 崇寧中, 王厚復湟·鄯二州, 遂建熙河一道, 郡縣而置之, 功雖訖成, 邊患不息)].[23]

뒤에 금나라 사람들이 희하(熙河)를 차지하고 다시 곡씨의 자손을 찾아 세웠다. 곧 원나라가 금나라를 멸망시키고 토번의 땅을 병합하여 군현으로 삼았다. 토번의 승려 팔사파(八思巴)를 대보법왕(大寶法王)으로 삼고, 제사(帝師)로 그를 거느리고 다니며 끊임없이 받들었다.

우리 왕조 홍무(洪武) 6년(1373)에 *[토번(吐蕃)의 추장들에게 옛날 섭제사(攝帝師)로 관직을 받은 사람들을 천거하게 하여(令吐蕃諸酋, 擧故官授職以攝帝師)]*, 도지휘사(都指揮使), 동지선위사(同知宣慰使), 원수(元帥), 초토(招討) 등의 관리를 두고, 그곳을 오사장(烏斯藏) 등의 도지휘사사(都指揮使司) 셋, 타감(朶甘) 등의 선위사(宣慰司) 셋, 타감사(朶甘思) 등의 초토사(招討司) 여섯, 사아가(沙兒可) 등의 만호부(萬戶府) 여섯, 랄종(剌宗) 등의 천호소(千戶所) 열일곱으로 구성했다.

이로부터 번승(番僧)에는 찬선(贊善), 천교(闡教), 대승(大乘), 대보(大寶) 왕으로 봉한 자들이 있었는데, 모두 인장과 고명을 하사하고 가사(袈裟), 승모(僧帽), 수주(數珠, 염주), 영저(鈴杵)를 하사했다. 서녕(西寧) 황하 북쪽에 사는 자들은 절로 사천(四川)으로 들어왔고, 민주(岷州) 황하 남쪽에 있는 자들은 절로 섬서(陝西)로 들어왔다. 섬서의 여러 번(番)은 송장군(宋將軍)을 두려워서 했으니 바로 서녕후(西寧侯) 송성(宋晟)이다.[24] 사천의 여러 번(番)은 정대부(丁大夫)를 존경하며 믿었으니 바로 정옥(丁玉)이다. *[왕조초 어사대부가 되어 나가(國初爲御史大夫, 出)]* 오랫동안 사천

23) 밑줄 친 정보는 『문헌통고』(사고전서본, 권335, 15a)에 보인다.

24) 밑줄 친 정보는 『함빈록』에 “섬서의 이민족들은 송장군을 두려워했는데, 바로 송성이다. 홍무(洪武)와 영락(永樂) 연간에 서쪽을 진정하며 공업을 드리워 ‘서녕후’에 봉했다(陝西諸番畏宋將軍, 即宋晟也. 洪·永間久鎭西, 垂積功, 封西寧侯)”라고 하였다.

(四川)을 진정시켰고, *[위엄과 은혜를 모두 행하여(威惠並行)]* 이민족들이 편안히 모여들었다. 차마(茶馬)로 교역하며 기미하게 했다.[25)]

천순(天順, 1457~1464) 연간에 서번(西番)의 추장 파사(把沙)가 난을 일으켜 총병(摠兵) 위경(衛涇)과 첨도(僉都) 오침(吳琛) 등에 토벌하게 했다. 낙타산(駱駝山)에 이르러 포로 2,000여 명을 참수하니, *[노획한 가축과 산물을 헤아릴 수 없었다(獲畜産無算)]*. 성화(成化, 1465~1487) 연간에 서번 추장 만송(滿松)이 되레 내지를 침략하여, 마문승(馬文升)이 토벌하고 평정했다. 정덕(正德, 1506~1521) 연간에 *[변방의 방어가 크게 느슨해지자(邊防大弛)]*, 북로(北虜)의 소왕자 태사(太師) 역복랄(亦卜剌)이 군주를 살해했다. 장자인 아이륜(阿爾倫)은 달아나 서해(西海)에 살며 여러 번(番)을 잠식하며 *[세력이 점차 커졌다. 식자들은 그들과의 교통이 결탁 창궐하게 하여 지난 시대 선령 토번의 옛일처럼 되지는 않을까 우려했다. 10년(1515)에 삭방의 강군을 동원하여 토번[虜]을 소탕했으나 송반(松潘)으로 피해 달아났다가 곧바로 옛 소굴로 돌아오니, 무슨 계책을 써도 도무지 성공하지 못했다(勢漸吞倂. 識者慮, 其交通, 結勾猖獗, 如前代先零吐蕃故事. 十年調朔方勁兵, 剿虜, 避走松潘, 旋歸故巢, 費以萬計, 竟無成功)]*. 가정(嘉靖, 1522~1566)초에 여러 차례 빈틈을 타고 깊이 쳐들어와 죽이고 약탈함이 매우 참혹했다. 임조(臨洮), 공창(鞏昌)에 소요가 있자, 상서(尙書) 왕경(王瓊)과 *[구처(區處)]*는 도독(都督) 유문(劉文), 유격(遊擊) 팽감(彭棫[戚])) 등을 진군시켜, 안무하자 소요가 조금 안정되었다.

[풍속으로, 땅은 엷고 날씨는 춥다. 풍속은 어리석고 미련하지만, 법령은 엄격하다. 상하가 한마음으로, 일을 논의할 때는 아래로부터 시작하며, 사람들의 이익이 되는 바에 따라 행하므로 오래 유지될 수 있었다(其俗地薄氣寒, 風俗朴魯, 然法令嚴整. 上下一心, 議事自下起, 因人所利而行之, 故

25) 이 마지막 문장은 정본열이 『함빈록』의 기술을 잘못 옮긴 것 같다. 나왈경은 "조정에서도 차마사(茶馬司)를 설치하여, 자주 차와 말로 교역하며 기미하게 했다. 이 때문에 조공이 끊이지 않았고, 서쪽 변방이 점차 안녕했다(朝廷又設茶馬司, 數以茶馬互市, 羈縻之. 以故朝貢不絕, 西鄙稍寧)"라고 하였다.

能持久)].[26] 이 나라 군주 찬보(贊普)는 **성곽이 있었지만, 그곳에 살지 않고, 대불려(大拂廬)라는 모직을 연결한 텐트[聯毳帳]에 산다.** 부족 사람들은 소불려(小拂廬)에 산다. *[찬보와 그 신하들은 해마다 한 번씩 작은 맹약을 하고 3년에 한 번은 큰 맹약을 한다(贊普與其臣歲一小盟, 三歲一大盟)].* 군신은 **벗들로, 그 대여섯 명을 '공명(共命)'이라 한다.** *[군주가 죽으면 모두 자살하고 그 관리들을 순장한다. 다스림에(君死, 皆自殺, 以殉其吏. 治)]* 문자가 없고, 나무에 새기거나 결승(結繩)하여 [약속한다]. 그들 형벌은 작은 죄에는 반드시 눈을 도려내거나 코를 벤다. **그들 음악은 소라를 불고 북을 두드린다.** 사계절은 **맥(麥)이 익으면 세수(歲首)로 삼는다.** 관리들의 장식으로 슬슬(瑟瑟)이 최상이고, 황금이 다음 가며, 도금한 은이 다음이고, 동(銅)이 최하이다. 크고 작음의 차등을 두어 팔 앞에 붙여 귀천을 구분한다. 소와 말을 길러 유락(乳酪)을 얻어 함께 먹는다. 털 갈옷[毛褐衣]을 입는데, 모두 모직과 가죽[氈韋]이다. 붉은색을 얼굴에 칠한다. 부인들은 머리를 땋아 감는다. 풍속은 순박하고 우둔하다[朴魯].[27] 부도(浮屠)를 중시한다. 정사(政事)에는 반드시 **상문(桑門, 승려)를 참여시켜 결정한다.** 건장함을 귀하게 여기고, 약함을 천시한다(貴壯賤弱).[28] 은혜를 마음에 품고 재화를 중시한다. *[교역에는 융단, 담요, 말, 소를 사용한다(交易用罽·毯·馬·牛].* 의약을 모르며, **질병에는 무당을 불러 땔나무를 불태우고 북을 울리는데** 그것을 '축귀(逐鬼)'라고 한다. 저주(詛呪)를 믿어, **일을 결정하거나 송사(訟事)에 의심이 들 때는 저주하게 한다.** 날것

26) 아래 사람들의 의사에 따른다는 정보는 『신당서』, 권216상, 「토번」(6076쪽)에는 토번이 보낸 대신 중종(仲琮)이란 자의 입을 통해, "상하가 하나로 힘쓰며, 일을 의논할 때 아래로부터 하고, 백성들의 이익에 따라 행하여 나라를 오래 유지하고 또한 강해질 수 있었다(但上下一力, 議事自下, 因人所利而行, 是能久而彊也)"라고 기술했다.

27) 밑줄 친 정보는 『함빈록』에 보이지 않는 문장이다. 나왈경은 위에서 이들이 '박로(朴魯)'한 사실을 『신당서』로부터 채록했었다. 정본열은 해당 문장을 채록하지 않았으므로 여기에 토번의 성품을 언급한 것이다.

28) 이상 토번의 문화적 기술은 대부분 『신당서』, 권216상, 「토번」, 6071~6073쪽에서 채록되었다. 자세한 사항은 '중국정사외국전DB'를 참고하시오.

을 즐겨 먹고, 채소나 젓갈 간장은 없다(無蔬茹醯醬).[29] 사람들은 사납고 호전적이다.

그곳 역어(譯語)로 **하늘은 난(難), 땅은 살(薩), 해는 니마(你麻), 달은 노와(老瓦)라고 한다.**[30]

그곳 산천으로 **곤륜산(崐崘山)**【현지 명칭은 역이마부랄산(亦耳麻不剌山)이다. 대설산(大雪山)이라고도 한다. 혹자는 곤륜(崐崘)이 지금의 대설산이 아니라고 한다. 원나라 시조가 독실궁(篤實窮)을 사신으로 보내 하원(河源)이 성수해(星宿海)에서 시작됨을 처음 알게 되었다. 성수해는 토번 타감사(朶甘思)의 남쪽, 사천 마호부(馬湖府)의 정서쪽 3,000여 리, 운남 여강부(麗江府)의 서북쪽 1,500에 있다. 서쪽에서 동쪽으로 여러 강물과 합쳐져 그 흐름이 점차 커진다. 20여 일을 가면 대설산에 이르는데 바로 소위 곤륜산이다. 산을 돌아 서남쪽에서 꺾였다가 동쪽으로, 북쪽으로, 서쪽으로 흘러, 또 곤륜의 북쪽을 돌고, 또 산의 동북쪽을 돌아 20여 일을 흘러 운중(雲中) 구원(九原)을 거쳐, 대녕(大寧)에 이르러 비로서 중국으로 들어온다. 「우공(禹貢)」을 『위상하도(緯象河圖)』, 『하원지(河源志)』와 비교해보면, 하나하나 모두 부합한다. 그렇다면 하수(河水)는 곤륜산을 거치는 것이지 하원이 곤륜산에서 나오는 것이 아니다. 태사공이 변증한 것이 당연하다】,[31] **가발해(可跋海)**【동남쪽으로 흘러 설산(雪山)에 이

29) "은혜를 마음에 품고 재화를 중시한다(懷恩惠, 重財貨)"는 정보부터는 『송사』, 권492, 「토번(吐蕃)」, 14163쪽에서 채록했다.

30) 하늘은 'གནམ(남)', 땅은 ས(싸), 해는 ཉིམ(니마), 달은 ཟླབ(다와)라 하는데, 달에 대한 명칭이 다르다.

31) 이상 밑줄 친 정보는 나왈경의 『함빈록』에는 보이지 않는다. 정본열이 다른 자료에서 채록한 것이다. 나왈경의 주석은 『방여승략외이』 '수권'을 제외한 6권의 저자들 손에서 모두 축약되었다. 그러나 정본열을 오히려 내용을 추가했다는 점에서 충분히 주목받을 만하다. 여기 산천에 관하여 나왈경은 "그곳 산천으로 곤륜산(崑崙山)【그곳 말로는 '역이마부랄산'이라 한다. '대설산'이라고도 하는데 여름에도 녹지 않아 그렇게 부른다】, 가발해(可跋海)【동남쪽으로 흘러 설산(雪山)에 이르러 서이하(西洱河)와 합해져 양비수(漾備水)라고 불린다. 또 동남쪽으로 회천(會川)으로 나와 노수(瀘水)가 된다】, **황하(黃河), 석지(析支), 황수(湟水)**가 크다(其山川崑崙山【番名亦耳麻不剌山, 一名大雪山, 夏不消, 故名)】·可跋海【東南流

르러, 서이하(西洱河)와 합해져 양비수(漾備水)라고 불린다. 또 동남쪽으로 회천(會川)으로 나와 노수(瀘水)가 된다】[32]가 있다.

토산으로 **초상비(草上飛)**【개의 몸과 같으며, 대모(玳瑁)나 반점이 있는 고양이[玳瑁斑猫]와 비슷하다. 성질은 순하지만, 사자나 표범[獅豹]들처럼 그것을 보면 [짐승들이] 땅에 엎드리니 짐승의 왕이다】, **완양(羱羊)**【무거운 것은 수백 근이 나가고 뿔이 매우 크다】, **이우(犛牛)**【배와 발꿈치 아래에 붉은 털이 있고 꼬리는 말[斗]만큼 크다】, **골독서(骨篤犀)**【색깔은 연한 벽옥(碧玉)이며 조금 노랗다. 독을 풀 수 있다. 냄새를 맡으면 향이 있다. 벽서(碧犀)라고도 하는데 값은 비싸다】, **금강찬(金剛鑽)**【모양은 석영(石英) 같다. 물 바닥 반석에서 난다】, **마가주(馬價珠)**【청색이다. 한 개 값은 명마의 값과 같아 그렇게 부른다】, 동불(銅佛)【오사장(烏斯藏)의 것이 좋다】, 천서피(天鼠皮)【가죽옷을 만들 수 있다】, **사당수(沙棠樹)**【색은 노랗고 열매는 붉다. 먹으면 물에 빠지지 않게 하며 배를 만들 수 있다】, 방로(氆氌),[33] **흑라(黑騾)**【하루에 천 리를 간다. 발굽으로 호랑이를 죽일 수

至雪山, 男合西洱河, 號漾備水. 又東南出會川爲瀘水】·黃河·析支·湟水爲大)"라고 하였다.

32) 가발해(可跋海)에 관한 설명은 두우(杜佑)의 801년 『통전(通典)』(사고전서본, 권190, 12a)에 근거하고 있다. 그의 토번(吐蕃) 기술에 따르면, "가발해(可跋海)는 적령(赤嶺, 청해성, 황원현, 일월산)에서 100리 떨어져 있으며, 둘레는 70리이다. 동남쪽으로 만(蠻)의 지역으로 흘러들어, 서이하(西洱河, 운남, 대리의 강)와 합류하여 동쪽으로 흘러 양비수(漾鼻水)로 불린다. 또 동남쪽 회천(會川)으로 나와 노수(瀘水, 운남, 노강)가 된다(有可跋海, 去赤嶺百里, 方圓七十里, 東南流入蠻, 與蠻西二河合流而東, 號爲漾鼻水. 又東南出會川, 爲瀘水焉)"라고 하였다. 이러한 설명은 『태평환우기(太平寰宇記)』, 『문헌통고(文獻通考)』, 『명일통지』(사고전서본, 권89, 12b)에 채록되었는데, 나왈경에서 정본열에 이르는 설명은 바로 『명일통지』를 따른 문장이다. 이 설명으로 볼 때, '가발해'는 청해(靑海)를 가리키는 것 같다. 몽골어 형태에 따라 '코코노르(Koko nor)'로 표기되는데, '가발'의 '가'는 분명히 '코(ko)'에 상응하지만, '발'은 해당하는 대응값을 찾기 어렵다.

33) 티베트 산물인 방로(氆氌)를 처음 설명한 학자는 베르톨트 라우퍼다. 그는 「티베트인의 새점-펠리오 3530호 자료에 관한 주석과 9세기 티베트어 음운론 연구(Bird Divination among the Tibetans-Notes on Document Pelliot No. 3530, with a Study of Tibetan Phonology of the Ninth Century)」(『통보』, 1914, 91쪽)에서, 보로는 '울 직물'이며 티베트어 '푸루그(pʻrug)'를 전사한 단어로 설명했다. 이에 대해 폴 펠리오는 「몇몇 티베트 이름의 중국어 음역(Quelques

있다】가 있다.[34)]

이상 1권으로 이루어진 정본렬(鄭本烈)의 토번(吐蕃) 기술은 추재의 손에서 다음과 같이 요약되었다. 너무 많은 내용을 채록하지 않았고, 특산들이 설명 없이 나열되었으며, 특히 완양(羱羊)을 '영양(羚羊)'이라 옮긴 점은 아쉽다. 하지만 티베트에 관해 세 수의 절구로 노래하고 있는 점은 추재가 이들에 대한 관심도를 반영하는 것인지도 모른다.

---

transcriptions chinoises de noms tibétains)」(『통보』, 1915, 22쪽)에서 티베트어 '프루그(phrug)' 임을 확인하고 종성 'g'가 탈락한 점에 대해, 몽골 시기에 전사된 형태일 것으로 추정했다.

34) 이상 토번의 산물에 관하여 나왈경은 다음과 같이 기술했다. "산물은 매우 많다. 다만 이우(犛牛)【배와 발꿈치 아래에 모두 붉은 털이 있고, 키는 1척이며, 꼬리는 말[斗]만큼 크다】, 완양(羱羊)【무거운 것은 수백 근이 나가고, 그 뿔은 매우 크다】, 초상비(草上飛)【짐승 이름이다. 개의 몸과 같으며, 온몸이 대모(玳瑁) 반점이 있는 고양이[玳瑁斑猫]와 비슷하다. 성질은 순하고 고약하지 않다. 사자나 표범[獅豹]들처럼 그것을 보면 [짐승들이] 땅에 엎드리니 짐승의 왕이다】, 골독서(骨篤犀)【색깔은 연한 벽옥(碧玉)이며 조금 노랗다. 두드리면 소리가 옥처럼 맑다. 냄새를 맡으면 향기가 나고, 독을 풀고, 여러 독약을 판별할 수 있다. 벽서(碧犀)라고도 하는데 값은 비싸다】, 금강찬(金剛鑽)【모양은 자주색 석영과 같다. 물 바닥 반석에서 종유(鍾乳)처럼 난다. 쇠망치에도 손상되지 않고, 불에 태워도 망가지지 않는다. 영양(羚羊)의 뿔로 두드리면 부서진다. 옥을 자를 수 있다】, 마가주(馬價珠)【청색이다. 한 개 값은 명마의 값과 같아 그렇게 부른다】, 동불(銅佛)【오사장(烏思藏)의 것이 좋다】, 천서피(天鼠皮)【가죽옷을 만들 수 있다】, 방로(氆氌)【오색이며 전(氈)과 같다】, 사당수(沙棠樹)【색은 노랗고 열매는 붉다. 먹으면 물에 빠지지 않게 하며 배를 만들 수 있다】, 흑려(黑驢)【하루에 천 리를 간다. 호랑이와 잘 싸우는데, 발길질 한 번이면 호랑이가 죽는다】 등이 특이하다(物産甚多. 惟犛牛【腹肘下皆有赤毛, 長尺, 尾大如斗】·羱羊【重者數百斤, 其角甚大】·草上飛【獸名. 形大如犬, 渾身似玳瑁·斑猫樣. 性純不惡. 若獅豹等, 猛獸等見之, 卽伏於地, 乃獸之王也】·骨篤犀【色如淡碧玉, 稍有黃. 扣之, 聲淸如玉. 嗅之有香, 能消毒, 并辨諸毒藥. 一名碧犀, 價高】·金剛鑽【狀如紫石英. 生水底盤石上如鍾乳. 以鐵鎚之, 不傷, 火燃之, 不毁. 以羚羊角扣之, 卽碎. 可以切玉】·馬價珠【靑色. 一枚價, 與名馬價等, 故名】·銅佛【烏思藏者爲上】·天鼠皮【可爲裘】·氆氌【五色, 如氈】·沙棠樹【色黃, 實赤. 食之使人不溺. 其木可以爲舟】·黑驢【日行千里, 善鬪虎, 一蹄而虎斃】爲奇)."

정본렬이 기술한 것과 비교하면 산물의 종류는 그대로이다. 다만 약간 빠진 설명들이 보인다. 방로(氆氌)에 관한 설명은 완전히 빠뜨렸다. 또 '흑려(黑驢)'를 정본렬은 '흑라(黑騾)'로 기록하고 있는데, 『격치경원(格致鏡原)』(사고전서본, 권83, 27b)와 『연감유함(淵鑑類函)』(사고전서본, 권435, 7a)에는 모두 '려(驢)'자를 보여준다. 따라서 '흑려'을 택하는 편이 좋다.

토번은 옛 서융(西戎)으로 서강(西羌)이라고도 한다. 순임금 시기 삼묘(三苗)가 삼위산으로 달아나 그 종족이 번성해졌다. 주나라 시기의 견융(犬戎)이다. 한나라 시기, 저(氐), 강(羌), 당(唐)[35]·랑(狼)이 모두 이들이다. 원검(爰劍)이란 자는 코가 베인 여인[劓妻]을 얻어 결국 강제하여 아내로 삼았는데, [그녀는] 그 모습이 부끄러워 항상 머리카락으로 그것을 가렸다. 그들 군주를 찬보(贊普)라 하는데, 강하고 크다는 뜻이다. 당나라 태종은 강하왕(江夏王) 도종(道宗)의 딸을 문성공주(文成公主)로 삼아 찬보에게 시집보냈다. 찬보는 군대를 이끌고 백해(柏海)로 가 직접 맞이했는데, 중국의 복식을 보고 위축되어 부끄러워했다. [나라로] 돌아가 공주에게 성을 쌓아주고 자랑으로 삼았고, 얼굴을 붉게 칠하는 것[赭面]과 머리를 풀어 헤치지 못하도록 했으며, 자제들을 국학(國學)에 보냈다. 그들 풍속은 성곽에 살지 않고 대불려(大拂廬)라는 솜털 천막[毳幕]에 산다. 벗을 공명(共命)이라 한다. 상문(桑門, 승려)를 존중하며, 의심스러운 송사가 있으면 북을 치고 땔나무를 태워 주문을 외며 결정한다. 맥(麥)이 익으면 한 해의 시작으로 삼고, 소라를 불고 북을 쳐 즐긴다. 그들 말로, 하늘을 난(難), 땅을 해는 니마(你麻), 달은 노와(老瓦)라고 한다. 산천으로 곤륜산(崑崙山), 가발[해](可跋[海])가 있다. 물산으로, 초상비(草上飛), 영양(羚羊), 이우(犛牛), 금강찬(金剛鑽), 골독서(骨篤犀), 마가주(馬價珠), 흑라(黑騾), 사당[수](沙棠[樹])가 있다(吐蕃古西戎, 又曰西羌. 舜竄三苗于三危, 遺種寔繁. 周時犬戎. 漢時氐·羌·當唐·狼皆是。有爰劍者得劓妻, 遂强而妻, 耻其狀, 常披髮掩之. 呼其君爲贊普, 言强大也. 唐太宗以江夏王道宗女封文成公主, 嫁贊普. 贊普以兵至柏海親迎, 見中國服飾, 縮縮愧之. 歸築公主城夸之, 且令禁赭面披髮, 遣子弟入學. 其俗不處城郭, 居于毳幕, 號曰大拂廬. 稱友曰共命. 尊桑門, 有疑訟, 擊鼓焚柴, 而呪以決之. 以麥熟爲歲首, 吹螺打鼓以娛之. 其語天爲難, 地爲薩, 日爲你偁麻, 月爲老瓦. 山川崑崙山·可跋. 物產草上飛·羚羱羊·犛牛·金鋼鑽·骨篤犀·馬價珠·黑騾·沙棠).

35) 아마도 '당(當)'자의 오기일 것이다.

문성 공주의 성 옆 대불려에,	公主城邊大拂廬,
코 베인 여인은 머리카락 빗어 가리네.	劓妻遺髮換粧梳.
금(琴)을 켜고, 붉은 얼굴 모두 씻어내게 하고,	琴章赭面教都洗,
찬보는 처음으로 중국의 책을 펼치네.	贊普新翻漢國書.

뿔과 소라를 불고 불을 피워 둘러싸고,	吹角吹螺打火圍,
푸른 상아 활 마가주 옷에서 나오네.	碧犀弓出馬珠衣.
공을 바침에 어찌 버들잎 뚫는 궁수를 아끼랴,	獻功豈惜穿楊手,
이미 얼룩덜룩 초상비를 풀었네.	已放斑斑草上飛.

나무를 태우고 북을 치니 송사의 뜰 시끄럽고,	焚柴擊鼓訟庭喧,
제일가는 스님 국문(國門)에 앉았네.	第一桑門坐國門.
천 리 가는 흑라 모직물로 장식하여,	千里黑騾粧氊毺,
청동 불상 영접하러 곤륜산을 지나네.	去迎銅佛過崑崙.

[41] 안남(安南)

여기부터는 『방여승략외이』, 권5에서 채록한 나라들이다. 이 5권은 신안(新安)의 호방직(胡邦直)이 짓고 방세업(方世業)이 집록했다고 표기되어 있다. '안남'은 현 베트남 북구 하노이 일대, 특히 참파[占城] 북부에 해당하는 나라의 중국식 표기이다. 이 나라에 관해서는 지봉 이수광이 자세하게 기술한 바 있지만, 추재는 그 기록을 참고하지 않았다. 이 나라에 관한 자세한 해제와 주석은 『지봉 이수광이 바라본 세계』(23~61쪽)를 참고하시오. 그러나 1788년 이후 안남 정보를 추가하고 있다는 점은 나머지 단점들을 상쇄할 만한 가치가 있다.

안남(安南)은 「요전(堯典)」에서 말하는 "거듭 희숙에게 명하여 남교(南交)에 살게 했다(申命羲叔 居南交)"라고 한 곳이다. *[진(秦)나라가 여섯 나라를 병합하고, 양월(楊越, 양주의 남월)을 공략 평정하고 계림군(桂林郡), 남해군(南海郡), 상군(象郡)을 설치하여 죄를 지은 사람들을 이주시키고 월나라 사람들과 섞여 살게 했다(秦並六國, 略定楊越, 置桂林·南海·象郡, 以適徙民, 與越雜處)]*. **진(秦)이 멸망하자**[기원전 206년경], *[용천령(龍川令)]* **조타(趙佗)가 곧바로 계림(桂林)과 상군(象郡)을 쳐서 병합하고 남월무왕(南越武王)이라 자칭했다**. 상군(象郡)은 바로 지금의 안남(安南) 땅이다.

[한나라 고제(高帝)가 즉위하여, 사신 육가(陸賈)를 보내 조타를 '남월왕'으로 책봉하고, 남방의 여러 월(越)을 화합시키고 모으되 변방의 해가 되지 않게 했다. 여후(呂后)에 이르러 철기(鐵器) 교역을 금하자, 조타는 스스로 남무제(南武帝)로 칭하며, 군대를 동원해 장사(長沙)의 주변을 공략하고 여러 현을 파괴했다. 또 군대로 위협하거나 재물로 민월(閩越), 서구(西甌), 락(落)[1] 등에 뇌물을 주어 예속시켰다(漢高立, 遣使陸賈, 封佗爲南越王, 使和輯百越, 毋爲邊害. 及呂后禁越關市鐵器, 於是佗乃自尊號南武帝, 發兵攻長沙邊, 敗數縣. 復以兵威, 財物賂遺閩越·西甌·落, 役屬焉)]. 동서로 10,000여 리이고, 황옥(黃屋)과 좌독(左纛)의 [수레를] 타며 칭제(稱制)함이 중국과 같게 하였다. **[효]문제**([孝]文帝, 기원전 180~기

1) 『사기』, 권113, 「남월열전」에는 '낙(駱)'자로 되어 있다.

원전 157년 재위)가 즉위하여, **육가(陸賈)를 보내 타이르자**, 남월왕[조타]는 두려워 머리를 조아려 사죄하며 제제(帝制), 황옥(黃屋), 좌독(左纛)을 없애고, 올리는 글에 "만이 대장 노부 신 타(蠻夷大長老夫臣佗)"라고 썼다. *[육가가 돌아와 보고하자 문제는 크게 기뻐했으나, 나라에서는 이전처럼 몰래 옛 칭호를 사용했다(陸賈還報, 文帝大悅, 然其居國竊如故號)]*. 무제(武帝, 기원전 141~기원전 87년 재위) 초에 조타가 죽고[기원전 137년], 손자 조호(趙胡)가 계승했고, 조호가 죽자, 아들 조영제(趙嬰齊)가 이었다. 조영제가 죽고 아들 조흥(趙興)이 계승했다. 조영제가 장안에서 숙위(宿衛)를 지낼 때, 한단(邯鄲) 규씨(摎氏)의 딸을 아내로 맞았는데, 바로 조흥의 어머니이다. 옛날 패릉(霸陵) 사람 안국소계(安國少季)와 사통했는데, 조영제가 죽고 한나라 사신으로 안국소계가 가서 왕을 타이르자, 태후(太后)가 내조(來朝)하여 다시 그와 사통했다. 나라 사람들이 이 때문에, 대부분 태후를 따르지 않았다. 태후는 난이 일어날까 두려워 한나라에 의지하여 위신을 세우려 편지를 올려 내제후(內諸侯)처럼 3년에 한 번 조공과 변방의 관문을 없애 줄 것을 청했다. 무제는 이를 허락했으나 승상 여가(呂嘉)만이 내속을 원치 않아 결국 *[군대를 일으켜 공격해(發兵反攻)]*, 태후, 왕 그리고 한나라 사신들을 죽이고 조영제의 아들 건덕(建德)을 왕으로 세웠다. 한나라는 대노하여, 노박덕(路博德), *[양복(楊僕)]* 등에게 *[네 갈래로 출병 공격해 사로잡게 하여(四道出兵擊擒之)]* 남월을 평정하고,[2] 마침내 그 땅을 담이(儋耳), 주애(朱崖), 남해(南海), 창오(蒼梧), 울림(鬱林), 합포(合浦), 교지(交趾), 구진(九眞), 일남(日南) 등 아홉 군으로 만들었다. 담이와 주애 두 군은 바다에 있었다. *[무제 말에 중국은 그곳의 진귀한 뇌물을 탐하여 점자 서로 침모(侵侮)하여, 몇 년마다 한 번씩 반란이 일어났다(武帝末, 中國貪其珍賂, 漸相侵侮, 故率數歲一反)]*.[3] 원제

2) 이상의 기술은 『사기』, 권113, 「남월열전」에 자세하다.

3) 아홉 군의 설치와 두 군의 폐지에 관한 정보는 『후한서』, 116, 「남만서남이열전」에서 가져왔다. 『한서』, 권64하, 「가연지(賈捐之) 열전」(2830쪽)에 따르면, 원봉(元封) 원년(기원전 111)에 담이와 주애군을 세웠고, 그곳의 사람들은 흉포하고, 접근하기 어려운 자연환경으로 자주 관리들의 금지사항을 어겼고 관리들도 그들을 잔혹하게 다루어 몇 년마다 한 번씩 반란을 일으켜 관리들을 죽였다는 기술로 확인할 수 있다.

(元帝) 시기 가연지(賈捐之)의 말을 받아들여 두 군을 폐지했다. 여러 군이 중국에 속하게 되었으나, 언어가 각기 달라, *[거듭 통역해야 통했다. 습속은 매우 고약하여 남녀가 같은 개울에서 목욕했다(重譯乃通. 習俗頗惡, 男女同川而浴)]*. 뒤에 중국의 죄인들을 옮겨 잡거하게 하는 사이 조금씩 그 언어를 알게 되면서 *[교화되었다(見禮化)]*.

광무제(光武帝)가 중흥하여 석광(錫光)이 교지(交趾)를 맡았고, 임연(任延)이 구진(九眞)의 태수가 되어 농경을 가르치고 학교를 세우니, 이에 영남(嶺南)에 중화의 풍속을 갖게 되니, *[그들보다 먼 곳의 만이(蠻夷)들도 자주 공헌해 왔다(其徼外蠻夷亦數貢獻)]*. 건무(建武, 25~56) 연간에 교지의 여자 징칙(徵則)과 징이(徵貳)가 반란을 일으키자 여러 만(蠻)이 모두 호응하여 대략 66개 성이 자립하여 왕이 되었다. **광무제는 마원(馬援)을 보내 격파하고 징칙과 징이를 참수하자 나머지 모두가 항복하고 흩어졌다.**

[건안(建安, 196~220) 초에 이르러 교지자사 장진(張津)이 표문을 올려 교지(交趾)를 교주(交州)로 고칠 것을 청하여 조서로 그에 따르게 했다. 마침내 장진을 교주목(交州牧)으로 삼고 구석(九錫), 동궁(彤弓), 동시(彤矢)를 더해 주었다. 예악으로 정벌하니 중주의 방백(方伯)들과 같게 된 것은 장진에서 비롯되었다.[4] *환제(桓帝)와 영제(靈帝) 이후 만료(蠻獠)가 다시 상군(象郡) 상림현(象林縣)을 차지하면서 결국 임읍국(林邑國)이 되었다. 위(魏), 진(晉), 송(宋), 제(齊)나라 때에는 주(州)가 되었다가 진(陳)나라 때에는 군(郡)이 되었다. 수나라 때에는 군을 폐지하고 주를 설치했다가 양제(煬帝)가 다시 주를 폐지하고 군을 설치했다. 당나라 때 교주총*

4) 밑줄 친 정보는 『예문유취(藝文類聚)』(사고전서본, 권6, 34a)에서 교주(交州)를 기술하며, 『교광기(交廣記)』라는 책을 인용하여 "장진(張津)을 교주목에 제수하고 구석, 동궁, 동시를 더해 주었다. 예악으로 정벌하며 위엄을 남하(南夏, 남방)에 떨쳤으니, 중주의 방백들과 같게 된 것은 장진에게서 시작되었다(拜津交州牧, 加以九錫·彤弓·彤矢. 禮樂征伐, 威震南夏, 與中州方伯齊同, 自津始也)"라고 하였다. 이 정보는 나왈경이 채록한 주요 자료 중 하나인 『도서편(圖書編)』(사고전서본, 권32, 28b)에도 채록되었다. 따라서 『함빈록』의 마지막 '석(錫)'자는 '진(津)'자로 교감하는 것이 맞다.

관부(交州總管府)로 고쳤다가 다시 안남도호부(安南都護府)로 바꾸었다(至建安初, 交趾刺史張津上表, 請改交趾爲交州, 詔從之. 遂拜津爲交州牧, 加以九錫·彤弓·彤矢. 禮樂征伐, 與中州方伯侔, 自津[鍚]始也. 桓·靈以後, 蠻獠又據象郡象林縣, 遂爲林邑國矣. 魏·晉·宋·齊爲州, 陳改爲郡. 隋廢郡置州, 煬帝復廢州置郡. 唐改交州總管府, 俄復改安南都護府)]. 한나라 이래로, 군현(郡縣)을 설치했으나, 료(獠)의 풍속을 다루기 어려워 수년마다 한 번씩 반란이 있었다.

오대(五代, 907~960)에 이르러 토호(土豪) 곡승미(曲承美)가 그곳을 차지했다가 유은(劉隱, 874~911)에게 병합되었다. 유은은 당나라 말 봉주자사(封州刺史)가 되어 영남에서 여러 차례 공을 세워, 주량(朱梁, 후량의 태조)이 해남왕(海南王)으로 봉했다. 유은이 죽고 아우 엄(龑, 889~942)이 즉위했는데, *[용감하고 지략이 많았다(多勇略)].* 이때 곡호(曲顥), 유사정(劉士政) 등이 영남의 여러 주를 나누어 차지하자 엄(龑)이 출병하여 모두 평정했지만, 교주(交州)【한나라 자사 장진(張津)이 교지를 교주로 고쳤다】만은 이기지 못했다. 이듬해 엄(龑)은 마침내 황제로 즉위하여 국호를 '한(漢)'이라 했다. *[호사스러움을 좋아하여 남해의 진귀한 보물을 모두 차지하고 옥당(玉堂)과 주전(珠殿)을 만들었다. 한참 뒤에 양극정(梁克貞) 등을 보내 교주를 공략하여 곡승미를 사로잡고, 남해(南海)에 이르렀다. 엄(龑)이 말하길, '그대는 항상 나를 가짜 왕정이라 했는데, 그대는 내 앞에 묶여있으니 어찌 된 것인가'라고 했다. 곡승미는 머리를 조아리며 복죄하자 이내 풀어주었다. 곡승미는 곡호(曲顥)의 아들이었다. 얼마 되지 않아 애주(愛州)의 오권(吳權)이 교주를 공략하자, 자립한 엄은 아들 홍조(洪操)를 교주왕으로 봉해 출병 공격하게 했으나 패몰(敗沒)하여, 엄이 그 무리를 수습하여 돌아왔다(好奢侈, 悉聚南海珍寶, 以爲玉堂珠殿. 久之, 遣將梁克貞等, 攻交州, 擒曲承美, 至南海. 龑曰, 公常以我爲僞廷, 今反面縛, 何也. 承美頓首伏罪, 乃赦之. 承美者, 曲顥子也. 無何, 愛州吳權攻交州, 自立龑封子洪操爲交王, 出兵攻之, 敗歿, 龑收其餘衆而還)].* 엄(龑)이 죽고 유분(劉玢, 920~943)이 이었고, 유분이 죽고 아우 유성(劉晟, 920~958)이 즉위했다. [재위] 12년에 오권(吳權)의 아들 오창준(吳昌

濬)이 신하를 칭하며 부절(符節)과 부월(斧鉞)을 요구하자 유성은 사신을 보내 그를 위로하고 타일렀다. 유성이 죽고 유장(劉鋹, 942~980)이 즉위하자, 교주는 대혼란에 빠졌다. 환주(驩州)의 정련(丁璉)이 거병하여 격파하자, 유장은 정련을 교주자사(交州刺史)에 제수하고 대승왕(大勝王)이라 불렀다.

송나라 태조가 흥기하여 유장에게 사신을 보내 칭신을 권유했으나 따르지 않자 공격하여 평정했다. 유장은 흰옷에 백마를 타고 항복하여 사면받았고, 뒤에 얼마 되지 않아 정련 또한 내부(內附)하였다. 송나라는 그를 교지군왕(交趾郡王)으로 삼았다. 이로부터 교지는 대대로 왕으로 불렸다. 정련이 죽고 아우 선(璿)이 계승했으나 나이가 아직 어려, 대장 여환(黎桓, 941~1005)이 권력을 농단하여 선(璿)을 별장으로 옮겨 구금하고 대신 무리를 통치했다. *[태종은 이를 듣고 화가가, 장수 손전흥(孫全興) 등을 보내 수륙 두 갈래로 공격 토벌하게 했다. 조금씩 불리해지자, 여환의 마음은 더욱 교만해져(太宗聞之怒, 遣將孫全興等, 從水陸兩路討之. 稍失利, 桓志愈驕)]*, 산을 등지고 강을 사이에 두고, 여러 차례 약탈하며 *[점차 번신(藩臣)의 예를 잃어갔다(漸失藩臣之禮矣)]*. 송나라 황제는 어루만져 안녕을 추구하며 죄를 물으려 하지 않았고 여환(黎桓)도 마침 사신을 보내 조공을 들이자, 송나라는 결국 그를 교지군왕으로 봉했다. 여환이 죽고 아들 용정(龍廷[鋌])이 형 용월(龍鉞)을 죽이고 스스로 서 가혹한 정치를 하자, 나라 사람들이 따르지 않았다. 이공온(李公蘊, 974~1028)이 결국 용제(龍提)를 죽이고 '유후(留後)'라고 자칭하며 사신을 보내 조공을 들였다. 이공온은 용정(龍廷[鋌])이 가까이하며 믿었던 신하였다. *[송나라는 여환이 의롭지 못하게 득세했는데, 이공온이 더욱더 그를 본받았으니 고약하다고 여겼다. 그러나 만(蠻)의 습속 때문이므로 책망할 수 없어, 결국 이공온을 왕으로 책봉하고 예전처럼 호칭했다(宋以黎桓不義而得, 公蘊尤而效之, 甚可惡也. 然以蠻俗不足責, 遂封公蘊王, 號如故)]*. 이공온이 죽고 아들 이덕정(李德政)이 섰다가 죽고, 아들 이일존(李日尊)이 왕위에 올랐다가 죽고, 이건덕(李乾德)이 섰다. *[마침 지계주(知桂州)*[5] *유이(劉彝)는 무관의 말을 듣고 안남을 취할 만하다고 생각하고 전선(戰船)을 크게 마련했다. 교주 사람 중에 호시(互市)해 오던 사람들이 모두 끊어지고, 상소문을 올리던 일도 통할 수 없게 되었다. 이에 대거 노략질하며, 흠주(欽州), 연주(連州), 옹주(邕州) 등 세 곳을 함락시키고 백성 5만여 명을 죽였다. 신종(神宗)은 화가나, 장수 곽규(郭逵), 조설(趙卨) 등을 보내 토벌하게 하여, 교주 군대를 대파했다. 이건덕은 두려워 마침내 표문을 바치고 다시 직공(職貢)의 의무를 닦겠다고 구걸하며, 빼앗은 주현들을 돌려주고, 곧이어 세 주의 관리 1천 명을 돌려보내겠다고 약조했다. 한참 뒤에 백성 221명을 돌려보냈는데, 남자들은 모두 이마에 문신을 새겼다. 15세 이상은 '천자병(天子兵)'이라 새겼고, 20세 이상은 '투남조(投南朝)'라고 새겼다. 부인들은 왼손에 '관객(官客)'이라 새겼다. 모두 배에 태워 창문에는 진흙을 칠하고 안에는 등불을 켰다. 하루에 30리를 가면 멈추고, 거짓으로 경고(更鼓)를 알렸다. 무릇 몇 개월이 걸려 이르렀는데, 아마도 바닷길이 먼 것을 속여 보여주려 함이었을 것이다. 이로부터 조공이 끊이지 않았다(會知桂[封]州劉彝聽偏校言, 以爲安南可取, 大治戈船. 交人來互市者, 率皆遏絕, 表疏上訴, 亦不得通. 於是大擧入寇, 連陷欽·連·邕三州, 屠其民五萬餘口. 神宗怒, 遣將郭逵·趙卨等討之, 大破交兵. 乾德懼, 遂奉表, 乞再修職貢, 還所奪州縣, 尋約歸三州官吏千人. 久之, 方送民二百二十一口, 男子皆刺額. 年十五以上, 刺曰天子兵. 二十以上, 曰投南朝. 婦人刺左手, 曰官客. 悉載以舟, 而泥其戶牖, 中設燈燭. 日行三十里則止, 而僞作更鼓以報. 凡數月乃至, 蓋以紿示海道之遠也. 自是朝貢不絕矣)]*. 이건덕이 죽고 다섯 세대를 전하여 이호참(李昊旵, 1121~1224)이 올랐고, 이호참이 죽고 아들이 없어 딸 소성(昭聖)이 나랏일을 주재하다가 사위 진일경(陳日煚)이 차지했다고 한다. *[이공온 이후로 아홉 세대를 전하며, 그들 이름이 일(日), 건(乾), 양(陽), 천(天), 용(龍) 등이라 했는데, 모두 상(上)을 범하는 뜻이 있었다. 그러나 송나라는 그들이 바다 모퉁이 편벽한 곳에*

5) 나왈경의 『함빈록』에는 '지봉주(知封州)'로 되어 있으나 사마광(司馬光)의 『속수기문(涑水記聞)』(사고전서본, 권13, 16a)에 따라 '지계주'로 교정했다.

있어 더 이상 따지지 않았다(自公蘊, 傳凡九世而亡, 其名曰日, 曰乾, 曰陽, 曰天, 曰龍, 皆有僭上之意. 而宋朝以其僻在海隅, 不復與較也)].

원나라(1271~1368) 시기에 *[장수 올량합태(兀良合台)를 보내 여러 이(夷) 중에 귀부하지 않은 자들을 공격했다. 앞서(遣將兀良合台, 攻諸夷之未附者. 先)]* 사신 두 사람을 보내 교지를 타일렀으나 진일경은 두 사신을 묶고 대나무를 쪼개 몸을 묶어 피부에 파고들게 하여 여러 감옥에 구금했다. 원나라는 크게 노하여 장군 철철도(徹徹都) 등을 보내 길을 나누어 진군하여 토벌하고 그들 나라를 파괴하자 진일경은 바닷가로 달아났다가 *[쇠약해져 지탱할 수 없자(弱不能支)]*, 한참 뒤에 귀부했다. 원나라는 그의 아들 진광병(陳光昺)을 교지군왕으로 책봉했다. 진광병이 죽고, 아들 진일훤(陳日烜)이 섰다가 죽고, 아들 진일존(陳日燇, 1257~1293)이 섰다. *[진일경 이후로 수 세대에 걸쳐 입조(入朝)했지만, 원나라는 그들의 공물이 너무 많다고 질책하여(自日煚後, 雖累世入朝, 而元責其貢物太重)]*, 이따금 약탈해 왔지만,[6] 원나라를 상대할 수는 없었다.

우리 왕조, 홍무(洪武) 원년(1368) 한양지부(漢陽知府) 이제(易濟)가 안남에 조서를 받들어 가자, 그곳 왕 진일규(陳日煃, 1341~1369 재위)가 *[배신 동시민, 단제, 여세안 등을 보내(遣陪臣同時敏·段悌·黎世安等)]* 조공해 왔다. 상(上)은 학사(學士) 장이녕(張以寧), 전부(典簿) 우양(牛諒)을 보내 진일규를 안남왕(安南王)으로 책봉하게 했다. 장이녕 등이 *[시월에]* 안남 경계에 이르러 들으니 진일규가 이미 죽고 조카인 진일견(陳日熞, 1369~1370년 재위)이 왕위를 이었고 했다. *[장이녕은 조서를 이강(洱江)에서 호위하고, 우양에게 그 나라에 들어가 먼저 교지로 위로하게 했다(以寧護詔洱江上, 使牛諒入其國, 先諭旨)]*. 안남왕을 모시는 신하 완여량(阮汝亮)이 진일견에게 조서와 인장을 하사할 것을 청하자, 장이녕이 허락하지 않으며 "받든 조서는 너의 선군(先君)을 봉한 것이지 세자의

6) 호방직이 요약한 이 밑줄 친 정보를 나왈경은 "수시로 노략질해 오는 자들이 많았지만(故多有時入寇掠者)"이라고 하였다.

이름이 아니니, 너희 나라는 사신을 보내 청하여 황상의 뜻을 얻은 뒤에 줄 수 있다(奉詔封爾先君耳, 非世子名爾. 國當遣使上請, 必得旨, 然後敢授)"라고 했다. 이에 진일견은 배신(陪臣) 두순경(杜舜卿) 등을 보내 조정에 아뢰고 임명을 청하게 하고 장이녕은 안남에 머물면서 명을 기다리면서, *[안남 사람들에게 삼년상과 계상돈수(稽顙頓首)하고, 배알(拜謁) 등의 여러 예의를 가르쳤다. 그 뒤에 상이 듣고 크게 기뻐하며 장이녕에게 시를 하사하고 장려하며 타이르게 했다(教安南人行三年喪, 及稽顙頓首, 拜謁諸禮儀. 其後上聞之, 大喜, 賜以寧詩, 獎諭之)]*. 이듬해 두순흠이 진일경의 부음을 아뢰고 진일견의 책봉을 청하자, 상은 직접 제문을 지어 한림편수(翰林編修) 왕렴(王廉), 이부주사(吏部主事) 임당신(林唐臣)에게 조서를 들고 가 진일경을 봉하여 왕위를 잇게 하고 *[아울러 장이녕이 가지고 있는 인장과 조서를 받아 하사품과 함께 주게 했다. 사신들이 이르자 진일견은 신하들을 거느리고 교외로 마중 나와, 부복하여, 조서를 받들었고, 북면하여 무릎을 꿇고 받으며 번신(藩臣)의 예로 계상(稽顙)했다(並取以寧所護印詔, 賜物畀之. 使至, 日熞率其臣郊迎, 及俯伏聽詔, 北面跪受, 稽顙如藩臣禮]*. 진일경은 왕렴 등을 따라 사신을 보내 조공하고 사은했다. 장이녕은 도중에 죽었다. 얼마 되지 않아 안남의 신하 진숙명(陳叔明)이 진일경을 죽이고 왕위를 찬탈했다.[7] 한참 뒤에 진숙명은 다시 친족 진일단(陳日煓, 1373~1377년 재위)에게 왕위를 찬탈당했다. 그가 보낸 조공은 매우 많아 상은 불문에 부치고, *[다만 칙서로 그 공물이 지나치게 많다고 타일렀을 뿐이다(第敕諭其貢物過豐而已)]*. 뒤에 진일단이 점성(占城)

7) 여기 진숙명이 진일경을 찬탈하는 경위에 관하여 나왈경의 기술은 다음과 같다. "얼마 되지 않아 안남의 배신 진숙명이 군대로 왕의 측근을 거두어 죽이고 사람을 보내 왕 진일경을 시해하게 했다. 사신을 보내 표문을 올리면서 숙명의 이름으로 서명했다. 주객부(主客部)에서 표문을 받아 곧바로 봉한 것을 열어보고 그 이름이 다른 것을 발견하고, '이는 필시 변고가 있는 것이다'라고 하며 속히 상서에게 아뢰어 힐문하게 하니, 사신들은 감히 직언을 피하지 않고, 진일경은 진숙명에게 몰려 죽고 결국 찬탈했다고 했다. 예부에서 상에게 아뢰자, '섬의 오랑캐들이라도 어찌 감히 이처럼 교활할 수 있는가! 그들의 공물을 물리치고 받지 말라'라고 하였다(未幾, 安南陪臣陳叔明, 以兵收其王左右, 殺之, 使人弒王日熞. 遣使來貢表, 署叔明名. 主客部已受表, 尋取閱副封, 見其名異, 曰, 此必有變, 亟白. 尙書詰之, 使者不敢諱直言, 日熞爲叔明所逼而死, 遂簒位. 禮部以聞上, 曰, 島夷何敢狡詐如此, 却其貢不受)."

을 공격하다 병으로 *[바닷가에서]* 죽어 부음을 아뢰자, 상은 사신을 보내 제사를 지내게 했다. 이때 진일혼(陳日焜)이 계승했다. 진일혼은 진숙명의 아들이다. 진일혼은 그 나라 재상 여계리(黎季犛)에게 시해당했다.

여계리는 국호를 '대우(大虞)'로 고치고 태상황(太上皇)으로 자칭했다. 아들 호저(胡奆)[8]을 사신으로 보내 국주(國主)라고 하며 진씨(陳氏)의 대가 끊어졌고 저(奆)가 그 생질이라고 속이며 국사를 처리할 권한을 요청하여 조정에서 그를 따랐다. 얼마 되지 않아 노좌(老撾, 라오스) 선위사(宣慰使) 도연(刀緣)이 사신을 보내 진일혼의 손자 첨평(添平)을 호송하여 경사에 이르러 그 사실을 하소연하자 여계리는 두려워 표문을 올리고 첨평을 나라로 돌려보내도록 청했다. 조서로 광서도독(廣西都督) 황중(黃中), 여의(呂毅), 전대리경(前大理卿) 설암(薛嵓) 등을 보내 첨평을 호송하여 돌려보내게 했다. 경계로 들어서자, 여계리는 *[배신 황회경 등을 보내와 맞이하며 예가 매우 공손했고(遣陪臣黃晦卿等迎候, 禮甚恭)]*, 소고기와 술을 갖추어 놓고 호군(犒軍)했다. *[황중 등이 기병을 보내 살펴보니 술과 음식이 길에 이어지며 다른 것이 없었다(中等遣騎覘之, 壺漿屬路, 無他也)]*. 마침내 계릉관(鷄陵關)을 건널 때, 산길이 험준하여 군대는 늘어서서 갈 수밖에 없었다. *[마침 비가 내렸다(會天雨)]*. 여계리는 산골짜기에 병사를 숨겼다. 수만 명이 북을 두드리고 함성을 지르며 나와 다리를 끊어 *[뒤의 기병이 전진하지 못하게 하고(後騎不得前)]* 첨평을 빼앗아 죽여 버렸다. 설암도 죽자, 황중 등이 돌아왔다. 문황제(文皇帝)는 진노하여 *[4년에]* 신성후(新城侯) **[장]보(張輔)**, 서평후(西平侯), [목]성(沐晟) 등 25명의 장군에게 각 성(省)의 군사를 거느리고, 광서(廣西), 운남(雲南) 두 갈래로 나가 **안남을 토벌하게 했다**. [병부] 상서 유준(劉儁), 황복(黃福)에게 군무(軍務)를 맡겼다. 상이 직접 용강(龍江)에 행차하여 [제사를 지내며] 서원하고 군대를 전송했다. 장보 등이 안남에 이르러, 여계리의 죄 20가지를 나열한 격문을 보내 *[경내에서 진씨가 남긴 뜻을 세우도록 타이른(諭其境內, 以立陳氏後意)]* 연후에 군대를 진격시켰다. 안남은 선강

8) 호저(胡奆)는 바로 여창(黎蒼, 1401~1407년 재위)이다.

(宣江), 조강(洮江), 부량강(富良江) 등이 공고함을 믿고, [*왕의 군대가 이르렀다는 소식을 듣고, 마침내 북안을 따라 성책을 세우고 토성을 구축했으며(聞王師至, 遂緣北岸樹柵, 更築土城)*], 성책(城柵)을 긍구(亘九) 900여 리에 연결했다. [*남쪽 강안에는 말뚝을 배치하고, 안쪽의 여러 하구에는 모두 나무 방패를 심어 배들을 물리치게 했다. 토성은 높고 험하게 쌓아, 바깥에는 이중의 해자를 두었고, 해자 안에는 조밀하게 대꼬챙이를 설치했으며, 밖에는 구덩이를 파 사람과 말이 빠지게 했다(江南岸列樁, 內諸江口俱下桿木, 以逆舟楫. 其土城高峻, 城外設重濠, 濠內密置竹簽, 外坎地以陷人馬)*]. 장보는 군중에 명하여 "저들이 믿는 것은 이 성이다. 우리들은 여기에서 일거에 보국하고 공을 세울 것이다. 먼저 오르는 자는 차등을 두지 않고 상을 내릴 것이다(彼所恃者此城, 我輩報國立功在此一舉, 先登者賞不次)"라고 하자, 군사들이 도약했다. 밤을 기다려 성을 습격할 때, [*횃불과 뿔을 불어 신호로 삼았는데, 야심한 밤에 도독 황중 등이 하무를 물고 공성 기구를 메고 이중의 해자를 넘어 성 아래로 접근해 사다리를 성에 붙였다(以舉火鳴角爲號, 四鼓, 都督黃中等, 銜枚舁攻具, 越重濠薄城下, 以雲梯附城)*]. 도지휘(都指揮) 채복(蔡福)이 먼저 올라 입성하자 [*여러 장사가 연이어 오르고, 불이 오르고 뿔이 울리자, 안남 병사들은 당황하여 화살이나 돌을 발사하지 못하고 모두 흩어져 날아나, 군대가 모두 성안으로 들어갔다(諸將士繼之, 火舉角鳴, 安南兵倉皇, 矢石不得發, 皆散走, 師悉入城)*]. 또 [적이] 시가전을 하며 코끼리를 늘어세워 진을 쳤다. 장보 등은 화사(畫獅) 몽마(蒙馬)에게 신총익(神銃翼)으로 진격하게 하자, [*코끼리들이 모두 다리를 떨며 총과 화살에 대부분 상처를 입고 결국 물러나 달아났다. 교지의 군대는 어지럽게 무너져(象皆股慄, 多中銃箭傷, 遂退走, 交軍衆潰亂)*], 그들 장수 양민헌(梁民獻)을 죽이고, 제백락(祭伯樂) 등을 헌상하며, 산원산(傘圓山)으로 추격하니 죽은 사람을 이루 헤아릴 수 없었다. 마침내 동서의 두 도읍을 정벌했다. 선강(宣江), 조강(洮江) 등의 주현들이 모두 항복했다. [*이로부터 여계리의 장사들은 기가 꺾여 싸우면 곧바로 무너졌다(自是季犛將士氣沮, 輒戰輒敗)*]. 전후로 40,000여 수급을 참했고, [*물에 빠져 죽은 자는 헤아릴 수 없었다. 그들의 전선과 병장기를 대략 노획하자 여러 군읍이 연이어 투항해 왔고, 여계리는 달아*

났다(溺水者不可勝計. 大獲其戰艦兵仗, 諸郡邑相繼來降, 季犛遁去). 마침내 여계리 부자를 끝까지 추격하여 기라(奇羅) 해구에서 *[모두 포획했다. 조서로 진씨의 후예를 찾았으나 이미 끊어져, 그곳에 군현을 두고, 교지 포정사(布政司), 안찰사사(按察使司), 도지휘사(都指揮使) 등의 사부(司府) 17개소, 주 47개, 현 157개를 설치했다. 칙서로 상서 황복(黃福)은 포정사, 안찰사 두 사(司)의 일을 겸하게 했고, 장보와 목성에게 칙서를 내려 교지에 학예(學藝)를 할 수 있는 자를 구해 경사로 보내 발탁해 등용하게 했다(悉獲之. 詔求陳氏後, 已絕, 乃郡縣其地, 置交趾布·按·都使司府十七·州四十七·縣一百五十七. 敕尙書黃福兼布·按二司事, 敕輔·晟求交趾有行能學藝者, 送京師擢用)]*. 9월 장보는 유승(柳升, ?~1427)을 보내 널리 알리고[露布], 포로 여계리와 여창을 헌상하고, 가짜 장상(將相)들은 하옥하고 나머지는 모두 사면했다. 장보를 영국공(英國公)에, 목성을 검국공(黔國公)에 진봉하고, 유승(柳升)을 안원백(安遠伯)으로 봉했다. 나머지는 차등에 따라 자급을 올리고 상을 내렸다. 때는 영락 6년(1408) 7월의 일이다.

8월 교지 사람 간정(簡定), 등실(鄧悉) 등이 반란을 일으켜, 7년[6년] 장보에게 칙령을 내려 토벌하고 간정을 사로잡아 경사에서 찢어 죽였다. 한 해가 지나자[7년 5월], 진계확(陳季擴)이 다시 모반하여 '대월황제(大越皇帝)'라 자칭했다. 진계확은 바로 간정의 종자(從子)이다. *[진씨의 후손이라 칭하며 무리를 미혹시켜 그 세력이 간정보다 컸다(稱陳氏後, 以惑衆, 其勢重於定)]*. 장보가 다시 군대를 이끌고 가서 토벌하고 그를 체포하니[9] 위신이 서남이(西南夷)에게 떨쳤다. 얼마 뒤에 귀인(貴人) 마기(馬騏)는 탐욕스럽고 잔혹하여 사람들의 마음을 잃자, 여리(黎利)가 결국 그 틈을 타고 반역하여 *[체포할 수도 없었고, 용서해 주어도(捕之不勝, 赦之)]* *따르지 않았다[16년 정월]*. 선덕(宣德) 원년(1426) 왕통(王通), 유승(劉

9) 『명사기사본말』에 따르면 진계확이 주살된 것은 영락 12년(1414) 8월의 일로 기록되어 있다. 밑줄 친 정보에 관하여 나왈경은 "여러 차례 해를 이어 싸우면서 마침내 그를 사로잡았다. 장보가 교지 남쪽으로 내려간 뒤로 세 차례나 가짜 왕을 포획하니(轉戰連年始獲之. 自輔之下交南, 凡三獲僞王)"라고 하였다.

升) 등을 *[광서와 운남 두 갈래 길로(由廣西·雲南兩道)]* 보내 격파하게 했다. *[유승 등의 군대가 교지 애류관(隘留關)에 이르자, 여리와 여러 크고 작은 두목이 서신을 갖추어 사람을 보내 군문에 이르러, 군대를 거두고 백성을 쉬게 해 줄 것을 구걸하며, 진씨의 후손을 세워 땅의 주인으로 삼겠다고 했다. 유승 등은 봉인을 열지 않고 사람을 보내 아뢰었다. 그때 여리는 관군이 지나는 곳에 성책을 세우고 항전했으나 관군이 연이어 격파했다(升等師至交趾隘留關, 黎利及諸大小頭目具書, 遣人詣軍門, 乞罷兵息民, 立陳氏後, 主其地. 升等受書, 不啟封, 遣人奏聞. 時利於官軍所經處, 悉列柵拒守, 官軍連破之)]*. 곧바로 진이관(鎭夷關)에 이르렀다. 들어가자, 무인지경(無人之境)이었다. 유승은 *[용감했으나 지략이 부족하여, 경계와 장비를 엄히 하지 않고 먼저(勇而寡謀, 不嚴戒備, 前)]* 도마파(倒馬坡)에 이르러 수십 기병과 함께 먼저 치달아 다리를 건넜다. 건너자, 다리가 무너져, 뒤따르는 부대가 진입할 수 없었다. 교지의 복병들이 사방에서 나와 유승은 표창을 맞고 죽으니, 유승을 따르던 자들 모두 전사했다. 부총병(副摠兵) 양명(梁銘), 참찬상서(參贊尙書) 이경(李慶), 낭중(郎中) 사안(史安), 주사(主事) 진용(陳鏞), 이종방(李宗昉) 등이 모두 죽고, 주사 반원대(潘原大)만 살아 돌아왔다. 왕통은 유승이 죽은 소식을 듣고 감히 나아가지 못하고 여리(黎利)와 함께 화의를 맺었다. 여리는 마침내 상서하여 사죄하고 책봉을 청했다[선덕 2년(1427) 10월]. 선덕제는 병란을 싫어하여 *[교지를 버리고 싶어 했다. 결정하지 못하고 여러 대신을 모아 논의하자, 장보 등은 안 된다고 했으나 내각사 기(奇)와 영(榮)이 힘써 그곳을 버리라고 권하여, 그들의 말을 따랐다(意欲棄交趾. 未決, 乃集諸大臣議, 張輔等言不可, 而內閣士奇·榮力勸棄之, 遂然其言)]*. 병부시랑 나여경(羅汝敬) 등을 보내 여리를 사면하고 진씨의 후손을 찾아 세우도록 했다. *[또 왕통 등이 철군하게 하자, 안팎으로 지키던 삼사(三司), 위소(衛所)의 각 부(府), 주와 현의 문무 관리들이 가족을 데리고 귀부해왔다. 왕통이 경사에 이르자(又敕通等班師, 內外鎭守三司, 衛所各府·州·縣文武吏士, 攜家來歸. 通至京)]*, 군신들이 왕통을 탄핵하고 마기(馬騏)의 사형을 논하며 조서로 하옥시켰다. 여리가 표문을 올려 진씨는 이미 대가 끊어졌다고 하였다. 예부시랑 장경(章敬), 통정(通政) 서기(徐琦)를 보내 여리를 '권서안남국사(權署安南國事)'로 책봉했다. 그러나 여리는 이미 몰래 그 나라에서 '원제(元帝)'로 고쳤다.

여리(黎利)가 죽고 여섯 세대를 전하여 여주(黎賙)가 섰으나, 정유산(鄭惟鏟), 진진(陳眞) 등이 살해하고 가짜 타양왕(沱陽王) 혜(譓)를 세웠다. 가짜 무천백(武川伯) 막등용(莫登庸)이 병권을 오래 차지하고 있으면서 혜를 축출하고 스스로 올라 국호를 '대월(大越)'이라 했다. 왕위를 그의 아들 방영(方瀛)에게 전하고, 막등용은 스스로 태상황(太上皇)으로 칭했다. 혜는 위해를 피해 청화부(淸華府)에 살았다. 막등용이 다시 출병하여 공격하자 혜는 노좌국(老撾國, 라오스)으로 달아났다. 가정(嘉靖) 9년(1530) 9월에 혜가 죽자, 옛 신하들이 그의 아들 영(寧)을 세우고, 청화부의 목주(木州) 칠마강(漆馬江)에 살며, *[노좌와 경계하고 있었다(與老撾隔界)]*. 막등용은 여러 차례 공격했으나, 당시 노좌(老撾)가 그를 지원하여 이길 수 없었다. 오래지 않아 영(寧)이 원병을 청해오자, 병부(兵部)에 명해 의논하게 했다. 함녕후(含寧侯) 구란(仇鸞), 상서 모백온(毛伯溫) 등에게 토벌하게 했다. *[마침 양광(兩廣)을 지키는 신하들은 병란에 질렸으나 막씨가 먼저 표문을 올려 여혜(黎譓)가 자식이 없이 죽었다고 하였다. 당시 군신들이 논의하여, 막등용 부자는 나라에 공이 있으니 막등용의 아들 방영(方瀛)을 불러 인장을 주고 이어 국사를 주관하게 하였다. 여녕(黎寧)은 바로 난신 완감(阮淦)의 아들로 함부로 여씨 성을 칭했다. 그들이 스스로 분열한 바가 이와 같으나 대체로 모두 거짓으로 속인 말들이었다(會兩廣撫守臣厭兵, 而莫氏先已上表, 言黎譓無子垂死. 時與群臣議, 登庸父子有功於國, 召登庸子方瀛入, 付以印章, 令嗣主國事. 黎寧乃亂臣阮淦之子, 冒稱黎姓者也. 其所自列如此, 然大抵皆誣罔辭也)]*. 모백온 등이 교지에 이르러 격문을 보내 그 신하들에게 조정의 흥멸계절(興滅繼絶)하는 의리로 타이르고 죄상을 성토하며, 막등용 부자에 대항하여, 군현을 들고 투항하는 자에게는 그 군현을 줄 것이고, 막등용 부자를 사로잡아 참수한 자에게는 상금 2만 냥의 금과 높은 관직을 주겠다고 했다. 또 막등용 부자에게 자박하고 죄를 시인하여 모든 토지와 백성을 바치고 명에 따라 대죄하면 죽이지 않을 것이라고 유시했다. 이에 모백온 등이 안남 경계에 주둔하자, 막등용은 두려워 *[사신을 보내 군문에 이르러 항복을 구걸하며 몸소 처분을 따르니 그 말이 매우 비굴하고 절실했다. 모백온 등은 황제의 뜻에 따라 허락하고(遣使詣軍門乞降, 躬聽處分, 詞頗卑切. 伯溫等承制許之)]*, 19년(1540) 11월 초3일 투항을 약속했다. *[수신들은 진남관(鎭南關) 근처의 땅에 막부(幕府)와 지휘대를 설치하고 기다렸다(守臣於鎭南關近地, 修設幕府將臺以待)]*. 당시 막등용의 아들 방영(方瀛)은 이미 죽어, 손자 복해(福海)가 그 나라에 남아있었다. 날이 되자 막등용은 조카 막문명(莫文明) 그리고 두목 완여계(阮如桂) 등 40여 명과 함께 관새로 들어왔다. 각자 1척 밧줄로 목을 묶어 설치한 관정(關庭)에 맨발로 나와 포복하고 머리를 조아리며 무릎 꿇고 항복하는 표문을 올렸다. *[또 군문에 이르러 부복 재배하고, 나라의 토지, 군대와 백성, 관리들을 기록해 올리고, 침략한 네 동(峒)의 경계 땅을 처분에 맡기며 내속을 원했다. 아울러 매번 정삭(正朔)을 받아 준봉하고 예전처럼 인장을 내려, 삼가 수호하는지를 살펴, 고쳐 줄 것을 청했다(復詣軍門, 匍伏再拜, 盡籍國中土地, 軍民職官, 悉皆處分所侵四峒境土, 願以內屬, 仍請每領正朔遵奉, 舊賜印章, 謹護守以候更定)]*. 이에 모온백 등은 *[조정의 위덕(威德)으로 타이르고 우선은 나라로 돌아가 명을 기다리게 했다(伯溫等宣諭朝廷威德, 暫令歸國候命)]*. 모온백 등이 상소하자, 조서로 따르게 했다. 이내 항복한 안남국을 안남도통사사(安南都統使司)로 만들고 막등용을 도통사로 삼았다. 종2품으로, 자손들이 세습할 수 있었고 별도로 은인장을 지급하여 *[옛날 분수에 맞지 않게 쓴 제도를 없애고(舊所僭擬制度削去)]* 3년에 한 번 조공하게 하고, 여녕(黎寧)은 계속 수신(守臣)들에게 과연 여씨의 후손인지를 조사 탐문하여, 차지한 네 부(府)의 경계 땅을 주어 종사(宗祀)를 잇게 했다. 천자의 명이 내렸을 때, 막등용은 이미 죽었다. 이에 모백온이 소를 내려 고명을 그의 손자 복해(福海)에게 줄 것을 청하자, 그에 따랐다. 마침내 철군하니 *[모백온 등은 차등에 따라 승진하고 상을 받았다(伯溫等進秩賞賚有差)]*. 얼마 되지 않아, 복해는 여녕에게 축출되고 *[여씨가 계속(黎氏仍)]* 나라를 차지했다. 막씨는 남해의 섬으로 숨어들었다. 조정에서는 불문에 부치니, *[여씨의 조공은 지금까지 끊어지지 않았다(黎氏朝貢至今不絕)]*.

이곳에는 이료(夷獠)가 섞여 살며 *[예의를 조금은 안다(粗知禮義)]*. 풍속은 사납고 싸움을 좋아한다. 부(富)를 중시하고 빈(貧)을 경시한다. **1년에 세 번 벼가 익고, 1년에 8번 양잠한다**. 물고기와 소금의 이득이 많다. *[다만 교주와 애주의 사람들만, 기개가 있어 모의를 좋아한다. 연예인을 좋아하고 순수(淳秀)하며 호학한다(惟交·愛人, 倜儻好謀. 歡演人, 淳秀好學)]*.[10)]

그곳 역어(譯語)로, 하늘은 뢰(雷), 땅은 득(得), 태양은 애(靄), 달은 탕(盪)이라 한다.[11)]

그곳 산천[12)]으로 **불적산(佛蹟山)**【명승지이다(一方勝概)】,[13)] 안확산(安鑊山)【돌로 석경을 만들 수 있다. 한나라 예장태수(豫章太守) 범녕(范甯)이

---

10) 호방직이 채록하지 않은 이 정보에서 첫 번째 글자 '유(惟)'자는 총서집성속편본 『함빈록』(권6, 11a)에는 빈 글자 표기인 '□'로 되어 있다.

11) 현 베트남어로 하늘은 쩌이(trời), 땅은 덧(đất), 태양은 녓(nhật), 달은 짱(trăng)이라 한다.

12) 안남의 산천에 관하여 호방직은 나왈경의 설명을 상당 부분 요약했다. 『함빈록』의 기술은 다음과 같다. "그곳 산천으로 불적산(佛跡山)【경물이 맑고 아름다워 하나의 명승지를 이룬다】·안확산(安鑊山)【아름다운 돌이 난다. 한나라 예장태수 범녕(范甯)이 이곳에 관리를 보내 돌을 채취하여 석경(石磬)을 만들게 했다】·애산(艾山)【인적이 드문 곳으로, 정상에는 신선의 쑥[仙艾]이 있다. 봄에 피어 물에 떨어져 떠갈 때 물고기가 그것을 삼켰다가 용문강(龍門江)에 이르러 용으로 변화한다】·용문강(龍門江)【그 옆에 있는 굴에는 앵무어(鸚鵡魚)가 난다. 색은 초록색이고 입은 구부러져 붉다. 이 물고기가 변하여 용이 된다】·용계(龍溪)【옛날 진씨(陳氏)가 밤에 강을 건너려 해도 건널 수가 없었는데, 문득 한 다리가 나타났다. 건너고 돌아보니 보이지 않았다. 나라를 차지하고 '용계'로 고쳐 불렀다】·부량강(富良江)이 있다(其山川佛跡山【景物清麗, 爲一方勝概】·安鑊山【出美石. 漢豫章太守範寧嘗遣吏於此, 採石爲磬】·艾山【人跡罕至, 上有仙艾, 春開花, 漂落至水, 魚呑之, 至龍門江, 化爲龍】·龍門江【其傍有穴, 出鸚鵡魚, 色綠口曲而紅, 此魚能化爲龍】·龍溪【昔陳氏夜過江, 不能渡, 忽得一橋. 渡之, 回顧不見. 及有國, 改名龍溪】·富良江)."

13) 『동서양고』(사고전서본, 권1, 11a)에 '불적산(佛跡山)'으로 표기하고 "교주부 석실현에 있다. 거인의 발자국이 있고 아래에는 못이 있는데 경물이 청려(清麗)한 명승지이다(在交州府石室縣 有巨人跡 下有池 景物清麗 一方勝概)"라고 하였다.

채취하여 사용했다】,[14] **애산(艾山)**【쑥은 봄에 꽃이 피어 강물에 따라 흘러가면 물고기가 그것을 삼켜 용문강(龍門江)에 이른다】,[15] **용문강(龍門江)**,[16] **용계(龍溪)**,[17] **부량강(富良江)**[18]이 있다.

그 산물[19]로는 **소합유(蘇合油)**, **계설향(鷄舌香)**【꽃을 빚어[釀] 만든다】,

---

14) 『동서양고』(사고전서본, 권1, 11b)에 "청화부 동산현에 있다. 아름다운 돌이 나, 한나라 예장태수 범녕이 관리들을 보내 돌을 채취하여 경(磬)을 만들었다(在淸化府東山縣 出美石 漢豫章太守范甯嘗遣吏採石爲磬)"라는 설명이 보인다.

15) 『동서양고』(사고전서본, 권1, 11b)에 "가흥주 몽현에 있다. 큰 강을 향하고 있으며 가파른 바위들이 둘러 서 있어 사람들의 발길이 닿지 않는다. 전하는 바에 따르면 정상에는 선애(仙艾)가 있는데, 봄마다 꽃이 피었다가 비가 내리면 물에 떠내려오는데 물고기들이 그것을 삼키면, 용문강을 지나면서 용으로 변한다(在嘉興州蒙縣 面臨大江 峭石環立 人跡罕至 相傳上有仙艾 每春開花 雨後漂水 羣魚吞之 便過龍門江 化爲龍)"라고 하였다.

16) 『동서양고』(사고전서본, 권1, 12a)에 "가흥주 몽현에 있다. 『한서』 주에 봉계현에는 제방이 있는데, 용문의 수심은 100심으로 큰 물고기는 이 문에 오르면 용으로 변하고 지나지 못하면 아가미가 상하고 이마가 부풀어 피가 이 물에 흘러 항상 단지(丹池)를 이룬다고 하였다. 『일통지』에 운남 영원주에서 발원하여 이곳에 이르러 강물이 가로막히면서 세 갈래로 나뉘는데 날아오르는 소리가 100리에도 들린다. 배가 이곳을 지나려면 반드시 뭍에서 끌어야 다시 갈 수 있다(嘉興州蒙縣 漢書註 封谿縣有隄防 龍門水深百尋 大魚登此門 化成龍 不得過 曝鰓點額 血流此水 恒如丹池 一統志曰 源出雲南寧遠州 至此橫截江流 中分三道 飛湍聲聞百里 舟過此必舁上岸 方可復行)라고 하였다.

17) 『동서양고』(사고전서본, 권1, 12b)에 "진만부 정하현에 있다. 옛날 진씨(陳氏)가 밤에 강을 건너려 해도 건널 수가 없었는데, 문득 다리 하나가 나타나 강을 건넜다. 건넌 다음에 돌아보니 보이지 않았다. 나라를 차지하고 '용계(龍溪)'로 고쳤다(在鎭蠻府廷河縣 昔陳氏夜過江 不能渡 忽見一橋跨江 既渡 回顧不見 及有國 改名龍溪)"라는 설명이 보인다.

18) 『동서양고』(사고전서본, 권1, 11b~12a)에 "교주부 동관현에 있다. '노강(瀘江)'이라고도 한다. 위로는 삼대주 백학강에 닿고 성의 동쪽을 지나 아래로 리인현 대황강과 합쳐져 바다로 이른다. 송나라 곽규(郭逵)가 만(蠻)을 격파할 때, 마을의 요충지를 트고 부량강에 묵었다. 본조 장보(張輔) 등이 이곳에서 여(黎) 무리를 격파했다(在交州府東關縣 一名瀘江 上接三帶州白鶴江 經城東 下通利仁縣 大黃江 以達於海 宋郭逵破蠻 決里隘 次富良江 本朝張輔等破黎寇于此)"라고 하였다.

19) 앞의 산천 단락처럼 호방직은 안남의 산물도 정보들을 생략했다. 산물에 관하여 나왈경은 다음과 같이 기록했다. "그곳 산물에는 소합유(蘇合油)【그 나무에서 나는 수지를 기름으로 만

든 것이라고 하고, 혹은 여러 향즙을 섞어 만든다고도 한다】, 계설향(鷄舌香)【입에 머금을 수는 있지만, 의복에 넣을 수는 없다. 그 나무는 맵고 고약하여 금수들도 이를 수 없다. 꽃은 물 따라 무르익는다. 향기가 나는 것은 꽃을 빚어 만든 것이다】, 도량향(都梁香)【곽향(藿香)과 비슷하다】, 부침등(浮沉藤)·간자등(簡子藤【열매는 모두 적색이며 먹을 수 있다】, 인자등(人子藤)【씨가 사람 모습이며 태우면 코끼리를 모이게 한다. 그곳에서도 매우 얻기 어렵다】, 천세자(千歲子)【등 넝쿨은 땅 위로 나오고 열매는 뿌리 아래에 있다】, 암라(菴羅)【과일 중 최고이다. '향개(香蓋)'라고도 한다】, 석률(石栗)【돌 틈에서 나는데, 꽃이 피고 3년이 지나면 열매를 맺는다. 현지인들이 진귀하게 여긴다】·구층피(九層皮)【아홉 겹을 벗기면 살이 보이는데, 익혀 먹으면 맛이 밤 같다】, 가라륵(訶羅勒)【피와 과육이 서로 붙어있고, 교주와 애주의 것이 제일이다】, 풍수자(楓樹子)【크기는 달걀만 하고, 태우면 향이 진하다】, 고도수(古度樹)【'타(柁)'라고도 한다. 꽃이 피지 않고 열매를 맺는다. 열매는 목피(木皮) 안에서 나오는데 구슬을 이어놓은 듯하다. 노랗게 익었을 때 먹는다. 오래되면 그 안이 문의(紋蟻)로 변해 날아나온다】, 목면수(木綿樹)【열매는 술잔 같고, 껍질은 얇다. 안에는 사면(絲綿) 같은 것이 있는데, 색은 아주 희며, 한 열매를 깨면 4~5근을 얻는다】, 양목수(穰木樹)【피(皮) 안에 쌀 같은 가루가 들어있어 떡[餠]을 만들어 먹을 수 있다】, 사수(莎樹)【또한 쌀이 들어있어 먹을 수 있다】, 유오죽(由梧竹)【길이는 3~4장이고 둘레는 3척으로 들보나 기둥을 만든다】, 여하(如何)【900년에 한 번 열매를 맺는데, 모양은 대추 같으며 길이는 5척이다】, 적서(赤絮)【칠(漆)이다. 아교같이 붉은 흙이 있으면, 나뭇가지를 그 안에 넣으면 개미들이 가지를 따라 나와 칠(漆)을 만드는데, 붉은색이며 단단하며 밝다】, 상아담(象牙簟)【코끼리 어금니를 뽑아 실로 짜서 만든 것이다】, 성성(猩猩)【사람의 얼굴에 돼지 몸으로, 말을 할 줄 알고, 술을 좋아한다】, 백록(白鹿), 백치(白雉)【모두 순백색이다】, 비비(狒狒)【팔이 길고 몸은 검으며 머리털을 풀어 헤치고 있다가 사람을 보면 웃는다】, 대오공(大蜈蚣)【가죽은 북을 만들 수 있고, 박처럼 생긴 흰 살은 육포로 만들면 맛이 좋다】, 홍비서(紅飛鼠)【털이 무성하고 살 날개[肉翼]가 있다. 언제나 암수가 꽃이나 파초 사이에 숨어있어, 한 마리를 잡으면 다른 한 마리도 달아나지 않는다. 남중(南中)의 부인들이 그것을 잡아 남자를 미혹하는 약으로 삼는다】, 벽한서(辟寒犀)【색은 황금 같다. 황금 쟁반에 담아 대전(大殿)에 두면, 따뜻한 기운이 사람에게 미친다. 당나라 개원(開元, 713~741) 연간에 헌상했다】, 벽주(辟珠)【큰 것은 손가락만 하다. '벽동철'이란 것은 동철로 상하게 할 수 없고, '벽죽목'이란 것은 대나무로 훼손할 수 없는데, 다른 물건으로 범하면 바로 훼손된다. 항상 야자나 빈랑 등의 과일에 붙어있어 그것을 '성철(聖鐵)'이라 한다】 등이 특이하다(其產有蘇合油【其樹生膏爲油, 或云合諸香汁爲之】·雞舌香【可以口含, 不入衣服. 其木辛厲, 禽獸亦不能至. 花熟隨水, 出香乃釀花而成者】·都梁香【似藿香】·浮沉藤·蕳子藤【實皆赤色, 可食】·人子藤【其子如人狀, 燒之集象. 彼處極難得】·千歲子【有藤蔓出土上, 子在根下】·庵羅【果中極品. 俗名香蓋】·石栗【生山石罅中. 花開, 三年, 方結實. 土人珍之】·九層皮【脫至九層, 方見肉. 熟而食之, 其味類栗】·訶羅勒【皮肉相著, 交·愛州者爲佳】·楓樹子【大如雞子, 燒之甚香】·古度樹【一名柁. 不花而實, 實從木皮中出如綴珠, 然黃時即食, 時久則其中化爲紋蛾飛出】·木綿樹【實如酒杯, 皮薄, 中有如絲綿者, 色正白, 破

도량향(都梁香)【곽향(藿香)과 비슷하다】, 침향등(沈香藤),[20] 간자등(簡子藤)【열매는 모두 적색이며 먹을 수 있다】,[21] **인자등(人子藤)**【씨가 사람 모습이며 태우면 코끼리를 모이게 한다】,[22] **천세자(千歲子)**【씨가 뿌리 아래 있다】,[23] **암라(菴羅)**【과일 중 최고이다. '향개(香蓋)'라고도 한다】,[24] 석

一實, 得四五斤】·櫰木樹【皮中有屑如白米, 可作餠食】·莎樹【亦有米, 可食】·由梧竹【長三四丈, 圍三尺, 可作梁柱】·如何【九百年一實, 形如棗, 長五尺】·赤絮【漆也. 有土赤如膠, 以木枝入其中, 則蟻出緣而生漆, 赤色堅明】·蟻子鹽醢【溪洞人收蟻卵鹽爲醬, 甚珍貴之】·象牙簟【抽牙絲織成者】·猩猩【人面豕身, 能言嗜酒】·白鹿·白雉【俱純白色】·狒狒【長臂黑身披髮, 見人則笑】·大蜈蚣【皮可鞔鼓. 肉白如瓠, 暴爲脯, 味佳】·紅飛鼠【茸毛肉翼. 每雌雄伏花蕉間, 得其一, 則其一不去. 南中婦人採之, 以爲媚男之藥】·辟寒犀【色黃如金, 以金盤置於殿中, 暖氣襲人. 唐開元中, 交南獻此物】·辟珠【大者如指. 辟銅鐵者, 銅鐵不能損, 辟竹木者, 竹不能損, 犯以他物則毁矣. 常附胎於椰子·檳榔諸果上, 謂之聖銕】爲奇)."

20) 『함빈록』에는 '부침등(浮沈藤)'으로 되어 있다. 『예문유취(藝文類聚)』(사고전서본, 권82, 29a~b)에는 『남방초목상(南方草木狀)』을 인용하여 "부침등은 양념 사발[甕甌]처럼 큰 열매가 열리는데, 정월에 꽃이 피고 연이어 열매가 맺어 시월에서 섣달에 익는데, 색깔은 붉고 생으로 먹으면 달고 시다. 교지(交阯)에서 난다(浮沉藤, 生子大如甕甌, 正月華色, 仍連著實, 十月臘月熟. 色赤, 生食之甜酢, 生交阯)"라고 하였다. 따라서 여기서는 '부침등'으로 고치는 것이 맞다. 추재는 이 산물을 언급하지 않았다.

21) 『예문유취(藝文類聚)』(사고전서본, 권82, 29b)에는 『남방초목상(南方草木狀)』을 인용하여 "란자등은 수목을 타고 올라 자라는데, 1~2월에 노란색의 꽃이 피고 4~5월이면 남가새 같은 열매가 익는데, 수탉의 볏처럼 붉다. 생으로 채취해 먹으면 그 맛이 담박하다. 교지(交趾), 합포(合浦)에서 난다(蘭子藤生緣樹木, 正·二月花黃色, 四五月熟實如蔾, 赤如雄雞冠. 取生食之, 味淡泊. 出交趾·合浦)"라고 하였으므로, 여기서도 '란자등(蘭子藤)'으로 읽어야 할 것 같다. 이 산물 또한 추재는 언급하지 않았다.

22) 이 식물은 『유양잡조』(사고전서본, 권29, 2b)에, "안남에는 인자등이 있는데, 붉은색으로 넝쿨 끝에는 가시가 있으며, 그 열매는 사람 모습과 같다. 곤륜 사람들은 그것을 태워 코끼리를 모은다. 남중(南中)에서도 얻기 어렵다(南安有人子藤 紅色 在蔓端有刺 其子如人狀 崑崙燒之集象 南中亦難得)"라고 한 것으로 확인할 수 있다.

23) ''천세자' 역시 등나무의 일종으로 열매가 뿌리에 달린다고 한다. 『남방초목상(南方草木狀)』(사고전서본, 권하, 4a)에 "천세자의 등 넝쿨은 땅에서 나오면, 열매는 뿌리 아래에 있다. 수염은 녹색으로 꼬아 짤 수 있다. 그 열매는 한 꼬투리에는 항상 200여 과립이 들었는데, 껍데기는 푸르면서 노란색이다. 깍지 안에는 밤 같은 과육이 들었는데 맛도 밤과 같다. 말린 것은 깍지와 과육이 서로 분리되어 흔들면 육두구 같은 소리가 난다. 교지에서 난다(千歲子有藤蔓出土, 子在根下. 鬚綠色, 交加如織. 其子一苞恒二百餘顆, 皮殼青黃色, 殼中有肉如栗, 味

률(石栗)【돌 틈에서 나는데, 꽃이 피고 3년이 지나면 열매를 맺는다】, **구층피(九層皮)**【아홉 겹을 벗기면 살이 보이는데, 익혀 먹으면 맛이 밤 같다】, **사수(莎樹)**【쌀로 먹을 수 있다】, **고도수(古度樹)**【꽃이 피지 않고 열매를 맺는다. 열매는 목피(木皮) 안에서 나오는데 구슬을 이어놓은 듯하다. 노랗게 익었을 때 먹는다. 시간이 오래되면 날개미[飛蟻]가 된다】, 목면수(木綿樹)【열매가 술잔 같다】,[25] **가라륵(訶羅勒)**,[26] **양목수(槺𥟂木樹)**[27]【피(皮) 안에 쌀 같은 가루가 들어있어 떡[餠]을 만들어 먹을 수 있다】, **유**

亦如之. 乾者殼肉相離, 撼之有聲似肉豆蔻, 出交趾)"라고 하였다. 이 문장은 『동서양고』(사고전서본, 권1, 16a)에도 그대로 인용되어 있다.

24) '암라(菴羅)'라는 과일은 『수서(隋書)』, 권82, 「캄보디아[眞臘]전」(1836쪽)에 보이는데, "암라 나무는 꽃과 잎이 대추[棗]와 같고, 열매는 배[李]와 같다"라고 하였다. 『태평환우기(太平寰宇記)』, 흠주(欽州)의 산물로 여감자(餘甘子)를 들면서 "일명 암라과(菴羅果)라고도 한다"라고 하였다(사고전서본, 권167, 16b). 여감자의 학명은 필란투스 엠블리카(Phyllanthus emblica)로, 여기 '암라' 또는 '암라과'는 이 엠블리카의 아랍어 형태인 '암라(amlaj)'를 음차한 형태이고(P. Guigues, 『Le livre de l'art du traitement de Najm ad-Dyn Mahmoud』, Beyrouth, 1903, 71쪽), 이 '엠블리카'는 산스크리트어 '아말라카(āmalaka)'에 어원을 둔다. 이 산스크리트어 형태를 음차한 또 다른 형태가 바로 '암마륵(菴摩勒)'이다. 『일체경음의(一切經音義)』(T.2128, 권28, 496c)에 '아마륵과(阿摩勒果)'로 표기하고 "바로 암마라과(菴摩羅果)를 말한다. 그 잎은 작은 대추 비슷하고, 과일은 호도 같으며, 맛은 시지만 또 달고, 약에 넣을 수 있다(正言菴摩羅果. 其葉似小棗, 果如胡桃, 味酸而且甜, 可入藥分也)"라고 하였다. 이러한 음역 형태들은 북인도에서 망고(Magifera Indica)를 부르는 '암바(amba)'의 음차인 '엄발(掩拔)'과 혼동을 불러왔다. 이 망고를 지칭하는 '엄발'에 관해서는 『영애승람역주』(상, 269쪽)을 참고하시오[그 주석에서 'amra'는 'amba'의 잘못이다]. '발(拔)'과 '라(羅)'자의 초성인 'm'과 'l'의 혼용은 상정하기 어렵다. '암라'는 말라카 나무라고도 하며, 인디언 구스베리(Indian gooseberry), 또는 '미로발란(myrobalan)'으로 불린다. 망고와는 전혀 다른 열매다. 암몰라(菴沒羅), 아말라(阿末羅), 암바라(菴婆羅), 엄마라(掩摩羅) 등으로 음역 표기된 과일은 모두 '망고'의 산스크리트어 형태로, 두 번째 글자에 'm'과 'b'음이 모두 들어 있고, 종성에 'k'음이 없다는 점에 주목하시오. 여기 안남(安南)의 '암라'는 『동서양고(東西洋考)』(사고전서본, 권1, 16a), 교지(交阯, 통킹)의 산물로 언급되었는데 그 주석에서는 『[명]일통지』를 인용하여 "민간에서 '향개(香蓋)'라고 부르는데, 바로 과일 중 최고이다. 열매는 북방의 배[北梨]와 비슷하며, 4~5월에 익는데, 많이 먹어도 해가 되지 않는다(一統志曰俗名香蓋, 乃果中極品. 實似北梨, 四五月熟, 多食無害)"라고 하였다.

25) '목면수'에 대한 설명은 『함빈록』에 더 자세한데, "열매는 술잔 같고, 껍질은 얇다. 안에는 사

오죽(由梧竹)【길이는 3~4장이고 둘레는 3척으로 들보나 기둥을 만든다】, **여하(如何)**【900년에 한 번 열매를 맺는데, 모양은 대추 같으며 길이는 5척이다】, **적서(赤絮)**【칠(漆)이다】, **의자염해**(蟻子鹽醢)【계(溪)와 동(洞)의 사람들이 개미알을 채취하여 소금에 절인 젓갈[醬]로 매우 진귀하게 여긴다】, **상아담(象牙簟)**【코끼리 어금니를 뽑아 실로 짠 것이다(抽牙絲織者)】, **성성(猩猩)**【사람의 얼굴에 돼지 몸으로, 사람의 말을 할 줄 알고, 술을 좋아한다】, **비비(狒狒)**【팔이 길고 몸은 검으며 머리털을 풀어 헤치고 있다가 사람을 보면 웃는다】, **대오공(大蜈蚣)**【가죽은 북을 만들 수 있고, 박처럼 생긴 흰 살은 육포로 만들면 맛이 좋다】, **홍비서(紅飛鼠)**【털이 무성하고 살 날개[肉翼]가 있다. 언제나 암수가 꽃이나 파초 사이에 숨어있어, 한 마리를 잡으면 다른 한 마리도 달아나지 않는다. 남중(南中)의 부인들이 그것을 잡아 남자를 미혹하는 약으로 삼는다】, **벽한서(辟寒犀)**【색은 황금 같다. 황금 쟁반에 담아 대전(大殿)에 두면, 따뜻한 기운이 사람에게 미친다. 당나라 개원(開元, 713~741) 연간에 헌상했다】,[28] **벽주(辟珠)**【큰 것은 손가락만 하다. 항상 야자와 빈랑 열매에 붙어 있는데[附胎], 그것을

면(絲綿) 같은 것이 있는데, 색은 아주 희며, 한 열매를 깨면 4~5근을 얻는다(實如酒杯 皮薄中有如絲綿子 色正白 破一實 得四五斤)"라고 하였다.

26) 승가발타라(僧伽跋陀羅, Saṅghabhadra)가 488년에 광주(廣州)에서 한역했다는 『선견률비바사(善見律毘婆沙)』(T.1462, 권1, 680a)에는 "또 아마륵(阿摩勒, Agadāmalaka), 가라륵(呵羅勒, Agadaharītaka)이라는 설산(雪山)의 귀신이 바친 약과(藥果)가 있는데, 이 과일들은 색이 황금색이며 향과 맛이 희귀했다. 또 어떤 귀신은 익은 암라과(菴羅果, Ambapakka)를 헌상했다(復有雪山鬼神獻藥果, 名阿摩勒·呵羅勒, 此果色如黃金, 香味希有. 復有鬼神獻熟菴羅果)"라고 하였다. 여기의 가라륵(呵羅勒)이 바로 나왈경이 안남의 산물로 든 가라륵(訶羅勒)인 것 같다.

27) '양(穰)'자는 『함빈록』, 총서집성속편본과 1591년 서문본에 모두 '양(欀)'자로 되어 있다. 『제민요술(齊民要術)』(사고전서본, 권10 46a)에 『오록(吳錄)·지리지(地理志)』를 인용하여 "교지에는 양목(欀木)이 있는데, 그 껍질 안에는 흰 쌀가루 같은 것이 있어 말려 찧은 다음 물과 함께 밀가루처럼 반죽하여 떡을 만들 수 있다(交阯有欀木, 其皮中有如白米屑者, 乾擣之, 以水淋之似麵, 可作餅)"라고 하였고, 『문선주(文選註)』(사고전서본, 권5, 10b), 이선(李善)의 주에서도 같은 설명이 보이므로, '양(欀)'자로 바로 잡아야 한다.

28) 여기에 열거된 산물들은 모두 『대청일통지』에 보이지만, 이 '벽한서(辟寒犀)'는 빠져 있다.

'성철(聖鐵)'이라 한다】[29] 등이 있다.

이상 호방직(胡邦直)의 안남 기술을 추재는 다음과 같이 간략히 축소하고, 1788년 이후 정보를 추가했다. 추재의 「외이」 기술 중에서 가장 돋보인다. 확실히 네 수로 노래하고 있는 점으로 볼 때, 안남에 대한 추재의 정보는 깊었음을 할 수 있다. 특히 밑줄 친 기술은 중국 자료에서 찾아볼 수 없다는 점에서 「외이죽지사」의 모든 약점을 상쇄할 만하다.

> 안남은 옛 교남(交南)으로 진(秦)나라 말 조타(趙佗)가 계림(桂林)과 상군(上郡), 동서 만 리를 병합하고 스스로 '남월황제(南越皇帝)'를 칭했다. 한나라 문제는 육생(陸生)을 보내 타일러 항복시켰다. 광무제 때 교지(交趾)가 반란을 일으켜 마원(馬援)이 토벌 평정하고, 청동 기둥을 세우고 돌아왔다. 영락 연간에 여러 차례 변경을 약탈하여, 영국공(英國公) 장보(張輔) 등을 보내 토벌하고, 머물며 진무(鎭撫)하게 했다. <u>건륭(乾隆) 53년(1788), 나라 사람 완광평(阮光平, Nguyễn Quang Bình, 1753~1792)이 나라가 혼란한 틈을 타 그 왕을 축출하자, 왕자 여유기(黎惟祈)[30]는 그의 어머니와 함께 복건으로 가 구원을 청하자, 시랑 복강안(福康安, 1748~1796)을 보내 완광평을 토벌했다. 완광평은 싸우지 않고 명을 청하면서, 복안광에게 뇌물을 주었다. 이어 복안광이 완광평을 안남국왕으로 세우도록 청하자, 황제가 그를 재가하면서, 여유기를 한 성에 봉하여 조상의 제사를 받들게 했다. 이듬해(1789) 완광평이 열하(熱河)에 가서 건</u>

29) '벽주(辟珠)'에 관한 설명은 황충(黃衷)의 『해어(海語)』(사고전서본, 권중, 16a)에서도 확인되는데, "벽주 중 큰 것은 손가락 첫마디[指頂]만 하고, 다음 큰 것은 보리수 열매만 하며, 다음 큰 것은 기장이나 조만 하다. 바탕에 결이 있고 견고하여 패(貝)처럼 중시한다(辟珠大者如指頂, 次如善提子次, 如黍粟, 質理堅, 重如貝)"라고 하며, 앞의 설명을 이어간 다음 마지막에 "항상 야자 빈랑 과일에 붙어서 자라고 익는데, 안으로 통하는 것[內通]을 '성철'이라 한다(常附胎於椰子檳榔果 縠之實之 內通謂之聖鐵)"라고 설명했으며 그 주석에는 '유빈철(鍒賓鐵)'이라고도 한다고 하였다. 이로부터 아래 추재의 '벽서주(辟暑珠)'는 벽주(辟珠)의 잘못이다.

30) 여유근(黎維禛, Lê Duy Cận, 1743~1789)이다.

륭제의 팔순을 경하하며, 무게 2,000근의 황금학 한 쌍을 헌상하고, 머리를 깍고 만주 옷을 입자, 황제는 여러 구슬, 경사(經史) 서적, 황금 인장을 하사했다. 그곳은 땅이 기름지고 몹시 더워 1년에 3번 농사짓고, 8번 양잠한다. **풍속은 유교를 숭상하며, 한유(韓愈, 768~824)를 존경하는데, 그곳이 조주(潮州)와 가까워 여전히 남은 유풍이 있기 때문이다**. 산천으로 불적산(佛蹟山), 애산(艾山), 용문강(龍門江), 용계(龍溪), 부량강(富良江)이 있다. 물산으로, 소합향(蘇合香), 계설향(鷄舌香), 인자등(人子藤), 천세자(千歲子), 암라(菴羅), 석률(石栗), 구층피(九層皮), 사수(莎樹), 고도수(古度樹), 가라륵(訶羅勒), 양목(穰木), 유오죽(由梧竹), 여하(如何), 적서(赤絮), 의자염(蟻子鹽), 상아담(象牙簞), 성성(猩猩), 오공고(蜈蚣鼓), 홍비서(紅飛鼠), 비비(狒狒), 벽한서(辟寒犀), 벽서주(辟暑珠)가 있다(安南古交南, 秦末趙佗幷桂林·象郡地東西萬里, 自稱南越皇帝. 漢文帝遣陸生諭降之. 光武時交趾反, 馬援討平之, 立銅柱而還. 明永樂中數寇邊, 遣英國公張輔等討之, 留鎮撫焉. 乾隆五十三年。國人阮光平因國亂逐其王, 王子黎惟祈與其母俱之福建請援, 遣侍郎福康安討光平, 光平不戰請命, 且賂康安. 康安仍請立光平爲安南國王, 詔可之, 封惟祈一城, 使奉先祀. 明年光平至熱河, 慶賀八旬萬壽, 獻黃金鶴一雙, 重二千斤, 且剃髮作滿洲服, 詔賜數珠·經史·金印. 其地膏腴熯甚, 一年三農八蠶. 俗尙儒術, 尊韓愈, 地近潮州, 尙有遺風故也. 山川, 佛蹟山·艾山·龍門江·龍溪·富良江. 物產, 蘇合香·雞舌香·人子藤·千歲子·菴羅·石栗·九層皮·莎樹·古度樹·訶羅勒·穰木·由梧竹·如何·赤絮·蟻子鹽·象牙簞·猩猩·蜈蚣鼓·紅飛鼠·狒狒·辟寒犀·辟暑珠).

계릉관 밖에 조타가 누웠고, 雞陵關外臥趙[嘉]佗,
한나라 장수의 청동 기둥 마복파여. 漢將銅標馬伏波.
박망후 당시 박물은 성글었고, 博望當時踈薄物,
사신들 일찍이 '여하'를 올리지 못했네. 星槎曾不進如何.

오공북은 다하여 해선(蟹船) 돌아가고, 蜈蚣鼓盡蠏船歸,
영국공 위세로 코끼리 포위 풀었네. 英國威名解象圍.

그곳 사람들 거듭 삼모작 밥을 먹고,	土俗重甘三稻飯,
천병들은 새로 여덟 번 양잠한 옷을 입네.	天兵新着八蠶衣.
애산에 떨어진 꽃 강가에 가득하고,	艾山花落滿江湄,
물고기 등엔 춘풍이 붉은 깃발 날리네.	魚背春風颭赤旗.
비비는 웃으며 천세자를 다투고,	狒狒笑爭千歲子,
성성은 취하여 구층피를 따네.	猩猩醉摘九層皮.
여씨가 쇠락하고 완씨가 강성해지니,	黎氏衰遲阮氏彊,
창명 만 리에 아녀자들 떠 있네.	滄溟萬里泛兒娘.
춘풍은 헛되이 모구(旄丘) 칡 시들게 하자,	春風誕盡旄邱葛,[31]
우격은 바야흐로 복시랑을 재촉하네.	羽檄方催福侍郎.
사절은 끊임없이 계령(桂嶺)을 넘고,	使節翩翩桂嶺過,
새 왕은 머리를 깎고 은혜를 입었네.	新王剃髮沐恩波.
영롱한 한 쌍의 황금학,	玲瓏一對黃金鶴,
만수의 팔순에 열하로 왔네.	萬壽八旬來熱河.

31) '모구'는 『시경·패풍(邶風)』에 보이는 시제(詩題)로 여(黎)가 망하여 왕이 이웃 나라에 빌붙어 있는 상황을 높은 언덕[旄丘]의 칡덩굴에 비유한 시이다.

[42] 점성(占城)

‘점성’은 1832년까지 현 베트남 중남부의 해안을 차지하고 있던 참파 왕국을 말한다. ‘점’은 ‘참’을 음역했고, ‘성(城)’은 나라의 의미이다. 17세기 이전의 참파에 관해서는 『제번지』, 『도이지략』, 『영애승람』, 『성사승람』의 역주서를 참고하고, 17세기 이후의 참파는 『지봉 이수광이 바라본 세계』에서 다룬 바 있다. 아래 호방직(胡邦直)이 나왈경의 『함빈록』을 채록한 기록을 통해 당시 의고주의적 글쓰기가 얼마나 지독했으며, 그들의 중화사상에 입각한 문헌학적 접근 방법이 얼마나 맹목적이었는지 족히 이해할 수 있을 것이다. 그렇지만 이전 작업에서 볼 수 없었던 다양한 산물들에는 주목할 만한 가치가 있다.

점성(占城)은 옛 월상씨(越裳氏)이다. *[한나라의 상림(象林)은 뒤에 임읍국(林邑國)이 되었고, 당나라 때는 환왕국(環王國)이다. 송나라 때 점성(占城)으로 불렸는데, 원나라와 명나라는 그에 따랐다(漢象林, 後爲林邑國, 唐環王國. 宋名占城, 元與國朝因之)].* **주나라 성왕 때 월상씨가 구역(九譯)을 거듭하여 백치(白雉)를 헌상했다.** *[이후 거의 통하지 않았다(以後罕通)].*

한나라가 남월(南越)을 평정하고 상림현(象林縣)을 만들고 교지(交趾)를 *[수백 년 동안]* 내속시켰다. 한나라 말에 현(縣)의 공조(功曹)의 아들 구련(區連)이 현령을 죽이고 임읍(林邑)의 왕으로 자칭했다. 자손들이 서로 계승하다가, *[오나라 시기에 사신을 주고받으며 통했으나, 그 후 왕에게 후사가 없어(吳時通使, 其後王無嗣)]* 외손(外孫)인 범웅(范雄)이 섰다. 범웅이 죽자, 아들 범일(范逸)이 계승했고, 범일이 죽자, 노문(奴文)이 찬위했다. 문(文)은 일남 이민족 추장[夷帥] 범치(范稚幼)[1]의 가노(家奴)였다. **일찍이 산간(山澗)에서 소를 기르다가 가물치[鱧魚] 두 마리를 잡았는데, 변하여 쇠[鐵]가 되었다. 그것으로 칼을 주조했다. 칼이 완성되자 문(文)은 돌을 향해 “돌을 베어 갈라지면 내가 이 나라의 왕이 될 것이다(若斫石破者, 文當王此國)”라고 주문하며, 돌을 가르자 꼴[芻藁]을 자른 것처럼 갈**

1) 『양서』, 권54, 「해남제이·임읍국」(784쪽)에는 범치(范稚)로, 『진서(晉書)』, 권97, 「남만·임읍국」(2545쪽)에는 범추(范椎)로 되어 있다.

라졌다. 문은 속으로 기이하게 생각했다. 범유가 장사치들을 따라 임읍에 사신으로 갔을 때, 임읍왕에게 궁실과 병거(兵車), 기계를 만드는 것을 알려주었다. 왕은 총애하며 그를 등용했다. 뒤에 참언(讒言)으로 여러 자식이 다른 나라로 달아나고, 왕이 죽자, 후사가 없게 되었다. 문은 거짓으로 이웃 나라에서 왕자를 맞이하여 음식[漿]에 독을 타서 살해하고, 마침내 나라 사람들을 윽박질러 자립하여 *[조금씩 이웃 나라를 공격하여 무리 4~5만을 가지게 되었다. 또(後稍攻破旁國, 並有衆四五萬. 又)]* **일남(日南)을 병탄하고 구진(九眞)을 습격하니 그 세력이 점차 커졌다**. 문이 죽고 아들 불(佛)이 올라 일남으로 나아가자, 태수 관수(灌邃)의 군대가 토벌하여 임읍으로 추격하자, 불이 항복을 청했다. 불에서 다섯 세대를 전하여 문적(文敵)에 이르렀다. 그는 부남(扶南) 왕의 아들 당근순(當根純)에게 살해되었다. 대신인 제농(諸農)[2]이 그 난을 평정하고 스스로 왕에 올랐다. 제농이 죽고 그의 아들 범양매(范陽邁)가 올랐다.[3] *[양매가 처음 태아로 있을 때, 그의 어미가 아이를 낳는 꿈을 꿨는데 어떤 사람이 빛이 밝고 아름다운 황금 자리를 깔아 주었다. 이민족들은[夷人] 황금중에서도 정수를 '양매(陽邁)'라고 하는데, 중국에서 '자마(紫磨)'라고 하는 것과 같으니 이로써 이름을 지은 것이다. 유송(劉宋) 초에 사신을 보내 공물을 바쳐 양매를 임읍왕으로 삼았다(陽邁初在孕, 其母夢生兒, 有人以金席藉之, 其色光麗. 夷人謂金之精者爲陽邁, 若中國云紫磨者, 因以爲名. 宋初, 遣使貢獻, 以陽邁爲林邑王)]*. 범양매가 죽고 아들 범돌(范咄)이 올랐다.[4] *[매번 사신을 보내 공헌했으나(每遣使貢獻)]*, 조공한 내용은 보잘것없었고, 노략질을 그치지 않자, 송문제(宋文帝, 407~453)는 복종하지 않는 것에 화가 나, 단화지(檀和之), 종각(宗慤), 소경헌(蕭景憲)을 보내 정벌했다. 범돌 부자는 멀리 달아났다. 진귀한 것들을 확보했으나 모두 이름이 알려지지 않은 보물이었다. 또 금인(金人)을 녹여 황금 수십만 근(斤)을 얻었다. *[그 후*

2) 『양서』, 권54, 「해남제이·임읍국」(785쪽)에는 '범제농(范諸農)'으로 되어 있다. 뒤에 아들 '범양매'가 나오는 것을 보면, 범제농이 맞을 것이다.

3) 『양서』, 권50, 「임읍국」(784~785쪽)에 보인다.

4) 이상은 『남사(南史)』, 권78, 「해남제이·임읍국」(1949쪽)에 보인다. 다만 '송나라 영초(永初) 2년(421)'이라 시기를 특정한 것만 다르다.

송나라, 제나라, 양나라, 진나라를 거치면서 조공이 끊어지지 않았다(其後歷宋·齊·梁·陳, 朝貢不絕矣)].

[수문제(隋文帝, 581~604년 재위)는 진(陳)나라를 평정하고 천하가 태평했다. 군신들이 임읍(林邑)에는 기이한 보물이 많다고 하자 이에(隋文帝既平陳, 天下無事. 群臣言林邑多奇寶者, 於是)], 수문제는 장수 유방(劉方) 등을 보내 공격하자, 그곳 왕 범지(梵志)는 그 무리를 이끌고, 큰 코끼리를 타고 항전했다. *[유방은 불리해지자, 작은 구덩이를 많이 파고 그 위에 풀을 덮었다. 이어서 군대로 도발하면서 유방은 싸우다가 거짓으로 패주했다. 범지는 그들을 추격했으나 코끼리들이 [그 함정에] 빠지면서 군대는 결국 혼란에 빠졌다(方軍不利, 乃多掘小坑, 草覆其上. 因以兵挑之, 方與戰僞北. 梵志逐之, 其象陷, 軍遂亂)]*. 유방이 크게 물리치자, *[마침내 성을 버리고 달아났다. 그들 도읍으로 들어가 조종의 신주[廟主] 18개를 차지하고 보니 모두 금을 주조해 만든 것들이었다. 아마도 나라가 건국한 이래 18대의 것들일 것이다. 유방이 군대를 돌리자, [임읍의] 옛 땅은 결국 텅 비게 되었다(遂棄城走. 入其都[都], 獲其廟主十八枚, 皆鑄金爲之. 蓋其有國十八葉矣. 方班師, 故地遂空)]*. 범지는 남은 사람들을 수습하여 별도로 나라의 도읍을 세우고, 명칭을 '환왕(環王)'으로 바꾸었다.

당나라 정관(貞觀, 627~649) 연간 그곳 왕 진룡(鎭龍)이 **통천서(通天犀)를 바쳤다.**[5] 뒤에 그의 신하들에게 살해되었다. 그들은 두려(頭黎)의 딸을

---

5) 이 당나라 시기의 정보는 호방직이 채록하며 많은 정보를 빠뜨렸다. 『함빈록』에 다음과 같이 시작한다. "당나라 정관(貞觀, 627649)초에 왕 두려(頭黎)가 길들인 코끼리, 금사슬[鏐鎖], 오색의 허리띠, 조하(朝霞), 대화주(大火珠)를 헌상했는데, 그 말이 공손하지 못했으나 용서하고 불문에 부쳤다. 또 오색앵무(五色鸚鵡)를 헌상했으나 조서로 돌려보냈다. 두려가 죽고 아들 진룡(鎭龍)이 올라 통천서(通天犀)를 헌상했다(唐貞觀初, 王頭黎獻馴象·鏐鎖·五色帶·朝霞·大火珠, 其言不恭, 赦不問. 又獻五色鸚鵡, 詔還之. 頭黎死, 子鎭龍立, 獻通天犀)"라고 하였다. 이 정보는 『신당서』, 권222하, 「남만·환왕」(6298쪽)에 보인다. 자세한 사항은 '중국정사외국전DB'를 참고하시오.

왕으로 세웠다. 두려는 진룡의 아버지였다(頭黎, 鎭龍之父也).[6] *[제갈지(諸葛地)는 두려의 고종이다. 아비가 죄를 지어 진랍(眞臘)으로 달아났는데, 여왕이 나라를 안정시킬 수 없자, 대신들이 다시 제갈지(諸葛地)를 왕으로 맞이하고 여왕을 아내로 삼게 했다. 천보(天寶) 연간에 화주(火珠)를 헌상했는데, 달걀만큼 컸고, 모양은 수정같았다. 해가 정오일 때, 쑥을 구슬에 깔자 곧바로 불이 났다. 나찰국(羅刹國)에서 얻었다고 한다. 이후 거의 통하지 않았다(諸葛地, 頭黎之姑子也. 父得罪, 奔眞臘, 女王不能定國, 大臣復共迎諸葛地爲王, 妻以女. 天寶中, 獻火珠[環], 大如雞子, 狀如水晶. 日正午時, 以艾藉珠, 輒火出, 云得之羅刹國. 自後罕通)]*. 후주(後周) 현덕(顯德, 954~960) 연간에 '점성(占城)'은 사신을 보내와 **맹화유(猛火油)를 헌상했다. 그것은 물에 넣어도 활활 타, 나라 사람들이 그것을 수전(水戰)에 사용했다.**[7]

송나라 때 조공을 들였다가 곧이어 교지 토벌을 청했다.[8] 순희(淳熙, 1174~1189) 연간에 점성은 수군으로 진랍(眞臘)을 습격했다. 경원(慶元,

---

6) 밑줄 친 호방직의 기술에는 오류가 있다. 나왈경은 『신당서』(6298쪽)에 따라 "제갈지는 두려의 고종이다(諸葛地頭黎之姑子也)"라고 하였다.

7) 이상 현덕 연간의 조공에 관하여 나왈경은 점성 사신들이 가져와 헌상한 물품을 기술하며 "헌상한 것 중에는 통천서(通天犀)로 만든 허리띠[通犀帶], 보살석(菩薩石)이 있었다. 또 장미수(薔薇水)가 있었는데, 옷을 빨고 해가 지나도 향기가 없어지지 않았다. [그들이 바친] 맹화유는 물에 넣으면 더 잘 타, 그 나라 사람들은 수전에 사용했다(獻有通犀帶·菩薩石. 又有薔微水, 灑衣經歲, 香不歇. 猛火油得水愈熾, 國人用以水戰)"라고 하였다. 『송사』, 권489, 「외국·점성국」(14079쪽)에서 확인할 수 있다.

8) 송나라 시기의 관계에 관하여, 호방직은 나왈경의 기술을 너무 축약하여 대략을 파악하기 어렵게 만들었다. 『함빈록』에 따르면, "송나라 400여 년, 조공이 끊이지 않았다. 바친 공물에는 유리(琉璃), 서각(犀角), 상아(象牙), 공작(孔雀), 용뇌향(龍腦香), 대식병(大食瓶), 순상(馴象), 사자(獅子), 홍백앵무(紅白鸚鵡), 자광(紫礦), 침향(沈香), 단향(檀香) 등의 여러 향 같은 물건이 있었다. [그들의] 땅은 교[지](交[趾])와 이웃하여 자주 교지의 침입을 받았으므로, 조공을 들일 때면 자주 교지를 토벌해 줄 것을 청했다. 송나라는 교지와 끊임없이 통공하고 있었으므로 허락하지 않았다(宋時四百餘年, 朝貢不絕. 貢物有琉璃·犀角·象牙·孔雀·龍腦香·大食瓶·馴象·獅子·紅白鸚鵡·紫礦·沉·檀諸香等物. 地與交[趾]鄰, 數爲交趾所侵, 故入貢時, 輒以討交趾爲請. 宋以交趾通不絕, 勿許也)"라고 하였다.

1195~1200) 이래, 진랍은 대거 점성을 침입하여 원수를 갚고 왕을 사로잡고 신하들을 도륙하고 소탕하여 거의 산 사람이 없게 한 다음 진랍 사람을 왕으로 세웠다.

[원나라 지원(至元) 연간에, 우승 사도(唆都)를 보내 점성(占城) 왕을 타이르게 했다. 이듬해, 그 왕은 마침내 표문을 올리고 방물을 바치며 신을 칭하며 내속했다. 원나라는 사도에게 그곳으로 가 행성(行省)을 세우고 안무토록 했다. 얼마 되지 않아 왕의 태자 보적(補的)이 국정을 전담했는데, 원나라 사신 중에 '섬국(暹國)'과 마팔아국(馬八兒國)으로 갈 때는 점성을 거쳐 가는 자들은 모두 [점성에] 붙잡혔다. 이에 점성행성(占城行省)은 장수 진중달(陳仲達), 유금(劉金) 등에게 군대를 통솔하여 사방을 공격하게 하자 점성는 대패했다. 국왕 패유보랄자오(孛由補剌者吾)는 행궁을 버리고, 창고를 불태운 다음 그 신하들과 함께 대주(大州) 서북쪽 아후산(鴉候山)으로 달아났다. 원나라 군대가 대주를 공격하자 왕은 조카 보탈독화(寶脫禿花) 등을 행성으로 보내와 항복하며 잡포(雜布) 200필, 대은(大銀) 300정(錠), 소은(小銀) 57정, 쇄은(碎銀) 1옹(甕)을 헌상하고 귀부했다. 또 금엽(金葉)의 표문과 구절표창(九節標槍)을 바치며, "국왕은 병이 났고, 태자 보적(補的)은 상처를 입고 이미 죽었습니다. 왕이 조금 낫기를 기다려 예궐하여 진공하고 알현합니다"라고 했다. 행성은 곧바로 사람을 보내 살펴보니, 말이 모두 거짓이었다. 사실 왕은 아후산에 군사 3만여 명을 모아놓고, 교지(交趾), 진랍(眞臘), 사바(闍婆) 등의 나라에 사신을 보내 군대를 빌려 원나라와 전쟁을 기약하고 있었다. 이에 행성은 만호(萬戶) 장옹(張顒) 등을 보내 왕이 있는 곳을 공격했다. 그곳은 산림으로 막혀 진군할 수 없었는데, 점성 사람들이 옆에서 나와 퇴로를 차단했으나 군사들이 모두 죽을 각오로 싸워 군영으로 돌아올 수 있었다. 얼마 되지 않아 강회성(江淮省)에서 만호 홀도호(忽都虎) 등을 점성으로 보내 사도(唆都)의 군대를 돕게 했는데, 이미 군대가 철수한 것을 알았다. 결국 백호(百戶) 진규(陳奎)에게 국왕을 불러 투항하게 하자 왕은 마침내 표문을 올리고 귀부했다. 원나라는 이로부터 더는 군대를 보내지 않았다(元至元中, 遣右丞唆都往, 諭占城王. 明年, 其王遂表貢方物, 稱臣內屬. 元命唆都, 即

其地, 立省以撫安之. 既而王太子補的專國, 元使往暹國及馬八兒國經占城者, 皆被執, 於是占城行省遣將陳仲達·劉金等率兵, 四面攻之, 占城大敗. 國王孛由補剌者吾棄行宮, 燒倉廩, 與其臣逃入大州西北鴉候山. 元兵攻大州, 王遣其舅寶脫禿花等, 詣行省來降, 獻雜布二百匹·大銀三錠·小銀五十七錠·碎銀一甕來歸款. 又獻金葉九節標槍, 言國王中創病, 太子補的被傷已死, 俟王病少愈, 詣闕進見也. 行省尋遣人覘之, 語皆僞情. 王實聚兵三萬餘於鴉候山, 遣使交趾·眞臘·闍婆等國, 借兵, 期與元兵交戰. 於是行省遣萬戶張顒等往, 攻王所棲之境. 其地山林阻隘不能進, 占城人旁出, 截歸路, 軍皆死戰, 得解還營. 頃之, 江淮省遣萬戶忽都虎等至占城, 助唆都軍, 見已班師. 遂令百戶陳奎招其國王來降, 王遂奉表歸款, 元自是不復加兵矣)].

우리 왕조, 홍무(洪武) 2년(1369) *[오용(吳用), 안종로(顏宗魯), 양재(楊載) 등을 참파[占城], 자바[爪哇], 일본 등의 나라에 사신으로 보내 옥새 문서를 하사했다. 이해 사신을 보내와 조공했다(吳用·顏宗魯·楊載等使占城·爪哇·日本等國, 賜玉璽書. 是年, 遣使朝貢)].*[9] 사신을 보내 아답아자(阿答阿者)를 '점성국왕'으로 책봉했다. 얼마 되지 않아 **안남과 점성이 서로 공격했다**. *[점성이 사신을 보내와 아뢰었다(占城遣使來告)]*. 이내 편수 나복인(羅復仁)과 주사 장복(張福)에게 조서로 **타이르게 하며** "마땅히 하늘을 두려워하고, 분수를 지켜야 하니, 각자 군대를 거두어 돌아가라. 만약 서로 전쟁을 고집하면 화를 피할 수 없을 것이다(宜畏天守分, 各罷兵歸國. 如互執兵端, 禍不能逃)"라고 명했다. *[조서가 두 나라에 이르자 각기 그 명에 따랐다. 4년(1731)에 점성이 다시 사신을 보내와 금엽의 표문을 바치고 조공하며, 안남이 자주 변경을 침범하니 병장기와 악공을 내려주시어 안남에게 우리가 성교(聲教)가 미치는 곳이자 공물을 바치는 곳임을 알려주고, 감히 속이고 능멸하지 못하게 하도록 간청했다. 상은 가엾게 여기고, 중서성에 논의하여, "곧바로 안남과 전쟁을 그만두도록 타이*

9) 이 정보는 『태조고황제실록(太祖高皇帝實錄)』, 권39, 홍무 2년, 2월 6일 첫 번째 기사에서 확인할 수 있다.

르고, 병장기는 너희에게 인색한 것이 아니라, 안남 때문에, 너희에게 병장기를 준다면, 이는 너희들에게 군대를 구성하도록 돕는 것이기 때문이다. 악기에는 성률이 있고, 중국과 이민족의 말이 본시 다르니 중국인을 보낼 수는 없고, 너희 나라에서 중국의 음악을 익힐 수 있는 사람을 보내와 음악을 익히게 하라"라고 하였다. 16년(1383) 아들을 보내 성절(聖節)을 축하하여, 감합(勘合)한 문책(文冊)을 하사했다.[10] 24년(1391) 사신이 왔으나 신하가 임금을 시해했다는 이유로 거절했다(詔至二國, 各聽命. 四年占城復遣使, 奉金葉朝貢, 言安南數侵境, 乞賜兵器·樂人, 俾安南知我乃聲教所被, 輸貢之地, 不敢欺凌. 上憐之, 命中書省咨, 言即諭安南罷兵, 兵器不爾吝, 但以安南故賜爾, 是助爾搆兵也. 樂器有聲律, 華夷方言本異, 中國人不可遣, 遣爾國人能習華音者來習樂. 十六年, 遣子賀聖節, 賜勘合文冊. 二十四年, 使至, 以臣弑君, 故絶之)].

영락 4년(1406)에 왕 점파적뢰(占巴的賴)에게 여적(黎賊) 부자[11]와 그의 무리 악즉계(惡即械)를 잡아 경사로 보내도록 했다. 상서 진흡(陳洽)이 남교(南交)의 군중에 있다가 급히 상주하기를 "점성국왕 점파적뢰는 명을 받아 출병하여 안남을 토벌하면서, 몰래 두 마음을 품고 약속을 어겨 진격하지 않았습니다. 화주(化州)에 이르러는 약탈했고, 또 금백(金帛)과 전투용 코끼리를 진계확(陳季擴)에게 대주었습니다. 진계확도 여창(黎蒼)의 딸을 그에게 보내고 다시 약속했습니다. 진계확의 외삼촌[舅] 진옹정(陳翁挺) 등 3만여 명이 승화부(升華府)에 속한 4주(州), 11현(縣)의 땅을 침략하여 백성들을 몰고 약탈했습니다. [그] 죄는 진계확의 죄와 같사오니, 군대로 토벌하기를 청합니다(占城國王占巴的賴, 奉命出兵討安南, 陰懷二心, 愆期不進. 及至化州輒虜掠反, 又以金帛·戰象資季擴, 季擴亦以黎蒼女遺之, 復約季擴舅陳翁挺等, 三萬餘人侵升華府所隷四州十一縣地, 驅掠人民, 罪下季擴罪一等耳, 請兵討之)"라고 하였다. 상(上)은 교지를

10) 『명사』, 권324, 「점성전」(8385쪽)에 따르면, 점성 국왕이 만수절을 축하한 일은 홍무 13년(1380)의 일이고, 감합한 문책을 내린 하사한 것은 홍무 16년(1383)의 일로 기록하고 있다.

11) 『명사』, 권6, 「성조본기」(83쪽과 84쪽)에 따르면 여씨 부자는 여계리(黎季犛)와 여창(黎蒼)을 말한다.

막 평정했기 때문에, *[먼 이민족에 군대를 고갈시키지 않으려 했다. 사신을 보내(不欲窮兵遠夷. 遣使)]*, 침략한 땅을 돌려주도록 타이르고 3년에 한 번 조공하도록 명했다. *[정통 6년(1441)에 나라 사람들이 그들의 사왕(嗣王)에게 책봉을 청했다. 성화(成化, 1465~1478) 연간에, 사신을 보내 책봉할 때 정사가 바다에서 죽었고, 부사는 죄를 물어 변방 수자리로 보냈다(正統六年, 國人請封其嗣王. 成化中, 遣使冊封, 正使卒海上, 副使論罪戍邊)]*. 홍치(弘治, 1488~1505) 연간에 다시 사신을 보내와 안남의 침략을 아뢰고 상소한 대로 관리를 보내 그 죄를 바로잡아 달라고 했다. 상이 따르려 하자, 서부(徐溥, 1428~1499) 등이 상언하여, "춘추 이래로, 이적(夷狄)을 다스리지 못했습니다. *[지금 사신을 보내 안남에 이르게 되면 저들은 작은 것에도 반드시 잘못을 덮고 그름을 꾸밀 것이고, 크게는 미욱함을 고집하여 항명하면 위신이 손상될 것이고, 공격하면 남는 우환이 더욱 클 것이니 따르지 않음이 마땅합니다(今若遣使往至安南, 彼小必掩過飾非, 大必執迷抗命, 置之損威, 擊之, 貽患尤大, 宜勿聽)]* 라고 하여 그만두었다.[12]

이 나라는 **남쪽으로 진랍(眞臘), '서쪽'으로는 교지(交趾)와 떨어져 있고, 동북쪽으로는 바닷가에 있습니다.**[13] 민(閩)의 장락(長樂) 오호문(五虎門)에서 서남쪽으로 순풍에 10일을 항행하면 이를 수 있다. 그곳은 광주(廣州)에서 배를 타고 순풍에 8일을 항행하면 이를 수 있다. *[사람들은 사나워 전투에 과감하다(俗獷悍, 果於戰鬪)]*. 상선이 이르면 관리를 보내 선박을 조사하여 열에 둘을 탈취하며, *[밖으로는 교역을 엿본다(外聽交易)]*. 불교[釋敎]를 숭상한다. 왕은 황금꽃을 세 산 모양으로 장식한 영롱한 관

12) 『명사』, 권181, 「서부(徐溥)열전」(4805~4806쪽)에 따르면, 서부는 홍치(弘治) 8년(1495) 다음과 같이 상언했다고 기록하고 있다. "외국이 서로 침략하는 것은 유사(有司)가 격문으로 타이르는 것으로 족하니 사신을 보낼 필요가 없습니다. 만일 항명하면 나라의 체신을 훼손할 것이고, 군대를 일으켜 죄를 물으면 후에 우환이 커질 것입니다(外國相侵, 有司檄諭之足矣, 無勞遣使. 萬一抗命, 則虧損國體, 問罪興師, 後患滋大)"라고 하였다.

13) 여기의 방향은 잘못되었다. 교지(交趾) 즉 앞서본 안남은 하노이 일대이므로 북쪽이라고 해야 맞을 것이다. 추재는 이를 따져 보지 않고 그대로 따랐다.

[三山金花玲瓏冠]을 쓴다. **의복은 희고**, 맨발이다. *[코끼리를 타거나 암소 수레를 탄다. 조회 때마다 미녀 30인이 시종한다(乘象或黃牯車. 每視朝有美女三十人侍從)]*. 관속들은 모배(膜拜)하며 교장(茭蕈)으로 만든 관을 쓴다. **남자들은 봉두(蓬頭)이고, 여자들은 뒤로 쪽을 짓는다**. 사는 곳은 **띳집이고 3척을 넘을 수 없다**. 백성들의 옷은 자주색이고, 현황(玄黃)의 옷을 입으면 사형에 처한다(民衣紫衣, 衣玄黃, 罪死).[14] 출입에는 코끼리나 말을 탄다. *[곡식을 먹고 날것을 먹는다(粒食亦鮮食)]*. 소를 잡아 귀신에 제사하고 코끼리를 몰아 사악함을 쫓는다. 시장에서는 금이나 은을 사용한다. 옷을 태워 하늘과 땅에 제사한다. *[청결함을 좋아하여 하루에 3~5번 목욕하고(性好潔, 日三五浴)]*, **뇌향(腦香)이나 사향(麝香)을 몸에 바르며** *[여러 향으로 옷을 훈증한다(以諸香熏衣)]*. 차가 나지 않아 빈랑으로 갈증을 해결한다. 항아리에 술을 빚어 익으면 **주인과 손님이 옹기를 빙 둘러앉아 대롱으로 빨아 마시고 [다 마시면] 물을 부어 빨아 마시다가 맛이 다하면 그친다. 문서는 양피(羊皮)나 검은 나무껍질을 사용한다**. 윤달은 없고, 주야를 각각 50각(刻)으로 나눈다. 그들 형벌로, 죄가 가벼운 자는 *[네 사람이 끌고 가 땅에 엎드리게 하여(以四人拽伏於地)]*, 등나무 몽둥이로 때리고, 죽을죄를 지은 사람은 밧줄로 나무에 묶어두고 사창(梭槍)으로 목을 찔러[舂喉][15] 그 머리를 벤다. 고의적 살인이거나 겁살(劫殺)한 경우는 코끼리가 밟게 하거나 코로 말아 땅바닥에 내동댕이치게 한다. 간음한 자는 남녀가 각기 소 한 마리를 들이고 속죄한다. 국왕의 물건을 잃어버리거나 유용한 자는 밧줄로 황폐한 연못[荒塘]에 묶어 두고, 그

---

14) 전후의 기술은 대부분 마환(馬歡)의 『영애승람(瀛涯勝覽)』에 보이는 내용들이다. 백성의 의복에 관하여 마환은 "백성 이하는 검고, 누렇고, 자주색의 옷은 모두 입도록 허락되었으나, 의복이 흰 것은 죽을죄다"라고 했는데, 여기의 진술과 엇갈린다(『영애승람역주』, 상, 70쪽). 여기 『함빈록』의 기술은 장승(張昇)이 개정한 『영애승람집(瀛涯勝覽集)』에 따른 것으로 보인다. 『기록휘편(紀錄彙編)』본에 따르면, "자주색은 입도록 허용한다. 오직 왕만 흰옷을 입고, 현황(玄黃)의 색을 금지하는데, 어기는 자는 죽인다(許服紫, 唯王白服, 禁服玄黃, 違者死)"라고 하였다.

15) '용후(舂喉)'는 저본에 '제후(齊喉)'로 되어 있어 『송사』, 권489, 「점성국」(14079쪽)에 따라 고쳤다.

물건을 벌충한 이후 나오게 한다. **왕은 경축일[賀日]이 되면 사람의 담즙(膽汁)으로 목욕하는데, 장령(將領)들은 사람의 쓸개를 헌상하여 축하한다.** 다만 중국인의 쓸개는 사용하지 않는다. 전하는 말에 따르면, 옛날 중국인의 쓸개 하나를 쓰자, 그날 한 단지의 쓸개가 모두 썩어, 왕이 병에 걸려 죽으므로 경계한다. 왕이 재위한 지 30년이 되면 산으로 들어가 소식하며 계를 받고, 아들이나 조카에게 나라를 대신 다스리게 한다. 한 해를 살면서 하늘에 서원하며 "내가 부도(不道)했다면 호랑이나 이리의 먹이가 되거나 *[병들어 죽게 하소서(或病死)]*"라고 한다. 1년을 기다려도 탈이 없으면 다시 [나라로] 들어가 왕이 된다. *만약 백성이 산에 들어가 호랑이에게 물리거나, 배를 타고 가다가 악어에게 해를 당해, 그 가족이 왕에게 호소하면, 왕은 국사(國師)에게 명하여 법술을 펴고 주문을 외며 부적을 써서 백성이 죽은 곳에 던지게 하면[投民死所],*[16] **호랑이와 악어는 스스로 몸을 의탁하며[投赴] 목숨을 구걸하다[請命] 죽게 된다.** 소송의 옳고 그름을 판별하기 어려우면, 악어담(鱷魚潭)을 지나가게 하는데, **그른 자는 악어가 나와 먹어 버리고, 바른 자는 그 앞을 지나가도 악어가 스스로 피한다.**[17] 나라 사람들은 정오가 아니면 일어나지 않고, 한밤중이 아니면 잠자지 않는다. **'시치어(屍致魚)'라는 부인이** 있는데, 눈에는 동공이 없다. **밤에 머리를 날려 인가에 들어가 아이의 똥을 먹고, 머리를 날려 돌아와 예전처럼 합체한다.**[18] 그 몸을 잃으면 합체할 수 없어 죽는다. 옛날 '한무제(漢武帝)' 때, 인지국(因墀國) 사신이 "남방에는 몸을 해체할 수 있는 사람이 있어, 능히 머리를 남해로 날리고, 좌우의 손을 동서의 바다로 날

---

16) 밑줄 친 정보는『제번지』,「점성국」조목에 보인다.(『제번지역주』, 48쪽). 저본에는 '민(民)'자가 '명(名)'자로 잘못되어 있어 바로 잡았다.

17) 호방직은 채록하지 않았지만, 나왈경은 "이는『양서』에 실린 부남의 일과 같다(此與梁書所載扶南事同)"라는 주가 딸려 있다.『양서』, 권54,「부남전」(789쪽)에 "또 성 구덩이에는 악어를 기르고, 문밖에는 맹수를 길러, 죄를 지은 자는 곧바로 맹수와 악어에게 먹이로 주는데 맹수와 악어가 먹지 않으면 죄가 없으므로 사흘이 되면 풀어준다(又於城溝中養鰐魚, 門外圈猛獸, 有罪者, 輒以餵猛獸及鰐魚, 魚獸不食爲無罪, 三日乃放之)"라고 하였다.

18) 추재는 '시치어(屍致魚)' 보다 더 많이 알려진 '비두(飛頭)'로 바꾸었고, 아이의 똥이 아니라 '아이의 머리'를 먹는다고 기술했다.

렸다가 저녁에 머리는 어깨 위로 돌아오게 하고, 두 손은 폭풍을 타고 바다 밖에 떠돌게 할 수 있다(南方有解形之民, 能使頭飛南海, 左右手飛東西海, 至暮頭還肩上, 兩手遇疾風飄于海外)"[19]라고 하였는데 바로 이것이다.

그곳 역어(譯語)로 **하늘은 랄의(剌儀), 땅은 타납(打納), 태양은 앙호예(仰胡銳), 달은 앙부람(仰不藍)이라 한다.**[20]

그곳 산으로 **금산(金山)【산의 돌들은 모두 붉다. 금이 난다. 밤에는 반딧불처럼 나는 모습이 나타난다】,**[21] **부로산(不勞山)【**범죄자를 이곳으로 보

19) 이 이야기는 『유양잡조』, 권4(사고전서본, 7a)에 "王子年拾遺言, 晉武時因墀國使言, 東方有解形之民, 能使頭飛南海, 左手飛東山, 右手飛西澤, 至暮頭還肩上, 兩手遇疾風飄於海水外"라고 하였다.

20) Etienne Aymonier, 『Dictionnaire čam-français』(Paris, 1906)에 따르면, 하늘은 '라닉(laṅik)'[431쪽], 땅은 '타노(tanöh)'[174쪽], 태양은 '하레이(harĕi)'[515쪽], 달은 '푸라미(pūramī)'[288쪽]라고 한다.

21) '금산'에 관한 설명은 『양서(梁書)』, 권54, 「임읍국(林邑國)」(784쪽)에서 "이 나라에는 금산(金山)이 있는데, 돌이 모두 적색이고, 그 안에서 금이 난다. 금(金)은 밤이 되면 [빛이] 나와 날리는데 그 모양이 반딧불이 같다(其國有金山, 石皆赤色, 其中生金. 金夜則出飛, 狀如螢火)"라고 한 것에서 가져왔다. 『함빈록』의 설명도 같다.

22) 부로산(不勞山)에 관한 정보는 『통전(通典)』(사고전서본, 권188, 15b)에 "형법은 두지 않았으나 죄를 지은 자는 코끼리가 밟아 죽이게 한다. 임읍의 포(浦) 밖에는 부로산(不勞山)이 있는데, 죄인들은 또한 이 섬[山]으로 보내 스스로 죽게 한다(不設刑法, 有罪者使象蹋殺之. 林邑浦外有不勞山, 罪人亦送此山, 令其自死)"라고 하였다. 이는 『신당서』, 권222하, 「환왕(環王)」(6298쪽)에도 채록되었다. '임읍의 포구'가 어디인지 정확하지 않다. 다만 '부로산'의 '산'은 섬으로 보인다. '중국정사외국전DB'에서 '점부로산(占不勞山)'이란 명칭과 연결했는데, 이는 확실하지 않다. '점부로(占不勞)'는 참파의 음역 명칭일 수도 있기 때문이다. 결국 '점부로산'은 '참파의 섬'이란 뜻이다. '부로'는 '풀로(pulo, 섬)'의 음역일 수 있다. '부로산'은 결국 '섬'을 지칭할 수도 있다. 역자의 『도이지략역주』, 86~88쪽을 참고하시오.

23) 점성의 산물에 관하여 호방직은 『함빈록』을 채록하며 여러 산물을 빠뜨렸다. 나왈경이 기술한 산물들은 다음과 같다. "그들 산물로는 대화주(大火珠)【당나라 때 헌상한 화환(火環)과 같다】, 보살석(菩薩石), 장미수(薔薇水), 맹화유(猛火油)【앞에 보임】, 기남향(奇南香)【오직 이 나라에서만 난다】, 생금(生金)【바로 금산에서 나는 것이다】, 길패(吉貝)【나무 이름이다. 꽃이 필 때, 거위 솜털[鵝毳] 같다. 그 솜을 채취하여 실을 뽑아 베를 짜 오색으로 염색하기도 한다】, 야우(野牛)【푸른 옷을 입은 사람을 보면 반드시 좇아가 들이받아 죽인다】, 해조(海棗)【나무는 종려나무[栟櫚]와 같고 열매는 과(瓜)처럼 크고, 5년에 한 번 열리는데, 맛이 아주 달다】, 관음죽(觀音竹)【등나무와 같다. 마디의 길이는 2~3촌이며 색은 쇠처럼 검다】, 천보초(千步草)【이것을 차면, 향을 1,000보 [거리에서도] 맡을 수 있다. 남해에 모두 있다】, 부인어(婦人魚)【모습이 부인 같고, 몸과 머리털이 모두 있으며, 파도에서 출몰한다. 동해에도 있다(狀如婦人, 形髮皆具, 出沒波中. 東海亦有之)】, 해경(海鏡)【방(蚌)과 비슷하다. 안에는 작은 붉은 게[紅蟹子小]가 있는데, 해경(海鏡)이 배가 고프면 게가 나와 먹이를 주워 먹는다. 게가 배가 불러 배[腹]로 돌아가면 해경도 배가 부르다】, 보모(寶母)【아름다운 돌 모양이다. 매월 보름밤에 바닷가에 두면 여러 보물을 모을 수 있다. 세상에 한 번도 모습을 드러내지 않는다】, 징수주(澄水珠)【흐린 물에 던져 넣으면, 물이 환하게 맑아진다. 예쁘다】 등이 기이하다(其產大火珠【與唐時所獻火環同】·菩薩石·薔薇水·猛火油【見前】·奇南香【惟產此國】·生金【即金山所產者】·吉貝【樹名也. 其華成時如鵝毳, 抽其緖, 紡爲布, 亦染五色】·野牛【性甚狠, 見人身穿靑者, 必逐抵觸而死】·海棗【樹如栟櫚, 實大如瓜, 五年一實, 味甚甘】·觀音竹【如藤, 長二丈, 節長二三寸, 色黑如鐵】·千步草【佩之, 香聞千步, 南海皆有之】·婦人魚【狀如婦人, 形髮皆具, 出沒波中. 東海亦有之】·海鏡【如蚌, 中有紅蟹子小, 如海鏡飢, 則蟹出拾食, 蟹飽歸腹, 則海鏡亦飽也】·寶母【狀如美石, 每月望夜, 以置海邊, 可集諸寶, 世不一見】·澄水珠【投濁水中, 則其水瑩然澄徹, 可愛】爲奇)."

24) '대화주(大火珠)'에 관하여 『함빈록』의 저자는 "당나라 시기 헌상한 화환(火環)과 같다(與唐時所獻火環同)"라고 설명했다. 한편 『동서양고』(사고전서본, 권2, 7a)에는 '화주(火珠)'라고만 하였고 『구당서』를 인용했다. 이상은 모두 『구당서』, 권197, 「임읍국」(5270쪽)에서 정관 4년(630)에 "그 왕 범두려(范頭黎)가 사신을 보내와 '화주(火珠)'를 헌상했는데 달걀만큼 크고, 둥글면서 순백색이었으며, 광채가 수 척이나 비추어 모습이 수정 같았다. 정오에 태양을 향해 쑥으로 받치자 곧바로 불이 났다(其王范頭黎遣使獻火珠, 大如雞卵, 圓白皎潔, 光照數尺, 狀如水精, 正午向日, 以艾承, 卽火燃)"라고 한 기술에 근거하고 있다.

25) 기남향(奇南香)에 관해서 『함빈록』은 "이 나라에서만 난다(惟產此國)"라고 설명했다. 한편 『동서양고』에서는 '기남향(奇楠香)'으로 표기하고, "여러 나라에서 나지만 참파[점성]에서 나는 것이 우수하다. 본조[명나라]에 조공한 물목에 들어있다. 『성사승람』에 '기남향(棋楠香)은 어떤 산에서 나는데, 추장은 백성들에게 채취하지 못하도록 하고, 범하는 자는 수족을 잘랐다'라고 하였다. 『오학편(吾學編)』에는 '가남향(伽南香)'이라 했다(諸國出者, 惟占城爲佳. 本朝充貢. 星槎勝覽曰, 棋楠香在一山所產, 酋長禁民不得採取, 犯者斷手足. 吾學編名伽

내 스스로 죽게 한다】[22]이 있다.

토산으로[23] **대화주(大火珠)**【모양은 수정 같다. 정오에 쑥으로 불을 채취한다】,[24] **기남향(奇南香)**,[25] **생금(生金)**,[26] **길패(吉貝)**【나무 이름이다. 꽃이 필 때, 거위 솜털[鵝毳] 같다. 그 솜을 채취하여 실을 뽑아 베를 짜 염

南香)"라고 설명했다. 이 향은 『제번지』에 보이는 가람향(伽藍香)으로 침향(沈香)의 일종이다(『제번지역주』, 48쪽). 『성사승람』의 원문과 자세한 설명은 나의 『성사승람역주』, 62쪽과 주14를 참고하시오.

26) '생금(生金)'은 글자 그대로 정련하지 않은 금을 말하는데, 『함빈록』에는 "바로 금산에서 나는 것이다(卽金山所産者)"라는 설명이 달려있다. 『남제서(南齊書)』, 권58, 「임읍국」(1013쪽)에는 "임읍에는 금산(金山)이 있는데, 금즙(金汁)이 포구에서 흘러나온다(林邑有金山, 金汁流出於浦)"라고 한 것을 근거할 수 있다.

27) '길패(吉貝)'에 관한 설명은 『함빈록』을 그대로 따랐다. 이는 『양서』, 권54, 「임읍국」(784쪽)에서 "길패(吉貝)란 나무 이름이다. 꽃이 폈을 때는 거위 솜털 같은데, 그것에서 실을 뽑아 짜 베를 만든다. 순백색으로 저포(紵布)와 다름이 없고, 오색으로 물을 들여 짜 반포(斑布)를 만들기도 한다(吉貝者, 樹名也. 其華成時如鵝毳, 抽其緖紡之以作布. 潔白與紵布不殊, 亦染成五色, 織爲斑布也)"라는 설명에 근거하고 있다. 길패는 케이폭과 같은 나무에서 나는 일종의 면(棉)이다. 나의 이전 역주서(『제번지』, 『도이지략』, 『영애승람』, 『성사승람』)에 자세하게 설명한 바 있다.

28) '야우(野牛)'에 관한 설명 또한 『함빈록』을 따랐다. 이 설명은 마환의 『영애승람』을 근거하고 있는데, 마환은 '야수우(野水牛)'라고 하며 "해변 산속에는 야생 물소가 있는데 매우 사납다. 원래는 인가에서 밭을 가는 소였는데 산중으로 달아나 그대로 생작하여 수년이 지나면서 무리를 이루게 되었다. 그러나 푸른 옷을 입은 낯선 사람을 보면 반드시 달려와 들이받아 죽이니 매우 흉악하다"라고 하였다(『영애승람역주』, 상, 94쪽). 한편 『동서양고』에는 이 '야우'를 산물에 넣지 않고 있다. 그러나 권12의 「일사고(逸事考)」(사고전서본, 13a)에서는 『화이고(華夷考)』란 책을 인용하여 위의 『영애승람』에서 말한 내용과 같은 '점성의 야우(野牛)'를 언급했다.

29) '해조(海棗)'에 관하여 『함빈록』의 설명이 더 자세하다. "나무는 병려와 같은데, 열매는 과(瓜)처럼 크며, 5년에 한 번 결실하고 맛은 매우 달다(樹如栟櫚, 實大如瓜, 五年一實, 味甚甘)"라고 설명하고 있다. 한편 장섭(張燮)은 『동서양고』 점성 편에서 그곳 산물로 '해조(海棗)'를 언급하지 않고, 권12, 「일사고(逸事考)」에서 『남방초목상(南方草木狀)』을 인용하여 "해조(海棗)는 몸통에는 사이에 나는 가지 없이 곧장 30~40장 솟구쳐 자란다. 나무 꼭대기에는 사방으로 10여 가지가 나는데, 잎은 병려(栟櫚)와 같고, 5년에 한 번 결실하며, 열매는 술

색한다】,[27] **야우(野牛)**【푸른 옷을 입은 사람을 보면 반드시 쫓아가 들이받는다】,[28] **해조(海棗)**【열매는 과(瓜)만 하다. 5년마다 한 번 결실한다】,[29] **관음죽(觀音竹)**【마디의 길이는 2~3촌이며 색은 쇠처럼 검다】,[30] **천보초(千步草)**【이것을 차면, 향을 1,000보 [거리에서도] 맡을 수 있다(佩之香聞千步). 남해에도 있다(南海亦有)】,[31] **부인어(婦人魚)**【동해(東海)에도 있다】,[32] **해경(海鏡)**【방(蚌)과 비슷하다. 안에는 작은 붉은 게[紅蟹子小]가 있는데, 해경(海鏡)이 배가 고프면 게가 나와 먹이를 주워 먹는다. 게가 배

사발만큼 크고 맛은 매우 달고 좋다. 태강 5년(284) 임읍이 100매를 헌상했다(海棗身無閒枝, 直聳三四十丈. 樹頂四面生十餘枝, 葉如栟櫚, 五年一實, 實大如杯盌, 味極甘美. 泰康五年林邑獻百枚)"라고 하였는데, 가장 온전한 설명으로 보인다.

30) 관음죽(觀音竹)에 관한 설명은 『함빈록』과 같다. 『오학편(吾學編)』, 권26의 『황명사이고(皇明四夷考)』 상, 점성, 32b)에 따르면, 관음죽(觀音竹)은 "등나무와 같다. 길이는 1장 8척이며 색이 쇠처럼 검으며, 한 마디에 2~3마디가 있다(如藤. 長丈八尺, 色黑如鐵, 一寸二三節)"라고 설명했다.

31) 『함빈록』에서 "남해에도 있다(南海亦有)"라는 마지막 문장이 "남해에 모두 그것이 있다(南海皆有之)"라고 되어 있다. 두 문장의 의미 차이는 크다. 임방(任昉)의 『술이기(述異記)』(사고전서본, 권하, 6a)에 "남해의 산에서는 천보향(千步香)이 나는데, 그것을 지니면 1,000보의 거리에서도 향을 맡을 수 있다. 지금 해우(海隅)에는 천보초(千步草)가 있는데, 바로 이런 종류이다. 잎은 두약(杜若)과 비슷하며 붉고 푸르다(南海山出千步香, 佩之, 香聞於千步也. 今海隅有千步草, 是其種也. 葉似杜若而紅碧)"라고 한 정보에 근거하고 있다. 이로써 추측하자면, "남해에도 있다"라고 읽어야 할 것 같다. 이 '천보초'는 『동서양고』에서 언급되지 않았다.

32) '부인어'에 관하여 『함빈록』의 설명은 다음과 같다. "모습은 부인처럼 모양과 머리털을 모두 갖추고 물결 속에서 출몰하는데, 동해(東海)에도 있다(狀如婦人, 形髮皆具, 出沒波中, 東海亦有之)." 『직방외기(職方外紀)』(사고전서본, 권5, 6b)에서 해족(海族)을 기술하며, "또 해녀가 있는데, 상체는 바로 여인이나, 하체는 물고기 모양이다. 그 뼈로 염주 등의 물건을 만들고, 하혈을 그치게 할 수도 있다(復有海女, 上體直是女人, 下體則爲魚形. 亦以其骨爲念珠等物, 可止下血)"라고 하였다. 이로써 볼 때, 물개나 해표(海豹)를 가리키는 것 같다. 하지만 서응추(徐應秋)의 『옥지당담회(玉芝堂談薈)』(사고전서본, 권34, 38a)에는 매우 구체적인 설명이 보인다. "바다 인어는 동해에 있는데, 키는 6~7척이며, 눈썹, 눈, 입, 코, 손, 손톱 갖추지 않은 것이 없다. 다리 살은 옥처럼 희며 비늘이 없이 오색이 연하다. 머리털은 말꼬리 같고, 음부도 장부의 아내와 다를 것이 없다(海人魚東海有之, 長六七尺, 美如婦人, 眉·目·口·鼻·手·爪無不具, 足肉白如玉無鱗, 五色輕軟, 髮如馬尾, 陰形與丈夫婦女無異)"라는 기록이 보인다. 이와 유사한 이야기들은 『지봉 이수광이 바라본 세계』, 519~521쪽을 참고하시오.

가 불러 배[腹]로 돌아가면 해경도 배가 부르다(似蚌. 中有紅蟹子小, 如海鏡飢, 則蟹出拾食, 蟹飽歸腹, 則海鏡亦飽)】,[33] **보모(寶母)**【아름다운 돌 모양이다. 매월 보름밤 바닷가에 두면 여러 보물을 모을 수 있다. 세상에 한 번도 모습을 드러내지 않는다[世不一見]】,[34] **징수주(澄水珠)**【흐린 물에 던져 넣으면, 물이 환하게 맑아진다】[35]이 있다.

이상 참파에 관한 호방직의 '통사(通史)'는 추재의 손에서 다음과 같이 재구

---

33) 『함빈록』의 설명도 같다. 『영표록이』(사고전서본, 권상, 8a)에 따르면, "해경은 광주 사람들이 '고엽반(膏葉盤)'이라 부른다. 양쪽이 합쳐져 모양을 이루는데, 껍질은 둥글고 안은 매우 밝고 매끄럽다. 태양이 비추면 운모처럼 빛나며, 안에는 살이 적으며, 방합 조개의 태반처럼 배안에 작은 게가 들어있다. 그것은 황두(黃豆)처럼 작고 집게발을 가지고 있다. 해경이 굶주리면 게는 먹이를 찾아 나와 게가 배불리 먹고 배로 들어가면 해경도 배가 부른다. 내 일찍이 몇 개를 시장에서 사, 시험해 보니, 불을 들이대면 곧바로 게가 달아났고, 내장에서 떨어지면 곧바로 죽었다. 혹 억지로 갈라놓으면 게가 뱃속에서 살다가 얼마 뒤에 죽었다(海鏡, 廣人呼爲膏葉盤. 兩片合以成形, 殼圓, 中甚瑩滑, 日照如雲母光, 內有少肉, 如蚌胎, 腹中有小蟹子, 其小如黃豆而螯足具備. 海鏡饑, 則蟹出拾食, 蟹飽歸腹, 海鏡亦飽. 余曾市得數個, 驗之, 或迫之以火, 即蟹子走出, 離腸腹立斃. 或生剖之, 有蟹之活在腹中, 逡巡亦斃)"라고 한 것을 참고할 만하다.

34) 『함빈록』의 설명과 같다. 『동서양고』(사고전서본, 권2, 7a)에는 『원화기(原化記)』라는 책을 인용하여, "위생(魏生)이 아름다운 돌 하나를 얻어, 호인(胡人)에게 보여주자, '이것이 보모(寶母)이다. 매월 보름에 해변에 단(壇)을 설치하고 그 위에 돌을 놓으면 아름다운 구슬을 얻을 수 있다'라고 하였다. 『일통지』에 점성에서 나는 것으로 실려있다(魏生得一美石, 有胡人見之, 曰此寶母也. 每月望設壇海邊, 置石其上, 可得美珠. 一統志載爲占城產)"라고 하였다. 이는 『태평광기(太平廣記)』(사고전서본, 권403, 12a)에서도 같은 『원화기』을 인용하여 "단 매월 보름에 왕은 해안으로 나가 제단을 설치하고 제사를 지내며, 이것을 제단 이에 두면, 하룻밤 사이 명주(明珠)와 보패(寶貝) 등이 저절로 모이기 때문에, '보모(寶母)'라고 한다. 원래보다 배의 재물을 길러낸다(但每月望, 王自出海岸設壇, 致祭之, 以此置壇上, 一夕明珠·寶貝等皆自聚, 故名寶母也. 生得財倍其先資也)"라고 하며 '보모'라고 하는 이유를 설명했다. 학옥린(郝玉麟)의 『광동통지(廣東通志)』(사고전서본, 권52, 134b)에는 '주모(珠母)'를 설명하며, "큰 구슬[大珠]로 안에는 작은 구슬들이 둘러싸고 있다(珠母者大珠, 在中小珠環之)"라고 한 다음, 역시 『원화기』의 '보모(寶母)'를 언급했다. 이로써 볼 때 '보모'는 바로 '주모(珠母)'로 진주를 지칭하는 것으로 보인다.

35) 『함빈록』의 설명을 따르고 있다. 『동서양고』(사고전서본, 권2, 7a)에서 장섭은 『선실지(宣室志)』를 인용하여 "엄생이 어떤 구슬을 얻었는데, 호인(胡人)이 '이것은 물을 맑게 하는 구슬

성되었고, 추가된 정보를 확인할 수 있다. 이는 안남에 이어 추재가 여러 차례 사신단을 따라 왕래하며 얻었을 것이고, 그것은 중국 자료에 보이지 않는 기술이다.

> 점성은 주나라 때 흰 꿩을 바친 월상씨(越裳氏)로 한나라 때 상림현(象林縣)이 되었다. 범웅(范雄)이란 자가 어릴 때 산 개울에서 소를 치다가, 두 마리의 가물치[鱧魚]를 얻었는데, 검으로 변하여, 바위를 향해 "바위가 부서지면 이 나라의 왕이 되게 해달라"라고 기원하고, 바위를 베자 갈라져, 뒤에 일남(日南)과 구진(九眞)을 모두 차지했다. 당나라 정관(貞觀) 연간에 통천서(通天犀)를 헌상했다. 송나라 초에 맹화[유](猛火油)를 헌상했는데, [그것은] 물에도 더욱 타올라 수전(水戰)에 사용했다. 또 사자(獅子)를 바쳤다. 양대년(楊大年)의 시에 "강물을 건너면 고래 파도 잦아들고,

---

[淸水珠]로 흐린 물에 두면 깨끗하게 맑아진다'라고 했다(嚴生得一珠, 胡人云此淸水珠, 置濁流, 則渙然澄徹)"라고 하였다. 이어서 『일통지』에는 점성의 산물로 실려있다고 밝혔다. 『선실지』의 정보는 수나라 두공첨(杜公瞻)의 『편주(編珠)』(사고전서본, 권3, 15a~b)에 처음으로 언급된 것 같다. 두공첨은 다음과 같이 『선실지』를 인용했다. "풍익(馮翊)의 엄생이 현산(峴山)에서 노닐다가 탄환만 한 구슬 하나를 얻었는데, 흑색이며 광채가 있어, 살펴보니 물처럼 맑고 투명했다. 이에 서국(西國)의 호인(胡人)에게 보여주자, 이것이 '물을 맑게 하는 구슬[淸水珠]'이라고 했다. 곧바로 항아리에 흐린 물을 부어 구슬을 넣자 잠깐 사이 환하게 맑아졌다. 호인은 30만 전에 팔게 했다(馮翊嚴生游峴山得一珠, 大如彈丸, 黑色有光, 視之瑩徹如水. 焉以示西國胡人, 曰此是淸水珠也. 即命注水濁缶, 以珠投之, 俄而澹然淸徹, 胡人以三十萬貨之)."

36) 대년(大年)은 북송 관료 시인 양억(楊億, 974~1020)의 자(字)이다. 사자(獅子)와 관련된 내용은 강휴복(江休復, 1005~1060), 『가우잡지(嘉祐雜志)』(사고전서본, 권1, 30a)에서 다음과 같이 보인다. "양문공은 관각(館閣)에서 책을 읽을 때, 참파[占城]에서 사자를 진공하여, 관례대로 시문을 지어 올렸는데, '바다를 건너면 고래 파도가 잦아들고, 산에 오르면 표범 구름 없어지네'라고 당시를 격찬했다(楊文公館閣讀書, 占城進獅子, 例進詩文, 公云, 渡海鯨波息, 登山豹霧消, 爲時激賞)"라고 하였다. 추재는 첫 구의 '해(海)'를 '하(河)'자로, 둘째 구의 '소(消)'자를 '청(晴)'자로 바꾸었다. 또한 추재가 아래 네 번째 시 마지막 구에서 밝힌 것처럼 양억의 시제가 「사자시(獅子詩)」인지는 확인되지 않는다. 진위야 어떠하든 참파에는 사자(獅子)가 나지 않는다. 이는 호방직이 열거한 참파의 산물에도 들어있지 않다.

사실 여기 호방직(胡邦直)의 저본인 『함빈록』에 열거한 산물에도 사자(獅子)는 보이지 않는다. 하지만, 『동서양고』(사고전서본, 권2, 9b)에는 '사(獅)'가 보인다. 장섭(張燮)은 『설문(說文)』을 참고하여, "효(虓)는 사(獅)의 새끼이다(虓, 獅子也)"라고 풀이한 것, 또 『이아』에서 "산예(狻猊)은 잔묘(虦猫)와 같으며 호랑이나 표범을 잡아먹는다(狻猊如虦猫, 食虎豹)"

산에 오르면 표범 운무 개네"라고 했는데, 바로 이 일이다.[36] 명나라 때 여러 차례 안남(安南)과 다투었는데, 조서로 타일러 화해시켰다. 그곳은 남쪽으로 진랍(眞蠟), 서쪽으로 교지(交趾), 동북쪽으로 바다에 접해 있다. 풍속에 남자들은 봉두(蓬頭)하고, 여자들은 뒤로 추계(椎髻)하며, 군주의 옷은 희고 백성의 옷은 자주색이며, 띳집은 3척을 넘을 수 없다. 소를 잡아 귀신에 제사하고, 코끼리를 몰아 사악함을 내쫓는다. 뇌향(腦香)과 사향(麝香)을 몸에 바르고, 술 단지에 둘러앉아 대롱으로 빨아 마시다가, 술맛이 다하면 그친다. 글은 양가죽이나 검은 나무껍질에 쓴다. 경축일에 왕은 사람의 담즙으로 목욕하여, 장령(將領)들은 사람의 쓸개를 헌상하여 축하한다. 사람들이 악어나 호랑이에게 물려 죽으면, 주문을 외고 부적을 죽은 곳에 던지면, 악어나 호랑이가 스스로 나와 죽는다. 송사에는 호랑이와 악어가 굽은 자를 먹고, 곧은 자는 피해 간다. 비두(飛頭)는 밤에 인가로 들어가 어린아이의 머리를 먹고, 돌아와 합체한다. 그들 말로, 하늘은 랄의(剌儀), 땅은 타납(打納), 태양은 앙호예(仰胡銳), 달은 앙부람(仰不藍)이라 한다. 산천으로 금산(金山)이 있는데, 돌이 모두 붉으며 금이 나서 밤에도 개똥벌레처럼 빛이 날린다. [또] 부로산(不勞山)이 있다. 산물로, 대화주(大火珠), 기남향(奇南香), 생금(生金), 길패(吉貝), 야우(野牛), 해조(海棗), 관음죽(觀音竹), 천보초(千步草), 부인어(婦人魚), 해경(海鏡), 보모(寶母), 징수주(澄水珠)가 있다(占城, 周時貢白雉之越裳氏也, 漢爲象林縣. 有范雄者, 兒時牧牛山澗, 得二鱧魚化爲劒, 因向石祝曰, 石破當王此國, 遂斫石斷之, 後並有日南·九眞. 唐貞觀中獻通天犀. 宋初獻猛火, 遇水益熾, 用水戰, 又貢獅子. 楊大年詩, 渡河鯨波息, 登山豹霧晴, 卽此事. 明時數與安南爭兵, 詔諭和之. 其地南距眞臘, 西距交趾, 東北際海. 其俗男蓬頭, 女後椎結, 君衣白, 民衣紫, 茅茨不得踰三尺. 殺牛祭鬼, 驅象

라는 설명을 들었다. 이들은 우리가 생각하는 사자와는 다른 짐승일 것이다. 장섭은 이어서 『송사』, 「점성전」의 기술을 들면서 "백성들은 사(獅)와 코끼리를 잡아 모두 왕에게 보낸다(民獲獅·象, 皆輸於王)"라고 했는데, 현재 우리가 볼 수 있는 『송사』, 권489, 「점성국」(14078쪽)의 문장에는 '사(獅)'자가 보이지 않는다. 우리가 알고 있는 사자는 15세기 이후에 등장한다. 『성사승람』에서 사자(獅子)는 아프리카 동안의 주보[竹步國]의 산물로 언급되었다. 『성사승람역주』, 402쪽을 참고하시오.

逐邪. 以腦·麝塗體, 繞酒甕坐, 筒而咂, 酒味盡則止. 文書用羊皮·黑木皮. 賀日王沐人膽汁, 將領獻人膽以賀. 人爲鰐虎噉死, 誦呪投符死所, 鰐魚虎自來死. 訟者之虎鰐食曲者, 直者避之. 有飛頭, 夜入人家, 食小兒頭, 返合體. 其語天爲剌剌儀, 地爲打納, 日爲仰胡銳, 月爲仰不藍. 其山川則金山, 石皆赤, 產金, 夜則出飛如螢火, 不勞山. 物產大火珠·奇南香·生金·吉貝·野牛·海棗·觀音竹·千步草·婦人魚·海鏡·寶母·澄水珠).

쟁송은 호랑이와 악어가 시비를 따지고,　　訟虎難明又訟鰐[魚],
양가죽에 쓰고 나무껍질에도 쓰네.　　羊皮書較木皮書.
백성의 옷은 모두 자주색, 군주 옷은 흰색이나　　民衣皆紫君衣白,
그래도 주나라 때는 꿩과 수레 바쳤네.　　猶御周時貢雉車.

천보향 차고 길패로 이어도　　千步香囊吉貝紉,
난초 기름으로 머리 감고 사향을 몸에 바르네.　　蘭膏沐髮麝塗身.
일상 훈제에도 맹화유로 붙이고,　　日燻多點猛油火,
나는 머리 사람을 삼킬까 두렵네.　　恐有飛頭來噉人.

금산 밤에 들어가도 어지러이 반딧불 날고,　　金山入夜亂飛螢,
보모(寶母)는 호숫가에서 명월을 기다리네.　　寶母湖邊待月明.
연회 놀이에 남녀를 구분하지 않고,　　酣戲不須男女別,
한 단지 술이 익으면 열 통으로 가로 놓네.　　一罏酒熟十筩橫.

바위를 가른 일은 신기하고,　　石痕苽劈事神奇,
개벽 영웅은 옛 목동이네.　　開刱英雄舊牧兒.
무지갯빛 여전히 가물치 검에서 나오고,　　虹光尙吐鱧魚劒,
‘표범 운무 항상 갬’은 사자시라네.　　豹霧長晴獅子詩.

[43] 진랍(眞臘)

'진랍'은 현 캄보디아의 옛 명칭이다. 점랍(占臘)으로도 표기되었다. 그 어원에 관한 자세한 설명은 『앙코르 캄보디아』(240~251쪽)를 참고하시오. 이 나라에 관한 해제는 『제번지』, 『도이지략』, 『성사승람』 역주서를 참고하시오. 또한 조선과 관련해서는 『지봉 이수광이 바라본 세계』에 다룬 바 있다. 호방직은 『함빈록』의 진랍 기술을 다음과 같이 채록했다.

> 진랍은 **원래 부남(扶南)의 속국이다. 한무제(기원전 141~기원전 87년 재위) 때 만년합(萬年蛤), 야광주(夜光珠)를 헌상했다.** *[황제는 만년합을 조후(趙后)에게 주고, 야광주는 첩여(婕妤)에게 주었다. 이후 한참 통하지 않다가 수나라에 이르러 다시 중국과 통했다(帝以蛤賜趙后, 以珠賜婕妤. 後久未通. 至隋復通中國)]*. 당나라(618~907) 초에 그곳 왕 질다사나(質多斯那)가 부남(扶南)을 병합하고 세력이 강성해졌다.
>
> 부남은 **그 조상 중 한 여인이 왕이 되었는데, '유엽(柳葉)'이라 불렀다.** 나이는 어렸고 건장했다. 나체에 머리카락을 풀어 헤치고 있었고, 의상(衣裳)을 지을 줄 몰랐다. *[그 남쪽에는 요국(徼國)이 있는데, 혼전(混塡)이라는 귀신을 섬기는 자가 꿈에 신이 활을 내려주어 장삿배를 타고 바다로 나갔다. 혼전은 새벽에 일어나 사당에 가서, 신수(神樹) 아래에서 활을 얻고는 꿈에 따라 배를 타고 바다로 나갔다가 부남의 외읍(外邑)에 이르렀다. 유엽의 사람들이 배를 발견하고 탈취하려 할 때, 혼전이 활을 당겨 그들의 배를 쏘자, 화살이 [배의] 한쪽을 뚫고 지나가 [유엽을] 모시는 사람들에게 이르렀다. 유엽은 몹시 두려워하며(其南有徼國, 事鬼神者字混塡, 夢神賜之弓, 乘賈人船入海. 混塡晨起即詣廟, 於神樹下得弓, 便依夢乘船入海, 至扶南外邑. 柳葉人衆見船至, 欲取之, 混塡即張弓射其舶, 穿度一面, 矢及侍者, 柳葉大懼)]*, **무리를 거느리고 혼진(混眞)에게 항복하자**, 혼진은 유엽에게 **베를 뚫어 머리를 넣어 입도록 가르쳐**, *[더는 몸을 드러내지 않도록 하고, 마침내 그 나라를 다스렸다(形不復露, 遂治其國)]*. **유엽을 아내로 받아 아들들을 낳아 일곱 읍(邑)의 왕으로 나누었다.** *[그 뒤 왕 혼반황(混盤況)이 거짓말과 힘으로 여러 읍을 이간질하고 서로 의심하고 멀어지게 하자, 군대를 동원하여 병합하고, 자손들을 보내 여러 읍을 나*

누어 다스리게 했는데(其後王混盤況以詐力間諸邑, 令相疑阻, 因擧兵攻並之, 乃遣子孫衆, 分治諸邑), '소왕(小王)'이라 불렀다. *[반황이 90여 세로 죽자(盤況年九十餘死)]*, 중자(中子) 반반(盤盤)을 세우고, 대장 범만(范蔓)에게 국사를 맡겼다. 반반이 *[선 지 3년 만에(立三年)]* 죽자, 나라 사람들은 범만을 추대하여 왕으로 세웠다. *[범만은 용맹하고 건장한 데다가 권모술수와 지략이 있어 거듭 군대로 이웃 나라들을 공격하여 정벌하여 모두 복속시키고는(蔓勇健有權略, 復以兵威攻伐旁國, 咸服屬之)]*, 스스로 '부남대왕(扶南大王)'이라 불렀다. *[이내 큰 배를 만들어 창해(漲海) 끝까지 나아가 이웃한 10여 나라를 공격해 없애고(乃治作大船, 窮漲海, 攻滅旁十餘國)]*, 영토를 5~6천 리로 확장했다. 뒤에 그의 누이 아들인 전(旃)이 왕위를 찬탈했다. *[범만이 죽었을 때, 장(長)이라는 갓난아이가 있었는데, 민간에서 자라며 20세가 되었을 때, 나라의 장사들과 결탁하여 범전을 습격해 죽이자, 범전의 대장 범심(範尋)이 다시 장(長)을 죽이고 자립했다(蔓死時, 有乳下兒名長, 在民間, 至年二十, 乃結國中壯士, 襲殺旃, 旃大將範尋又殺長而自立)]*. 오나라(229~280) 때 중랑(中郎) 강태(康泰)와 *[선화 종사 주응(宣化從事朱應)]*을 그 나라에 사신을 보냈다. 나라 사람들은 여전히 나체였고, 부인들만 머리를 넣어 입는 옷[貫頭]를 입고 있었다. 강태와 주응(朱應)은 "나라는 실로 아름답지만, 사람들이 민망하게 나체로 다니니 괴이할 뿐입니다(國中實佳, 但人褻露可怪耳)"라고 했다. 범심(范尋)이 비로서 나라의 남자들에게 횡폭(橫幅, 사롱 같은 것)을 입게 했다. 잘 사는 사람들[大家]은 비단을 잘라 만들었고, 가난한 사람들은 베[布]를 사용했다.

[진(晉) 무제(武帝)와 목제(穆帝) 시기에 모두 사신을 보내와 조공했다(晉武帝穆帝時, 俱遣使來貢)]. 그 뒤 그곳 왕 교진여(憍陳如)는 원래 천축[인도]의 파라문(婆羅門)이었는데, 신(神)이 "분명 부남의 왕이 될 것이다(應王扶南)"라고 하여, 교진여는 기뻐하며 남쪽으로 반반(盤盤)에 이르렀다. 부남은 이를 듣고 거국적으로 기뻐하며 맞이하여 그를 왕으로 세웠다. [교진여는] 다시 제도를 고쳐 천축의 법을 사용했다. *[교진여가 죽고, 그 이후 왕들은 『양서(梁書)』에 두루 실려있는데, 세차(世次)와 명호(名號)*

가 있었다(憍陳如死, 其後王梁書具載, 有世次名號)].[1] 송(宋), 제(齊), 양(梁)나라를 거치면서 조공이 끊이지 않았다. 양나라 대동(大同, 535~546) 연간에*[초에]*, *[사신을 보내 산 코뿔소를 헌상하고, 이르기를, 그 나라에는 부처의 머리카락이 있는데, 길이가 1장 2척이라고 했다. 조서로 승려 석운보(釋雲寶)에게 사신들을 따라가 맞이해 오게 했다. 그 머리카락은 청감색(青紺色)으로, 손으로 펴니 손에 따라 늘어나고 줄어들기도 했으며, 놓으면 말려 달팽이 모양으로 되었다.『승가경(僧伽經)』을 살펴보니, "부처의 머리카락은 푸르면서 가늘며 연 줄기의 실과 같았다"*[2]*라고 하였고,『불삼매경(佛三昧經)』에는 "내가 옛날 궁에 있을 때 머리를 감으며 머리카락의 길이를 재어보니 1장 2척이었고, 놓으면 오른쪽으로 말려 다시 달팽이 문양으로 되었다"*[3]*라고 하였으니, 이것이 진짜 부처의 머리카락일 것이다. 얼마 뒤에(遣使獻生犀, 又言, 其國有佛髮, 長一丈二尺. 詔遣沙門釋雲寶隨使往迎之. 其髮青紺色, 以手伸之, 隨手長短, 放之則旋屈爲蠡形. 案僧伽經云, 佛髮青而細, 猶如藕莖絲. 佛三昧經云, 我昔在宮沐頭, 以尺量髮, 長一丈二尺, 放已右旋還成蠡文, 則是眞爲佛髮也. 頃之)]*, 그 나라 사람이 **벽파리(碧玻璃) 거울을 가져 와 교역했는데,** 그 거울은 폭이 1

---

1) 여기서 말하는『양서』의 기록은 권54,「제이·제박국」에 자세히 보인다. 번역문과 주석은 '중국정사외국전DB'를 참고하시오.

2) 384년 승가발징(僧伽跋澄) 등이 한역한『승가나찰소집경(僧伽羅刹所集經)』(T.194, 권2, 126c)에서, 부처의 머리카락에 관하여 "연 줄기처럼 생겼고, 가닥은 아주 부드럽고 가늘어 그것은 능가하는 것이 없었고, 망가뜨릴 수도 없었다(猶如藕莖, 絲極軟細, 無能度其上者, 亦不可沮壞)"라고 하였다. 여기『승가경(僧伽經)』은 이를 말할 것이다.

3) 4세기 말에서 5세기 초에 불타발타라(佛陀跋陀羅)가 한역한『불설관불삼매해경(佛說觀佛三昧海經)』(T.643, 권1, 649a)에 "옛날 내가 궁에 있을 때, 유모가 나의 머리를 감겨주었다. 그때 대애도(大愛道)께서 나의 처소에 와, '싯다르타는 태어났을 때 특이한 점이 많았다. 사람들이 나에게 그대 아들의 머리카락은 얼마나 되는지 물으면 내가 뭐라 답하겠는가? 오늘 당장 머리카락을 재어 그 길이를 알아야겠다'라고 하였다. 곧바로 나에게 머리카락을 펴게 하시고, 어머니께서 자로 재니 길이가 1장 2척 5촌이었고, 놓으니, 오른쪽으로 말려 다시 달팽이 문양으로 되었다(昔我在宮, 乳母爲我沐頭. 時大愛道來至我所, 悉達生時多諸奇特, 人若問我, 汝子之髮爲長幾許, 我云何答, 今當量髮知其尺度. 即勅我申髮, 母以尺量, 長一丈二尺五寸, 放已右旋還成蠡文)"라고 하였다.

척 5촌이며 무게는 40근으로 안팎이 깨끗했다. **오색의 물건을 그 위에 놓자 밝게 비추었으나 그 바탕이 드러나지 않았다.** *[그 가격을 물으니 약 1백만 꿰미였다(問其價, 約錢百萬貫)].* 온 나라 사람들이 그것을 몰랐고 *[그 값을 내줄 사람도 없어(莫有酬其價者)]*, 걸공(杰公)에게 보여주자, 걸공은 **"이것은 상계(上界)의 보물로,** 국왕이나 대신이 가져야 하는데, 너희 호(胡) 상인[胡客]이 어떻게 가지게 되었는가. 분명 훔쳐 와 이곳에 이르렀을 것이다(是上界之寶也. 當爲國王及大臣所藏, 爾胡客何有得之, 必竊盜至此者)"라고 했다. *[호인들은 우물쭈물하며 대답하지 못했다. 얼마 뒤에 그 나라에서 사신을 보내와 수소문해 보니(胡人逡巡不能對. 俄而其國遣使追訪)]*, 과연 말 그대로였다.[4)]

[수나라 때 그곳 성이 고룡(古龍)인 왕이 사신을 보내 헌상했다(隋時, 其王姓古龍遣使貢獻)].

당나라 정관(貞觀, 627~649) 연간에 백두국(白頭國) 두 사람을 바쳤다. 그들은 흰머리에 연지를 바른 것처럼 몸도 희었다.[5)] *[얼마 되지 않아, 진랍이 그들을 멸망시키고 그 땅을 차지하니 부남은 마침내 멸망했다. 진랍은 무덕(武德)에서 성력(聖曆)에 이르기까지 네 차례 조공해 왔다(未幾眞臘滅之, 據有其地, 扶南遂亡. 眞臘自武德至聖曆間, 凡四來朝)].* 신룡(神龍, 705~707) 연간에 수진랍(水眞臘)과 육진랍(陸眞臘) 두 나라로 나뉘었다. 대력(大曆, 766~779) 연간에 그곳 부왕(副王) 파미(婆彌)와 부인이 조공해 와, *[길들인 코끼리 열한 마리를 헌상하여, 파미를 시전중감(試殿*

4) 이 거울 이야기는 『태평광기』, 권81, 12에 보이는데, 당나라 전기소설 『양사공기(梁四公記)』에서 인용한 것이다.

5) 『통전』(사고전서본, 권188, 20b)에 "정관(貞觀) 연간에 또 백두국(白頭國) 사람 두 명을 낙양에 바쳤다. 그 나라는 부남(扶南)의 서쪽 그리고 참반(參半)의 서남쪽에 있으며, 남녀가 날 때부터 모두 흰 머리에 몸 또한 하얗다. 산골짜기[山洞]에 살고, 사방이 험준한 까닭에 사람들이 접근하지 못한다. 참반국(參半國)과 서로 접하여 있다(貞觀中, 又獻白頭國二人於洛陽. 其國在扶南之西, 在參半之西南, 男女生皆素首, 身又凝白. 居山洞之中, 四面巖嶮, 故人莫至與參半國相接)"라고 하였다.

中監)으로 발탁하고, 이름을 '빈한(賓漢)'으로 하사했다. 이때 덕종(德宗)이 막 즉위하여, 진귀한 새들과 기이한 짐승들을 모두 풀어주었다. 만이(蠻夷)들이 헌상한 길들인 코끼리들은 황실 정원에 기르고 있었는데, 원단 조회[元會]의 의전에 충당된 32마리 모두 형산(荊山)의 남쪽에 풀어주었다(獻馴象十一, 擢婆彌試殿中監, 賜名賓漢. 是時德宗初即位, 珍禽奇獸悉縱之, 蠻夷所獻馴象畜苑中. 元會充庭者, 凡三十二, 悉放荊山之陽)]. 원화(元和, 806~821) 연간에 수진랍이 조공을 들이고 "속국 중에 *[도명국(道明國)이 있는데]* 의복이 없어 옷을 입은 사람을 보면 모두 비웃는다(屬國無衣服, 見衣服者, 共笑之)"라고 했다. *[아마도 금수와 무리 짓기 때문일 것이다(蓋幾與禽獸爲群矣)].*

[송나라 정화(政和)에서 소흥(紹興) 연간에 이르기까지 조공이 끊이지 않았다. 조정에서는 그들 왕을 참파[占城]와 동등하게 책봉했다(宋政和至紹興間, 朝貢不絕. 朝廷封其王與占城等焉)]. 송나라 순희(淳熙, 1174~1189) 연간에 점성(占城)이 이 나라를 습격했다. 진랍은 10여 년 동안 정예병을 양성하여 대대적으로 *[참파로 들어가 진랍 사람을 왕으로 세웠다. 이에(入占城, 更立眞臘人爲王. 於是)]* 점성은 진랍의 속국이 되었다.

우리 왕조 홍무(洪武) 6년(1373)에 국왕 홀아나(忽兒那)가 조공해 와, *[대통력과 문기(文綺)를 하사했다. 이로부터 조공이 끊이지 않았다(賜大統歷·文綺. 自是朝貢不絕)].*

원나라 시기 주달관(周達觀)이 이 나라에 사신으로 갔다가 『진랍풍토기(眞臘風土記)』를 저술했는데, *[그 일이 아주 상세하게 실려있다(載其事甚詳)].* 그중 가장 이상한 것은 다음과 같다. "나라 주인은 매일 밤 금탑 위에 누워있으면, **머리 아홉 뱀의 정령이 여인의 몸으로 와서 국주와 동침하고 교합한다. 2경의 북소리가 울리면 그제야 나와 처첩들과 함께 잘 수 있다. 이 정령이 하룻밤이라도 나타나지 않으면 왕은 죽는다.** 약속한 때가 되어 왕이 하룻밤 가지 않아도 반드시 재화(災禍)를 입는다(國主每夜

臥一金塔上, 有九頭蛇精係女身來, 與國主同寢交, 搆二鼓方出, 可與妻妾同睡. 若此精一夜不見, 則王死. 期至矣, 若王一夜不往, 亦必獲災禍).” 또 유(儒), 석(釋), 도(道) 세 부류가 있는데, **'유'는 반힐(班詰)이라 부르며 정수리에 흰 끈을 걸어** *[그들이 유자(儒者)임을 구분한다(別其爲儒也)]*. **'도'는 팔사(八思)라고 하는데 그 교를 그다지 존중하지는 않는다.** **'승(僧)'은 저고(苧姑)라고 하는데**, 이 교(敎)가 가장 성하여, 왕공과 서민들이 **신명처럼 존경한다**(亦有儒釋道三種, 呼儒爲班詰, 於頂上以白線掛之. 呼道爲八思, 教不甚尊. 呼僧爲苧姑, 其教最盛, 王公庶人敬如神明). **민가에 기르는 딸이 8~9세가 되면 반드시 승려에게 그 처녀막[童身]을 제거하게 하는데, 그것을 '진담(陣毯)'이라 한다.** 해당 관청에서는 중국식으로 4월 안에 반드시 진담을 하게 한다. 집에서는 먼저 알린 다음 그 일을 행하는데, 중국 사람들이 보지 못하게 비밀리에 한다. **진담을 한 이후에 금은(金銀)이나 포백(布帛) 등의 물품으로 승려에게 몸을 사야 한다.** 그렇지 않으면 그 여자아이는 승려의 소유가 된다. 이에 앞서 부모는 반드시 딸과 동침한 뒤에 집 밖으로 나가게 하여 갈 곳으로 가게 한다(民家養女, 至八九歲, 必命僧去其童身, 名曰陣毯. 蓋官司于中國四月內, 須命陣毯之. 家先行申報, 然後行其事, 秘不令唐人見之. 陣毯後, 必用金銀布帛等物贖身, 否則此女終爲僧有矣. 前此父母必與女同寢以後, 斥于房外, 任其所之). 형벌에는 교살이나 참수가 없고, 중죄는 파묻고, 그다음은 손, 발, 귀, 코를 자르며, 그다음은 벌금을 낼 뿐이다(刑無絞·斬, 重罪則坑之, 次則斷手·足·耳·鼻, 次則罰金而已). 땅은 매우 영험하여 사람들에게는 법술이 많다. **도둑의 진위를 가릴 때는 그의 손을 기름 솥에 넣는데, 진짜 도둑질한 사람은 손이 문드러지고 그렇지 않은 자는 피부가 예전 그대로이다**(其土地靈, 人多術法, 如辨盜眞僞, 置其手油鍋中, 眞爲盜者手, 即腐爛, 否則皮肉如故). *[소송으로 곡직을 가릴 때는, 양측을 각기 작은 석탑에 앉히는데, 사나흘 뒤에 이치가 그른 자는 반드시 징후가 나타나거나 몸에 갖은 병이 생기고, 이치가 곧은 자에게는 대체로 사소한 일도 없는데, 이를 천옥(天獄)이라 한다(又辨訟曲直, 令兩家各坐一小石塔, 三四日, 其理曲者, 必獲証候, 或身生各病, 理直者略無纖事, 謂之天獄)]*. 부인들은 대부분 음란하고 나라에는 남녀가 합체된 사람이 많다(婦多淫, 國多兩形人). 날마다 십여 명이 장터를 무리 지어 다니면서 중국인의 마음을 유혹하고 되레 후하게 대접한다(每日十數成羣行于墟場間, 常有招來唐人之意, 反有厚餽). 교역은 모두 부인이 한다. 중국 상인들이 이곳에 이르면 반드시 먼저 부인을 얻는 것이 편리하다. 그들은 중국인을 보면 더욱 경외하며 '불(佛)'이라 부른다(交易皆婦人. 唐商人到彼, 必先納一婦爲便. 其見唐人頗加敬畏, 呼之曰佛). 사람이 죽으면 들에 던져두고 매나 개들을 기다리는데, 순식간에 다 먹어 치우면 유복하다 하고, 그렇지 않으면 '나쁜 업보[惡報]'라고 한다. 지금은 점점 태우는 사람도 있다. 국왕이 죽으면 탑으로 땅에 묻는다(人死擲之野, 俟鷹犬頃刻食盡, 謂有福, 否則謂之惡報, 今亦漸有焚者. 國王死, 用塔葬地)[6]라고 하였다.

[내가『통전』,『문헌통고』, 각 단대사,『이역지(異域志)』등의 책에 실린 것을 보니 모두 이처럼 이상한 것은 없었다. 다만 다음과 같이 말했다(余觀通典·通考·各代史·異域志諸書所載, 俱未有如此之異者. 但言)], 서리와 눈이 없다. 4월에서 9월까지는 온통 비가 내리는데, *[밤낮으로 비가 내려, 물은 깊이가 10장이나 되어 큰 나무가 모두 잠기므로 사람들은 산의 거처로 옮긴다(日夕皆雨, 水高十丈, 巨樹盡沒, 民移入山居)]*. 10월이 되면 빗물이 전혀 없어, 사람들은 농사를 지을 수 있다. 왕은 3일에 한 번 조정에 나가 오향과 칠보로 장식한 침상에 앉는다. *[보석 휘장을 펼치는데, 문양있는 나무로 기둥을 만들고, 상아와 황금을 세공하여 벽을 만들었다(施寶帳, 以文木爲竿, 象牙·金鈿爲壁)]*. 관, 신발, 복식은 모두 중국 장식들이다. **사람들의 풍속은 매우 사치스러워 비단으로 몸을 휘감는다**. 그래서 속담에 '부귀한 진랍'이라고 한다. *[관직 명칭은 참파[占城]와 같다. 자주 참반(參半), 주강(朱江) 두 나라와는 화친하며, 임읍(林邑), 타백(陁柏) 두 나라와는 자주 전쟁한다(官名與占城同. 輒與參半·朱江二國和親, 數與林邑·陁柏二國戰爭)]*. 사람들은 다닐 때 갑장(甲杖)을 든다. *[왕이 처음*

6) 밑줄 친 정보는 호방직이『함빈록』의 문장을 바로 잡은 것으로 보인다.『함빈록』에는 "지금은 점차 화장하는 사람들도 있는데, 남녀는 방망이 모양으로 상투하지만, 머리카락을 자르고 상복을 입는다. 국왕은 아직도 탑에 매장한다(今亦漸有焚者, 男女椎髻, 以去髮爲服制. 國王仍用塔葬)"라고 되어 있다.

즉위하는 날에는 그의 육친 형제들 모두 형벌로 해하여 다른 곳에서 먹고 살게 하며 벼슬할 수 없다. 법에는 감옥이 없어 죄를 지으면, 먼저 사흘 재계하고, 도끼를 아주 벌겋게 달구어 그것을 들고 일곱 걸음 가게 한다(王初立日, 其至戚兄弟並刑殘之, 令別處供給, 不得仕進. 法無牢獄, 有罪者先齋戒三日, 乃燒斧極赤, 令之捧行七步)]. 그곳 사람이 중국인을 죽이면 죽음으로 갚고, 중국인이 그곳 사람을 죽이면 벌금을 낼 뿐이다(蕃殺漢人, 即償其死, 漢殺蕃人, 罰金而已)."[7] *[사람이 죽으면 다섯 가지 향목으로 시신을 태우고, 재를 수습하여 금은 항아리에 넣어 물속에 넣는다. 가난한 사람들은 옹기를 사용하기도 한다. 시신을 태우지 않고 산속으로 가져가 야수들이 먹게 하는 자들도 있다(人死, 以五香木燒尸, 收灰, 以金銀盆盛之, 貯之水中. 貧者或用瓦, 亦有不焚, 送尸山中, 任野獸食者)].* 이웃에는 서붕국(西棚國)이 있다. **하늘 구석에는 밝은 곳이 아주 있는데, 그 나라 사람들은 천문(天門)이라 부른다. 옛날 여와가 이르지 못한 곳이라고 한다**(其鄰有西棚國, 天隅有一竅極明, 土人稱爲天門, 云女媧氏之所不至也).[8]

그곳 역어(譯語)로 **아버지는 파타(巴駞), 어머니는 미고(米姑), 형은 방(邦), 동생은 보온(補溫)이라 한다.**[9]

그곳 산으로 **능가발라산(陵伽鉢羅山)**【위에는 파다리(婆多利)라는 신이 있어, 인육으로 제사를 지낸다】이 있다.[10]

---

7) 이상 『진랍풍토기』의 기술 및 용어들은 역자의 『진랍풍토기역주』를 참고하시오.

8) 이 정보는 1178년 주거비(周去非)의 『영외대답』에서 채록한 것이다. 양무천, 『영외대답교주』, 중화서국, 1999, 81쪽을 참고하시오.

9) 여기 캄보디아 단어에 관해서는 역자의 『앙코르 캄보디아』, 226~251쪽을 참고하시오.

10) 『함빈록(咸賓錄)』에는 "위에는 신사(神祠)가 있다. 그 신은 파다리(婆多利)라고 하는데 인육(人肉)으로 제사한다. 매일 병사 2,000명이 그곳을 지키고 호위한다. 왕과 나라 사람들은 매우 경외한다(上有神祠, 神名婆多利, 祭用人肉. 每以兵二千人守衛之, 王及國人甚加敬畏)"라고 하였다. 한편 『동서양고』(사고전서본, 권3, 8a)에는 진랍(眞臘)을 '캄보자(camboja)'를 음역한 '간포채(柬埔寨)'로 표기한 기술에는 '육가발파산(陸伽鉢婆山)'으로 표기했다. 그러

토산으로 *[좋은 과일, 건동(建同)【물고기로, 코는 코끼리와 같고, 물을 빨아들여 위로 내뿜는다. 키는 50~60척이며 네 발이 있다】(嘉果·建同【魚也. 鼻如象, 吸水上噴, 高五六十尺, 四足】)]*, **부호(浮胡)**【물고기이다. 입은 앵무새 같으며 여덟 개의 발이 있다】,[11] 대어(大魚)【오뉴월에는 독기가 유행하면 흰 돼지나 양으로 제사를 지내 한 해의 재황(災荒)을 막는다】,[12]

나 『수서』, 권82, 「진랍」(1837쪽)에는 '능가발파산(陵伽鉢婆山)'으로 표기했는데 그 설명에 따르면, "도읍 근처에는 능가발파산(陵伽鉢婆山)이 있는데, 위에는 신사(神祠)가 있고, 매일 병사 5,000명이 그곳을 지킨다. 성의 동쪽으로 파다리(婆多利)라는 신이 있어 인육으로 제사를 지낸다. 그곳 왕은 매년 별도로 사람을 죽여 밤에 기도하는데, 또한 [그곳을] 지키는 자가 1,000명이 있다. 귀신을 경외함이 이와 같다(近都有陵伽鉢婆山, 上有神祠, 每以兵五千人守衛之. 城東有神名婆多利, 祭用人肉. 其王年別殺人, 以夜祀禱, 亦有守衛者千人. 其敬鬼如此)"라고 하였다. 확실히 『함빈록』과 『방여승략외이』이 근거하고 있는 정보이다. 그러나 『수서』는 '능가발파산'과 인육으로 제사를 지내는 '파다리'라는 신과 다른 곳을 기술하고 있지만, 위의 설명은 '파다리'라는 신을 모시는 능가발파산의 신사를 말하고 있다. 어느 것을 따라야 할지 선택하기 어렵다. 1225년 조여괄의 『제번지』에는 "파다리(婆多利)라는 신이 있는데, 제사가 매우 성실하다"(『제번지역주』, 60쪽)라고만 언급한 점으로 보아 같은 곳을 말할 가능성이 짙다. 또 『수서』, 권82, 「적토」(1834쪽)에는 607년 적토(현 태국)에 사신으로 갔던 상준(常駿) 등이 기술한 내용이 보이는데, "초석산을 지나서 동남쪽으로 능가발발다(陵伽鉢拔多)라는 섬[洲]에 정박했는데, 그 서쪽으로 임읍과 마주하고 있었으며 위에는 신사(神祠)가 있었다(至焦石山而過, 東南泊陵伽鉢拔多洲, 西與林邑相對, 上有神祠焉)"라고 하였다. 여기 '능가발발다'와 '능가발파'는 같은 곳을 말하고 있는 것 같다. 그렇다면 여기 '산'의 의미는 '섬'을 의미한다. 그곳이 신과 관련된다면 '릉가(陵伽)'는 말레이어 '링가(lingga)'를 음역한 말로, 비옥함과 풍요를 상징하는 '남근상' 또는 기념비를 의미한다. 따라서 『동서양고』의 '육(陸)'자는 '릉(陵)'자의 오기임이 분명하다.

11) 『함빈록』의 설명과 같다. 이러한 설명은 『수서』, 권82, 「진랍」(1837쪽)에서 "부호어(浮胡魚)가 있는데, 그 모습은 뱀장어[鮔]와 비슷하며 주둥이는 앵무새와 같고 여덟 개의 발이 있다(有浮胡魚, 其形似鮔, 嘴如鸚鵡, 有八足)"라고 한 정보에서 나왔다. 그러나 주달관(周達觀)이 1297년 쓴 『진랍풍토기(眞臘風土記)』에 이러한 물고기는 언급되지 않았다. 캄보디아의 다양한 물고기에 관해서는 『진랍풍토기역주』, 115쪽과 188쪽을 참고하시오.

12) '대어(大魚)'에 관하여 『함빈록』의 저자는 "바라보면 산과 같다. 매년 오뉴월에 독기가 유행하면 흰 돼지와 흰 양으로 그에 제사를 지낸다. 그렇지 않으면 그해에는 흉년이 든다(望之如山. 每五六月中, 毒氣流行, 卽以白猪白羊祭之, 不然, 其歲荒矣)"라고 설명했다. 이로부터 '대어'는 고래를 말하는 것 같다. 하지만 『동서양고』에 '대어'는 보이지 않지만, 건동어(建同魚)가 보인다. 『수서』, 권82, 「진랍」(1837쪽)에 따르면, "바다에는 건동(建同)이라는 물고기

풍모(風母)【원숭이 비슷하다. 때려죽여도, 바람이 불면 살아난다. 창포(菖蒲)로 그 코를 막으면 다시 살아나지 않는다】,[13] **각진수(却塵獸)**【피부에 먼지가 붙지 않으므로 그렇게 부른다. 원재(元載, 713~777)의 총희 설요영(薛瑤英)이 요[褥]로 사용했다. 고려(高麗)에도 있다】,[14] **금안향(金顔香)**【황(黃), 백(白), 흑(黑), 세 종류가 있다. 흰 것이 좋다. 번인들은 그것

가 있는데, 네 개의 발이 있고 비늘이 없으며, 코끼리 같은 코로 물을 위로 뿜어내고, 키는 5~6척이다(海中有魚名建同, 四足, 無鱗, 其鼻如象, 吸水上噴, 高五六十尺)"라고 하였다. 이 '건동어'가 바로 고래를 기술하고 있다고 볼 수 있다. 『함빈록』에는 이 '건동어'와 '대어'가 모두 언급되어 있지만, 『방여승략외이』에는 '대어'만 언급되었다. 아마도 호방직이 같은 것으로 이해했기 때문인지도 모르겠다. 어쨌든 이 두 수중동물을 추재는 언급하지 않았다.

13) 『함빈록』에는 "교지(交趾)에도 있다"라는 정보가 더 들어있다. 수나라 두공첨(杜公瞻)의 『편주(編珠)』(사고전서본, 권1, 12a~b)에는 유흔(劉欣)의 『교주기(交州記)』를 인용하여, "풍모는 구덕현에서 나는데, 원숭이와 비슷하며, 사람을 보면 부끄러워한다. 목을 꺾어 때려죽여도, 바람을 맞으면 다시 살아난다(風母出九德縣, 似猿, 見人若慙, 屈頸打死, 得風還活)"라는 기록에 근거하고 있는 것 같다. 『진랍풍토기』와 『동서양고』에서는 보이지 않는다.

14) '각진수(却塵獸)'에 관한 설명은 『함빈록』과 같다. 『태평광기』(사고전서본, 권237, 5b~6a)에 따르면, "요영(瑤英)의 어미 조연(趙娟) 또한 기왕(岐王)의 애첩이다. 뒤에 출가하여 설씨(薛氏)의 아내가 되어 요영을 낳았으나 어릴 때부터 향을 먹여 피부가 향기로웠다. 원재(元載)가 총희로 받아들이며, 황금 실로 짠 휘막과 먼지를 없애는 요[褥]에 살았는데 그것은 구려국(勾驪國)에서 난다. 각진수(却塵獸)의 털로 만들며, 그 색은 붉으며, 은은한 빛은 부드럽기 비할 데 없다고 한다(瑤英之母趙娟, 亦岐王之愛妾也. 後出爲薛氏之妻, 生瑤英, 而幼以香啗之, 故肌香. 及載納爲姬, 處金絲之帳, 却塵之褥. 出自勾驪國, 云却塵獸毛爲之, 其色紅, 殷光軟無比)"라고 한 기록이 보인다. 이 또한 『동서양고』에는 보이지 않는다.

15) 『함빈록』에는 설명 앞에 "향은 바로 수지이다(香乃樹脂)"라는 정보가 더 보인다. 이러한 설명은 『대명일통지(大明一統志)』, 「진랍국」 조목(사고전서본, 권90, 16b)에서 "향은 바로 수지로, 담황색, 검은색이 있는데, 갈랐을 때 흰 눈 같은 것이 우수하며, 모래가 섞인 것은 하품이다. 그 향기는 뭇 향을 모을 수 있어, 번인(番人)들이 다른 향과 섞어 몸에 바른다(香乃樹脂, 有淡黃色者, 有黑色者, 擘開雪白者爲佳, 夾砂石爲下. 其氣能聚衆香, 番人以之和香塗身)"라고 하였다. 이 정보는 『동서양고』에서도 인용되었다(사고전서본, 권3, 12b). 이 향은 조여괄의 『제번지』에도 캄보디아의 산물로 언급되었고(『제번지역주』, 60쪽), 하권에서는 별도로 이 향을 다루고 있다(앞의 책, 319~320쪽을 참고하시오). 특이하게도 『진랍풍토기』, 『도이지략』, 『성사승람』에서 이 향은 전혀 언급되지 않았다(『성사승람역주』, 284쪽을 참고하시오). 『영애승람』에는 팔렘방[舊港] 기술에서 '금은향(金銀香)'으로 표기되었다. 자세한 설명

을 몸에 바른다】,[15] **비야(毗野)**【돼지와 비슷하다】,[16] **파전라(婆田羅)**【대추와 비슷하다】,[17] **가필타(歌畢佗)**【자두[李]와 비슷하다】,[18] 악어(鰐魚)【용과 비슷하지만, 뿔이 없을 뿐이다. 배[肚]는 매우 부드럽고 아름답다[脆美]】,[19] **미인주(美人酒)**【미인이 입에 머금고 하룻밤 기다리면 만들어 진다(美人口中含而待于一宿而成)】[20]가 있다.

은 또한 역자의 『영애승람역주』, 상, 174쪽과 주 377을 참고하시오.

16) 『함빈록』에는 "열매는 닥나무와 비슷하다(實似楮)"라고 되어 있다. 『동서양고』에는 정확하게 '비야수(毗野樹)'라고 명시하고 있으므로, 호방직이 잘못 베끼면서 '실(實)'자를 빼버려 '비야'가 동물이 되어버렸다. 사실 이 정보는 『수서』, 권82, 「진랍」(1837쪽)에서 "비야수는 꽃이 모과나무와 비슷하고, 잎은 살구나무와 비슷하며, 열매는 닥나무 열매와 비슷하다(毗野樹, 花似木瓜, 葉似杏, 實似楮)"라고 한 문장에서 가져왔다. 따라서 『함빈록』(총서집성속편본)과 『방여승략외이』의 '저(猪)'자는 '저(楮)'자의 잘못이다. 추재는 아무런 설명 없이 '비야(毗野)'를 들고 있으므로, 돼지와 비슷한 짐승으로 알고 있었을 가능성이 크다. 이점은 추재의 불성실한 독서를 여실히 보여준다.

17) 호방직은 '파전라(婆田羅)' 역시 『함빈록』을 잘못 베껴, 대추와 비슷한 열매로 오해하도록 만들었다. 『함빈록』에는 "열매는 대추와 비슷하다(實似棗)"라고 하였다. 이 또한 『수서』, 권82, 「진랍」(1837쪽)에서 "파전라 나무는 꽃, 잎, 열매, 모두 대추나무와 비슷하지만 조금 작다(婆田羅樹, 花·葉·實並似棗而小異)"라고 한 정보에서 근거했다. 『동서양고』에서 장섭은 '파(婆)'자 없이 '전라수(田羅樹)'라 했는데, 이는 잘못이다.

18) 가필타(歌畢佗)를 설명하면서도 호방직은 '실(實)'자를 빠뜨리고 복제한 탓에 정보를 오도했다. 『함빈록』에는 정확히 "열매는 오얏과 비슷하다(實似李)"라고 되어 있다. 이 또한 『수서』, 권82, 「진랍」(1837쪽)에서 "'가필타(歌畢他)' 나무는 꽃이 임금(林檎, 사과 일종)과 비슷하고, 잎은 느릅나무와 비슷하나 더 두껍고 크며, 열매는 오얏과 비슷한데, 되[升]만큼 크다(歌畢他樹, 花似林檎, 葉似楡而厚大, 實似李, 其大如升)"라고 하였다. 과연 『방여승략외이』의 정보를 통해 이 나무를 제대로 알고 있었는지 의문스럽다.

19) '악어'의 정보 또한 호방직은 잘못 베껴 놓았다. 『함빈록』에는 "큰 것은 배만 하다. 네 다리는 용과 비슷하나, 뿔이 없을 뿐이다. 배는 아주 연하고 아름답다(大者如船, 四足類龍, 特無角耳, 肚甚脆美)"라고 하였다. 이 악어에 관한 정보는 온전히 1297년 주달관의 『진랍풍토기』에서 가져왔다(『진랍풍토기역주』, 116쪽을 참고하시오). 악어는 『수서』, 『제번지』, 『도이지략』, 『성사승람』, 『동서양고』에는 언급되지 않았다.

20) 『함빈록』에는 "미인이 입에 머금고 있으면 만들어지는데 하룻밤이면 된다(美人口中含而造之, 一宿而成)"라고 기록되어 있다. 왕세정(王世貞, 1526~1590)은 『엄주사부고(弇州四部稿)』(사고전서본, 권171, 2b)에서 『진랍풍토기(眞臘風土記)』를 인용하여, "미인주는 미인의 입에 머금고 있으면 만들어지는데 하룻밤이면 된다(美人酒於美人口中含而造之, 一宿而成)"라고 하며 정확히 같은 문장을 말하고 있다. 또한 고기원(顧起元, 1566~1628)의 『설략

이상의 캄보디아[眞臘] 기술에 대해 추재는 다음과 같이 정리하고 노래했다. 안남, 점성 기술 때와는 달리 조금이라도 추가된 정보는 없다. '미인주(美人酒)'를 '구함주(口銜酒)'로 언급한 것이 다를 뿐이다.

진랍은 부남(扶南)의 속국으로, 한무제 때 만년합(萬年蛤), 야광주(夜光珠)를 헌상했다. 그 나라 조상 중에 유엽(柳葉)이라는 여인이 있는데 혼진(混眞)에게 시집가 일곱 아들을 낳으며 강성해졌다. 강역 안에는 의상이 없었는데, 유엽이 처음 비단[錦幅]으로 몸을 두르고 머리를 넣어 입었다. 벽파리(碧玻璃)로 만든 거울이 있었는데, 오색의 물건을 앞에 두면 환하게 비추면서 그 바탕을 드러내지 않았다. [걸공은] "천상의 보물이다"라고 했다. 당나라 정관 연간에 백[두]국(白頭國)의 두 사람을 바쳤는데, 몸과 머리가 연지를 바른 듯 희었다. 그곳 왕은 밤에 금탑에 누워 머리 아홉의 뱀 정령과 동침하는데, 2경[二鼓] 이후가 되어서야 처첩들과 함께 잘 수 있다. 가지 않으면 왕이 죽는다. 민간에서 유학자를 반힐(班詰)이라 부르는데 [그들은] 흰 실을 정수리에 건다. 도사를 팔사(八思)라고 부르는데 그다지 존경하지는 않는다. 승려를 저고(苧姑)라고 부르는데 신처럼 그들을 경배한다. 민가에서는 딸이 8~9세로 자라면, 승려를 불러 처녀막[童身]을 제거하게 하는데, '진담(陣毯)'이라 한다. 진담 이후에 금과 비단으로 되산다. 술법이 많은데, 도둑을 가릴 때 기름 솥에 손을 넣으면, 훔친 손은 문드러진다. 사치스럽고 화려한 장식은 그들의 습성일 것이다. 서쪽 모퉁이에는 '천문(天門)'이라는 아주 밝은 구멍이 있는데, 여와(女媧)가 이르지 못한 곳이라고 한다. 아버지는 파타(巴駝), 어머니는 미고(米姑), 형은 방(邦), 동생은 보[온](補溫)이라 한다. 그곳 산으로 능가발라산(陵伽鉢羅山)이 있다. 물산으로 부호(浮胡), 풍모(風母), 각진수(却塵獸), 금안향(金顏香), 비야(毗野), 파전라(婆田羅), 가필타(歌畢佗), 구함주(口銜酒)

(說略)』(사고전서본, 권25, 6a)에도 같은 정보가 보인다. 그러나 현전하는 『고금설해(古今說海)』본 『진랍풍토기』에 이 정보는 확인되지 않는다. 캄보디아의 술에 관해서는 나의 『진랍풍토기역주』, 118, 232~233쪽을 참고하시오. 추재는 이 '미인주'를 해당 설명에 따라 '구함주(口銜酒)'라고 언급했다.

가 있다(眞臘, 扶南屬國, 漢武時獻萬年蛤·夜光珠. 其國先有女人曰柳葉, 歸混眞, 生七子, 遂强盛. 域中本無衣裳, 柳葉始以錦幅周身貫頭. 有一碧玻璃鏡, 置五色于前, 向明照之, 不見其質, 曰, 上界之寶. 唐貞觀中貢白國二人, 身首素如凝脂. 其王夜臥金塔, 九頭虵精來與同寢, 二鼓後方許與妻妾同睡, 若不至則王死. 其俗呼儒爲斑詰, 以白線掛頂上. 呼道爲八思, 不甚尊. 呼僧爲苧姑, 敬之如神明. 民家養女至八九歲, 命僧去童身, 名曰陣毯. 陣毯琰後用金帛贖之. 多術法, 辨盜置手油鍋, 盜手卽腐爛. 侈靡華飾, 蓋其習也. 其西隅有一巖明甚曰天門, 云女媧不到地. 其語父爲巴駝, 母爲米姑, 兄爲邦, 弟爲補. 山川有陵伽鉢羅山. 物產浮胡·風母·却塵獸·金顔香·毗野·婆田羅·歌畢佗·口銜酒).

유엽이 시집간 뒤로 뱀의 아내 있었고, 柳妻歸後有蛇妻,
푸른 거울 멀리 백[두]국 서쪽으로 전했네. 碧鏡遙傳白國西.
해가 져도 천문은 여명처럼 밝고, 日暮天門明似曙,
누워 풍모(風母) 소리 들으며 아이 울음 달래네. 臥聽風母弄兒啼.

반힐의 두건 높고 흰 실은 길고, 斑詰巾高白線長,
팔사는 훔친 손을 기름 솥에 주문하네. 八思盜手呪油鐺.
동신을 없애려 진담하여 되사고, 欲去童身陣毯贖,
저고의 술은 입 연지 향을 머금었네. 苧姑酒帶口脂香.

[44] 자바(爪[瓜]哇)

'과와(瓜哇)'는 바로 자바의 원나라 때 표기인 '조와(爪哇)'의 오기이다. 오늘날 자바섬의 음역 형태이다. 저본과 『함빈록』에 표기된 모든 '과와'는 이에 해당한다. '조와'에 관한 해제 및 모든 정보와 용어들은 『도이지략역주』, 『영애승람역주』, 『성사승람역주』에서 자세히 다룬 바 있다. 또한 『제번지』에서는 '사바(闍婆)'로 기술되었다(『제번지역주』, 108~117쪽을 참고하시오).

한편 '조와'에 관하여, 장섭은 1617년 『동서양고』(사고전서본, 권3, 1a)에서 '하항(下港)'으로 표기하고, 아래 주석으로 '가류파(加留玶)'라고 설명했다. 다시 권9, 「주사고(舟師考)·서양침로(西洋針路)」(8b)에서 '하항'에 관하여 "바로 옛 사바(闍婆)로, 남해의 바다 가운데 있다. 또한 사바(社婆)라고도 부른다. 원나라에 이르러 '조와(爪哇)'라고 불렀다. 여기 '하항'은 바로 그 나라의 거진(巨鎭)이다. 뱃사람들은 또한 '순다[順塔]'라고도 부르는데, [그곳에서] 더 들어가면 '가류파(咖嵧吧)'이다(即古闍婆, 在南海中者也. 亦名社婆. 至元始稱瓜哇. 今下港正彼國亦巨鎭耳. 船人亦名順塔, 再進入爲咖嵧吧)"라고 설명하고 있다. 가류파(咖嵧吧)는 말레이어로 '야자(椰子)'를 '끌라파(Kelapa)'라고 하는데, 이를 음역한 명칭으로 알려져 있다. 바로 자카르타이다. 여기 사바(闍婆) 또는 사바(社婆)에 관한 명칭 분석은 폴 펠리오의 『8세기 말 중국에서 인도로 가는 두 갈래 여정』(역주본, 249~262쪽)을 참고하시오.

> **조와(爪哇)는 한나라, 진(晉)나라 이전에는 알려지지 않았다.** *[당나라 시기에는 가릉(訶陵), 송나라 시기에는 사바(闍婆), 원나라 시기에는 조와(爪哇)라고 불렀는데, 국조(國朝)에서는 이를 따랐다(唐爲訶陵, 宋爲闍婆, 元爲爪哇, 國朝因之)]*. 당나라 정관(貞觀, 627~649) 연간에 가릉왕(訶陵王)이 [사신을 보내] 금화(金花) 등의 물품을 바쳤다. 상원(上元, 674~676) 연간에 나라 사람들이 여자를 추대하여 왕으로 세우고 '실막(悉莫)'이라 불렀다. 엄정한 법령이 엄숙하여 길에서 유실물을 줍지 않는다. 대식(大食)의 군주가 이를 듣고 황금을 넣은 자루 하나를 교외에 두었는데 길을 가는 사람들이 곧바로 피해 다녔다. 이처럼 3년이 지나 태자가 우연히 발로 그 황금을 밟자, 실막은 노하여 그를 참하려 했다. 군신들이 [용서를] 청하자, 실막은 "너의 죄가 원래 다리에 있으니, 발[趾]를 자르면

되겠다(而罪實本於足, 可斷趾)”라고 하자, 군신들이 다시 청하여 발가락을 잘라 돌아다니게 했다. 대식이 이 소식을 듣고 두려워 감히 군대를 보내지 못했다. **함통(咸通, 860~874) 연간에 여자 악공[女樂], 금화장(金花帳), 온량상(溫涼床), 용린석(龍鱗席), 봉미욕(鳳尾褥), 옥수향(玉髓香), 경고유(瓊膏乳)를 헌상했다. 선종(宣宗, 846~859년 재위)은 이것들을 펼쳐놓고 사리[佛骨]을 맞이했다.**[1] *[이후로 통공이 드물었다. 송나라 원가(元嘉, 424~453) 연간에 표문을 바치고 조공을 들였다(自後罕通. 宋元嘉中奉表入貢)].*

송나라 순화(淳化, 990~994) 초에 국왕 목라다(穆羅茶)가 사신을 보내 *[방물을 바쳤는데, 매우 많았다. 사신이 이르기를(貢方物, 甚夥. 使者言)]*, “그 나라는 **삼불제(三佛齊)와 원수로,** *[서로 공격하여 싸운다(互相攻戰)].* **산에는 원숭이가 많아, ‘소소(霄霄)’하고 부르면** 원숭이들이 곧바로 나온다. 혹 **과일과 열매를 던져주면** 큰 원숭이 두 마리가 먼저 나오는데, 현지인[土人]들은 그들을 **후왕(猴王)과 ‘후부인(猴夫^{大}人)’이**라 불렀다. [이들이] 다 먹으면, 무리 원숭이가 그 남은 것을 먹는다. *[파라문이라는 이웃나라에는 사람의 마음을 살필 수 있는 좋은 법이 있어 어떤 사람이 위해를 가하려 하면 모두 먼저 압니다”라고 하였다. 조서로 황금과 비단을 아주 후하게 내리게 하고, 그들의 청에 따라 좋은 말과 병장기를 하사했다(其鄰國名婆羅門, 有法善察人情, 人欲相危害者, 皆先知之. 詔賜金幣甚厚, 賜良馬·戎具以從其請)].*[2] 대관(大觀, 1107~1110) 이후 *[조공이 끊이지 않았다. 얼마 되지 않아 남교(南郊)의 일로 중국 관직을 제수하고(朝貢不絕. 尋以南郊事, 授中國官職)]*, ‘사바국왕(闍婆國王)’으로 봉했다. 식읍

---

1) 『신당서』, 권7, 「헌종본기」(218쪽)에 따르면, 불골(佛骨)을 맞이한 일은 원화(元和) 13년에 있었고, 「의종(懿宗)본기」(263쪽), 함통 14년에 또 한 차례 있었다. 『두양잡편(杜陽雜編)』(사고전서본, 권하, 16b)에 따르면, 불골(佛骨)을 맞이하는 도장(道場)에는 “금화장(金花帳), 온청상(温淸牀), 용린으로 만든 자리[龍鱗之席], 봉황 꼬리로 만든 깔개[鳳毛之褥]를 설치하고, 옥수(玉髓)의 향을 피우고, 경고(瓊膏)의 유(乳)를 올렸다”라고 하였으므로, ‘선종(宣宗)’은 의종(懿宗, 859~873년 재위)의 잘못일 것이다.

2) 『송사』, 권489, 「사바(闍婆)」에 보인다.

(食邑)은 2,000여 호(戶)였다. *[이로부터 송나라는 큰 예제가 있으면, 사바왕에게 관직과 식읍을 더해 주는 것이 상례가 되었다(自是宋每遇大禮, 加闍婆王官邑, 以爲常矣)].*

원나라 지원(至元, 1264~1294) 연간에 사필(史弼)과 고흥(高興) 등에게 명하여 조와(爪哇)를 정벌하게 했다. 수륙(水陸) 두 갈래로 진군할 때, 배에 물이 없고 *[바닷물은 짜서 마실 수 없어(海水鹹, 不可食)]*, 병사들이 기갈(飢渴)하여 *[죽으려 했다]*. 사필 등은 하늘에 절하고 축원한 다음 창으로 바닷가 백사장을 찌르자 맑은 샘물이 솟구쳐 나와 '성수(聖水)'라 불렀다. *[병사들이 하늘의 은총을 얻어 마침내 떨쳐 진격하니, 살상한 자들이 매우 많았다(士卒得天賜, 遂大奮擊, 殺傷甚衆)]*. 곧바로 타일러 항복시켰다.

우리 왕조 때, 이 나라는 동서의 두 왕으로 나뉘어 있었다. 홍무(洪武, 1368~1398) 연간에 사신을 보내와 조공했을 뿐이다. 우리 사신들이 삼불제(三佛齊)에 이르자, 조와는 그들을 죽이려고[要而殺之], 사이에 사람들을 배치했다[置之間]. 영락(永樂) 5년(1407) 서왕(西王) 도마판(都馬板)이 동왕(東王)을 멸할 때, 우리 사신들이 동왕의 성을 지나자, 서왕은 우리 측 170명을 죽인 뒤에 두려워 사신을 보내 황금 1만 냥을 바치고 사죄했다.[3] 상(上)은 그 황금을 물리며, "짐이 이 황금으로 이득을 보겠는가? 먼 곳 사람들에게 경외심을 알리는 것일 뿐이다(朕利其金耶, 令遠人知畏耳)"라고 하였다.[4] *[16년(1418)에 백앵무를 헌상하자, 3년에 한 번 조공토록 했다(十六年獻白鸚鵡, 令三年一貢)].*

이 나라에는 서리와 눈이 없고 사계절이 항상 덥다. 왕이 사는 곳은 일정하지 않고 사방을 돌아다니며 산다.[5] 한 곳은 '두판(杜板)'이라고 하는데,

3) 밑줄 친 정보는 『함빈록』에 따르면, "칙령으로 죽은 자들을 황금 6만 냥으로 보상하게 하자, 조와는 사신을 보내 1만 냥을 바쳤다(敕令償死者黃金六萬兩, 而爪哇遣使貢萬兩)"라고 하였다.

4) 이 정보는 장섭(張燮)의 『동서양고』, 권3에서 가져왔다(점교본, 43쪽).

5) 이 기술에 관하여 나왈경은 "왕이 사는 곳은 그다지 화려하지 않고, 사람들 모두 띳집이다. 그 나라에는 네 곳이 있는데, 왕은 한 지역에 살지 않고 네 곳을 왕래하며 산다(王居不甚麗, 民皆

1,000여 가구가 있고, *[두 사람의 우두머리가 다스리며 성수가 그곳에 있다(二人爲長, 聖水在焉)]*. 한 곳은 '신촌(新村)'이라 하는데, 원래는 모래사장[沙灘]이었으나 중국인들이 모여 살면서 마침내 촌락을 구성했다. *[사람들은 매우 부유하여(民甚殷富)]*, 각 나라의 해외 선박[番船]들이 와서 상품을 사고, 파는 곳이다. 한 곳은 '만자백이(滿者伯夷)'라고 하는데, 200~300가구가 살며 두목 7~8인이 그 왕[主]을 보좌한다. 한 곳은 '소로마익(蘇魯馬益)'이라 하는데, 1,000여 가구가 살며 또한 촌주(村主)가 있다. [그곳의] 큰 섬에는 원숭이 수만 마리가 모여 사는데, 한 늙은 수컷 원숭이가 주인 노릇을 한다. 한 현지의 노파가 그의 곁에서 모신다. *[풍속에 부인 중에 후사를 원하는 자는 술, 고기, 떡 그리고 과일 등의 물품을 갖추어 늙은 원숭이에게 빌면, 늙은 원숭이가 좋으면 먼저 그 음식을 먹고, 나머지 원숭이들에게 나누어 먹인다. 조금 뒤에 암수 두 마리 원숭이가 앞으로 나와 교배하는데, 이 부인이 집으로 돌아가며 임신한다. 그렇지 않으면 임신하지 못한다. 또 화를 지을 수 있어 사람들 대부분이 음식물을 갖추어 그들에게 제사한다(俗婦人求嗣者, 備酒肉餅果等物, 禱於老猴, 老猴喜, 則先食其物, 眾猴隨分食之. 尋有雌雄二猴前來, 交感爲驗, 此婦歸家, 便即有孕, 否則無孕. 且又能作禍故, 人家多備食物, 祭之)]*. 전하는 말에 따르면, 당나라 시대 그 집 사람들은 500명이었는데, 남자 여자 모두 흉악했다. 하루는 한 승려가 그 집에 이르러 물을 뿌리자, 그 500명이 모두 원숭이가 되었고, 한 노파만 변하지 않았다고 한다. 지금도 옛집이 남아있다고 하니, *[이 또한 아주 기이한 일이다(此亦大奇事也)]*.

그곳에는 서번(西番)의 호인(胡人, 아랍인들), 중국인[唐人], 현지인[土人] 세 종류가 있는데, *[호인들이 오래 살았다(胡人久居)]*. 호인들의 옷과 음식은 단정하고 정결하며, 중국인들은 재계(齋戒)하고, 현지인들에게는 이름은 있으나 성은 없다. 원숭이 머리[猱頭]에 맨발이며, 의자, 침상, 수저가 없다. 먹는 음식은 뱀, 개미, 지렁이 같은 것들이며, 개나 돼지와 함께 자고 먹으면서 더럽다고 여기지 않는다. *[남자들은 꼭 칼을 차는*

茅茨. 其國有四處, 王無常居, 往來四處之間)"라고 하였다.

데, 그 칼은 아주 정교하다(男必佩刀, 刀極精巧)]. 형벌이나 금기는 갖추어지지 않았지만, 가벼운 자는 재물로 속죄가 허락되며, 무거운 자는 등나무로 매어 죽인다. *[그 사람들은 도둑질하지 않고 길에서 유실물을 줍지 않는다. 속담에 '태평한 사바'라고 하는 것이 이곳이다. 글씨는 쇄리(瑣里)와 같다(其民不爲盜, 道不拾遺. 諺云, 太平闍婆是也. 書同瑣里)]*. **종이나 붓이 없어 단지 뾰족한 칼로 능엽(菱葉)[6]에 새긴다**. 또한 자법(字法)이 있다. 시장에서는 중국의 옛 주화를 사용한다. *[병이 들어도 약을 복용하지 않고 다만 신이나 불(佛)에게 빈다. 그들이 죽으면 시신은 썩지 않는다(病不服藥, 但禱神求佛. 其人死, 尸不朽)]*. **상(喪)에는 수장(水葬), 화장(火葬), 견장(犬葬)이 있다. 오로지 죽은 자가 원했던 대로 한다**. *[여인들에게는 독이 있어 중국인이 그들과 교접하면 종기에 고통받거나 죽는다. 침이 흘러 초목에 묻으면 말라 죽는다(女人有毒, 中國人與之交接, 則苦瘡, 或致死. 若涎液露, 著草木即枯)]*. 이곳 풍속으로 사계절 내내 매달 **보름밤을 전후로 현지 부인[番婦] 수십 명이 모여 대오를 이루는데**, 한 부인을 우두머리로 삼아 여러 부인이 달 아래 따라간다. 우두머리 부인이 노래하면 부인들이 화답한다. [그녀들이] 친척이나 벗, 부귀한 집에 이르면 **돈[鈔]이나 비단[帛] 등의 물품을 준다**. 매년 10월에는 **죽창 대회가 있는데, 그 나라 왕과 왕비가 각기 수레를 타고 대회장에 온다**. 남자 두 사람이 짝을 이뤄 각기 죽창을 들고 있고, 아내들은 각기 짧은 나무[短木]를 들고 그들 옆에 서 있다가, [두 남자가] 상대와 [죽창으로] 합(合)을 주고받는다. 부인들이 각기 짧은 나무로 떨어뜨리며 "물러나시오[那刺], 물러나시오[那刺]"라고 하면 물러난다. 설령 창에 맞아 죽으면, 왕은 이긴 사람에게 명하여 죽은 사람의 [가족에게] 금전 하나를 주게 한다. **죽은 자의 아내는 승자를 따라간다. 옛 전설에 '귀자마(鬼子魔)'가 이곳에서 한 망상(罔象)과 교합하여 자식 100여 명을 낳았는데**, 사람의 피와 살을 먹어, 사람들이 다 잡아 먹혔다. 하루는 천둥과 우레가 바위를 갈랐는데, 그 속에 한 사람이 앉아 있었다. 사람들이 기이하게 여겨 국주(國主)로 받들었다. 그는 곧

6) 『명사』, 권324, 「조와전」(8405쪽)에는 "종이와 붓이 없어 교장잎에 새긴다(無紙筆, 刻於茭蔁葉)"라고 하였으므로, '능(菱)'자는 '교(茭)'자의 잘못일 것이다.

바로 군대를 이끌고 가 **망상을 몰아내** 피해를 보지 않았다고 한다. 전하는 바에 따르면, 지금 그 나라의 행정문서[移文] 뒤에는 '1376년'이라 쓰여있다고 하는데, 추산해 보면, 바로 [그 나라는] 한나라 초에 비롯되었다.

[옆에는 소길단국(蘇吉丹國)이 있는데 나체에 맨발로 다니며 풍속이 매우 추악하다(旁有蘇吉丹國, 祼體跣足, 俗甚醜惡)]. 그 나라의 동쪽으로 여인국(女人國)【『조선지(朝鮮志)』에 보인다】[7]이 있고, 더 동쪽으로는 '미려'라는 물이 새 나가는 곳(尾閭之所洩)이 있는데, 사람이 사는 세상이 아니다. 또한 **머리를 날려 사람을 잡아먹는 자(飛頭食人者)가 있어, 사람들이 함께 제사를 지내며 '충락(虫落)'이라 하여 '낙민(落民)'이라 부른다**(衆共祠之, 名曰虫落, 因號落民). 그곳은 천주(泉州)에서 배로 1개월을 [항행하면] 이를 수 있다.

그곳 산천으로 **앵무산(鸚鵡山)**,[8] **팔절간(八節澗)**【사필(史弼)과 고흥(高興)의 군대가 모인 곳이다】[9]이 있다.

---

7) 나왈경은 『함빈록』, 권2, 「조선」 기술에서(4a), "또 바다에 있는 한 나라에는 완전히 여자만 있고 남자는 없다. 땅에 엎드려 잉태하는데, 가슴 앞에는 유방이 없고, 목뒤[項], 털이 난 곳에 젖꼭지가 있다. 자식은 백 일되면 걸을 수 있고 3~4년이면 성인이 된다(又一國在海中, 純女無男. 撒地而孕, 胸前無乳, 項後生毛中, 有汁乳. 子百日能行, 三四年則成人矣)"라고 하였다. 여기 이몽이 말한 「조선지」는 이 기록을 말한다. 여인의 나라는 여러 곳에 언급되었다. 특히 『제번지』에서는 동남쪽 해상에 있는 한 나라로 기술되었지만(『제번지역주』, 249~252쪽), 내용이 상당히 다르며, '조선'은 어디에도 암시되지 않았다. 또 일본 기술에도 여인국 또는 여국(女國)이 기술되었다(『지봉 이수광이 바라본 세계』, 170~171쪽을 참고하시오). '여인국'을 조선에 넣어 기술한 자료는 『함빈록』이 처음이다.

8) 『함빈록』, 권6에는 "앵무새가 난다(出鸚鵡)"라는 정보가 보인다. 이는 이 산에서 앵무새가 나기 때문에, 붙여진 이름임을 암시하고 있다. 역시 『동서양고』(사고전서본, 권3, 5b)에서 "앵무새가 나기 때문에, 그렇게 부른다(出鸚鵡, 故名)"라는 설명을 확인할 수 있다. 이 산이 지금 어느 곳인지는 특정하기 어렵다.

9) 『함빈록』, 권6의 설명과 같다. 『원사』, 권162, 「고흥열전」(3805~6쪽)에는 지원(至元) 29년(1292) 고흥(高興)이 황명으로 사필(史弼), 역흑미실(亦黑迷失)과 함께 조와(爪哇) 원정에 나간 일을 기록하며 "30년(1293) 봄 조와[자바]에 도착했다. 역흑미실은 수군을, 고흥은 보병을 거느리고 팔절간(八節澗)에서 만났다(三十年春, 浮海抵爪哇. 亦黑迷失將水軍, 興將步軍, 會

토산(土産)으로[10] **낭겁(榔极)**【비파(枇杷)와 비슷하다】,[11] **잠길시(蚕吉柿)**【석류(石榴)와 같다】,[12] **하유단(蝦蝚丹)**【나무이다. 그 속에서 술이 나온

八節澗)"라는 기록을 확인할 수 있다. 『동서양고』, 권3, 소위 '하항(下港)' 조목에서 이곳은 언급되지 않았다. 그러나 장섭은 권4(16b)에서 '사길항(思吉港)'이란 곳을 기술하고 있는데, 그에 따르면 이 '사길항'은 소길단(蘇吉丹)이 와전된 것이며 조와(爪哇)의 속국이라고 하였다. 장섭은 바로 이곳에 팔절간(八節澗)을 언급했는데(권4, 17b~18a), 그의 주석에는 『원사』, 권97, 「조와전」(4665~6쪽)의 정보를 다음과 같이 인용했다 "[팔절]간은 위로 두마반(杜馬班) 왕부와 접해 있고, 아래로는 포분(莆奔) 대해와 통하여, 바로 조와의 목구멍으로 반드시 쟁탈해야 하는 곳이다(澗上接杜馬班王府, 下通莆奔大海, 乃瓜哇咽喉必爭之地)"라고 하였다. 이 팔절간의 위치에 관하여, 후지타 도요하치는 『도이지략』에 보이는 '팔절나간(八節那間)'과 같은 곳으로 추정하기도 했다. 이에 관한 논의는 『도이지략역주』, 182~183쪽을 참고하시오.

10) 나왈경은 『함빈록』에서 자바의 산물에 관하여 다음과 같이 기술했다. "그곳 산물로 채구(彩鳩), 녹구(綠鳩), 홍백앵무(紅白鸚鵡), 도괘(倒挂), 백록(白鹿), 백원(白猿), 백후(白猴)【온통 순백색이다. 당나라 선종(宣宗) 시기 남해의 만(蠻)이 여러 단지의 백원지(白猿脂)를 바쳤다】, 낭겁(榔极)【비파(枇杷)와 같다 안에는 흰 과육 두 덩어리가 있는데 맛이 좋다】, 잠길시(蚕吉柿)【석류와 같다】, 하유단(蝦蝚丹)【나무이다. 그 안에서 술이 나온다. 또 광랑유화주(桄榔柳花酒)가 있다】, 염(鹽)【산굴에서 솟구쳐 나오는데, 나라 사람들이 먹는다】가 기이하다(其產有彩鳩·綠鳩·紅白鸚鵡·倒挂·白鹿·白猿·白猴【俱純白色. 唐宣宗時, 南海蠻獻白猿脂數甕】·榔极【如枇杷. 內有白肉二塊, 味佳】·蚕吉柿【如石榴】·蝦蝚丹【樹也. 其中出酒. 又有桄榔柳花酒】·鹽【從山穴中湧出, 國人食之】爲奇)."

11) 『함빈록』, 권6에도 '낭겁(榔极)'으로 표기하고, "비파와 같은데, 안에는 흰 과육 두 덩어리가 들어있고, 맛이 좋다(如枇杷, 內有白肉二塊, 味佳)"라고 하였다. 『동서양고』에 이 과일은 소위 '하항(下港)'과 '사길항(思吉港)' 조목에 언급되지 않았다. 『영애승람』 조와 기술에 '낭급(郎扱)'으로 표기되어 있는 과일로 보인다. 바로 랑사트(langsat)에 해당하는 표기이다. 자세한 사항은 『영애승람역주』, 상, 134쪽 주 233을 참고하시오.

12) 『함빈록』, 권6에도 같은 표기와 설명을 보여준다. 이 '잠길시'의 '蚕'자는 '잠(蠶)'자의 속자이므로, 『총서집성속편』본, 『함빈록』(권6, 28a)에는 '잠(蠶)'으로 고쳤고, 추재도 '잠(蠶)'자로 읽은 것이다. 이 '잠길시'는 바로 『영애승람』, 조와에 보이는 '망길시(莽吉柿)'를 말한다. 한편 『동서양고』(사고전서본, 권3, 6b)에서는 '공길시(蛬吉柿)'로 표기하고 『화이고(華夷考)』를 인용하여 "석류 같은 모양으로, 껍질은 두껍고 윤이 나며, 귤 주머니[橘囊]가 있고, 벗기면 흰 과육, 네 덩어리가 있는데 새콤하고 달아 먹기 좋다. 조와국에서 나는데, 현지인[夷人]들은 '강활(綱滑)'이라 부른다(如石榴樣, 皮厚潤, 有橘囊, 擘[擘]白肉四塊, 甘酸可食, 出瓜哇國, 夷人呼爲綱滑)"라고 하였다. '망길시(莽吉柿)'란 명칭은 말레이어 망기스(manggis), 즉 망고스틴을 지칭한다. 그러므로 『동서양고』의 '강활'은 '망활(網滑)'로 읽어야 할 것 같다. '망길시'에 대한 다른 표기와 설명들은 『영애승람역주』, 상, 132~133쪽, 특히 주석 230을 참고하시오.

다. 또 광랑(桄榔), 유화주(柳花酒)가 있다(樹也. 其中出酒. 又有桄榔·柳花酒)】,[13] 염(鹽)【산굴에서 솟구쳐 나와 나라 사람들은 그것을 먹는다(從山穴中涌出, 國人食之)】[14]이 있다.

추재는 이상 호방직이 채록한 자바의 역사와 문화를 다음과 같이 소개했다. 여기에서도 추재가 별도로 추가 언급을 한 정보는 없다. 산물을 채록할 때 적지 않

---

13) 이 '하유단(蝦蝚丹)'이라 나무에 관한 표기와 설명은 『함빈록』과 정확히 일치한다. 정확히 무슨 의미를 전달하고 있는지 파악하기 어렵다. 이 설명은 『송사』, 권489, 「사바국」(14091쪽), "그들 술은 야자와 하유단(蝦蝚丹) 나무에서 나오는데, 하유단 나무는 중국인들이 본 적이 없는 나무이다. 혹 광랑(桄榔)과 빈랑(檳榔)를 발효시켜 만들기도 하는데, 또한 매우 향기롭고 맛있다(其酒出於椰子及蝦蝚丹樹, 蝦蝚丹樹華人未嘗見. 或以桄榔·檳榔釀成, 亦甚香美)"라고 한 정보에 근거하고 있다. 위의 설명은 바로 『송사』의 기술처럼 읽어야 한다. 한편, 이 『송사』의 기술은 1225년 조여괄의 『제번지』 사바국 조목에서 가져왔다. 조여괄은 "술은 야자와 하노단수의 안에서 나온다. 이 나무는 중국인들이 본 적이 없다. 혹 광랑이나 빈랑을 발효시켜 만들기도 하는데 또한 절로 맑고 향긋하다(酒出於椰子及蝦猱丹樹之中, 此樹華人未曾見. 或以桄榔·檳榔釀成, 亦自清香)"라고 하였다(『제번지역주』, 115쪽을 참고하시오). 이 『제번지』의 정보는 『문헌통고(文獻通考)』(사고전서본, 권332, 8a), 『대명일통지(大明一統志)』(사고전서본, 권90, 14a)에도 인용되었는데, 모두 '하유단(蝦蝚丹)'으로 표기하고 있으므로, 우리는 '하유단'으로 읽고 표기하는 편이 유리하다.

또 야자(椰子)로 빚는 술에 관해서, 『구당서』, 권197, 「가릉국(訶陵國)」(5273쪽)에 "사람들은 야자나무의 꽃을 술로 만드는데, 그 나무에서 피는 꽃은 길이가 3척 남짓으로 큰 것은 사람 팔뚝만 하다. 그것을 갈라 즙을 채취해 술로 만든다. 맛이 감미롭지만 마시면 또한 취한다(俗以椰樹花爲酒, 其樹生花, 長三尺餘, 大如人膊, 割之取汁以成酒, 味甘, 飲之亦醉)"라고 한 것을 참고할 수 있다.

18세기 말 정손아(程遜我)는 「갈라파기략습유(噶喇吧紀略拾遺)」에서 자카르타의 야자[椰]에 관하여, "윗부분[上練]에는 가지가 없고, 줄기[幹]는 종려나무 잎이나 고비[薇]와 같고, 꽃은 매우 크다. 대나무 빨대를 꽃술에 꽂아 놓으면 흐르는 즙이 몇 되[升]나 되는데, 이것을 '주옥(廚沃)'이라 하며, 술을 빚을 수 있다(上練無枝, 幹若椶葉, 若薇, 其花甚大. 以竹筒插蕊間, 流汁數升, 謂之廚沃, 可以釀酒)"라고 기술하였다(姚楠·吳琅璇校註, 『海島逸誌校註』, 香港 學津書店, 1992, 184쪽).

14) '소금'은 왕대연이 『도이지략』 곳곳에서 "바닷물을 끓여 만든다"라고 상투적으로 언급한 흔한 산물이다. 다른 산물은 언급하지 않고 왜 이 흔한 소금을 언급한 것일까? 사실 『동서양고』에서 열거한 산물에는 이 '소금'이 보이지 않는다. 그래서 추재는 '산(山)'자를 붙여 '산에서 나는 소금[山鹽]'으로 특산화한 것인지도 모르겠다.

은 오류가 보인다.

> 조와는 한나라 진나라 이전에는 알려지지 않았다. 당나라 정관(貞觀) 연간에 금화(金花)를 바쳤고, 함통(咸通) 연간에 여악(女樂), 금화장(金花帳), 온량상(溫涼床), 용린석(龍鱗席), '봉모욕(鳳毛褥)', 옥수향(玉髓香), 경고유(瓊膏乳)를 헌상했는데, 선종(宣宗)은 이들로 사리[佛骨]를 맞이했다. 송나라 초에 조공을 들이며, [자신들은] 삼불제(三佛齊)와 원수라고 했으며, 산에는 원숭이가 많은데, '소소(霄霄)'라고 불러 과일을 던져주면, 후왕(猴王)와 '후대부(猴大夫)'가 먼저 먹고, 나머지 작은 원숭이 무리가 나누어 먹는데, 노략질을 방비할 수 있다고 한다. 그 나라는 사계절이 항상 더워 왕에게는 항시 거주하는 집이 없이 사방을 왕래하고, 원숭이 머리[猴頭]를 한 자도 있다. 옛날 귀모(鬼母)가 이곳에 이르러 평생 100명의 망상(罔象)을 낳아 사람을 잡아먹자, 한 신령한 왕이 그들을 몰아냈다. 그들 장례 풍속에 화장(火葬), 수장(水葬), 견장(犬葬)이 있어 사람이 죽을 때 원한 바에 따른다. 문자는 있지만, 종이와 붓이 없어 뾰족한 칼로 능엽(菱葉)에 새겨 글을 쓴다. 보름달이 뜨면 여러 현지 부인이 대오를 이뤄 노래하며 행진하면, 부잣집에서는 돈과 비단을 준다. 또 죽창 대회가 있는데, 남편과 부인이 함께 와서, 진 자의 아내는 승자를 따라가는데, 왕과 왕비가 그 결전에 참여한다. 비두(飛頭)를 제사하는데, [그들을] '충락인(虫落因)'[15]이라 한다. 산천으로 앵무산(鸚鵡山), 팔절간(八節澗)이 있다. 산물로 '낭겁(榔极)', '잠길시(蠶吉柿)', '하노단(蝦猱丹)', 유화주(柳花酒), '산염(山鹽)'이 있다(瓜哇漢晉以前無聞. 唐貞觀中貢金花, 咸通中獻女樂·金花帳·溫涼床·龍鱗席·鳳毛褥·玉髓香·瓊膏乳, 宣宗用迎佛骨. 宋初入貢, 言與三佛齊有仇, 而山多猴, 呼以霄霄, 擲菓與之, 猴王·猴大夫先食, 分其餘衆小猴, 則可禦寇云. 其國四時常熱, 王無常居, 往來四處, 亦有猴頭者. 古有鬼母, 至此一生百個罔象, 食人, 有神王駈之. 其俗葬人, 有火葬·水葬·犬葬, 惟人死時所願. 亦有文字, 無紙筆, 以尖刀刻菱葉爲文. 月

15) 여기의 '인(因)'자는 호방직이 "사람들이 함께 제사를 지내며 '충락(虫落)'이라 하여 '낙민(落民)'이라 부른다(衆共祠之, 名曰虫落, 因號落民)"라고 한 문장에서 잘못 채록한 것이다.

望衆番娘成隊行歌, 富家贈鈔帛. 又有竹槍會, 夫婦俱詣, 輸者之妻, 隨勝者去, 其王與妃臨决焉. 祠飛頭曰虫落因. 山川鸚鵡山·八節澗. 物産椰极·蠶吉柿·蝦蝚丹·柳花酒·山鹽).

귀신이 침범하여 원숭이 백성 사람을 견장하고,　　鬼寇猴民犬葬人,
'소소'하며 과일을 던져 강한 이웃 방비하네.　　霄霄擲菓禦强鄰.
뾰족한 칼로 푸른 능엽에 가늘게 새기고,　　尖刀細刻青菱葉,
문자엔 스승 없이 사방을 보는 눈 신비롭네.　　文字無師四目神.

'충인' 사당 아래 버들꽃은 무르익고,　　虫因祠下柳花熟,
앵무산 앞 '잠시' 붉네.　　鸚鵡山前蠶柿紅.
죽창 대회 끝나면 돈과 비단을 찾아,　　會罷竹槍討鈔帛,
팔을 끼고 밝은 달 아래 노래하며 걷네.　　踏歌連臂月明中.

[45] 삼불제(三佛齊)

수마트라섬 팔렘방을 지칭하는 ‘삼불제(三佛齊)’는 이미 『제번지역주』, 『도이지략역주』, 『영애승람역주』, 『성사승람역주』에서 자세히 살펴본 나라다. 따라서 아래에서 언급된 산물이나 지명은 이전 주석작업에서 대부분 확인할 수 있다.

1602년 마테오 리치의 「곤여만국전도」를 복제한 사본에 따르면(일본 도호쿠대학 소장본), 수마트라섬에 표기되어야 할 팔렘방[三佛齊]이 말레이반도에 표기

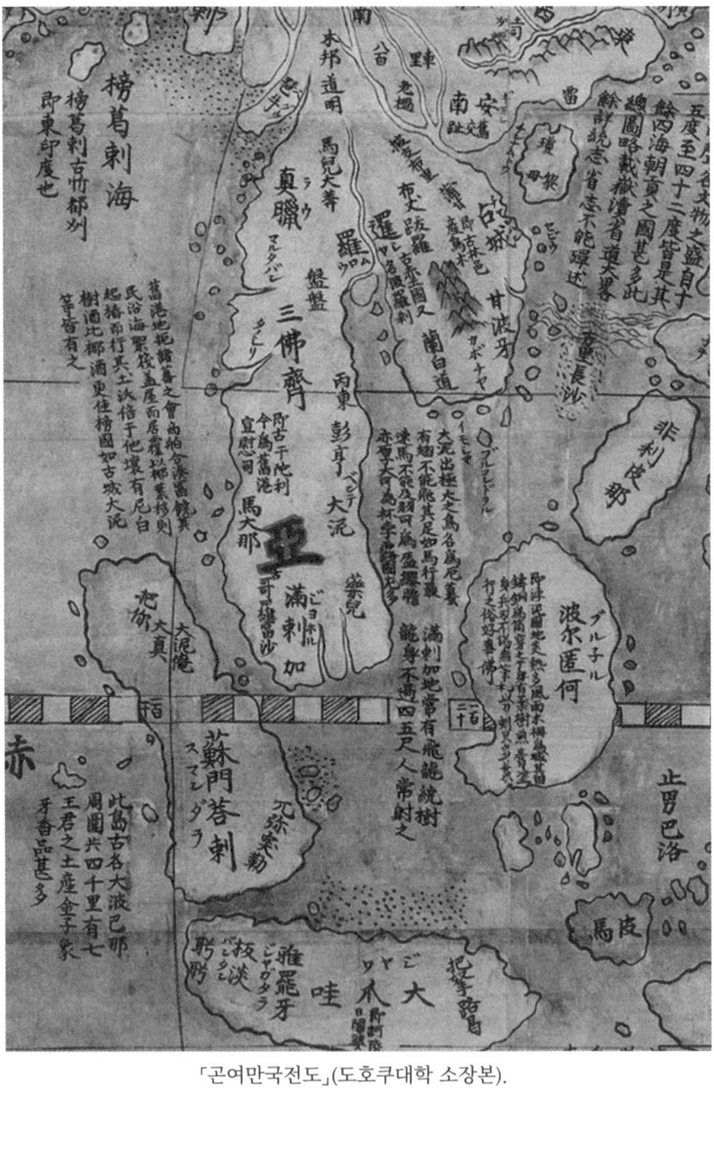

「곤여만국전도」(도호쿠대학 소장본).

되었고, 그 설명에는 “바로 옛 간타리(干陀利)로, 지금은 ‘구항선위사’로 되었다(即古干陀利, 今爲舊港宣慰司)”라는 설명이 보인다. 마테오 리치는 삼불제 왼쪽 바다 공간에 있는 구항(舊港)에 관하여 “구항은 여러 나라의 중심을 차지하고 상선들이 몰려들어 배우 풍요롭다. 그곳 사람들은 바다를 따라서 뗏목을 놓고 집을 지어 살며 야자수 잎으로 덮는다. 이동할 때는 말뚝을 빼고 간다. 그곳 땅은 다른 토양보다 배나 비옥하다. 니백수주(尼白樹酒)가 있는데, 야자주[椰酒]보다 더 우수하다. 참파, 파타니 같은 이웃 나라에도 모두 있다(舊港扼諸蕃之會, 商舶合湊, 大富饒. 其民沿海, 架筏蓋屋而居, 覆以椰葉. 移則起樁而行. 其土沃倍于他壤. 有尼白樹酒, 比椰酒更佳. 傍國如占城·大泥等皆有之)”라고 하였다. 이로써 볼 때 마테오 리치는 ‘삼불제’가 말레이반도에 있었던 것으로 확신하고 있었던 것으로 보인다.

삼불제(三佛齊)는 바로 구항국(舊港國)이다. 또 ‘발림(浡淋)’이라고도 한다. 동남쪽 바다 가운데 있는 대국이다. 당나라 천우(天祐, 904~907) 초에 *[사신을 보내 방물을 바쳤다(遣使, 貢方物)]*. 송나라 건융(建隆, 960~963)에서 순희(淳熙, 1174~1189) 연간까지 조공했는데, 공물에는 수정(水晶), 화유(火油), 상아(象牙), *[유향, 장미수, 만년조, 편도(偏桃), 백사탕(白沙糖), 수정, 반지(乳香·薔薇水·萬年棗·偏桃·白沙糖·水晶·指環)]*, 유리병(琉璃瓶), 산호[수](珊瑚[樹]), 곤륜노(崑崙奴)가 있었다. 곤륜노는 곡(曲)에 맞추어 음악을 잘하는 사람들이다(能踏曲爲樂者).

우리 왕조 홍무(洪武, 1368~1398) 연간에 국왕 달마사나(怛麻沙那)가 사람을 보내 세 차례 조공해와, *[대통력과 문양이 들어간 비단[文幣]을 하사했다. 얼마 뒤에(賜大統歷·文幣, 頃之)]* 그 사신들은 불름(佛菻)을 초유(招諭)하러 갔던 우리 사신들을 따라왔다. *[당시 그들 왕 달마사나가 죽어, 왕자인 달나자무리에게 삼불제국의 왕 인장을 하사했다(時, 其王怛麻沙那死, 賜王子麻那者巫里三佛齊國王印)]*. 광주(廣州) 사람 진조의(陳祖義)라는 자가 벌을 피해 이 나라에 오래 살고 있다가 장령(將領)이 되어 외국 상선[番商]들을 마구 약탈했다. 영락(永樂, 1403~1424) 연간에 태감 정화(鄭和)가 삼불제의 진조의에 이르자, 마을 사람 ‘시진(施進)’이란 자가 정화에게 하소연하여 정화는 진조의를 사로잡아 대궐에 헌상하고 *[시진이 대신하게 했다. 시진이 죽고, 딸 이저(二姐)가 이었다(以進代之. 進沒, 女二姐嗣)].*[1)]

이곳은 광주(廣州)에서 배를 타고 정남쪽으로 반 달 항행하면 이를 수 있고, 천주(泉州)에서는 달포[月餘]만에 이를 수 있다. *[외래 선박들이 몰려드는데, 대부분 광동의 장주(漳州)와 천주의 사람들이다(番舶輻湊, 多廣東漳·泉人)].* **토양은 비옥하여 농사에 적합하다. 속담에 "한 계절 곡식을 심으면, 세 계절 황금이 난다(一季種谷, 三季生金)"라고 했는데** 미곡이 풍성함을 말하는 것이다.[2)] *[수상 전투를 익힌다. 약을 먹으면 칼에도 상처를 입지 않아 적을 만나면 죽을 각오로 싸워 이웃 나라들이 두려워한다(習水戰. 服藥, 刀不能傷, 遇敵敢死, 鄰國畏之)].* 물이 많고 땅이 적어 *[장령들만 뭍에서 살고(惟將領陸居)]*, 사람들은 모두 물에 뗏목을 만들어 기둥과 들보를 가설한다. 세금[租賦]는 내지 않고 *[일이 있으면 수시로 징발한다(有事隨時調發)].* 언어는 자바[爪哇]와 같다. 시장에서는 주화와 베[布], *[그리고 불로 구워 만든 오색 구슬을(並燒煉五色珠)] 사용한다. [문*

1) 영락 연간 팔렘방[三佛齊]과 명나라의 관계는 장섭(張燮)의 『동서양고(東西洋考)』(1617년)에 상당히 자세히 기술되어 있다(사고전서본, 권3, 20b). "영락(永樂) 초, 삼불제는 마침내 자바[爪哇]의 공격을 받아 무너지고 구항(舊港)이 되었다[廢爲舊港]. 이때 남해의 부자 양도명(梁道明)이 이곳으로 숨어 들었다. 사람들이 글을 추장으로 추대했는데, 푸젠과 광둥[閩廣]의 유민 중 따르는 자가 수천 명이었다. 조정에서는 사신[行人] 담승수(譚勝受)를 보내 그를 불러 타이르게 했다. 양도명이 담승수를 따라 귀부했다. 남아 있던 부 추장 시진경(施進卿)이 그들 무리를 다스렸다. 영락 5년(1407) 정화(鄭和)가 '서양'에 사신으로 갔다가 돌아오면서 구항(舊港)에 들렀는데, 떠도는 도적 진조의(陳祖義)를 만났다. 진조의는 거짓으로 항복했다가 몰래 약탈하려 했다. 정화는 적들이 귀순할 뜻이 없음을 알아차리고, 군사를 정비하여 대비했다. 적들이 급습해 왔다. 맞서 싸워 크게 물리치며 많은 사람을 베고 포로로 잡았다. 진조의는 경사로 보내져 처형되었다. 여러 이민족이 이 소식을 듣고 벌벌 떨며, '진정한 하늘의 위엄이다. 우리들이 어찌 귀부하지 않겠는가?'라고 했다. 이 해 시진경은 사위를 보내 조공하자, 조서로 시진경을 구항선위사(舊港宣慰使)로 삼고 인장과 고명, 의복과 문기(文綺)를 하사했다. 뒤에 시진경이 죽었다. 21년(1423), 아들 시제손(施濟孫)이 계승하게 하고, 인장이 불에 망가졌다고 하여, [새로] 주도록 했다."

2) 이 설명은 『함빈록』에 "미곡이 풍성하여 금이 된다는 말이다(言米穀盛而爲金也)"라고 하였다.

자는 산스크리트어를 사용한다(字用梵書)]. 그들 왕은 **반지를 인장으로 쓴다.** *[왕이 출입할 때는 배를 타고, 몸에는 꽃문양 베로 싸매고, 금 표창으로 호위한다(王出入乘船, 身纏花布, 衛以金鏢)].* **사람들은 그들 왕이 용의 정령[龍精]이라 한다. 화식(火食)하지 않고,** 먹는 것은 몹시 거칠다[大荒]. **물에서 목욕하지 않는다. 목욕하면 큰 장마[大潦]가 들어,** 사호(沙糊)를 먹고 장미로(薔薇露)로 목욕할 뿐이다. *[전후로 국왕들은 각기 황금으로 그들의 육체를 주조하여, 대대로 훼손하지 않는다. 옛날 전하는 바에 따르면, 그 나라의 땅에는 갑자기 굴에서 산 소가 수만 마리가 나와 사람들이 잡아먹었는데, 뒤에 대나무로 그 굴을 막자 끊어졌다고 한다(前後國王各先用金鑄其形質, 代代勿毁. 舊傳, 其國地面, 忽然穴出生牛數萬, 人取食之, 後用竹木窒其穴, 乃絕)].*

토산으로[3] **화계(火雞)**【숯[火炭]을 즐겨 먹는다. 이들 발톱은 사람을 헤쳐 죽게 한다】,[4] **혈결(血結),**[5] **올눌제(膃肭臍)**【모습은 여우[狐]처럼 생겼다.

3) 삼불제의 산물에 관하여 나왈경은 "이곳의 산물 또한 많다. 화계(火雞)【정수리에 붉은 비단 같은 연분홍 벼슬 두 개가 있고, 온몸이 양과 같으며, 털은 푸른색이다. 그 발톱은 매우 날카로워 사람을 죽일 수 있다. 숯을 즐겨 먹어 그렇게 부른다. 곤봉으로 때려도 죽일 수 없다. 말라카[滿剌加]에서 나는 것과는 다르다】, 신록(神鹿)【키는 3척으로 큰 돼지만 하다】, 학정(鶴頂)【바다의 학정으로, 허리띠를 만들면 아주 좋다】, 혈결(血結)【상처를 치료하는 묘약이다】, 장미수(薔薇水), 금은향(金銀香)【은처럼 색이 희다】, 올눌제(膃肭臍)【모양은 여우 같고, 날 듯이 달린다. 그 신장을 취해 기름에 담근 것을 '온눌제'라고 한다】가 특이하다(其産物亦多. 有火雞【頂有軟紅冠如紅絹二片, 渾身如羊, 毛青色. 其爪甚利, 傷人致死. 好食火炭, 故名. 用棍朴擊, 不能死. 與滿剌加出者, 不同】·神鹿【高三尺, 大如巨豕】·鶴頂【海鶴頂也, 爲帶, 甚佳】·血結【治傷妙藥】·薔薇水·金銀香【色白如銀】·膃肭臍【形如狐, 走如飛. 取其腎, 以漬油, 名膃肭臍】爲奇)"라고 하였다.

4) 『함빈록』, 권6(28b)에 보이는 화계(火雞) 설명은 다음과 같다. "정수리에는 연한 붉은 볏이 붉은 비단 두 조각처럼 있고, 온몸은 양과 같으며, 털은 청색이다. 발톱은 매우 날카로워 사람을 헤쳐 죽인다. 화탄(火炭)을 즐겨 먹어, 그렇게 부른다. 곤봉으로 때려도 죽일 수 없다. 말라카[滿剌加]에서 나는 것과는 다르다(頂有軟紅冠如紅絹二片, 渾身如羊, 毛青色. 爪甚利, 傷人致死. 好食火炭, 故名. 用棍棒擊不能死. 與滿剌加出者不同)." 이 정보는 마환이 『영애승람』에서 기술한 소위 '화식조'에 근거하고 있다. 자세한 기술과 설명은 『영애승람역주』(상, 177~178쪽)를 참고하시오. 이 '화식조'의 기술은 조여괄의 『제번지』에 보이지 않고, 『동서양고』, 구항

나는 듯이 달린다. 그 신장을 채취하여 기름에 담근다(形如狐, 走如飛, 取其腎以漬油)】,[6] **금은향(金銀香)**【색이 희다】[7]이 있다.

이상의 삼불제, 즉 팔렘방 정보들을 추재의 손에서 매우 거칠게 다음과 같이 요약되었다. 산물의 구체적 정보들은 모두 빠져 있다.

삼불제는 구항국(舊港國)이다. 당나라 천우(天祐), 송나라 순희(淳熙), 명나라 홍무(洪武) 연간에 조공을 들였다. 그곳은 물이 많고, 땅이 작지만 비옥하여 농사에 적합하다. 속담에 "한 계절 곡식을 심으면, 세 계절 금이 난

(舊港) 조목에서도 장섭은 '화계'의 설명하며 『영애승람』의 문장을 인용하고 있는 점을 볼 때, 이 '화식조'는 15세기 초부터 중국인들에게 인식되었다고 추론할 수 있다.

5) '혈결(血結)'에 관하여 『함빈록』의 저자는 "상처를 치료하는 묘약이다(治傷妙藥)"라고 설명했다. 이 혈결은 『동서양고』에 '혈갈(血碣)'로 표기되었다. '혈갈(血碣)'은 『제번지』 하권에 별도의 항목으로 기술되어 있는데, 조여괄에 따르면, 그것은 대식국(大食國)에서 나는 것이며, 몰약(沒藥)과 대략 같은 나무의 수지이며, 잡목 부스러기가 섞인 것을 강진향(降眞香)이라 한다고 설명하고 있다(『제번지역주』, 315쪽을 참고하시오). 그러나 조여괄은 삼불제에서 나는 산물로, 강진향(降眞香), 몰약(沒藥)은 언급하고 있지만 '혈갈'은 보이지 않는다(앞의 책, 78쪽). 또한 『영애승람』(역주본, 상, 173쪽)과 『성사승람』(역주본, 143쪽) 모두 여러 향을 언급하면서 '혈갈'은 보이지 않고 '강진향'만 들었다. 한편, 『대명일통지』, 삼불제국 조목을 보면(사고전서본, 권90, 20b), '혈갈(血竭)'로 표기하고 "나무는 대략 몰약과 같고 채취하는 것도 그와 같다. 유향(乳香) 이후의 여러 산물 들은 대부분 대식의 여러 번국에서 나지만 삼불제(三佛齊)로 몰려든다(樹畧同沒藥, 採亦如之. 自乳香以下諸物多大食諸蕃出而萃于三佛齊)"라고 하였다. 여기 '혈결' 또는 '혈갈'은 조여괄의 설명대로 아랍의 산물로, 당시 교역의 중심지인 삼불제에 상품으로 유입되었기 때문에, 중국인들에게 그것이 삼불제에서 난다고 인식되었을 가능성이 크다.

6) 『함빈록』의 설명 마지막에는 [그것을] "올눌제라 부른다(名膃肭臍)"라는 정보가 더 보인다. 올눌제는 『제번지』, 하권에 별도의 항목으로 기술되어 있다. 자세한 설명과 주석은 『제번지역주』, 450~432쪽을 참고하시오.

7) '금은향'은 앞서 [43] 진랍(眞臘) 항목에서 본 '금안향(金顔香)'의 다른 명칭이다. 『함빈록』, 권6에서는 "색깔은 은처럼 희다(色白如銀)"라는 설명이 있다. 이는 '금은향'이라 부르는 이유를 설명하고 있다. 『동서양고』, '구항(舊港)' 조목(사고전서본, 권3, 22a)에는 『화이고(華夷考)』를 인용하여 "그 향은 은세공을 하는 장인이 사용하는 올리브 진 덩어리[欖糖]와 비슷한데, 안에는 백랍(白蠟) 같은 흰 덩어리가 들어있다. 좋은 것은 흰 것이 많고, 저질은 흰 것이 적다. 이

다"라고 한다. 바다에 (…)을 가설하고, 들보와 기둥을 세운다.[8] 그들 왕은 '용정(龍精)'이라 하는데, 화식(火食)하면 가물고, 목욕하면 장마가 든다. 반지를 인장으로 대신한다. 물산으로 화계(火雞), 혈결(血結), 올눌제(膃肭臍), 금은향(金銀香)이 있다(三佛齊舊港國. 唐天祐·宋淳熙·明洪武入貢. 其地水多, 土小而沃, 宜稼穡. 諺稱一季種谷, 三季生金. 架海架梁柱. 其王號曰龍精, 火食則旱, 浴則雨潦. 指環代印記. 物產火雞·血結·膃肭臍·金銀香).

한 계절 경작하면 세 계절 금이요,	一季耕耘三季金,
밥은 가뭄이 되고 목욕은 장마가 되네.	飯爲熯旱浴爲霖.
인장은 반지에서 나오고 서둘러 집을 세우니,	印出指環催架屋,
용정의 당 아래 바다 물결 깊네.	龍精堂下海波深.

향을 태우면 향이 좋다. 구항국에서 난다(其香如銀匠欖糖相似, 中有白蠟一般白塊在內, 好者白多, 低者白少, 焚之香美, 出舊港國)"라고 하였다. 말레이어 끄므냔(kemenyan)을 '금안향(金顏香)'으로 음역 표기했다가 그 색깔이 은처럼 희고, 발음도 '안(顏)'자와 비슷하여 '은(銀)'자로 대용해 쓴 것일 것이다.

8) 이 문장은 호방직의 "물이 많고 땅이 적어 사람들은 모두 물에 뗏목을 만들어 기둥과 들보를 가설한다[水盛, 土少, 民率架筏水中, 架梁柱]"라는 정보를 잘못 베낀 것이다.

[46] 섬라(暹羅)

‘섬라’는 ‘섬(暹)’과 ‘나혹(羅斛)’ 두 나라가 합병되며 만들어진 명칭으로, ‘시암(Siam)’, 즉 오늘날 태국에 해당하는 옛 왕국이다. 이 나라 또한 이전 주석작업에서 다루었다. 특히 명칭에 관한 설명으로는 폴 펠리오가 『8세기 말 중국에서 인도로 가는 두 갈래 여정』(역주본, 187~237쪽)에서 자세히 천착한 바 있다. 17세기의 정황은 『지봉 이수광이 바라본 세계』(115~146쪽)에서 사실적이며 독보적인 조선의 기술을 만날 수 있다. 호방직은 『함빈록』의 기록을 다음과 같이 채록했다.

섬라(暹羅)는 *[원래 섬(暹)과 나혹(羅斛) 두 나라로, 섬국(暹國)은(本暹與羅斛二國, 暹國)]* 한나라 **적미(赤眉)의 후예[遺種]이다.** 땅은 척박하여 농사에 적합하지 않다. 나혹(羅斛)은 토양이 기름져 수확이 많았다. 섬(暹) 사람들은 해마다 그곳에 [식량을] 의존한다. *[옛날부터 중국과는 통하지 않았다(自古不通中國)].*

원나라 지정(至正, 1341~1370) 연간에 섬(暹)사람들이 나혹에 항복하여, 한 나라가 되었다. 금자(金字)로 쓴 표문을 올리면서 *[원나라가 사신을 자기 나라에 보내 줄 것을 원했다. 이들이 원나라에 이르렀을 때, 이미 먼저 사신을 보냈는데, 그들이 아마도 모르고 있었을 것이다. 온 사신들에게 평소 금부(金符)를 하사하여 패용하도록 하여, 조서를 들고 간 사신들을 급히 좇아가 함께 가도록 했다. 대덕(大德)초에 섬의 국주가 상언하기를, 자기 부친이 재위할 때는 조정에서 말안장과 고삐, 백마, 금루의(金縷衣)를 하사한 적이 있으니, 전례에 따라 하사해 줄 것을 청했다(欲元遣使至其國. 比至元, 已先遣使, 彼蓋未之知也. 賜來使素金符佩之, 使急追詔使同往. 大德初, 暹國主上言, 其父在位時, 朝廷嘗賜鞍轡·白馬·金縷衣, 乞循舊例以賜)].* **원나라는 금루의(金縷衣)를 하사하고,** *[말은 하사하지 않았다(不賜以馬)].*[1)]

우리 왕조 홍무(洪武, 1368~1398)초에 대리시(大理寺) 문양보(聞良輔)

---

1) 이상 금자(金字) 표문을 올린 이후의 정보들은 『원사』, 권210, 「섬(暹)」에 자세하다. 번역과 주석은 ‘중국정사외국전DB’를 참고하시오.

를 보내 타일렀다. *[국왕 참렬소곤아(參烈昭昆牙)는 사신을 보내 조공하고 그 나라의 지도를 헌상하자, 상이 사람을 보내 인장과 고명을 하사했다(國王參烈昭昆牙遣使朝貢, 並獻其國地圖, 上遣人, 賜以印誥)]*. 영락(永樂, 1403~1424) 초에 *[도량형을 얻어 나라의 법식으로 삼고자 하여 조서로 주게 했다. 얼마 뒤에(乞量衡爲國中式, 詔給之. 頃之)]*, 이 나라는 사신을 보내 유구(琉球, 타이완)와 수호(修好)하면서 바람에 표류하여 복건성(福建省)에 이르렀다. 포정사(布政司)는 배에 필요한 물품을 적어 올려 명을 청했다. 상(上)은 "번방(番邦) 들이 수호(修好)하는 것은 아름다운 일이다. 어찌 그 물품으로 이득을 보려 빌미 삼은 것이겠는가(番邦修好美事也. 豈可利其物而籍之)"라고 하며 포정사에게 부서진 배를 수리해 주고 부족한 식량을 공급하여 순풍을 기다려 인도하여 보내게 하였다.[2] *[섬(暹) 사람들이 받들게 되면서, 조공이 끊이지 않았고, 우리 측에서도 후계 왕들을 책봉해 주었다(暹人戴之, 自是朝貢不絕, 而我亦輒遣使, 封其嗣王)]*.

성화(成化, 1465~1478) 연간에 그들 조공 사신 중에는 '미아(美亞)'라는 자가 있었는데, 바로 우리 왕조의 정주(汀州) 사인(士人) 사문빈(謝文彬)이다. 옛날 소금을 팔러 바다로 나갔다가 바람에 표류하여 섬라(暹羅)로 들어가게 되었다. 마침내 그 나라에서 벼슬을 지내며 남경(南京)에 온 적이 있었다. 그의 조카[從子] 찬(瓚)과 우연히 알게 되면서 특이한 색으로 짠 금기(錦綺)[織殊色錦綺]를 외래 산물[番貨]와 교역했는데, 그 일이 하리(下吏)에게 발각되어 그제야 진실이 알려졌다[吐實].[3] 가정(嘉靖, 1522~1566) 연간에 국왕은 사신을 보내 조공했다.[4] 융경(隆慶,

---

2) 『동서양고』, 권2, 점교본, 33쪽. 당시 포정사는 이지강(李至剛)이었다.

3) 이 정보 역시 『동서양고』(앞의 출처)에서 찾아볼 수 있다.

4) 가정 연간의 조공 기록은 『함빈록』에 따르면 "가정 연간에 국왕은 사신을 보내 흰 코끼리와 방물을 바쳤다. 백상은 이미 죽고 상아 하나만 남았는데, 길이는 8척이고 상아의 머리 부분은 금과 석류자(石榴子) 열 개로, 가운데는 진주 열 개로 상감하고, 끝에는 금강추(金剛錐) 하나를 넣었고, 금합(金盒)에는 백상의 꼬리를 넣어 증거로 삼았다(嘉靖中, 國王遣使貢白象及方物. 白象已斃, 遺象牙一枝, 長八尺, 牙首鑲金·石榴子十顆, 中鑲珍珠十顆, 寶石四顆, 尾置金剛錐一根, 又金盒內貯白象尾爲証)"라고 하였다. 한편 『동서양고』(앞의 출처)에 따르면, "가

1567~1572) 연간에 동우국(東牛國)의 공격을 받아 하사받은 인신(印信)을 전란 통에 보존하지 못해, 다시 내려주기를 청했다. *[예부에서 의논하기를, 그들 나라로 가서 인장의 전서(篆書) 모양을 얻고, 아울러 번(番)의 글에 정통한 사람을 서울로 보내 교습하기로 했다. 뒤에 사신이 오자 결국 관복을 하사하고, 체류하며 교습하게 했다(禮部議, 往彼國, 取印篆字樣, 並精通番字人員, 赴京教習. 後使來, 遂賜冠服, 留教習]*.

이 나라는 **광동(廣東)** 향산현(香山縣)**에서** 배를 타고, **순풍에 약 40일을 [항행하면] 이를 수 있다**. 동풍(東風)을 만나 서쪽으로 표류해 가면 섬[山]에 이르는데,[5] 동쪽에는 **유구국(琉球國)에서 시작하는 만리석당산(萬里石塘山)이 있다**. 조수가 이르면 잠겨있고, 조수가 빠지면 나타난다. 만약 동풍에 표류하여 이곳에 이르면 열에 하나도 살아남지 못하므로, 그곳에서 **올 때는 반드시 5~6월 남풍을 기다리고, 이곳에서 갈 때는 반드시 11~12월 북풍을 기다려 이곳을 지난다**. [그렇지 않으면] 항행할 수 없다(其地自廣東香山縣登船, 順風約四十日可至. 遇東風, 飄西行可登山, 東有山名萬里石塘山, 起自琉球國, 潮至則沒, 潮退方見. 若東風飄舟, 至此, 十無一存, 故彼來必俟五六月南風, 此去必俟十一二月北風, 過此, 不敢行矣).

왕의 궁전은 장려(壯麗)하다. 백성들은 누각에 사는데, *[빈랑나무 조각*

정 32년(1553)에 사신이 이르러 백상과 방물을 바쳤다. 길에서 백상은 이미 죽고 상아 하나만 남아있었다. 사신들은 그것을 진주와 보석으로 장식하여 금반(金盤)에 넣고, 아울러 백상의 꼬리를 넣어 증거로 삼았다(嘉靖三十二年, 使至, 貢白象及方物. 途中白象已斃, 遺象牙一枝. 使者以珠寶飾之, 置金盤內, 并貯白象尾毛爲信)"라고 하였고, 이어서 『광지(廣志)』를 인용하여, 다음과 같은 쌍행의 주석을 붙였다. "상아 하나는 길이가 8촌으로, 수미(首尾)에 금으로 꽃을 상감해 넣었다. 상아의 상단은 크기가 5촌 7푼이었고, 석류자 10개를 상감해 넣었고, 가운데는 진주 10개와 보석 4개를 끼워 넣었으며, 하단은 크기가 2촌으로 금강찬(金剛鑽) 하나를 끼웠다(象牙一枝, 長八寸, 首尾廂金起花. 牙首大五寸七分, 鑲石榴子十顆. 中鑲珍珠十顆·寶石四顆, 尾大二寸, 鑲金剛鑽一顆)"라고 당시 장식한 상아를 설명했다.

5) 밑줄 친 문장은 『함빈록』에는 "배는 부서져도 섬[산]에 오를 수 있다(舟壞猶可登山)"라고 되어 있다.

을 연결하거나 기와로 덮는다. *앉거나 누울 때는 누각 위에(聯檳榔片, 或陶瓦覆之. 坐臥即於樓上)* 전(氈)이나 등나무 자리를 깔며, 침상이나 책상 같은 것은 없다. 왕만 *[천조의 책봉을 받으므로(以受封天朝)]* 머리털을 그대로 두고, 신하와 서민들은 모두 머리털을 깎는다. 부인들은 머리털을 그대로 두고 뒤로 쪽을 짓는다. 성씨는 없고 이름만 있다. 벼슬하는 사람을 '악모(偓某)', 서민 이상을 '내모(柰某)', 최하를 '애모(隘某)'라고 한다. 장례에는 **조장(鳥葬)**, 화장(火葬), **수장(水葬)이 있다. 왕이 죽으면 수은(水銀)으로 배를 씻어내고** 비단[帛]으로 싸서, 편뇌(片腦)를 관에 넣어 1년 동안 그대로 두었다가 화장한 다음 유골을 수습하여 탑(塔) 아래 묻는다. 귀인(貴人)들도 그렇게 한다. 작은 죄는 형틀을 채워 시장에 돌리고, 큰 죄는 죽이고 강물에 시신을 띄워 보낸다. 물가에서 불경을 왼다. 글자는 옆으로 쓰고 옆으로 읽는다. 풍속은 이익을 따르며 부유함을 높이 사고 가난함을 비웃는다. 언어는 광동과 비슷하다. *[혼인의 풍속은 경박하다, 수상 전투를 익히며 호전적이어서 노략질을 일삼는다(婚姻俗浮澆. 習水戰好鬥, 喜寇掠)]*. 시장에서는 *[적으면]* 해파(海)를 사용하고 *[많으면 은을 사용한다(多則用銀)]*. 은(銀)은 왕의 쇠 인장[鐵印]을 받아야 유통할 수 있고,[6] 인장의 문양이 없으면 사사로이 만든 은[私銀]으로, 세 번 위반하면 사형에 처한다. 부인들은 대부분 지혜가 많아, **매사 부인이 결정한다.** 아내가 **중국인과 교합하는 행위를 부끄럽게 여기지 않고, 많이 교제하는 것을 영광으로 생각한다. 남자의 성기[男陽]에 만령(鋔鈴)**[7] **한 개 또는 세 개를 박아 넣는다.** *[부자들은 금이나 은으로 하고, 가난한 사람은 구리로 하는데, 걸으면 소리가 난다(富者金銀, 貧者以銅, 行則有聲)]*. 혼인할 때는 승려가 **여자의 동정[紅]을 취해 남자의 이마에 붙인다.**[8] 기후는 항상

---

6) 이 정보는 『함빈록』에 "은은 반드시 왕의 쇠 인장을 받아야 하고, 인장을 사용할 때는 100냥마다 세금으로 6전을 들여야 유통할 수 있다(銀必經王鐵印, 印過, 每百兩入稅六錢, 方可通行)"라고 하였다.

7) '만령(鋔鈴)'은 어떻게 해석해야 할지 모르겠다. 아마도 '만'자는 '철(鐵)'자의 오기로 이해하고 싶다.

8) 이 풍습은 캄보디아[眞臘]의 '진담(陣毯)'을 연상케 한다(『앙코르 캄보디아』, 79~83쪽을 참고하시오). 시암[暹羅]은 캄보디아와 인접한 지역이므로 이러한 풍습을 공유했다고 이해할 수

더워 서리나 눈이 없다.

그곳 역어(譯語)로 **하늘을 '보뢰(普賴)',**[9] **땅을 '전인(佃因, ที่ดิน)', 태양을 '맥(脈, ตะวัน)', 달을 '만(晩)'**[10]**이라고 한다.**

토산으로[11] **나혹목(羅斛木)**【향[味]이 아주 맑고 멀리 간다(味極淸遠)】,[12] **주(酒)**【사이(四夷) 중에서 술은 섬라의 술이 최고이다(四夷中酒, 暹羅爲最)】[13]가 있다.

있을 것이다. 그러나 시암에서 행해진 이 풍습은 나왈경의 책에서 처음 언급되었다.

9) '보뢰(普賴)'는 『함빈록』에 '보랄(普剌)'로 되어 있다. 현 태국어로 하늘은 '빠아(ฟ้า)'라고 발음하는데, 여기서는 신을 의미하는 '프라(พระ)'를 옮긴 것으로 보인다. 뢰(賴)의 칼그렌 고음은 [lai]이고, '랄(剌)'은 [lat]이므로, 두 글자 모두 가능하다.

10) 태국어로 달은 '짠(จันทร์)'이다. '만'이란 발음이 어디에서 왔는지 고증을 기다린다.

11) 섬라의 산물에 관하여 나왈경은 "물산이 가장 풍부하여, 사람들 대부분이 배를 타고 다른 나라로 가서 장사한다. 금강추(金鋼錐), 장미로(薔薇露), 나혹향(羅斛香)【향이 아주 맑고 멀리 간다】, 기목(奇木)【꽃은 수염과 같다. 칠흑이며, 수저로 사용한다. 음식의 기름기에도 더럽혀지지 않는다. 혹 차로 물들여도 손이 가면 없어진다】, 백서(白鼠)【털이 눈처럼 희다】, 기구(奇龜)【발이 여섯이다】, 주(酒)【사이 중에서 술은 섬라의 술을 제일로 친다】이 특이하다(物産最饒, 小民多載舟, 往他國商販. 有金鋼錐·薔薇露·羅斛香【味極淸遠】·奇木【其花鬚類. 黑漆, 匙筯以之. 飮食油膩不能汚. 偶以染茶, 隨手而消】·白鼠【毛白如雪】·奇龜【六足】·酒【四夷中, 酒以暹羅爲第一】爲異)"라고 하였다.

12) '나혹목(羅斛木)'은 『함빈록』에는 같은 설명으로 '나혹향(羅斛香)'으로 되어 있다. 『도이지략』, 나혹(羅斛) 조목에서 왕대연은 "이곳에는 나혹향(羅斛香)이 나는데 맛이 아주 맑고 오래가 침향에 버금간다"라고 나혹향의 존재를 설명한 바 있다(『도이지략역주』, 154쪽). 또한 『영애승람』 섬라 조목에서는 '나갈속향(羅褐速香)'으로 되어 있다. 이를 펑청쥔 씨는 나혹향(羅斛香)의 다른 음역 명칭으로 설명한 바 있다(『영애승람역주』, 상, 205쪽). 『동서양고』(사고전서본, 권2, 17a)에서도 '나혹향(羅斛香)'이라 했고, 장섭이 인용한 『대명일통지』 역시 '나혹향'으로 되어 있다. 따라서 추재가 오류를 그대로 따른 '나혹목'은 '나혹향'으로 바로잡아야 한다.

13) 사고전서본 『동서양고』 섬라 조목의 산물에 '주(酒)'는 보이지 않는다. 셰팡(謝方)이 만력(萬曆) 각본(북경대학 소장본)을 표점하여 출간한 『동서양고』(중화서국, 2000, 39쪽)에는 '주(酒)'가 들어 있고 "『방여승람(方輿勝覽)』에 '사이(四夷) 중에서 술은 섬라의 술이 최고이다(四夷中酒, 暹羅爲最)'라고 했다"라는 설명이 달려있다. 설명한 내용으로 볼 때, 장섭이 인용한

추재는 이상의 정보들을 다음과 같이 요약하고 약간의 정보를 추가했다(밑줄 친 정보). 지봉 이수광의 기술은 전혀 반영되지 않았다.

> 섬라는 적미(赤眉)의 후손들이다. 원나라 지정(至正) 연간에 황금 글자로 쓴 표문을 올려, 금루의(金縷衣)를 하사했다. 명나라 홍무(洪武), 영락(永樂), 성화(成化), 가정(嘉靖), 융경(隆慶) 연간에 모두 조공을 들였다. 지금은 2년에 한 번 조공한다. 그곳은 광동에서 배로 순풍이면 40일을 항해하면 이를 수 있다. 만리석당산(萬里石塘山)은 유구(琉球, 타이완)에서 시작하는데, 조수가 빠지면 보이고, 또한 섬[山]의 동쪽으로 오를 수 있다. 그들은 4~5월 남풍에 왔다가 11~12월 북풍에 돌아간다. 사람들은 모두 누각에 산다. 왕이 죽으면 수은으로 배를 씻어낸다. 민간에는 수장(水葬)과 조장(鳥葬)이 있다. 시장의 은(銀)은 쇠 인장의 문양이 있어야 유통할 수 있다. 집안일은 부인이 결정하고, 부인은 바다 상인들과 많이 간음하는 것을 영광으로 여긴다. 남성의 성기에는 방울을 끼워 넣는다. 사람이 죽으면 불[경]을 왼다. 글자는 횡으로 쓰고 횡으로 읽는다. 남자는 이마에 여자의 홍(紅)을 붙이는데, 처음 붙인 자가 신랑이 된다. 그들 말로, 하늘을 '보뢰(普賴)', 땅을 '전인(佃因)', 태양을 '맥(脈)', 달을 '만(晩)'이라고 한다. 산물로 나혹목(羅斛木), 명주(名酒)가 있다(暹羅, 赤眉遺種也. 元至正間, 進金字表, 賜金縷衣. 明洪武·永樂·成化·嘉靖·隆慶俱入貢. 今二歲一貢. 其地自廣東乘船, 順風四十日可至. 有萬里石塘山, 起自琉球, 潮退則見, 亦可登山東而至. 彼人來以四·五月南風, 去以十一·二月北風. 民皆樓居. 王死, 水銀灌腹. 民有水葬·鳥葬. 市銀有鐵印紋可通用. 家事决於婦, 娼與海商多奸乃爲榮. 男陽嵌鈴. 人死, 誦佛. 字横書横誦. 男貼女紅於額, 新者爲新郎. 其語天爲普賴, 地爲佃, 日爲脈, 月爲晩. 物產羅斛木·名酒).

서쪽에서 오는 사신길 바다는 굽이지고, 西來星路海灣灣,
4월에 배를 띄워 연말에 돌아가네. 四月開船臘月還.

'『방여승람』'은 바로 『방여승략(方輿勝略)』이다. 그러나 호방직의 『방여승략외이』 5권에는 보이지 않는다. 이는 『방여승람외이』의 판본이 여러 종이었음을 시사한다.

가리키는 푸른 소라엔 털 한 올 떠 있고,	指點螺靑浮一髮,
조수 끝에 만리석당 섬들 보이네.	潮頭萬里石塘山.

집마다 가사일 부인 말에 따르고	家事家家聽媍人,
신랑들은 이마에 먼저 홍(紅)을 붙이려 다투네.	阿郞爭試額紅新.
횡으로 불경을 쓰고 횡으로 읽고,	橫書佛字仍橫讀,
군왕은 수은으로 묻고, 백성은 조장하네.	汞葬君王鳥葬民.

이어지는 누관(樓觀) 모든 집이 같고,	屬屬樓觀萬家同,
쇠 인장 문양의 은 시장에서 쓰이네.	鐵印紋銀市賈通.
어젯밤 상선은 문밖에서 묵고,	昨夜商船門外泊,
방울 당겨 한가로이 앉아 춘풍을 희롱하네.	鋺鈴閑坐弄春風.

[47] 가지(柯枝)

현 인도 서안 코치의 음역 표기인 '가지(柯枝)'는 이미 『영애승람역주』(하, 361~388쪽), 『성사승람역주』(225~228쪽)에서 자세히 다루었으므로, 아래 기술된 내용에서 언급된 용어들은 두 역주서를 참고하시오. 호방직은 『함빈록』의 기술을 다음과 같이 채록했다.

> **가지(柯枝)는 옛날 반반국(盤盤國)이다.**[1] *[동쪽은 큰 산에 이어있고, 서쪽, 남쪽(東連大山, 西·南)]* 북쪽은 모두 바다이다. 송(宋)나라, 양(梁)나라, 수나라 시기에 조공을 들였다.[2] **대업(大業, 605~618) 연간에 부처 그림[佛畫圖]**, 탑(塔), **보리수 잎[菩提樹葉]**, 사리(舍利) 하나를 **헌상했다**.[3]

> 우리 왕조 홍무(洪武, 1368~1398) 연간에 조공해 왔다. 영락(永樂) 2년(1404) 왕 가역리(可亦里)가 사신을 보내 조공했다. *[10년(1412)에 다시 사신을 보내(十年復遣使)]* 그 나라 대산(大山)의 봉호를 청하여, *[조서를 내려 따르게 했다. 이때(詔從之. 是時)]* 태감 정화(鄭和)가 이 나라에 이르렀다. 국왕은 쇄리(瑣里) 사람이다. *[머리는 황색이나 흰색의 베로 싸매고, 위는 옷을 입지 않고, 아래는 사감수건(絲嵌手巾)을 두르고 채색[비단]으로 허리를 싸맨다. 야자 잎을 이어 지붕을 덮는다(首纏黃白布, 上不衣, 下繫絲帨, 束彩壓腰. 綴椰木葉苫屋)]*. **나라 사람은 다섯 부류가 있다. 왕과**

---

1) 『명사』, 권326, 「외국·가지(柯枝)」(8441쪽)에서 "가지는 혹자는 [이곳이] 바로 옛 반반국(盤盤國)이라고 한다(柯枝 , 或言即古盤盤國)"라는 정보를 확인할 수 있다.

2) 이 정보는 『함빈록』에 "한나라 진나라 때에는 통하지 않았고, 송나라와 양나라 시기에 모두 세 차례 사신을 보내와 조공했다(漢·晉未通, 宋·梁時, 俱三遣使, 入貢)"라고 하였다.

3) 대업 연간의 조공 기록은 『함빈록』에 "수나라 대업 연간에 또다시 사신을 보내왔다. 뒤에는 끊어졌다. 바친 물품에 불화(佛畫), 탑(塔), 도(圖), 보리수잎, 사리자가 있었다(隋大業中, 亦復遣使. 後絕. 獻物有佛畫·塔·圖·菩提樹葉·舍利子)"라고 하였다. 『양서』, 권54, 「반반국(盤盤國)」(793쪽)에서는 "중대통(中大通) 원년(529) 5월, 여러 차례 사신을 보내 상아 불상[牙像]과 탑을 바치고, 침향, 단향 등의 향 수십 종을 헌상했다. 6년(534) 8월에 다시 보리국(菩提國)으로 사신을 통해, 진신사리[眞舍利], 그림, 탑을 보내왔고, 아울러 보리수 잎[菩提樹葉]과 첨당(詹糖) 등의 향을 헌상했다(中大通元年五月, 累遣使貢牙像及塔, 幷獻沉檀等香數十種. 六年八月, 復使送菩提國眞舍利及畫塔, 幷獻菩提樹葉·詹糖等香)"라고 하였다.

같은 부류인 남곤(南昆), 철지(哲地), 혁전(革仝), 목과(木瓜)이다.[4] 목과는 바닷가 굴에서 살며 물고기를 잡으며 사는데, 집의 처마는 3척을 넘어서는 안 되고, 윗도리는 무릎을 넘어서는 안 되며, **길에서 남곤, 철지를 만나면 엎드려 지나가기를 기다렸다가 간다.**

풍속은 부도(浮屠)를 숭상하고 *[코끼리와 소를 경배하며, 사원을 세우고, 황금을 주조하여 부처를 만들며, 불좌 사방에 도랑을 쌓아 만들고, 가운데에는 우물 하나를 뚫어, 매일 새벽 망치로 북을 울리면 우물을 길어 부처의 정수리를 씻기를 몇 차례하고 그치는데, 그것을 예불로 여긴다. 탁기(濁肌)라는 자가 있는데 아마도 도사의 부류일 것이다(敬象牛, 建寺, 範金爲佛, 佛座四旁, 砌成溝渠, 中穿一井, 每旦鳴鍾鼓, 汲井泉以灌佛頂, 數回已, 乃禮之. 有曰濁肌者, 蓋道士流也)]*. 태아 때의 머리털을 자르지 않는다. 머리털은 여러 갈래로 머리 뒤로 늘어뜨린다. **소똥 가루를 몸에 바르고 또 몸에 지니고**(牛糞灰塗體亦取), 여자와 함께 다닌다. 대라(大螺)를 불고 가면, **아내가 그를 따르며 돈을 구걸한다**(吹大螺, 妻隨之, 乞錢).[5] 기후는 항상 덥고, 비가 많이 내린다. 오뉴월에는 큰비가 내려 거리와 시장은 강이 된다. *[8월이 되면 그친다(至八月乃盡)]*. 시장에서는 주화를 사용한다.[6]

4) 이상 다섯 부류의 나라 사람들에 관하여, 나왈경은 "남곤(南昆)은 왕과 같은 부류로, 머리털을 자르고 끈을 목에 거는데 귀족으로 여긴다. 다음은 회회인이다. 그다음은 부유하고 재물이 있는 자들로 철지(哲地)라고 한다. 다음은 아쾌(牙儈)로 '혁령(革令)'이라 한다. 또 그다음은 비천한 자들로 '목과(木瓜)'라고 한다(曰南昆與王同類, 祝髮以[綫]綿懸頸[脛]爲貴族. *次回回人. 次*富有財者曰哲地. *次*牙儈[繪]曰革令[全], 又次卑賤者曰木爪)"라고 하였다. 이상 코치의 신분에 관한 정보는 『영애승람역주』(상, 369~370쪽)를 참고하시오.

5) 이 문장은 마환의 『영애승람』에 기술된(『영애승람역주』, 상, 375~376쪽) '탁기(濁機)'라는 출가한 종교인에 관한 문장을 잘못 옮긴 것으로 보인다.

6) 시장에서 주화를 사용한다는 정보는 『함빈록』에 "시장에서는 은 주화를 사용하는데, 15개가 금화 하나에 해당한다(市用銀錢, 十五當金錢)"라고 하였다.

산(山)으로 **진국산(鎭國山)**【영락제가 하사한 비문(碑文)이 있다】[7]이 있다.

산물로 **봉봉내(蓬蓬柰)**【과육이 붉고 맛이 달다】가 있다.[8]

이상의 코치[柯枝] 정보를 추재는 다음과 같이 거칠게 요약하고 노래했다. 밑줄 친 기술에는 주어가 없고, 추재의 저본과 배치되는 기술이다.

가지(柯枝)는 옛날 반반국(盤盤國)이다. 수나라 대업(大業, 605~618) 연간에 부처 그림과 보리수 잎을 헌상했다. 나라에는 다섯 부류가 있다. 남곤(南昆), 철지(哲地), 혁전(革全), 목과(木瓜)라고 한다. 길에서 남곤과 철지 [부류의 사람을] 만나면 모두 엎드려 지나가기를 기다린다. <u>머리카락</u>

---

7) '진국산(鎭國山)'에 대한 『함빈록』의 저자는 "영락 2년(1404) 봉하여, 상이 비문을 하사했다(永樂二年封, 上賜碑文)"라고 설명했다. 이 정보는 『영애승람』과 『성사승람』에는 언급되지 않은 정보이다. 『대명일통지』(사고전서본, 권90, 30a)에 코치[柯枝國]의 산천으로 '진국산(鎭國山)'을 들고, "영락 10년 조서로 그 나라의 산을 봉하여 진국산으로 삼고, 황제가 비문을 지어 그 산 위에 비석을 세우게 했다(永樂十年詔封其國之山爲鎭國山, 御製碑文賜之, 命立碑其上)"라고 하였다. 이 『대명일통지』의 기술은 『태종문황제실록(太宗文皇帝實錄)』, 권183, 영락 14년(1416) 12월 10일 첫 번째 기사에서 확인할 수 있다. 여기서는 『실록』의 정보를 신뢰할 수밖에 없으므로, 코치의 산을 중국 황제가 봉한 해는 1416년의 일일 것이다.

8) 산물에 관하여 나왈경은 "산물로 봉봉내(蓬蓬奈)【과육이 붉고 맛이 달다. 이인(夷人)들은 말려 먼 곳으로 보낸다】, 진주, 보석, 향, 베 등의 물품이 모두 훌륭하다(產蓬蓬奈【肉紅味甘. 夷人乾以附遠】·珠·寶·香·布等物, 俱佳)"라고 기록했다. 여기 '봉래내(蓬蓬柰)'를 추재는 '봉래내(蓬萊柰)'로 옮겼는데, 잘못이다. 『영애승람』, 『성사승람』, 『서양조공전록(西洋朝貢典錄)』에서 이 과일은 전혀 언급되지 않았다.

이 과실에 관하여, 채여현(蔡汝賢, 1533~1594)의 『영해이문(嶺海異聞)』(『사고전서존목총서』본, 15b)에 다음과 같은 설명을 찾아볼 수 있다. "봉봉내는 중국어로 '배가 터진다[破肚子]'라는 뜻으로, 과실이다. 시암[暹羅]의 우뚝한 언덕에서 나는데, 대추처럼 푸르다. 섬사람들은[島夷] 햇볕에 말려 먼 곳에 갈 때 가지고 간다. 끓는 과즙에 담그면 그 껍질이 저절로 벗겨진다. 큰 배[大李]처럼 둥글고, 과육은 붉은 수유처럼 기름지고 감미로워 먹기 좋은데, 또한 진미라고 한다(蓬蓬柰, 華言破肚子, 蓋果實也. 產於暹羅之崛隴, 如大棗而青. 島夷日乾以附遠. 漬以沸汁, 其皮自脫, 圓滿如大李, 肉潤膩如紅酥, 甘美可餤, 亦珍味云)"라고 하였다. 여기 채여현이 말하는 산지, 즉 '시암'과는 전혀 다르다. 아마도 나왈경이 잘못 추가했을 것이다.

은 깎고 짧은 옷을 입는다. 소똥을 몸에 바르고 다니면서 큰 소라를 불어 돈을 구걸한다. 아내가 그를 따라다닌다. 비가 많이 내려 길과 시장은 강이 된다. 산천에 진국산(鎭國山)이 있다. 산물로 '봉래 능금[蓬萊柰]'이 난다(柯枝古槃槃國也. 隋大業中獻佛畵圖菩提樹葉. 國有五種, 曰南昆, 曰哲地, 曰革全, 曰木瓜. 道遇南昆·哲地人, 皆俯伏待過. 剃髮短衣, 牛糞塗體, 行吹大螺乞錢, 妻隨之. 多雨街市成河. 山川鎭國山. 物產蓬萊柰).

혁전인은 호수 밖에, 목과인은 호수 안에 살고　革全湖外木瓜湖,
철지인과 남곤인은 도읍에 사네.　哲地南昆最上都.
빗속에 가서 보리수 잎을 수습하고　雨中去拾菩提葉,
등불 아래 돌아와 부처 그림을 바라보네.　燈下歸臨佛畵圖.

어부 도롱이 칠로 막아 조수에 떠서 있고,　漁蓑適膝浮潮汐,
소의 똥 몸에 칠해 장기를 피하네.　牛糞塗身辟瘴風.
소라를 불어 돈을 구걸하려 아내와 같이 다니며,　螺吹乞錢妻作伴,
길가에서 배를 타고 저잣거리로 들어가네.　街上乘船入市中.

카자흐스탄의 타라즈(Taraz) 음역으로 추정하는 '토래사(討來思)'는 이미 지봉 이수광이 『지봉유설』에서 언급한 바 있다. 이에 대해서는 역자의 『지봉 이수광이 바라본 세계』에서 이미 자세하게 고증했다(390~394쪽). 여기서는 이전 작업에서 내용이 중복되어 살펴보지 않았던, 장황(章潢, 1527~1608)이 1577년에 쓴 『도서편(圖書編)』의 기록(사고전서본, 권51, 75b)을 소개한다. "토래사는 바다 가운데 있는데, 둘레의 지름이 100리가 못 되며, 도성 근처에는 산이 있는데, 산 아래로 흐르는 물은 적색으로, 멀리서 보면 불이 타는 듯하다. **옛날 적토국으로**, 수나라 대업 3년(607) 통교했다. 풍속에 불(佛)을 숭상하며, 부인들은 집안일에 힘쓴다. 선덕(宣德) 6년(1431)에 사람을 보내 조공해 왔다(討來思在海中, 周徑不百里, 城近山, 山下有水, 赤色, 望之如火然. 古赤土國也, 隋大業三年通焉. 俗尚佛, 婦人主家事. 宣德六年嘗遣人朝貢)."

여기 '토래사'를 '적토국(赤土國)'과 연결한 정보는 정효(鄭曉, 1499~1566), 『황명사이고(皇明四夷考)』를 따랐을 것으로 보인다. 사실 정효의 『황명사이고』를 근거로 기술된 『명사』, 권332 「토래사전」에는 '토래사=적토국'이란 언급은 보이지 않는다. 607년 상준(常駿)과 왕군정(王君政)이 사신으로 간 '적토국'은 『수서』, 권82, 남만(南蠻)의 「적토전」에서 처음 보인다. 그 첫 설명에 따르면, '부남(扶南)'의 별종(別種)이며 남해(南海)에 있다고 한다(1833쪽). 사실 우리는 사라진 고대 왕국인 '부남'의 정확한 위치를 알 수 없지만, 오늘날 태국 동부, 캄보디아, 베트남 지역을 포괄하는 중국 남해의 나라였다는 점에는 이견이 없다. 한편 『명사』, 권332, 「토래사전」(8620쪽)에 따르면, 이 나라의 산물에 관하여, "소, 양, 말, 낙타가 나며, 베, 실, 모갈(毛褐)이 난다(產牛·羊·馬·駝, 有布縷·毛褐)"라고 하였고, 마지막에는 "땅이 작아 정기적으로 공물을 올릴 수 없었다(以地小不能常貢)"라고 하였다. 여기 '낙타'는 적토국에 언급되지 않은 산물이며, 캄보디아, 태국에서 나는 동물이라 볼 수 없다. 따라서 타라즈의 강물이 붉어 붉게 보인다는 정보를 통해, 정효, 장황, 그리고 『함빈록』의 나왈경(羅曰褧) 모두 토래사가 적토국이라는 잘못된 설을 만들어 냈다. 결국 호방직이 근거한 『함빈록』의 기록은 대부분 '적토국'에 해당하는 정보로 채워졌다.

토래사(討來思)는 옛날 적토국(赤土國)이다. *[수나라 시기에 통했다. 수*

양제가 왕위를 이으며 절역(絶域)과 통할 수 있는 자들을 모집하여(隋時通焉. 煬帝嗣位, 募能通絶域者)], 대업(大業) 3년(607) 둔전주사(屯田主事) 상준(常駿), 우부주사(虞部主事) 왕군정(王君政)이 사신으로 적토(赤土)의 경계에 이르렀다.[1] 그 나라 왕은 파라문(婆羅門) 구마라(鳩摩羅)를 보내 배 30척으로 맞이하며 *[고둥을 불고 북을 쳐 연주했고, 또 배를 묶을 황금 사슬, 월섭(月鑷),[2] 향유를 넣은 금합(金合) 2매, 향수를 담은 금병(金瓶) 8매, 백첩포(白疊布) 4건을 바쳤는데, 사신들이 세수할 물품을 이바지한 것 같았다. 이날 미시(未時)에 나야가(那邪迦)가 또 코끼리 두 마리를 이끌고 공작 깃털로 만든 덮개를 들고 사신들을 영접했다. 아울러(吹蠡擊鼓爲樂, 更進金鏁以纜船·月鑷·金合二枚貯香油·金瓶八枚貯香水·白疊布四條, 以擬供使者盥洗. 其日未時, 那邪迦又將象二頭, 持孔雀蓋以迎使者. 幷)]* **금반(金盤), 금화(金花)를 깔고 조서(詔書) 함을 받들었다.** 남녀 100명이 **고둥과 북[蠡鼓]을 연주했고, 파라문 두 사람이 길을 안내하여 왕궁에 이르렀다.** 상준 등이 조서를 전각(殿閣)에 올리자, 왕 이하의 사람들이 모두 앉았다. 조서 선포가 끝나자, 상준 등을 앉게 하고, *[천*

---

1) 『함빈록』에 따르면 문장은 "대업 3년 둔전주사 상준 우부주사 왕군정 등이 적토에 사신으로 가겠다고 청하자, 황제는 몹시 기뻐하며, 물품 5,000단(段)을 가져가 적토의 왕에게 하사하게 했다. 상준 등이 적토의 경계에 이르자(大業三年, 屯田主事常駿·虞部主事王君政等, 請使赤土, 帝大悅, 遣齎物五千段以賜赤土王駿等至於赤土之界)"라고 되어 있다.

2) '월섭(月鑷)'의 '섭'은 『태평어람』(사고전서본, 권708, 6b)에 따르면 비녀[釵]의 일종으로 설명하고 있다. 그러나 '월섭'으로 구성된 조합은 보이지 않는다. 이 단락의 문장은 나왈경이 『문헌통고』(사고전서본, 권331, 32b)의 적토국(赤土國) 기술을 따르고 있다. 이미 『문헌통고』의 문장부터 잘못되었을 가능성이 있다. 『수서』, 권82, 「남만·적토」(1834~5쪽)에서는 다음과 같이 당시의 영접 상황을 기술했다. "그 나라 왕은 파라문 구마라를 선박 30척으로 보내와 영접하며, 고둥을 불고 북을 두드리며 수나라 사신들을 즐겁게 하고, 황금 사슬을 올려 상준의 배를 매도록 했다. 달[月]포 만에 그 나라의 도읍에 이르렀다. 왕은 그의 아들 나야가를 보내 상준 등의 예견을 청했다. 앞서 사람에게 향긋한 꽃, 거울, 비녀[鑷]가 든 금반(金盤), 향유가 담긴 금합 2매, 향수가 담긴 금병 8매, 백첩포 4건을 보내왔는데, 사신들의 세수 용품을 이바지하는 것 같았다(其王遣婆羅門鳩摩羅以舶三十艘來迎, 吹蠡擊鼓, 以樂隋使, 進金鎖以纜駿船. 月餘, 至其都, 王遣其子那邪迦, 請與駿等禮見. 先遣人送金盤, 貯香花並鏡·鑷, 金合二枚, 貯香油, 金瓶八枚, 貯香水, 白疊布四條, 以擬供使者盥洗)"라고 하였다. 따라서 '월섭(月鑷)'은 마단림이 『수서』를 옮기면서 중간에 들어있는 정보들을 누락시킨 것으로 보인다.

축의 곡을 연주하였다. 일이 끝나고 상준 등이 객관으로 돌아가자, 객관에서 먹을 것을 파라문에게 보내도록 했다. 풀잎으로 쟁반을 만들었는데 그 크기는 사방으로 1장이었다. 이에 상준에게 "오늘 여기 대국의 사신들께서는 더는 적토국이라 여기지 마시라"라고 하였다. 며칠 뒤에 상준 등이 연회에 참석할 것을 청했는데, 의전이나 호위 및 안내가 처음 볼 때와 같은 의례였다(奏天竺樂. 事畢, 駿等還館, 遣婆羅門就館送食, 以草葉爲盤, 其具大方丈. 因謂駿曰, 今是大國臣, 非復赤土國矣. 後數日, 請駿等入宴, 儀衛導從如初見之禮). 왕 앞에는 두 개의 상을 마련해 두고, 상에는 사방 1 **장 5척의 풀잎 쟁반을 두었는데, 그 위에는 황(黃), 백(白), 자(紫), 적(赤) 네 색의 떡[餠]**, 소, 양, 물고기, 자라, 돼지, **대모(蝳蝐)의 고기** 100여 가지가 있었다. 상준을 인도하여 상에 오르게 하고, 수행원들은 바닥 자리에 앉게 했다. 각기 황금 잔[金鍾]에 술을 따라 주고, 여자 악공들이 번갈아 연주했으며, 예물[禮遺]이 매우 두터웠다. 나야가(那邪迦)에게 [상준 등을] 따라가 조공하게 하자,[3] 황제는 크게 기뻐하며 상준 등을 집극도위(執戟都尉)에 제수했다.[4]

우리 왕조[명나라]에 이르러 '토래사(討來思)'라 불렀다. 선덕(宣德) 6년(1431) 조공을 들였다. 그 **나라 인근 산 아래에는 강이 있는데, 붉은색으로 멀리서 보면 불과 같다**.[5] 두씨(杜氏)의 『통전(通典)』에 따르면, 그 **왕의 성씨는 '구담(瞿曇)'이고** 이름은 이부다색(利富多塞)이며, 주변에 어떤 나라

3) 이 조공 정보에 관하여 나왈경은 『수서』의 기록에 따라 "나야가(那邪迦)에게 [상준 등을] 따라가 조공하게 하자, 방물을 바치고, 황금 부용으로 만든 관, 용연향을 헌상하게 했다. 금을 녹여 패다라 잎을 만들고, 들어가고 나오게 문장을 짓고 표문을 만들어 황금 상자에 봉해, 파라문에게 향화(香花)를 [바치고] 고둥을 불고 북을 치며 전송하게 했다. 상준은 이듬해 봄에 나야가와 함께 홍농(弘農)에서 알현하자(遣那邪迦隨貢方物, 並獻金芙蓉冠·龍腦香. 以鑄金爲多羅葉, 隱起成文以爲表, 金函封之, 令婆羅門以香花奏蠡鼓而送之. 駿以明年春, 與那邪迦於弘農謁)"라고 되어 있다. '이듬해 봄'은 『수서』에 '대업 6년(610)'으로 되어 있다.

4) '집극도위(執戟都尉)'란 관직명은 『수서』에 보이지 않고 『북사』, 권95, 「남이·적토」(3161쪽)에 보인다. 『수서』에는 '병의위(秉義尉)'로 되어 있다. '병의위'가 맞다. 이는 나왈경이 『북사』의 기술을 따른 『문헌통고』에 근거하고 있다는 방증이다.

5) 밑줄 친 이 정보만 실제 '토래사(討來思)'에 대한 기술이다.

가 있는지 모른다고 했다.[6] *[그의 아버지가 왕위를 내려놓고 출가해 도를 닦아 그 자리를 이부다색에게 전했는데, 재위한 지 16년이 되었다고 했다(稱其父釋王位, 出家爲道, 傳位於利富多塞, 在位十六年矣)]*.

그곳 풍습으로, 모두 귀를 뚫고, 머리털을 자르며 무릎을 꿇는 예법이 없다. 향유(香油)를 몸에 바르고 불(佛)을 경배한다.[7] *[부인들은 정수리 뒤로 쪽을 짓고, 남녀는 모두 조하(朝霞), 조운(朝雲), 잡색의 배로 옷을 만들어 입는다(婦人作髻於頂後, 男女通以朝霞·朝雲·雜色布爲衣)]*. 부호들의 **복색은 자유롭고 화려하며 아름답다. 다만 금팔찌[金鐲]는 왕이 하사한 것이 아니면 찰 수 없다**. *[혼인할 때는 길일을 선택하고, 여자 집에서 먼저 약속하면, 닷새 동안 풍악을 울리고 음주하고, 아버지가 딸의 손을 잡고 사위에게 전해 주는데, 이레가 되어 짝이 된다(每婚姻擇吉日, 女家先期, 五日作樂飮酒, 父執女手以授壻, 七日乃配)]*. 장가들면 재산을 나누어 따로 살고, 어린 자식과 아버지는 함께 산다. 부모 형제가 죽으면 머리털을 깎고, 소복을 입고 물가로 가서 **대나무와 나무로 시렁을 만든다**. 시렁 안에 **땔나무를 쌓고** 시신을 위에 놓고, 향을 피우고, 깃발을 세우고, 고둥을 불고, 북을 친 다음, **땔나무를 불태워 결국 물에 떨어지게 하는데**, 귀하든 천하든 모두 같다. 다만 국왕은 태우고 나면 그 재를 수습하여 금병(金瓶) 속에 담아 사당[廟屋]에 둔다. 겨울과 여름 항상 습하며 비가 많이 내리고 갠 날이 적다.

---

6) 이상 『통전』의 기록은 『수서』, 권82, 「적토전」(1833쪽) "其王姓瞿曇氏, 名利富多塞, 不知有國近遠. 稱其父釋王位, 出家爲道, 傳位於利富多塞, 在位十六年矣"에서 가져온 정보이다. 확실히 호방직(胡邦直)이 근거한 『함빈록』은 토래사와 적토국을 같은 나라로 인식하고 있음을 확인할 수 있다.

7) '불(佛)'을 경배한다는 정보는 『함빈록』에 "석가모니를 숭상하고 불교를 경배하며 파라문을 중시한다(尙釋敬佛教, 重婆羅門)"라고 하였다. 불(佛)을 경배하는 것은 사실 '토래사'와 '적토'의 공통점이다. 이슬람교의 성인도 '불(佛)'이라 불렀으므로, 섣불리 같은 나라로 혼동할 수는 없다. '적토'를 태국으로 추정한다면, 그들의 '불'은 부처를 의미할 것이다. 이점을 나왈경은 정확히 구분했고, 호방직이 축약하여 채록하면서 혼란이 생겨났다. 한편 15세기 탈라즈라면 이슬람의 모하메드를 지칭할 것이다.

> **산물로 감자주(甘蔗酒)**【자과(紫瓜)의 뿌리를 섞어 만든다. 맛이 좋다(雜以紫瓜根, 味美)】,[8] **용뇌향(龍腦香)**이 있다.

이상 호방직이 『함빈록』에서 채록한 정보들은 추재의 손에서 상당히 왜곡된 모습으로 재구성되었다. 중앙아시아의 이 나라를 바닷가라고 기술한 것은 적토국(赤土國), 즉 태국을 염두에 두었던 것은 아닌지 모르겠다. 추재의 상상력이 동원되었다. 호방직은 장례에 그냥 '향'을 사용한다고 했지만, 추재는 값비싼 '용뇌향'을 언급한 것이 그 예이다.

> 토래사(討來思)는 옛 적토국(赤土國)이다. 수나라 초에 조공을 터, 조서를 든 사신이 이르자, 파라문(婆羅門)이 앞에서 인도하고 고둥과 북을 불고 치며 영접했다. 조서 함에는 금화(金花)를 깔았고 길이 5장(丈)의 풀잎 반상을 설치하고 네 색깔 떡 제공했는데, 물고기와 대모(玳瑁)의 고기는 매우 맛있었다. 그 왕의 성씨는 구담(瞿曇)이다. 그곳은 산과 가까운 바닷가이며, 물은 불처럼 붉다. 풍속은 호사스러워 복식은 모두 금릉(錦綾)이고, 금팔찌는 왕이 내린 것이 아니면, 감히 하지 차지 못한다. 장례에는 바다에 대나무 시렁을 띄워 시신을 시렁에 놓는다. 땔나무를 쌓고, 용뇌향으로 씻어 태우면 재가 물속으로 떨어진다. 산물로 용뇌향(龍腦香),[9] 감자주

---

8) 감자주(甘蔗酒)에 관한 설명은 『함빈록』의 기술과 같다. 『수서』, 권82, 「적토전」(1834쪽), "감자(甘蔗, 사탕수수)로 술을 만드는데, 자과(紫瓜)의 뿌리를 섞는다. 술 색깔은 황적색이며 맛도 향기롭고 좋다(以甘蔗作酒, 雜以紫瓜根. 酒色黃赤, 味亦香美)"라고 하였다. 여기서 말하는 '자과(紫瓜)'란 가지를 말하는 것으로 보인다. 『본초강목』(사고전서본, 권28, 1a)에서 이시진은 두보(杜寶)의 『습유록(拾遺錄)』을 인용하여 "수양제가 가(茄, 가지)를 고쳐 곤륜자과(崑崙紫瓜)라고 불렀다(隋煬帝改茄, 曰崑崙紫瓜)"라고 하였다. 여기서 말하는 '곤륜(崑崙)'이란 명칭은 확실히 우리를 중국의 남해로 이끈다. 『성사승람』 섬라 기술에 "사탕수수를 발효시켜 술을 만든다"라는 기록이 보인다(『성사승람역주』, 112쪽). 이로써 '적토=섬라=태국'으로 추정해도 문제가 없어 보인다.

9) '용뇌향(龍腦香)'은 '뇌자(腦子)'라는 향으로 '뇌(腦)'라는 나무를 쪼개 얻는 수지이다. 조여괄은 『제번지』 하권에서 별도의 조목으로 기술했다. 그에 따르면 이 향의 산지는 보르네오, 수마트라섬에서 나는 산물로 설명하고 있다(『제번지역주』, 301~306쪽을 참고하시오). 이는 '토래사'가 아니라 '적토' 즉 태국으로 이끈다. 그러나 『영애승람』과 『성사승람』 섬라 왕국의 산물

(甘蔗酒)가 있다(討來思, 古赤土國也. 隋初通貢, 詔使至, 婆羅門前導, 奏蠡鼓迎之. 詔函藉以金花, 設草葉盤, 長五丈, 供四色餠, 魚鼈·玳瑁之肉甚美. 其王姓瞿曇. 其地近山瀕海, 水赤如火. 其俗豪侈, 服飾皆錦綾, 惟金鐲非王賜不敢也. 葬人泛竹棚於海上, 置屍棚內, 積薪, 灌龍腦, 燒之, 灰落水中. 物產龍腦香·甘蔗酒).

파라문 앞에서 인도하여 구담에게 절하고,	婆羅前導拜瞿曇,
불같은 바닷가에서 금화를 조서함에 깔았네.	火海金花藉詔函.
풀잎 반상엔 네 색깔의 떡이 있고,	草葉盤中四色餠,
감자주 백 잔에야 조금 취기가 드네.	百杯甘蔗始微酣.

고둥과 북 '당당' 대나무 시렁 띄우니	蠡鼓鏜鏜泛竹棚,
흰 깃발 바람에 날려 용뇌향 연기 맺히네.	素幡引颺腦烟凝.
부잣집 천금의 비용 아끼지 않고,	豪家不惜千金費,
영광의 선물 금팔찌와 비단만 자랑삼네.	榮賜惟誇金鐲綾.

에는 앞서 본 '나혹향(羅斛香)'은 보이지만 용뇌향은 언급이 없다.

[49] 사합로(沙哈魯)

‘사합로(沙哈魯)’라는 나라는 『명사』, 권332에 서역(西域)으로 분류되어 별도로 기술되어 있다(8621쪽). 그에 따르면 “사합로는 아스[阿速] 서해의 섬에 있다. 영락(永樂, 1403~1424) 연간에 77인을 보내 조공해 와, [조정에서는] 매일 술과 반찬, 과일, 간식을 지급했는데, 다른 나라와 [예우를] 달리했다. 그곳은 산과 강물이 둘러싸고 있으며, 목축 산물이 풍부했다. 사람들은 순박하고 솔직했으며, 다툼을 부끄러워하고 불(佛)을 좋아한다. 왕과 관료들은 도성 안에 살고, 일반 서민은 모두 도성 밖에 산다. 바다에서는 기이한 산물이 났는데, 서역의 상인들은 헐값에 교역했으나 그 나라 사람들은 알 수 없었다(沙哈魯, 在阿速西海島中. 永樂中遣七十七人來貢, 日給酒饌·果餌, 異於他國. 其地, 山川環抱, 饒畜產. 人性朴直, 恥鬪好佛. 王及臣僚處城中, 庶人悉處城外. 海產奇物, 西域賈人以輕直市之, 其國人不能識)”라고 했다. 『사고전서』본 『명사』(권332, 29b)에 ‘사합로’는 ‘살화이(薩和爾)’로 표기되었다.

한편 정효(鄭曉, 1499~1566)의 『황명사이고(皇明四夷考)』(북경대학 소장본, 하권, 46a~b)에 따르면, “사합로는 영락(永樂, 1403~1424) 연간에 77인을 보내 조공해 왔다. 아스[阿速] 서남해의 섬에 있다. 사람들은 순박하고 솔직하며 싸움을 부끄러워하고 불(佛)을 좋아한다.

이상 두 자료의 정보에서 사합로(沙哈魯) 또는 살화이(薩和爾)를 추적해 볼 수 있는 유일한 근거는 ‘아속[ʔɑ-suk](阿速)’이란 곳이다. 이 ‘아속’은 『사고전서』본 『명사』에는 ‘아소[ʔɑ-suo](阿蘇)’로 되어 있다. 이곳은 이미 지봉 이수광이 『지봉유설』에서 언급한 바 있고, 역자는 이 명칭을 카스피안 해와 흑해 사이에 살았던 이란 동부의 민족인, ‘알란(Alan)’을 일컫는 몽골어 ‘As’의 복수형인 아수트(Asut)의 음역으로 추정했었다(『지봉 이수광이 바라본 세계』, 349~355쪽). 하지만 이는 국명이 아니라 민족 명칭이므로, 코카서스 중북부 일대로 추정할 뿐 나라를 특정할 수는 없다는 한계가 있다. 이 ‘아속’ 또는 ‘아소’가 나라 명칭이든 민족이든, 그곳에서 ‘서해’ 또는 ‘서남해’라고 한다면, 그 ‘해(海)’는 흑해로 읽을 수밖에 없고, 사합로 또는 살화이는 흑해의 서쪽 또는 서남쪽의 섬에 있다.

그렇지만 장황(章潢)의 1577년 『도서편』(사고전서본, 권51, 79a)에 따르면,

사합로(沙哈魯)는 "옛 투화국(投和國)이다. 당나라 정관 연간에 공물을 바쳤다. 영락 연간에 조공해 온 사신들은 77명이다. 그 나라 사람들은 순박하고 싸움을 부끄러워한다(古投和國也. 唐貞觀時奉貢. 永樂間來貢者七十七人. 其國民淳耻鬭)"라고 하였다. 장황은 '사합로=투화국'임을 명확히 밝히고 있다. 이 투화국은 『신당서』, 권222하에서 남만(南蠻)으로 분류되어 별도의 항목으로 기술되었다(6304쪽). '투화'란 나라는 "캄보디아[眞臘]의 남쪽에 있으며, 광주에서 서남쪽 바다로 100일을 항해해 가면 이른다(在眞臘南, 自廣州西南海行百日乃至)"라고 하였다. 이미 '서역'과 '남만'으로 전혀 다른 지역임을 확인할 수 있다. 확실히 '사합로'와 '투화국'을 연결한 장본인은 장황이다. 장황의 기록을 믿고 채록한 나왈경(羅曰褧)은 『함빈록』에서 『신당서』 투화국에 해당하는 정보를 뒤섞었고, 그 혼합된 결과는 호방직의 『방여승략외이』로 이어졌고, 그렇게 오염된 정보들을 추재는 요약하고 있으니, 마지막 결과는 엉뚱한 제삼의 나라로 창조되었다. 이러한 검증 없는 정보의 무비판적 채록 방식은 앞서 본 '토래사=적토국'으로 본 경우와 일치한다. 밑줄 친 정보들은 모두 『신당서』의 투화국 기술에서 가져왔다. 『신당서』의 정보는 두우(杜佑)의 『통전』(사고전서본, 권188, 28b)에서 나왔고, 이후 정초의 『통지(通志)』, 마단림의 『문헌통고』, 악사의 『태평환우기』 등으로 채록되었다. '투화'에 관한 번역과 주석은 '중국정사외국전DB'을 참고하시오.

> **사합로(沙哈魯)는 옛날 투화국(投和國)이다. 수나라와 당나라 때 조공했다. 우리 왕조[명나라]에서 77인이 와서 조공했다.**[1)]
>
> 이곳의 **사람들은 순박하고 다툼을 부끄러워한다.** 풍요로워 **기와집으로 누각을 짓고 살며, 가옥의 벽에는 그림으로 채색했다.** *[성 안쪽은 모두 왕의 궁실이고, 성 밖에 사람들이 사는데 10,000여 가구 정도이다(城內皆王*

1) 밑줄 친 정보에 관하여 나왈경은 "수나라 시기 그곳에 대해 알았다. 당나라 정관(貞觀) 연간에 사신을 보내와 표문을 올렸는데, 금함(金函)에 들어있었고, 또 금합(金榼), 금진(金鎮), 보대(寶帶), 서상(犀象), 해물(海物) 등의 물품 수십 개를 헌상했다. 그 뒤로는 통하지 않았다. 우리 왕조에서 사합로(沙哈魯)라 불렀고, 영락(永樂) 연간에 77인이 와서 조공했다(隋時聞焉. 唐貞觀中, 遣使奉表, 以金函盛之, 又獻金榼·金鎮·寶帶·犀象·海物等數十品. 自後未通. 我朝名沙哈魯, 永樂間, 七十七人來貢)"라고 기술했다.

宮室, 城外人居, 可萬餘家)]. 왕을 숙위(宿衛)하는 군사들은 100여 명이다. *[매번 조회 때에는 조하(朝霞)로 만든 옷을 입고, 금관을 쓰며, 귀에는 금 고리를 달고, 목에는 금선의(金涎衣)*[2]*를 걸고, 발에는 보석을 단 가죽신을 신는다(每臨朝, 則衣朝霞, 冠金冠, 耳挂金環, 頸挂金涎衣, 足履寶裝皮履)]*. 관속으로는 장군(將軍), 공조(功曹), 그리고 주현(州縣) 등의 관직 명칭이 있다. 형법으로 **도둑질을** 많이 **한 자는** 죽이고, 가벼운 자는 **귀와 코를 뚫고** 찬발(鑽髮)[3]한다. 사사로이 은 주화를 주조한 자는 손목을 자른다. **나라에는 부세(賦稅)가 없고** *[모두 마음에 따라 바치되 많고 적음의 제한은 없다(俱隨意貢奉, 無多少之限)]*. **농상(農商)을 생업으로 한다**. *[나라 사람들은 코끼리와 말을 탄다(國人乘象及馬)]*. 온 나라의 중마(中馬)는 1,000필에 지나지 않고 안장이나 고삐가 없어, 줄로 **말 뺨을 뚫어 제어한다**. 음악으로 고둥[蠡]을 불고 북을 친다. *[장례는 제사를 지내고 곡을 하며, 시신을 태우고 항아리에 담아 물에 넣는다(死喪則祠祀哭泣, 又焚尸, 以甖盛之, 沈於水中)]*. **부모의 상에는 머리털을 자르는 것을 '효'라고 여긴다**. 시장에서는 은 **주화를 사용하는데, 느릅나무[잎]처럼 작고 아름답다**.[4] 불도량[佛道], 학교(學校)가 있다. **문자는 중하(中夏)와는 다르다**. *[산물을 아주 많이 교역한다物產甚多交易]*. 바다의 여러 나라와 서역의 아랍 상인[賈胡]들이 자주 싼 가격으로 기이한 상품을 얻어가도 사합로 사람들은 알지 못했다(沙哈魯人不識也).

이상의 정보는 추재의 손에서 사실 여부를 확인하지 않고, 무턱대고 투화국에 관한 정보들만 뒤죽박죽 '문학적'으로 채록했다.

사합로(沙哈魯)는 옛 투화국(投和國)이다. 수나라와 당나라 때 조공을 들

---

2) '금선의(金涎衣)'는 두우(杜佑)의 『통전(通典)』, 투화(投和) 기술에(사고전서본, 권188, 28b) 보이는데, 두우는 '涎'자는 '서(叙)'자와 '련(連)'자의 반절로 읽으라는 설명이 보인다.

3) '찬발(鑽髮)'의 '찬'자는 '전(剸, 깎다)'자의 의미로 읽어야 할 것이다. 문제는 '발(髮)'인지 '빈(鬢)'인지 선택하기 어렵다.

4) 나왈경은 이 주화를 "버드나무 꼬투리처럼 작다(小如榆莢)"라고 했는데, 호방직이 마지막 '협(莢)'자를 '미(美)'자로 잘못 채록했다. 확실히 추재는 정확히 '협'자로 읽었다.

였고, 명나라 때 내조했다. 그곳은 풍요롭고, 사람들은 순수하고 싸움을 부끄러워한다. 기와집에 살며 벽에는 그림을 그리고, 도둑질 한 자는 코를 뚫으며, 말은 뺨을 뚫어 제어한다. 부모의 상에는 머리카락을 자르는 것을 효라고 생각한다. 사용하는 은 주화는 버들 꼬투리[楡莢]처럼 작다. 문자는 벌레 같은 모습으로, 중국과는 다르다. 또 학교와 불교 사찰이 있다. 조세는 없으며 농상(農商)을 생업으로 한다(沙哈魯, 古投和國也. 隋·唐始入貢, 明時來朝. 其地饒豐, 民淳耻鬪. 瓦屋畵壁, 治盜穿鼻, 制馬穿頰. 父母喪截髮爲孝. 用銀錢小如楡莢. 文字如虫象, 與中國不同. 亦有學校·佛刹. 無賦稅, 以農商爲業).

구불구불한 글자는 지렁이처럼 꼬여있고, 蜿蜿書字蚓蟲盤,
각각의 은 주화 버들 꼬투리처럼 떨어지네. 箇箇銀錢楡莢墜.
벽에 그림 그린 농가에는 화락하여 세금 없고, 畵壁農家樂無稅,
말은 양 뺨을 뚫고 도둑은 코를 자르네. 馬穿雙頰盜穿鼻.

[50] 백화(百花)

'백화'란 나라는 『명사』, 권325, 「백화전」(8425쪽)으로 별도의 기술이 보인다. 1461년 『대명일통지』(사고전서본, 권90, 27a)에는 '백화국'을 다음과 같이 기술했다. "[나라의] 연혁에 관해서 이전 시대에 상고할 것이 없다. 본조 홍무 11년(1378)에 국왕 랄정랄자망사(剌丁剌者望沙)가 또 그 사신 팔지아단(八智亞壇) 등을 보내 내조하고 방물을 바쳤다. 토산으로 붉은 원숭이[紅猴], 구통(龜筒), 대모(玳瑁), 공작(孔雀), 도괘[조](倒掛鳥), 후추[胡椒]가 있다(沿革前代無考. 本朝洪武十一年, 國王剌丁剌者望沙亦遣其臣八智亞壇等來朝, 并貢方物. 土產紅猴·龜筒·玳瑁·孔雀·倒掛·胡椒)"라는 짤막한 기록이 보인다.

정효(鄭曉, 1499~1566), 『오학편(吾學編)·황명사이고(皇明四夷考)』(북경대학 소장본, 하권, 38b)에 기술된 '백화'에 따르면, "백화는 바다 가운데 있는데, 산에 의지하여 나라를 세웠다. 나라에는 기이한 꽃과 아름다운 나무가 있다. 민속은 풍요롭고 불교를 숭상한다. 홍무 11년(1378) 국왕 정랄자망사(丁剌者望沙)도 팔지아단을 보내 금엽의 표문을 올리고 조공했다. 붉은 원숭이[紅猴], 구통(龜筒), 대모(玳瑁), 공작(孔雀), 도괘[조](倒掛鳥), 후추[胡椒]가 난다(百花在海中, 依山爲國. 國中有奇花·嘉樹, 民俗饒富尙釋教. 洪武十一年, 國王丁剌者望沙亦遣八智亞壇奉金葉表朝貢. 產紅猴·龜筒·玳瑁·孔雀·倒掛·胡椒)"라고 하였다. 확실히 이상의 자료에 따르면 명나라 이전, 이 '백화'라는 나라는 중국인들에게 알려지지 않았음이 분명해 보이다.

그러나 이 정보는 1577년 장황(章潢)의 손에서 주련(注輦)에 관한 정보가 보태진다. 『도서편』(사고전서본, 권51, 72a~b)에서 "백화는 바다 가운데 있는데, 산에 의지하여 나라를 세웠다. 나라에는 기이한 꽃과 아름다운 나무가 있다. 민속은 풍요롭고 불교를 숭상한다. 송나라 대중상부(大中祥符, 1008~1016) 연간에 국주 다라(茶羅)가 봉사(奉使) 시랑 사리삼문 등을 보내 표문을 올리고 조공했다. 우리 왕조 홍무 11년(1378) 국왕 정랄자망사(丁剌者望沙)도 팔지아단을 보내 금엽의 표문을 올리고 조공했다(百花在海中, 依山爲國. 國中有奇花·嘉樹, 民俗饒富尙釋教. 宋祥符中, 國主茶羅遣奉使侍郎婆里三文等奉表來貢. 我朝洪武十一年, 國王丁剌者望沙亦遣八智亞壇奉金葉表朝貢)"라고 하였다. 여기 밑줄 친 정보는 마단림의 『문헌통고』 주련(注輦) 조목에서(사고전서본, 332, 33a) "예로부터 조공한 적이 없다. 대중상부 9년(1016) 9월 그 국주인 라다라사(羅荼羅乍)가 봉사 시랑 사리삼문, 부사 포가심, 판관 옹물, 방원관 아륵가 등을 보내 표문을 올리며 조공해 왔다(自昔未嘗朝貢. 大中祥符八年九月, 其國主羅荼羅乍遣進奉使侍郎娑里三文·副使蒲加心·判官翁勿·防援官亞勒加等奉表來貢)"라고 한 정보에서 가져왔다. 이는 『송사』, 권489, 「주련국전」(14096~7쪽)에서도 포가심을 '포서(蒲恕)'로 표기하며 그대로 채록되었다. 확실히 인도 남쪽 동안의 '촐라[주련]'의 정보와 뒤섞여 버렸다.

이처럼 정효의 손에서 '백화=주련'이라는 오해가 만들어졌고, 이후 나왈경의 『함빈록』에서 의고주의적 글쓰기 방식에 따라 당연시되며 받아들여졌으며, 그는 '주련'에 관한 또 다른 정보를 추가하는 지경에 이르렀다. 나왈경이 비록 주련의 정보를 추가해 넣으며 혼란스럽게 한 점은 사실이지만, 그곳이 기이한 꽃이 많아 그렇게 불린 만큼 나왈경은 그곳의 기이한 꽃들을 열거해 두었다. 그러나 『방여승략외이』의 호방직의 손에서는 채록되지 않고 '주련'의 정보가 대부분을 차지하도록 조작되어 버렸다. 이러한 정보의 혼재 속에서도, 『명사』의 편수관들은 정확히 '백화'와 '주련'이 다른 나라임을 정확히 파악하고 있었다. 번역문은 '중국정사외국전DB'를 참고하시오. 추재는 『명사』의 기록을 읽지도 않고, 호방직의 기술을 그대로 요약했다.

『대명일통지』, 『오학편』, 그리고 『명사』에서 제시된 정보를 통해 '백화'란 나라의 위치를 추정할 수 없다. 『명사』(8424쪽)는 "나라 날씨는 항상 따뜻하고, 서리나 눈이 없으며, 기이한 꽃이 많아 '백화'라고 불렸다(國中氣候恒燠, 無霜雪, 多奇花異卉, 故名百花)"라고 한다. 이는 '백화'가 중국인들이 의역한 명칭이라는 말이므로, 원래 나라의 명칭을 알 수 없는 이상 그곳의 추정은 어렵다. 다만, 이곳의 산물로, 바다거북[玳瑁], 후추[胡椒] 등이 보이고, 석교(釋教) 즉 불교를 숭상한다는 점에서, 우리는 이곳이 중국의 남해에 있으며 불교 문화권이라는 사실만 확인할 수 있다. 또 '도괘조(倒掛鳥)', 구통(龜筒), '대모' 등은 『영애승람』에서 자바의 산물로 열거되었다(『영애승람역주』, 상, 128~131쪽). 호방직이 『함빈록』에 따라 채록한 내용은 아래에서 보는 바와 같이 생략한 내용이 더 많다.

백화(百花)는 옛날 주련(注輦)이다. *[옛날부터 중국과 통하지 않았다(自古未通中國)].* **송나라 대중상부(大中祥符, 1008~1016) 연간에** 국주(國主) 다라(茶羅)가 사신을 보내 **조공했다.**[1] *[삼문 등은 쟁반에 진주, 벽파리를 바치며 대전에 올라 어좌의 앞에 펼쳐놓고 대전을 내려가 다시 절했다. 역관이 그의 말을 옮겨주기를 10년 이래 바다에는 파도가 없었으나 옛날부터 전하기를 중국에는 성인이 있다고 하여 조공을 들이게 되었다고 했다. 그 국주(國主)가 표문에 한 언사 또한 아정했는데, 그 대략은 "엎드려 생각건대, 황제 폐하의 공은 먼 옛날의 [성왕들을] 초월했고, 자리는 대중(大中, 중정한 도)에 섰습니다. 의상(衣裳)을 드리워 천지를 보합(保合)하고, 검극을 녹여 우주를 두루 둘렀습니다. 신무(神武)로 생명을 죽이지 않고 인문(人文)으로 교화를 이루셨습니다. 명명한 덕을 넓혀 온 백성들에게 임하시게 하고, 공손한 마음을 품고 환하게 상제를 섬기셨습니다. 지극히 어질어 길가의 갈대도 상하게 하지 않고, 커다란 믿음을 연못 물고기에 미치게 하시니 하늘의 보살핌을 얻어 크게 빛나고, 황제가 임할 때마다 혁혁합니다. 이는 분명 고금에 듣지 못한 일이요 국가를 보전하고 크게 안정시키는 기틀입니다. 생각건대 신은 미약하기가 술 벌레 같으며, 천하기가 추구(芻狗)와 같으며 대대로 이(夷)의 부락에 살았고, 땅은 중화의 풍속에서 멀어 헛되이 명암을 지고, 예물을 들고 경의를 표한[執贄] 적도 없습니다. 요즘 먼 곳에 미치는 칭송하는 노래를 들었습니다. 나이가 상유(桑榆)에 달하여 직접 옥백(玉帛)으로 펼치지 못합니다. 하물며 창명(滄溟)이 넓고 멀어 발섭(跋涉)도 조금 어렵습니다. 이에 감히 적심(赤心)을 기울여 멀리서 대궐을 우러릅니다. 토산물로 바친 것들은 개미가 누린내를 따르는 것과 같으며 조공으로 군주를 섬김은 해바라기가 태양을 향하는 것에 비길 것입니다. 삼가 사신 삼문 등 50인을 보내 토산물을 바치고 조공하게 합니다【운운】"라고 했다(三文等以盤捧眞珠·碧玻璃, 升殿, 布於御坐前, 降殿再拜, 譯者導其言, 云十年來海無波濤, 故老相傳, 中國有聖人, 故來入貢. 其國主表辭亦雅馴, 大略云, 伏惟皇帝陛下功超邃古, 位建大中,*

1) 대중상부(大中祥符) 연간의 조공에 관하여 나왈경은 "송나라 대중상부 연간에 국주(國主) 다라가 진봉사(進奉使) 사리삼문(娑里三文) 등을 보내 표문을 올리고 공물을 바쳤다(宋祥符中國主茶羅遣進奉使侍郎娑里三文等, 奉表來貢)"라고 하였다.

衣裳垂而保合乾坤, 劍戟鑄而範圍區宇. 神武不殺, 人文化成, 廓明明之德以臨御下民, 懷翼翼之心以昭事上帝. 至仁不傷於行葦, 大信爰及於淵魚, 故得天鑒孔彰, 帝臨有赫, 顯今古未聞之事, 保邦家大定之基. 竊念臣微類醯雞, 賤如芻狗, 世居夷落, 地遠華風, 虛荷燭幽, 曾無執贄. 今者竊聽歌頌, 普及遐陬. 限年屬於桑榆, 阻躬陳於玉帛. 矧滄溟之曠絕, 在跋涉以稍難. 是敢傾倒赤心, 遙瞻丹闕. 任土作貢, 同螻蟻之慕膻, 委質事君, 比葵藿之向日. 謹遣使三文等五十二人, 奉土物朝貢【云云】)]. **그 사신은 본국을 떠나 150일 만에 광주(廣州)에 이르렀다고 한다.** *[이로부터 자주 조공해 왔다. 그 사신은 자신이 상등의 구슬을 용상 발치의 대전에 뿌리고, [손을] 정수리에 이고 첨앙의 예로 흠모하는 마음을 펼치길 원한다고 했다. 이내 은쟁반을 받들고 대전에 올라 무릎을 꿇고 어탑 아래 구슬을 뿌리고 물러났는데, 그것을 '살전(撒殿)'이라 했다. 이후 공물을 바치러 오는 자들은 공물을 전에 뿌리는 것이 상례화되었다. 원나라 때에는 들리지 않았다(自是數來朝貢. 其使自言, 願將上等珠就龍床腳撒殿, 頂戴瞻禮, 以申向慕之誠. 乃奉銀盤升殿, 跪散珠於御榻下而退, 謂之撒殿. 以後來貢者, 遂以貢物撒殿爲常矣. 元時未聞)].*

우리 왕조[명나라]에서는 그곳을 '백화(百花)'라고 불렀다. **나라에는 기이한 꽃이 많아 그렇게 이름했다.** 홍무(洪武) 11년(1378) 국왕 랄정랄자망사(剌丁剌者望沙)가 사신을 보내 조공했다. 풍속은 불(佛)을 숭상하고 *[부유하다(富饒)]*. 베[布]옷을 입는다. 또한 떡[餅餌]이 있다. 음식을 맛보고[嘗饌], 일을 처리하는[執事] 것은 부인이 한다(嘗饌執事有婦人). 그들 연회는 국주가 네 시랑(侍郎)과 모배(膜拜)하고, 계단에 함께 앉아 악기를 연주하고 노래를 부른다. **술은 마시지 않고** 고기를 먹는다. 백성이 죄를 지으면 *[곧바로 시랑 한 명에게 명하여 처치하게 한다. 가벼우면 나무틀에 묶어(即命侍郎一員, 處治之. 輕者縶於木格)]* 50~100대를 때리고, 중한 죄는 참수하거나 코끼리가 밟아 죽이게 한다. *[그들 군대는 코끼리를 앞에 두고, 작은 방패를 든 사람들이 그다음이고, 투창을 든 사람들은 그 다음에 서고, 긴 칼을 든 사람들은 또 그다음에 서며, 활을 든 사람들이 뒤에 선다. 네 시랑이 나누어 무리를 거느린다(其兵陣用象居前, 小牌次之,*

梭槍次之, 長刀又次之, 弓矢在後, 四侍郎分領其衆)]. 나라의 동남쪽 약 2,500리에는 **실란지국(悉蘭池國)**[2]**이 있어 이따금 서로 침벌(侵伐)한다.**

[산물은 진주(眞珠), 상아(象牙), 산호(珊瑚), 파리(玻璃), 구통(龜筒), 빈랑(檳榔), 두구(豆蔻), 길패포(吉貝布)가 있다. 짐승으로 산양(山羊), 황우(黃牛), 백록(白鹿), 홍후(紅猴)가 있다. 조류로는 산계(山鷄), 앵무(鸚鵡), 도괘조(倒掛鳥)가 있다. 과일에는 여감(餘甘)【산곡에서 자생한다. 열매는 감람과 같고 처음 씹으면 맛이 신데 물을 마시면 좋다】, 등라(藤蘿), 천년조(千年棗), 야자(椰子), 감라(甘羅), 곤륜매(崑崙梅), 파라밀(婆羅密)【열매는 가지에 달린다. 모양은 동과(冬瓜)와 비슷하고, 껍질은 밤과 같으며 가시가 많다. 안의 과육은 층층 겹쳐 있고 맛이 좋다. 씨는 볶아 먹을 수 있다】이 있다. 꽃에는 백산사(白散絲), 사제(虵臍), 불상려(佛桑麗), 추청(秋靑), 황벽파라(黃碧婆羅), 요련선(瑤蓮蟬), 자수초(紫水蕉)가 있는데 특이하다(其產眞珠·象牙·珊瑚·玻璃·龜筒·檳榔·豆蔻·吉貝布. 獸有山羊·黃牛·白鹿·紅猴. 禽有山雞·鸚鵡·倒挂鳥. 果有餘甘【山谷自生, 實如橄欖, 始嚼味酸, 飲水乃佳】·藤蘿·千年棗·椰子·甘羅·崑崙梅·婆羅密【實生幹上. 形似冬瓜, 皮若栗, 多棘刺, 內肉層疊, 味佳. 子亦可炒食】. 花有白散絲·蛇臍·佛桑麗·秋靑·黃碧婆羅·瑤蓮蟬·紫水蕉, 爲奇)].

이상 소략한 호방직의 내용은 추재의 손에서 더욱 축소되었고, 왜곡되었다. 심지어 확인되지 않은 사실까지 보인다.

백화(百花)는 옛 주련(注輦)이다. 송나라 대중상부(大中祥符) 연간에 조공을 들였다. 나라에는 기이한 꽃이 많아 그렇게 이름한다. 광주에서 순풍으로 150일을 항행하면 이를 수 있다. 그곳은 실란지국(悉蘭池國, 실론)과 가까워 수시로 침략하고 정벌한다. 풍속은 가무를 좋아하나 술을 마시

2) '실란지(悉蘭池)'는 『송사』에서 세렌디브, 즉 스리랑카를 음역 표기한 방식이다. 명칭에 관한 설명은 『영애승람역주』(상, 308~315쪽)를 참고하고, 보충하여 『성사승람역주』, 204쪽 주석을 참고하시오.

지 않아 그로써 불의의 사고에 대비한다. 산물로 불의포(佛衣布)[3]가 있다(百花, 古注輦. 宋祥符入貢. 國多異花故名. 自廣州順風一百五十日可至. 其地近悉蘭池國, 時相侵伐. 俗喜歌舞而不飮酒, 以備不虞. 物產佛衣布).

온갖 기이한 꽃 사계절 이어지고,	百種奇花繼四時,
천중 오월이면 모든 배 더뎌지네.	天中五月一帆遲.
가무는 흔하지만, 주계(酒戒)를 둔 것은,	歌舞尋常存酒戒,
이웃 나라 실란지에 대비해야 하기 때문이네.	鄰邦須備悉蘭地.

3) '불의포(佛衣布)'란 『송사』, 권489, 「주련」(14096쪽)에 보이는 산물 목록에는 보이지 않는다. 그곳에서 언급한 천이라면 '길패포(吉貝布)'뿐이다. 또 혼례에서 여자 집에 보내는 천으로 월낙포(越諾布)를 언급하고 있다. 내 생각으로, '길패포'를 추재가 의미상 새긴 용어로 보인다. 즉 '부처의 옷을 만드는 베'란 뜻이다.

[51] 답아밀(答兒密)

'답아밀(答兒密)'은 『명사』, 권332에 서역(西域)으로 분류되어 별도로 「답아밀전」(8618쪽)을 갖추고 있다. 이 자료의 번역문은 '중국정사외국전DB'를 참고하시오. 이 '답아밀'은 사고전서본(권332, 27a)에는 '달이마(達爾瑪)'로 표기하고, "달이마는 사마르칸트[賽瑪爾堪]에 복속되어 있다. 바다에 있으며, 땅은 100리가 되지 않고, 인구는 1,000가구에 채 미치지 않는다. 성곽은 없고, 상하의 사람들 모두 판잣집에서 산다. 농사를 알고 있으며, 모갈(毛褐), 포루(布縷), 말, 낙타, 소, 양이 있다. 형벌은 채찍으로 때리는 벌 뿐이다. 시장 교역에는 모두 은 주화를 사용한다. 영락(1403~1424) 연간에 사신을 보내 조공하여, 대통력(大統曆), 문기(文綺), 약물, 차 등의 물품을 하사했다(達爾瑪服屬賽瑪爾堪. 居海中, 地不百里, 人不滿千家. 無城郭, 上下皆居板屋. 知耕植, 有毛褐·布縷·馬·駝·牛·羊. 刑止箠朴. 交易皆用銀錢. 永樂中, 遣使朝貢, 賜大統曆及文綺·藥·茶諸物)"라고 하였다.

정효는 『오학편·황명사이고』(북경대학 소장본, 권하, 45a~b)에서 '답아밀(答兒密)'로 표기하고 "달이마는 영락 연간에 사신 18명을 보내와 조공하고 방물을 바쳐, 대통력, 문기, 약물, 차를 하사했다. 나라는 바다에 있으며, 100리가 되지 않고, 인구는 1,000가구가 채 못 된다. 담장과 보루는 있지만, 성곽이 없으며, 판자로 지붕을 이었다. 소 갈이로 밭을 뒤집는다. 왕이 사는 집과 관사에는 큰 차이가 없다. 말, 낙타, 양, 소, 모갈(毛褐), 포루(布縷)가 있다. 교역에서는 은 주화를 겸용하며, 형벌은 채찍으로 때리는 것만 한다. 사마르칸트[撒馬兒罕]에 복속되어 있다(永樂間遣使十八人來朝貢方物, 賜大統曆·文綺·藥·茶. 國在海中, 不滿百里, 人不滿千家. 有墻壘而無城郭, 屋以板, 覆田以牛耕. 王居官舍不甚差別. 產馬·駝·羊·牛·毛褐·布縷. 交易兼用銀錢. 刑專用箠朴. 服屬撒馬兒罕)"라고 기록했다.

장황의 『도서편』(사고전서본, 권51, 64b~65a)에도 달이마(達爾瑪)로 표기하고 "달이마는 영락 연간에 사신 18명을 보내와 조공하고 방물을 바쳐, 대통력, 문기, 약물, 차를 하사했다. 나라는 바다에 있으며, 100리가 되지 않고, 인구는 1,000가구가 채 못 된다. 담장과 보루는 있지만, 성곽이 없으며, 형벌은 채찍으로 때리는 것만 한다. 사마르칸트[賽瑪爾堪]에 복속되어 있다(達爾瑪永樂間遣使十八人來朝貢方物, 賜大統曆·文綺·藥·茶. 國在海中, 不滿百里, 人不滿千家. 有墻壘而無城郭, 刑專用箠朴. 服屬賽瑪爾堪)"라고 하였다. 확실히 『명사』는 『오학편·황명사이고』와 『도서편』의 정보를 활용하고 있다.

그러나 『도서편』(79b~80a)에는 답아밀(答兒密) 기술도 보인다. "[답아밀은] 옛 단미류국(丹眉流國)이다. 송나라 함평(咸平, 998~1003)초에 국주인 다수기(多須機) 사신 아홉 사람으로 조공해 왔다. 우리 왕조 영락 연간에 사신 18인을 보내 조공했다(古丹眉流國也. 宋咸平初, 國主多須機以使九人來貢. 我朝永樂遣使十八人來朝貢)"라고 하였다. 결국 장황은 같은 나라를 별개의 나라로 기술했으며, 심지어 전혀 관련이 없는 단미류국(丹眉流國)이라는 엉터리 기술을 남겼다. 이 잘못된 설정은 나왈경의 『함빈록』, 나아가 『방여승략외이』 호방직의 기술로 복제되었다.

> **답아밀(答兒密)은 옛날 단미류국(丹眉流國)이다.** *[옛날부터 통하지 않았다(自古不通)]*. 송나라 함평(咸平, 998~1003) 초에 국주(國主) 다수기(多須機)가 사신 아홉 사람을 보내 *[목향 10근, 유(鍮)와 납(鑞) 각각 100근, 호황련(胡黃連) 35근, 자류(紫鉚) 100근, 홍전(紅氈) 1합, 화포(花布) 4필, 소목 1만 근, 상아 61주(株)를(木香十斤, 鍮·鑞各百斤, 胡黃連三十五斤, 紫鉚百斤, 紅氈一合, 花布四匹, 蘇木萬斤, 象牙六十一株)]* 조공했다. *[숭덕전에 불러 보고 관대와 의복을 하사하고, 돌아갈 때도 다수기에게 하사품을 내리고, 조서로 돈독히 장려했다(召見崇德殿, 賜以冠帶·服物, 及還又賜多須機, 詔書以敦獎之)]*. 우리 왕조 영락(永樂, 1403~1424) 연간에 사신을 보내 조공했다.
>
> 풍속은 *[판자로 집을 짓고(以板爲屋)]*, **맨발로 다니며 베[布]옷을 입고, 백저(白紵)로 머리를 싸맨다.** 시장에서는 금은(金銀)을 사용한다. **국주(國主)가 사는 곳은 가로세로 5리이며, 성곽이 없이 판자로 집을 지었다.**[1)]

1) 왕이 사는 곳에 대한 정보는 『함빈록』에 따르면, "그 국주(國主)가 사는 곳은 가로세로 5리이고, 성곽이 없다. 나갈 때는 코끼리를 탄다. 형벌에는 단지 채찍으로 때린다(其主所居, 廣袤五里, 無城郭. 出則乘象. 刑專用箠朴)"라고 하였다.

산물로 서(犀), 상(象), 유석(鍮石), 자류(紫鉚),[2] 소목(蘇木)이 있다.[3]

---

2) '자류(紫鉚)'는 다음 주석에서 볼, 『문헌통고』 '주미류' 기술에 보이는 '자광(紫鉚)'의 오기이다. 바로 자광(紫礦)을 말한다.

3) 이상 '답아밀'에 관해 『함빈록』을 복제한 호방직의 기술은 모두 『문헌통고』, '주미류(州眉流)'와 『송사』 '단미류(丹眉流)'의 기술에 따른 것들이다.

'등류미(登流眉)'란 나라는 1178년 주거비의 『영외대답(嶺外代答)』, 권2, 진랍(眞臘) 조목에 처음 언급되었다. 주거비는 캄보디아의 주변에 있는 나라 중 하나로 '등류미국(登流眉國)'을 들고, 진랍에서는 "이름난 향을 가장 많이 생산하는데, 등류미에서 나는 향이 가장 뛰어나, 여러 나라의 향들이 미치지 못한다(最產名香, 登流眉所產爲絶奇, 諸蕃國香所不及也)"라고 하였다(사고전서본, 권2, 12a). 이 주거비의 기술에서는 등류미가 캄보디아에 인접한, 세력권의 나라임을 추측하게 할 뿐이다.

그 위치는 1225년 조여괄의 『제번지』 상권에서 별도의 조목으로 기술되었다. 그에 따르면, "캄보디아[진랍]의 서쪽에 있다. 그곳 주인은 방망이 모양으로 상투하고 꽃을 꽂는다. 어깨는 붉은 [천]으로 태양을 가린다. 정사를 보는 날만 마당에 나오는데, 원래부터 전각이 없었다. 음식은 해바라기 잎[葵葉]을 그릇[椀]으로 삼아, 수저를 사용하지 않고 손으로 집어 먹는다. 무농(無弄)이라는 산이 있는데, 석가모니가 열반에 든 모습을 보여주는 동상이 그곳에 있다. 백두구, 전향(箋香), 침향(沈香), 속향(速香), 황랍(黃蠟), 자광(紫礦) 등이 난다(登流眉國在眞臘之西. 地主椎髻簪花, 肩紅蔽白. 朝日登場, 初無殿宇. 飲食以葵葉爲椀, 不施匕筯, 掬而食之. 有山曰無弄, 釋迦涅槃示化銅像在焉. 產白荳蔻·箋沉速香·黃蠟·紫礦之屬)"라고 하였다. 『사고전서』 편수관들은 표제어 '등류미국' 아래에 "생각건대, '등류미(登流眉)'는 『송사』에 '단류미(丹流眉)'로 되어 있다"라는 정보를 제공하고 있다.

『송사』로 넘어가 전에 마단림(馬端臨)의 1307년 『문헌통고』(사고전서본, 권332, 37a~b)에는 '주미류(州眉流)'로 기술된 나라가 보이는데, 주미류는 "①동쪽으로 캄보디아[占臘]까지 50정, 남쪽으로 나월(羅越)까지 물길로 15정, 서쪽으로 서천(西天)까지 35정, 북쪽으로 정량(程良)까지 60정, 동북쪽으로 나혹(羅斛)까지 25정, 동남쪽으로 자바[闍婆]까지 45정, 서남쪽으로 정약(程若)까지 15정, 서북쪽으로 낙화(洛華)까지 25정, 동북쪽으로 광주까지 135정이다. ②그 사람들은 판자로 집을 짓고, 맨발로 다니며, 천을 옷으로 입고, 허리띠가 없으며 백저(白紵)로 머리를 싸맨다. 교역은 금은으로 한다. ③왕에 그들 주인이 사는 곳은 가로세로 5리이며, 성곽이 없다. 나갈 때는 코끼리 수레를 타고, 네 마리 말이 끄는 작은 수레도 탄다. ④그곳에서는 코뿔소[犀]·코끼리[象]·유석[鍮石]·자광(紫鉚)·소목(蘇木)과 여러 약물이 난다. ⑤사계절 매우 더워 눈이나 서리가 없다. ⑥중국에 온 적이 없다. 함평(咸平) 4년(1001) 국왕 다수기(多須機)가 정사 타길마(打吉馬), 부사 타랍(打臘), 판관 차피니(劄皮泥) 등 9인을 보내 와 목향(木香) 1천 근, 놋쇠[鍮]와 백납[鑞] 각 1백 근, 호황련(胡黃連) 35근, 자광(紫鉚) 1백 근, 홍전(紅氈) 1합, 화포(花布) 4단, 소목(蘇木) 1만 근, 상아 61주 등을 바쳤다. 숭덕전(崇德殿)에 불러 보고, 관대(冠帶)와 의복 등을 하사했다. 돌아갈 때도 다수기에게 조서를 내려 돈독히 격려했다(東至占臘五十程, 南至羅越水路十五程, 西至西天三十五程, 北至程良六十程, 東北至羅斛二十五程, 東南至闍婆四十五程, 西南至程若十五程, 西北至洛華二十五程, 東北至廣州一百三十五程. 其俗以版爲屋, 跣足, 衣布, 無紳帶, 以白紵纏其首. 貿易以金銀. 其主所居, 廣袤五里, 無城郭. 出則乘象車, 亦有小駟. 地出犀·象·鍮石·紫鉚·蘇木諸藥. 四時炎熱, 無雪霜. 未嘗至中國. 咸平四年, 國主多須機遣使打吉馬, 副使打臘·判官劄皮泥等九人來, 貢木香千斤·鍮·鑞各百斤·胡黃連三十五斤·紫鉚百斤·紅氈一合·花布四段·蘇木萬斤·象牙六十一株. 召見崇德殿, 賜以冠帶服物. 及還, 又賜多須機詔書以敦獎之).

①의 지리 정보는 앞서 조여괄이 캄보디아의 서쪽에 있다는 설명과 부합한다. 그러나 자바와 광주를 제외한 다른 지리 정보들은 아직 확인되지 않았다. 따라서 50일이나 가야 하는 거리에 있는 '주미류'라고 한 이 나라를 특정하기는 쉽지 않다. 마단림이 위치를 설명하기 위해 제시한 나라들 주거비가 인근에 있다고 언급한 나라들과 한 곳도 일치하지 않는다. 또한 주거비는 캄보디아 조목에서 인근의 '단미류'에서 나는 향이 최고라고 기술한 것을 보면, 단미류는 캄보디아의 세력권에 있었던 나라였다고 추론할 수 있다. 그러나 마단림은 주류미가 서쪽으로 50일 가는 거리에 있다고 한다. 그렇다면 우리는 송나라 시기 캄보디아가 서쪽으로 50일 가는 거리에 있는 '주류미'라는 곳까지, 세력을 펼쳤다는 말이 된다. 그곳은 우리가 확인할 수 있는 자바섬의 거리보다도 멀다. 방향은 맞지만, 같은 나라라고 보기에는 현재로서는 무리하다. ②의 정보는 조여괄이 한마디도 언급하지 않은 정보들이다. ③또한 그러한데, 주목할 만한 점이라면, 조여괄은 왕이 사는 곳에는 궁궐이 없어 마당에 나와 나랏일을 본다고 한 정보와 부합하지 않는다. 게다가 왕이 타고 다니는 이동 수단에 관한 설명은 조여괄의 기술과 어울리지 않는다. 만약 같은 나라였다면, 다른 나라에 관해서는 조여괄의 책을 상당부분 채록하면서 조여괄이 군주의 복식에 관한 설명은 왜 채록하지 않았겠는가. 위에서 보는 바와 같이 조여괄이 기술한 정보는 한 문장도 채록되지 않았다.

산물에 관한 ④의 정보는 결정적이다. 조여괄과 마단림의 산물에서 공통으로 보이는 것은 '자광(紫礦)'뿐이다. 마단림이 언급한 산물 중에 향으로 볼 수 있는 산물은 사실 소목(蘇木)뿐이다. 반면, 조여괄이 거론한 향은 적어도 3종이나 된다. 이는 주거비가 말한 향의 명산지에 부합한다.

날씨에 관한 ⑤의 정보 또한 조여괄의 기술에는 보이지 않는다. 이상 마단림의 기술은 몇몇 이체자를 제외하고, 『송사』, 권489, 「외국·단미류국」(14099쪽)에 똑같이 채록되었다. 결국 연구자들은 주미류가 단미류라고 추정하기에 이르렀다. 단(丹)자는 필사본에서 '주(舟)'자와 혼동되므로, 그 발음으로부터 '주(州)'자로 표기될 소지는 다분하다. 그러나 『문헌통고』와 『송사』에서 기술한 나라가 단미류라고 하더라도, 주거비와 조여괄의 등류미(登流眉)는 어떻게 설명할 것인가. '등(登)'자의 칼그렌식 고음은 '텅(təŋ)'이고, 민(閩) 방언의 발음도 비슷하게 종성 비음을 가지고 있다. '단(丹)'자의 고음은 '탄(tɑn)'이고 민 방언은 탕(taŋ)이다. 따라서 첫 글자는 문제가 되지 않는다. 결국 두 곳이 같은 곳이라면 '류미'인지 '미류'인지 어느 편이 선본일까?

이상 호방직의 채록은 추재의 손에서 다음과 같이 재구성되었다.

답아밀(答兒密)은 옛 단미류국(丹眉流國)이다. 송나라 함평, 명나라 영락 연간에 조공해 왔다. 사람들은 맨발로 다니며 베옷을 입고, 흰 저사로 머리를 싸맨다. 왕이 사는 곳에는 성곽은 없고, 판잣집을 지어 살며, [터는] 가로세로 5리이다. 물산으로 서(犀), 상(象), 유석(鍮石), 자류(紫鉚), 소목(蘇木), 용연(龍涎)[4]이 있다(答兒蜜, 古丹眉流國也. 宋咸平·明永樂來貢. 其俗跣足衣布, 白紵纏首. 王居無城郭, 作板屋, 廣袤五里. 物產犀·象·鍮石·紫鉚·蘇木·龍涎).

판잣집의 왕성은 사방 5리이고,	板屋王城五里方,
흰 관모에 맨발이며 베옷을 입네.	縞冠徒跣布衣裳.
아이 8세가 되면 조수에 익숙하여,	兒生八歲乘潮慣,
바구니 가득 용연향을 채취하네.	採得龍涎滿篋香.

앞서 본 것처럼 조여괄과 마단림의 기술은 일치하는 것은 '자광'뿐이다. 같은 나라로 판단하기에는 너무 시기상조이다. 펠리오는 아무런 근거를 제시하지 못하고 정사인 『송사』의 단미류를 선택했을 뿐이다. 하지만 펠리오는 한 걸음 더 나아가 스리 담마라자(Sri Dhammarāja) 즉 지금의 말레이시아 리고르(Ligor) 일대로 추정했다(『8세기 말 중국에서 인도로 가는 두 갈래 여정』, 184~185쪽). 여기 리고르는 현재 나콘 시 탄마랏(Thanmarat)이다. 이들 지명 중 어느 발음도 단미류와 부합하지 않는다. 또한 이 추정은 자체로 성립하지 않는다. 왜냐하면 마단림은 자바까지 45정이라고 했고 '주미류'까지는 50정이라고 했기 때문이다. 나콘 시 탐마랏은 말레이반도 동안 중간 지점, 즉 자바와 캄보디아 사이에 있다. 정리하자면, '주(州)'자와 '단(丹)'자를 혼동할 가능성에 대해서는 수긍할만하다. 그러나 단미류를 조여괄의 '등류미'로 보고 싶다면, '단류미'을 상정해야 한다. 따라서 등류미와 단미류의 등식은 보류해야 한다. 어쨌든 이곳은 중국 남해 캄보디아 주변 국가이다. 그러나 답아밀(答兒密) 또는 달이마(達爾瑪)는 사마르칸트의 속국으로 그 주변 국가임이 분명하다. 내용적인 면에서도 전혀 혼동할 이유가 없다. 그냥 무성의하게 무작위로 끌어다 붙여 지면을 늘린 것으로 읽을 수밖에 없다.

4) 추재가 이 정보를 어디에서 가져왔는지 추적할 수 없다. 추재는 '답아밀(答兒密)'을 바닷가의 나라로 생각하여 추가한 것인지 아니면 단순한 오류인지 확인이 어렵다.

[52] 담파(淡巴)

'담파(淡巴)'란 나라는 『명사』, 권325, 외국에 별도의 기록이 전한다(8425쪽). 무영전본의 번역은 '중국정사외국전DB'를 참고하시오. 여기서는 『사고전서』본의 기록을 소개한다(18b~19a). "담파도 서남해 안에 있는 나라이다. 홍무 10년(1377) 그곳 왕 불갈사라(佛喝思羅)가 사신들을 보내 표문을 올리고 방물을 바쳐, [황제는] 차등에 따라 하사품을 내렸다. 그 나라는 석성과 기와집으로 [이루어졌고], 왕은 가마[輿]를 타고 관리들은 말을 타는데, **중국의** 위의(威儀)가 있다. 땅은 넓고 물은 맑으며, 초목이 무성하여 축산물이 매우 많다. 남녀는 농사와 방직에 힘쓰며, 시장에서 교역한다. 들에도 도적이 없어 낙토라고 할 만하다. 그들의 조공품에 필포(苾布), 두라면 이불[兜羅緜被], 침향(沈香), 속향(速香), 단향(檀香), 후추[胡椒]가 있다(淡巴, 亦西南海中國. 洪武十年其王佛喝思羅遣使上表, 貢方物, 賜賚有差. 其國石城瓦屋, 王乘輿, 官跨馬[官], 有中國威儀. 土衍水清, 草木暢茂, 畜産甚夥. 男女勤於耕織, 市有貿易. 野無寇盜, 稱樂土焉. 厥貢, 苾布·兜羅緜被·沈香·速香·檀香·胡椒)."

위의 『명사』의 기술은 정효(鄭曉, 1499~1566) 『황명사이고』(북경대학 소장본, 하권, 44b)의 담파(淡巴) 기술에 근거하고 있다. "담파도 서남해 안에 있다. 홍무 10년 왕이 사신을 보내 조공해와, 그들에게 금폐(金幣)를 하사했다. 그 나라의 풍경은 수려하고 풍요로우며, 토지는 넓다. 샘물은 감미롭고 물은 맑아 초목이 무성하여 축산물이 매우 많다. 성(城)은 돌을 쌓아 지었고, 기와로 덮었다. 왕은 가마[輿]를 타고 관리들은 말을 타는데, 자못 위의(威儀)가 있다. 나라 사람들은 파종하고 가꾸는 일 그리고 실을 뽑아 베를 짜는 일에 부지런하다. 남녀 모두 맡은 생업에 힘쓰고, 시장에서 교역하며, 들에는 도적이 없으니, 낙토라 이를 만하다(淡巴, 亦西南海中. 洪武十年, 王遣使人來貢, 賜之金幣. 其國風景秀贍, 土地廣衍, 泉甘而水清, 草木暢茂, 畜産甚夥. 城以石築屋, 以瓦覆. 王乘輿, 官跨馬, 頗有威儀. 國人勤生種藝·織縷抱布. 男女咸務常業, 市有交易, 野無寇盜, 稱樂土矣)"라고 하였다. 확실히 여기 『황명사이고』의 기술이 더 정확하다.

이상의 정보들로는 담파(淡巴)가 중국의 서남해 어디인지 특정할 수 없다. 이 점을 고려한 것인지, 장황의 『도서편』은 『황명사이고』의 기술에 새로운 정보를 추가했다. "담파는 서남해 안에 있다. 옛 낭아수국(狼牙修國)으로 양나라 때 그들과 통교했다. 우리 왕조 홍무 10년, 국왕이 사신을 보내 조공하여 그들에게 금폐(金幣)를 하사했다. …(淡巴在西南海中. 古狼牙修國也, 梁時通焉. 我朝洪武十年, 國王遣使來貢, 賜之金幣…)"라고 했다. 이 '담파'가 양나라 때 처음 통교한 '낭아수국'이라는 설명을 제외하면 나머지는 정효의 기술과 일치한다.

장황이 추가한 이 근거 없는 정보는 나왈경의 『함빈록』에도 고스란히 채록되었는데, 앞서 본 '토래사(討來思)', '사합로(沙哈魯)', '백화(百花)', '답아밀(答兒密)'의 경우에서처럼, 본국의 기술보다는 장황이 옛날 어떤 나라였다고 특정한, 바로 그 나라에 관한 정보로 채워졌다. 말하자면 주객이 전도된 셈이다. 이 엉뚱한 정보는 『방여승략외이』의 호방직 기술로 그대로 복제되었고, 본류에서 너무 벗어난 호방직의 텍스트를 추재는 아무런 확인 작업 없이 요약하고 그것을 노래했다.

> **담파(淡巴)는 옛날 낭아수국(狼牙修國)이다. 양나라 천감(天監, 502~519) 연간에** 사신 아살다(阿撒多)를 보내 표문을 바쳤는데, 모두 **불경의 언어[佛語]였다**. 그 사신이 이르기를 "*[나라를 세운 이래 400여 년, 후사(後嗣)들이 쇠약했는데(立國以來, 四百餘年, 後嗣衰弱)]*, **[왕]족 중에 현자(賢者)가 있어, 나라 사람들이 그를 따랐다. 왕이 그 소문을 듣고 그를 잡아 가두자, 그 사슬이 아무런 이유 없이 저절로 끊어졌다**. 왕은 그가 신이라고 생각하여 감히 해치지 못하고, 그를 추방하여 천축(天竺)으로 달아나게 되었다. *[천축은]* 딸과 혼인시켰는데, 얼마 되지 않아 낭아(狼牙)의 왕이 죽자 *[대신들이 그를]* 맞이하여 **돌아와 왕으로 삼았다**. 지금 표문을 올리는 사람은 그의 아들 파가달다(婆伽達多) 입니다(族有賢者, 國人歸向之. 王聞乃加囚執, 其鎖無故自斷. 王以爲神, 不敢害, 逐之, 奔天竺. 妻以女. 俄而狼牙王死, 迎還爲王. 今上表者, 其子婆伽達多也)"라고 하였다. *[그 뒤로 중국과 통하지 않았다(自後不通中國)]*. 우리 왕조[명나라]에서는 '담파(淡巴)'라고 부른다. 홍무(洪武) 10년(1377) 국왕 불갈사라(佛喝思羅)가 사신을 보내 조공했다.
>
> *[이 나라의 풍경은 빼어나고,* ***땅은 풍요롭고 산물은 폭넓으며,*** *석성(石城)과 기와집이 있다. 왕은 출입할 때 가마를 타거나 말을 타는데 제법 위엄*

이 있다(其國風景秀, 贍地廣產, 多石城·瓦屋. 王出入乘輿, 跨馬, 頗有威儀)]. 이 나라의 남녀들은 모두 **농사와 직조에 힘써** *[상업(常業)으로 삼고, 시장에서 교역한다(常業市有交易)]*. 나라에는 도적이 없어 낙토(樂土)라고 부른다.

[물산은 대략 캄보디아[眞臘]와 같다(物產大略與眞臘同)].

이상을 근거로 추재는 다음과 같이 정리하고 노래했다. 밑줄 친 정보는 추측에서 나온 것 같다.

담파(淡巴)는 옛 낭아수국(狼牙修國)이다. 양나라 천감 연간에 조공을 들여왔다. 그 나라의 땅은 풍요롭고 백성은 많으며, 모두 농경과 방직에 힘써, 도적이 없다. 풍속으로 부처를 숭상하며, 글들은 모두 산스크리트어[梵語]이다. 옛날 왕족 중에 현인이 있었는데, 나라 사람들이 그에게 귀의하여, 왕이 그를 잡아 가두자, 그 사슬이 저절로 끊어졌다. 왕이 죽고 결국 왕이 되었다(淡巴, 古狼牙脩國也. 梁天監中入貢. 其國土饒民殷, 咸務耕織, 無竊盜. 俗尙佛, 文詞皆梵語. 古王族有賢人, 國人歸之, 王囚執之, 其鎖自斷. 王死竟立).

어진 왕 사슬을 끊고 나라의 시작을 알리니,	賢王斷鎖啓邦初,
낙토의 농상 자유롭게 즐기네.	樂土農桑樂自如.
닭과 개 사방의 급한 경보 알리지 않으니	雞犬四鄰無警急,
향을 피우고 한가로이 패다라 책을 읽네.	焚香閒讀貝多書.

[53] 석란산(錫蘭山)

표제어 아래 나왈경은 “이하는 모두 동남과 서남의 바다 왕국들로, 그 세차(世次)와 명호(名號) 그리고 이전 시대는 상고하기 어려워, 단지 중국과 통공(通貢)하였으므로 갖추어 열거한다(以下俱東南西南海國, 其世次·名號·前代難考, 第以其通貢中國, 故備列之)”라는 설명을 붙였다.

‘석란산(錫蘭山)’은 바로 현 스리랑카, 실론섬이다. 『도이지략』에서 승가랄(僧加剌)로 기술되었고, 『영애승람』과 『성사승람』에서 ‘석란산’으로 증언된 바 있다. 이 섬에 대한 해설은 앞의 세 주석서를 참고하시오.[1] 호방직은 『함빈록』에서 다음과 같이 석란산 기술을 채록했다.

> **석란산(錫蘭山)은 대해 가운데 있다.** 영락(永樂) 7년(1409) 태감 정화(鄭和)가 조서를 가지고 가서 타일렀다. 그 나라 왕 아열고내아(亞烈苦柰兒)는 쇄리(瑣里) 사람이다. 견고함을 믿고[負固] 고분고분하지 않고 *[선원들을 해치려 하여(謀害舟師)]* 정화는 몰래 병기를 마련해 두었다가 밤에 병사들에게 하무를 물려 그 궁궐에 들어가 국왕을 생포하여 *[9년(1411)]* 대궐에 바쳤다. 조정에서는 사면하여 나라로 돌려보내고, 그 나라 사람들이 추대한 야파내나(耶巴乃那)를 왕으로 책봉했다. 정통(正統, 1436~1449), 천순(天順, 1457~1464) 연간에 조공해 왔다.
>
> **풍속으로 석가모니[釋]를 숭상하고,** *[코끼리와 소를 중시하여 소똥을 구워 몸에 바른다(重象牛, 煅牛糞, 塗體)]*. 우유는 마셔도 **그 고기는 먹지 않는다. 소를 죽인 자는 사형한다. 소똥을 구워 몸에 바른다. 왕궁과 민가에서는 반드시 소똥을 물에 타 집에 바른** 뒤에 예불한다. *[두 손은 앞으로 곧게 펴고, 두 다리는 뒤에 곧게 펴, 가슴과 배를 땅에 대고 절한다(兩手直舒於前, 兩腿直伸於後, 胸腹皆着地而拜)]*. 땅은 넓고 풍부하여 자바[爪哇]에 버금간다. 사람이 죽으면 화장한다. **혼인에는 가까운 이웃 부인들이 두 손으로 일제히 유방을 치면서 소리치고 통곡하며 축하한다.** 남자들은 살쩍과 털을 모두 제거하고 머리카락만 남겨둔다. 여인들은 방망이 모양

---

1) 『영애승람역주』(상, 308~341쪽) 또는 『성사승람역주』(204~213쪽)를 참고하시오.

으로 쪽을 짓고 베로 싸맨다. 토양은 벼에 적합하다. *[시장에서는 금 주화를 사용한다(市用金錢)]*. 지나가는 바다에는 **적란오(赤卵塢)가 있다. 오(塢)의 사람들은 굴에서 살며, 남녀는 야수처럼 벌거벗었다. 물고기와 새우 그리고 바나나[芭蕉子]를 먹는다.** 전하는 말에 따르면, **약간의 베만 몸에 있어도 부스럼이 생긴다.** 옛날 석가불(釋迦佛)이 바다를 지나다가 이곳에서 물에 들어가 목욕했는데, 오(塢)의 사람들이 그의 옷을 훔쳐 가, **석가모니가 저주하여 서원했기 때문에, 지금도 사람들이 옷을 입을 수 없다고 한다.**

산천(山川)으로 **취람산(翠藍山)**【보석이 난다. 나라 사람들은 보석이 반고(盤古)의 눈물이 맺힌 것이라고 한다. **산꼭대기에는 큰 발자국이 있는데, 반고의 발자국이라고 한다】, 부사(*浮沙*)**【가운데 나방(螺蚌)이 있다. 나라 사람들이 그물로 잡아 주지(珠池)에 쏟아 넣고[傾] 살을 썩혀 주(珠)를 만든다】, 석적(石跡)【산 아래에는 절이 있는데, **석가모니가 열반에 든 곳으로 진신(眞身)이 절 안에 있다. 돌에는 발자국이 찍혀 있는데** 석가모니의 발자국이라고 한다】이 있다.[2)]

토산으로 **청미람석(青米藍石), 황아골석(黃鴉鶻石), 청홍보석(青紅寶石)**【큰비가 내리면 산 아래로 부딪치며 흘러내린다. 모래 속에서 그것을 수습한다】, 용연향(龍涎香)이 있다.

---

2) 나왈경은 석란산의 산천에 관하여, "그 산천과 고적으로 취람산(翠藍山)【여러 보석이 난다. 꼭대기에는 거대한 발자국이 있는데 '반고(盤古)의 발자국'이라고 한다. 그 나라 사람들은 보석이 바로 반고의 눈물이 맺힌 것이어서 오색의 광채가 있다고 한다】, 부사(*浮沙*)【안에는 방합 조개가 있다. 국왕은 사람들에게 그물로 채취하여 주지(珠池)에 쏟아붓고 안을 썩혀 진주를 씻어내 상품으로 만들게 한다】, 석적(石跡)【해변의 산에 발자국이 새겨진 반석이 있는데 매우 길며, 사계절 마르지 않는 물이 있다. 사람들은 석가모니의 발자국이라고 한다. 산 아래에는 절이 있는데 바로 석가모니가 열반에 든 곳으로 진신이 아직 절에 있다고 한다】이 있다(其山川古跡, 則翠藍山【產諸寶石. 頂有巨足跡, 云是盤古足跡也. 彼國人言, 寶石乃盤古淚液結成, 故有五色光彩】·*浮沙*【中有螺蚌. 國王令人網取, 傾入珠池, 內作爛, 淘珠, 爲用而貨也】·石跡【海邊山有一盤石, 印足跡, 甚長. 四時有水, 不乾, 云釋迦足跡也. 山下有寺, 乃釋迦涅盤處, 眞身尙在寺中)】"라고 하였다.

이상 호방직의 기술에 따라 추재는 다음과 같이 재구성했다.

석란산(錫蘭山)은 바다 가운데 있는데, 석가모니가 열반에 든 곳이라고 하여, 진신이 여전히 있고, 바위 발자국이 완연하다. 풍속으로 불(佛)을 숭상하여, 소를 먹지 않고 소를 죽인 자는 사형하며, 매일 소똥을 왕궁과 민가에 바른다. 혼인에는 친척들이 모두 모여 가슴을 치며 통곡하는 것으로 축하한다. [남자들은] 살쩍과 수염을 다 깎고 정수리 머리털만 남겨 놓는다. 적란오(赤卵塢)의 사람들 모두 나체로 굴에 사며, 물고기, 새우, 바나나[芭蕉子]를 먹는다. 전하는 바에 따르면 약간의 천이라도 걸치면 종기가 나는데, 부처가 옷을 잃고 주문했기 때문이라고 한다. 산꼭대기에는 반고의 발자국이 있다. 산천으로 취람산(翠藍山), 부사(浮沙)가 있다. 산물로, '청목람석(青木藍石)', '아골석(鴉鶻石)', 청홍의 보석[青紅寶石]이 있다(錫蘭山在海中, 云是釋迦涅盤處, 故眞身尙在, 石跡宛然. 俗尙佛, 不食牛, 殺牛者死, 每日塗牛糞王宮·民居. 婚姻親隣咸集, 拍胸叫哭以賀. 盡剔鬢須, 只留頂髮. 有赤卵塢, 人皆裸體穴居, 食魚蝦·芭蕉子. 傳云, 若寸布着身, 生瘡, 爲佛呪失衣故也. 有盤古跡在山頭. 山川翠藍山·浮沙. 物產青木藍石·鴉鶻石·青紅寶石).

정수리 머리털은 기르고 양 살쩍 깎으며,	頂髮毶毶兩鬢髡,
가슴을 치며 통곡하여 신혼을 축하하네.	推胸叫哭賀新婚.
황소가 황금 소가 아닐진대,	黃牛可是金牛否,
똥을 쓸어와 매일 집 담장에 바르네.	掃糞朝朝抹屋垣.
청미람석 연지 같고 바나나는 노란데,	青米如脂蕉實黃,
약간의 천을 몸에 걸치면 종창이 생기네.	寸布着身生爛瘡.
석가의 발자국이 반고의 발자국이니,	釋迦跡同盤古跡,
취람산 아래는 아골석 고개라네.	翠藍山下石鴉岡.

[54] 만랄가(滿剌加)

'만랄가'는 말라카, 현재 믈라카로 발음하는 곳이다. 이 지역은 15세기 명나라가 서남 세력의 진출을 견제하려는 전략적 요충지로 인식한 나라이다. 이미 나라의 건국조차도 명나라, 특히 정화의 원정에 힘입었다. 이 나라에 대해서는 『영애승람역주』(상, 211~238쪽)와 『성사승람역주』(147~156쪽)에서 자세히 다루었다. 또한 지봉 이수광이 『지봉유설』에서 언급한 내용이 있다. 이에 대해서는 『지봉 이수광이 바라본 세계』(193~198쪽)를 참고하시오.

만랄가(滿剌加)는 영락(永樂) 3년(1405) 왕 서리팔아속랄(西利八兒速剌)이 사신을 보내 **조공했다**. 7년(1409) 태감 정화(鄭和)가 인장과 고명을 하사하고 왕으로 책봉했다. 9년(1411) 왕위를 이은 배리미소랄(拜里迷蘇剌)이 그의 아내와 아들 그리고 배신(陪臣) 540명을 거느리고 조공해 왔다. 상(上)은 봉천문(奉天門)으로 나가 잔치를 베풀고 왕과 *[왕비, 자식과 조카에게]* 차등에 따라 상을 내렸다. 12년(1414) 국왕의 아들 모간살우적아사(母幹撒于的兒沙)가 내조하여 *[부친의 죽음을 아뢰어, 조서로 계승하도록 봉한 이후로 선덕, 천순, 성화 시기에도 사신을 보내와 조공했다(告父卒, 詔命嗣封以後, 宣德·天順·成化時, 輒遣使來貢)]*. 성화(成化, 1465~1487) 말에 급사중(給事中) 임영(林榮), 행인(行人) 황건형(黃乾亨)이 사신으로 가서 그 왕을 책봉하게 했으나 바다에 빠져 죽어 각각 아들 한 명씩 국자감에 입학시켜 공부하도록 했다.

이곳은 땅이 척박하고 소금기가 있다. *[옛날에는 '오서(五嶼)'라고 불렸고, 섬라(暹羅)에 예속되어 나라로 불리지 않았다. 우리의 제도를 받들어 마침내 섬라에 조공을 들이지 않았다(舊名五嶼, 隸暹羅, 未稱國. 既奉我正朔, 遂不入暹羅貢)]*. **풍속은 순박하며** 회회교를 숭상한다. *[왕은 백색의 베로 머리를 싸매고, 몸에는 도포처럼 가는 꽃문양의 번포(番布)를 입으며, 출입에는 가마를 탄다. 남자들은 사각 수건으로 머리를 싸고, 여인들은 머리 뒤로 쪽을 트는데, 모두 위에는 유색의 짧은 적삼을 입고 아래는 흰 베나 각색 수건을 두른다(王白布纏頭, 身穿細花番布如袍, 出入乘轎. 男方帕包頭, 女人撮髻腦后, 俱上穿色布短衫, 下圍白布各色手巾)]*. **피부는 칠처럼 검은데, 간혹 흰 사람도 있다. 그들은 중국 인종[唐人種]이다.**

민가는 섬라(暹羅)와 같다. 결혼과 장례는 자바[爪哇]와 비슷하다. *[땅은 척박하고 수확이 적어, 사람들이 대부분 바다로 나가(地瘠少收, 人多泛海)]* 물고기와 조개[魚蚌] 잡는 것을 생업으로 한다. 나라에는 산이 하나 있는데 샘물이 시내[溪]로 흘러내린다. 사람들은 **시내에서 모래를 채질하여 주석을 채취하여 녹여 덩어리로 만든다.** 교장(茭蔁)으로 자리[簟]를 짜서 시장에 판다. **구룡(龜龍)은 네 발과 긴 이빨로 사람을 문다. 또 흑호(黑虎)는 사람의 모습으로 바꾸어 시장에 들어간다.**

이곳 역어(譯語)로 **하늘은 안랄(安剌),**[1] **땅은 포미(布迷, būmi), 태양은 합리(哈利),**[2] **달은 보람(補藍, bulan)이라 한다.**

산(山)으로 **진국서산(鎭國西山)**【영락(永樂, 1403~1424) 연간에 비문을 하사했다】이 있다.

토산으로 **타마(打麻)**【수지가 맺힌 것으로 밤에 불을 켜면 빛이 나고, 배에 바르면 물이 들어오지 않는다】,[3] **애체(靉靆)**【책을 볼 때, 눈이 밝아지게 돕는다】, 사고수(沙孤樹)【그 껍질을 채취해 빻아 가루로 만드는데 그것을

---

1) 말레이어로 하늘은 '랑잇(langit)'이라 한다. '안랄'과 부합하지 않는다.

2) '태양'은 말레이어로 '마따하리(matahari)'라고 하는데, '마따+하리'로 구성된 명사이다. 음역한 '합리'는 '날'을 의미하는 '하리'를 음차한 표기일 것이다. Pierre Étienne Lazare Favre, 『Grammaire de la langue malaise』, Vienne, 1876, 54쪽.

3) '타마(打麻)'란 마환이 『영애승람』 말라카 기술에서 '다마르(Damar)'를 '타마아(打麻兒)'라고 음차하고 특기한 향을 말한다(『영애승람역주』, 상, 225쪽). 존 크로포드(J. Crawfurd)의 설명에 따르면, "인도 도서 지역의 숲에는 기술에 활용되는 고무나 수지를 생산하는 나무와 식물들이 많이 난다. 이 중에서 가장 중요한 것은 다마르(Damar)이다. 여러 종의 나무에서 자연스럽게 흘러나와 굳은 수지 또는 테레빈(turpentine)으로, 인도 도서 지역의 모든 지역에 이 다마르를 만드는 나무들이 있다. 룸피우스(Rumphius)로 4종을 들 수 있다. 이 나무들은 다른 진을 생산하는데, 그 색깔과 농도에 따라 상업 용어로 명명된다. 말레이어로 다마르 바투(Damar-batu), 또는 자바어로 '다마르 셀로(Damar-selo)'라고 하는 것은 돌같이 굳은 진을 의미하고, 보통 '다마르 푸치(Damar-putch)'라는 것은 백색의 진이다. 다마르를 생산하는 나무는 절개할 필요 없

사고미(沙孤米)라고 한다】가 있다.[4)]

여기에서도 추재는 『지봉유설』에 기술된 말라카를 참고하지 않고, 아쉽게도 호방직의 기술을 옮겨 놓는 데 그쳤다.

만랄가는 명나라 영락(永樂) 초에 조공했다. 그들의 땅은 척박하고 소금기가 있으며, 풍속은 순박하다. 사람들의 몸은 옻칠한 듯하고, 간간이 흰 사람도 있는데 중국 인종이다. 개울에서 모래를 채질하여 주석을 녹인다. 네발 발린 구룡[악어]은 사람을 문다. 검은 호랑이가 사람으로 변해 저자에 들어간다. 그 나라 말로 하늘은 안랄(安剌)이라 하고, 땅은 시미(市迷)라고 하며, 태양은 합리(哈利)라고 하고, 달은 보람(補藍)이라 한다. 산천(山川)에는 진국서산(鎭國西山)이 있다.[5)] 물산으로[6)] 타마(打麻), 애체(靉靆, 안경), '사고미(沙孤米)', '카장 자리[茭草席]'를 만든다(滿剌加明永樂初入貢. 其地瘠鹵, 俗淳朴. 人身如漆, 間有白者則唐人種也. 有溪淘沙鎔錫. 龜龍四足噛人. 黑虎變人形入市. 其語天爲安剌, 地爲市迷, 日爲哈利, 月爲補藍. 山川鎭國西山。物產做打麻·靉靆[7)]·沙孤米·茭草席).

이 엄청난 양을 만들어낸다. 나무껍질에서 흘러나와 큰 응어리로 둥치와 가지에 달라붙어 있기도 하고, 나무 아래 땅에 덩어리로 발견되기도 한다. 이들 나무는 종종 바닷가나 강둑에서 자라며, 그 다마르는 흔히 물에 떠다녀 먼 곳에서도 채집할 수 있다. 다마르라는 단어는 인도반도의 서쪽 대부분 언어에서 고무 또는 수지를 의미한다. 이 단어는 또한 그 수지를 함유한 횃불을 의미하기도 한다. 고무나 수지라는 단어들은 향료 군도의 몇몇 언어에서 '살로(Salo)'와 '카마(Kama)'로 표현된다. 다마르는 송진이 필요한 모든 용도에 사용하지만, 주로 선박 바닥의 이음새를 막을 때 사용된다. 다마르는 대량으로 인도 내륙 특히 벵골지역으로 수출되었다."(J. Crawfurd), 『인도 군도의 역사(History of the Indian Archipelago)』 I(1820), 454~456쪽).

4) 나왈경은 말라카의 산물을 다음과 같이 기록했다. "그 산물로 화계(火雞)【자주색으로 붉다. 그 부리는 겹친 동전보다 두껍고, 반점이 있는 것도 있고 흰 것도 있다. 도이(島夷)들이 채취하여 마시는 잔을 만든다. 불을 먹고 그 기운을 토해내 그렇게 부른다. 삼불제(三佛齊)에서 나는 것과는 다르다】, 흑웅(黑熊), 흑원(黑猿), 흑궤(黑麂), 파라밀(波羅蜜)【앞에 보임】, 주타마(做打麻)【수지가 맺힌 것으로 밤에 불을 켜면 빛이 나고, 배에 바르면 물이 들어오지 않는다】, 교장담(茭蔁簟)【그 잎으로 자리를 여지(荔枝)처럼 짜고, 발효시켜 술을 만든다】, 애체(靉靆)【책을 볼 때 눈이 밝아지게 돕는다】, 사고수(沙孤樹)【그 껍질을 채취해 빻아 가루로 만드는데 그것을 사고미(沙孤米)라고 한다】가 특이하다(爲奇(其山火雞【紫赤其子, 殼厚踰重錢, 或斑或

글씨는 안경에 의지하여 털끝도 분간하고,	書憑靉靆分毫髮,
밥은 사고를 씻고 절구를 두었네.	飯淅沙孤置杵舂.
시장에서 만난 사람 검은 호랑이인지 의심하고,	市上逢人疑黑虎,
개울에서 주석을 채질하며 구룡을 피하네.	溪中淘錫避龜龍.

白, 島夷采之, 以爲飮盞. 能食火吐氣, 故名. 與出三佛齊者不同】·黑熊·黑猿·黑麂·波羅蜜【見前】·做打麻【樹脂結成者, 夜點有光, 塗舟水不入】·茭蔁簟【其葉織成簟子如荔枝, 釀爲酒】·靉靆【觀書可助目明】·沙孤樹【取其皮擣作粉, 謂之沙孤米】爲奇).”

5) 『명일통지(明一統志)』, 권90(17b)에는 “산천으로 진국산이 있다(山川鎭國山)”라고 되어 있다. 그 아래 쌍행 주석으로 “영락 연간에 조서를 내려 그 나라의 서산(西山)을 봉하여 진국산이라 했고, 왕이 지은 비문을 하사하여 그 위 바위에 새겼다(永樂中, 詔, 封其國之西山, 爲鎭國山, 御製碑文賜之, 勒石其上)”라고 하였다.

6) 이상의 만랄가의 물산들은 『명일통지』(앞의 출처)에서 보이는 것과 완전히 다르다. “땅에서는 주석, 베, 소목, 후추, 상아, 서각, 유항, 대모가 난다(土産錫·布·蘇木·胡椒·象牙·犀角·硫黃·玳瑁)”라고 하였다. 분명 토산품에 관하여, 나왈경은 다른 자료를 참고했음이 분명하다. 추재는 카장으로 만든 자리[茭草席]를 들었는데, 이 산물은 호방직이 빠뜨린 항목이다. 나왈경은 ‘교장담(茭蔁簟)’을 산물 목록에 넣고 있다. 그렇다면 추재가 『함빈록』을 참고했던가? 그럴 가능성은 희박하다. 아마도 판본 상의 문제였을 것이다.

7) 애체(靉靆)는 돋보기 안경이다. 『동서양고(東西洋考)』, 권4, 마육갑(麻六甲, 말라카) 조목의 물산에 보인다.

[55] 홀로모사(忽魯謨斯)

'홀로모사'는 바로 호르무즈의 음역 표기이다. 기원전부터 많은 저자들이 언급한 동서양 교역의 출발점이자 종착지였다. 수에즈 운하가 열리기 전 유럽은 호르무즈를 통해 동방의 산물을 얻었다. 이곳은 대략 14세기 말부터 중국인들에 의해 기술되었다. 『영애승람』과 『성사승람』 역주에서 자세히 설명한 바 있고,[1] 『지봉 이수광이 바라본 세계』(331~340쪽)에서도 살펴본 곳이다. 아래 호방직이 『함빈록』에 따라 채록한 내용에 보이는 정보와 산물들은 위의 세 역주서에서 만나 볼 수 있다.

홀로모사(忽魯謨斯)는 영락(永樂) 3년(1405) 태감 정화(鄭和)가 그 나라에 갔다. 국왕은 사신을 보내 기린(麒麟), 사자(獅子), 마필(馬匹), 진보(珍寶) 등을 바쳤다.

이곳의 땅은 비옥하고, 사람들은 부유하며, *[인물은 훤칠하다(人貌偉碩)].* **불(佛)을 좋아하고** *[살생을 싫어한다(惡殺)].* 돌을 쌓아 성을 만들었다. *[추장은 깊숙이 살며 군대를 훈련하고 말을 기른다. 백성들도 돌을 쌓아 집을 만드는데 3~5층짜리도 있다. 주방, 화장실, 침실, 손님을 맞이하는 곳 모두 위층에 있다. 남자는 곱슬머리에 장삼을 입고 말타기와 활쏘기에 능하다. 여자는 네 갈래로 머리를 땋고 비단으로 목을 두르며, 귀에는 귀걸이를 걸고, 팔과 다리에는 금은의 팔찌를 차며, 청석을 물에 갈아 눈과 입술에 꽃가지로 화장하여 아름답게 하는데, 이것이 부잣집 [여인들의] 장식이다(酋長深居, 練兵畜馬. 民亦壘石爲屋, 有三五層者. 其厨·厠·臥室·待客之所, 俱在上也. 男拳髮, 長衫, 善騎射. 女編髮四垂, 帛繚其項, 耳挂瓔珞, 腕腿俱金銀鐲, 以靑石磨水, 粧點目唇花枝爲美, 此富家之飾也)].* 혼인은 *[중매를 통해 이루어지는데]* 중국의 예법과 같다. 시장에서는 은 주화를 사용한다. *[국법(國法)으로]* **술을 금하여, 술을 만드는 자는 시장에서 처형된다.** *[문인, 무사, 의사, 점술가, 기예인들은 다른 나라보다 훨씬 우수하다(文·武·醫·卜·技藝之人絕勝它國)].* 나라에는 **큰 산이 있는데, 산에서는 사계절 네 가지 산물이 난다. 한 면에는 홍반(紅礬) 같은 소**

---

1) 『영애승람역주』(하, 176~214쪽) 또는 『성사승람역주』(237~247쪽)를 참고하시오.

금이 나는데, 한 덩어리에 300~400근이 나간다. 부숴 먹을 수 있고 그릇을 만들 수도 있다. 한 면에서는 은주(銀朱) 같은 붉은 흙이 나고, 한 면에서는 석회(石灰) 같은 흰 흙이 나서 담장을 바를 수 있다. 한 면에서는 색이 강황(薑黄) 같은 노란 흙이 난다. 왕은 사람을 보내 관리한다. 각처의 사람들이 와서 수매해 유통한다.

토산으로 **보석(寶石), 미옥(美玉), 수정(水晶), 파포과(把哺果)**【핵도(核桃)와 비슷하다】가 있다.[2)]

이상 호르무즈에 관한 정보들은 추재의 손에서 다음과 같이 옮겨졌다.

홀로모사는 명나라 영락 연간(1403~1424)에 기린(麒麟), 사자(獅子), 말, 진귀한 보석을 바쳤다. 그곳의 땅은 비옥하고 사람들은 부유하다. 신[佛]을 좋아하고 술을 금지한다. [술을] 양조하는 사람은 시장에서 처형된다. 큰 산이 있는데, 사방에서는 각기 한 가지 산물이 나는데, 붉은 소금[紅鹽]은 명반 덩어리[礬瑰?] 같으며, 잘게 부숴 먹거나 또한 기물을 만들 들

---

2) 호방직은 호르무즈의 산물로 두 가지만 채록했는데, 나왈경은 『함빈록』에서 더 많은 산물을 기록하고 설명했다. "그 산물로, 송자(松子)【길이가 2촌 정도이다】, 포도건(葡萄乾)【서너 종류가 있다. 한 종류는 대추처럼 자주색이고, 한 종류는 연자(蓮子)처럼 흰색이며 씨가 없고, 한 종류는 흰콩 같은데 자백색이다】, 파포과(把哺果)【핵도(核桃)와 비슷하다】, 만년조(萬年棗)【서리가 설탕처럼 맺혀 맛이 너무 달아 먹기 힘들다】, 대미양(大尾羊)【무게는 7~80근이 나가고, 꼬리의 폭은 1척 남짓으로, 20여 근이 나가, 이동할 때는 수레에 꼬리를 실어 다닌다】, 투우(鬭牛)【전반부는 가는 털이 땅에 끌고, 후반부는 가위로 말끔하게 깎은 것 같다. 뿔에는 패를 달아 인가에서 길러 싸움시킨다(前半戧毛拖地, 後半如剪淨者. 角上帶牌, 人家畜之以鬭)】, 초상비(草上飛)【앞에 보임】, 복록(福鹿)【나귀와 비슷하나 꽃문양이 있어 귀엽다】, 마합수(馬哈獸)【뿔이 몸보다 길다】, 타계(駝雞)【앞에 보임】, 각색보석(各色寶石), 각색의 아름다운 옥 그릇[各色美玉器皿], 각색의 수정 그릇[各色水晶器皿], 꽃문양 양탄자[花毯], 현지의 실로 짠 수건[番絲手巾]이 특이하다(其産松子【長二寸許】·葡萄乾【有三四樣. 一様紫色如棗, 一様雪白色如蓮子, 無核, 一様如白豆, 紫白色】·把哺果【似核桃】·萬年棗【結霜如糖, 味太甜難食】·大尾羊【重者七八十斤, 尾闊尺餘, 重有二十餘斤. 行則以車載尾】·鬭牛【前半戧毛拖地, 後半如剪淨者. 角上帶牌, 人家畜之以鬭】·草上飛【見前】·福鹿【似驢而花紋, 可愛】·馬哈獸【角長過身】·駝雞【見前】·各色寶石·各色美玉器皿·各色水晶器皿·花毯·番絲手巾爲奇)."

수도 있다. 붉은 흙[紅土]은 색이 은주(銀硃, 주사)와 같다. 흰 흙[白土]은 석회와 같아 담장을 분칠할 수 있다. 노란 흙[黃土]은 색이 강황(薑黃, 울금) 같다. 왕은 [이것들을] 관리하여 바다 상인들에게 판다. 산물로는 보석, '아름다운 돌[美石]', '파포과(把哺菓)'[3]가 난다(忽魯謨斯, 明永樂中, 貢麒麟·獅子·馬匹·珍寶. 其地土沃民富, 喜佛禁酒, 造者棄市. 有大山, 四面各出一種物, 曰紅鹽, 如礬瑰, 碎之而食, 亦可作器皿. 曰紅土, 色如銀硃. 曰白土, 如石灰, 可以粉墻. 曰黃土, 色如薑黃. 王管守賣於海商. 物產寶石·美石·水晶·把哺菓).

형법으로 술을 금하여 평소 불(佛)에 참배하고,	禁釀刑書參素佛,
쌓은 성의 풍토는 오만(烏蠻)과 비슷하네.	壘城風土似烏蠻.
낭간과 보석 어찌 번거롭게 채취하리오.	琅玕寶石何煩採,
왕은 해마다 네 가지 보물이 나는 산에 조세하네.	王稅年年四寶山.

3) 나왈경에서 추재까지 일관적으로 이르는 '파포(把哺)'라는 과실은 바로 『영애승람』에 보이는 '파담(把聃, 아몬드)'의 오기이다(『영애승람역주』, 하, 198쪽, 자세한 설명은 134쪽을 참고하시오).

[56] 빈동룡(賓童龍)

『방여승략외이』, 권5에는 여기 빈동룡(賓童龍) 앞에, 아로(啞魯), 대구남(大唄喃), 소구남(小唄南), 역사파한(亦思把罕), 감파리(甘把里), 걸면(乞丏), 소갈란(小葛蘭), 고리반졸(古里班卒), 여송(呂宋), 합묘리(合猫里), 설리(碟里), 타회(打回), 일라하치(日羅夏治) 등 12개의 나라가 더 기술되어 있지만, 추재는 모두 채록하지 않았다.

'빈동룡'은 현 베트남 남부 '판두랑가'를 음역한 표기이다. 이곳은 이미, 1349년 왕대연이 『도이지략』에서 기술한 바 있고(『도이지략역주』, 94~101쪽), 그의 기록은 『성사승람』에서 확인되었다(『성사승람역주』, 76~84쪽). 또한 폴 펠리오의 『8세기 말 중국에서 인도로 가는 두 갈래 여정』(역주본, 157~158쪽)에서도 고증된 바 있다. 아래 호방직이 『함빈록』에 따라 채록한 정보들은 위의 세 주석서에서 자세한 설명을 찾아볼 수 있다.

> 빈동룡(賓童龍)은 *[소국(小國)으로]* 점성(占城)에 예속되어 있다. 영락(永樂, 1403~1424) 연간에 정화(鄭和)가 이 나라에 갔다.
>
> *[이곳의 풍토, 인물, 초목, 사물의 사정은 점성과 대략 같다. 다만(其地風土·人物·草木·物候, 與占城略同. 惟)]* 상례는 불교 의식을 치르고[設佛事], 망자를 선택한 벽지(僻地)로 옮겨가 매장한다. *[이점이 우수하다(此爲佳也)]*. 그곳 왕은 점성이 사람을 선발하여 왕으로 삼는다. *[왕이 출입할 때는 코끼리나 말을 타고, 붉은 일산을 펴고, 따르는 자들은 100명이다. 복식 또한 점성과 같다. 점성과 함께 방물을 바쳤다(王出入乘象馬, 張紅傘, 從者百人. 服飾亦與占城. 歲貢方物與占城)]*. 불서(佛書)에서 말하는 왕사성(王舍城)이 이곳이다. 지금도 목련(目連)의 집터가 그곳에 남아 있다. 또한 시치어(尸致魚)가 있는데, 그 피해가 점성보다 더 참혹하다. 사람들은 대부분 사당[廟]을 마련하여 희생의 피로 제사한다.
>
> 토산으로 기남향(奇南香), 각색의 화포(花布)가 있다.

이상의 정보를 통해 추재는 다음과 같이 빈동룡(賓童龍)을 소개하고 노래했다.

빈동룡(賓童龍)은 참파[占城]의 속국이다. 그곳 풍속에 상례는 불교 의식을 치르고 벽지를 골라 매장한다. 불경에서 말하는 왕사성(王舍城)이 이곳이다. 지금도 목련(目連)의 집터가 남아있어, 사람들은 대부분 사당을 마련하여 희생의 피로 제사한다(賓童龍, 占城屬邦也. 其俗喪禮設佛事, 擇僻地而葬, 佛書所云, 王舍城是也. 今有目蓮基存, 民多置廟, 祭牲血. 物產奇南香·各色花布).

왕사성 안에는 목련이 의구하고,	王舍城中舊目蓮,
지금도 삼보는 세간의 정상이네.	至今三寶頂人天.
마을마다 사당에서 날음식으로 제사하고	村村廟祭腥膻食,
곳곳의 봉분 궁벽한 밭을 정화하네.	處處墳封淨僻田.

[57] 발니(渤泥)

『방여승략외이』, 권5에는 여기 발니(渤泥) 앞에 교란산(交欄山), 랄살(剌撒), 팽형(彭亨) 등 세 곳이 더 기술되어 있지만, 추재는 생략했다. 추재가 채록하지 않은 나라들은 『도이지략역주』와 『성사승람역주』를 통해 만나 볼 수 있다.

'발니'는 보르네오를 지칭한다는 설이 일반적이다. 왕대연은 '발니(浡泥)'로 표기하고 견문 기록을 남겼다(『도이지략역주』, 194~197쪽). 자세한 설명은 이 주석서를 참고하시오. 1602년 마테오 리치의 「곤여만국전도」를 복제한 한 사본(도호쿠대학 소장본)에는 '파이닉하(波爾匿何)'로 표기하고 "파이닉하는 바로 발니국이다. 땅은 무덥고 비바람이 많다. 목책으로 성을 만들었고, 그들의 갑옷은 동(銅)을 녹여 통으로 만들어 몸을 넣어 입는다. 졸여 연고로 만드는 약나무가 있는데, 몸에 바르면 병장기 칼날에도 상처를 입지 않는다. 붓과 종이가 없어 칼로 패다(貝多) 잎에 새겨서 쓴다. 풍속은 불(佛)을 즐겨 모신다(巴爾匿**何**, 即浡泥國. **地**炎熱多風**雨**. **木柵爲城, 其甲鑄銅爲筒, 穿之于身**. 有藥樹煎膏**塗身**, 兵刃不傷. 無筆札, 以刀刻貝多葉行之. 俗好事佛)"라고 설명했다.[1] 여기의 '파이닉하'의 '하(何)'자는 '아(阿)'자의 오기로, 민남어 발음으로 읽으면 '보르네오'에 해당하는 음차임을 알 수 있다.

> **발니(渤泥)는 원래 사바국(闍婆國)의 속국이다.** *[서남의 대해에 있다. 이전 시대에는 통하지 않았다(在西南大海中. 前代未通)].* 송나라와 원나라 시기에 모두 조공했다.[2] 우리 왕조, 홍무(洪武) 4년(1371) 왕 마합모사(馬

---

1) 이 마테오 리치의 설명은 『방여승략외이』 '수권'에서도 채록되었는데, "파이닉하는 바로 발니국(渤泥國)으로 무덥고 바람이 많다. 졸여 연고로 만드는 약나무가 있는데…하면 병장기 칼날에도 상처를 입지 않는다. 붓과 종이가 없어 칼로 패다(貝多) 잎에 새겨서 쓴다. 풍속은 불(佛)을 즐겨 모신다(巴爾匿河, 即浡泥國, 炎熱多風. 有藥木煎■膏□, 兵刃不傷. 無筆札, 以刀刻貝多葉行之. 俗好事佛)"라고 하였다. 정백이(程百二)의 채록은 매우 거칠다.

2) 호방직이 요약한 이 조공 정보는 『함빈록』에 "송나라 태평흥국(太平興國, 976~984) 연간에 국왕 상타(向打)가 처음으로 사신을 보내, 대편용뇌(大片龍腦), 속미용뇌(粟米龍腦), 창용뇌(蒼龍腦), 대모(玳瑁), 단향(檀香), 상아를 바쳤다. 그들 표문은 몇 겹의 작은 자루에 봉했는데, 중국의 종이가 아니라 나무껍질과 비슷했다. 밝고 매끄러웠으며 색은 연한 녹색이었고, 길이는 몇 척이며 폭은 1촌 남짓으로, 횡으로 말아 겨우 손아귀에 찰 정도였다. 글씨는 작고 횡으로 읽었다. 조서로 두텁게 예우했다. 원나라 지원(至元, 1264~1294) 연간에 왕 석리마낙(錫理麻

合謨沙)가 사람을 보내 조공했다. 영락(永樂) 3년(1405) 그곳 국주(國主) 마사야가나내(麻邪惹加那乃)를 왕으로 책봉했다. 또 6년(1408) 왕이 왕비와 아들 그리고 배신(陪臣)들을 거느리고 조공해 왔다 *[이해 복건에 이르자, 중관에게 가서 잔치를 베풀어 위로하게 했다. 지나는 여러 군에게 잔치를 베풀어 주도록 했다. 경사에 이르러 왕은 황금 글씨로 쓴 표문을 바치고 방물을 헌상했고, 왕비는 중궁과 동궁에 편지를 올렸다. 상은 봉천문으로 거둥하여 왕에게 잔치를 베풀어 주었다. 왕이(是年至福建, 命中官往宴勞之, 令所過諸郡設宴. 至京, 王奉金字表, 獻方物, 妃箋獻中宮·東宮, 上御奉天門, 賜王宴. 王)]* **회동관(會同館)에서 죽어, 시호 공순(恭順)을 하사하고 남경(南京) 성 밖 석자강(石子岡)에, 묻어주도록 하고**, 비석을 세우고, 사당을 세워 유사(有司)에게 춘추로 제사하게 했다. 이에 서남의 이인(夷人) 중에 중국에 적을 둔 자들이 그곳을 지키며 그의 아들 하왕(遐旺)이 그 뒤를 계승하도록 책봉하여 귀국을 호송했다. *[12년 뒤인]* 홍희(洪熙) 원년(1425) *[모두 와서]* 조공을 들였다.

[사람들은 판자로 성을 만들고, 구리로 갑옷을 주조하여 모양이 큰 통(筒)과 같다. 집들은 넓고 훤하다(俗以板爲城, 以銅鑄甲, 狀若大筒. 室宇弘敞)]. 풍속은 사치를 좋아한다. **들과 농토는 풍요롭다. 중국인들을 경애(敬愛)한다.** 군신과 백성의 복식은 중국을 상당히 모방했다.

그곳 산천(山川)으로 **장녕진국산(長寧鎭國山)**【어제(御製) 비문을 내려 봉했다】이 있다.

諾)이 다시 사신을 보내 방물을 바쳤다. 그 사신들이 천주에서 해선을 타고 귀국하기를 간청하여 그에 따랐다(宋太平興國中, 國王向打, 始遣使, 貢大片龍腦·粟米龍腦·蒼龍腦·玳瑁·檀香·象牙. 其表以數重小囊緘封之, 非中國紙, 類木皮. 瑩滑色微綠, 而長數尺, 潤寸餘, 橫卷之, 僅可盈握, 其字小, 橫讀之. 詔優禮焉. 元至元中, 王錫理麻諾, 復遣使, 貢方物. 其使乞從泉州乘海船歸國, 從之)"라고 하였다. 송나라 시기의 조공 기록은 『송사』, 권489, 「발니국전」(14094쪽)에 따르면 '태평흥국 2년(977)'의 일로 기록하고 있다. 원나라 지원 연간의 조공 기록은 앞의 『송사』(14095쪽)에 따르면, '원풍(元豐) 5년(1082) 2월'로 되어 있다.

토산으로 **약수(藥樹)【뿌리를 채취해 졸여 복용하고 몸에 바르면 칼에 상처를 입어도 죽지 않는다】**, **편뇌(片腦)【**나무는 삼나무나 노송나무[杉檜] 같다. **채취하는 사람들은 반드시 목욕재계하고 간다. 조각이 매화(梅花)처럼 생긴 것이 상품이다】**,[3] **패다엽(貝多葉)【***[나라 사람들은 패다엽과 대나무를 짜서 식기를 만드는데, 식사가 끝나면 버린다(國人以貝多葉與竹編爲食器, 食訖棄之)]*. **왕이 사는 곳에도 이것으로 지붕을 덮는다】**, **길패(吉貝)【***[나무이다(樹也)]*. 그 꽃으로 베를 짠다**】**, **가몽수(加蒙樹)【**심(心)은 술을 만들 수 있다**】**가 있다.

이상 호방직의 기술과 주석은 추재의 손에서 다음과 같이 재구성되었다. 정보의 양 때문인지, 추재는 산물의 정보를 모두 채록하고 있다. 밑줄 친 정보는 이상의 자료에서 확인되지 않는다. 추재의 추측에서 나왔거나 다른 나라와 혼동한 정보일 것이다.

발니(浡泥)는 원래 사바(闍婆)의 속국이다. 송나라와 원나라 때 모두 조공을 들였다. 명나라 영락 초에 그곳 왕이 내조하여 회동관(會同館)에서 죽자, '공순(恭順)'으로 시호를 내리고, 남경 성 밖 석자강(石子岡)에, 묻어주도록 했다. <u>풍속으로 문양 넣는 기술을 좋아하여</u>, 궁실과 의복이 모두 화려한 식을 따르며, 중국인을 경애한다. 밭과 들은 풍요롭다. 산천으로 장녕진국산(長寧鎭國山)이 있다, 물산으로 약수(藥樹)는 그 뿌리를 졸여 고약으로 만들어 칼에 난 상처를 치료한다. 편뇌(片腦)는 채취하는 사람들은 반드시 목욕재계하고 가는데, 매화 같은 것이 우수하다. 패다엽(貝多葉)으로 왕궁을 덮는다. '길패포(吉貝布)'와 '가몽주(加蒙酒)'가 있다. 영락제가 지은 비문이 장녕산(長寧山)에 있다(浡泥, 本闍婆屬國也. 宋·元俱入貢. 明永樂初, 其王來朝, 卒於會同館, 賜謚恭順, 命葬南京城外石

3) 『대명일통지』(사고전서본, 권90, 22a)에도 편뇌(片腦)를 설명하여 "나무는 삼나무나 노송나무[杉檜] 같다. 채취하는 사람들은 반드시 목욕재계하고 간다. 조각이 매화(梅花)처럼 생긴 것이 상품이다. 그다음으로 금각뇌(金脚腦), 속뇌(速腦), 미뇌(米腦), 창뇌(蒼腦), 찰취뇌(扎聚腦)가 있다. 또 기름 같은 한 종이 있는데 뇌유(腦油)라고 한다((樹如杉檜. 取之者必齋浴而往. 其成片似梅花者爲上, 其次有金脚腦·速腦·米腦·蒼腦·扎聚腦. 又一種如油名腦油)"라고 하였다.

子岡. 俗尚文術, 宮室·衣服悉遵華制, 敬愛華人. 田原豊贍. 山川長寧鎭國山. 物産藥樹, 煎根成膏, 治刃傷. 片腦, 取者必齋沐往, 如梅華者佳. 貝多葉, 苫王宮. 吉貝布·加蒙酒. 有永樂御製碑文, 在長寧山).

어제 비문 길이는 1장 2척이요,	御製豊碑丈二長,
온 궁궐 바람은 패다라 향을 보내네.	滿宮風送貝多香.
나라 사람들 모두 중국을 존중할 줄 알고,	邦人摠解尊中國,
남경 석자강을 울며 말하네.	泣說南京石子岡.

약수로 고약 만들어 칼의 상처를 없애고,	藥樹膏成掃劒瘢,
가몽주 익으니 사방 잔치 즐겁네.	加蒙酒熟四筵歡.
매화 편뇌를 채취하려,	欲採梅花片腦子,
오경에 재계하고 다투어 관을 터네.	五更齋沐競彈冠.

[58] 소록(蘇祿)

‘소록’은 현 필리핀 남부의 군도인 ‘술루(Sulu)’를 음역한 표기이다. 이곳은 왕대연의 『도이지략』과 비신의 『성사승람』에 기술되었다.[1] 아래 호방직이 『함빈록』에 따라 기술한 내용은 앞의 두 주석서에서 자세히 설명했다. 앞의 두 기록에 따르면, 이곳은 진주(眞珠)의 산지이다. 그러나 나왈경이 진주를 ‘청주(靑珠)’라고 언급한 점에 주목할 만하다.

소록국(蘇祿國)에는 동왕(東王), 서왕(西王), 동왕(峒王)이라는 세 명의 왕이 있다. 단지 동왕(東王)만 존귀하게 여긴다. 영락(永樂) 15년(1417) 세 왕이 각기 그들 처자(妻子)와 두목(頭目)을 거느리고 와 조공했다. 뒤에 동왕(東王)이 돌아갈 때 덕주(德州)에 머무르다가 죽었다. 유사(有司)에게 명하여 장례를 치러 주며, 글을 지어 비석을 세워주도록 하고, 부인과 수행원 10여 명을 남게 하여 묘를 지키게 했다. 3년 만에 나라로 돌아갔다. 19년(1421) 왕위를 이은 도마합(都麻合)이 조공해 와 거대한 구슬[巨珠] 한 알을 헌상했다. 무게는 7냥 5전이 나갔다.

그곳 사람들은 사호(沙糊), 물고기와 새우[魚蝦], 나합(螺蛤)을 먹는다. *[짧은 머리에 검은 만을 맨다(短髮纏皀縵)]*. 바닷물을 끓여 소금을 만든다. 자(柘, 사탕수수)를 발효시켜 술을 만든다.

그곳 산(山)으로 석기산(石崎山)【나라는 이 보호 장벽[保障]에 기대있다】[2]이 있다.

산물로 청주(靑珠)【직경은 1촌이고 모양은 둥글다】, 죽포(竹布)【작은 대나무[小竹]로 짠 것이다】가 있다.

이상의 호방직의 채록은 추재의 손에서 다시 한번 재연되었다.

---

1) 『도이지략역주』, 231~234쪽; 『성사승람역주』, 368~374쪽.

2) 나왈경은 『함빈록』에서 “나라는 이 산을 보호 장벽으로 삼는다(國此以爲保障)”라고 설명했다.

소록국(蘇祿國)에는 동왕(東王), 서왕(西王), 동왕(峒王) 등 세 왕이 있는데 동왕(東王)이 존귀하다. 사람들은 사호(沙糊), 물고기류[魚蝦], 나합 조개를 먹는다. 바닷물을 졸여 소금을 만들고, 사탕수수[柘]를 발효시켜 술을 빚는다. 산천으로 석기산(石崎山)이 있는데, 나라는 [이 산에] 의지하여 보호 장벽으로 삼는다. 물산으로 청주(青珠), 죽포(竹布)가 있다(蘇祿國有三王, 曰東王·西王·峒王, 而東王爲尊. 其民食沙糊·魚蝦·螺蛤. 煮海爲鹽, 釀柘爲酒. 山川有石崎山, 國倚爲保障. 物產青珠·竹布).

동왕, 서왕, 동왕(峒王)의 왕부들은,	東王西王峒王府,
보호 장벽으로 같은 석기산에 의지하네.	保障一般依石山.
죽포, 청주, 그리고 사탕수수 술은,	竹布青珠與柘酒,
아침저녁마다 세금으로 돌려받네.	朝朝暮暮供稅還.

[59] 고마랄(古麻剌)

여기 호방직이 채록한 '고마랄' 기술의 출처는 나왈경의 『함빈록』이다. 나왈경이 근거한 자료는 정효(鄭曉)의 『오학편·황명사이고』(북경대학 소장본, 권하, 41b)이다. "고마랄은 동남해에 있다. 영락 시기 국왕 와래돈본(哇來頓本)이 그 신하들을 거느리고 내조하다가 복주(福州)에 이르러 죽었다. 시호로 '강정(康靖)'을 하사하고, 칙서로 민현(閩縣)에, 묻어주고 유사에게 해마다 제사하게 했다(古麻剌, 在東南海中. 永樂時, 國王哇來頓本率其臣來朝, 至福州卒. 賜謚康靖, 敕葬閩縣, 有司歲祭)"라고 하였다. 이 기록은 다시 장황(章潢)의 『도서편』(사고전서본, 권51, 75a)로 이어지며 마지막에 다음 정보가 추가되었다. "그 나라에는 100여 주가 있고 네 겹의 성이 있다(其國有百餘州, 有城四重)."

이들을 채록한 나왈경은 "나라 사람들은 매운 음식을 먹지 않는다. 사원[佛宇] 4,000곳이 있다. 40,000여 기녀(妓女)들이 매일 노래하고 춤추며 부처를 공양한다[佛飯]. 왕은 금관을 쓰고, 출입할 때는 코끼리를 탄다. 수행하는 사람들이 말을 타고, 검을 들고 따른다(國人不葷食. 有佛宇四千區, 四萬餘妓每日歌舞以獻佛飯. 王出入乘象, 戴金冠從者騎馬, 持劍隨之)"라는 정보를 더 추가했다. 이 정보는 어디에서 온 것일까?

조여괄(趙汝适)은 인도 서부 구자라트로 추정되는 「호다랄국(胡茶辣國)」을 기술하며, "호다랄국은 100여 주를 관장하며 성은 네 겹이다. …사람들은 맵거나 비린 음식을 먹지 않는다. 사원은 4,000여 개소가 있는데, 안에는 약 20,000여 기녀가 매일 두 차례 부처에게 공양하고 헌화한다(胡茶辣國, 管百餘州, 城有四重. …人禁葷食. 有佛宇四千區, 內約二萬餘妓, 每日兩次歌獻佛飯及獻花)"라고 하였다(『제번지역주』, 136쪽). 확실히 나왈경은 '고마랄'에 이 정보를 끌어다 붙였다. 그렇다면 '고마랄'이 '호다랄(胡茶辣)'인가? 나왈경은 그렇게 생각했던 것 같다.

『명사』, 권7, 「성조본기」(100쪽)에는 영락 18년(1420) '고마랄랑(古麻剌朗)'이 내조했다고 하고, 이듬해에도 고마랄랑 왕이 공물을 들였다(101쪽)고 하며, 「인종본기」(110쪽)에도 영락 22년(1424)에도 조공을 들인 사실이 확인된다. 이어서 별도의 열전이 기록되어 있는데(권323, 8379쪽), 고마랄랑은 동남해에 있는 작은 나라로, 영락 15년(1417) 장겸(張謙)을 보내 왕인 간랄의역분돈(幹剌義亦奔

敦)을 타이르고 예물을 하사하자, 그 왕도 영락 18년(1420) 처자와 배신들을 거느리고 장겸을 따라와 방물을 바쳤다고 한다. 그에 대한 명나라의 예우는 술루 왕국[蘇祿國]과 같게 하였다. 이듬해(1421) 정월에 돌아가다가 복건에서 병에 걸려 죽자, 시호를 '강정(康靖)'이라 하고, 유사(有司)에게 봉분을 만들어 왕의 예제로 안장하도록 했다는 기록이 보인다. 이로써 '고마랄'과 '고마랄랑'은 같은 나라임을 알 수 있다.

『태종문황제실록(太宗文皇帝實錄)』(권230), 영락 18년(1420) 10월 10일 첫 번째 기사에 "고마랄랑 국왕 간랄의역돈분(幹剌義亦敦奔)이 처자와 배신들을 거느리고 태감 장겸을 따라와 내조했다(古麻剌朗國王幹剌義亦敦奔, 率妻子·陪臣, 隨太監張謙, 來朝)"라는 기록을 확인할 수 있다.『실록』교감기에 따르면, 왕 이름의 '간(幹)'자는 '알(斡)'자의 잘못이라고 한다. 이로써 고마랄은 '고마랄랑'을 잘못 채록한 것이고,『명사』의 왕 이름은 '알랄의역돈분(斡剌義亦敦奔)'이라고 교감할 수 있다.『황명사이고』의 '와래돈본(哇來頓本)'의 '래'자는 '의역돈분'의 '역'자의 오기로 추측해 볼 수 있다. 더 정확한 자료를 찾지 못하는 지금으로서는 '고마랄랑'은 중국 동남해, '소록국(蘇祿國)' 인근의 작은 나라로 추정할 수밖에 없으므로, 나왈경이 추가한 '호다랄' 정보는 잘못되었다.

> 고마랄(古麻剌)은 *[동남해에 있다(在東南海中)]*. 영락(永樂, 1403~1424) 시기 국왕 와래돈분(哇來頓本)이 처자(妻子)와 배신(陪臣)들을 거느리고 조공해 왔다가 갈 때, 복주(福州)에 이르러 죽었다. 시호로 '강정(康靖)'을 하사하고, 유사(有司)에게 명하여 장례하고 해마다 제사토록 했다.

> 이 나라의 성은 네 겹[四重]이며, 100여 주(州), 사원[佛宇] 4,000곳이 있다. 나라 사람들은 매운 음식을 먹지 않는다. 40,000여 기녀(妓女)들이 매일 노래하고 춤추며 부처를 공양한다[佛飯]. 왕은 금관을 쓰고, 출입할 때는 코끼리를 탄다. 수행하는 사람들이 말을 타고, 검을 들고 따른다.

추재는 호방직의 기술마저도 불성실하게 옮겼다.

고마랄은 영락 시기에 내조했다. 그 나라의 성은 **다섯 겹**이며, 100여 주가 있고, 불교 사원은 4,000곳이 있다. 사람들은 매운 음식을 먹지 않고, 40,000여 기녀들이 매일 노래하고 춤추며 부처의 식사를 올린다. 왕은 금관을 쓰고, 출입에는 코끼리를 타는데, 수행하는 사람들이 말을 타거나 검을 들고 그를 따른다(古麻剌, 明永樂時來朝. 其國城五重, 有州百餘, 佛宇四千區. 俗不葷食, 四萬餘妓, 每日歌舞以獻佛飯. 王戴金冠, 出入乘象, 從者騎馬·持劒, 隨之).

다섯 겹의 성궐 백여 개 고을이요,	五重城闕百餘州,
머리에 금관을 쓰고 흰 코끼리 타네.	束髮金冠白象輈.
사만의 여인들 가무에 익숙하고,	四萬紅粧歌舞慣,
아침저녁 공양이 풍류라네.	朝昏齋供也風流.

[60] 면전(緬甸)

여기부터는 『방여승략외이』, 권6에서 채록한 나라 또는 민족들이다. 권6은 역시 신안(新安)의 오래봉(吳來鳳)이 짓고, 반일어(潘一馭)가 집록한 것이라고 한다. 현전하는 『사고금훼서총간(四庫禁燬書叢刊)』본, 『방여승략외이』, 권6에는 '면전(緬甸)' 즉 미얀마 기술이 채록되지 않았다. 그렇지만 추재가 『함빈록(咸賓錄)』을 직접 참고했을 리는 없다. 왜냐하면 이전 채록에서 『방여승략외이』의 오류를 추재는 고스란히 따르고 있었기 때문이다. 추재는 어디에서 이 면전(緬甸) 기술을 참고한 것일까? 아마도 추재가 얻어온 책과 판본이 달랐을 것으로 추정되지만, 아래 요약하고 있는 내용은 『함빈록』과 거리가 멀다. 여기 '면전' 기술은 『함빈록』, 권7에 기술된 내용을 원문과 함께 옮겨 놓았다.

『함빈록』 권7에는 남중제이(南中諸夷)-곡정(曲靖)-학경(鶴慶)-금치(金齒) 다음으로 면전(緬甸) 기술이 보인다. 오래봉은 남중(南中)만 채록하고 나머지는 생략하고 '목방(木邦)[61]' 기술로 건너뛰었다. 『함빈록』의 권7은 「남이지(南夷志)」로 제목이 달려있고, 여기 '면전'은 '남중제이(南中諸夷)'에 속하므로, 추재는 오래봉의 '남중(南中)'을 먼저 정리하고 이어서 목방(木邦), 노좌(老撾) 등을 채록해야 전체적인 윤곽을 바로 파악할 수 있었다. 면전-목방으로 넘어가기 이전에 전체적 흐름을 위해 오래봉이 채록 정리한 '남중(南中)'을 여기에 번역해 둔다.

> 남중(南中)은 옛날 양주(梁州) 요외(徼外)의 땅으로, 서남의 여러 이민족[雜夷]이 산다. 초나라 경양왕(頃襄王)이 장군 장교(莊蹻)에게 군대를 이끌고 장강(長江)을 따라 파(巴)와 검(黔)의 서쪽 지역을 경략(經略)하게 했다. 마침 진(秦)나라가 초나라의 파(巴)와 검(黔)의 군을 공격하여, 길이 막혀 통하지 않았다. 이 때문에, 그 무리로 전(滇)에서 왕 노릇을 하며 변복(變服)하여 그곳 풍속을 따랐다.
>
> 무제(武帝, 기원전 141~기원전 87년 재위) 때 이르러 전왕(滇王)이 한나라 사신에게 "한나라가 어떻게 우리보다 큰 가(漢孰與我大)"라고 하였다. 야랑후(夜郎侯) 또한 그렇게 말했다. 각자 하나의 주(州)를 차지하고 한나라의 광대함을 알지 못했다. 그리고 남월(南越)이 전왕을 격파하자 조공을 들였다. 원봉(元鳳, 기원전 110~기원전 105)초에 한나라는 파촉(巴蜀)

의 군대를 일으켜 노심(勞深)과 미막(靡莫)을 공격하여 멸하고, [그] 군대로 전(滇)으로 다가가자 전왕(滇王)은 나라를 들어[擧國] 항복하여, [그곳을] 익주군(益州郡)으로 삼았다. 왕망(王莽, 기원전 45~기원후 23)이 찬탈하여 한나라 제도를 고쳐, 구정왕(鉤町王)을 낮추어 후(侯)로 삼았다. 만이(蠻夷)들이 모두 반역하여 촉(蜀)에 이르렀다.

촉한(蜀漢, 221~263) 후주(後主) 때, 익주(益州)의 호족[大姓] 옹개(雍闓)가 태수 정앙(正昂)을 죽이고 촉군(蜀郡)으로 고쳤다. 장예(張裔)가 태수가 되자, 옹개는 귀신을 빌어 "장예 태수[府君]는 호리병과 같아, 겉은 매끄러우나 속은 거칠다. 죽일 수는 없으니, 오나라에 묶어 두게 하라(闓假鬼教曰張裔府君如瓠壺, 外雖澤而內實粗, 殺之不可, 令縛與吳)"라고 교지를 내렸다. 이에 오나라로 장예를 압송하자, 오나라 왕 손권(孫權, 229~252년 재위)은 멀리서 옹개를 영창 태수로 삼았다. 제갈량은 도호(都護) 이엄(李嚴)에게 옹개를 타이르라는 서신을 보내자, 옹개는 "제가 듣건대 하늘에 두 태양이 없고, 땅에는 두 군주가 없다고 합니다. 지금 천하는 나뉘었고, 역법[正朔]에서 세 가지 다름[三遠]이 있으니, 사람들이 당황스러워 돌아갈 바를 모른다"라고 대답했다. 그의 오만함이 이와 같았다. 맹호(孟獲)가 옹개를 대신하여 왕이 되자, 마충(馬忠)이 장가(牂牁)를 격파했고, 이회(李恢)가 남중(南中)에서 물리쳤다. 마침내 제갈량은 노수(瀘水)를 건너 진격하여 익주(益州)를 정벌하고 맹호(孟獲)를 일곱 번 사로잡고 일곱 번 사면해 주자, 맹호는 "명공(明公)께서는 하늘의 위엄이시다. 변방의 사람들이 오래도록 나쁜 짓을 하지 않을 것입니다(明公天威也. 邊民長不爲惡矣)"라고 대답했다. 마침내 익주(益州), 영창(永昌), 월수(越巂), 장가(牂牁) 등 네 군을 평정하고 익주(益州)를 고쳐 '건녕군(建寧郡)'이라 불렀다. 건녕(建寧)과 월수(越巂)를 나누어 운남군(雲南郡) 설치했고, 또 건녕과 장가(牂牁)를 나누어 흥고군(興古郡)을 설치했다. 오대(五代, 907~979) 이후 모두 남조(南詔)로 되었다.

남조(南詔, 653~902)가 차지한 땅은 원래 애뢰(哀牢), 구륭(九隆)의 후예이고, 오만(烏蠻)의 별종이다. 구륭 무리들은 계곡(谿谷)에 흩어져 살며 99개 부족으로 나뉘었다. 추장은 몽사조(蒙舍詔)【지금의 몽화부(蒙化府)】, 낭시조(浪施詔)【지금의 낭궁현(浪穹縣)】, 등간조(鄧賧詔)【지금의 등천주(鄧川州)】, 시랑조(施浪詔)【낭궁현(浪穹縣) 몽차화(蒙次化) 땅】, 마사조(摩些詔)【지금의 학경(鶴慶) 여강(麗江)】, 몽수조(蒙嶲詔)【지금의 건창(建昌)】 등 여섯이 있다. '인과(仁果)'라는 자는 구륭(九隆)의 4세손으로 곤미천(昆彌川)에 살았다. 17세 용우나(龍祐那)에 이르러 제갈량을 따라 익주(益州)의 만(蠻)을 정벌하는 데 공을 세워 장씨(張氏)를 하사받았다. 장씨(張氏) 또는 곤미국(昆彌國), 또는 백국(白國) 또는 건녕국(建寧國)이라 불렀다. 몽씨(蒙氏)가 흥기하면서 '세노라(細奴羅)'라고 불렀다. 장씨를 대체하여 나라를 세웠기 때문에, '남조(南詔)'라고 불렀다.

당나라 고종(649~683년 재위) 때 아들을 보내 입시(入侍)했다. 당시 다섯 조(詔)가 미약했다. 현종은 피라각(皮羅閣)에게 귀의(歸義)라는 이름을 하사했다. 또 이[하]만(洱河蠻)을 격파한 공으로 금포(錦袍), 금전대(金鈿帶) 7벌[事]을 하사했다. 귀의는 곧바로 태화(太和)를 왼쪽으로 이수(洱水), 오른쪽으로 점창산(點蒼山)이 있으므로, 산해(山海)가 교차하고, 자오(子午)가 맺는 곳으로 점지하고, 마침내 태화성(太和城)【지금의 대리(大理) 태화현(太和縣)】을 짓고, 몽사(蒙舍)에서 옮겨와 살았다. 피라각(皮羅閣)이 죽고 아들 각라봉(閣羅鳳)이 신하로 토번(吐蕃)을 섬겼다. 토번은 아우로 삼았다. 이들은 아우를 '종(鍾)'이라 하므로, '찬보종(贊普鍾)'이라 불렀을 뿐이다. 각라봉은 '동제(東帝)'라고 자칭하고 국문(國門)에 비석을 세워[碣碑], 부득이하여 [당나라를] 배반했음을 밝혔다[明不得已而叛]. 일찍이 이르기를 "나의 조상들은 대대로 중국을 받들어 여러 차례 책봉과 상을 받았다. 후세들이 [당나라에] 귀의해도 된다. 만약 당나라의 사신들이 오면 이 비석을 지목하여 나의 죄를 씻어내도록 하라(我上世世奉中國, 累封賞, 後嗣容歸之. 若唐使者至, 可指碑澡祓吾罪也)"라고 하였다.

청계의 표[淸溪驃]는 풍속에 고치실과 솜[絲纊]이 없어, 맨발로 가시나무[榛棘]를 밟아도 아파하지 않는다. 각라봉(閣羅鳳)이 차지한 곳이다. 그러나 표만(驃蠻)들은 자신들을 '돌라주(突羅朱)'라 불렀고, 사바(闍婆) 사람들은 그들을 '도리졸(徒里拙)'이라 불렀다. 대력(大曆) 연간에 각라봉이 죽자, 토번(吐蕃)은 그의 손자 이모심(異牟[侔]尋, 754~808)을 봉하여 동왕(東王)이라 했다. 정회(鄭回)는 당나라의 서노령(西瀘令)으로 포로가 되었다가, 그곳에서 벼슬했다. 정회는 이모심에게 중국으로의 귀부를 설득했다. 당시 절도사 위고(韋皐, 746~806)가 여러 만(蠻)을 위무함에 위엄과 은택이 있어, 마침내 대책을 결정하여[決策] 항복을 청했다. 덕종(德宗, 779~805년 재위)은 그것을 가상히 여겼다. 얼마 뒤 토번[티베트]을 습격하여 격파하고, 그 다섯 왕을 잡아 사신을 보내 지도와 방물을 바쳤다. 당나라는 원자(袁滋)를 보내 이모심을 '남조왕(南詔王)'으로 책봉했다[794년]. 이모심은 다시 토번을 공격하여 곤명성(昆明城)【지금의 운남성(雲南城)】을 빼앗았다. 원화(元和, 806~821) 초에 이모심이 죽고[808년] 추장 용(龍)이 즉위하여 황제를 참칭하며 '대례국(大禮國)'이라 불렀다. 아들 법(法)이 즉위해서는 자신을 대봉(大封) 사람이라 하면서 사신을 보내 수호(修好)와 화친(和親)을 청했다. 희종(僖宗, 873~888년 재위)은 이내 종실의 딸을 안화장공주(安化長公主)로 책봉하여 혼인을 허락했다. 법(法)은 대신 조융미(趙隆眉), 양기혼(楊奇混), 단의종(段義宗)을 보내 와 공주를 맞이하게 했는데, 서천(西川) 절도사 고병(高駢)이 비밀리 사자를 보내 "세 사람은 남조(南詔)의 복심이니 제지하여 독살하여 만(蠻)을 도모해야 합니다(三人者南詔心腹也, 宜止而鴆之, 蠻可圖也)"라고 하자 황제가 따랐다. 조융미 등이 모두 죽자, 이로부터 남조는 쇠약해졌다.

후량[朱梁] 시기(907~923)에 정회(鄭回)의 후손 중 정매사(鄭買嗣)가 남조를 찬탈하여 왕위에 올라 자립하면서 몽씨(蒙氏)는 마침내 멸망했다. 정매사에서 3대를 전하여 신하 조선정(趙善政)이 주인이 되어 국호를 '흥원(興元)'이라 했다. 뒤에 양우정(楊于貞)이 조선정을 폐위하고 자립하여 국호를 '의녕(義寧)'이라 했다. 통해(通海) 절도사 단사(段思)가 평정하고 다시 양우정을 폐위하고 자립하여, 조(詔)가 되어 국호를 '대리(大理)'라고 했다.

송나라 태조(960~976년 재위)는 당나라의 화가 남조에서 기인한 점을 거울삼아, 월수(越嶲) 등 여러 군을 버리고 대도하(大度河)를 경계로 삼았다. 단씨(段氏)의 자손들로 전하다가, 단용지(段興智)에 이르러 원나라에 귀속되어 끝났으나, 운남의 경계 군현의 땅들은 그대로 단씨(段氏)의 자손들을 등용하여 대대로 지키게 했다. 원나라 종실 양왕(梁王)이 그곳에 진압했다.

홍무(洪武) 14년(1381) 한림대제(翰林待制) 왕의(王禕)를 사신으로 운남에 보내 불러 타이르게 했다. 마침 탈탈(脫脫)이 위언(危言)으로 양왕을 협박하며 왕의를 죽이게 했다. 양왕은 미심쩍어 참정(參政) 달리마(達里麻)에게 왕의를 민간에 숨기게 했다. 탈탈은 그것을 알고 양왕을 책망하며 "국가가 전복되는데 구제할 수 없으면서 다른 사람을 귀부하게 하려는가(國家顚覆不能救, 反欲附他人耶)"라고 하자, 양왕은 부득이 왕의를 나오게 하였다. 탈탈이 위엄으로 굴복시키려 하자 왕의는 욕을 하며 "횃불의 남은 불씨로 일월과 빛을 다투려 하는가. 내 사신의 명의 받들고 어찌 네게 굴복하리오(爝火餘燼, 欲與日月爭光乎. 我將命使臣, 豈爲爾屈)"라고 했다. 혹자는 그를 해명하며 "두 나라가 싸우고 있더라도 온 사신은 죽이지 않습니다. 왕의의 재기(材器)가 천하무쌍하니 살려 두어야 합니다(兩國交爭, 不殺來使, 王公材器, 天下無雙, 宜全之)"라고 하였다. 탈탈이 "지금 공자가 있더라도 의리상 지체할 수 없다(今雖孔子在, 義不可留)"라고 하자, 왕의가 "너의 조정이 나를 죽이면 대군이 저녁에 이를 것이다(汝朝殺我, 大兵夕至)"라고 했으나 결국 달리마(達里麻)에게 피살되어 화장되었다. 상(上)은 이 일을 듣고 곧바로 부우덕(傅友德, 1327~1394)을 정남장군(征南將軍)으로, 목영(沐英, 1345~1392), 남옥(藍玉, ?~1393)을 좌우 부장군(副將軍)으로 삼고, 진환(陳桓), 호해(胡海), 비취(費聚) 등에 군사 30만을 거느리고 정벌하게 했다. 양왕(梁王)은 사도평장(司徒平章) 달리마에 정예 병력 10만으로 맞서게 했다. 목영은 별도로 일군(一軍)을 기수(沂水) 상류를 몰래 건너 그들 진영으로 들어가게 한 뒤에 동각(銅角)을 울리고 산곡에 깃발을 세워 군대로 의심하게 했다. 달리마는 놀라 군대를 철수하여 돌아가 진영을 방어했다. 부우덕이 군대를 지휘하여 대거 진격하여 달리마를 사로잡았다. 부우덕은 항복해 온 자들을 각기 생업으로 돌려보내고, 오랑캐에게 포로가 되었던 사람들은 돌아갈 수 있게 되자, 크게 기뻐했다. 군대의 위용을 떨쳐 마침내 곡정(曲靖)을 정벌하고 영녕(永寧)으로 향했다. 목영(沐英)은 여섯 양주(梁州)를 공격하여 마침내 남옥(藍玉)과 운남으로 달려갔다. 양왕은 전지도(滇池島)로 도망하여 먼저 목을 매 죽고, 왕비는 약을 먹었으나 죽지 않아 물에 던져 죽였다. 원나라 우승(右丞) 관음보(觀音保)가 성을 들어[擧城] 항복했다. 목영이 운남을 평정하자, 부우덕은 제도를 계승하여 그곳에 포정사(布政司)을 설치하고 오몽(烏蒙)【군민부(軍民府)】, 오살(烏撒), 동천(東川), 망부(芒部) 등 도사(都司), 부(府), 주현(州縣)을 설치했다. 녹천(麓川), 면전(緬甸) 등의 나라가 모두 사신을 보내 내부(內附)했다. 상(上)은 목영을 운남진(雲南鎭)에 머물게 하고, "완급의 기미에 따라 스스로 잘 헤아려 행하라(遲速之機, 宜自審度)"라고 하였다. 부우덕은 명을 받들어 군대를 철수시켰다.

정통(正統, 1436~1449) 초에 선위사(宣慰使) 도보옥(刀寶玉)이 약해지자, 부추(部酋) 사임(思任)이 녹천(麓川)에서 반란을 일으켰다. 사임이 반란을 일으키기 전에는 운남 검국공(黔國公) 목성(沐晟, 1368~1439)이 길렀었다. 이에 항복을 권유했으나 사임은 거짓으로 승낙했다. 좌도독(左都督) 방정(方政)이 승기를 잡고 사임을 압박하고, 목성은 적은 군사로, 방정을 지원하다가, 군사들이 모두 죽었다. 목성은 기율을 지키지 않아 군대를 잃었음을 자각하고 약을 마시고 죽었다. 그때 왕진방(王振方)이 요행으로 권력을 장악하고 토벌을 청했다. 상(上)은 곧 병부상서 왕기(王驥), 태감 길상정(吉祥定), 서백(西伯) 장귀(蔣貴)를 보내 정벌하자, 사임은 면(緬)으로 달아났다. 면전(緬甸)은 사임을 참수하고 머리를 왕기(王驥)에게 보내와 왕기의 군대는 돌아와 상주하여 농천선무사(隴川宣撫司)를 설치하고, 면전(緬甸) 선위사의 아들 은기망(銀起莽)을 선무(宣撫)로 삼고 맹양(孟養) 땅을 지키게 했다. 공을 따져 왕기(王驥)를 정원백(靖遠伯)에 봉하고, 장귀(蔣貴)를 정서후(定西侯)로 진봉(進封)했다. 얼마 되지 않아 사임(思任)의 아들 사기(思機)가 다시 맹양을 차지하고 난을 일으켰다. 왕기는 현지 병력[土兵]을 거느리고 금사강(金沙江)을 건너 격파하니, 베고 잡은 수를 헤아릴 수 없었다. 왕기의 군대가 귀환하자, 사임의 작은아들 사록(思祿)이 난을 일으켰다. 왕기가 [금사강을] 건넜으나 적을 끝내 멸할 수 없었다. 이에 사록과 돌을 세워 금사강을 경계로 삼기로 약조하며, "돌이 문드러지고 강이 말라야 너희들이 건너올 수 있을 것이다(石爛江枯, 爾乃得渡)"라고 서원했다. 사록은 명에 따라 이내 군대를 물렸다.

성화(成化, 1465~1487) 연간에 여러 오랑캐[諸夷]에게 금패(金牌) 신부(信符)를 잘못 주자, 사록(思祿)은 여러 오랑캐를 속여 이제 관직이 회복되었다고 했다. 마침 참정(參政) 모과(毛科)가 맹밀(猛密)을 정벌하고, 사록의 군대에 격문을 보내자, 마침내 서약을 어기고 금사강을 건너 맹밀을 공격해 만막(蠻莫) 등 17 성채를 취하고, 사록은 맹양(孟養)을 차지하여 자립했다. 맹밀은 목방(木邦)의 부락(部落)이다. 그곳에는 보정도맹사(寶井陶猛司) 왜(歪)가 다스렸다. 도맹(陶猛)은 중국어로 두목(頭目)이란 뜻이다. 낭한롱(曩罕弄)이 맹밀을 근거로 목방(木邦)에 반기를 들었다. 당시 남녕백(南寧伯) 모승(毛勝)이 운남을 지키면서 맹밀의 보석을 자체적으로 진공했는데, 목방과 관계없이, 태감 전능(錢能)이 그 진귀한 뇌물로 이득을 보았다. 낭한롱이 마침내 세력을 믿고 거리낌이 없자, 태감 왕거(王擧)가 맹밀 보석을 수색했으나 찾을 수 없었다. 이에 통밀의 반역죄를 상소했다. 낭한롱은 정부(政府)에 뇌물을 주며 "우리 맹밀은 목방에 속했으나 큰 코끼리가 작은 코끼리를 잉태한 것과 같다. 지금 작은 코끼리가 장성하여 몸이 큰 코끼리 배가 되었는데, 어찌 다시 큰 코끼리의 배에 들어갈 수 있겠는가(我猛密之于木邦, 猶大象之孕小象也, 今小象長成, 軀倍大象矣, 寧能復入大象腹中乎)"라고 하자, 도어사(都御史) 정종(程宗)은 마침내 침입한 목방 땅을 넘겨주고, 안무사(安撫司)를 설치하여, 안무사로 왜(歪)의 자손들에게 대대로 그 직을 잇게 했다. 그곳은 먼 지역으로 잡다한 부락, 성곽, 사람들이 섞여 있다. 이민족[夷] 17[종]이 사는데 그 사람들의 복식과 예절은 중국과 같은 풍속이나 오랑캐[夷人]의 종류는 하나가 아니며, 풍습도 같지 않다.

면전(緬甸)은 옛 서남이(西南夷)로 어느 종족인지 미상이다. 원나라 지원(至元, 1264~1294) 연간에 사신 걸대탈인(乞解脫因) 등에게 조서를 들려 사신으로 보내 타이르게 했다. 금치(金齒) 두목 아필(阿必)이 인도하여 그 나라에 이르렀는데, 면(緬)의 왕이 화가나 결국 군대를 동원하여 금치를 치고 아필을 잡아가 후한 헌상을 받고 풀어주었다. 아필의 아곽(阿郭)은 면의 왕에게 앙심을 품었는데, 건녕로(建寧路) 안무사 하천작(賀天爵)이 이르길, 면(緬)으로 들어가는 세 갈래 길이 있는데, 하나는 천부마(天部馬)로 가는 길, 하나는 표전(驃甸, 윈난 龍川縣)으로 가는 길, 하나는 금치(金齒)의 경계로 가는 길이 있는데, 모두 면(緬)의 강두성(江頭城, 미얀마의 Bhamo)에서 합해진다고 하였다. 또 이르기를 그 친척 아제범(阿提犯)이 면에서 다섯 전(甸)을 관장하는데, 호구는 각기 10,000여 호이고 내부(內附)하고자 하니 먼저 아제범과 금치 중 아직 항복하지 않은 자들을 불러 그들에게 인도하게 하기를 원한다고 했다. 마침 운남성에서도 말하기를, 면의 왕은 항복할 마음이 없으며, 보낸 사신에도 통하지 않으니 반드시 정벌해야 한다고 하였다. 원나라는 마침내 면을 정벌할 뜻을 세웠다. 얼마 되지 않아, 면(緬) 사람들은 아화(阿禾)가 원에 귀부한 것을 탓하며 그의 땅을 공격했다. 당시 대리로(大理路) 관리인 홀도(忽都), 신저일(信苴日), 탈라탈해(脫羅脫孩)가 등월(騰越), 포(蒲), 표(驃) 등 부(部)의 아직 항복하지 않은 자를 토벌하라는 원나라의 명을 받들었다. 아화가 위급함을 아뢰자, 홀도 등은 곧장 길에 올라 공격했다. 이때 면의 무리는 4만이었고, 홀도 등의 군대는 겨우 700명이었다. 면사람들은 앞에는 말을 탔고, 다음에는 코끼리를 탔으며, 다음은 보병을 두었다. 코끼리들은 갑옷을 입었고 등에는 전루(戰樓)를 갖추었으며, 양옆으로는 큰 대나무 통을 끼고, 짧은 창을 수십 개가 들어있어, 코끼리를 탄 사람들이 그것으로 치고 찔렀다. 홀도 등 세 사람은 군대를 나누어 한 부대씩 맡아 교전하자, 한참 뒤에 면사람들은 대패했고, 군인과 코끼리 그리고 말들이 서로 짓밟아, 죽은 자가 세 개의 큰 도랑에 가득했고 잡은 포로도 무척 많았다. 벗어난 자들은 또한 아화의 군대에 요격당해 얼마 살아남지 못했지만, 원나라 군대는 모두 온전했다. 이로부터 원나라는 승기를 타고 면을 쉼 없이 정벌했다. 원수(元帥) 납속랄정(納速剌丁)이 정벌한 곳은 투항한 호구가 35,200이었고, 우승(右丞) 태복(太卜) 등은 정벌하면서 강두성(江頭城)을 공격하여

10,000여 명을 격살하고, 군사들로 그곳을 지키게 했다. 면의 왕은 두려움에 떨며, 사신을 보내 귀부하자, 원나라는 사신 겁열(怯烈)을 그 나라로 보냈는데, 도착하기도 전에 면왕은 그의 서자 부속속고리(不速速古里)에게 수감되었고, 대관인 목랑주(木浪周) 등과 반역했다. 겁렬은 운남성의 군대와 합쳐 나머지 면(緬)을 정벌하니 마침내 평정되었다. 해마다 방물을 바치기로 정하고 매년 은 11,500냥, 비단 1,000필, 길들인 코끼리 20마리, 식량 10,000석을 보내겠다고 간청하여 원나라는 그를 따랐다. 대덕(大德, 1297~1309)초에 면왕 적립보와나가적제아(的立普哇拿阿迪提牙)를 봉하여 '면왕'으로 삼고, 은 인장을 하사하면서 이때부터 조공이 끊이지 않았다(緬甸古西南夷, 未詳何種. 元至元中, 遣使乞斛脫因等, 持詔諭之. 金齒頭目阿必引導至其國. 緬王怒, 遂發兵侵金齒, 虜阿必而去, 厚獻乃釋之. 阿必之子阿郭, 由是恨緬王, 因與建寧路安撫使賀天爵言, 入緬有三道, 一由天部馬, 一由驃甸, 一由金齒地界, 俱會緬之江頭城. 又言, 其親戚阿提犯在緬掌五甸, 戶各萬餘, 欲內附, 願先招阿提犯及金齒之未降者, 以爲引導. 會雲南省亦言, 緬王無降心, 去使不通, 必須征討. 元遂有征緬之志矣. 頃之, 緬人以阿禾附元, 怨之, 攻其地. 時大理路官忽都·信苴日·脫羅脫孩, 奉元命, 討騰越·蒲·驃諸部之未降者, 阿禾告急, 忽都等遂便道擊之. 是時緬衆四萬, 忽都等軍僅七百人. 緬人前乘馬, 次象, 次步卒, 象被甲, 背負戰樓, 兩旁挾大竹筩, 置短鎗數十於其中, 乘象者取以擊刺. 忽都三人分兵, 各爲一隊交戰. 更久緬人大敗, 軍及象馬自相蹂, 死者盈三巨溝, 捕虜甚衆. 其脫者又爲阿禾兵邀殺, 無幾, 元軍皆全. 自是後元乘勝征緬不休. 元帥納速剌丁征之, 降戶三萬五千二百, 右丞太卜等征之, 破江頭城, 擊殺萬餘人, 以兵守其地. 緬王震慴, 遣使請納款. 元遣使怯烈往其國未及至緬王爲其庶子不速速古里囚執, 而與大官木浪周等作逆, 怯烈合雲南省軍征之, 餘緬始平. 乃定歲貢方物, 請歲輸銀一千五百兩·帛千匹·馴象二十·糧萬石, 元從之. 大德初, 封緬王的立普哇拿阿迪提牙爲緬王, 賜以銀印, 自是朝貢不絕).

우리 왕조 홍무(洪武) 연간에 운남이 평정되자 그 추장이 사신을 보내 내부하여 면전군민선위사사(緬甸軍民宣慰使司)를 세웠다. 정통(正統,

1436~1449) 연간 녹천(麓川) 전투에서 공을 세웠는데, 이미 「전남지(滇南志)」에 갖추어져 있다. 그들의 조공은 홍무에서 홍치(弘治, 1488~1505) 시기까지 끊이지 않았다. 조정이 개원(改元)할 때마다 칙서 일도(一道), 구리로 만든 신부(信符) 일면(一面), 대조한 호칭 종이 100장을 내려 타일렀는데, '문행충신(文行忠信)' 네 글자를 호칭으로 각 선위사에게 보내 보관했다가, 진공하거나 사정을 아뢸 때, 채워 써서 북경으로 보내도록 했다. 별도의 원문서는 운남 포정사에게 보내 갖추어 대조하도록 했다(我朝洪武中, 既平雲南, 其酋遣使內附, 立緬甸軍民宣慰使司. 正統時, 有功麓川事, 已具滇南志中. 其朝貢自洪武至弘治時不絕. 每遇朝廷改元, 頒給勅諭一道, 銅鑄信符一面, 勘合號紙一百張, 以文行忠信四字爲號, 付各宣慰司收掌, 遇進貢, 或奏事情則塡寫赴京. 另有底簿, 付雲南布政司, 以備查對).

그곳은 면전군민선위사사 치소(治所) 동북쪽에서 운남포정사(雲南布政司)까지 38정(程)이고, 성곽과 초가집에서 살고, 코끼리와 말을 타며, 배와 뗏목으로 건너다닌다. 사람의 모습은 미천하고 몸은 검으며, 성질은 유순하나 속인다. 남자는 수영을 잘하고, 정수리에 상투를 올리고, 앞에는 청백색 베로 싸맨다. 부인들은 뒤에 쪽을 짓고 지분(脂粉)을 바르지 않는다. 남녀 모두 단향, 사향, 강황, 당귀 가루를 몸에 바르고 기이하게 여긴다. 부처를 모시며 승려를 경배하여, 큰일이 있으면 부처를 안고 맹세하고 약속하면 승려는 그런 뒤에 결정해 준다. 상(上)에게 글을 올릴 때는 황금지면[金葉]을, 그다음은 종이를, 또 그다음은 패엽(貝葉), 빈랑나무 잎을 사용한다. 지세는 넓고 금사강(金沙江)【남기가 많고 장기(瘴氣)가 성하여 겨울에 사람이 단갈(袒褐)에 지나더라도 모두 땀을 흘린다. 다만 우중이나 밤에 건너면 해가 없다. 강의 모래가 모두 노래서 그렇게 부른다】이 있는데, 면 사람들이 의지하며 험하다고 여긴다. 산물로 백첩포(白氎布), 두라금(兜羅錦), 두종(頭椶)【그 열매의 즙은 술을 만들 수 있고, 그 잎이 바로 패엽이다】, 석유(石油)【악창을 치료할 수 있다】가 특이하다(其地自司治東北至雲南布政司凡三十八程, 有城郭廬舍以居, 有象馬以乘, 有舟筏以濟. 人形陋體黑, 性柔而詐. 男子善浮水, 綰髻於頂, 前用青白纏之. 婦人

綰髻於後, 不施脂粉. 男女皆合檀·麝·姜黃·當歸末塗體, 以爲奇. 事佛敬僧, 有大事則抱佛, 說誓質之, 僧然後決. 進上文字用金葉, 次用紙, 又次用貝葉檳榔葉. 地勢廣衍, 有金沙江【多嵐瘴隆, 冬人過雖袒裼, 皆流汗. 惟雨中及夜渡無害. 江中沙色皆黃, 故名】, 緬人恃以爲險. 產有白氎布·兜羅錦·頭櫻【其實汁可作酒, 葉卽貝葉也】·石油【可療惡瘡】爲異).[1]

---

1) 마지막 단락의 정보는 『대명일통지』(사고전서본, 권87, 46b~47b)의 '면전군민선위사사(緬甸軍民宣慰使司)' 기술에 상당히 자세하다. 먼저 '면전군민선위사사'의 지리적 상황에 관하여 "동쪽으로 목방(木邦) 선위사의 경계에, 남쪽으로는 남해(南海)에, 서쪽으로는 알리(戛里)에, 북쪽으로는 농천선무사사(隴川宣撫使司)의 경계에 이른다. 사(司)의 치소 동북쪽에서 포정사(布政司)까지 38정(程)으로, 경사까지 이어진다(東至木邦宣慰使司界, 南至南海, 西至戛里界, 北至隴川宣撫界. 自司治東北至於布政司三十八程, 轉達于京師)"라고 쌍행의 주석으로 설명했다. 이어서 건치(建置) 연혁에 관하여, "옛 서남이로, 어느 종족인지 모른다. 그곳에는 옛날 강두성(江頭城), 태공성(太公城), 마래성(馬來城), 안정국성(安正國城), 포감면왕성(蒲甘緬王城) 등 다섯 성이 있었다. 원나라 지원(至元) 연간에, 여러 차례 토벌한 뒤로, 포감면왕성에 방아등처선위사사(邦牙等處宣慰使司)를 설치했다. 본조 홍무 29년(1396)에 처음 내부하여 '면전군민선위사사'를 세웠다(古西南夷, 不知何種. 其地舊有江頭·太公·馬來·安正國·蒲甘緬王五城. 元至元中, 屢討之後, 於蒲甘緬王城, 置邦牙等處宣慰使司. 本朝洪武二十九年, 始歸附, 立緬甸軍民宣慰使司)"라고 기술했다. 다음으로 풍속(風俗)에 관하여 "초가집을 지어 살고, 배와 뗏목으로 건너다닌다【『원사』에 성곽과 초가집에 살고, 코끼리나 말을 타며, 배와 뗏목으로 건너다닌다. 문자로, 위에 올리는 것은 금엽(金葉) 위에 쓰고, 그다음은 종이에, 또 그다음은 빈랑의 잎에 쓴다고 했다】. 성질은 유순하나 속인다【『군지』에 면의 사람들은 모습이 추하고 몸은 검으며 성질은 유순하나 속인다. 그 추장을 '상랄랑(上剌浪)'이라 한다. 남자들은 수영을 잘한다. 여름에 더울 때는 소매가 좁은 홑겹의 흰옷을 입고, 겨울 추울 때는 흰 두라금(兜羅錦)으로 만든 옷을 입는다. 이어서 사라포(莎羅布) 두 폭을 합쳐 위에 메는 것으로 장식한다. 부자들이 출입할 때는 큰 베로 만든 소매가 큰 적삼을 입는다. 남자들은 정수리에 상투를 하고, 앞에는 청백 두 색깔의 베로 싸맨다. 부인은 뒤에 쪽으로 하고 지분(脂粉)을 바르지 않는다. 남녀 모두 백단(白檀), 사향, 당귀, 강황 가루를 몸과 머리 그리고 얼굴에 발라 특이한 것으로 여긴다. 추장이 출입할 때는 가마[平轎]를 타거나 코끼리를 타기도 하며, 앉을 때는 앞에 앉으면 시종들이 뒤를 호위하는데, 모두 땅바닥에 앉는다고 한다】. 부처를 모시고 승려를 경배한다【위와 같은 곳에, 면의 사람들은 오로지 부처를 섬기고 승려들에게 경배한다. 아와찰성, 방아직근 등의 사원은 장엄하고 아주 단정하다. 큰일이 있으면 부처를 안고 맹세하고 약속하면 승려가 그 뒤에 결정해 준다고 한다】(有屋廬以居, 舟筏以濟【元史, 其人有城郭屋廬以居, 有象馬以乘, 舟筏以濟. 其文字, 進上者用金葉寫之, 次用紙, 又次用檳榔葉】. 性柔而詐【郡志, 緬人形陋體黑, 性柔而詐. 其酋號曰上剌浪. 男子善浮水. 夏熱穿洗白窄袖單衣, 冬寒穿白兜羅錦衣. 仍用莎羅布二幅合之, 纏于上, 以爲飾. 其富者出入著大袖大布衫. 男子綰

이상 오래봉(吳來鳳)이 『함빈록』에서 채록한 미얀마[緬甸]의 역사를 추재는 거의 참고하지 않고 다음과 같이 간략하게 기술하고 노래했다.

> 면전은 촉한(蜀漢) 맹호(孟獲)의 후예들로, 지금 사람들 대부분이 맹씨이다. 명나라 때 정벌하고 금사강(金沙江)을 경계로 하고 돌아왔다. 지금은 3년에 한 번 조공한다. 그곳 땅은 몹시 더워 초목이 자라지 않고, 다만 무후(武侯, 제갈량)의 사당 가에만 푸른 풀이 있다. 사람들은 모두 검은 다리에 귀걸이를 달며, 바지를 입지도 않고 버선을 신지도 않는다. 글자는 금으로 쓰고, 현지의 길이를 사용하며, 횡으로 읽는다. 물산으로 사자(獅子), 상아(象牙), 우단(羽緞)[2]이 있다(緬甸, 蜀漢孟獲遺種也, 至今人多姓孟.

髻於頂, 前用青白二色布纏之. 婦人綰髻於後, 不施脂粉. 男女皆和白檀·麝香·當歸·姜黄末塗于身及頭面, 以爲奇. 其酋長出入, 乘平轎, 或騎象, 坐則在前, 從者圍後, 皆席地】, 事佛敬僧【同上, 緬人專事佛敬僧, 立阿瓦剎城·邦啞直根等寺, 莊嚴甚整. 有大事, 則抱佛説誓質之. 僧然後決】"라고 하였다. 산천으로 금사강(金沙江)을 들고 "『군지』에 지세는 드넓다. 금사강(金沙江)은 폭이 5리 남짓이고 물살이 아주 강해 면의 사람들이 의지하면서 험한 곳으로 여긴다고 한다(郡志, 地勢廣衍, 有金沙大江, 濶五里餘, 水勢甚盛, 緬人恃以爲險)"라는 주석 설명이 보인다. 마지막 토산물로 "코끼리, 말, 수두주(樹頭酒)【나무는 종(椶)과 비슷한데, 키는 5~6척이며, 열매는 손바닥만 하다. 현지인들은 누룩을 단지에 넣어 그 단지를 열매 아래에 걸어두고, 그 열매를 갈라 단지에 흐르는 즙을 채취해 술을 만드는데, 그것을 '수두주'라 한다. 누룩을 쓰지 않고 단지 그 즙만 채취하여 백당(白糖)으로 졸이기도 한다. 그 잎이 바로 패엽(貝葉)으로, 글을 쓸 때 사용한다】, 야자(椰子), 석유(石油)【돌의 이음새에서 흘러나온다. 냄새가 고약하고, 검은색이다. 독창(毒瘡)에 바를 수 있다】, 백첩포(白氎布), 두라금(象·馬·樹頭酒【樹類椶, 高五六丈, 結實大如掌. 土人以麯納罐中, 而以索懸其罐於實下, 劃其實, 取汁流于罐, 以爲酒, 名曰樹頭酒. 或不用麯, 惟取其汁, 熬爲白糖. 其葉即貝葉, 寫緬書用之】·椰子·石油【自石縫流出. 臭惡而色黒, 可搽毒瘡】·白氎布·兜羅錦)"을 들었다.

2) '우단(羽緞)'은 『해도일지(海島逸誌)』 영역본에서 낙타털로 짠 직물인 '캠릿(camlet)'으로 번역했다(Walter Henry Medhurst, 『The Chinaman abroad, or, A desultory account of the Malayan Archipelago, particularly of Java by Ong Tae Hae』, Shanghae, 1849, 41쪽). 또 서계여(徐繼畬)의 『영환지략』에 따르면, 유럽, 인도, 아메리카에서 생산하는 "우단(羽緞)은 야크[旄牛]의 털로 짠 직물"이라고 한다(宋大川 校注, 『瀛環志略校注』, 文物出版社, 2007. 119쪽). '우단'은 우리 국어사전에 '거죽에 곱고 짧은 털이 촘촘히 돋게 짠 비단'이라 정의하고 있고, 중국어 사전에는 '벨벳(velvet)'으로 설명했다. 다시 국어사전에서 벨벳을 찾아보면 '우단'과 같은 설명이다. 이 정의는 영어사전의 일반적인 설명을 따른 정의다. 벨벳은 라틴어로 머리털이 많다는 의미

明時征之, 以金沙江爲界而歸. 今猶三歲一貢. 其地苦熱, 草木不生, 惟武侯祠傍有綠草. 人皆漆脚環耳, 不袴不襪. 字金書而用番丈, 橫讀. 物產獅子·象牙·羽緞).

코끼리나 사자를 타고 깃털을 짜 입으며,	騎象騎獅織羽衣,
세 고리 귀에 달고 머리는 두 쪽으로 날리네.	三環結耳髻雙翬.
승상 사당 봄풀은 파랗고,	丞相祠堂春草綠,
마을 사람들 칠종칠금의 위험을 말하네.	洞中人說七擒威.

세 번 머리 조아리고 두 번 절하고,	三回稽首拜雙雙,
황금 표문 휘황하게 대국임을 알리네.	金表輝煌奏大邦.
검은 다리 붉은 도포에도 바지와 버선 없고,	漆脚紅袍無袴襪,
은배등 떨어져 금사강 위에 떠서 있네.	背藤卸下泛沙江.

의 '빌루투스(villū·tus)'에서 나왔다. 영영사전에 따르면, 원래는 명주실을 사용했으나, 면이나 인조섬유로도 한 면이 두텁고 짧은 털이 나오도록 촘촘하게 짠 직물이라고 설명한다. 이로써 볼 때, 서계여의 설명과 영역본의 번역이 잘못되었을 가능성이 크다. 왜냐하면 '대니(大呢)' 또는 '대년(大哖)'이 울, 즉 동물털로 짠 직물임을 언급했고, 다시 야크나 낙타 털로 짠 직물을 서계여나 메드허스트가 그 미세한 정도를 알아볼 수 있는 직공들이 아니기 때문이다. '우단'은 조류 깃털처럼 매끄럽고 부드러운 비단, 또는 그런 효과를 낸 직물을 말할 것이다. '비로드'는 포르투갈어로 벨벳을 칭하는 '벨루두(veludo)'에서 나온 것이리라.

[61] 목방(木邦)

오래봉이 『함빈록』에서 채록한 『방여승략외이』 제6권은 온통 중국의 서남부, 윈난, 광둥과 미얀마, 태국, 라오스, 베트남 경계 지역의 소수민족에 할애되어 있다. 17세기 중국 서남부 이민족들을 연구하는 데 중요한 자료이고, 『방여승략외이』 여섯 권 중에서 가장 주목할 만한 텍스트임에는 분명하다. 그러나 '외이(外夷)'라는 범주와 동서양 교류사적 측면에서 볼 때, 이미 중국의 판도에 들어간 시기므로 독립적으로 다루기는 느슨하다. 그렇더라도 이들에 관한 정보는 조선 사회에서는 찾아보기 어렵다는 점에서 그 의미를 찾을 수 있을 것이다. 이들 소수민족에 관하여 많은 시간을 할애하지 못했다. 여기서는 다른 분야의 전문 연구자나 독자들이 쉽게 읽을 수 있도록 번역에 중점을 두었다.

'목방(木邦)'은 타이어로 '센위[興威]', 또는 미얀마어로 '세인니[登尼]'라고 하는 지역으로 현지 중국인들이 '목방'이라고 부르는 곳이다. 이곳의 중심 민족이 바로 '션족(撣族)'이다. 이곳에는 원나라 지원(至元) 26년(1289)에 목방로군민총관부(木邦路軍民總管府)가 설치되어 삼전(三甸)을 관할했다. 이후 홍무(洪武) 15년(1382) 목방부(木邦府)를 설치한 치소이다.

> **목방(木邦)은 '맹방(孟邦)'이라고도 하고,** '맹도(孟都)'라고도 한다. **그 종족이 번성하기 때문에, '백이(百夷)'라고도 한다. 운남의 서남쪽에 있다.** *[옛날부터 중국과 통하지 않았다. 원나라 세조(世祖, 1260~1271년 재위) 시기에 교지(交趾)를 정벌하고 그곳을 경영하게 하니, 부족들이 모두 항복하여, 목방로(木邦路)를 세우고 군민총관부(軍民總管府)가 세 지역[三甸]을 다스렸다. 우리 왕조 홍무(洪武) 연간에 서평후(西平侯) 목영(沐英)에게 사신을 보내 타이르게 하자, 비로소 교화를 따르며 조공하여[來王], 목방부(木邦府)를 설치했다가 곧바로 선위사(宣慰司)로 고쳤다. 이 일은 「남중지(南中志)」에 갖추어져 있다(自古不通中國. 元世祖時, 命將伐交趾, 經其所, 部盡降之. 立木邦路, 軍民總管府領三甸. 至我朝洪武中, 命西平侯沐英, 遣使往諭之, 始從化來王, 置木邦府, 尋改宣慰司, 事具南中志中)].* 전하는 바에 따르면 **목방(木邦)의 여러 이(夷)에게는 환술(幻術)의 피해가 잦다고 한다. 사람들은 나무로 사람의 손과 발 그리고 뼈를 바꿀 수 있다[人能以木換人手足骨]. 처음에는 느끼지 못하다가 한참 멀리 가다가 무**

거워지면 고통을 이겨낼 수 없다. 믿지 못하는 사람이 죽은 날 피부를 열어보니 과연 나무였다. 또 길에 오물을 두고 해를 끼칠 수 있는데, 아무개는 그대로 두게 하고, 아무개는 만지게 하면, 곧바로 **소, 양, 개, 돼지 등의 짐승 모습으로 변했다가, 돈이나 물건으로 되사면, 다시 사람으로 변한다**. 그 술법을 안 자가 오물을 다른 곳에 두면, 그 사람이 되레 해를 입는다(能置汙穢于塗中害, 某則置, 某方觸之, 即變爲牛羊犬豕諸畜形, 以錢物贖之, 復變爲人. 有覺其述者, 更置穢物於他方, 則彼人反爲所害).

[그들 풍속에 남자들은 흰옷을 입고 문신하며, 머리털은 깎고 수염을 뽑는다. 여자들의 상의는 희고 아래는 '통군(桶裙)'을 두르며, 귀에는 황금 고리를 달고, 손에는 상아 팔찌를 찬다. 사는 곳은 모두 대나무로 만든 누각이다. 남자는 귀하고 여자는 천하다. 소민(小民)이라도 그 아내를 노예처럼 본다. 농사, 방직, 교역이나 부역 등의 일은 모두 그녀들이 한다. 토산으로는 신령한 뱀의 쓸개[靈蛇膽], 고랄수(古剌水), 현지 비단[土錦], 향석(響錫)이 특이하다(其俗男衣白, 文身, 髡髮, 摘髭鬚. 女上衣白, 下圍桶裙, 耳帶金圈, 手貫象牙鐲. 所居皆竹樓. 男貴女賤. 雖小民, 亦奴視其妻. 耕織貿易差徭之類皆係之. 土產靈蛇膽·古剌水·土錦·響錫爲異)].[1)]

추재는 앞의 면전(緬甸, 미얀마)과는 달리, 오래봉(吳來鳳)의 기술에 따라 다음과 같이 요약하고 노래했다. 마지막 밑줄 친 정보는 어디에 근거했는지 모른다.

목방(木邦)은 '맹도(孟道)'라고도 하고, 그 종족이 많다는 이유로 '백이(百

---

1) 이상의 정보들은 『대명일통지』(사고전서본, 권45b~46a), 목방군민선위사사(木邦軍民宣慰使司) 기술에도 보인다. 그에 따르면 그곳의 풍속은 남자가 귀하고 여자가 천하다는 설명 아래 쌍행 주석으로 "『군지(郡志)』에 그 이(夷)들은 여러 종족이다. 남자는 모두 흰옷을 입고, 문신하며, 머리를 깎고 수염을 뽑으며, 미간을 장식한다. 부인들은 위에는 흰옷을 입고, 아래는 '통군(桶裙)'을 두르며, 귀에는 큰 황금 고리를 달고, 손에는 상아 팔찌를 찬다. 남자는 귀하고 여자는 천하여, 소민(小民)이라도 그의 아내를 노비처럼 본다. 농사, 방직, 교역이나 부역 등의 일은 모두 그들에게 달렸다(郡志, 其夷類數種. 男子皆衣白衣, 文身, 髡髮, 摘髭鬚, 修眉睫. 婦人則上衣白衣, 下圍桶裙, 耳帶大金圈, 手貫象牙鐲. 男貴女賤, 雖小民視其妻如奴僕. 耕織貿易差徭之類皆係之)"라고 하였다. 이어서 토산물로는 향석(響錫)과 후추[胡椒]만 들었다.

夷)'라고도 부른다. 운남 서남쪽에 있다. 전하는 바에 따르면, 목방에는 환술로 사람에게 해를 끼치는 일이 많은데, 나무로 사람의 손, 뼈, 발, 정강이를 바꾸어도 처음에는 느끼지 못하다가, 멀리 가면 고통을 이길 수 없다고 한다. 또 사람을 소, 양, 개, 돼지의 모습으로 변하게 할 수 있는데, 돈이나 물건으로 되사면 원래 모습으로 환원시킨다고 한다. 또 문신을 새겨 다섯 꽃의 눈썹을 만든다(木邦, 一名孟都, 以其種類繁熾故, 又名百夷. 在雲南西南. 傳云, 木邦多幻術害人, 以木換人手·骨·足·脛而不自覺, 行遠痛不勝. 又能變人爲牛·羊·犬·豕之形, 以錢物贖之, 乃令還形. 又刺繡爲五花眉).

단사의 물로 사람을 주술한 나무로 만든 두 다리	砂水呪人雙木脚,
초록의 침으로 자수한 다섯 꽃의 눈썹.	綠針刺繡五花眉.
형체가 바뀌면 돈을 내고 되사야 하고,	還形臢要金錢贖,
손을 들어 소나 양으로 변화시키네.	擧手牛羊變化爲.

[62] 파주(播州)

저본에는 [61] 목방(木邦)과 [62] 파주(播州) 사이에는 노좌(老撾, 라오스) 기술이 들어있는데, 추재는 채록하지 않았다. 또한 '파주(播州)' 표제어 아래에는 "이하는 사천(四川)에 예속되어 있다"라는 원주가 딸려 있다.

파주(播州)는 『구당서』, 권40, 「지리지·강남서도」(1625쪽)의 기술에 따르면, 수나라 시기 장가군(牂牁郡)의 장가현으로, 정관 13년(639) 그곳에 파주와 공수(供水) 등 여섯 군을 설치했다고 한다. 하지만 이 지역은 이반이 심하여 시기에 따라 행정권 출입이 잦았다. 7세기부터 등장하는 '파주'의 범위는 오늘날 구이저우 지역에 해당한다. 『명사』에서는 사천토사(四川土司)로 분류되어 기술되었다. 그 번역문은 '중국정사외국전DB'를 참고하시오. 여기서 말하는 '토사(土司)'란 원나라 시기에 설치된 변방의 관직으로 주로 서북과 서남 지역의 이민족 두목에게 주어진 벼슬이다.

파주(播州)는 옛날 야랑국(夜郎國)[1] 땅이다. 초나라 양왕(襄王)이 중군 장교(莊蹻)에게, 원수(沅水)를 거슬러 올라가 차란(且蘭)으로 진출하여 야랑(夜郎)을 정벌하고 장가(牂牁)에 기대 배를 묶었다. 이에 차란은 정벌되고 야랑도 항복했으나, 진(秦)나라가 검중(黔中) 땅을 차지하면서 돌아갈 길이 없었다. 결국 전지(滇池)에 머물며 왕 노릇을 했다. 장교는 초나라 장왕(莊王)의 후예이다. 배를 매어 두었기 때문에, '장가(牂牁)'라 불렀다. 나라는 후(侯)의 무리로 나뉘어 수백 년을 전해져, 진(秦)나라는 촉(蜀)과 5척의 길을 내고 관리를 두어 다스렸다.

한나라가 흥기하면서 마침내 따르지 않았다. 이때 서남이의 군장 중에서 야랑의 죽왕(竹王)이 가장 강성했다. **옛날에 어떤 여자가 물가에서 빨래하고 있다가 세 마디의 대나무가 떠내려가다가 여인의 다리 사이로 들어왔다. 밀어내자, 안에서 아이의 소리가 들려, 쪼개 아이를 꺼냈다. 자라면서 무재(武才)가 있더니 마침내 이적(夷狄)을 제압[雄]하고 '죽(竹)'을 성**

1) 야랑국(夜郎國)은 이미 『사기』, 권113, 「남월열전」(2875쪽)과 권116, 「서남이열전」(2991쪽)에 등장하는 옛 왕국으로 위치는 지금의 구이저우성 서부와 북부, 그리고 윈난성 동북부 및 쓰촨성 남부 지역에 있었다고 한다('중국정사외국전DB'의 주석을 참고하였음).

씨로 삼았다. 쪼갠 대나무를 들에 버렸더니 죽림(竹林)을 이루었다. 지금 죽왕(竹王) 사당의 죽림이 이곳이다. 이후 점차 교만 방자해졌다. 마침 남월(南越)이 반기를 들어 무제가 군대를 보내 격파하자, 죽왕은 비로소 남월에 의탁했으나, 남월이 멸망하자 결국 두려워 조공을 들이고 야랑왕(夜郎王)으로 책봉되었다. 얼마 되지 않아 다시 반기를 들어 **무제는** 죽왕을 참수하고 그곳에 야랑현(夜郎縣)을 설치하고 **장가군(牂牁郡)에 귀속시켰다.** 뒤에 *[이(夷)와 복(濮) 사람들이 모두 죽왕은 사람의 소생이 아니라고 하소연하고, 후사를 세워 달라고 요구하여, 한나라는(夷濮咸怨訴, 竹王非血氣所生, 求立後嗣[嗣], 漢)]* 그의 **셋째 아**들을 열후(列侯)에 봉하고, 그가 죽자, 부친의 사당에 배식(配食)하니, **지금의 죽왕삼랑신(竹王三郎神)이다.** *[성제(成帝, 기원전 33~기원전 7년 재위) 시기에 야랑왕 흥(興)이 구정왕(鉤町王) 우(禹), 누와후(漏臥侯) 유(兪)가 다시 서로 공격하자, 한나라는 장광(張匡)에게 부절을 주어 화해시켰으나 야랑과 구정왕은 따르지 않고, 나무를 깎아 한나라 사신을 쏘게 했다. 한나라는 이에 진립(陳立)을 장가(牂牁) 태수로 삼았다. 진립이 군에 이르러 홀로 야랑으로 가 흥(興)을 소환하자, 흥은 수천 명을 데려와 진립을 뵀다. 진립이 여러 차례 꾸짖고 흥을 참수하자, 새벽에 그의 무리가 병장기를 놓고 투항했다. 흥의 아들 치(耻)가 남은 병사를 수습하여 인근 20 읍을 압박하며 반기를 들자, 진립이 다시 그들을 공격해 평정했다(成帝時, 夜郎王興與鉤町王禹·漏臥侯兪, 更相攻擊, 漢遣使張匡持節, 和解之, 夜郎·鉤町王不服, 乃刻木作漢使射之, 漢於是以陳立爲牂牁太守. 立旣到郡, 單至夜郎, 召興, 興將數千人往見立, 立數責斬興, 出曉, 其衆皆釋兵降, 興子耻收餘兵, 迫脅旁二十邑反, 立又擊平之)].* 공손술(公孫述, ?~36) 시기에, 호족[大姓] 부씨(傅氏), 용씨(龍氏), 동씨(董氏)가 군(郡)의 공조(功曹) 사섬(謝暹)과 함께 영토를 지켜 한나라가 되었다. 무제는 가상히 여기고 *[포상(褒賞)을 더해 주었다]*. 그 뒤로 그들 추장에는 사씨(謝氏)가 많아 대대로 동토(東土)의 목수(牧守)가 되어 *[중국에 신복(臣服)했다]*.

[수나라 말 대란으로 수령 사룡우(謝龍羽)가 승병 수만으로 강해지더니 결국 내부하지 않았다. 당나라가 흥기하자, 사룡우는 사신을 보내 조공했

다(隋末大亂, 首領謝龍羽强勝兵數萬, 遂不內附. 唐興, 龍羽遣使奉貢)]. **당나라 태종(626~649년 재위) 때**, 수령 사용우(謝龍羽)가 조공을 받들어 그곳에 파(播), 랑(郞), 장(牂), 이(夷), 진(珍), 진(溱) 등의 주(州)를 설치하고, 사용우를 **'야랑군공(夜郞君公)'으로 봉했다**. 뒤에 왕건(王建)이 사천(四川)을 자치하면서 중국과 통교하지 않았다. *[후당(後唐) 시기에 장가(牂牁), 청하(淸河) 자사 송화조(宋化朝) 등 150명이 내조했다. 맹지상(孟知祥, 874~934)이 촉 지방을 차지하면서 더는 통공(通貢)하지 않았다. 송나라가 맹창(孟昶, 919~956)을 평정했다. 건덕(建德, 963~968) 초에 다시 명마와 단사(丹砂)를 바치자, 조서로 그 사신을 불러 땅의 이수(里數)와 풍속을 탐문하고, 그를 계기로 그곳의 가무를 하도록 했다. 한 사람이 표생(瓢笙)을 불었는데 모깃소리 같았다. 한참 뒤에 수십 명이 손을 맞잡고 부드럽게 춤을 췄는데, 발을 바닥에 구르며 박자를 맞추었다. 그 곡을 물으니 '수곡(水曲)'이라 한다고 했다. 사신 십여 명과 수행원 1,000여 명은 모두 더벅머리를 했고, 면목(面目)은 검어 모습이 원숭이 같았다. 사신들은 호랑이 가죽과 모직 갖옷[氈裘]을 입고 호랑이 꼬리를 머리에 꽂아 장식으로 삼았다. 대중상부(大中祥符, 1008~1016) 이후 노략질을 상당히 일삼아, 전운사 구함(寇瑊, ?~1031)이 군대를 동원하여 격파하자, 이인(夷人)들은 종식되어, 송나라 시대 조공이 끊이지 않았다]後唐時, 牂牁淸河刺史宋化朝等一百五十人來朝. 孟知祥據蜀, 復不通貢. 宋平孟昶. 乾德初, 復貢名馬·丹砂, 詔召見其使, 詢以地里·風俗, 因令作本國歌舞, 一人吹瓢笙, 如蚊蚋聲. 良久數十輩連袂, 宛轉而舞, 以足頓地爲節. 詢其曲, 則名曰水曲. 其使十餘輩從者千餘人皆蓬髮, 面目黧黑, 狀如猿猱. 使者衣虎皮氈裘, 以虎尾插首爲飾. 大中祥符以後, 頗爲寇抄, 轉運使寇瑊調兵擊之, 夷人寧息終, 宋之世, 朝貢不絕)].* 그들 수령의 **용(龍), 방(方), 장(張), 석(石), 나(羅) 등 다섯 성씨 중에서 용씨(龍氏)가 가장 커서** 대대로 직책을 세습하며, *[조공이 더욱 잦아졌다. 사신들은 베로 만든 도포를 입었고 심지어는 배우[伶人]들의 옷을 빌려 알현에 들기도 했는데, 실로 가난하고 비루하여, 바라는 것이라고는 은혜로운 하사품뿐이었다. 옛일에 만이(蠻夷)가 조공을 들일 때는 모두 앞 대전에서 알현하게 했는데, 유독 이번(藩)들은 후전(後殿)에서 알현했으니 비천했기 때문일 것이다. 원나라*

때는 예전처럼 내부(內附)했다(奉貢尤頻. 使者但衣布袍, 至假伶人之衣入見, 蓋實貧陋, 所冀者恩賞而已. 故事蠻夷入貢皆御前殿見之, 獨此諸藩見於後殿, 蓋卑之也. 元時內附如故)].

우리 왕조 홍무(洪武, 1368~1398) 초에 수령 양감(楊鑑)이 그의 친속을 거느리고 조공을 들였다. 양감은 당나라부터 지금까지 파주(播州)의 안무(按撫)를 지낸 사람들이다. 당나라 말 남조(南詔)가 파주를 함락시키자, 태원(太原) 사람 양단(楊端)이 응모하여 그곳을 수복하여, 마침내 그 땅을 차지했다. 4대를 전하여 양소(楊昭)에 이르러 아들이 없었다. 당시 송나라 익주자사(益州刺史) 양연소(楊延昭)의 아들 충광(充廣)이 광서(廣西)에 사신으로 가 양소(楊昭)와 함께 족보를 합쳐, 그의 아들 귀천(貴遷)으로 뒤를 이었다. 그의[양연소] 손자 문광(文廣)이 적청(狄靑)의 남정(南征)에 종군하며 공을 세운 뒤로 찬란하게 더욱 커졌다.[2] 양감(楊鑑)은 바로 이들의 후예이다. 조서로 양감을 파주선위사(播州宣慰使)로 봉하고 장관[사](長官司), 안무사(安撫司) 두 곳을 다스리게 하니, *[대를 이어 그곳을 지켰다(世守其地)]*. 얼마 되지 않아 운남을 토벌할 때 양감이 선봉이 되었다. 성화(成化, 1465~1487) 연간에 형부시랑 하교신(何喬新) *[등]*이 파주 선위 양애(楊愛), 양우(楊友) 형제의 비방 상주[訐奏] 건으로 명을 받들어 조사하러 갔다. <u>집행관[監候]들은 다른 변고가 생길까 감금과 조사를 면제해 주었다</u>[3]【양우와 양애는 모두 양휘(楊輝)의 아들이다. 적서(嫡庶) 문제로 서로 원수가 되어 살해한 일이다. 『염요기문(炎徼紀聞)』에 자세하다(友·愛皆楊輝子, 以嫡庶, 故相讐殺事, 詳炎徼紀聞)】.

가정(嘉靖) 17년(1538) 양상(楊相) 부자가 직(職)을 다투며 의감(議勘)하

---

2) 이 문장 끝에 나왈경은 "이는 송경렴(宋景濂)의 『양씨가전(楊氏家傳)』에 실린 내용으로 『송사』와는 다르다"라는 주석을 붙여 두었다.

3) 밑줄 친 기술은 『함빈록』에 "집행관[監候]들은 양씨(楊氏)가 500여 년 동안 만이(蠻夷)를 복종시켜 온 지 오래되었는데, 지금 다른 변고가 생길 우려가 있으니, 두 사람을 대면시켜 허실에 따라 감금을 풀어주어 따르게 하도록 해야 한다고 생각했다(監候竊惟楊氏五百餘年蠻夷服從久矣, 宜提二人面對, 虛實免其監禁, 爲便從之)"라고 기록하고 있다.

자, 양상은 파주로 감히 들어가지 못하고 수서(水西) 안씨(安氏)에게서 객사했다. 만력(萬曆) 원년(1573) **응룡(應龍)이 직을 세습했다**. 응룡은 양상의 아들이었다. 뜻에 거슬리는 일[逆德]이 있으면 멋대로 거리낌 없이 죽여 버렸다. 원부인 장씨(張氏)는 총애를 잃어갔다. 응룡은 족제(族弟)인 서룡(瑞龍)이 장가들기로 한 전씨(田氏)의 딸을 보고 좋아하여 강제로 그녀와 혼례를 치렀다. 15년(1587) 전씨가 아들 미월(彌月)을 낳고 응룡과 방에서 서로 이야기하고 있을 때 족제 계룡(繼龍)이 집에 [우연히] 들어왔다가 달아나자, 응룡은 전씨가 사통한 것으로 의심하여 참수했다. 전씨는 울며 "첩은 장씨가 아닌데 나에게 무슨 법도를 보이는 것이오(妾非張, 何例視我)"라고 하자, 응룡은 화가나 "내가 이놈[奴]을 죽이지 않아야 지금 잘못을 밝히는 것인가(爲我不殺此奴, 今效尤耶)"라고 하며, 장씨의 머리를 취하고, 장씨 어미를 베고, 장수(張受) 등을 죽였다. 장합족(張闔族)이 상주하여 응룡이 처, 처모(妻母), 형제들을 죽였다고 하자, 천귀(川貴) 안무(按撫)에게 명을 내려 조사해 처리하게 했다. 응룡은 저항하다 반박할 선행을 내놓지 못했다(不出跳梁無狀). 조사하고 의논하여 응룡은 해직되고 벌금으로 황금 4만 냥으로 속죄했다. 23년(1595) 응룡의 아들이 옥중에서 죽었는데, 황금을 완납하지 못했기 때문이었다. 응룡은 더욱 멋대로 날뛰며 직접 만병(蠻兵)을 이끌고 승려 1,000여 명을 몰아 중경(重慶)에 이르러 상(喪)을 당했다. **'26년(1598)'** 헌상을 핑계로 황목(皇木)이 지나는 곳마다 약탈했다. 조정에서 "응룡이 조사를 받았지만 모두 일시적 안정에 힘써, 어찌 여러 추장을 제압하여 통제할 수 있겠습니까"라고 하여, 곽자장(郭子章)이 귀주(貴州)를, 지가대(支可大)가 호광(湖廣)을, 강탁(江鐸)이 편교(偏橋)를 안무하고, 이화룡(李化龍)이 천귀(川貴), 호광(湖廣)의 군대를 총괄(總督)하게 했다. 중경에 들어갔을 때, 이화룡, 곽자장 등이 군대에 맹세한 말에 다음 같은 말이 있었다. "역적 응룡은 올빼미 맹수의 마음을 품고, 뱀과 전갈의 성품으로, 의심하여 아내를 죽이고, 그녀의 온 집안 식구를 죽였다. 동지(同知)는 원래 동료였으나 남김없이 참살했고, 오사(五司)는 원래 수족과 같거늘 소멸시켜 황폐한 언덕으로 만들어 버렸다. 처음에는 한 주에서 **악행을 저지르더니, 계속 독이 세 성(省)에 이르러** 백석구(白石口) 주민 3,000명의 유해가 들에 쌓였고, 보루에는 흰 비단이 날렸다. 관군 2만이 흘린 피는 못을 이루었고, 기강(綦江) 만 리에 시신이 떠내려갔다. 동파(東坡)는 다시 불타 춘삼월이 붉도다. **남편이 보는 앞에 그 아내를 간음하고, 아비 앞에서 그 딸의 가슴을 훔쳤으며, 갓난아기의 머리를 베고, 뱀을 몰아 임산부의 음부에 넣는 등**, 대역무도하니, 신과 사람들이 모두 분노하노라(逆賊應龍, 梟獍爲心, 蛇蝎成性, 以疑似殺妻, 并害其全家. 同知原係寅僚, 斬殺俾無種類, 五司原同手足, 剿滅盡作荒丘. 初但肆惡一州, 繼乃流毒三省, 白石口居民三千積骸遍野, 飛練堡, 官軍二萬流血成淵, 綦江一路萬里流尸, 東坡再焚, 三春如赭. 對夫以淫其妻, 對父而姦其女兒乳, 斷嬰兒之首, 驅蛇入孕婦之陰. 大逆無道, 神人共憤)". **'27년(1599)'** 6월 21일 중경에서 포로를 풀어주고, 파주 땅을 나누어 2부(府)로 만들었다. 준의부(遵義府)가 3현 1주를 다스려 사천에 귀속시켰고, 평월부(平越府)는 4현 1주를 다스려 귀주(貴州)에 귀속시켰다.[4)]

이상 오래봉의 기술에 따라 추재는 정보를 다음과 같이 재구성했다.

파주는 옛 야랑(夜郎)이다. 옛날 어떤 여인이 강가에서 빨래하다가 세 마디의 대나무가 여인의 다리 사이로 흘러 들어와, 밀쳐 내자 그 안에서 아

---

4) 이상 가정(嘉靖) 17년(1538)부터 만력(萬曆) 27년(1599)까지의 기술은 『방여승략외이』, 6권의 저자인 오래봉이 추가한 정보들이다. 여기 '만력 27년'은 『방여승략외이』의 정보 중에서 가장 늦은 연대이다. 따라서 『방여승략외이』는 1599년 이후에 편집된 자료임에는 분명하다. 나왈경의 『함빈록』에 따르면, "본조에서 양씨(楊氏)를 가장 후하게 대우함이 대략 이와 같았다. 그곳은 아득히 멀고, 너머에는 계동(溪洞)에 이어있다. 풍속은 유자(儒者), 관리, 집은 중국과 같다. 이민족의 땅에서는 방망이 모양으로 상투하거나 머리를 풀어 헤치고, 귀신을 믿고 저주를 좋아하며, 사냥을 생업으로 한다. 혼인은 동기(銅器), 전(氈), 칼, 쇠노와 화살을 예물로 삼고, 음악은 동라(銅鑼), 북, 횡적(橫笛), 가무(歌舞)로 즐긴다. 모임에서는 중국 복장을 귀하게 여기고, 출입에는 칼과 쇠노를 지고 다니며 자신을 지킨다. 중국인들과의 교역에도 나오는데, 대체로 침범하는 일은 없다. 산천과 고적이 가장 많지만, 특이한 것이 없어, 수록하지 않는다. 반포(斑布), 문양이 있는 거북, 서각(犀角), 웅황(雄黃) 등의 물품이 난다(本朝待楊氏最厚, 大抵若此. 其地曠遠, 跨接溪洞. 俗惟儒宦戶與中國同. 夷地則椎髻披髮, 信鬼好詛, 射獵爲業. 婚姻以銅器·氈·刀·弩矢爲禮. 樂以銅鑼·鼓·橫笛·歌舞爲樂. 會聚以漢服爲貴, 出入背刀弩自衛. 至於與華人交易, 略無侵犯. 山川古蹟最多, 無奇, 故不載. 産斑布·文龜·犀角·雄黃等物)" 라고 하며 일관적인 기술 방식을 보여주고 있다.

이의 소리가 들려, 갈라 아이를 얻었다. 자라면서 재주와 무예가 있더니 마침내 이(夷) 중에서 으뜸이 되어 '죽(竹)'을 성씨로 삼았다. 쪼갠 대나무를 버린 곳은 대나무 숲이 되었는데, 지금 죽왕사(竹王祠)의 죽림이 바로 이것이다. 한나라 무제가 그를 멸하고 장가군(牂牁郡)으로 만들었다. 당나라 태종이 다시 '장가공(牂牁公)'에 봉했다. 용(龍), 방(方), 장(張), 석(石), 라(羅) 등 다섯 성씨가 있었는데 용씨가 가장 존귀했다. 또 삼랑(三郞)은 죽왕의 셋째 아들로 죽은 뒤에 신이 되어 사람들이 사당을 지어 그를 받든다. 뒤에 응룡(應龍)이란 자가 멋대로 일대에 악행을 저지르며 세 성(省)으로 그 해가 퍼지니, 온 들판에 해골이 쌓였고, 흘린 피가 못을 이루었으며, 남편 앞에서 아내를 간음했고, 젖가슴을 빨고, 아이들을 찢어 죽였으며 뱀을 몰아 임산부의 음부에 넣었다. 지금 파주는 '사천(泗川)'에 속한다(播州, 古夜郞也. 昔有女子浣于江上, 見三節竹流入女足間, 推之, 聞內有兒聲, 剖之得兒. 長有材武, 遂雄夷中, 以竹爲姓. 捐所剖竹, 成竹林, 今竹王祠竹林是也. 漢武滅之, 爲牂牁郡. 唐太宗復封牂牁公. 有五姓龍·方·張·石·羅, 而龍氏最貴. 又有三郞, 竹王之三子死爲神, 人祠奉之. 後有應龍者, 肆惡一境, 流毒三省, 積骸徧野, 流血成淵, 對夫淫妻, 吮乳磔孩, 驅蛇入孕婦之陰門. 今播州屬泗川也).

죽왕 사당 아래 죽림은 푸르고,	竹王祠下竹林青,
자고와 갠날 우레 부서진 방울과 어울리네.	柘鼓晴雷和碎鈴.
각서의 찹쌀 향 큰 이무기가 삼키고,	角黍糅香啖巨蟒,
한밤중 삼랑이 정령으로 강림했네.	三郞半夜降精靈.

다섯 성씨는 방과 장, 석과 라가 있고,	五姓方張與石羅,
오직 용씨가 장가의 오랜 주인 되었네.	一龍爲主長牂牁.
인간 세상 누가 공왕의 대나무를 팔리오.	人間誰賣邛王竹,
하늘 같은 조도에 한나라 사신들 지나가네.	鳥道如天漢節過.

[63] 건창(建昌)

건창(建昌)은 바로 건창위(建昌衛)를 말한다. 9세기 남조(南詔)에서 건창부(建昌府)를 세워 다스렸던 지역이다. 바로 한나라 시기 '공도(邛都)'라고 칭했던 곳으로, 사마천은 "전(滇, 쓰촨) 이북 군장 수십 중에서 '공도'가 가장 크다(自滇以北君長以什數, 邛都 最大)"라고 기술한 바 있다(『사기』, 권116, 「서남이열전」, 2991쪽). 지금 쓰촨성 시창시[西昌市]에 치소가 있었다. 중심 민족은 이족(彝族)으로 알려져 있다. 명나라 홍무 15년(1380)에 건창위지휘사사(建昌衛指揮使司)를 설치하여 행정 조직화했다.

건창(建昌)의 여러 위(衛)는 **원래 옛 공도국(邛都國)이었다.** *[한나라 시기 전(滇) 이북으로 군장 십여 곳 중에 공도가 가장 컸다(漢時, 自滇以北, 君長以十數, 邛都最大)].* **한나라** 무제가 서남이를 평정하고 **월수군(越嶲郡)으로 삼고**, 공도(邛都), 회무(會無) 등 15현을 다스리게 했다. *[얼마 되지 않아]* 공도의 땅은 함몰되고 습지[汙澤]가 되어 '공지(邛池)'라 하였다. 이응(李膺)의 『익주기(益州記)』에 따르면, **공도(邛都)에는 한 노파[老姥]가 있었는데, 집이 가난하고 고립되어 먹을 것이라고는 겨우 침상 사이에 뿔이 딸린 붉은 뱀뿐이었다. 노파는 가여워 먹여 기르자, 뒤에 1장 남짓 커서는 공도(邛都) 현령의 준마를 죽이자, 현령은 화가 나 노파에게 뱀을 내놓으라고 질책하며 뱀을 찾았으나 보이지 않자 결국 노파를 죽였다. 뱀은 분노하여 어머니의 원수를 갚겠다고 했다. 그 뒤로 밤마다 바람 같은 우렛소리가 40여 일간 들렸다. 그곳 사방 40리의 성곽 주민들이 일시에 모두 빠지고 노파의 집만 아무런 탈이 없이 지금까지 여전히 남아 있다. 어부들이 풍랑을 만날 때면 반드시 그 집에 의지해 묵었다. 물이 얕아질 때는 옛 나무[舊木]를 찾을 수 있고, 물이 맑으면 여전히 성곽, 누각, 망루가 보인다.**[1)]

[이 일은 역양(歷陽)이 호(湖)가 된 일과 같다. 왕망(王莽) 시기에 군의 태수 근(根)이 공(邛) 사람 장귀를 발탁하여 군후(軍候)로 삼았다. 얼마 되지 않아, 장귀는 태수 근(根)을 죽이고 자립하여, 왕이 되었다. 광무제는 이로

1) 이상은 『익주기』의 내용이다. 『후한서』 이현의 주에도 인용되었다.

써 그를 월수(越嶲) 태수에 봉했는데, 뒤에 유상(劉尙)이 익주(益州)의 이민족을 공격할 때 월수로 가다가 결국 장귀를 습격하여 죽이고 그의 가속(家屬)들을 성도로 옮겼다. 안제(安帝) 때 이인(夷人)이 다시 반란을 일으켜, 양송(楊竦)이 평정하자, 추장과 36종족이 모두와 항복하고 귀부했다. 이에 양송은 장리 중에 간교하게 침범한 만이(蠻夷) 90명 모두 사형을 면해 주라는 의론을 아뢰었다.[2] 그 뒤로 몇 차례 반란이 있었다. 장무(章武, 221~223) 초에 월수(越嶲) 수(叟)의 추장 고정원(高定元)이 왕을 칭하며, 장군 초황(焦璜)을 공격해 죽이고 군의 땅을 파괴하니 제갈량이 월수태수 공록(龔祿)을 안상현(安上縣)에서 살게 하고 멀리서 태수를 다스렸다. 안상현은 군에서 800리 떨어져 있어 이름만 있을 뿐이었다. 건흥(建興, 223~238) 초에 월수태수 장억(張嶷)이 이왕(夷王)과 그의 아우 외거(隗渠) 등을 유인하여 죽이고,[3] 또 항복했다가 배반한 이인(夷人)들을 토벌하니 위신이 참으로 드러나면서 만이(蠻夷)가 모두 복종했다.[4] 연희(延熙, 238~257) 초에 옛 군을 되찾고 군성(郡城)을 축조하니 이민족의 남녀들이 힘을 다하지 않음이 없었다. 장억이 옮겨간 뒤로 조금씩 다시 약탈했다. 진(晉) 나라 시기에 월수군의 치소를 회무현(會無縣)으로 옮겼고, 유송(劉宋) 시대에는 그에 따랐으며, 제(齊) 나라 때에는 료군(獠郡)으로 불렀고, 후주(後周) 시기에는 엄주(嚴州)를 설치했다. 수나라 때에는 서녕주(西寧州)로 불렀다가 다시 월수군으로 고쳤다. 당나라 초기에는 수주(嶲州)로 고쳤다가 다시 월수군으로 고쳤다. 당시 만(蠻)의 부류가 가장 많았는데, 유독 공도(邛都)의 만이 가장 성했다. 땅의 폭은 1,000리로 동찬(東爨), 오만(烏蠻)의 부락들이다(此事與歷陽爲湖事相同. 王莽時郡牧根調

2) 왕망(王莽) 시기부터 벌어진 일들은 『후한서』, 권86, 「서남이전」(2853쪽)에 자세하게 보인다. 그에 대한 번역은 '중국장사외국전DB'를 참고하시오. '군의 태수 근(郡牧根)'이 『후한서』에는 '군수 매근(郡守枚根)'으로 되어 있다.

3) 『삼국지·촉서』, 권33, 「후주 본기」(897쪽)에 따르면, 연희(延熙) 3년(240) 봄에 "월수태수 장억에게 월수군을 평정하게 했다(使越嶲太守張嶷平定越嶲郡)"라고 하였으므로 여기 '건흥(建興) 초'와는 차이가 크다.

4) 장무(章武) 연간의 사건부터 장억의 토벌까지는 『화양국지(華陽國志)』(사고전서본, 권3, 22b~23a)를 참고하여 정리한 것으로 보인다.

邛人長貴, 爲軍候. 頃之, 長貴攻殺牧根自立, 爲王. 光武因就封之授越嶲太守, 後劉尙擊益州夷, 路由越嶲. 遂掩殺長貴, 徙其家屬於成都. 安帝時, 夷人復叛, 楊竦平之, 渠帥三十六種皆來降附. 竦因奏長吏姦猾侵犯蠻夷者九十人, 皆減死論. 自後數叛. 章武初, 越嶲叟大帥高定元稱王, 攻殺將軍焦璜, 破没郡土, 諸葛亮遣越嶲太守龔祿住安上縣, 遙領太守. 安上去郡八百里, 有名而已. 建興初, 越嶲太守張嶷誘殺夷王及其弟隗渠等, 又討叛負降夷人, 威信允著, 蠻夷率服. 延熙初, 遂還舊郡, 更築郡城, 夷人男女莫不致力. 及嶷遷後, 頗復奸宄矣. 晉時, 徙越嶲郡治於會無縣, 宋因之, 齊謂之獠郡, 後周置嚴州, 隋爲西寧州, 尋改越嶲郡. 唐初, 改嶲州, 尋改越嶲郡. 時蠻類最多, 惟邛都蠻爲盛. 地廣千里, 乃東爨·烏蠻之部落)].

『당서(唐書)』의 물등(勿鄧), 양림(兩林)이며, 『송사(宋史)』에서는 '공부만(邛部蠻)'이라 불렀다. 지덕(至德, 756~758) 초에 남조(南詔)가 수주(嶲州), 물등(勿鄧)을 함락하여 마침내 토번(吐蕃)에 기미(羈縻)했다. 정원(貞元, 785~805) 연간에 다시 귀부하자, 당나라는 물등(勿鄧)의 대귀주(大鬼主) 저숭(苴嵩)에게 공부단련사(邛部團練使)를 겸하게 하고 장천군공(長川郡公)으로 봉했다. *[그가 죽고 아들 저표리(苴驃離)가 어려, 저몽충(苴夢衝)을 대귀주로 삼았는데 자주 토번의 침략을 받았다. 뒤에(及死, 子苴驃離幼, 以苴夢衝爲大鬼主, 數爲吐蕃侵獵. 後)]*, 양림(兩林)의 대귀주(大鬼主) 저나시(苴那時)가 위고(韋皐)에게 서신을 보내 토번을 공격할 군대를 요청했다. 위고는 장수 유조채(劉朝彩), *[등영준(鄧英俊)]* 등을 보내 만병(蠻兵)과 합쳐 공격했다. *[저나시는 전투에 힘을 다해(苴那時戰甚力)]*, 북곡(北谷)에서 토번을 대파했다. *[사상자는 헤아릴 수 없었고, 노획한 갑옷과 무기, 소와 말은 각기 만을 헤아렸다(死傷無算所獲鎧仗牛馬各以萬計)]*. 조서로 저나시를 순정군왕(順政郡王)에, 저몽충(苴夢衝)을 회화군왕(懷化郡王)으로 봉하고, *[인장과 포대(袍帶)를 주었다. 두 왕이 모두 입조할 때는 인덕전에서 연회를 베풀어 주고 상을 등급에 따라 더해주었다. 해마다 그들 봉록으로 소금, 옷, 채색 비단을 지급할 때는 여주(黎州)와 수주(嶲州)의 관리들에게 하사하게 했다. 그러나(給印章·袍帶, 二王皆入朝, 宴麟德殿, 賞賚加等. 歲給其祿鹽·衣·彩, 令黎·嶲二州吏就賜*

之. 然)] 저몽충이 토번에 귀부하였다. 위고는 저몽충을 비파천(琵琶川)으로 불러 참수하고, *[그 종족을 여섯 부로 갈라 대귀주를 두었다. 의종(懿宗, 859~876년 재위) 때, 그곳은 남조가 차지하여 수주(嶲州)로 고치고 건창부(建昌府)로 삼았으나 오만(烏蠻)과 백만(白蠻)으로 채워지며, 끝내 중국과 통하지 않게 되었다(披其族爲六部, 更置大鬼主焉.*[5] *懿宗時, 其地爲南詔所據, 改嶲州, 爲建昌府, 而以烏·白二蠻實之, 遂不通中國矣)].*

송나라 개보(開寶, 968~976)초에 공부(邛部) 도귀주(都鬼主) 아복(阿伏)이 아들을 보내 조공을 들였다. *[조서로 기쁘게 받아들이며, 기물과 비단을 하사했다. 뒤에 아복이 또 정원반병(定遠叛兵)을 평정하는 공을 세워 은대(銀帶)와 금포(錦袍)를 하사하고 더하여 귀덕장군에 봉했다. 이로부터 진종(眞宗, 997~1022년 재위) 시기까지 조공이 끊이지 않았다. 조공품에는 명마(名馬), 서각(犀角), 상아(象牙), 사라(莎羅), 담(毯), 금장식한 만도(蠻刀), 금장식한 안장과 굴레, 완양(羱羊), 이우(犛牛) 등이 있었다. 송나라는 곧바로 도탑게 조서를 내려 관작을 더 해 주고 후하게 하사품을 주었다. 천성(天聖, 1023~1032) 연간*[6]*에 공부(邛部)의 만왕(蠻王) 여재(黎在)가 사신을 보내 조공을 들였다. 당시 참파[占城], 쿠차[龜茲], 사주(沙州)가 모두 조공을 들였는데, 스스로 가족들을 데리고 왔다. 이를 계기로, 안수(晏殊, 991~1055)가 그들의 인물과 의관을 그리고, 아울러 도로와 풍속을 탐문하여 사관에게 올리게 할 것을 청하여, 조서로 허락했다. 희녕(熙寧, 1068~1077) 초에 도귀주 저극(苴尅)이 사신을 보내 등극을 축하하자, 조서로 기물과 비단, 습의(襲衣), 은대(銀帶)를 하사하게 했다. 저극이 죽자, 조서로 그의 아우 애말(厓韈)이 계승하게 했다. 순희(淳熙, 1174~1189) 초에 토번의 여러 부락이 변경을 침입하자, 애말이 격살하는데 공을 세워 송나라는 애말을 두텁게 예우했다. 애말이 죽고 조카 묵애(墨厓)가 계승하여 관례에 따라 관직을 주었다. 영종(寧宗, 1194~1224년*

5) 이상 당나라 시기의 일들은 『신당서』, 권222하, 「남만·양찬만(兩爨蠻)」(6317~6318쪽)에서 자세히 보인다.

6) 『송사』, 권496, 「만이(蠻夷)·여주제만(黎州諸蠻)·공부천만(邛部川蠻)」(14234쪽)에 따르면, 이 조공 사실은 '천성(天聖) 8년(1030)'으로 기록하고 있다.

재위) 시기에 공부(邛部)의 귀주 부고(部庫)가 친족인, 애칙(厓則)과 안으로 서로 공격하다가, 애칙이 양림(兩林)의 만과 결탁하여, 지원을 받자, 부고는 두려워 운남(雲南)에 구원을 청했다. 운남은 그들의 귀부를 반기며 결국 군대를 보내 양림의 만을 공격하여 멸망시켰다. 만(蠻)의 종족들은 원래 충순(忠順)하여, 송나라 초 이래로, 운남의 길을 차단해, 운남과 중국이 단절되어 있었는데, 이로부터 여주(黎州)와 수주(嶲州)는 그 울타리를 잃게 되었다. 원나라 지원(至元, 1264~1294) 연간에 내부하여 건창로(建昌路)를 설치하고 또 라라사선위사(羅羅斯宣尉司)를 두어 통치하게 했다(詔喜納之, 賜以器幣. 後阿伏又以平定遠叛兵功, 賜銀帶錦袍, 加封歸德將軍. 自是訖眞宗時, 朝貢不絕. 貢有名馬·犀角·象牙·莎羅·毯·金飾蠻刀·金飾馬鞍勒·羱羊·犛牛等物. 宋輒優詔, 加官厚賜遣之. 天聖中, 邛部蠻王黎在遣使入貢. 時占城·龜茲·沙州亦皆入貢, 至以家自隨者. 晏殊因請圖其人物衣冠, 并訪道里風俗, 以上史官, 詔可. 熙寧初, 都鬼主苴尅遣使來賀登極, 詔賜勅書·器幣·襲衣·銀帶. 苴尅死, 詔其弟厓轆嗣. 淳熙初, 吐蕃種落侵犯邊境, 厓轆擊殺有功, 宋益優禮之厓轆. 死姪墨厓承襲, 依例受官. 寧宗時, 邛部鬼主部庫, 與親族厓則內自相攻, 厓則結兩林蠻爲援, 部庫懼求救雲南. 雲南喜其附已, 遂發兵攻兩林蠻, 滅之. 蠻族素忠順, 自宋初以來, 遮蔽雲南之路, 故雲南與中國絕. 至是黎·嶲失其藩籬矣. 元至元間, 內附, 置建昌路, 又立羅羅斯宣尉司統之)].

본조(本朝) 홍무(洪武, 1368~1398) 연간에 *[부우덕(傅友德), 목영(沐英) 등이 격파하고], 건창부(建昌府)를 설치하고 곧이어 사천행도사(四川行都司)로 고치고 여섯 위(衛)를 거느리게 했다. [건창위(建昌衛), 건창전위(建昌前衛)【두 위(衛)는 곽(郭)이 딸려 있다. 옛날 월수군(越嶲郡) 치소 땅이다】, 영번위(寧番衛), 월수위(越嶲衛)【두 위는 사천행도사에서 200리 떨어져 있다. 옛 공도현 땅이다】, 염정위(鹽井衛)【사천행도사 성의 서쪽 300리에 있다. 옛 월수군의 작현(笮縣)이다】, 회천위(會川衛)【사천생도사 동남쪽 500리에 있다. 옛 월수군 회무현(會無縣) 땅이다】이다(曰建昌衛, 曰建昌前衛【二衛附郭, 古越嶲郡治地也】, 曰寧番衛, 曰越嶲衛【二衛俱去司二百里, 古邛都縣地也】, 曰鹽井衛【在司城西三百里, 古越嶲郡之笮縣*

也】, 曰會川衛【在司東南五百里, 古越嶲郡會無縣地也】)].

[그곳은 대체로 땅은 넓고 사람이 적어, 사람들의 의식이 풍족하고, 유교를 중시하고 불교에 경배하며, 상품으로 통상하는데, 서남쪽 목구멍의 요처이기 때문일 것이다. 그러나 대나무 울타리에 판잣집이며, 꾸며 장식하지 않아 시정(市井)은 초라하고, 청초(青草)와 황모(黃茅)의 장기(瘴氣)가 있다. 견고한 갑옷과 날카로운 칼을 잘 만들며, 쇠노 끝에 독을 발라, 피만 묻어도 즉사한다(其地大抵土廣人稀, 民足衣食, 重儒敬佛, 通商殖貨, 蓋西南咽喉衝要處也. 然竹籬板舍, 不事修飾, 市井荒陋, 有青草黃茅之瘴. 善造堅甲利刃, 弩置毒其末, 沾血立死)].

[고적으로 건창(建昌)의 무후성(武侯城)【제갈공명이 지은 것으로, '오월에 노수를 건너'라고 한 곳이 바로 이곳이다】, 맹획성(孟獲城)【바로 제갈공명이 맹획을 사로잡은 곳이다】, 영번(寧番)의 온천혈(溫泉穴)【겨울이나 여름 더워, 그 온수에는 닭과 돼지를 끓일 수 있고, 하류에서는 질병을 치료한다. 수신(水神)이 보호하여 더럽게 할 수 없다. 혹 난발(亂髮)로 얼굴을 비추면 질병에 걸리게 한다】, 회천(會川)의 복인총(濮人冢)【총에는 시신이 드러나 있고, 그 굴에는 푸른 구슬이 많은데, 사람이 채취할 수 없다. 채취하면 불길하다】, 천마총(天馬冢)【사람들이 그곳에서 말을 먹인다. 간혹 뛰어난 망아지가 나기라도 하면 천마의 새끼라고 한다】, 염정위(鹽井衛)의 철석산(鐵石山)【산에는 돌이 있는데 그것을 녹여 쇠를 만들어, 칼이나 창을 만드는데, 아주 예리하다】, 월수(越嶲)의 어동(魚洞)【강에는 물고기가 나는데, 길이는 2척이고, 머리는 아주커서, 멀리서 보면, 띠와 쇠솥처럼 보인다】이 있는데, 이들이 특이하다. 은(銀), 철(鐵), 청석(青石), 석록(石碌) 등의 물건만 난다(古蹟, 則建昌之武侯城【孔明所築, 所謂五月渡瀘者卽此】·孟獲城【卽孔明擒孟獲處也】·寧番之溫泉穴【冬夏熱, 其溫可湯雞豚, 下流治疾病. 水神護之, 不可汙穢. 倘沈亂髮照面, 則使人惡疾】·會川之濮人冢【冢不蔽尸, 其穴多有碧珠, 人不可取, 取之不祥】·天馬冢【民牧馬其處, 或產駿駒, 則云天馬子也】·鹽井衛之鐵石山【山中有石, 燒之成鐵, 爲劍戟, 極鋒利】·越嶲之魚洞【河出魚, 長二丈, 頭特大, 遙視如

帶, 鐵釜之狀】, 此爲奇也. 產惟銀·鐵·石青·石碌等物)].

이상의 정보에 따라 추재는 다음과 같이 재구성하고 노래했다. 마지막 밑줄 친 정보는 저본을 통해 확인되지 않는다.

> 건창(建昌)은 옛 '공도국(邛都國)'이다. 한나라 무제 때 월수군(越巂郡)이 되었으나 뒤에 함몰하여 습지[汙澤]가 되었기 때문에 '공지(邛池)'라 하였다. 공도(邛都)에는 한 노파[老姥]가 있었는데, 집이 가난하고 고립되어, 매일 먹을 것이라고는 겨우 침상 사이에 뿔이 딸린 붉은 작은 뱀뿐이었다. [노파는] 가여워 먹여 기르자, 뒤에 1장 남짓 커서는 공도(邛都) 현령의 준마를 죽였다. 현령은 화가 나 노파를 죽였다. 뱀은 분노하며 어머니의 원수를 갚겠다고 했다. 그 뒤로 밤마다 바람 같은 우렛소리가 40여 일간 들렸다. 그곳 사방 40리의 성곽 주민들이 일시에 모두 잠겼으나, 노파의 집만 아무런 탈이 없었다. 지금도 [어부들이] 풍랑을 만날 때면 반드시 그 집에 의지해 묵었다. 물이 맑을 때면 여전히 성곽, 누각, 망루가 보인다. 송나라 개보(開寶) 초에 공부(邛部) 도귀주(都鬼主) 아복(阿伏)이 아들을 보내 조공을 들였다. 명나라 때 '사천위(四川衛)'로 고쳐 불렀다(建昌, 古邛都國也. 漢武置越巂郡, 後陷爲汙澤, 因名邛池. 邛都有老姥, 家貧孤獨, 每飯有戴角小赤蛇在牀間, 憐而飴之, 後長丈餘, 殺邛都令駿馬. 令怒殺姥, 蛇乃嗔言報母仇, 自是夜聞風雷聲, 至四十日. 其地方四十里城郭民居, 一時皆陷, 惟姥居無恙. 至今遇風浪, 漁人止宿焉. 水清猶見城郭·樓·櫓. 宋開寶初, 邛部都鬼主阿伏遣子貢朝. 明時改爲四川衛).

온 땅에 바람과 우레 밤마다 일어났어도,　　滿地風雷夜夜生,
물속 성곽은 분명하게 보이네.　　水中城郭見分明.
어부들 용파의 집에 그물을 걸고,　　漁翁掛網龍婆宅,
여전히 공도 태수의 이름을 말하네.　　猶說邛都太守名.

[64] 라라(羅羅)

저본에는 건창(建昌)[63]과 라라(羅羅)[64] 사이에는 ‘귀남제이(貴南諸夷)’가 상당히 길게 기술되어 있지만, 추재는 채록하지 않았다. ‘라라’라는 표제어 아래에는 “이하는 모두 보충한 것으로, 앞에서 기술되지 않은 것들이다(以下皆補, 前未及敍者)”라는 원주가 딸려 있다. 사실 이 원주는 나왈경이 『함빈록』에서 달아둔 것이다. 결국 나왈경이 ‘이전에 기술되지 않았다’라는 정보는 믿을 수 없을 것 같다. 나왈경이 ‘라라’ 아래 기술한 ‘힐로(犵狫)’, ‘양황(狑獚)’, ‘중가(仲家)’, ‘송가채가(宋家蔡家)’, 방가(尨家), 오계제이(五溪諸夷), 삼강제이(三江諸夷) 등등은 대부분 전여성(田汝成)의 『염요기문(炎徼紀聞)』에 보이기 때문이다.

‘라라’는 중국 서남부의 이족(彝族)으로, ‘라라(玀玀|猓猓|倮倮)’로도 표기하는데, ‘라라(羅羅)’가 가장 일반적인 형태이다. 우리에게는 ‘로로족’으로 잘 알려진 소수민족이다. 사용한 글자는 조롱하는 의미지만, ‘로로’는 베트남, 태국에서는 여전히 ‘로로’를 사용한다. 이들은 중국 서남부에서도 상당히 독자적인 문화를 갖추었다. 폴 비알(Paul Vial)이 1898년 로로족의 역사, 종교, 관습, 언어, 문자에 관한 전문서를 남긴 이래,[1] 프랑스학자들에 의해 많은 연구가 축적되어 있다. 이들에 관해서는 별도의 논고를 준비하고 있다. 어쨌든 추재는 조선에 처음으로 로로족을 소개했다.

여기 ‘라라’의 기술 또한 전여성의 『염요기문』(권4, 19a~20b)에 더 자세하게 보인다. “라라는 원래 ‘로록(盧鹿)’이었으나 와전되어 지금의 호칭이 되었다. 두 종족이 있는데, 수서(水西)의 12부[十二營], 영곡(寧谷), 마장(馬場), 조계(漕溪)에 사는 사람들을 ‘흑라라’라고 하고 오만(烏蠻)이라고도 부른다. 모역(慕役)에 사는 사람들을 ‘백라라’라 부르고 ‘백만(白蠻)’이라고도 한다. 촉한(蜀漢, 221~263) 시기 화제(火濟)라는 자가 승상 제갈량을 따라 맹획(孟獲)을 칠 때 공을 세워 라전국(羅甸國)의 왕으로 봉해졌는데, 지금 선위사 안씨(安氏)의 먼 조상이다. 라전(羅甸)의 동서로, 자기(自杞), 야랑(夜郎), 장가(牂牁) 같은 곳은 나라 이름이고, 특마(特磨), 백의(白衣), 구도(九道) 같은 곳은 도(道)의 명칭으로, 모두 라라의 종족이다. 라라의 풍속은 어리석어 군주에게 순종적이다. 학대하거나 온 집안을 다 죽여

1) 『Les Lolos: Histoire, Religion, Mœurs, Langue, Écriture』, Chang-Hai, 1898.

도 자식들을 바치고 처첩들이 모셔도 원수로 여기지 않아, 화제로부터 지금까지 천여 년 동안 대를 이어 영속했다. 그곳은 48부(部)로 다스리며, 부의 우두머리를 '두목(頭目)'이라 한다. 그 사람들의 눈은 깊숙하고 장신에 검고 이빨은 희며, 몽둥이 모양으로 상투하고, 맨발에 담요를 지고, 삿갓을 쓰고 다닌다. 허리는 갈대 끈으로 매고, 왼쪽 어깨에는 양가죽을 하고, 한쪽에는 긴 칼과 화살통을 찬다. 부자들은 금팔찌를 팔에 찬다. 사납고 호전적이어서 공격하는 방법을 익히며 기상과 힘을 높이 산다. 느슨할 때는 어로와 수렵, 벌목을 생업으로 하고, 급할 때는 도륙을 일삼아 그들 병사가 항상 여러 묘(苗) 중에 으뜸이다. 속담에 '수서(水西)의 라귀(羅鬼)들 머리를 끊어도 꼬리를 흔드네'라고 하는데 상응함이 민첩함을 말한다. 문자도 있는데 몽골 글자와 비슷하다. 앉을 때는 책상이나 자리가 없고, 사람들과 함께 밥을 먹을 때는, 밥 한 쟁반, 물 한 사발, 숟가락 하나로, 밥을 떠서 먹을 때는 대충 탄환처럼 뭉쳐 숟가락으로 입에 넣는다. 식사가 끝나면 입 안을 헹구고 이빨을 닦는 것을 청결하게 여긴다. 술동이를 만들되 떠내지 않고 갈대 대롱으로 빨아서 먹는다. 남자는 콧수염을 깎지만, 구레나룻은 남겨둔다. 여인들은 머리를 묶고 푸른 띠로 싸맨다. 위아래로 근친상간으로 통하며, 뻔뻔하게 부끄러워하지 않는다. 아비가 죽으면 그 어미를 후실(後室)로 거두고, 형이나 아우가 죽으면 그 아내를 아내로 삼는다. 신부는 시아비를 보고 절하지 않고, 나체로 대야를 올리는데, 그것을 '봉당(奉堂)'이라 한다. 남녀가 방에 있을 때는 잠자리를 함께하지 않으며, 몰래 합방하여 달아나도 사납게 굴거나 많은 시샘을 하지만, 서로 적이 되는 일은 금기한다. 백라라의 풍속은 대략 같은데, 음식으로 고약한 풀을 먹고, 잔과 쟁반이 많이 없어 세 발 솥에 불을 피워 털을 태우고 피가 든 채 먹고, 쥐, 참새, 전갈, 메뚜기, 벌레 등 움직이는 것은 잡아 구워 돼지처럼 쌓아놓고 먹는다. 문자는 통하지 않고, 줄을 매거나 나무에 새겨 신호로 삼는다. 여자 중에 음란하기로 이름난 자를 사람들이 다투어 취하는데, 아름답기 때문이다. 사람들이 죽으면 소나 말가죽으로 싸서 불태운다. 보정(普定)에 사는 사람들을 '아화(阿和)'라고 하는데, 풍속은 백라라와 같고, 차를 팔아 생활한다(羅羅本盧鹿而訛爲今稱. 有二種, 居水西十二營, 寧谷·馬場·漕溪者爲黑羅羅, 亦曰烏蠻. 居慕役者爲白羅羅, 亦曰白蠻. 風俗略同, 而黑者爲大姓羅, 俗尙鬼, 故又曰羅鬼. 蜀漢時, 有火濟者, 從丞相亮破孟獲有功, 封羅甸國王, 即今宣慰使安氏遠祖也. 自羅甸東西, 若自杞·夜郎·牂牁, 則以國名, 若特磨·白衣·九道則以道名, 皆羅羅之種也. 羅羅之俗愚而戀主, 即虐之赤族,

猶擧其子姓, 若妻妾戴之, 不以爲讐, 故自火濟至今千有餘年世長. 其土勒四十八部, 部之長曰頭目. 其人深目, 長身黑而白齒, 椎結, 跣蹻, 荷氈, 戴笠而行. 腰束葦索, 左肩拖羊皮, 一方佩長刀箭箙. 富者以金釧約臂. 悍而喜鬬, 修習攻擊, 雄上氣力. 寬則以漁獵伐山爲業, 急則屠戮相尋, 故其兵常爲諸苗冠. 諺云, 水西羅鬼, 斷頭掉尾, 言其相應若率然也. 亦有文字, 類蒙古書者. 坐無几席, 與人食, 飯一盤, 水一盂, 匕一枚, 抄飯哺, 許摶之若丸, 以匕躍口, 食已, 必滌膿刷齒以爲潔. 作酒盎而不縮, 以蘆管啐飲之. 男子則薙髭而留髯, 婦人束髮纏以青帶. 烝報旁通, 醜不恧也. 父死収其後母, 兄弟死則妻其妻. 新婦見舅姑不拜, 裸而進盥, 謂之奉堂. 男女居室, 不同帷笫, 潛合如奔, 狠而多疑, 忌相賊也. 白羅羅之俗畧同, 而飲食惡草, 盛無盃盤, 爨以三足金, 灼毛齰血, 無論鼠雀蚔蝝蠉動之物, 攫而燔之, 攢食若彘. 不通文字, 結繩刻木爲信. 女子以善淫名者, 則人爭取之, 以爲美也. 人死以牛馬革裹而焚之. 居普定者爲阿和, 俗同白羅, 以販茶爲業)."

라라(羅羅)는 전·귀(滇·貴, 윈난과 구이저우)에 모두 있다. **또한 두 종이 있다. 흑라라(黑羅羅)는 바로 동찬(東爨)으로 오만(烏蠻)이다. 백라라(白羅羅)는 바로 서찬(西爨)으로 백만(白蠻)이다.** 모두 구륭(九隆)의 후예이다. 육조(六詔)와 같은 종족이지만, 라라(羅羅)가 성해진 것은 **화제(火濟)부터 처음 수서(水西)에 대를 이어 '안(安)'을 성씨로 삼아** [여러 라라가 만연했다. 각 지역 모두 안씨를 우두머리로 삼았다(其諸羅蔓處. 各地者皆安氏長之)]. 대개 라라의 풍속은 어리석고 군주에게 순종적이다[戀].[2] 즉 **잔학해도 원망하지 않기 때문에, 화제(火濟)부터 지금까지 1,000여 년 동안 추장들의 성이 바뀐 적이 없다**(蓋羅羅之俗愚而戀主, 即過虐之不怨, 故自火濟至今千餘年, 其酋長未嘗易姓). 사향(奢香, 1361~1396) 이후, 안귀영(安貴榮), 안만전(安萬銓) [등 모두 교만했으나(等皆驕蹇)] 제약[節制]을 받지 않고, *[원정을]* 따르며 소집에 응하되(聽調從征), 후한 상으로 부르지 않으면 행하지 않았고, *[지나는 촌락마다 살해하여 살아남은 것이 없었다. 「귀남지」에 자세히 보인다(所過村落殺, 無噍類者. 詳見貴南志中)].*

2) '련(戀)'은 '련(孌)'의 뜻으로 읽어야 할 것이다.

[그 사람들의 눈은 깊숙하고 몸은 검으며 이빨은 희다. 방망이 모양으로 상투하고, 맨발에 담요를 지고 갓을 쓰고 다닌다. 호전적이며 힘을 높이 산다. 느긋할 때는 어로와 수렵, 벌목을 생업으로 하고, 급할 때는 도륙을 일삼으므로 그들 병사가 여러 묘(苗) 중에서 으뜸이다. 속담에, '수서의 라귀(羅鬼)는 머리를 잘라도 꼬리를 흔든다'라고 하는데, 서로 상응함이 뱀이 반응하는 것과 같다는 말이다. 문자도 있는데 몽골의 글자와 비슷하다. 아비가 죽으면 어미를 아내로 삼고, 형이 죽으면 형수를 아래로 삼는다. 며느리가 시아버지를 보고 절하지 않고 나체로 대야를 올리는데 이것을 '봉당(奉堂)'이라 한다. 남녀는 휘장을 함께하지 않고, 몰래 야합하여 달아나도 서로 적대하는 것을 금기한다. 백라라의 풍속은 대략 같은데, 음식으로 고약한 풀을 먹고 쥐, 참새 그리고 꿈틀거리는 것이면 모두 즐겨 먹는다. 문자가 통하지 않고 끈을 매거나 나무에 새겨 신호로 삼는다. 여자 중에 아주 음란한 자는 사람들이 다투어 취하는데 아름답다고 생각하기 때문이다. 사람이 죽으면 소나 말의 가죽에 싸서 불태운다(其人深目, 黑身而白齒, 椎結, 跣蹻, 荷氈, 戴笠而行. 喜鬬尚力, 寬則以漁獵伐山[山伐]*爲業, 急則屠戮相尋, 故其兵常爲諸苗冠. 諺云, 水西羅鬼, 斷頭掉尾, 言其相應, 若率然蛇也. 亦有文字, 類蒙古書者. 父死妻母, 兄死妻嫂, 婦見舅姑不拜, 裸而進盥, 謂之奉堂. 男女不同帷, 潛合而奔, 忌相賊也. 白羅羅之俗略同, 而飲食惡草. 凡鼠雀及蠕動之物, 俱喜啖之. 不通文字, 結繩刻木爲信, 女子善淫者則人爭取之, 以爲美也. 人死, 則以牛馬革裹而焚之)].*

풍속으로 **귀신을 숭상하여 '라귀(羅鬼)'라고도 한다**. 후량[朱梁] 시기(907~923년)에 라귀(羅鬼) 종족에는 찬찬(爨瓚)이 있었는데, 강성하여 또한 '찬인(爨人)'이라고도 한다. *[보정에 사는 사람들을 '아화(阿和)'라고 하는데, 풍속은 백라라와 같으며 차 판매를 생업으로 한다. 물산은 대체로 전·귀(滇·貴)와 같다(居普定者爲阿和, 俗同白羅, 以販茶爲業. 物產大抵與滇·貴同)].*

이상의 정보로부터 추재는 다음과 같이 자신의 표현으로 재구성했다.

라라에는 흑라라와 백라라 두 종족이 있는데, 바로 동쪽과 서쪽의 두 찬(爨)인 오만(烏蠻)과 백만(白蠻)이다.[3] 처음 화제(火濟) 시기에 많아지며 안착하여 성씨를 이루었다. 사람들은 어리석고 주인을 그리워하여 지나치게 허탄(虛誕)해도 원망하지 않으므로 화제(火濟) 이후 지금까지 1,000여 년 동안 여전히 주인이 바뀌지 않았다. 귀신을 숭상하여 집마다 제사를 지내 '라귀(羅鬼)'라고도 한다. 또 독충을 길러[養蠱], '고파(蠱婆)'라고 한다[4](羅羅有二種, 曰黑羅羅·白羅羅, 卽東西二爨烏蠻·白蠻也. 始盛於火濟, 以安爲姓. 俗愚而戀主, 卽過虛之而不怨, 故火濟之後至今千餘載, 未尙易主. 尙鬼, 家家祀之, 一名羅鬼. 又養蠱, 曰蠱婆).

흑라라는 백라라를 향해 있고,	黑羅羅望白羅羅,
두 찬(爨) 동서로 강을 사이 두었네.	兩爨東西隔一河.
몹시 성실한 견마들 주인을 그리워하고,	深誠犬馬尊戀主,
몰래 누에를 길러 잠파(蠶婆)와 겨루네.	密養蠶娥賽蠱婆.

3) 이 정보는 오래봉(吳來鳳)이 기술한 "흑라라(黑羅羅)는 바로 동찬(東爨)으로 오만(烏蠻)이다. 백라라(白羅羅)는 바로 서찬(西爨)으로 백만(白蠻)이다"라는 문장에서 나왔다.

4) 여기에서 '고(蠱)'자는 아래 추재의 시 3구에서처럼 '잠(蠶)'자로 읽어야 할 것 같다. 즉 "양잠(養蠶)하여 '잠파(蠶婆)'라고 한다"라는 의미일 것이다. 하지만 이 정보는 어디에서 가져온 것인지 확인되지 않는다.

[65] 힐로(犵狫)

여기 오래봉이 『함빈록』을 채록한 '힐로(犵狫)'는 전여성(田汝成, 1503~1557)의 『염요기문(炎徼紀聞)』(사고전서본, 권4, 20b~21a)에서 가져왔다. 이로부터 이들이 서남부의 보[僰]와 션[撣]족 계열로, 구이저우, 후난, 광시 등의 성에 분포한다는 사전적 설명이 있다.

힐로(犵狫)는 '힐료(犵獠)'라고도 한다. *[그들이 유래한 바는 모른다(不知其所由來也)]*. 이들 종족으로 다섯이 있다. 봉두(蓬頭)에 맨발로 다니며, 왜소하지만 잘 달린다. 목숨을 가볍게 여기며 목숨을 건다(蓬頭赤脚, 矯而善奔, 輕命而死). 무리가 사람이나, 약간의 고기나 술을 얻으면 그것을 몰아 뛰고 달린다(黨得人片肉巵酒, 即驅之蹈奔).[1] *[끓는 물이나 불에도*

---

1) 여기 '힐로'에 관한 나왈경의 기술은 전여성(田汝成)의 『염요기문(炎徼紀聞)』(사고전서본, 권4, 20b~21a)에서 가져왔다. 요컨대, 전여성-나왈경-오래봉-조수삼의 순으로 채록되었다. 『염요기문』의 기록은 다음과 같다. "힐로는 '힐료(犵獠)'라도고 한다. 다섯 종족이 있는데, 봉두에 맨발이며 틀어졌어도 잘 달린다. 목숨을 가볍게 여기고 목숨을 거는데, 무리가 당하면 죽을 끓이듯이 일어난다. 사람이나 약간의 고기 또는 약간의 술을 얻을 때면 목숨을 던져서라도, 끓는 물이나 불에 뛰어든다. 한 폭의 베로 허리 사이를 두르는데, 옆에 주름이 없는 것을 '통군(桶裙)'이라 한다. 남녀의 복제는 같다. 꽃문양 베를 한 사람들을 '화힐로'라고 하고, 붉은 베를 한 사람들을 '홍힐로'라고 하는데, 각기 족속이 있지만 통혼(通婚)하지 않는다. 시신을 안치하는 관은 있으나 매장하지 않고 절벽이나 굴에 둔다. 높은 곳은 땅에서 천 척이나 떨어진 곳도 있고 혹 큰 강가에 덮거나 가리지 않고 두기도 한다. 홀(笏)같은 신주를 그 옆에 늘어세우는데 그것을 '가친전(家親殿)'이라 한다. '평벌(平伐)'에 사는 사람들을 '타아힐로'라고 하는데, 사납기가 아주 심하다. 온갖 사물의 독을 잘 수습하여 활이나 칼날에 발라 사람에게 쏘면 즉사하고, 그 독기에 닿은 사람도 죽는다. 부모가 죽으면 자식과 며느리는 그들의 이빨 두 개를 부러뜨려 관속에 던져 넣는데 영결(永訣)에 바치는 것이라고 한다. 신첨(新添)에 사는 자들은 '전두힐로'라고 하는데, 남녀가 1촌 남짓 머리털을 기른다. 사람이 죽으면 땔나무를 쌓아 불태운다. 또 '저시힐로' 불결함을 좋아하여 개나 돼지우리에 같이 살며 몸과 열굴은 해가 지나도 씻지 않는다. 짐승을 잡으면 이리처럼 씹어 먹는다. 목로(狇狫)의 풍습은 힐로와 대략 같은데, 땅을 파서 화로를 만들고, 숫돌로 불을 피우고 빙 둘러서 눕는다. 이불이나 자리를 깔지 않고 소가죽을 깐다. 죽으면 남녀를 함께 묻는다. 시신을 구부려 매장하는데 망자가 눌리지 않게 함이라고 한다(犵狫一曰犵獠. 其種有五, 蓬頭赤脚, 矯而善奔. 輕命而死, 黨觸之, 則糜沸而起. 得人片肉巵酒, 即捐軀與之, 蹈奔湯火. 以布一幅横圍腰間, 旁無襞積, 謂之桶裙. 男女同制. 花布者爲花犵狫, 紅布者爲紅犵狫, 各有族屬, 不通婚姻. 殮死有棺, 而不葬置之厓穴間. 高者絶地千尺, 或臨大河不施蔽蓋, 以木主若圭, 羅樹其側, 號曰家親殿. 在平伐者爲打牙犵狫, 慓悍尤

> *불사한다(湯火亦所不辭)]*. 한 폭의 베로 허리를 가로로 두르는데 옆에 주름[襞積]이 없는 것을 '통군(桶裙)'이라 한다. 남녀가 같은 복식이다. 화포(花布)를 한 사람은 **'화힐로(花犵狫)'**, 홍포(紅布)를 한 사람은 **'홍힐로(紅犵狫)'라**고 한다. *[각각 종족 유형이 있으며 통혼하지 않는다. 풍속은 대략 같다(各有族類, 不通婚姻. 風俗略同)]*. 평벌(平伐)에 사는 사람은 **'타아힐로(打牙犵狫)'**라고 하는데, 사나움이 더욱 심하다. 각종 독을 거두어 칼과 활에 발라 사람에게 쏘면 즉사한다. 그 독기에 닿는 자도 죽는다. 부모가 죽으면 아들과 며느리는 각기 이빨 하나를 부러뜨려 관에 던져 넣는데, 영결(永訣)에 주는 것이라고 한다. 신첨(新添)에 사는 자는 **'전두힐로(剪頭犵狫)'**라고 하는데, 남녀가 머리를 1촌 정도 기르며(蓄髮寸之許), 죽으면 *[땔나무를 쌓아(積薪)]* 화장한다. 또 저시힐로(猪屎犵狫)가 있는데, 불결함을 좋아하여 개나 돼지와 같은 우리에 살며, 몸과 얼굴은 해를 넘겨도 씻지 않는다. 짐승을 잡으면 [그냥] 씹어 먹는다. *[물산에는 특이한 것이 없다(物產無奇)]*.

나왈경과 오래봉은 '다섯 힐로(犵狫)'를 언급하며, '네 종족'만 각기 구분하여 기술했다. 그러나 추재는 이들의 정보들을 뒤섞어 다음과 같이 재구성했다.

> <u>힐료(犵獠)는 힐로(犵狫)라고도 한다.</u>[2] 각기 화힐로, 홍힐로, 타아힐로, 전두힐로, 저시힐로 등 다섯 종족이 있다. 봉두(蓬頭)하고 맨발로 다니며, 베로 허리를 두르는데, 그것을 '통군(桶裙)'이라 한다. 잘 달리고 목숨을 가볍게 여기며, 한 잔의 술과 고기 조각을 얻을 때는 죽어도 후회하지 않는다. 부모가 죽으면 각기 이빨 하나를 잘라 관에 넣는다. 칼이나 화살에 독을 발라 사람을 쏘면 즉사한다. 불결함을 선호하여 개나 돼지와 같은 우리에 살며, 한 해가 지나도 얼굴을 씻지 않는다. 금수를 잡으면 곧바로 씹어

甚. 善斂百物之毒, 以染箭刃, 當人, 立死, 觸其氣者亦死. 父母死, 則子婦各折其二齒, 投之棺中, 云以贈永訣也. 在新添者爲剪頭犵狫, 男女蓄髮寸許. 人死, 則積薪焚之. 又有猪屎犵狫者, 喜不潔, 與犬豖同牢, 身面經年不靧. 得獸即咋食如狼. 狇狫, 其俗與犵狫畧同, 掘地爲爐, 厝火環卧, 不施被席, 以牛衣藉之. 死則男女羣冢, 俛尸而瘗之, 云爲死者避壓也)"라고 하였다.

2) '힐료'와 '힐로'의 위치가 바뀌어야 한다.

먹는다(犵獠一名犵狫, 各有花犵狫·紅犵狫·打牙犵狫·剪頭犵狫·猪屎犵狫五種. 蓬頭赤脚, 以布幅圍腰, 謂之桶裙. 善奔輕命, 得人卮酒片肉, 死而不悔. 父母死, 各折一牙納棺中. 染毒刀箭觸人立斃. 喜不潔, 犬豕同牢, 經年不洗面. 得禽獸, 卽咋食之).

봉두에 맨발로 나는 듯이 달리고,	蓬頭赤脚走如飛,
칼과 화살에 독을 발라 다투어 포위하네.	毒箭毒刀爭打圍.
개나 돼지와 같은 우리에서 날짐승을 먹고,	犬豕同牢咋生獸,
피부 기름과 얼굴 때 1촌이나 두텁네.	膚脂面垢寸餘肥.

돌을 달아 갱갱 치아를 두드려,	縋石鏗鏗敲齒牙,
관에 던지니 최마(衰麻)에 해당하네.	臨棺一擲當衰麻.
남은 술과 식은 구이 얻을 음식이 있으면,	殘盃冷炙曾蒙餽,
‘통군’을 걷어 없애고 죽어도 탄식하지 않네.	褰却桶帬死不嗟。

[66] 양황(㺊獷)

'양(㺊)'자는 저본과 『함빈록』 모두 '㺊'자로 되어 있다. 『강희자전』(사고전서본, 권19, 36b)에는 『정자통』을 인용하여 음이 '양(楊)'이며 양황(㺊獚)은 개[犬]라고 설명했으므로, '양(㺊)'자로 고쳤다.

양황(㺊獷)에 관한 기술은 17세기 후반에 활동한 육차운(陸次雲)의 『동계섬지(峒谿纖志)』 권상에도 채록되었다. 오래봉이 채록한 대로 이들이 분포하는 지역은 구이저우성 동북부, 중동부, 첸난(黔南) 부이족 먀오족 자치주, 첸둥난(黔東南), 통런 시 장커우 현 등지이다. 묘족의 한 부류로 추측한다.

> 양황의 종족도 많다. 석천(石阡), 시병(施秉), 용리(龍里), 용천(龍泉), 제계(提溪), 만산(萬山)의 경계에 종종 있다. 남자들은 농사하고 여자들은 직조한다. 드나드는 문은 여닫지 않고(門戶不扃), 나갈 때는 진흙으로 봉한다(出則以泥封之).[1)]

---

1) 밑줄 친 정보에 관하여 오래봉은 나왈경의 『함빈록』을 혼란스럽게 채록했다. 『함빈록』에는 "수령이 없고 연장자가 다스린다. 궁색하게 가시나무 벽을 사방에 세우고 바르지 않고, 문은 여닫지 않고 나갈 때는 진흙으로 봉한다. 남자들은 농사를 짓고 여자들은 방직한다. 한가할 때는 칼을 차고 버드나무 통발을 조정한다. 어로와 수렵을 생업으로 삼는다. 원소절과 단오절에는 그네를 매어 무리 지어 놀다가 끝내는 야합한다. 부모가 죽으면 그 옷을 불태우고, 그의 소와 말을 썩힌다고 하는데, 귀신에게 바치는 것처럼 한다고 한다(無大酋, 長生理. 苟且荊壁四立而不塗, 門戶不扃, 出則以泥封之. 男耕女織, 暇則挾刀操笱柳, 以漁獵爲業. 元宵·端午架鞦韆羣戲, 遂以淫奔. 父母死, 則焚其衣服, 殕其牛馬, 云若贈鬼者然)"라고 되어 있다. 마지막 문장은 무슨 말인지 이해하기 어렵다. '양황(㺊獚)' 기술은 나왈경보다 조금 이전으로 보이는 전여성(田汝成, 503~1557)의 『염요기문(炎徼紀聞)』(사고전서본, 권4, 21b)에 조금 다르게 보인다. "양황은 '양황(楊黃)'이라고도 하는데, 그 종족 또한 많다. 석천, 시병, 용리, 용천, 제계, 만산의 경계에 종종 있다. 사는 것은 구차하다. 가시나무로 벽을 사방에 세우고 바르지 않고, 문을 여닫지 않고 나갈 때는 진흙으로 봉한다. 남자는 **식구를 헤아려** 농사를 짓고, 여자들은 **몸을 계산하여** 방직한다. 한가할 때는 칼을 차고 버드나무 통발을 조정한다. 어로와 수렵을 생업으로 한다. 원소절과 단오절에는 그네를 달아 무리 지어 놀다가 끝내 야합한다. **삼월 초하루를 금기시한다.** 부모가 죽으면 그 의복을 태우고 그들의 소와 말을 썩히는데, **귀신을 매장하듯이 한다**(㺊獚一曰楊黃, 其種亦夥. 石阡·施秉·龍里·龍泉·提溪·萬山之界往往有之. 生理苟且, 荊壁四立而不塗, 門戶不扃, 出則以泥封之. 男子計口而耕, 婦人度身而織. 暇則挾刀操笱柳. 以漁獵爲業. 元宵·端午架鞦韆羣戲, 遂以淫奔. 把忌以三月之朔. 父母之死, 則焚其衣服, 殕其牛馬云, 若葬鬼者然)"라고 기술했다. 굵은 글씨로 표시한 정보들은 『함빈록』과 다르다.

아주 짧은 기술임에도 추재는 그대로 복제하지는 않았다.

양황은 석천(石阡), 시병(施秉), 용리(龍里), 용천(龍泉), 제계(提溪), 만산(萬山) 등에 흩어져 산다. 남자는 농사하고 여자는 직조한다. 문은 여닫지 않고 진흙으로 봉한다(狎獚散處, 石阡·施秉·龍里·龍泉·提溪·萬山. 男耕女織. 門戶不扃, 以泥封).

석천, 용리, 만산에 고립되어,	石阡龍里萬山孤,
농사와 직조 여전하여 그림을 펼친 듯하네.	耕織依然展畵圖.
해가 지면 집마다 문을 진흙으로 막고,	日暮家家泥塞戶,
사는 사람들 일찍이 나나니벌처럼 교화되었네.	居人曾是化蒲盧.[2]

2) '포로(蒲盧)'에 관하여, 『시경·소아·소완(小宛)』에는 "뽕나무벌레[螟蛉] 새끼를 과라(蜾蠃)가 업었네"는 시구가 보인다. 『시경주소(毛詩注疏)』(사고전서본, 권19, 57b)에서는 『전(傳)』을 인용하여 "과라는 포로(蒲盧, 나나니벌)이다(蜾蠃, 蒲盧也)"라고 하였다. 다시 말하자면 나나니벌이 뽕나무벌레 새끼를 업어가 자기 새끼로 기르는 것을 말한다.

[67] 중가(仲家)

'중가(仲家)'에 관한 기록 또한 전여성(田汝成)의 『염요기문(炎徼紀聞)』에 보인다. 전여성은 '중가(狆家)'라고 부수에 '犭'를 사용하여 미개인이라는 부정적 의미를 부각했다. '중가(仲家)'라는 명칭은 『원사』, 권63, 「지리지·갈만안무사(葛蠻安撫司)」(1556쪽)에 "서구 등지의 중가만[栖求等處仲家蠻]"이라는 표현으로 처음 나타난다. 여기의 '서구(栖求)'는 구이저우성 창순(長順) 현 일대로 첸난 부이족 먀오족 자치주에 속한다. 또한 '중만(仲蠻)', '중묘(狆苗)'라고도 불렸는데, 모두 부이[布依]족에 해당한다.

> 중가(仲家)는 몽둥이 모양으로 쪽을 짓고 짚신을 신는다. 문자는 통하지 않으며, 누대에 사는 것을 좋아한다. 음식은 수저로 먹고 젓가락을 쓰지 않는다. 의상은 청색이며 부인들은 흰 베로 쪽에 씌운다. 긴 치마[長裙]는 가늘게 짜는데, 대체로 20여 폭이다. *[허리는 채색 베로 묶고 한쪽은 인끈처럼 풀어 놓고, 푸른 옷을 껴입는다(拖腰以綵布一方若綬, 仍以靑衣襲之)]*. 아직 혼인하지 않은 여자가 달아나도 금하지 않고, 시집가면 [관계가] 끊어진다(在室奔而不禁, 嫁則絶之). *[상례의 음식으로 물고기와 새우를 높이 치고, 금수의 고기를 금한다(喪食尙魚蝦, 禁禽獸肉)]*. 매장은 산(傘)으로 무덤을 덮고, 기년(期年)에는 불태우고, 말린 물고기로 제사한다(葬以傘蓋墓, 期年發火之, 祭以枯魚). *[풍속에 동고(銅鼓)를 높이 사, 그것을 두드려 오락거리로 삼는다. 혹 땅을 파서 북을 얻는다고도 한다. 무후(武侯)가 숨긴 것이라고 거짓 소문이 나, 부자들이 다투어 사는데, 소 100 마리도 아깝게 여기지 않는다(俗尙銅鼓, 擊以爲娛. 或掘地得鼓, 託言武侯所藏者. 富人爭購, 卽百牛不惜也)]*.[1)]

---

1) 중가(仲家)에 관한 기록은 전여성(田汝成, 503~1557)의 『염요기문(炎徼紀聞)』(사고전서본, 권4, 21b)에 "'중가(狆家)'는 몽둥이 모양으로 상투하고 짚신을 신으며 문자가 통하지 않고 누대에 사는 것을 좋아한다. 먹을 때는 숟가락을 사용하고 젓가락질하지 않는다. 옷은 청색을 입고 부인은 푸른 비단으로 쪽을 짓는데 솜을 덮어쓴 모양이다. 긴 치마는 가늘게 짜는데, 대부분 20여 폭으로 허리를 채색 베로 묶고 한쪽은 인끈처럼 풀고 푸른 옷을 껴입는다. 시집가기 전에는 달아나도 금하지 않고, 시집가면 끊어진다. 상례의 음식은 물고기와 새우를 높이 치고 금수의 고기는 금한다. 매장은 산(傘)으로 묘를 덮고 기년(期年)에 불태우고 건어로 제사한다. 12월을 세수로 여긴다. 풍속에 동고(銅鼓)를 높이 사는데, 가운데는 비고 바닥이 없다. 때때로 두드려 오락거리로 삼는다. 현지인들은 땅을 파 얻는다고도 한다. 바로 제갈무후가 숨긴 것이

추재는 다음과 같이 재구성하여 노래했다.

중가(仲家)는 몽둥이 모양으로 쪽을 짓고 짚신을 신는다. 문자는 통하지 않으며, 누대에 사는 것을 좋아한다. 의상은 청색이며 부인들은 흰 베로 쪽에 씌운다. 긴 치마[長裙]는 가늘게 짠다. 사람을 묻을 때는 산(傘)으로 덮고, 말린 물고기로 제사한다(仲家椎髻躧屩, 不通文字, 好樓居. 衣裳色青, 婦人白布蒙頭, 細績長裙. 葬人以傘蓋, 祭以枯魚).

높은 누각에서 토속 노래 부르고,	山歌嘔哳倚高樓,
20폭 긴 치마에 흰 천으로 머리 싸매네.	廿幅長裙白裹頭.
묻고 돌아와 수달 제사를 지내니,	馬葬歸來行獺祭,
춘풍에 들불 황량한 언덕에 피어나네.	春風野火發荒邱.

라 하여 부자들이 다투어 사는데 소 100마리도 아깝게 여기지 않는다(狆家椎鬣躧屩, 不通文字, 好爲樓居. 飲食匙而不筴. 衣裳青色, 婦人以青帛蒙髢, 若冒絮之狀. 長裙細績, 多者二十餘幅, 拖腰以彩布一方若綬, 仍以青衣襲之. 在室奔而不禁, 嫁則絶之. 喪食尙魚鰕, 而禁禽獸之肉. 葬以傘蓋墓, 期年發而火之,祭以枯魚. 以十二月爲歲首. 俗尙銅鼓, 中空無底, 時時擊以爲娛. 土人或掘地得鼓, 即譸張言, 諸葛武侯所藏者, 富家爭購, 即百牛不惜也)"라고 하였다.

[68] 송가채가(宋家蔡家)

『대청일통지(大淸一統志)』, 권185(75b)에는 '송가묘(宋家苗)'가 보이고, 권188(37a)에는 '채가묘(蔡家苗)'가 보이는데, 전여성-나왈경-오래봉으로 이어지는 설명 내용과 대동소이하다. 『황청직공도(皇淸職貢圖)』(사고전서본, 권8, 2a)에는 송가묘는 귀양부(貴陽府), 채가묘는 귀축(貴筑), 수문(修文) 등의 지역으로 설명하고 있다. 모두 현 구이저우 구이양(貴陽)시 일대이다. 이로써 볼 때, 개화된 이민족으로 구이저우 평원에 사는 중국계 먀오족이라 추정할 수 있을 것이다.

> 송가채가(宋家蔡家)는 모두 중국의 후예들이다. 전하는 바에 따르면, *[춘추시대(春秋時)]*, 초자(楚子)가 송·채(宋·蔡)를 잠식하여 그 사람들을 잡아 남요(南徼)에 풀어, 마침내 유전하여 이(夷)가 되었다고 한다. 풍속으로, 송가(宋家)는 중국어가 조금 통하며, 간혹 문자, 농경과 방직을 아는 사람도 있다. *[남자들은 모자를 쓰고 장삼을 입고, 여인들은 비녀를 하고 짧은 두루마기를 입는다. 혼인과 장례의 일 또한 그다지 비루하지 않다(男子帽而長衫, 婦人笄而短袓. 婚姻·葬事亦不甚陋)]*. 채가(蔡家) 중 저채(底寨)에 사는 자들은 송가(宋家)와 풍속이 같아 대대로 혼인했다. 양용갱(養龍坑)에 사는 자들은 묘인(苗人)과 다름이 없다. 남녀가 나뭇잎을 불어 짝을 찾는다. 사람이 죽으면 통곡하지 않고 시신을 둘러 노래하는데 그것을 '창재(唱齋)'라고 한다.[1]

---

1) 송가와 채가에 관한 기록은 전여성(田汝成, 1503~1557)의 『염요기문(炎徼紀聞)』(사고전서본, 권4, 22a)에 다음과 같이 기록하고 있다. "송가와 채가는 모두 중국인의 후예이다. 전하는 바에 따르면, 초자(楚子)가 송·채(宋·蔡)를 잠식하여 그 사람들을 잡아 남요(南徼)에 풀어, 마침내 유전하여 이(夷)의 두 씨족이 되었다. 풍속은 대략 같으나 송가가 조금 고상하고 중국어가 통하며 간혹 문자를 알기도 하며 농사와 방직에 근면하다. 남자들은 모자를 쓰고 장삼을 입고, 여인들은 비녀를 하고 짧은 두루마기를 입는다. 시집갈 때, 남자 집에서 맞이하는 사람을 보내면, 여자 집에서는 친척들을 데리고 와 맞이하러 온 사람을 매질하는데 그것을 '탈친(奪親)'이라 한다. 시집가서는 아침이면 시아버지에게 대야를 올리고, 저녁이면 물을 데워 씻기를 청하는데, 사흘 동안 하고 그친다. 상장례에는 21일 동안 채식하며 물을 마시고 봉분을 세운 뒤 알린다. [그 봉분은] 말갈기 같다. 채가 중에 저채(底寨)에 사는 자들은 송가와 같은 풍속이어서 대대로 혼인한다. 양용갱에 사는 사람들은 묘인과 다름이 없다. 남녀는 나뭇잎을 불어 짝을 구한다. 사람이 죽으면 곡하지 않고 시신을 둘러 노래하는데, 그것은 창재라고 한다(宋家蔡家, 蓋中國之裔也. 相傳春秋時楚子徃徃蠶食宋蔡, 俘其人民, 放之南徼, 遂流爲夷二氏. 風俗畧同, 而宋家稍雅, 通漢語, 或識文字, 勤於耕織. 男子帽而長衫, 婦人笄而短袓. 將嫁, 男家遣

전여성-나왈경-오래봉에 이르는 기록을 추재는 다음과 같이 재구성하고 노래했다.

송가와 채가는 모두 중국의 후예로, 전하는 바에 따르면, 초자(楚子)가 송·채(宋·蔡)를 멸하고 그 사람들을 남요(南徼)에 풀었다고 한다. 중국어가 조금 통하며, 간혹 문자, 농경과 방직을 아는 사람도 있다. [송가는] 채가와 대대로 혼인한다. 나뭇잎을 잘 불어 놀이를 찾는다. 사람이 죽으면 곡하지 않고 시신을 빙 둘러 노래하는데, 이것을 '창재(唱齋)'라 한다(宋家·蔡家皆中國之裔, 相傳楚子滅宋·蔡, 放其人南徼. 稍通漢語, 或識文字耕織. 與蔡家世世結婚姻. 善吹木葉索戲. 人死不哭, 繞屍而歌, 謂之唱齋).

송가는 농사하고 직조하여 채가와 해로하고, 宋家耕織蔡家偕,
닿는 곳에는 한자 부절 능히 통하네. 交界能通漢字牌.
줄을 넘고 나뭇잎 불어 놀이 찾으며, 跳繩弄索吹山葉,
친지 조문에는 노래하여 재계하네. 會吊鄰親作唱齋.

人徃迎, 女家則率親戚, 箠楚迎者謂之奪親. 既歸, 旦則進盥於姑舅, 夕則燂湯請洗, 三日而罷. 喪葬飯蔬飲水二十一日, 封而識之, 若馬鬣者. 蔡家在底寨者與宋家同俗, 故世世連婚. 在養龍坑者無異苗人. 男女吹木葉而索偶. 人死不哭, 遶尸而歌謂之唱齋)"라고 하였다.

[69] 오계(五溪)

저본에는 송가채가(宋家蔡家)[68]와 오계(五溪)[69] 사이에는 '용가(龍家)'가 기술되어 있는데, 이 '용가'는 『염요기문(炎徼紀聞)』(사고전서본, 권4, 22b)에 '방가(尨家)'로 되어 있다.

'오계(五溪)'는 '오계만(五溪蠻)'을 말한다. '무릉만(武陵蠻)'이라고도 하는데, 『후한서』, 권86,「 남만서남이(南蠻西南夷)」(2831쪽)에 "광무제(25~57년 재위)의 중흥기에 무릉만이 유난히 번성했다(光武中興, 武陵蠻夷特盛)"라는 기록이 보인다. 『송서(宋書)』, 권97, 「형·옹주만(荊·雍州蠻)」(2396쪽)에, "형주만과 옹주만은 반호(盤瓠)의 후예들이다. …그들이 사는 곳은 대부분 깊고 험했다. 무릉(武陵, 후난-구이저우-광시-스촨 경계 지역)에 사는 자들로 웅계(雄谿), 만계(樠谿), 진계(辰谿), 유계(酉谿), 무계(舞谿)가 있는데, 이들을 '오계만(五谿蠻)'이라 불렀다(荊·雍州蠻, 槃瓠之後也.…所在多深險, 居武陵者有雄谿·樠谿·辰谿·酉谿·舞谿, 謂之五谿蠻)"라고 설명하는 기록이 보인다. 이들은 후난-구이저우-광시-쓰촨성의 경계 지역에 사는 미개 이민족들에 대한 통칭이었음을 알 수 있다.

> **오계(五溪)의 제이(諸夷)는 조상 반호(槃瓠)의 후예들이다.** 고신씨(高辛氏) [시기에] 어떤 늙은 부인이 있었다. 귓병에 걸려 귀를 파자 누에만 한 생명체가 나왔다. 부인은 단지에 넣고 채반으로 덮어 두었더니 얼마 되지 않아 오색의 문양이 있는 개로 변하여 '반호'라고 불렀다. 견융(犬戎)이 난을 일으키자 '제(帝)'는 이들을 토벌할 수 있는 자는 딸을 아내로 주고 삼백호(三百戶)를 봉하겠다고 하자, 반호가 석 달 만에 견융의 머리를 물어왔다. 제(帝)는 딸을 아내로 주겠다는 약속에 난처해하자, 딸이 자청하여 갔다. 개[반호]는 딸을 업고 사람들이 이를 수 없는 남산(南山)의 석굴로 들어가, 여섯 사내아이와 여섯 딸아이를 낳았다. 자기들끼리 짝을 이루어, 목피(木皮)를 실로 잣아 짜고, 풀과 열매로 염색하여 좋은 오색의 의복을 만들어 입었는데, 모두 꼬리 모양이 있었다. 언어는 주리(侏離)[1] 했다. *[그 뒤로 점차 불어나(其后滋蔓)]* 마침내 만이(蠻夷)가 되었다. 사는

1) 이현(李賢)이 "'주리'는 만이(蠻夷)의 말소리다(侏離, 蠻夷語聲也)"라고 설명한 것처럼, '주리(侏離)'는 남쪽 이민족[蠻夷] 언어의 발음이 정확히 구분되지 않아 알아듣기 힘든 말소리를 흉내 낸 의성어로서 '주리(朱離)', '두리(兜離)'라고도 쓴다.

곳은 모두 깊은 산 아주 험한 곳이었다.[2] 요순[唐虞] 시기에 요질(要質)을 주었으므로 '요복(要服)'이라 했다(與之要質, 故曰要服). 하나라 상나라 시기에 점차 변방의 걱정거리가 되었다. 주나라 시대에도 여전히 번성하여 [선]왕(宣王)이 방숙(方叔)에게 그들을 정벌하게 했다. *[『시경』에 이르기를 "어리석은 만형들, 큰 나라를 원수 삼네"라고 하였는데 바로 이를 말함이다.[3] 전국 시대 초나라 장왕이 만(蠻)을 제압하여 마침내 초나라에 속했다(詩曰, 蠢爾蠻荊*荊蠻*, 大邦爲讎, 正謂此也. 戰國時楚莊, 旣霸蠻, 遂屬楚)]*. 진(秦)나라 소왕(昭王)은 백기(白起)를 보내 초나라를 정벌하고 만이(蠻夷)를 경략하여 검중군(黔中郡)을 설치했다.

한나라가 흥기하여 '무릉군(武陵郡)'으로 고쳐 불렀다. 매년 대인(大人)에게 베 한 필을 받았는데, 이를 '종포(賨布)'라고 한다. *[이따금 노략질했지만 군국들에 토벌되었다(雖時爲寇盜, 而郡國討平之)]*. 광무제(光武帝, 25~57년 재위) 때 무릉의 만(蠻) *[장수 단정(單程)]* 등이 *[군현을]* 약탈해 오자, *[한나라 장수 유상은 적을 가볍게 보고 깊이 들어갔다가 패해 죽었다. 당시 복파 마원의 나이는 62세였는데, 출격을 자청하니, 황제가 그의 연로함을 걱정하여 허락하지 않았다. 마원은 "신은 아직 갑옷을 입고 말을 탈 수 있습니다"라고 하자 황제는 시험해 보이게 했다(漢將劉尙輕敵, 深入敗沒. 時伏波馬援年六十二, 自請擊之, 帝愍其老, 未許也. 援曰, 臣尙能被甲上馬, 帝令試之)]*. 마원(馬援)은 안장에 기대 돌아보면서 쓸만함을 보여주었다(據鞍顧眄, 以示可用). 황제는 "건장하구나. 노인이여(矍鑠哉是翁)"라고 하며, 마침내 **마원을 그곳에 보냈다**. 군대가 임원(臨沅)에 이르러 **격파했다**. *[단정(單程) 등은 기근에 곤궁하여 항복을 구걸하니 여러 만이 마침내 평정되었다. 장제, 화제, 안제, 순제 등 네 조정을 거치며 여*

2) 오래봉(吳來鳳)이 정리한 이 문장은 『함빈록』에 "지금은 호광(湖廣), 광서의 계곡과 동(洞)에 사는 여러 이민족은 모두 그 종족들이다. '정부(精夫)'라는 수령[渠帥]이 있고, 서로를 '앙도(姎徒)'라 부른다. 사는 곳은 모두 깊은 산 아주 험한 곳으로 인적이 드문 곳이다(今湖廣·廣西溪洞中諸夷皆其種也. 有渠帥, 名曰精夫, 相呼爲姎徒. 所居皆深山重阻, 人跡罕至)"라고 하였다.

3) 『시경·소아』, 「채기(采芑)」에 나온다.

러 차례 반란했으나 토벌 평정되었다. 영화(永和, 345~356)초에 무릉태수는 만이가 모두 복속하여 중국인에 비길만하니 그 조세를 늘리라고 상소하자, 상서령 우후(虞詡)가 안된다고 상주하여, 황제는 따르지 않았다. 그 겨울 례(澧)와 루(漊)의 만이 조세를 올린 일로 온 종족이 반기를 들었다. 환제와 영제 시기에 여러 차례 반란이 그치지 않자, 선주(先主)는 장수 오반(吳班)을 보내 격파하니 여러 만이가 서로서로 따라 귀부했다. 그뒤로 종족과 부락이 성해지면서 여러 군현에 분포했다. 진나라 유석(劉石)의 난부터 여러 만이 더욱 멋대로 굴며 그 종족들이 점차 북쪽으로 옮겨감에 따라 육혼(陸渾) 이남으로 산골짜기에 가득 차니 남양과 낙양[宛·洛]이 생기를 잃고 대략 폐허가 되었다(單程等饑困乞降, 羣蠻遂平. 歷章·和·安·順四朝, 累反叛, 攻劫州郡, 討平之. 永和初, 武陵太守上書, 以蠻夷率服, 可比漢人, 增其租賦. 尙書令虞詡奏言, 不可, 帝不聽. 其冬澧中·漊中蠻, 果以增賦事, 擧種反. 至桓·靈時, 累叛不休, 及先主遣將吳班, 攻破之, 諸蠻夷相率響應焉. 其後種落漸盛, 布在諸郡縣. 自晉劉石之亂, 諸蠻益恣, 故其族漸得北遷, 陸渾以南, 滿于山谷, 宛·洛蕭條, 略爲丘墟矣)].

[북]위 도무제(道武帝, 399~409) 때, 대양(大陽)의 만 우두머리 환탄(桓誕)이 사신을 보내와 내속(內屬)하여, *[환탄을 형주자사에 제수하고, 양양왕으로 봉했다(拜誕荊州刺史, 封襄陽王)]*. 환탄의 자(字)는 천생(天生)으로 환현(桓玄, 369~404)의 아들이다. 당초 환현이 피살되자, 환탄은 대양의 만에 숨어들었는데, *[마침내 그들 풍습을 익히며 장성하여 지략이 많아지자(遂習其俗, 及長多知謀)]*, 만(蠻)들이 영수로 추대했다. *[환탄이 죽고 아들 휘(暉)가 섰고, 휘가 죽고 아우 숙흥(叔興)이 섰다. 숙흥은 자주 여러 만을 불러 타이르고 내속한 자들이 만에 달했다. 그 후 여러 만의 복종과 반란이 일정하지 않았고 수년간의 원정 토벌에도 흩어졌다가 다시 뭉쳤다. 염씨, 전씨, 상씨가 있었는데, 촌락이 더욱 성해지며 왕후(王侯)를 참칭했다. 뒤에 후주(後周) 때 조금씩 평정되었다. 당나라 말과 오대 시기에 자주 변방에 출몰하고 노략질해 편한 날이 없었다(死, 子暉立, 暉死弟叔興立. 叔與屢招慰諸蠻, 內屬者以萬計. 其後諸蠻坂服不常, 累年征討, 散而復合. 有冉氏·田氏·向氏, 陬落尤盛, 僭稱王侯. 後周稍平服之. 唐末*

及五代時數出寇邊, 迄無寧日)].

송나라 태조(太祖, 960~976)는 형·호(荊·湖)를 점령하고, 진주(辰州) 만인(蠻人) 진재웅(秦再雄)을 얻었는데, *[키는 7척에(長七尺)]* 용맹 건장하고 지략이 많아, *[만의 무리가 그를 따랐다. 궐로 불러(蠻黨服之. 召至闕下)]*, 그를 진주단련사(辰州團練使)로 발탁하고, *[이어서 자신이 이속(吏屬)을 두도록 하고, 한 주의 조세를 주었다. 진재웅은 덕에 감읍하여 주에 이르러 매일 현지 병사를 훈련하여 3,000명을 확보했는데, 모두 갑옷을 입고 물을 건넜으며, 산과 참호를 넘는 것이 원숭이처럼 민첩했다. 또 직접 장교 20명을 선발하여 여러 만에 사신으로 보내, 조정에 귀부하라는 뜻을 전하자, 바람에 따라 쓰러지지 않음이 없이 투항하는 표문을 받아 알리니, 태조는 매우 기뻐하며 진재웅을 진주단련사로 더해 주었다. 건륭(乾隆) 초에 전계자사(前溪刺史), 전홍윤과 지계주(知溪州) 팽윤림 등이 줄지어 귀순해 와, 조서로 전홍빈(田洪贇)을 만주자사로, 팽윤림(彭允林)을 계주자사로 삼았다.[4] 그 뒤로(仍使自辟吏屬, 予一州租稅. 再雄感德, 至州日訓練士兵, 得三千人, 皆能被甲渡水, 歷山飛塹, 捷如猿猱. 又選親校二十人分使諸蠻, 以傳朝廷懷來之意, 莫不從風而靡, 各得降表以聞, 太祖大喜, 加再雄辰州團練使. 建隆初, 前溪刺史田洪贇知溪州彭允林等, 列狀歸順, 詔以洪贇爲萬州刺史, 允林爲溪州刺史. 自後)]*, 여러 만의 모반과 복종이 일정하지 않았다. 가장 큰 세력으로 팽씨(彭氏)가 있었는데, 팽씨는 대대로 계주(溪州)를 차지하고 있었다. 주(州)에는 상계(上溪), 중계(中溪), 하계(下溪)가 있었다.[5] *[밖으로 20주에는 모두 자사를 설치하고, 이하는 계주자사가 총괄하게 했는데, 도서주(都誓主)라 불렀다. 무릇 세습에는 반드시 이름을 갖추어 진주(辰州)에 이르러, 주에서 보증받아 검할사(鈐轄司)에 아뢰어 알리면, 이내 칙령으로 고명, 인장, 부절을 하사했고, 나머지 관리들은 자치하도록 했다. 팽씨는 팽윤림(允林), 팽문용(文勇),*

4) 『송사』, 권493, 「서남 계동 제만(西南溪峒諸蠻)」(14172쪽)에는 건륭 4년(963)의 일로 기록하고 있다.

5) 나왈경은 상계, 중계, 하계에 "모두 지금의 영순(永順)이다"라는 설명을 붙였다.

팽유맹(儒猛)이 서로 이어가며 하계주자사(下溪州刺史)가 되었다. 천희(天禧, 1017~1021) 연간에 팽유맹이 반란했으나 얼마 되지 않아 다시 투항하며 이로부터 20주가 해마나 공납했다. 마침 제점형옥(提點刑獄) 조정(趙鼎)이 여러 만이 내속하여 진주에 속하기를 원한다고 하고, 포의(布衣)의 장교(張翹)도 여러 만의 땅에 군현을 설치할 만하다고 하여 마침내 장돈(章惇)에게 만의 일을 처리하고 통제하게 했다. 이에 서씨(舒氏), 팽씨(彭氏), 소씨(蘇氏), 양씨(楊氏)가 서로 이어서 땅을 바치니 내지(內地)처럼 왕민(王民)이 되게 하고, 원주(沅州)와 성주(誠州)를 설치했다. 원우(元祐, 1086~1093) 초에 부요유(傅堯兪) 등이 두 주를 설치한 이래, 관리를 두고 병사를 주둔시키니 비용이 많이 들어 공사(公私)가 시끄럽고, 형호(荊湖)의 두 도가 고갈된다고 하자, 이내 성주를 폐하고 거양군(渠陽軍)으로 삼고 원주(沅州)는 그대로 두었다. 숭녕(崇寧) 연간에 다시 성주(誠州)를 정주(靖州)로 불렀다【지금의 정주(靖州)이다】. 이로부터 반란과 복종이 일정하지 않자, 이를 의논하는 자가 호남의 주현의 땅 경계는 계동(溪洞)의 만들과 연접해 있어, 성의 백성들 대부분이 멋대로 땅을 바꾸고, 부유하고 교활한 자들도 만호(萬戶)에 재산을 맡기고 세금과 부역을 면하려 하니, 의당 장관[帥臣]들에게 성과 만의 경계를 분명하게 세워 이전의 폐단을 금지해야 하며, 만들 중에 물러가려는 자는 관의 돈으로 지급해 주고, 현지인 중에 믿을 만한 자를 선발하여 수령으로 세워, 그에게 맡겨 제압하고, 숨긴 일에 책임 지워[責潛] 제어하는 것이 바로 만(蠻)을 통제하는 장기적인 대책이라고 하여 그에 따랐다.[6] 이로부터 조금씩 귀부하며 노략질이 드물어졌다. 원나라 때 군현을 설치했지만, 반란과 복종이 일정하지 않았다(外二十州, 皆置刺史, 而以下溪州刺史總之, 名都誓主. 凡承襲必具名, 詣辰州, 州爲保證, 申鈐轄司以聞, 迺劾賜誥印符, 餘官許得自置. 彭氏自允林·文勇·儒猛相繼爲下溪州刺史. 天禧中, 儒猛叛, 頃之復降, 自是二十州歲納貢矣. 會提刑趙鼎言, 諸蠻願內附, 屬辰州, 而布衣張翹亦上書言, 諸蠻地可置郡縣, 遂以章惇經制蠻事. 於是舒氏·彭氏·蘇氏·

---

6) 이상의 의론은 우정언(右正言) 윤색(尹穡)이 낸 것으로, 『문헌통고』(사고전서본, 권328, 9b~12a)에 수록되어 있다. 이를 오래봉이 요약한 정보이다.

楊氏相繼納土, 使之比內地爲王民. 置沅·誠二州. 元祐初, 傅堯俞等言, 置二州以來, 設官屯兵, 費鉅萬計, 公私騷然, 荊湖兩路爲之空竭, 乃廢誠州爲渠陽軍, 而沅州如故. 至崇寧中, 復以誠州爲靖州【卽今靖州】. 自是後叛服不常, 議者言, 湖南州縣地界, 與溪洞蠻連接以故, 省民多與擅易田產, 其豪猾者又以產寄蠻戶, 規免稅役, 宜詔帥臣明立省蠻封堠, 禁止前弊, 其蠻人願退者, 給以官錢, 更選土人衆信服者, 立爲首領, 以任彈壓之, 責潛以馭之, 此制蠻之長策也, 從之. 自是稍歸附希寇矣. 元時, 雖置郡縣, 叛服不常)].

홍무(洪武, 1368~1398)초에는 *[진우량을 평정하고 호광의 여러 이민족을 제압하여 한참 동안 평안했다(既平陳友諒, 克湖廣諸夷, 帖然久之)]*. 오계만(五溪蠻)[7]이 반란을 일으켜, *[군대를 출병시켜 토벌하자고 할 때(議出師討之)]*, 강하[후](江夏侯) **주덕흥(周德興)이** 갈 것을 청했다. 당시 주덕흥은 연로했지만, 상(上)이 장하게 여기며 가서 평정하게 했다.[8] 정덕(正德, 1506~1521) 연간에 침·계(郴·桂) 토인 공복전(龔福全)이 연계대왕(延溪大王)이라 거짓으로 칭하고, 그의 무리 유복흥(劉福興)이 오춘산(烏春山) 납율채(臘栗砦) 등지를 나누어 차지했다. 도어사(都御史) 진금(秦金)이 한(漢)의 토병(土兵)에 격문을 보내 공복전을 사로잡아 철군했다.[9] 가정(嘉靖, 1522~1566)초에 간자평(筸子坪) 토관(土官) 전흥작(田

---

7) 『송서』, 권97, 「형옹주만(荊雍州蠻)」(2396쪽)에 따르면, "무릉에 사는 사람들로 웅계, 만계, 진계, 서계, 무계가 있는데, 이들을 '오계만'이라 한다(居武陵者有雄溪·樠溪·辰溪·酉溪·武溪, 謂之五溪蠻)"라는 설명을 찾을 수 있다.

8) 출병에 관해, 나왈경은 『함빈록』에서 "상이 장하게 여기며 친필 서신을 내려, '조충국이 서강을 도모하여 취한 일과 마원이 교지 토벌을 청했던 일을 짐이 일찍이 부러워했는데, 이제 오계의 만들이 반란을 일으키자, 형이 분연히 갈 것을 청하니, 경의 의지를 보여라'라고 하였다. 얼마 되지 않아 오계의 만(蠻)이 평정되고, 주덕흥이 철군한 이후로 군대가 점차 모이면서 호(湖)의 땅은 조금씩 안정되었다. 간간이 약탈이 있었지만, 자기들끼리 공격한 것일 뿐 중국 군대를 힘들게 하지 않았다(上壯之, 賜以手書云, 趙充國圖取西羌, 馬援請討交趾, 朕嘗羨之, 今五溪蠻叛, 而卿奮然請行, 卿之志見矣. 未幾五溪蠻平, 德興班師以後, 兵戈漸緝, 湖地稍寧, 雖間有竊發者, 第自相攻擊, 未煩中國師也)"라고 상세하게 당시의 정황을 기술했다.

9) 이상의 정보는 오래봉이 너무 간략하게 채록하여 상황을 파악하기 어렵다. 『함빈록』에 따르면

"정덕 연간에 침·계(郴·桂) 토인 공복전(龔福全) 등이 난을 일으켰다. 공복전의 모습은 영악하고 얼굴에는 수염이 많았으며 몸에는 검은 털이 나 있었다. 산곡에 모여서 거짓으로 연계대왕(延溪大王)이라 칭하고, 그 무리 유복흥(劉福興), 이빈(李斌), 고중인(高仲仁), 여온(黎穩), 남우귀(藍友貴) 등이 거짓으로 총병을 칭하며 오춘산(烏春山) 납율채(臘栗砦) 등지를 나누어 차지했다. 순무호광도어사 진금(秦金)이 그 사실을 열거하여 알리자, 조정에서는 진금에게 그들을 토벌하게 했다. 진금은 중국인 현지 병사들에게 격문을 보내고 여러 장수를 배치하여, 토벌하고 수비하게 했다. 지휘(指揮) 왕한(王翰), 왕정작(王廷爵), 이장(李璋), 유종인(劉宗仁) 등이 군대를 통솔하고, 번얼관(藩臬官) 진벽(陳辟), 황질(黃質), 왕제(王濟), 고영(顧英) 등이 감독하게 했다. 영순(永順)이 벼슬에서 물러나 선위사 팽세기(彭世麒)가 그의 군대를 예속시켰다. 군대를 네 초(哨)로 나누어 각 도로 진격 협공하여 곧바로 크게 물리쳤다. 전후로 적 수괴인 이빈(李斌), 여온(黎穩), 양례(楊禮), 이인방(李仁方), 방해(龐海), 유덕재(劉德才), 양경총(梁景聰) 등 15~16인을 생포했고, 적 4,000여 명을 참획했으며, 초막 800여 채를 불사르고, 헤아릴 수 없는 노약자, 우마(牛馬), 장비[器仗]을 획득했다. 각 초(哨)는 모두 군문(軍門)에 전리품을 헌상했지만, 유독 수괴 공복전만 험지를 차지하고 있어 잡지 못했다. 진금은 여러 장수에게 상을 내리고, 병사들에게 거듭 공전복을 사로잡는 사람에게는 금500냥, 참수하는 자에게는 금 200을 상금으로 걸었다. 이내 여러 장수와 선위사 팽세기 등이 군대를 모아 소굴로 진격했다. 마침 우초(右哨)의 여러 장수가 첩보를 통해 공전복이 무리를 이끌고 숨어 마산(馬山) 화창석(禾倉石)으로 도주하여 험지를 차지하고 요새를 세웠다는 사실을 알았다. 마침내 군대를 이끌고 요새 아래 이르러 몇 차례 전투 끝에 적이 패주했다. 팽세기는 그의 동생 팽세험(彭世驗)과 함께 공복전과 친속, 그리고 적 2,000여 명을 사로잡고, 100명의 수급을 베었으며 초막 60여 칸을 불태웠다. 수괴 고중인(高仲仁)은 광동 인화현(仁化縣)으로 달아났다가 관병에게 잡혔고, 나머지 산곡으로 흩어진 적들은 여러 군영의 병사들이 광동의 병사를 모아 수색하여 체포하게 하니, 사로잡거나 참수되거나 뿔뿔이 흩어지는 등 대략 끝이 났다. 진금은 이내 장사들에게 호궤(犒饋)하고 사망자와 상해자들을 진휼하며 철군할 때, 사신을 보내 대첩을 아뢰니 상이 두텁게 조서로 답했다. 진금은 기공어사(紀功御史) 왕도(王度)와 함께 자급이 한 단계 보태졌고, 진금의 자식이나 조카 한 사람은 음서로 금의백호(錦衣百戶)를 세습하게 했으며, 여러 장수와 사병들은 각기 차등에 따라 승진하고 상을 받았다(至正德間, 郴·佳土人龔福全等倡亂. 福全形貌獰惡, 面多髯, 體生黑毛. 嘯聚山谷中, 僞稱延溪大王, 其黨劉福興·李斌·高仲仁·黎穩·藍友貴等俱僞稱總兵, 分據烏春山臘栗砦等處. 巡撫湖廣都御史秦金列其事以聞, 朝廷命金討之. 金檄漢土兵, 至分布諸將, 進討守備, 指揮王翰·王廷爵·李璋·劉宗仁等統兵, 藩臬官陳辟·黃質·王濟·顧英等監之, 永順致仕, 宣慰彭世麒以兵隸焉. 分兵四哨, 進諸路夾攻, 輒大破之. 前後凡生擒賊魁李斌·黎穩·楊禮·李仁方·龐海·劉德才·梁景聰等十五六人, 斬獲賊衆四千餘人, 焚賊廬舍八百餘間, 獲老弱牛馬器仗不可勝計. 各哨俱獻捷軍門, 惟首惡龔福全據險, 未獲. 金賞賚諸將, 士乃重購, 能生擒福全者, 賞五百金, 斬首二百金, 仍趣諸將曁宣慰彭世麒等會兵進勦. 尋右哨諸將諜知福全率賊衆遁過, 走馬山禾倉石, 據險立砦, 遂率兵抵砦下,

興爵)이 반란을 일으키고, 진계묘(鎭溪苗)도 반기를 들었다. 마침 장악(張岳)이 당(鏜)을 정벌하고 방(髱)을 토벌하여 어느 정도 지켜냈으므로, 군대로 **그들을 평정했다.**[10)]

轉戰數合, 賊敗走. 彭世麒偕其第彭世驗, 擒獲龔福全并親屬賊衆二十餘人, 斬首百級, 焚毁賊廬舍六十餘間. 賊魁高仲仁走廣東仁化縣, 爲官兵所獲, 餘賊散匿山谷者, 諸營兵會廣東兵搜捕之, 擒斬散逸略盡. 金乃大犒將士, 撫恤陣亡及被傷者, 班師, 使使報捷, 上優詔答之. 金與紀功御史王度, 俱增秩一級, 金蔭子姪一人世襲錦衣百戸, 諸將士各陞賚有差)"라고 하였다.

10) 이상 가정 연간의 반란 진압의 상황도, 오래봉이 매우 축약하고 있는데, 『함빈록』에 따르면, "가정(嘉靖)초에 사이산(蜡爾山)의 묘(苗)가 반란을 일으켰다. 그 산의 반은 호광에 속했고 반은 귀주에 속했다. 「계남지(桂南志)」에 자세히 보인다. 그에 속한 진계(鎭溪)는 반은 노계(瀘溪)와 섞여 여러 곳에 살았는데, 개간한 곳은 대부분 노계의 밭으로 요역(徭役)을 담당해 왔다. 가정초에 묘(苗)는 이따금 조금씩 노략질은 했지만, 반란을 일으키지는 않았었다. 간자평(筸子坪)의 토관 전흥작(田興爵)이란 자는 죄를 지어 진주(辰州)에 투옥되었는데, 여러 묘(苗)가 그들의 지주(地主)로 삼고, 재물을 모아 관리에게 뇌물을 주어 탈옥을 계획하여 깊이 숨기고 묘(苗)의 성주가 그를 받들었다. 전흥작은 오히려 묘(苗)를 학대하고 요구하는 것이 많았으며, 묘의 여인들과 음란하여지자, 여러 묘가 분노하여 그를 추방하고 그의 관공서를 불사르며, 마침내 반란이 나날이 만연해졌다. 진계(鎭溪)의 묘 또한 반란을 일으키니, 조서로 만당(萬鏜)을 소환하여 개부(開府)를 감독하게 하고 진주령(辰州令)과 서로 긴밀하게 소탕하게 했다. 만당은 여러 도의 중국인 현지 병사들을 소집하여 토벌했으나 이기지 못했다. 묘의 수괴를 불러 내현(來見)하게 하자, 묘는 인질이 있어야 나가겠다고 하여, 만당은 천호 아무개를 인질로 묘의 성채로 들여보내자, 묘의 수괴 용(龍) 아무개가 내현했다. 만당은 잡아두고 아뢰어 주살하자, 묘는 인질인 천호 아무개를 죽였다. 만당은 그 집안을 두텁게 구호하고, 다시 두 성(省)에 여러 감사를 보내고, 예속된 토관(土官)들을 끼고 직접 적의 소굴로 나아가 사과[花紅], 소고기, 술로 호궤하여서 달래고, 물고기와 소금을 지급했으며, 또 인구를 헤아려 식량을 지급했다. 당시 묘는 해마다 소탕을 받아 조금씩 위무(慰撫)에 따르자, 만당은 마침내 철군했다. 당시 귀주(貴州)의 묘는 아직 귀부하지 않고, 그들 수괴 용허보(龍許保) 등이 무리를 규합하여 난을 일으키자, 진계(鎭溪)의 여러 묘족도 따랐다. 마침 장악(張岳)이 만당을 대신하여 용허보를 토벌하고 그 기회로 호묘(胡苗)를 토벌했으며 반역을 도운 사람들을 평정했다. 그 일을 조정에 알리자, 그곳에 총독(總督)과 진무(鎭撫)를 설치했다. 이민족들은 대부분 호남의 고무(古巫)와 검중(黔中)의 땅을 차지하고 진주(辰州), 상주(常州), 정주(靖州), 시주(施州)의 다스림을 받았다. 영순(永順)과 보정(保靖) 등이 이곳에 살았다(嘉靖初, 蜡爾山苗反, 其山半屬湖廣, 半屬貴州, 詳已見桂南志中. 其屬鎭溪者, 半與瀘溪編民雜處, 所墾種多瀘溪田, 供徭役. 嘉靖初, 苗雖時小寇竊, 未叛也. 有筸子坪土官田興爵者, 往以罪繫辰州獄, 諸苗以其地主也. 斂賄賂吏, 以計脫深匿, 苗砦主奉之. 興爵返虐苗, 多所求索, 淫苗妻女, 諸苗怒, 逐之, 燬其公署, 遂叛日相蔓引. 鎭溪苗亦叛, 詔召萬鏜起家, 督撫開府, 辰州令相機

그들 풍속은 **아이가 태어나면 그 무게에 따라 쇠[鐵]를 달아, 독수(毒水)에 담근다. 아이가 크면, 강철을 단련하여 칼을 만들어 주고 평생 차고 다니게 한다. 아이가 막 걸을 수 있을 때, 달군 쇠와 돌로 발꿈치를 담금질하여 나무처럼 무디고 무감각하게 하여**, 남가새나 가시를 밟아도 상처 입지 않는다. 험지를 나는 듯이 다닌다(其俗, 初生兒, 秤之以鐵如其重, 漬之毒水. 兒大, 煅其鋼以製刀, 終身用之. 兒始能行, 燒鐵石, 烙其跟蹠, 使頑木不仁, 履茨棘不傷. 行險若飛).[11)]

撫剿, 鏜集諸路漢土兵, 討之, 不克. 乃召苗渠魁使來見, 苗謂必得質始出, 鏜令千戶某入質苗砦, 苗魁龍某來見, 鏜執以聞, 誅之, 苗殺其所質千戶某. 鏜乃厚恤其家, 復遣兩省諸監司, 挾所隸土官, 親詣賊巢, 招撫犒以花紅·牛·酒, 給魚·鹽, 又計口給糧食. 時苗以連年被剿, 稍聽撫, 鏜遂班師. 時貴州苗未附, 其苗魁龍許保等糾合眾, 作亂, 鎭溪諸苗亦從之. 會張岳代鏜, 討龍許保, 因以兵討胡苗, 助逆者平之. 事聞朝廷, 仍設總督鎭撫其地. 其夷多據湖南古巫默中之地, 令之辰·常·靖·施, 永順·保靖等處是也)"라고 하였다.

11) 오래봉이 이들의 풍속을 너무 축약해 빠뜨린 점이 많다. 나왈경은 이들의 풍속을 다음과 같이 기록하고 있다. "그들 풍속은 대체로 무술을 신봉하고 제사를 중시한다. 칼로 경작하고 불을 피워 파종한다. 짧은 치마에 방망이 모양으로 상투한다. 칼과 쇠노로 자위하며, 살생을 좋아하고 죽음을 경시한다. 험한 곳을 날 듯이 다닌다. 아이가 걸어 다닐 수 있을 때, 쇠나 돌을 달구어 발바닥을 지지고 나무처럼 무뎌져 감각이 없도록 하여, 가시를 밟아도 상처가 나지 않는다. 태어날 때 쇠로 무게를 달아 그 무게만큼 독수(毒水)에 담가 두었다가 아이가 크면 그 강철을 단련하여 칼을 만들어 종신토록 사용한다. 칼을 시험할 때는 반드시 소를 베는데, 소의 목 아래에서 칼날을 위로 향하도록 어깨에 칼을 지고, 한 번에 떠받아 잘리면 좋은 칼이다. 쇠노는 '편가(偏架)'라고 하고, 어떤 '도창(掉鎗)'이라는 창은 길이가 2장 남짓으로, 그것으로 쇠노를 보호한다. 싸울 때는 쇠노를 가진 한 사람과 창을 가진 한 사람이 서로 따르다가 먼저 쇠노를 쥔 자가 입에 칼을 물고 손으로 쏜다. 혹 적이 닥쳐와 창을 쓸 수 없으면, 쇠노를 놓고 칼을 쥐고 위험을 벗어나 그 대열을 정비하며, 물러날 때는 반드시 쇠노에 숙인다. 현지 군대의 궁수들이 그들과 기예를 다투거나 땅의 이득을 다툴 때는 종종 승부를 낼 수 없다. 연초에는 반호(盤瓠)에게 제사를 지내는데, 물고기, 고기, 술, 밥을 나무 구유에 섞어 구유를 두드리며 무리를 부르는 것을 예로 여긴다. 10월 초하루에는 각 부락들이 도패대왕(都貝大王)에게 제사를 지내는데, 남녀가 각기 대열을 이루어 손에 손을 잡고 춤을 추는데 그것을 '도요(踏傜)'라고 한다. 뜻이 맞으면 남자들이 '이오(咿嗚)'하고 뛰면 여자들은 좋아하는 사람에게 업혀 가, 결국 부부가 된다. 부모가 따르지 않아 짝이 없는 자는 다음 해를 기다려 다시 여자를 만난다. 3년에도 갈 곳이 없으면, 부모들은 간혹 그를 죽이려 하는데, 그가 사람들에게 버려졌기 때문이라고 한다. 악기에는 노사(盧沙), 요고(鐃鼓), 호로, 생(笙), 대나무 피리[竹笛] 등이 있는데, 합해 연주할 때는 그 소리가 시끄러우면 죽통을 쳐서 절제하고, 친밀하

[산천과 고적으로는 진주(辰州)의 무산(武山)【노한현에 있다. 산에는 석실이 있는데 멀리서 반호(盤瓠)같은 모습의 돌이 보인다. 그곳 풍속에는 지금까지 개를 먹지 않는다, 안에는 반호의 사당이 있다】, 소유산(小酉山)【부(府)있다. 산 아래 석성이 있는데, 그 안에는 옛날부터 서책 1,000권이 있다. 전하는 바에 따르면 옛날 사람들이 진(秦)나라를 피해 이곳에서 공부했다고 한다】, 나공산(羅公山)【검양현 뒤에 있다. 나씨 성을 가진 사람이 이곳에 숨었다가 뒤에 신(神)이 되었다. 그 정상에는 못이 있는데, 폭은 수십 리로, 어두운 밤에 검은 비가 내리면 어떤 물건이라도 명월처럼 물 위에 떠다닌다고 한다】, 신녀애(辛女崖)【위에는 사람이 서 있는 듯한 바위가 있는데, 전하는 바에 따르면 고신씨가 이곳에서 변해 바위가 되었다고 한다. 매년 단오에는 현지인들이 제사를 지낸다】, 상덕(常德)의 반도항(蟠桃巷)【송나라 대중상부 연간에 현지인들이 땅을 개간하다가 광채가 나는 흙 그릇을 발견하고 큰 과일 아홉 개를 얻었는데, 식자들이 그것을 반도(蟠桃)로 여겼다】, 시주(施州)의 경석(鏡石)【사방 2척쯤 되며 칠흑처럼 검고 차가운 빛이 나는데, 물을 대어 주면, 강 건너의 산목(山木)과 뱃사람 모두 비춘다. 옛날 전하는 바에 따르면 그것을 변(汴)에 서 가져올 때 그것이 비추어 어둠에 싣고 돌아왔다고 한다】,[12] 통조계(通潮溪)【그 물

게 뛰거나 부르고 떠들며 거든다. 세모에는 무리가 악기를 들고 성지(省地)나 주현에 들어가 인가의 문을 두드리며 돈, 쌀, 술, 고기를 구걸하는데 푸닥거리하는 것 같다(其俗大抵信巫重祀, 刀耕火種, 短裙推髻, 刀弩自衛, 喜殺輕死. 行險若飛. 兒始能行, 燒鐵石, 烙其跟蹠, 使頑木不仁, 故能履茨棘而不傷. 初生時, 稱之以鐵, 如其重漬之毒水, 兒長大煅其鋼以製刀, 終身用之. 試刀, 必斬牛, 仰刃牛項下, 以肩負刀, 一負即裂者, 良刀也. 弩名偏架, 有鎗名掉鎗, 長二丈餘, 取以護弩, 戰則一弩一鎗相將而前執弩者, 口銜刀而手射人, 或敵逼之, 鎗無所施, 則釋弩取刀, 以救度險, 整其行列, 退去必有伏弩. 土軍弓手輩與之角技藝, 爭地利, 往往不能決勝也. 歲首祭盤瓠, 雜揉魚肉酒飯於木槽, 扣槽羣號爲禮. 十月朔日, 各以聚落祭都貝大王, 男女各成列, 連袂相携而舞, 謂之踏徭. 意相得, 則男咿嗚躍之, 女羣負所愛去, 遂爲夫婦. 不由父母, 其無配者, 俟來歲, 再會女. 三年無所向, 父母或欲殺之, 以其爲人所棄云. 樂有盧沙·鐃鼓·胡盧·笙·竹笛之屬, 其合樂時, 衆音競鬨, 擊竹箭以爲節, 團欒跳躍叫噪以相之. 歲暮羣操樂入省地州縣, 扣人門, 乞錢米酒炙, 如儺然).” 이상 풍속에 관한 정보는 『문헌통고』, 권328, 12b~13b에서 채록했다.

12) 서응추(徐應秋)의 『옥지당담회(玉芝堂談薈)』(사고전서본, 권25, 28a)에 “경석(鏡石)은 오계(浯溪) 옆에 있는데, 돌은 사방 2척쯤 되고, 완전히 검은색이며 빛이 난다. 물을 대어 주

은 하루면 없어진다, 길이는 2장이다】, 정주(靖州)의 동라계(銅鑼溪)【주(州)에 있다. 대대로 전하기를 송나라 양문광(楊文廣)의 누이가 농지고(儂智高)를 토벌할 때 동라(銅鑼)를 이곳에 떨어뜨려 그렇게 부른다고 한다. 지금도 그 안에서 간혹 징 소리가 난다】가 조금 특이하다(山川古蹟, 則辰州之武山【在盧漢縣. 山有石室, 遙見一石似狗盤瓠象也. 土俗至今不食犬. 內有盤瓠廟】·小酉山【在府. 山下有石城, 其中舊有書千卷. 相傳, 昔人避秦隱學于此】·羅公山【在黔陽縣背. 有羅姓者, 隱于此, 後爲神. 其絶頂有池, 廣數十里, 夜陰雨霾, 或有物, 如明月遊水上云】·辛女崖【上有石屹立如人. 相傳高辛氏, 於此化爲石. 每歲端午, 土人致祭】·常德之蟠桃巷【宋祥符間, 土人開地, 見土龕, 光色照耀, 得大果九枚, 識者以爲蟠桃】·施州之鏡石【方二尺許, 漆黑寒光, 以水沃之, 隔岸山木·舟人畢照. 昔傳取入汴, 以其照昏載還之】·通潮溪【其水一日消, 長二丈】·靖州之銅鑼溪【在州. 世傳宋楊文廣妹討儂智高, 墜銅鑼於此, 故名, 今其中或作鑼聲】, 則其稍奇者也)].

[산물로는 단지 원숭이, 곰, 맥(貘)【쇠를 먹는다. 이빨과 뼈가 아주 단단하여 칼이나 불에도 상하지 않는다. 마을 사람들이 속여 불아(佛牙)를 만든다. 그 똥으로 병기를 만들면 옥을 자를 수 있고, 그 오줌은 쇠를 녹여 물로 만든다】, 수달[獺], 단사, 수은, 푸른 돌[靑碌] 뿐이다(物産惟猿·熊·貘【食鐵, 齒骨極堅, 刀火俱不能傷. 里人詐作佛牙, 其糞爲兵, 可以切玉, 其溺能消鐵爲水】·獺·丹砂·水銀·靑碌等物)].

이상 나왈경에서 오래봉으로 이르는 상당히 긴 내용을 추재는 다음과 같이 간략하게 요약하고 노래했다.

오계(五溪)는 반호(槃瓠)의 후예로 반호는 고신씨(高辛氏)의 딸을 아내로 맞아 만방(蠻方)에서 커졌다. 한나라 때 자주 반란하여 마원(馬援)이 토벌

면 봉우리 너머의 산수와 뱃사람 모두 비춘다. 전하는 바에 따르면, 옛날 변경(汴京)에서 가져올 때, 그 빛으로 어둠에 실어 돌아왔다고 한다(鏡石在浯溪傍, 石方二尺許, 純黑有光, 以水沃之, 隔峰山水舟人畢炤. 相傳昔取入汴京, 以其炤昏載還之)"라고 한 것을 참고하시오.

했다. 명나라 홍무(洪武) 연간에 주덕흥(周德興)이 그들을 토벌했다. 그들은 옷을 만들 때 꼬리 모양으로 만드는데, 반호를 잊지 않기 위해서이다. 아이가 태어나면 그 무게를 달아, 그 수치대로 독수(毒水)에 쇠를 담갔다가 아이가 되면 그 강철을 단련하여 칼을 주조해 주고 평생 차고 다니게 한다. 아이가 처음 걸을 때, 쇠를 달구어 양 발꿈치를 지져 딱딱한 나무에도 부르트지 않게 한다(五溪, 盤瓠遺種, 盤瓠妻高辛之女也, 長於蠻方. 漢時數叛, 馬援討之. 明洪武中, 周德興討之. 其俗裁衣制尾形, 爲不忘盤瓠也. 兒生秤其重, 如其數淬鐵於毒水, 成童, 煅其鋼, 鑄刀, 終身用之. 兒始行, 燒鐵, 烙兩跟, 令頑木不繭).

사내들 모두 몸에 칼을 차고 있으며,	丁男皆佩等身刀,
쇠로 양 발꿈치를 지져 잘 달린다.	鐵烙雙跟善達挑.
손가락을 꼽으며 반호왕 세보를 자랑하며,	屈指瓠王誇世譜,
여전히 나무껍질 도포에 뾰족한 꼬리 만드네.	尙裁尖尾木皮袍.

[70] 여인(黎人)

저본에는 오계(五溪)[69]와 여인(黎人)[70] 사이에, '삼강제이(三江諸夷)'가 길게 기술되어 있지만, 추재는 채록하지 않았다.

'여인(黎人)'은 바로 현 하이난섬에 사는 여러 이민족을 가리키는 통칭이다. 이들에 관한 기록은 1225년 조여괄이 『제번지』에서 자세히 기록한 바 있다. 자세한 사항은 『제번지역주』, 446~464쪽을 참고하시오.

> **여(黎)는** 지금의 담주(儋州), 애주(崖州), 경주(瓊州), **만주(萬州)의 오(隖)에 있는 만(蠻)이다. 오(隖) 가운데, 여모산(黎母山)이 있는데** 여러 만(蠻)이 사방에 빙 둘러 살아 여인(黎人)이라 한다. [산] 안에는 '생려(生黎)', 밖은 '숙려(熟黎)'라고 한다. **산은 매우 높아** 항상 운무 속에 오래 있다가 걷힌다. **바다 기운이 청명해지면, 이따금 여인(黎人)들이 공중에 떠서 있는 듯한 푸른 봉우리에 보이기도 한다.** 그 산의 물은 네 주로 나뉘어 흐른다. 숙려(熟黎)는 여러 주에 나뉘어 예속되어, 세금과 부역을 이바지한다. 생려(生黎)가 사는 곳은 아주 멀어 세금이나 부역을 제공하지 않는다. 여모산의 꼭대기는 생려(生黎)라도 이를 수 없다. *[전하는 바에 따르면, 위에는 장수하는 사람이 있는데, 안일 향락하며 세상과 접하지 않고, 호랑이와 표범이 지키게 하며, 험하여 오를 길이 없어, 단지 샘물이 맛있고 특이하다는 정도만 알 수 있다고 한다(相傳其上有人壽考, 逸樂不與世接, 虎豹爲之守, 險無路可攀, 但覺水泉香美絕異云)].*
>
> *[이전에는 소문이 없다가, 당나라 때에는 경관(瓊管)의 땅이 되었다. 송나라 지화(知和, 1054~1055) 초에 여(黎) 사람 '부호(符護)'라는 자가 변방 관리의 노비 10명을 잡았다가 돌려보냈다. 부호 또한 변경을 침범하여 경주(瓊州)와 애주(崖州) 순검 모용윤칙(慕容允則)과 군사들을 잡아갔었는데, 이때 군사 56명과 모용윤칙을 돌려보냈다. 윤칙은 길에서 병사하여, 조서로 군사들에게 사면해 주었다. 소흥(紹興, 1131~1162) 연간에 여주(黎州)의 왕문만(王文滿)이 서동(西峒)의 왕승문(王承聞) 등과 결탁하여,*

[송나라가] 무찌르고 남채(南砦)를 평정했다.[1] *다시 성지(省地)를 침범하자 광서에서 관병을 보내 소굴을 불태우고 여적(黎賊)을 사로잡으니, 왕용빈(王用賓) 등의 난이 마침내 평정되었다. 건도(乾道) 2년(1166)에 광서경략전운사(廣西經略轉運司)가 상언하기를 "여인(黎人)들을 타일러 조정의 덕의(德意)와 위엄을 보이고, 그들 스스로 쇄신토록 하여 성지(省地)에서 물러나게 해야 합니다. 잘 설득하여 수복한 자들은 공을 따져 상을 내리고, 내부에 성지를 침범하거나 도망간 성민(省民)은 중벌로 다스려야 합니다. 그에 앞서 성민 중에 여동(黎峒)에 도망하여 사는 사람들은 수신(守臣)들이 타일러 환향하게 하고 그 체납 세금을 면제해야 합니다"라고 하여, 조서로 따르게 했다. 6년(1170)에 여인(黎人) 왕용휴(王用休)가 변경을 침입하여, 만안(萬安)의 권수순검(權守巡檢) 손호(孫浩) 등에 불러 타이르게 했다. 9년(1173) 낙창현(樂昌縣, 광둥 사오관韶關)의 여적(黎賊)들이 성민(省民)을 약탈하고 관사를 불태울 때, 여인(黎人) 왕용존(王用存), 왕승복(王承福), 진안(陳顔) 등이 불러 항복시켰다. 성채를 수복한 공이 있어 송나라는 관직을 제수하고 그들에게 여인(黎人)들을 통제하게 했다(以前未聞, 在唐爲瓊管之地. 宋至和初, 有黎人符護者, 邊吏嘗獲其奴婢十人, 還之. 符護亦嘗犯邊, 執瓊·崖州巡檢慕容允則及軍士, 至是, 以軍士五十六人與允則來歸. 允則道病死, 詔軍士至貸其罪. 至紹興中, 黎州王文滿結連西峒王承聞等, 攻破定南砦. 復犯省地, 廣西發兵官, 燒毀巢穴, 生擒黎賊, 王用賓等亂遂定. 乾道二年, 廣西經略轉運司言, 當說諭黎人, 示以朝廷德意威命, 使之自新, 退復省地. 能說諭收復者, 量功立賞, 內有侵犯省地, 或逃失省民, 亦重責罰. 其先, 省民逃居黎峒之人, 守臣招誘還鄉, 蠲其逋稅, 詔, 從之. 六年黎人王用休犯邊, 萬安權守巡檢孫浩等招諭之. 九年, 樂昌縣黎賊劫省民, 焚官舍, 黎人王用存·王承福·陳顔等招降. 復砦有功, 宋授以官職, 俾之控制黎人)].*

송나라 때, 황이낭(黃二娘)이 숙려(熟黎) 추장의 아내가 되었는데, 집

1) 『송사』, 권31, 「고종 본기」(596쪽)에는 소흥 30년(1160) 12월에 "해남의 여적(黎賊)인 왕문만을 평정했다"라고 하였다.

이 부유하고 잘 활용하여 여러 여(黎)가 그녀를 경외했다. 순희(淳熙, 1174~1189) 초에 의인(宜人)으로 봉했다. *[황이낭이 죽고, 아들이 없이 딸 하나만 있어 예에 따라 세습하고자 하여 조서를 내려 따르게 했다. 얼마 되지 않아 여동(黎峒)의 우두머리 왕중기(王仲期)가 여러 동의 장정 1,800여 명을 거느리고 귀화하여, 왕중기는 여러 동의 우두머리 왕중문(王仲文) 등 81명이 경관사(瓊管司)에 이르자, 경관사에서 그들을 받아주며 다시는 약탈하지 않겠다고 맹세하게 하고, 조서로 각각 하사품을 차등에 따라 내렸다. 생려(生黎)들은 성질이 사나워 왕의 교화에 복종하지 않고 나오지도 않아 우환이 되었다. 숙려(熟黎)들은 욕심이 많고 교활했는데, 양광(兩廣)과 복건(福建)의 간사한 인간들이 명을 어기고 그들 사이에 도망해 살면서, 성(省) 경계의 여러 주가 여인(黎人)들에게 점거되어 청사와 치소(治所)의 관리가 사람을 보내 감사를 표해야 돌아갔다(二娘死, 無男, 有一女, 欲依例承襲, 詔從之. 頃之生黎峒首王仲期率諸洞丁口一千八百餘歸化, 仲期與諸峒首王仲文等八十一人詣瓊管司, 司受之, 令歃血約誓不復鈔掠, 詔各賜賚有差. 生黎質直獷悍, 不服王化, 亦不出爲人患. 熟黎貪狡, 兩廣·福建之奸人亡命逃居其間, 省界諸州至有爲黎人據, 其廳事治所州吏遣人致謝, 始得還者)].*

우리 왕조의 요영충(廖永忠, 1323~1375)이 광동(廣東)를 평정했지만, 담주(儋州), 만안(萬安)의 여이(黎夷)와 동주(洞主) 들이 아직 귀부하지 않아 경천벽(耿天壁)이 격파했다. 순안(巡按) 왕준민(汪俊民)이 상언하기를, "여(黎)의 성질은 완고하고 사납고, 산수는 험준하고 고약하여, 중국의 사람들이 장독(瘴毒)에 걸릴까 두려우니, 조서로 숙려(熟黎)들은 산물로 납세토록 하고, 생려(生黎)로 귀화한 사람은 그들 산물에 세금을 3년 면제해 주며, 동(峒)의 우두머리는 불러낸 인원의 많고 적음을 헤아려 관직을 제수하십시오(黎性頑狠, 山水峻惡, 中國之人恐罹瘴毒.詔熟黎隨産納稅, 生黎歸化者, 免其産稅三年, 峒首則量所招民名數多寡, 授以職事)" 라고 했다. *[이처럼 하자 얼마 되지 않아 여민(黎民)이 순종하며 복종했다(如此庶幾黎民順服從之)].*

그들 풍속에, *[방망이 모양으로 상투하고, 맨발로 다니며, 활과 칼 등은 지척의 거리를 가도 놓지 않는다. 숙려(熟黎)는 중국어를 하고, 옷을 갈아입고 주현의 시장에 들어갔다가 날이 저물면 뿔을 불어 무리를 모아 돌아간다. 남녀는 태어난 해에는 몸에 문신을 새기는데, 온몸에 여러 꽃과 여덟 가지 보석을 그려 넣는다. 방식은 가는 침으로 새기는데, 피가 날 때, 청전(靑靛)을 발라 사나흘 기다려 씻어내면 꽃문양이 뚜렷해진다. 큰 집안들이 문신하는 것은 서로 높이며, 문신하지 않으면 조상을 볼 수 없는 자손이 된다고 한다. 시장에서 교역할 때는 모두 부녀들이 물건을 지고 나가고 남자들을 간여하지 않아, 사람들은 모두 아내가 여럿이다. 여자들은 방직에 뛰어나 중국의 채색 비단을 얻으면, 풀어낸 색실을 길패(吉貝)와 섞어 꽃문양을 넣어 짜는데, '여금(黎錦)'이라는 것이다. 입는 옷과 안장 장식 등에는 정교한 것과 조잡한 것의 차이가 있다. 부모가 죽으면 곡하지도 미음을 먹지도 않고, 단지 소고기를 생으로 먹는 것으로 그를 애도한다고 여긴다. 매장에는 관을 들고 가는데, 한 사람을 앞서 보내 달걀을 땅에 던져 달걀이 깨지지 않는 곳을 좋은 묏자리로 여긴다. 손님이 올 때는 서로 알던 사이가 아니면, 주인은 먼저 틈으로 그를 살펴보고, 손님이 엄숙해야, 노비를 보내 땅에 자리를 깔게 한다. 손님이 앉거나 갈 때 주인이 나와 이따금 앉아도 한마디도 하지 않고 술을 내어주는 일도 거의 없이, 악취가 나는 고약한 음식을 손님에게 맛보게 하고, 손님이 의심하지 않으면 기뻐하며 좋은 안주를 내어 서로 친해진다. 그렇지 않으면 가게 하고 다시는 그와 만나지 않는다. 마실 때도 칼을 놓지 않다가 조금 취하면 각각 장비를 풀기를 청한다. 기계를 풀더라도 몸 가까이 두었다가 한마디라도 맞지 않으면 일어나 서로를 죽인다. 성품이 기꺼이 원수를 죽이는데, 그것을 '착요(捉拗)'라고 한다. 여러 세대가 지난 원수라도 조부의 패배를 반드시 보복하는데, 어떨 때는 새긴 화살로, 어떨 때는 들보에 쏘아 알게 한다. 만남에서 손님이 마시면서 들보의 활과 화살을 돌아보면 복수의 뜻을 떨친다]*. 취하면 무리가 개소리를 내는데, 자신들이 개의 종자이므로 조상들에게 알려 보호받고자 하는 것이라고 한다. *[남자의 원수는 남자끼리만 맺고, 부인의 원수라면 부인의 집도 그녀를 도와 보복한다. 화살에 맞아 죽으면 몰래 매장하고 슬퍼하지 않는데 적이 그를 무력하다고 알까 걱정하*

기 때문이다. 거처에는 나무를 이중으로 설치하고 위에는 풀로 누대처럼 까는데 그것을 '난방(欄房)'이라 부른다. 위에는 자기들이 살고, 아래는 가축을 길러 매우 더럽다. 짝짓기가 늦어지면 마을의 젊은 남녀들이 모두 내달려 올라가, 각자가 서로 짝을 결정하는데, 결혼하고서도 추구한다].[2]*(其俗, [椎髻跣足, 弓矢刀劍跬步不離. 熟黎能漢語, 變服入州縣墟市, 日晩鳴角結隊以歸. 多符王二姓者. 男女生周歲, 即文其身, 周身畫成諸花及八寶, 式尋用細針挑刺, 出血塗以靑靛, 候三四日滌去, 則花紋宛然. 大家以此相尙, 云不然則上世祖宗不目爲子孫也. 貿易會集場, 皆婦女負貨出門, 男子不與, 故人皆多畜妻. 女工紡織, 得中國彩帛, 拆取色絲, 和吉貝織花, 所謂黎錦. 被服及鞍飾之類, 精粗有差. 親死不哭, 不粥飯, 惟食生牛肉, 以爲哀痛之. 至葬則舁櫬而行, 令一人前行, 以雞子擲地, 雞子不破處, 即爲吉穴. 客來未相識, 主人先於隙間窺之, 客儼然矜莊, 始遣奴布席於地. 客即坐, 又移時, 主人乃出, 時坐, 不交一談, 少焉置酒, 先以惡臭穢味嘗客, 客食不疑, 則喜, 即設佳殽, 更相親狎. 否則遣去, 不復與交會. 飮時未嘗捨刀, 稍酣各請弛備, 雖解器械, 猶置身傍, 一語不合, 則起而相戕. 性喜仇殺, 謂之捉拗. 雖積世之仇, 必報祖父鬭敗, 幾則尅箭, 幾射於梁上以爲識. 每會客飮, 顧梁上弓矢, 則奮報仇之志]. 醉即羣作狗號, 自云狗種, 欲使先祖知而庇之. [男仇只結於男, 若婦人仇, 則其婦家亦助之, 報怨矣. 中鋒鏑死, 密埋, 不悲泣, 恐敵人知其爲不武也. 居處架木兩重, 上鋪以草如樓, 呼曰欄房, 上以自居, 下以畜牧, 甚污穢也. 遇晩, 村中幼男女盡驅而上, 聽其自相偕偶, 至於婚姻, 仍用講求]*). 또 무령(婺嶺) 이북으로 '하려(遐黎)'라는 한 종족은 **야자 껍데기로 몸을 가리고 산다. 부모의 나이 50세가 넘으면 삶아서 먹는데, 뱃속에 묻고 적절한 장소라고 여긴다고 한다.** 이 풍속이 가장 나쁘다(又一種自婺嶺以北, 曰遐黎, 居以椰瓢蔽體. 凡父母過五十, 則烹而食之, 云葬于腹中以爲得所, 此俗最惡也).

---

2) 이상 여(黎)의 풍속에 관한 기술은 16세기 고개(顧岕)의 『해사여록(海槎餘錄)』에서 채록한 것 같다. 마지막 젊은 남녀들이 짝을 정하는 풍습에 관한 밑줄 친 문장의 해석은 자신이 없다. 『해사여록』(기록휘편본, 11b~12a)에 따르면, "짝짓기가 늦어지면 마을의 젊은 남녀들이 모두 내달려 올라가, 각자가 서로 함께 할 짝을 정한다. 결혼하고도 추구하는 것은 이 때문이 아니겠는가(遇晩, 村中幼男女盡驅而上, 聽其自相諧偶. 若婚姻仍用講求, 不以此也)"라고 하였다.

[그 산천으로 여모산(黎母山)【앞에 보임】이 있다(其山川黎母山【見前】)].

그 산물로 **황장귀(黃丈鬼)**【나타나면 탈이 난다. **누런 옷을 입고, 입을 벌려 웃는다. 인가에 이르면 반드시 질병에 걸린다**(出則爲祟, 著黃衣, 張口而笑. 至人家, 必疾疫)】가 있다.[3)]

다음 추재의 채록은 상당히 부정확하고 왜곡되었다.

여인(黎人)은 만주(萬州) 오(隖)에 있는 만(蠻)이다. 오(隖) 안에 여모산(黎母山)가 가장 높고 항상 운무에 있어 게이기를 기다리면 공중에 떠서 있는 듯한 부른 봉우리가 나타난다. 그들은 취하면 곧바로 무리가 개 소리를 내며, 자신들이 개의 후예이므로 자기들의 조상에 보호를 받고자 한

3) 오래봉(吳來鳳)은 산물로 '황장귀'만 채록했지만, 나왈경은 상당히 많은 산물을 소개하고 있다. "그곳 산물로, 조계(潮雞)【조수가 이르면 우는데, 그 소리가 뿔을 부는 것 같다】, 황장귀(黃丈鬼)【나타나면 탈이 나는데, 누런 옷을 입고 **인가에 이르러** 입을 벌려 웃으면 반드시 유행병에 걸린다】, 유화주(榴花酒)【석류꽃을 발효시켜 만드는데 맛이 좋다】, 인면어(人面魚)【머리는 희고 입은 붉으며, 지느러미와 꼬리는 가지런하다. 무리 지어 바다 위로 날면 바람이 인다. 『서산경(西山經)』에, 그 소리는 난새와 같고 나타나면 풍년이 든다고 한다】, 해사(海鯊)【호랑이 머리에 몸은 물고기며, 검은 문양이 있고 자라 발이다. 큰 것은 무게가 200근이 나간다. 일찍이 봄철 그믐에 산으로 들어가 변해 호랑이가 되었다. 무릇 호랑이 문양이 곧고 긴 것은 모두 '사(鯊)'가 변한 것들이다】, 해미(海味)【너무 많아 기록하기 어렵다】, 계시목(雞翅木)【칼자루를 만들면 아주 절묘하다】, 예어(鯢魚)【네 발과 긴 꼬리가 있어, 나무에 오를 수 있다. 날이 가물면 물을 머금고 산에 올라 잎으로 몸을 덮어 가리면 새들이 와서 물을 마실 때 잡아먹는다. 소리가 아이 우는 것 같아 이렇게 부른다. 기름을 채취하여 등을 켜면 꺼지지 않는다】, 용연향(龍涎香)【용이 싸우면 침이 나오는데, 예상하여 그것을 채취해 향에 섞으면 절묘하다】이 특이하다(其產潮雞【潮至則鳴, 音如吹角】·黃丈鬼【出則爲祟, 著黃衣, 至人家, 張口而笑, 必得疫疾】·榴花酒【榴花釀成之, 味佳】·人面魚【其味在目其毒在身先朝有人出使海南其國奉以進使者啖其雙目即令撤去夷人服其博】·文鰩魚【白首赤喙, 翅與尾齊, 群飛海上, 則有風. 西山經云, 其音如鸞, 見則大穰】·海鯊【虎頭, 魚體, 黑文, 鱉足. 巨者重二百斤. 嘗以春晦入山, 化而爲虎. 凡虎紋直而長者, 皆鯊化也】·海味【名多難紀】·雞翅木【作刀靶最妙】·鯢魚【四足, 長尾, 能上樹. 天旱含水上山, 以葉覆身. 鳥來飲水, 因而取之. 聲如小兒啼, 故名. 取膏, 燃燈, 不滅】·龍涎香【龍鬪則涎出, 以計取之, 和香最妙】爲奇)."

다고 했다.[4] 야자 껍질로 몸을 가린다. 부모의 나이 50세가 넘으면 삶아서 먹는데, 배에 묻는 것이라고 한다. 그곳에는 아름다운 부인 같은 산 요괴[山魈]가 있는데 노래를 잘 불러 사람을 미혹한다. 황장[귀](黃丈[鬼])[5]는 누런 옷을 입고 인가로 웃으며 들어가는데 역질의 빌미가 된다(黎人萬州隖塢上蠻也. 隖中有黎母山極高, 常在霧靄中, 久晴見翠尖, 如浮空中. 其俗醉卽群作狗號, 自云狗種, 欲使其祖庇佑. 以椰瓢蔽體. 父母過五十, 烹而食之, 云腹葬. 其地有山魈如美娼, 善歌迷人. 黃丈犬着黃衣, 笑入人家, 爲疫祟).

공중에 여모산 푸른 봉우리 끝이 보이고,	空中黎母翠尖峭,
요괴 부인 노래 잘하여 황견(黃犬)이 웃네.	魈婦能歌黃犬笑.
부모를 배에 장례하니 오(隖)엔 연기 피어나고,	腹葬爺娘生隖[塢]烟,
야자껍질 취해 던지고 개 짖는 소리 내네.	椰瓢醉擲作狵叫.

4) 이 밑줄 친 정보는 나왈경의 『함빈록』에 보이지만, 추재가 저본으로 삼은 『방여승략외이』, 권6의 저자인 오래봉은 이 정보를 채록하지 않았다. 그렇다면 추재는 이 정보를 어디에서 가져왔을까? 개 반호(盤瓠)의 후예들인 '[69] 오계만(五溪蠻)'에 해당하는 기술을 잘못 옮긴 것으로 보인다.

5) '황장귀(黃丈鬼)'는 『추재집』에는 '황견(黃犬)'으로 되어 있어 오래봉의 텍스트에 따라 바로잡는다. 이는 『함빈록(咸賓錄)』(『총서집성속편』본, 권8, 37a)에서도 '황장귀'를 확인할 수 있다. 아래의 시에서도 추재는 황견(黃犬)으로 생각했다.

[71] 료(獠)

저본에는 여인(黎人)[70]과 료(獠)[71] 사이에는 '마인(馬人)'과 '영인(羚人)' 두 종족이 더 기술되어 있으나 추재는 채록하지 않았다.[1)]

오래봉이 『함빈록』에서 채록한 '료(獠)'는 전여성의 『염요기문(炎徼紀聞)』에 '료인(獠人)'으로 상당히 길게 기술되었다(사고전서본, 권4, 28a~29a).

"료인은 옛날 천축(天竺), 해수(咳首), 초요(僬僥), 파종(跛踵), 천흉(穿胸), 담이(儋耳), 구지(狗軹), 방척(旁脊)이라 했는데, 이들을 팔만(八蠻)이라 부른다. 그들의 지류이면서 더욱 기이한 사람들로, 머리를 날리는 족속, 이빨을 뚫는 족속, 코로 마시는 족속, 얼굴에 문신하는 족속, 흰 적삼을 입는 족속, 붉은 잠방이를 입는 족속 등이 있다. 지금 영표(嶺表) 좌우와 해외 여러 나라 곳곳에 있는데, 담이(儋耳)와 교지(交趾)가 군(郡)으로 불렸다. 그들의 풍속은 각각의 무리의 풍습에 따라 일정하지 않고, 깊은 산에 살기를 좋아한다. 나무를 쌓아 사는데, 그것을 '간란(干蘭)'이라 한다. 사냥하여 생활하며, 벌레를 두루 먹는데, 털이 나지 않은 쥐를 야생 꿀[厓蜜]로 먹는다. 씹어 먹을 때 도약하며 '지지[唧唧]'하는 소리를 내어 '밀즉(蜜唧)'이라 부르며 진귀한 먹거리[珍具]로 여긴다. 호적이나 부서가 없고 마을마다 연장자 중에 지혜로운 자를 추대하여 일을 맡기는데, 그를 '랑화(郎火)'라고 한다. 아버지가 죽으면 아들이 계승한다. 나머지 사람들은 '제타(提陀)'라고 하는데, 재타는 중국말로 백성이란 뜻이다. 한 해의 시작은 '랑화'가 흙 잔 12개에 물을 담아, 시의 위치에 따라 놓고 기도한다. 밤이 지나 무리를 모아 가서 봤을 때, 인(寅)에 물이 있고 묘(卯)에 물이 말랐으면, 정월은 비가 오고 2월은 가뭄임을 안다. 나머지 풍습은 대략 요인(猺人), 동인(獞人)과 같으나 살생을 즐기는 것이 더욱 심하다. 부자 사이에 틈이 있으면 손에 칼을 쥔 자가 우선이다. 그 아비를 죽이면 밖

---

1) '마인(馬人)'에 관하여 오래봉은 "마인은 바로 마원(馬援)이 남방 원정 때, 병졸들이 여러 곳에 남아 살았다. 남해 사람 중 대부분은 눈이 깊고 원숭이 입을 하고 있다. 산물은 여(黎)와 같다. 한퇴지(韓退之)가 '관청 조회엔 남방 사람들 모였고, 삭일에는 마인들 오네(衙時龍戶集, 上日馬人來)'라고 했는데 바로 '마인'을 두고 하는 말이다"라고 기술했다. 여기 인용된 한유(韓愈, 768~824)의 시는 바로 「남해로 부임하는 정 상서를 전송하며(送鄭尙書赴南海)」의 5구와 6구이다. 또 '영인(羚人)'에 관해서 "영인은 광서(廣西) 깊은 골짜기에 산다. 요인(猺人)들과 가깝지만, 중역(重譯)할 수 없다"라고 하였다. '영'자의 광둥 발음은 '링(ling)'이다.

으로 도망했다가 개 한 마리를 잡아 어미에게 갚은 뒤에야 돌아올 수 있다. 어미는 개를 받은 뒤에는 더는 미워하거나 보복하려 서로 싸우지 않으며, 꼭 그 고기를 먹고 그 가죽에서 눕는다. 살해한 사람의 수염이 아름다우면 그 얼굴을 벗겨 대나무 북에 싸서 요란하게 제사를 지내며 복리(福利)를 구한다(獠人古稱天竺·咳首·僬僥·跛踵·穿胸·儋耳·狗軹·旁脊, 謂之八蠻. 其支而尤異者, 則有飛頭·鑿齒·鼻飮·花面·白衫·赤裩之屬. 今嶺表左右及海外諸國在在有之, 而儋耳·交趾, 遂以名郡. 其俗各以其黨沿習不一, 好依深山. 積木以居, 名曰干欄. 以射生爲活, 雜食蟲豸, 以鼠子未毳者, 啖以厓蜜, 嚼之跳躍, 唧唧有聲, 號曰蜜唧, 以爲珍具. 無版籍部勒, 每村推其長有智者, 役屬之, 號曰郎火. 父死子繼, 餘稱提陀, 提陀者猶華言百姓也. 歲首則郎火以土杯十二貯水, 隨辰位布而禱焉, 經夕集衆往觀, 若寅有水而卯涸, 則知正月雨而二月旱. 餘俗大略與猺·獞同, 而好殺尤甚. 父子有隙, 手刃者先之, 若殺其父, 走避於外, 得一狗以謝母, 然後敢歸, 母得狗謝, 不復嫌恨報仇相擊, 必食其肉而臥其皮. 所殺之人美鬚髯者, 剫其面而籠之竹木鼓, 噪而祭之, 以徼福利)."[2)] 이로써 볼 때 '료(獠)'의 부류와 분포 지역은 상당히 넓었으며, 영남 내륙과 바닷가 심지어 인근 섬 지역을 포괄한다.

> 료(獠)는 속칭 '산자(山子)'라고 한다. 추장(酋長), 성명(姓名)이 없고, 어떤 일에 힘이 있는 자를 '화랑(火郞)'이라고 할 뿐이다. 아버지가 죽으면 아들이 계승한다. 나머지는 '제타(提陀)'라고 한다. 제타(提陀)는 중국어

---

2) 이상 전여성의 기술은 범성대(范成大, 1126~1193)의 『계해우형지(桂海虞衡志)』(사고전서본, 37a)에 근거했다. 범성대는 '료(僚)'로 표기하고 "우강(右江)의 계동(溪洞) 밖에 산다. 사람들은 그들을 '산료(山僚)'라고 부른다. 산림에 의지하여 살며, 추장이나 영토가 없다. 만(蠻) 중에서도 요원하고 무상한 자들이다. 사냥하여 생활하며, 벌레[蟲豸]나 꿈틀거리는 것들은 모두 잡아먹는다. 나이나 성명이 없고, 다만 마을에서 힘을 쓰는 자를 '랑화(郎火)'라 하고 나머지는 '화(火)'일 뿐이다. 전하는 바에 따르면 비두(飛頭), 착치(鑿齒), 비음(鼻飮), 백삼(白衫), 화면(花面), 적곤(赤裩) 등 21개 종족이 있다고 한다. 지금은 우강 서남 일대에 가장 많은데 근 백여 종족에 달한다(獠在右江溪洞之外, 俗謂之山獠. 依山林而居, 無酋長版籍, 蠻之荒忽無常者也. 以射生食動而活, 蟲豸能蠕動者, 皆取食. 無年甲姓名, 一村中惟有事力者, 曰郎火, 餘但稱火. 舊傳其類有飛頭·鑿齒·鼻飮·白衫·花面·赤裩之屬二十一種. 今右江西南一帶甚多, 殆有百餘種也)"라고 하였다. 이로부터 나왈경-오래봉-추재에 이르는 '화랑(火郞)'은 '랑화'의 도치된 형태로 읽어야 할 것 같다.

로 '백성'이란 뜻이다. 옛날 전하는 바에 따르면, 이들에게는 머리를 날리는[飛頭], 이빨을 뚫는[鑿齒], 코로 마시는[鼻飲], 붉은 잠방이[赤褌]를 입는 족속들이 있다고 한다. 무리는 거의 100여 종에 달한다.

[일찍이 『속박물지(續博物志)』를 보니, 영남의 계동(溪洞)에는 종종 비두(飛頭)들이 있는데, 한 부류는 목에 붉은 실을 두른 것처럼 흔적이 있고, 밤에는 [머리를] 날려 갔다가 새벽에 집으로 돌아온다고 한다. 바로 료(獠)의 종족이다. 이들은 전에 말한 시치어(尸致魚)와 충락(蟲落)과 같지만, 각기 다른 종족이다(嘗見續博物志云, 嶺南溪洞中, 往往有飛頭者, 一曰頭頸有痕匝如紅縷, 及夜則飛去, 曉即還家, 即獠種也. 此與前所謂尸致魚及蟲落者皆同, 但各異種類)].

그들 풍속에 부인이 잉태하여 열 달이 되면 낳는데, 낳자마자 곧바로 아이를 물속에 넣어, 뜨면 기르고, 가라앉으면 버린다. 남편과 아내는 다른 곳에서 잔다. 다만, 갠 대낮에 팔짱을 끼고, 깊은 산속에 들어가 즐기는데, 일단 들어가면, 길 어귀에 소나무나 대나무를 꽂아 오는 사람들을 차단하는데, 그것을 '삽청(插靑)'[3]이라 한다. [그것을] 보는 사람은 곧바로 돌아간다. *[혹 잘못 들어가게 되면 칼이나 도끼질을 당한다. 살생을 좋아하여 보복하며 서로 싸우는데, 반드시 그 살을 먹고 가죽에 누우며, 죽인 사람의 수염이 멋있으면 얼굴을 벗겨 대나무에 넣고 북을 치며 요란스럽게 제사를 지내 복리(福利)를 구하니 참으로 오랑캐 습속이다(或誤入, 則加以刀斧. 性好殺, 報仇相擊, 必食其肉, 而臥其皮, 所殺之人美鬚髯者, 剜其面*

3) 이 이민족의 독특한 문화 관습으로 보이는 '삽청(插靑)'은 앞서본 『염요기문』에 보이지 않는다. 나왈경의 채록에 문제가 있음이 분명하다. 『명사』, 권323, 「계롱(雞籠)」(8376쪽)에 보이는데, 여기 '계롱'은 바로 타이완섬, 특히 북구 타이베이 지역을 말한다. 이들은 "곡물 수확이 끝나면 도로에 대나무 표식을 꽂아 두는데 그것을 '삽청'이라 한다. 이때 외래인을 만나면 곧바로 죽여버린다(既收獲, 即標竹竿於道, 謂之插靑, 此時逢外人便殺矣)"라고 기록하고 있다. '료(獠)'들이 부부관계를 할 때 '삽청'을 하는 것과는 분명 다르다. 하지만 아이를 낳아 물에 띄워 뜨면 기른다는 풍습을 볼 때, 이들이 산간 지역의 이민족이 아니라, 바닷가, 또는 큰 강에 어로를 생업으로 하는 이민족임을 암시한다.

而籠之竹中, 鼓噪而祭之, 以邀福利, 眞蠻俗也)].

이상의 정보로부터 추재는 다음과 같이 재구성하여 노래했다.

료(獠)는 민간에서는 '산자(山子)'라고 한다. 사람 중 힘이 센 자가 우두머리가 되며 화랑(火郎)이라 하고, 나머지는 '제타(提陀)'라고 하는데 중국어로 '백성'이란 뜻이다. 머리를 날리는 자와 코로 마시는 자가 있다. 아들을 낳으면 물에 담가 뜨면 기르고 가라앉으면 버린다. 부부가 다른 곳에서 잔다. 다만 맑게 갠 대낮에 팔을 잡고, 깊은 산으로 들어가 즐긴다. 들어가면 소나무나 대나무로 오는 길을 차단하는데, 그것을 '삽청(揷靑)'이라 한다. 보는 사람은 들어가지 않는다(獠, 俗謂山子. 俗以有力者爲長, 曰火郎, 餘稱提陀, 華言百姓也. 有飛頭·鼻飮者. 生子沉水中, 浮者養之, 沉者棄之. 夫妻異宿, 惟于晴晝, 牽臂入深山爲樂, 入則以松竹斷來路, 謂之揷靑. 見者不入).

계곡을 따라 코로 마시는 자, 비두와 함께하고, 緣溪鼻飮共飛頭,
아이를 기르는 사람마다 부침을 시험하네. 養子人人試沈浮.
산어귀 제타들은 서로 알리기를, 山口提陀相告語,
화랑이 오늘 삽청하고 놀고 있다고 하네. 火郎今日揷靑遊.

'총인(狨人)'에 관하여 나왈경이 근거한 자료는 황충(黃衷, 1474~1553)의 『해어(海語)』, 권중(사고전서본, 1a~b)에 보이는 '총(狨)' 조목이다. 황충은 '狨'의 음이 '총(寵)'이라고 했다. 이어서 그는 다음과 같이 기술했다. "총인(狨人) 무리는 섬라(暹羅)의 험준한 산에서 나와 작지만, 정신은 사납다. 눈은 둥글고 눈동자는 누렇다. 성격은 아주 충직하고, 원숭이처럼 금백(金帛)이나 목석(木石)을 모른다. 옛날 나무 그들이 짙은 곳에는 모두 수십 개의 소굴이 있는데, 아마도 모든 족속이 모여 살기 때문일 것이다. 말은 '이앵(咿嚶)'거리는 소리로 구분할 수 없다. 산에 사는 이료(彝獠)들 마다 그들의 습성을 알고, 유순하게 길들여 부려 먹는다. 헤진 솜을 덮고, 아(鰹)와 피(鮍)【음은 구(具)로, 이(夷)들은 작은 절인 물고기라고 한다. 이질을 치료할 수 있는데 10과립이면 낫는다. 먹을 때 초나 술을 금하는데 범하면 장이 끊어진다】를 먹으며 이주(漓酒)를 마시는데, 마시면 곧바로 뛰는 듯 기뻐하며 마치 주장하는 것을 얻은 듯이 말한다. 온 종족이 일을 받으면 죽어도 피하지 않고 대를 이어도 바꾸지 않는다. 편뇌(片腦)나 학정(鶴頂)을 채취하는 일을 받으면 모두 약속한 대로 얻어온다. 그곳 산에는 코뿔소와 코끼리가 많아, 주인은 그 이빨과 뿔로 돈을 버는데, 독이 묻은 표창을 주면 총인(狨人)은 그것을 끼고 돌아간다. 코뿔소나 코끼리를 만나면 즉시 가서 찌르고 나무에 올라 숨는데, 코뿔소나 코끼리가 노하여 찾아도 소용이 없다. 몇 시간이 지나면 독이 퍼져 죽는데 총인은 무리를 휘파람으로 부른다. 민첩하다고 이름난 자들이 서로 경계하며 지킨다. 몇 달이 지나 코뿔소와 코끼리가 썩으면 남은 것은 이빨과 뿔 같은 것들이다. 이빨은 여러 총인이 메고 가고, 뿔은 총인 한 명이 어깨에 메고 가 주인에게 준다. 다른 종족이 뺏으려 하면 죽어도 주지 않는다. 뱃사람들은 대나무로 그 형태가 얽혀 있고 깊은 우리를 만들어 반드시 지나가는 길에 설치하여 잽싸게 잡아 그들 왕[夷王]에게 헌상한다. 왕은 매우 그것들을 애완하여 소합유(蘇合油) 수천 근으로 보답하고, 총인들을 번금(番錦)으로 옷을 입히고 좋은 과실로 길러 시원하고 높은 곳에 둔다. 총인들은 그들 주인이 아니면 절대 따르지 않는다. 그러나 불 연기를 조금이라도 가까이하면 눈물을 흘리며 죽는다(狨人屬出於暹羅之崛巃, 短小精悍. 圓目而黃睛. 性絕專慤, 不識金·帛·木·石如猿猱. 古樾蒙密者, 率數十巢, 蓋舉族所聚也, 語咿嚶不可辨. 山居彝獠每諳其性, 常馴擾以備驅使. 蒙以敝絮, 食以鰹鮍【音具. 夷言, 小醎魚. 可治痢病, 十顆粒即愈, 服之忌醋, 犯則絕腸矣】, 飲以漓酒, 即躍然喜, 似謂得所主者. 舉族受役, 至死不避, 雖歷世不更. 嘗役以採片腦·鶴頂, 皆如

期而獲. 其山多犀象, 主者利其齒角, 授以毒鏢, 狁挾以歸. 遇犀或象, 輒往剌之, 升木而匿, 犀或象怒且索, 毋得也. 移刻, 毒發而殪, 狁乃羣聚叫嘯, 若誇其捷者, 相戒聚以守. 經月犀象且腐, 所遺如牙如角, 齒則負以數狁, 角乃一狁肩之, 以輸其主. 遇奪他姓, 亦至死弗畀也. 舶人編竹為籠, 紆深其制, 置所必由之徑, 機而取之, 以獻於夷王. 王大愛玩, 酬以蘇合油至數千斤, 猶衣狁以番錦, 飼以嘉實, 置之爽塏. 狁以非其主, 終不附也. 然稍近煙火, 淚目即死).”

총인(狁人)은 험준한 산굴에서 태어난다. 왜소하지만 정신은 사납다. 모양은 원숭이 같고, 말은 ‘이앵(咿嚶)’이라 소리 내어 구분할 수 없다. 성질은 매우 충직하고 성실하여[忠愨], 이료(夷獠)들이 항상 이들을 길들여 편뇌(片腦), 학정(鶴頂), 서각(犀角), 상아(象牙) 채취를 시킨다. 모두 법(法)이 있다[皆有法].[1] 얻으면 지고 가서 주인에게 바친다. 다른 사람이 뺏으면 죽어도 넘겨주지 않는다. 연기와 불을 조금이라도 가까이하면 눈물을 흘리며 죽는다(遇他姓奪, 死亦弗與. 稍近煙火卽泪目至死). *[『진랍풍토기』에 두 종의 야인(野人)이 있는데, 한 부류는 산이나 계곡을 돌아다니며, 머리에는 흙 항아리를 이고 다니다가 야수를 만나면 표창(標鎗)으로 죽어 삶아 먹고, 성질이 매우 사나우며 집이 없어도 살 수 있다. 한 부류는 [세상과] 소통 왕래하면서 말이 통하는 야인들로, 바로 팔려 사람들의 노예가 되는 자들이라고 하는데,[2] 간혹 총인 부류가 있다. 료(獠)와 총(狁)의 여러 종족은 사천, 양광(兩廣), 운남, 귀주의 동(洞)이나 계곡에 모두 있으므로, 산천, 고적(古跡), 물산은 다 기술할 수 없다고 한다(眞臘風土記云, 有二種野人, 一等巡行山谷, 頭戴一瓦盆而走, 遇野獸, 則槍標射殺烹之, 性甚狠, 無家可居. 一等通往來, 話言之野人, 乃賣與人間爲奴者, 或即狁人之類. 獠·狁諸種, 凡川·廣·雲·貴洞溪中皆有之, 故山川·古跡·物產不可盡述云)].*

1) 『함빈록(咸賓錄)』(총서집성속편본, 권8, 39a)에는 “[그들은] 모두 그렇게 할 수 있는 방법이 있다(皆有法能致之)”라고 하였는데, 여기서도 이렇게 읽어야 할 것 같다.

2) 『진랍풍토기』에 기술된 야인(野人)에 관해서는 『진랍풍토기역주』, 88쪽과 176~177쪽을 참고하시오.

추재는 이상의 정보를 다음과 같이 채록하고 노래했다.

총인들은 험한 산굴에서 태어나는데, 모습은 원숭이 같고, 말은 '이앵(咿嚶)'이라 소리 내어 구분할 수 없지만, 성질은 충직하고 성실하다. 산자(山子)[료(獠)]들이 그들을 길러 학정(鶴頂), 서(犀), 상아(象牙), 편뇌(片腦)를 채취하게 한다. 그들 [모두 채취하는] 방법이 있다. 얻으면 다른 주인이 뺏으려 해도 죽어도 주지 않는다. 연기나 불이 조금만 가까워도 눈물을 흘리며 죽는다(狁人生崛巃中, 形如猿猱, 語咿嚶莫辨, 而性馴愨. 山子養之, 使採鶴頂·犀·象牙·片腦[臘], 皆有法. 得則遇他主奪, 死不予. 稍近烟火, 目淚至死).

총인은 확실히 유인원과 비슷하고,	狁人端的類猴人,
새처럼 '이앵'거리며 야수성을 길들이네.	鳥語咿嚶野性馴.
상아를 채취하여 늦게 돌아가도,	採得象牙歸去晚,
험한 산굴 연기와 불 썰렁하기 비할 데 없네.	崛巃烟火冷無鄰.

[73] 동인(獞人)

‘동(獞)’은 ‘동(僮)’으로 현지인들의 발음으로 ‘쫭’이다. 따라서 여기 동인(獞人) 또는 동인(僮人)은 쫭족(壯族)을 말한다. 광시 쫭족 자치구의 중심 민족으로, 윈난, 광둥, 구이저우, 베트남 북부에 사는 중국 55개 소수민족 중 가장 많다. 여기에서도 나왈경은 전여성의 『염요기문』(사고전서본, 권4, 27a~28a)에서 채록했다. 내용은 크게 다를 바 없어 별도의 인용은 하지 않는다.

동인(獞人)은 오령(五嶺) 이남에 모두 있다. 요(猺)와 섞여 산다. *[풀 옷을 입고 생식하며 가축우리 같은 집에서 산다(卉衣血食, 居以欄房)].* **독화살을 잘 쏴,** 맞은 사람과 동물들은 살과 뼈를 꿰어 굽거나 끓여 다 먹어 치운다. 요인(猺人)이라도 두려워하고 꺼린다. 또 **벌레 독을 만드는데,** 5월 5일 온갖 벌레를 한 그릇에 넣고, 서로 잡아먹게 하여 살아남는 것을 남겨, 지니고 다니다가 사람에게 맞추면 죽지 않는 사람이 없다. **독벌레 날리기[飛蠱]를 하는데, ‘도생(挑生)’이라고도 하고,** ‘금잠(金蠶)’이라고도 한다. 모두 귀신무리가 일삼아, 큰 부를 이룰 수 있다. 다른 사람을 헤칠 때는, 음식 속에 넣으면 사람의 심장과 배가 목매는 고통을 느껴 얼굴이 파래지고 눈이 노래지면서 물을 토하고 맥이 가라앉는다. **귀혼산(歸魂散)과 웅주환(雄硃丸)으로 치료하는데, 가슴에 있는 것은 승마(升麻)를 복용시켜 토해내고,** 배에 있는 것은 울금(鬱金)을 복용시켜 내린다(獞人五嶺以南皆有之, 與猺雜處. 善爲毒矢射, 人物中者, 焦沸若炙肌骨立盡, 雖猺人亦畏憚之. 又善爲蠱毒, 五月五日, 取百虫于一器, 令自啖食, 存者留之, 持以中人, 無不死者. 又爲飛蠱, 一曰挑生, 一曰金蠶, 皆鬼屬事之, 可以驟富. 害人者内之飮食中, 令人心腹絞痛, 面目淸黃, 吐水而脈沉. 治之以歸魂散·雄珠丸, 在胸膈則服升麻吐之, 在腹則服鬱金下之).

혹 ‘고신(蠱神)’이라고도 하는데, 해처럼 빛나, 저녁 인가로 날아들어 탈이 나므로, 그것을 섬긴다. 독[蠱]을 만들어 남을 해쳐야 이익이 있지만, 그렇지 않으면 되레 그 해를 입는다. 그 술법을 사용하지 않는 자는 비녀나 팔찌 등의 물품을 길가에 두고 다른 사람이 얻어가게 하는데, ‘가금잠(嫁金蠶)’이라고 부른다. [금잠]은 **고슴도치를 두려워하여, 고슴도치를 잡아 그 집에 넣으면, 고신(蠱神)을 사로잡을 수 있다.** 사천과 천광[川湖], 민월(閩

粵)에 모두 이러한 일이 있다. 요(猺)와 동(獞)에게만 그러한 것이 아니다(或云蠱神, 熠燿若日, 以昏暮飛入人家, 爲祟, 事之. 作蠱害人, 卽有利益, 不則反被其害, 有不用其述者, 以釵釧等物置之道旁, 俾他人得焉, 名嫁金蠶. [金蠶]畏蝟, 取蝟入其家, 則蠱神擒矣. 凡川湖·閩粵皆有此事, 不特猺獞爲然).[1)]

모여 촌락을 이룬 곳을 '동(峒)'이라 한다. 각 동에는 장(長)이 있다. **혼인은 먼저 풀을 엮어 집 밖에서 사는데 그것을 '입료(入寮)'라고 한다. '입료' 한 뒤에, 데려온 여종을 많이 죽이면, 처가 사람들이 두려워한다. 그렇지 않으면 약하고 겁이 많다고 한다.** *[반년 뒤에 여자는 남편의 집으로 시집간다. 그들 중 멀리 나갔다가 돌아오는 자가 30리 밖에서 멈추면, 무당을 보내 대나무 바구니를 들고 마중하게 한다. 돌아오는 사람이 입은 옷을 벗겨 바구니에 담아 두고 앞세우는데, 행인들이 혼을 수습하여 돌아오게 하기 위함이라고 한다].* 나머지 풍속은 오계(五溪), 삼강(三江) 등의 요(猺)들과 같다(聚而成村曰峒, 峒各有長. 婚姻先結草, 屋外居謂之入寮. 自入寮後, 多殺媵婢則妻黨畏之, 不爾, 謂之懦怯. [半年而後, 女歸夫家. 其人遠出而歸者, 止於三十里外, 遣巫提竹籃迓, 脫歸人貼身衣, 貯之籃中, 以爲前導, 云爲行人收魂歸也]. 餘俗五溪·三江諸猺相同).

동인(獞人)에 관한 추재의 채록은 다음과 같다.

동인(獞人)은 오령(五嶺) 남쪽의 동(峒)의 만(蠻)으로, 독화살로 사람을 잘 쏜다. 또 독충[蠱]을 길러 사람을 해치는데, '도생(挑生)'이라 한다. 독에 맞은 자는 귀혼산(歸魂散), '녹금환(鹿金丸)',[2)] 승마(升麻)를 복용하여 치료한다. 고슴도치를 집에 넣으면 고신(蠱神)을 잡을 수 있다. 혼인하는 것을 '입료(入寮)'라고 한다. 입료 이후 데려온 여종을 많이 죽여야 처가

1) 이 정보는 『염요기문』에 보이지 않는다.

2) 추재가 제시한 '녹금환'은 오래봉의 텍스트와 『함빈록(咸賓錄)』(총서집성속편본, 권8, 39b)에 모두 '웅주환(雄珠丸)'으로 되어 있다.

사람들이 두려워한다. 그렇지 않으면 약하고 겁이 많다고 한다. 또 고신(蠱神)은 온갖 꽃으로 공양한다[3](獞人, 五嶺南峒蠻也, 善爲毒矢射人. 又養蠱害人, 名曰挑生. 中者服歸魂散·鹿金丸·升麻以治之. 取蛸入家, 則擒蠱神. 婚姻謂之入寮, 入寮後多殺媵婢, 妻黨畏之, 否則以爲怯懦. 又蠱神供以百花).

동인들의 '도생'은 온갖 꽃으로 기르고,	獞戶挑生養百花,
봄이 오면 골짜기마다 승마를 심네.	春來峒峒種升麻.
검은 머리의 돌화살촉 거울처럼 갈아,	烏頭石鏃磨如鏡,
여종들 쏴 죽여 아내 집에 위신 떠네.	射殺丫鬟威婦家.

이상으로 추재는 『방여승략외이』, 여섯 권의 채록을 마쳤다. 추재는 부록처럼 구성하여, 『방여승략외이』, '수권'에 부가 기술된 나라들을 골라냈다. 선택의 기준은 알 수 없다.

【붙임】 바다에 있는 여러 나라들【사신을 보내거나 조공의 기록은 없지만, 오롯이 전하는 기록에 따라 추가 기록한다】(附 海中諸國 雖無聘貢圖籍, 一依傳記附錄).[4]

3) 이 정보는 어디에 근거한 것인지 찾지 못했다.

4) 추재가 부록으로 첨부한 '바다에 있는 나라들'에는 총 9개국이 들어있다. 마지막 홍모국(紅毛國) 기술을 제외한 나머지 8개국은 모두 『방여승략』「외이」 수권(首卷)에서 정백이가 「산해여지전도」를 보고 위도와 경도까지 기록해 놓은 목록에 보이는 기록이다. 대부분 「곤여만국전도」에서도 그러한 설명들이 갖추어져 있다. 또 추재가 얻어온 『방여승략』본에 이 수권(首卷)이 빠져있었을 수도 있다. 빙공(聘貢)한 기록이 없다고 한 점을 보면, 추재는 「곤여만국전도」를 참고하지 못한 것 같다. 그렇다면 추재가 밝히지 않은 '전하는 기록'이 무엇인지 무척 궁금하지만, 이상 두 자료 외에는 더는 상정할 기록이 없다.

[74] 할랄비아(曷剌比亞)

정백이는 「산해여지총도」를 보고 지도에 들어있는 명칭들을 위도와 경도를 붙여 목록화한 자료가 바로 『방여승략』 「외이」 '수권'의 기록이다. 여기에서 '수권(首卷)'이라 표기한 것은 「외이」은 '1권'이 둘이기 때문에, 맨 앞의 권을 '수권'이라 구분할 것이다. 정백이는 이곳을 위도 23과 경도 73으로 기록했는데, 「곤여만국전도」(도호쿠대학 도서관 소장본)에는 페르시아만 바로 아래에 표기하고 있다. 즉 아라비아반도의 동쪽에 오만[亞衣漫]이 표기되어 있고, 또한 반도 5시 방향 바다에는 '갈랄비해(曷剌比海)'로 표기하고 있는 것을 보면, '갈랄비아'는 아라비아를 전사한 명칭이 분명해 보인다. 문제는 이 '갈(曷)'자가 어떻게 '아[ア]'라는 음가를 가지게 되는지이다. '갈(曷)'자의 중고음은 'ɣɑt'인데, 여기 'ɣ'는 오늘날 'h'음에 가깝고, 라틴어에서 그 음은 묵음 처리하므로, 'ɑ'음만 취한 것 같다. 또 타이완 민남어 발음으로 '아(ah)'가 있으므로 여기의 '갈'자는 '할' 발음으로 표기해야 할 것 같다.

여기 「곤여만국전도」에는 갈랄비아 옆에 "유향이 이곳에서 나는데, 그 나무는 아주 작으며, 다른 곳에는 없다. 또 '먀이랄(乜爾剌)'이란 약이 나는데, 시신에 바르면 썩지 않는다(乳香產于此地, 其樹甚小, 他處則無. 又產一藥, 名乜爾剌, 塗尸不敗)"라고 하였다. 여기 '먀이랄'은 미르(Myrrh)의 음역 표기로 바로 몰약(沒藥)으로 알려진 약물이다.[1)]

정백이가 채록한 내용은 「곤여만국전도」보다 더 많은 정보를 담고 있다. "ⓐ할랄비아(曷剌比亞)에서는 유향(乳香)이 나는데, 그 나무는 매우 작다. 또 '먀이랄(乜爾剌)'이라는 약이 나는데, 시신에 바르면 썩지 않는다. ⓑ그곳 남쪽에는 두 바다 섬이 있는데, 남자는 한 섬에, 여자는 [다른] 한 섬에 살다가, 매년 남녀가 2~3차례 만나며, [만남] 뒤에는 서로 못 보게 한다(曷剌比亞產乳香, 其樹甚小. 又產一藥, 名乜爾剌, 塗尸不敗. 其南有二海島, 男人住居一島, 女人住居一島, 每年男女會合二三次卽別, 剛後不教相見)."

---

1) 몰약에 관한 자세한 설명은 『영애승람역주』(하, 102쪽 주254)와 『제번지역주』(312~314쪽)를 참고하시오.

ⓐ의 정보는 확실히 「곤여만국전도」와 일치한다. 그러나 ⓑ는 내용상 이미 남쪽의 두 섬을 기술하고 있다. 이는 정백이가 다른 자료에서 참고해서 옮겨 놓은 것이라고 볼 수 없다. 틀림없이 자신이 본 소위 「산해여지전도」에서 잘못 복제했을 것이다. 그 내용은 마르코폴로의 『동방견문록』의 기술과 너무나도 일치하기 때문이다. 중국 자료에는 보이지 않고, 정백이가 마르코폴로의 책을 봤을 리도 없다. 마테오 리치가 아니면 그 출처를 찾기 어렵다. 마르코폴로는 오늘날 이란 동남단 파키스탄 서남 지역에 해당하는 케스마코란(Kesmacoran)[2]를 기술한 다음, 이곳에서 "남쪽으로 500마일 떨어진 곳에 '남(男)'과 '여(女)'라는 두 섬이 있는데, 두 섬은 약 30마일 떨어져 있다"라고 한 다음, "'남자의 섬'이라 불리는 곳에는 남자들만 살고 부인이나 어떤 다른 여자도 없다. 매년 3월에 다른 섬[여자의 섬]으로 가서 석 달을 머무는데, 3월, 4월, 5월 그곳에서 부인들과 살다가, 석 달이 지나면 자기들의 섬[남자의 섬]으로 돌아와 아홉 달 동안 농사를 짓고 장사를 한다"라고 하였다.[3] 이 '남자의 섬'과 '여자의 섬'은 마르코폴로의 기술에 따르면, 이란 동남단 지점에서 소코트라섬 사이에 있는 섬이라고 하였으나, 현 지도에서 그러한 섬은 찾을 수 없다. 정약증(鄭若曾, 1503~1570)의 『정개양잡저(鄭開陽雜著)』(사고전서본, 권2, 40b)에 따르면, 일본 열도에 여도(女島)와 남도(男島)를 언급하고 있지만, 위치와 내용에 있어 부합하지 않는다. 따라서 정백이가 두 곳을 잘못 하나의 나라로 합쳐 놓았다고 추론할 수밖에 없다. 그 결과는 곧바로 추재의 더 뒤섞이고 가필된 설명으로 이어졌다.

"할랄비아는 서남양에 있다. 그곳에는 남북의 두 섬이 있는데, 남자들은 그 북쪽[섬]에 살고 여자들은 남쪽[섬]에 살며, 1년에 한 번 만난다. 야이향(也爾香)

2) 영국 군인이자 외교관 퍼시 사이크스(Percy Sykes, 1867~1945)는 1890년대 페르시아 영사로 케르만에 수년을 체류하면서, 그 경험을 바탕으로 1902년 『Ten Thousand Miles In Persia』(London)라는 기록을 출간했는데, 그 책 102쪽에서 "케르마코란(Kesmacoran)은 케슈(Kech) 즉 케즈(Kej)와 마크란(Makran)의 합성어이며 오늘날에도 종종 사용된다는 점에 주목하라"라고 설명했다. 이 설명은 헨리 율(Henry Yule)과 앙리 꼬르디에(Henry Cordier)의 『The Book of Ser Marco Polo』, II(1903), 402쪽에서 앙리 꼬르디에의 주석으로 언급되었다. 우리나라 번역본으로 김호동, 『마르코폴로의 동방견문록』, 488쪽을 참고하시오.

3) 『The Book of Ser Marco Polo』, II, 404쪽.

이 있는데 시신에 바르면 썩지 않는다(曷剌比亞在西南洋中. 其地有南北二島, 男居其北, 女居其南, 歲一會. 有也爾香, 塗屍不敗)"라고 하였다. 여기에서 '남북'이란 방위는 추재가 정백이의 텍스트를 조작 추가한 사항이다. '야이향'의 '야'자는 '먀(乜)'자를 잘못 읽은 것이다. 추재는 바로 읽고 기록했으나 이후 인쇄 과정에서 생겨난 오류일 수도 있다.

견우와 직녀 환하게 은하를 사이에 두고 있다지만,	牛女盈盈隔一河,
저들은 바다를 사이에 두고 있으니 또 어떠하겠는가.	儂居隔海更如何.
장자 '야이'를 몸에 발라	欲將也爾塗身子,
죽은 뒤에도 남아 물결 마르기를 보려는가.	死後留看水渴波.

추재는 두 곳의 정보를 적절하게 하나로 융합시켰다. 남녀의 섬에서 나는 '야이' 즉 '먀이(乜爾, 몰약)'로 영원히 살아 바닷물이 마르기를 기다린다고 노래했다.

[75] 응다강(應多江)

‘응다강’은 중국인들이 ‘소서양’으로 부르는 인도양(印度洋)을 가리킨다. 제목과 기술한 내용이 부합하지 않는다. 이곳은 『방여승략』 「외이」 수권, 아세아 각국 목록에서 정백이는 「산해여지총도」를 보고 위도 17, 경도 95로 표시한 응제아(應帝亞)를 표제어로 택해야 했다. ‘응제아’는 인디아의 음역 명칭으로, 중국의 전통적인 신독(身毒), 천축(天竺), 인도(印度) 등의 명칭과는 다른 마테오리치식 새로운 전사이다. 「곤여만국전도」에는 ‘소서양(小西洋)’으로 표기된 바다 왼쪽으로 다음과 같이 ‘응제아’를 기술했다.

응제아(應帝亞)는 전체 명칭이다. 중국인들이 ‘소서양(小西洋)’이라 부르는 곳으로, 응다강(應多江)이 그 명칭이다. [영토의] 반은 안의강(安義江) 안에 있고 [나머지] 반은 안의강 밖에 있다. 천하의 보석과 보화가 이곳에서 난다. 세포(細布),[1] 금은, 초료(椒料),[2] 목향(木香),[3] **약재, 청주(靑朱)**[4] 등 없는 것이 없으므로 사시사철 동서의 바다 상인들이 이곳에서 교역한다. **사람들의 생김새는 검고 약하며, 순종적이다. 그곳 남방에서는 옷을 거의 입지 않는다.** 종이가 없어 나뭇잎에 글씨를 쓰는데 쇠 송곳을 붓 삼아 쓴다. 그 **나라 왕들과 각 곳의 언어는 하나가**

---

1) ‘세포’는 모직 일종인 살합랄(撒哈剌, saklat) 같은 베를 말하는 것으로 보인다. 비신은 방갈랄국(榜葛剌國)을 기술하며 ‘살합랄’을 가는 베라고 설명했다. 자세한 것은 『성사승람역주』(266쪽)를 참고하시오.

2) ‘초료(椒料)’란 남인도의 주요 상품인 후추[胡椒]와 다른 지역의 향신료 등을 통칭한 표현일 것이다.

3) 목향(木香)은 밀향(蜜香), 또는 청목향(靑木香)이라고도 부르는데, 비신은 캘리컷 왕국의 산물로 기술하고 있다(『성사승람역주』, 234쪽). 목향에 관해서는 『제번지역주』(389~391쪽)를 참고하시오.

4) ‘청주(靑朱)’ 즉 푸른색과 붉은색이 무엇을 말하는지 어렵다. 청주(靑珠), 즉 푸른 구슬 또는 진주를 말하는지 모르겠다. ‘청주(靑珠)’는 여기 추재의 「외이죽지사」 소록(蘇祿)[58]에 언급되었다. 또한 왕대연의 『도이지략』, 소록 조목에서도 산물로 확인되는데, 후지타 도요하치는 청주가 바로 ‘청소주(靑燒珠)’라고 설명했다(『도이지략역주』, 233쪽). 그러나 소록, 즉 술루 군도는 진주의 명산지이므로, ‘푸른 진주’라고 읽어야 할 것 같다. 스리랑카와 인도 사이 지역 역시 진주가 나는 곳으로 유명하므로 상정해 볼 근거는 충분하다. 마지막으로 왕대연은 스리랑카 애덤스 피크인 대불산(大佛山) 조목에서 바다에서 건져 올린 귀한 청낭간(靑琅玕)을 기술하고 있는데, 그것을 ‘청주(靑珠)’라고 한다. 이는 산호(珊瑚)의 일종으로 추정된다. ‘낭간’이란 중국식 표현이라고 이해할 수 있다. 자세한 사항은 『도이지략역주』, 410쪽 주4를 참고하시오.

아니다. 야자로 술을 만들고, **오곡 중 쌀만 많다**. 여러 나라의 왕은 모두 [부자] 세습하지 않고 자매의 자식으로 이어가며, 왕의 친자식들은 봉록을 주어 살게 할 뿐이다(應帝亞總名也. 中國所呼小西洋, 以應多江爲名. 半在安義江內, 半在安義江外. 天下之寶石寶貨自是地出. 細布·金銀·椒料·木香·乳香·藥材·青朱等, 無所不有, 故四時有西東海商, 在此交易. 人生黑色弱順. 其南方少穿衣. 無紙以樹葉寫書, 用鐵錐當筆. 其國王及其各處言語不一. 以椰子爲酒, 五穀惟米爲多. 諸國之王皆不世及以姊妹之子爲嗣, 其親子給祿自贍而已).

이상의 기술은 정백이가 본 「산해여지총도」에는 굵게 표시한 정보들이 생략되어 다음과 같이 기술되었다. 물론 정백이가 자의적으로 생략했을 가능성도 배제할 수는 없다.

> 응제아는 전체 지명이다. 중국인들이 '소서양(小西洋)'이라 부르는 곳으로, 응다강(應多江)이 그 명칭이다. 반은 안의강(安義江) 안에 있고, 반은 안의강 밖에 있다. 천하의 보석과 보화들이 이곳에서 난다. 세포(細布), 금은(金銀), 초료(椒料), 목향(木香), 유향(乳香), 약(藥) 등의 물품이 있어, 사계절 내내 서쪽과 동쪽의 바다 상인들이 이곳에 와 교역한다. 나뭇잎에 글씨를 쓰고, 쇠 송곳을 붓처럼 쓰며, 야자로 술을 빚는다. 그 나라의 왕은 모두 자매의 아들에게 왕위를 계승하고, 친아들은 봉록을 받아 살 뿐이다(應帝亞摠地名也. 中國所呼小西洋, 以應多江爲名. 半在安義江內, 半在安義江外. 天下之寶石寶貨自是地出. 細布·金銀·椒料·木香·乳香·藥等物, 故四時西東海商到此交易. 以樹葉寫書, 以鐵錐當筆, 以椰子爲酒. 其國之王, 皆以姊妹之子爲嗣, 其親子給祿自贍而已).

'안의강'은 「곤여만국전도」에 표시된 바에 따르면, 갠지스강을 지칭함이 분명하다. "안의하(安義河)는 30개의 강물을 받아들이며 금사(金沙)가 난다"라고 기록하고 있다. 네팔 서북부 히말라야산맥 남쪽에서 발원하여 알라하바드(Allahabad)에서 야무나(Yamuna)강과 합류하여 동쪽으로 바라나시(Varanisi), 파트나(Patna)를 지나 부탄에서 방글라데시에서 내려오는 여러 강물과 섞이며 '파드마(Padma)'라는 명칭으로 벵골만의 빠져나오는 2,500여㎞의 긴 강이다. 산스크리트어로 강가(gáṅgā)라고 하는데 '빠르게 흐른다'는 의미이며, 고대 그리스어로 강게스(Γάγγης)라고 한다. 한편 이탈리아어로는 '간제(Gange)'라고 발음한다. '안의'의 칼그렌 중고음은 'ʔɑn-ŋjię̯'로 어떠한 명칭과도 잘 부합하지 않는다. 마테오 리치가 어떤 음을 근거했는지, 아니면 자기식대로 해석하여 표현한 것인지는 확인하기 어렵다. 사실 '안의(安義)'라는 단어의 조합도 거의 보이지 않는다. 초성 'g'가 어떻게 무성 처리되었는지 흥미롭다. 앞서 본 '할랄비아(曷剌比亞)'의 경우와 같다. 후음(喉音) 'g', 'h'에 대한 유럽인들의 혼용이 만들어 낸 결과일 것이다. 'g'음을 묵음 처리하면, 'an-e[a]'가 되므로 '안의'로 옮겨질 가능성은 충분하다.

마지막 왕위 계승에 관한 정보는 마환은 『영애승람』 캘리컷 왕국[고리국] 조목에 외종질에게 전하는 이유를 딸의 배에서 난 사람을 적자로 여기기 때문으로 설명하고 있다.[5)] 하지만 비신의 『성사승람』에는 기록되지 않았다.

이제 '응다강'으로 잘못 표제어를 잡은 추재는 어떻게 이상의 텍스트를 해석하고 있는지 살펴보자.

> 응다강(應多江)은 서해 가운데 있다. ⓐ땅은 사방 만 리이고, 왕이 직접 다스리는 지역[王畿]은 천 리이다. 천하의 금은보석, 이름난 향, 후추 같은 향신료[椒料]는 모두 이곳에서 난다. 나뭇잎으로 종이로, 쇠 송곳을 붓으로 삼는다. ⓑ그곳의 왕은 금을 얼굴에 바른다. 자매의 아들에게 나라를 전하고, 친자식은 봉록을 주어 혼자 살게 한다(應多江在西海中. 地方萬里, 王畿千里. 天下之金銀寶石·名香·椒料, 皆自是出. 樹葉爲紙, 鐵錐爲筆. 其王以金塗面. 傳國於姊妹之子, 親子給祿自養).

ⓐ와 ⓑ의 정보는 추재의 저본에서 확인되지 않는다. ⓐ의 정보는 '안의강(安義江)'으로 설명한 인도 영역에 대해 '안의강'을 확인할 수 없어 추재의 생각으로 풀어 만든 문장으로 추측한다. 한편 ⓑ의 정보는 앞서 본 『방여승략』, 「외이」, 권3, 캘리컷[古里, 22] 조목을 보면, 손광우(孫光寓)는 "소똥을 구워 자루에 넣어 차거

5) 『영애승람역주』(하, 56쪽)를 참고하시오.

나 신체에 바른다(煆牛糞囊佩之, 或塗肢體)”라고 하였는데, 추재는 앞 문장만 채록했었다. 이로써 볼 때, 추재는 소똥을 몸에 바른다는 말을 이해하지 못했을 것이므로, 여기서는 소똥을 황금으로 바꾸고 그것을 왕이 얼굴에 바른다고 생각했던 것으로 추측해 본다.

인도 땅 천 리는 왕이 다스리는 지역이나,	應多千里作王圻,
얼굴에 [금을] 바른 군주 조카에게 잇게 하네.	鋈面邦君嗣甥兒.
송곳 붓으로 입에 글을 쓰나 휘어짐 없이 나란하고	錐筆葉書無撓競,
풍속은 결승(結繩)의 시절과 어찌 같지 않으랴!	民風何似結繩時.

[76] 귀국(鬼國)

'귀국'은 정백이가 『방여승략』「외이」, 수권, 아세아 지역, 위도 70과 경도 90에 있는 나라로 기록되었다. 실제로 「곤여만국전도」에서도 명나라 11방향 대륙 끝에 표기되어 있다. 정백이가 「산해여지전도」에서 복제한 설명은 「곤여만국전도」와 한 글자도 틀림없이 다음과 같이 기록하고 있다.

중국 정사에서 '귀국'의 출현은 『위서(魏書)』(554~559년)로 거슬러 올라갈 수 있는데, 왜인(倭人)의 나라 중 가장 통치력이 넓었던 여왕국(女王國) 이북에 있는 나라로 언급되었다.[1] 하지만 여왕의 나라가 일본 본섬에 있었던 나라라면 그 이북에 '귀국'이 있었다는 정보 외에는 아무것도 얻을 것이 없다. 이 나라에 대한 설명은 두우(杜佑, 735~813)의 『통전(通典)』에서 찾아볼 수 있다(사고전서본, 권 200, 12a).

귀국은 **박마국(駮馬國) 서쪽으로 60일 가는 거리에 있다.** 그 나라 사람들은 밤에 돌아다니며 낮에는 모습을 감추고, 몸에는 사슴 가죽을 벗겨 옷으로 입는다. 눈, 코, 귀는 중국인과 같은데, 입이 정수리에 있다. **먹을 때는 와기(瓦器)를 사용한다. 땅에는 곡물이 나지 않아 사슴, 멧돼지**와 뱀을 잡아먹는다(鬼國在駮馬國西, 六十日行. 其國夜遊晝隱, 身著渾剝鹿皮衣. 眼·鼻·耳與中國人同, 口在頂上. 食用瓦器. 土無米粟, 噉鹿·豕及蛇).

'박마(駮馬)'[2]는 한 오구즈(Oγus) 부족의 튀르크 명칭으로, 글자 그대로의 의미로 '얼룩말을 가진 사람들'을 뜻하는 '알라 욘들루(Ala-yondlu)'에 해당하며, 16세기까지 거슬러 올라가 시베리아 나림(Narym, Ob에 있음) 근처, '얼룩말 부족(Piebald Horde)'을 뜻하는 페가야 오르다(Pégaya Orda)라고 언급한 바 있다.[3] 한편 폴 펠리오는 『Notes on Marco Polo』, I, 135쪽에서 이곳이 라시드 웃 딘의 '알라크친(Alaqchin)'이고 몽골어 '알라크치트(Alaqchit)'임을 참고하도록 했다. 이곳은

1) 『삼국지·위서』, 권30, 「동이·왜」, 855쪽.

2) 『신당서』, 권217하, 「회골」하(6146쪽)에 그곳의 습속을 설명하고 있다. 번역문은 '중국정사외국전DB'를 참고하시오.

3) J. Németh, 「Die Petschenegischen Stammesnamen」, 『Ungarische Jahrbücher』, X(1930), 32쪽.

「곤여만국전도」에서 '할랄국(曷剌國)'으로 '귀국'의 동쪽에 표기되어 있다. 여기의 '할'자는 '알(遏)'자의 통용자이거나 앞서 언급한 할랄비아(曷剌比亞)의 경우와 같을 것이다.

이로부터 우리는 이 '귀국'이 중국식으로 의역된 표기이며[말하자면 밤에 활동하는 사람들이기 때문], 「곤여만국전도」의 위치와 정보는 두우의 『통전』에 근거했다고 추론할 수 있다. 정백이는 자신이 본 「산해여지전도」의 기술에 따라 다음과 같이 옮겨 놓았다. 위의 『통전』에서 굵은 글씨로 표시한 부분을 제외하면, 거의 같은 문장이다.

> 귀국(鬼國)의 사람들은 밤에 돌아다니고 낮에는 모습을 감춘다. 몸에는 사슴 가죽을 벗겨 옷을 만들어 입는다. 귀, 눈, 코는 다른 사람들과 같지만, 귀와 입은 정수리에 있다. 사슴과 뱀을 먹는다(鬼國, 其人夜遊晝隱, 身剥鹿皮爲衣, 耳·目·鼻與人同, 耳口在頂上, 噉鹿及蛇).

다만, 차이가 있다면, 정수리[頂]에 있는 것이 『통전』에서는 '입'이라고 했고 정백이는 '귀와 입'이라고 했다. 또 그들이 먹는 것 중에 돼지[豕]가 빠져있다. 문제는 '정(頂)'에 있는 입이나 귀를 어떻게 이해할 것인가이다. 추측하자면, 추운 곳이어서 사람들이 짐승의 머리 가죽을 쓰고 다녔기 때문에, 그렇게 보였던 것일까? 또는 '정'자는 필사본에서 '항(項)'자와 종종 혼동되는데, 턱이 거의 없이 목 윗부분에 입이 있었다는 말이었을까?

이상의 정보를 추재는 다음과 같이 요약했다.

> ⓐ귀국은 서북쪽 바다 가운데에 있다. 그곳 사람들은 밤에 돌아다니며 밤에는 몸을 숨긴다. 사슴 가죽을 입는다. 귀와 눈은 사람과 같으나, 다만 입이 정수리 위에 있다. 뱀과 사슴을 잡아먹는다(鬼國在西北海中. 其人夜遊晝隱. 衣鹿皮. 耳目與人同, 但口在頂上. 噉虵鹿).

대낮에는 깊이 들어가 살다가 어두운 밤에 다니니 白日深居昏夜行,

온 나라가 필시 한 수레의 [귀신들]일 것이네. 一方應是一車成.[4]
사슴 가죽옷에 뱀을 먹으며 ⓑ추위와 더위가 없고, 鹿衣虵食無寒暑,
정수리에 입을 벌리고 ⓒ큰 소리를 지르네. 頂上開唇作大聲.

이상에서 ⓐ의 정보는 단순히 추재의 상상인지, 「곤여만국전도」를 본 것인지, 당시 유행했던 소위 '천하도(天下圖)'를 본 것인지 판단하기 어렵다. 두 지도에는 확실히 바닷가에 표기되어 있다. ⓑ는 확실히 추재의 상상일 것이다. 이곳은 북단에 있으므로, 추위만 있을 뿐이다. ⓒ 역시 추재의 상상으로 보이는데, 정수리 위의 입을 어떻게 이해했는지 궁금하다.

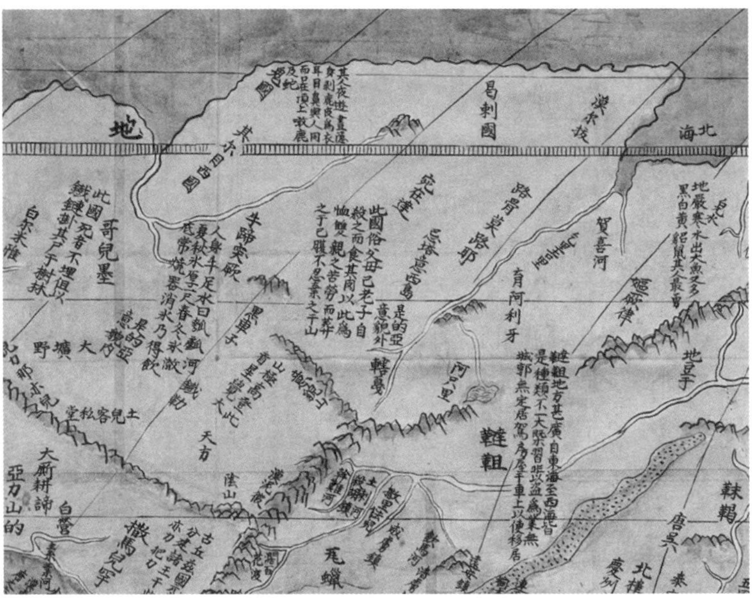

「곤여만국전도」(도호쿠대학 소장본). 중앙에서 11시 방향 상단에 '귀국(鬼國)'이 표기되어 있다.

4) 이 구는 『주역』 「규괘(睽卦) 상구(上九)」에 보이는 "진흙을 묻힌 돼지와 귀신을 실은 한 수레를 보고(見豕負塗, 載鬼一車)"라는 문장을 염두에 둔 것으로 보인다. 확실히 『통전』에 언급된 돼지[豕]가 보이므로, 충분한 연상작용의 결과라고 할 수 있겠다.

『수서』, 권84, 「실위전」(1883쪽)을 보면, 북실위는 남실위(南室韋)에서 북쪽으로 11일 가는 거리에 있다고 위치를 확인한 다음, 그들은 "토흘산을 둘러 산다. 그들 부락에서는 그들 장수를 '걸인막하돌'이라 부르고, 부락마다 '막하불' 세 사람이 그를 보좌한다. 날씨가 가장 춥고, 눈이 많이 쌓여 말이 빠져 죽는다. 겨울에는 산에 들어가 토굴 속에 살고, 소나 가축 대부분은 얼어 죽는다. 노루와 사슴이 많아 사냥에 주력하며, 고기는 먹고 가죽은 옷으로 입는다. 얼음을 뚫어 물에 들어가 그물로 물고기[魚鱉]를 잡는다. 땅은 대부분 눈이 덮여있어, 구덩이나 함정에 빠질까 두려워 나무를 타고, 다닌다. 사람들은 모두 담비를 잡는 일을 생업으로 삼고, 여우나 담비 [털로 만든] 모자를 쓰며, 물고기 껍질을 옷으로 입는다(繞吐紇山而居. 其部落渠帥號乞引莫賀咄, 每部有莫何弗三人以貳之. 氣候最寒, 雪深沒馬. 冬則入山, 居土穴中, 牛畜多凍死. 饒獐鹿, 射獵爲務, 食肉衣皮. 鑿冰, 沒水中而網射魚鱉. 地多積雪, 懼陷坑阱, 騎木而行. 俗皆捕貂爲業, 冠以狐貉, 衣以魚皮)"라고 기술했다. 이 정보는 두우(杜佑)의 『통전』, 정초(鄭樵)의 『통지』, 악사(樂史)의 『태평환우기』, 마단림(馬端臨)의 『문헌통고』에도 대동소이하게 복제되었다.

정백이는 「산해여지전도」의 위치를 위도 57, 경도 155로 표기하고 있다. 한편 「곤여만국전도」의 위치도 같은데, 북쪽에 발실위(鉢室韋)가 보이고 남쪽으로 황두실위(黃頭室韋)가, 동쪽으로 수실위(獸室韋)가 보인다. 사실 「곤여만국전도」의 이들 '실위' 지역 위치 표기는 『수서』의 내용에 따른 것이다. '북실위' 표기 바로 아래에 기록된 정보는 정백이가 옮겨 놓은 것과 정확히 일치한다.

북실위(北室韋) 땅에는 쌓인 눈이 많다. 사람들은 나무를 타고, 다니는데, 구덩이에 빠지는 일을 방비하기 위함이다. 담비를 잡아먹고 물고기 가죽을 입는다(北室韋地, 多積雪, 人騎木而行, 以防坑陷. 捕貂以食, 衣魚皮).

하지만 추재는 『수서』의 내용을 확인하지 않고, 정백이의 설명을 옮겨 놓는 것에 그쳤다. 확실히 정보의 전개 순서를 바꾸어 전달이 매끄럽지 못하다.

> 북실위는 북황해(北荒海) 밖에 있다. 땅에는 항상 눈이 쌓여 있다. 사람들은 물고기 껍질을 옷으로 입고, 나무를 타고, 다니는데, 구덩이에 빠지는

일을 방비하기 위함이다. 담비를 잡아먹는다(北室韋在北荒海外. 地常積雪, 人衣魚皮. 騎木而行, 以防坑陷. 捕貂以食).

개벽 이래로, 눈이 녹은 적이 없건만	開闢由來雪未消,
물고기 껍질 웃옷 허리도 온전히 덮지 못하네.	魚皮襖子沒全腰.
다닐 때는 나무를 말처럼 타고 다니고,	行時騎木如騎馬,
골짜기 깊은 산에 들어 자주색 담비를 때려잡네.	度谷窮山打紫貂.

프랑스 국립 도서관 소장본 「곤여도설(坤輿圖說)」[Chinois 1923 (A)]. 지중해 위로 이탈리아[意大里亞]가 보이고 10시 방향 '프랑치아[Francia, 拂朗祭亞]'로 표기된 곳이 바로 다음 볼 '불랑찰'이다.

[78] 불랑찰(拂郎察)

'불랑찰'은 '프란치아(Francia)'를 음역한 표기로, 이미 17세기 『지봉유설』에서 '불랑기[bʱi̯uət-lɑŋ-kẹi](佛浪機)'로 표기한 나라이다. 명칭에 관한 논의는 『지봉 이수광이 바라본 세계』를 참고하시오(471~492쪽). 「곤여만국전도」에 따르면 '불랑찰'은 여실히 프랑스를 지칭하는 것으로 보이고, 또 왼쪽으로 에스파냐[以西把尼亞] 옆 대서양 쪽에 '불랑기(拂郎機)'로 표기된 나라가 보인다. 그 바다에 표시된 설명에 "불랑기는 바로 아랍인들이 잘못 칭한 것으로, 원래 명칭은 포르투갈[波爾杜葛爾]이다"라고 하였다. 확실히 프랑스와 포르투갈을 구분하여 표기하고 있다.

그러나 정백이가 「산해여지총도」를 보고 기록한 「외이(外夷)」 수권 목록에는 '불랑찰'은 있지만[위도 45, 경도 15], '불랑기'는 별도로 들지 않았다. 이는 정백이가 본 「산해여지총도」는 「곤여만국전도」 이후에 만들어진 지도이고, 이미 불랑찰과 불랑기는 같은 나라로 간주되었음을 시사한다. 아니나 다를까 정백이는 아래에 자신이 본 지도의 설명을 다음과 같이 복제해 두었다.

불랑찰(拂郎察)의 사람은 크고 하얗다. 일찍이 지중해를 건너 회회(回回)를 정벌하며 대포[大銃]를 사용하여, 회회 사람들이 [그] 대포를 불랑기(佛朗機)라고 불렀다. 우리 왕조에서 지금도 사용한다(拂郎察人長色白, 曾過地中海伐回回用大銃, 故回回名大銃佛狼機. 我朝今亦用之).[1)]

이 기술은 「곤여만국전도」에는 보이지 않은 설명으로, 확실히 불랑찰과 불랑기를 같은 나라로 인식하고 있다. 정백이의 기록은 추재의 손에서 다음과 같이 정리되었다.

> 불랑찰은 '불랑찰(佛狼察)'이라고도 표기하는데, ⓐ서북쪽 바다 가운데 있다. 그들의 몸은 크고 얼굴색은 희며, ⓑ붉은 옷에 상투는 둘이다. ⓒ화포(火礮)를 잘 사용한다. 일찍이 대포[大銃]를 제작하여 아랍인[回回]을 정벌했는데, 아랍인들이 중국에 전하여 지금 그것을 사용하고 있다. 그것을 '불랑기'라고 한다(拂郎察一名佛狼察, 在西北海中. 其身長色白, 紅衣

1) '불랑기' 대포에 관한 설명은 『지봉 이수광이 바라본 세계』, 492쪽의 참고도를 보시오.

兩髻. 善用火礮, 曾作大銃征回回, 回回人傳於中國, 今用之, 名拂郎機也).

ⓐ에 관하여, 사실 유럽 인식에 가장 중요한 열쇠인 '지중해(地中海)'를 쓰지 않고 막연하게 상투적으로 '서북해(西北海)'로 위치를 설명했다. ⓑ의 정보는 어디에서 온 것일까? ⓒ의 근거로는 황경원(黃景源, 1709~1787)은 『강한집(江漢集)』, 권4, 「불랑기를 논하여 의정부에 올리는 장계(上政府論佛狼機狀)」를 보면 (한국문집총간본, 46b~48a), 『명사』, 권326, 「불랑기전(佛郎機傳)」에서 가정(嘉靖) 2년(1523) 불랑기 화포(火礮)를 노획한 경위를 인용하고 있다. 또한 훈련도감에서 가볍게 개조해 만든 '불랑기'의 활용 방안을 모색할 것을 건의한 바를 들 수 있다.

흰 얼굴 장신에 두 갈래 상투하고	白面長身兩髻椎,
붉은 옷에 돛을 달고 아랍으로 향했다네.	紅衣擧帆向回回.
불꽃 심지 번쩍번쩍 쇠 손잡이 흔드니,	火絲轣轆搖金柄,[2)]
가는 길마다 푸른 연기 피어나고, 우레 진동하네.	一道青烟震百雷.

2) 역록(轣轆), 바로 역록[liek-ljwok](歷錄), 화려한 모습을 형용하는 쌍성(雙聲)의 표현이다.

이 항목 역시 정백이가 「산해여지전도」을 보고 옮긴 텍스트인 『방여승략』 「외이」 수권, 우라파(歐邏巴) 지역 목록에 27번째로 언급되었고, 짧은 설명이 딸려 있는데, 이를 추재가 채록하였다. 먼저 정백이는 다음과 같이 설명했다.

물누차(勿耨茶)는 바다 가운데 있다. 벽돌로 높다란 집을 만들어, 성곽은 견고하고 아름답다. 그 나라에는 군주가 없이 나라를 다스리는데, 매년 호족[大家]과 사람들이 현명한 자를 선발하여 일을 관리하게 하고, 일이 끝나면 평민이 된다. 부유한 땅이며, 수공예가 아주 정교하다. 땅에서는 상등의 파리(玻璃)가 난다(勿耨茶在海中. 作石塼高房, 城郭堅美. 其國無君主而國治, 每年大家衆人選賢者, 管事, 事畢則爲平人. 富庶之地, 手藝絶巧. 土産上等玻璃).

'물누차(勿耨茶)'란 명칭은 확실히 「곤여만국전도」에 처음으로 언급되었다. 하지만 정백이가 옮겨 놓은 기술은 보이지 않는다. 정백이는 그 위치를 위도 45, 경도 35라고 지정했고, 「곤여만국전도」에 표기된 위치로 볼 때, '물누차'는 베네치아에 해당한다. 물누차[mĭuət-nəu-ɖa](勿耨茶)는 민남어로 [but-nau?-tea[te]], 객가어로 [vut-neu-tsʰa]로 발음하므로 베네치아로 복원할 수 있을 것이다. 이 물누차는 1623년 『직방외기』(사고전서본, 권2, 18a~b)의 '물닉제아(勿搦祭亞)'로, 더 정확한 음역 표기로 나타났다.

알레니는 이탈리아[意大里亞]를 기술하며, 세 번째로 '물닉제아'라는 지역을 들고 다음과 같이 설명했다. "[이탈리아] 서북쪽은 베네치아[勿搦祭亞]로 국왕이 없이, 세가(世家)들이 공덕이 있는 사람을 추대하여 군주로 삼는다. 도성을 바다에 세우면서, 온통 나무를 세워 말뚝을 박았는데, 물에 들어간 지 천 년이 되었으나 섞지 않는다. 그 위에 돌을 깔았고, 집을 지을 때도 벽돌로 지었으며, 설비가 매우 정밀하고 훌륭하다. 도성 안에 있는 거리들을 모두 바다이며 양쪽 옆은 육로로 통행할 수 있다. 도성 안에는 배 20,000척이 있다. 또 어떤 교량은 매우 넓어 위에 새 갈래 길이 있고, 모두 민간인 집을 사이에 두고 있어 도성의 시장과 다르지 않다. [다리의] 높이는 그 아래로 돛단배가 지나갈 수 있을 정도다. 나라에서는 조선술이 뛰어나, 소요될 자재가 갖추어지면 신속하게 배 한 척을 만들 수 있다. 다른 지역의 손님들이 이곳에 이를 때마다, 한두 시간 살펴보고 나면 그 공인들은 항해할 수 있는 한 척의 큰 배를 완성했다. 유리로 만드는 제품이 매우 우수하며, 천하의 으뜸이다(其西北爲勿搦祭亞, 無國王, 世家共推一有功德者爲主. 城建海中, 有一種木爲樁, 入水千萬年不腐. 其上鋪石, 造室復以磚石爲之, 備極精美. 城内街衢俱是海, 兩傍可通陸行. 城中有艘二萬. 又有一橋梁極濶, 上列三街, 俱有民居間隔了, 不異城市, 其高又可下度風帆. 國中精於造舟, 預庀物料, 一舟指顧可成. 他方重客每至其處, 閲視一兩時, 其工已成一巨舫, 可以航海者矣. 所造玻璃極佳, 甲於天下)."[1)] 이로부터 우리는 물누차-물닉제아-베네치아임을 확인할 수 있다.

추재 조수삼은 다음과 같이 채록했다.

> 물누차는 바다에 있다. 벽돌로 높은 집을 지었고, ⓐ구리 벽돌로 성곽을 축성했다. 땅은 풍요롭고 사람들은 부유하며, 수공예가 아주 뛰어나다. 나라에는 국주가 없고, 매년 대가의 사람 중에서 현명한 사람을 선발하여 일을 맡기고, 일이 끝나면 다시 평민으로 돌아간다. ⓑ두 산이 있는데, 하나에서는 불이 나오고, 하나에는 연기가 끊이지 않는다(勿耨茶在海中. 作石塼高房, 以銅塼築城郭. 地饒民庶, 手藝絶巧. 國無君主, 每年大家衆人, 選賢者管事, 事畢復爲平民. 有二山一出火, 一出烟不絶).

ⓐ의 정보는 정백이와 알레니의 기술에서 확인되지 않는다. '동전(銅塼)'이란 표현이 문제이다. 벽돌 모양으로 만든 구리 또는 청동을 말하는지, 구리와 벽돌을 의미하는지 분명하지 않다. 어쨌든 성곽을 두를 정도라면 엄청난 구리가 소요된다. 아마도 화려한 모습을 떠올린 추재의 상상일 가능성이 크다. ⓑ의 정보는 추재가 정백이의 기술을 잘못 복제한 것이다. 정백이는 32번째로 서제리아(西齊里亞), 즉 이탈리아 시칠리아를 언급하고 짤막한 설명을 붙이고 있는데, 공교롭게도 ⓑ의 기술과 연이어 있었기 때문에, 추재가 같은 곳이라고 성급하게 읽고 정보를 뒤섞은 결과이다. 정백이는 '서제리아'에 관하여 "시칠리아[西齊里亞]. 이 섬에는 두 산이 있다. 한 산에서는 항상 불이 나오고, 다른 한 산에서는 연기가 나는데, 밤낮

---

1) 밑줄 친 정보를 제외하면, 1672년 페르비스트의 『곤여도설』(사고전서본, 권하, 190a)에서도 채록되었다.

으로 끊이지 않는다(西齊里亞, 此島有二山, 一常出火, 一常出烟, 晝夜不絶)"라고 하였다. 이 설명은 「곤여만국전도」에도 정확히 기록되어 있다.

벽돌 높은 집과 구리 벽돌의 성　　石塼高房銅塼城,
두 산의 연기와 불 사계절 피어나네.　　兩山烟火四時生.
해마다 한 번 삼황의 시대가 되었다가　　年年一度三皇世,
요임금 순임금도 본래 백성으로 돌아가네.　　堯舜還他本色氓.

「곤여만국전도」(도호쿠대학 소장본).

[80] 돌랑(突浪)

여기 '돌랑'은 『방여승략』 「외이」, 수권(首卷)에서 설명한 「산해여지전도」의 우라파(歐邏巴) 지역 기술에서 63번째 언급된 '돌랑서이말니아(突浪西爾襪泥亞)'라는 곳을 말한다. 정백이가 지도에 기술된 내용을 옮기면서 '돌랑'으로 약칭했기 때문에, 추재도 그대로 '돌랑'만 취했다. 「곤여만국전도」에서 이곳은 헝가리[翁阿利亞] 오른쪽, 루마니아[羅馬泥亞] 사이 다뉴브강[大努昆河江] 북쪽, 위도 49, 경도 43에 표기되어 있다. 지도의 위치로 볼 때, 이곳은 16세기 후반의 트란실바니아(Transilvania) 공국을 옮긴 것으로 보인다.

돌랑(突浪), 이 나라는 큰 소나무 숲에 있다. 송림은 폭이 수백 리이다. 솔방울[松球]은 수 근(斤)이 나가, 떨어지면 사람을 죽일 수 있어, 숲 아래를 지나갈 때는 반드시 투구를 써서 대비한다(突浪, 此國在大松林中, 松林有數百里廣, 其松球重數斤, 落卽能殺人, 故人行林下, 必戴兜鍪以備之).[1]

한편 추재는 이 트란실바니아 정보를 다음과 같이 기술했다.

> ⓐ돌랑 또한 바다 가운데 있다. 그 일대에는 큰 소나무 숲이 있는데, 사방 수천 리이다. 그 나라의 100개 주는 모두 이러한 숲이다. 솔방울[松毬]은 말[斗]만큼 커, 떨어질 때 [그것에 맞으면] 사람이 죽으므로, 사람들은 청동 투구를 쓰고 다닌다. ⓑ궁중에는 철로 만든 배 하나를 두고, 왕이 죽으면 [그 배를] 잘 끌 수 있는 사람을 선택하여 [왕으로] 세운다(突浪亦在海中. 一帶大松林, 方數千里. 其國百州皆是林中. 松毬大如斗, 落卽斃人, 人戴銅兜以行. 宮中置一鐵舟, 王死擇能曳者立之).

ⓐ의 정보는 무엇을 근거한 것인지 확인되지 않는다. 트란실바니아는 발트해와 흑해 사이 유럽 대륙에 있는 곳이다. 바다에 있다고 설명될 수 없다. '돌랑(突浪)'을 의미로만 이해한 것은 아닌지 모르겠다. ⓑ의 정보 역시 정백이의 텍스트나 「곤여만국전도」에 보이지 않는다. 바다를 끼고 있는 지역이 아니므로, 왕으로

---

1) 정백이가 「산해여지전도」에서 옮겨 놓은 이 정보는 「곤여만국전도」에 보이지 않는다. 이 정보는 1616년 진사에 급제한 서응추(徐應秋)의 『옥지당담회(玉芝堂談薈)』(사고전서본), 권10, 39a에서도 그대로 채록되었다.

세우는 기준이 부합하지 않는다. 심지어 이 정보는 아래 시구에도 활용되고 있다는 점으로 보아, 어떤 자료에 근거했을 것으로 보이지만, 어떠한 근거도 찾지 못했다. 다만 「곤여만국전도」를 보면 돌랑서이말니아(突浪西爾襪泥亞) 오른쪽으로 루마니아[入爾馬泥亞] 지역의 여러 나라를 기술하는 설명이 보이는데, 그에 따르면 "루마니아 지역의 여러 나라는 공동의 왕이 있지만, 그는 세상에 나오는 자가 아니다. 그래서 일곱 나라의 왕 중에서 언제나 공동으로 한 명의 현자(賢者)를 추대하여 왕으로 삼는다(入爾馬泥亞諸國 共一總王, 非世及者. 七國之王于中, 常共推一賢者, 爲之)"라는 설명이 보인다. 이를 근거로 추재가 지어낸 말이 아닐지 하는 의문이 든다.

하나의 송림 일백 주에　　一座松林一百州,
말처럼 큰 솔방울 사람 머리를 친다네.　　松毬如斗打人頭.
군왕이 가진 덕만큼 힘이 세　　君王有德能如奡,
궁중에서 소매를 걷고 쇠로 만든 배를 끈다네.　　褰袖宮庭曳鐵舟.

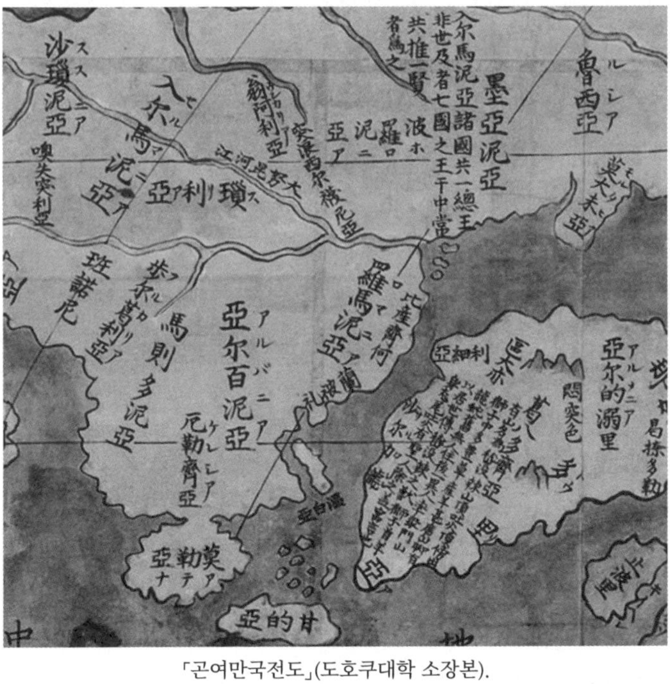

「곤여만국전도」(도호쿠대학 소장본).

[81] 야차(夜叉)

추재가 '야차(夜叉)'로 옮겨 놓은 나라는 『방여승략외이』, 수권(首卷), 즉 「산해여지전도(山海輿地全圖)」의 기록을 도분(度分)과 함께 텍스트로 옮겨 놓은 목록에 보인다. 이 나라는 북아메리카[北亞墨利加] 지도 기술에서 제일 처음 언급된 나라이다.[1)] 그 위치는 「곤여만국전도」와 「양의현람도」를 통해 확인할 수 있는데, 도분은 북위 86과 경도 286에 위치한다. 정백이는 '차(叉)'자를 '예(乂)'자와 함께 '야예국(夜乂國)'으로 표기했다.

"야예국(夜乂國)의 땅에는 곡물이 나지 않는다. 몹시 추워 물이 얼어 빙토를 이룬다. 사람들은 얼음 굴을 파고 물고기를 잡는다. 고기는 배를 채우고, 기름으로는 불을 켜며, 뼈로는 집, 배, 수레를 만든다(夜叉國地不産穀, 寒極水凍成氷土, 人開氷穴取魚, 以魚肉充飢, 以魚油點燈, 以魚骨造房屋·舟·車)".

한편 「곤여만국전도」에는 야인국(夜人國)으로 되어 있고, 다음과 같은 설명이 딸려 있다. "이곳은 추위가 극심하여 바닷물이 얼음을 이룬다. 나라 사람들은 수레로 건너며, 얼음을 뚫어 움집을 짓는다. 대부분 큰 물고기를 잡아 사는데, 그곳에는 오곡이 자라지 않기 때문이다. 물고기의 살은 배를 채우고, 물고기 기름으로 등불을 켜며, 물고기 뼈로 집, 배, 수레를 만든다(此處 寒凍極甚, 海水成氷. 國人以車馬度之, 鑿開氷穴. 多取大魚, 因其地不生五穀, 即以魚肉充饑, 以魚油點燈, 以魚骨造房屋·舟·車)"라고 하였다.

이상의 설명으로 볼 때, '야차'로 읽을 근거는 없다. 이곳은 북극과 가까운 곳으로 당연히 낮의 길이가 짧을 것이므로, 밤이 긴 사람들의 나라란 의미로 '야인국(夜人國)'이라 명명했을 것이다. 정백이가 '인(人)'자를 '예(乂)'자로 잘못 표기했고, 다시 추재가 '차(叉)'자로 잘못 읽고 '국(國)'자를 빼버렸다.

사실 마테오 리치가 이곳을 알았을 가능성과 이전 자신이 참고한 지도에 이런 명칭이 있었을 가능성은 크지 않다. 이곳의 명칭은 순수 중국식 표현이다. 아마도 마테오 리치의 지도 작성에 참여한 중국 학자들의 추정에서 나온 소산일 것

1) 사고금훼서총간(四庫禁燬書叢刊)본 『방여승략』 「외이」, 수권, 32b.

이다. 그들의 근거는 두우(杜佑)의 『통전(通典)』에 있다. 두우는 '유귀(流鬼)'라는 곳을 설명하며 "유귀는 북해(北海)의 북쪽에 있다. 북쪽으로 야차국에 이르고 나머지 삼면은 모두 대해에 닿아있다(流鬼在北海之北. 北至夜叉國, 餘三面皆抵大海)"라고 하였는데,[2] 바로 「만국곤여전도」에 그려진 위치와 같다.

추재는 『방여승략』의 기술을 중심으로, 『신당서』의 설명을 종합하여 다음과 같이 요약했다. ⓐ와 ⓑ의 정보는 두우의 『통전』에서 가져왔다.

> ⓐ야차는 북해 가운데 있다. 땅은 추워 곡물이 나지 않는다. 물은 항상 얼어있어, 현지 사람들은 얼음 굴[氷穴]을 파서 물고기를 잡는다. 물고기의 살은 먹고, ⓑ물고기의 껍질을 옷으로 입으며, 물고기의 기름으로 등불을 켜고, 물고기의 뼈로 집, 배, 수레를 만든다(夜叉在北海中. 地寒不生穀. 水常凍, 土人開氷穴取魚. 食魚肉, 衣魚皮, 魚油點燈, 魚骨造房屋·舟·車).

물고기의 뼈로 집과 수레를 만들고	魚骨房廬魚骨車,
물고기[기름]로 칠흑 같은 밤을 밝히네.	魚燈照夜漆燈如.
물고기 껍질로 옷을 만들고 그 고기를 먹으니	魚皮爲服肉爲食,
한 해가 다하도록 얼음을 갈라 물고기만 잡네.	終歲開氷勤捕魚.

2) 『사고전서』본, 『통전』, 권200, 8b. 이와 비슷한 기술이 『신당서』, 권220, 「동이·유귀전」(6209~6210쪽)에 자세히 보인다. 번역문과 주석 사항은 '중국정사외국전DB'를 참고하시오.

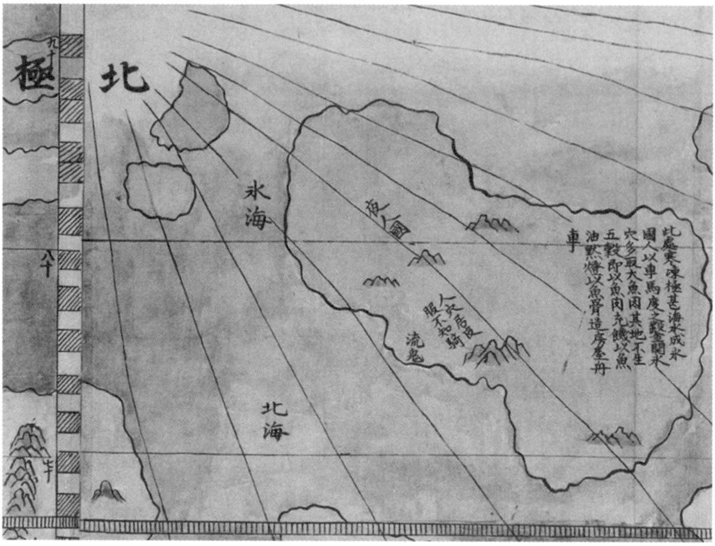

「곤여만국전도」(도호쿠대학 소장본).

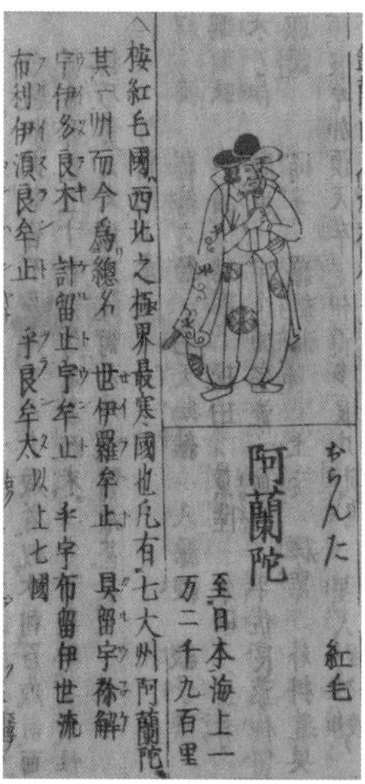

おらんだ 紅毛

阿蘭陀

至日本海上一万二千九百里

按紅毛國西北之極界最寒國也凡有七大州阿蘭陀其一州而今爲總名 世伊羅牟止 畏留宇㳬解 宇伊多良木 計留止宇牟止 牛宇布留伊世流 布利伊須良牟止 乎良牟太 以上七國

『화한삼재도회(和漢三才圖會)』(일본 국회 도서관 소장본), 권14, 58a.

[82] 홍모국(紅毛國)

이 마지막 '홍모의 나라'는 『방여승략』 「외이」에서 근거하지 않았다. 게다가 「곤여만국전도」에도 보이지 않는다. '홍모국'이란 표현은 『사부총간(四部叢刊)』본 『대청일통지(大淸一統志)』(1743년), 권199, 네덜란드[荷蘭] 기술에서(1a) "[하란은] 서남해 가운데 있는데, '홍이(紅夷)'라고도 하고, 민간에서는 홍모국이라고 한다(在西南海中, 亦曰紅夷, 俗稱紅毛國)"라는 설명이 딸려 있다. 또한 본문에서 하란은 "옛날부터 멀리 있는 곳으로 중국과 통하지 않았다. 전하는 바에 따르면 '서양'에 있으며, 그 땅은 불랑기(佛郞機)와 가깝다고 한다. 그 사람들의 눈은 깊고 코는 크며, 머리털, 눈썹 그리고 수염이 모두 붉고, 다리는 1장 2촌으로 일반인보다 배는 훤칠하여, 홍이(紅夷), 또는 '홍모번(紅毛番)'이라고도 부른다(自古荒服之地, 不通中國. 相傳在西洋中, 其地近佛郞機. 其人深目長鼻, 髮眉鬚皆赤, 足長尺二寸, 頎偉倍常, 故名紅夷, 又名紅毛番)"라고 기술하고 있다. 이로써 '하란-홍이-홍모국-홍모번'이 같은 나라를 지칭하고 있음을 알 수 있다. 이보다 앞서 『명사』, 권325, 「화란(和蘭)」(8434쪽)에서도 이를 확인할 수 있다.[1)]

한편 『정조실록』 18년(1794) 3월 10일 자에 동지 겸 사은사로 북경에 다녀온 황인점(黃仁點)과 이재학(李在學)이 치계한 내용이 보이는데, 위의 중국 측 기록과 상당히 다른 정보를 보여준다. 그에 따르면 "지난해(1793) 여름 가장 남쪽 8개국이 또한 조공해 왔는데, 그중에서 길리국(咭唎國)이 바친 측후(測候) 등의 기구와 냉난방의 수레, 동철로 만든 그릇 모두 10종은 매우 기이하고 정교하여, 서양의 나라 사람들이 따라 올 수 없는 것들이었습니다. 그리고 길리국은 속칭 '홍모국(紅毛國)'이라 하는데, 광동 남쪽에서 물길로 수천 리 밖에 있어, 최근 수십 년 이래로 중국과 통하지 않았으나 **작년 처음으로 조공을 들였습니다**. 그리고 그 사람들의 모습은 **노랑털에 곱슬머리이며**, 추악하고 사나워, 황제를 알현할 때도 예법을 알지 못했습니다(上年夏間, 極南八國又來貢, 而其中咭唎國所貢測候諸器及冷暖車、銅鐵器合十餘種, 極其奇巧, 西洋國人之所不能及. 而咭唎國俗稱紅毛國, 在廣東南水路屢千里之外, 數十年來, 不通中國, 昨年始入貢. 而其人狀貌, 黃毛鬈髮, 醜惡獰悍, 朝見之時, 不知禮數)"라고 하였다.

---

1) 원문과 번역문은 '중국정사외국전DB'를 참고하시오.

황인점과 이재학이 언급한 '길리국(咭唎國)'은 '영길리국(暎咭利國)', 즉 영국을 지칭하는 것 같다. 『정조실록』, 17년(1793) 10월 26일 기사에 따르면 광동 남쪽에 있는 '영길리국'이 바친 공물 19종을 언급하고 있는데, 사관의 주석에 "각종 인쇄한 그림과 도상들은 홍모[국]과 영길리 국왕 가족들의 인물상과 그들의 성지(城池), 포대(砲臺), 당실(堂室), 정원, 향촌, 선박 등의 그림이었다(雜樣印畫圖像, 係紅毛·咭唎國王全家人像, 竝城池·砲臺·堂室·花囿·鄕村·船隻各圖)"라고 하였다. 그들이 노랑 곱슬머리였다는 점은 '홍모의 영길리국'이 아니라, 홍모국과 영길리국으로 읽도록 이끈다.[2)]

이상의 정보들과는 달리 추재는 홍모국에 관하여 다음과 같이 기술했다.

> 홍모국은 ⓐ아란타(阿蘭陁)라고도 하는데, ⓑ동남 바다 가운데 있으며 일본에서 가장 가깝다. ⓒ사람들은 감자 농사를 생업으로 하며, ⓓ오색의 깃털로 옷을 짜 입는다. ⓔ칼을 잘 만들어 머리털을 불어 끊을 수 있다. ⓕ오줌을 눌 때 한 다리를 높이 든다. ⓖ언어는 개가 짖는 것 같다(紅毛國一名阿蘭陁, 在東南海中, 去日本最. 人農藷爲生, 織五色鳥羽爲衣. 善鑄劒可吹髮. 撒尿高擧一脚. 語猩如狗).

먼저 '아란타(阿蘭陁)'란 별칭은 조선의 자료에만 보이는데, 『현종개수실록』, 8년(1667) 2월 26일 자 기사에 1666년 일본 나가사키[長碕] 태수가 표류한 사람들의 국적을 신문하여 '아란타' 사람이라고 하며, "아란타는 바로 일본에 속한 군이다(阿蘭陁卽日本屬郡也)"라는 설명이 보인다. 여기에서 추재의 ⓑ정보가 나

---

2) 『완당전집』(신활자본), 권3, 「여사계(與舍季)」 여덟 번째 편지에서(21a) "중국은 매번 '서번(西番)'을 '불랑(佛朗)'이라 하고, 홍모(紅毛), 하란(荷蘭), 아난(阿難)이라고도 하는데, 지금 '불랑'이라는 명칭은 바로 중국이 칭한 것을 따라 운운한 것이다. 그들이 정말 불랑 땅의 사람인지는 장담할 수 없다. 「곤여도」에 '불랑'이란 명칭은 한둘이 아니라, '불랑찰', 부랑제(富朗濟) 등 여러 명칭이 일정하지 않다. 대체로 영길리(英吉利)와는 또 서로 같지 않으니 혼동하여 하나로 보면 안 된다(中國之每稱西番爲佛郞, 或紅毛或荷蘭, 又或阿難. 今此佛朗之稱, 卽隨中國所稱而云云. 其眞個佛朗地人, 又未可必也. 坤輿圖中, 佛朗之稱, 又不一二. 如佛朗察, 如富朗濟等雜號不一耳. 大槩與英吉利又不同, 不可混看爲一也)"라고 한 자료를 참고할 수 있다.

왔을 것이다. 또, 이덕무(李德懋, 1741~1793)는 『청장관전서』(규장각소장본), 권 24(52a), 「병지비왜론(兵志備倭論)」에서 다음과 같이 기술했다.

> 근래 동래(東萊) 사람도 에조[蝦夷]에 표류했다가 돌아온 적이 있다. 에조의 경계는 우리 북관(北關)과 서로 가까우므로, 변방을 방비하는 신하들이 몰라서는 안 되는 [지역이고], 아란타(阿蘭陀) 같은 곳에 대해서도 우리의 인근은 아닐지라도 염두에 두지 않을 수 없다. [아란타는] 하란(荷蘭), 홍이(紅夷), 홍모(紅毛)라고도 하는데, 서남해에 있다. 일본과 12,900리 떨어져 있으며 그곳은 불랑기(佛郎機)와 가깝다. [그들의] 눈은 깊고, 코는 크며, 수염과 머리털 모두 붉고, 다리는 1척 2촌이다. 항상 한쪽 다리를 들고 개처럼 오줌을 누며, 서양 예수[耶蘇]의 가르침을 익힌다. 그들이 믿는 바는 오로지 큰 배와 대포이다. 배는 길이가 30장, 폭은 6장이며 두께는 2척으로 다섯 내지는 여덟 개의 돛을 달고 2장이나 되는 대포를 싣고 있다. 그것을 쏘면 석성을 뚫어 부술 수 있는데, 세상 사람들이 홍이포(紅夷礮)라고 하는 것이 바로 이것으로, 해상 여러 나라의 우환거리가 되었다. [그들은] 명나라 말 타이완을 점거했으나, 뒤에 정성공(鄭成功)에게 패배했다(近世東萊人, 亦嘗漂到蝦夷而還. 則蝦夷之境, 與我北關相近, 籌邊之臣, 不可以不知, 至若阿蘭陀, 雖非我之隣近, 亦不可以不虞. 一名荷蘭, 一名紅夷, 亦曰紅毛, 在西南海中, 距日本一萬二千九百里, 其地近佛郎機. 深目長鼻, 鬚髮皆赤, 足長尺二寸. 當擧一足而尿如犬, 習西洋耶蘇之敎. 其所恃, 惟巨舟大礮, 舟長三十丈, 廣六丈, 厚二尺, 樹五桅或八桅, 置二丈巨礮. 發之可洞裂石城, 世所稱紅夷礮, 卽其制也, 爲海中諸國之患. 明末據臺灣, 後爲鄭成功所敗).

이덕무의 밑줄 친 설명의 근거는 1712년 완성되어 이듬해 간행된 일본의 『화한삼재도회(和漢三才圖會)』(일본 국회도서관 소장본), 권14(58a)에서 찾을 수 있다. 아란타(阿蘭陀)라는 표제어 아래 '홍모(紅毛)'를 병기한 다음 일본에서 바다로 12,900리 떨어져 있다고 밝히고, 이어서 "홍모국은 서북쪽 끝에 있는 추운 날이다. 일곱의 큰 주(州)가 있는데, 아란타는 그중 한 주였으나 지금은 전체 명칭이 되었다(紅毛國, 西北之極界寒國也. 凡有七大州, 阿蘭陀其一州而今爲總名)"라고 설명했다. 다시 말해 '아란타'는 네덜란드의 한 주였는데 그곳으로 전체를 지칭하는 명칭이 되었다는 말이다. '아란타'는 그 나라의 가장 대표적인 도시였다고 추정할 수 있다. 그러나 이어서 들고 있는 일곱 나라[七國]에는 '아란타'와 비슷한 명칭이 보이지 않는다. 결국 암스테르담을 상정할 수밖에 없는데, 암[물줄기]+스테르[부두]+담[제방]의 합성어로 알려진 명칭과 전혀 상응하지 않는다.

이에 대해 정약용(丁若鏞, 1762~1836)은 유득공(柳得恭, 1748~1807)이 『고운당필기(古芸堂筆記)』, 권6에서 기술한 '아란타(阿蘭陀)'를 다시 옮기고 평론하며, "「곤여도」를 살펴보면, 우라파의 서쪽에 불랑찰이 있고, 그 북쪽을 '와란(喎蘭)'이라 했으므로, 와란이 바로 아란이다(按坤輿圖, 歐羅巴之西, 有拂郞察, 其北曰喎蘭, 喎蘭者, 阿蘭也)"라고 하며 '아란타'의 '와란'이 아란'이라는 설을 제기했다.[3] 그러나 '타'자에 대한 언급은 전혀 없다. 다산이 확인한 「곤여도」가 무엇인지 할 수 없지만, 「곤여만국전도」에는 '와란지(喎蘭地)'라는 섬이 보인다. 이 '와란지'가 '아란타'로 전해졌을 수도 있지만, '아란타'는 네덜란드 중서부 지역 노르트홀란트(Noord-Holland)와 자위트홀란트(Zuid-Holland)로 1840년 나뉘기 전, 그 주를 지칭하는 '홀란트'에서 나왔다. 라틴어에서 'h'는 묵음 처리되므로, '올란트'가 '아란타'로 되었을 것이라는 추정이 더 그럴법하다. '하란(荷蘭)' 또는 '화란(和蘭)' 음역 표기 역시 홀란트에서 나왔다.

다시 『화한삼재도회』는 동인도회사(de Verenigde Oost-In'dische Compagnie)의 마지막 '콤파니'를 국왕의 호칭으로 오해하고 '고모파이아(古牟波爾亞)'라고 표기한 다음, 그들에 관해 "그 나라 사람들의 피부는 희고, 모발은 붉으며, 코는 높고, 눈은 둥글면서 반짝인다. 항상 한 다리를 들고 오줌을 싸는데 모습이 개와 비슷하다. 의복은 대부분 털로 짠 것이며, 아름다운 장식은 다른 나라보다 특이하고 우수하다(其國人色皙, 毛髮紅, 鼻高眼圓而有星. 常提一脚去尿, 貌似犬. 衣服多毛織, 美飾異于他好)"[4]라고 하였다.

---

3) 『다산시문집』(1936년 활자본), 권22, 38a.

4) 이상 '아란타(阿蘭陀)'에 관한 『화한삼재도회』의 전체 번역과 주석은 한국고전번역원의 유득공(柳得恭), 『고운당필기』, 권6을 참고하시오.

이상으로부터 추재는 ⓕ의 정보를 취했을 것이다. 그러나 나머지 정보들은 출처를 확인하기 어렵다. 1842년 위원(魏源)은 『해국도지(海國圖志)』에서 『명사(明史)』, 『황청사예고(皇淸四裔考)』, 『해록(海錄)』, 『무역통지(貿易通志)』, 『직방외기(職方外紀)』-법란득사(法蘭得斯), 『만국지리전도집(萬國地理全圖集)』, 『지구도설(地球圖說)』, 『지리비고(地理備考)』-하란(賀蘭), 『외국사략(外國史略)』, 『영환지략(瀛環志略)』 등의 기록을 채록하고 있지만, ⓒ, ⓓ, ⓔ, ⓖ의 정보와 연관된 내용은 전혀 보이지 않는다. 단순한 추재의 상상이라고 보기에는 매우 구체적이다.

아래로 드리운 솔은 새털로 짰고[ⓓ],	肩帕襤襂鳥羽裁,[5]
허리의 장검 악어가죽으로 찾네[ⓔ].	腰間秋水佩鮫胎.[6]
감자 수확에는 항상 쌍호미로 파내고[ⓒ],	穫藷慣用雙鋤挖,
오줌 눌 때 항상 한 다리를 들고 누네.	撒尿常敎一脚擡.

'서' 또는 '저'로 발음하는 '藷'자는 감자(甘蔗) 즉 사탕수수를 지칭하고 또 '서(薯)'와 통용하여 '번서(番薯)' 즉 감자(potato)를 의미하기도 한다. 이 서양 감자는 건륭(乾隆, 1736~1795) 연간의 『송계현지(松溪縣志)』(하버드 옌칭 소장본, 권6, 2a)에 '마령서(馬鈴薯)'[Solanum tuberosum]라는 명칭이 처음 기록된 것 같다. 일본 본초학자 오노 란잔(小野蘭山, 1729~1810)은 1808년 『질연소독(耋筵小牘)』(도쿄대학 소장본, 2a)에서 말에 다는 방울[鈴] 같은 모양의 '서(薯)'라고 이해하고 있고, 일본 『국어대사전』에 따르면, 마령[barei]+서(sho)로 구성된 단어로, '바레이'는 '말레이(Malay)'의 음역 표기라는 설이 있다. 이 마령서는 중국 자료에 따르면

5) 람(襤)은 테두리 장식이 없는 옷을 말하고, 삼(襂)은 깃발이 펄럭이거나 옷의 깃털이 아래로 드리운 모양을 형용한다. '람삼'은 첩운(疊韻)의 표현으로 아래로 드리운 모양을 형용한다.

6) '추수(秋水)'는 칼을 형용하는 상징적 표현으로 그 전형은 이하(李賀)의 「춘방 정자의 칼 노래[春坊正字劍子歌]」의 첫 구에 '삼척수(三尺水)'에서 비롯되었다. '추(秋)'자는 서슬 퍼런 칼 빛을 강조하는 표현으로 추가되었다. 또 5구에는 교태피(蛟胎皮)가 보이는데, 『전주평점이장길가시(箋註評點李長吉歌詩)』(사고전서본, 권1, 11a)에서 『산해경』의 "악어의 가죽에는 문양이 있고 질겨, 검을 장식할 수 있다(鮫魚皮有文而堅, 可以飾劍)"라는 설명을 인용했다. 이를 근거로 추재는 홍모국의 사람들이 긴 칼을 멋진 가죽으로 차고 있음을 표현했다.

민남 지역에서는 '하란서(荷蘭薯)'라고 한다. 또한 네덜란드는 유럽 감자의 최대 생산지이다. 따라서 추재의 '저(藷)'는 감자로 읽은 편이 맞을 것이다. 1884~1886년 광주(廣州)의 「술보(述報)」에 프랑스가 타이완을 침략한 기사를 수록한 『술보법병침대기사잔집(述報法兵侵臺紀事殘輯)』(대만문헌총간본, 권3, 298쪽)에는 1886년 당시 '하란서(荷蘭薯)' 100근[擔]에 은 7원(圓) 남짓이었음을 기록하고 있다. 이는 이전 민남 지역에서 '하란서'라고 부른 사실을 확인해 준다. 이로써 ⓒ의 내용을 확인할 수 있을 것이다.

왕사정(王士禎, 1634~1711)의 『향조필기(香祖筆記)』(사고전서본, 권1 4b)에 우사(羽紗)와 우단(羽緞)은 해외 하란(荷蘭)과 섬라(暹羅) 등의 나라에서 나는데, 강희(康熙, 1661~1722) 초에 겨우 한두 필 조공되었다(羽紗·羽緞出海外荷蘭·暹羅諸國, 康熙初八貢止一二疋)"라고 하며 17세기 후반에 '우사(羽紗)'가 알려졌음을 확인할 수 있다. 이어서 왕사정은 "만랄가(滿剌加) 합렬(哈烈)에는 쇄복(鎖袱)이 나는데, '사복(梭服)'이라고도 한다. 새의 솜털[鳥毳]로 만드는데, 문채는 환기(紈綺)와 같다. 지금은 민중(閩中)에 가장 많고, 값은 그다지 비싸지 않으며 우사(羽紗) 우단(羽緞)과는 비교할 것이 못 된다(滿剌加哈烈出鎖袱, 一名梭服, 鳥毳爲之, 紋如紈綺. 今閩中最多, 價不甚高, 非羽紗羽緞比)"라고 하였다.[7] 아마도 여기 '쇄복' 또는 '사복'을 통해 추재는 ⓓ의 정보를 유추했을 것으로 추측해 본다.

ⓔ와 ⓖ에 관한 정보는 현재로서는 어디에서도 어떠한 근거도 찾지 못했다. 고증을 기다린다.

7) 여기 '사복' 또는 '쇄복'에 관한 자세한 설명은 『영애승람역주』(하, 124쪽, 주296)를 참고하시오

색인